12 じゃがいも（馬鈴薯）

⬆原産地は南米アンデス。生育期間が短く，寒さに強くやせ地でも栽培できる。食用のほかデンプンの原料となる。
参照▶P.98・121・126

13 バナナ

⬆原産地の東南アジアのほかインド・中南米が主産地。果実は筒形グローブ状の房（ふき）になる。熟すと黄色になる。日本に輸入されるバナナはその多くがフィリピン産である。参照▶P.100・114・127

14 こしょう

⬆インド南部が原産の多年性つる植物。インド・東南アジア・ブラジルが主産地。香辛料作物の一種で，調味料に使用。実はえんどう豆ぐらいの大きさで，赤く熟して辛い。

15 カカオ

⬆高温湿潤な熱帯低地に適し，コートジボワールなど西アフリカが主産地。カカオ豆を粉にしたものがココアで，チョコレートなどの原料となる。
参照▶P.100・109・117

16 コーヒー

⬆原産地はエチオピア高原のカッファ地方で，乾季がある熱帯・亜熱帯を栽培適地とする。ブラジル・ベトナム・インドネシア・コロンビアなどが主産地。参照▶P.68・100・113・126

17 茶

⬆年中高温多雨で排水が良好な丘陵地が栽培適地。煎茶，抹茶など利用はさまざま。葉の採取の時期も一番茶，二番茶などのようにさまざま。参照▶P.100・109・115

18 ぶどう

⬆地中海性気候地域が適地。果実の中では生産量が最も多い。大部分はワインの原料となるが，生食用または乾燥して食用にもする。垣根（かきね）づくりが一般的。
参照▶P.106・116・119・292

19 オリーブ

⬆原産地・主産地ともに地中海沿岸地方。常緑の硬葉樹で夏の乾燥によく耐える。2cmほどの実からオリーブ油をとり，成熟前の実は塩漬けにし食用となる。参照▶P.73・106・119

20 オレンジ

⬆ミカン科の果樹およびその果実の総称。特にインド原産のネーブルオレンジ・バレンシアオレンジなどをいう。生食やジュース用。参照▶P.107

21 油やし

⬆高温湿潤な熱帯低地に適し，インドネシア・マレーシアが主産地。約4cmの実から採れるパーム油は，マーガリン・せっけんなどの原料となる。参照▶P.101

22 ココやし

⬆高温湿潤な気候に適し，フィリピン・インドネシアが主産地。果実の胚乳を乾燥させたものをコプラといい，油をとる。用途は広い。参照▶P.101

23 なつめやし

⬆砂漠のオアシスでの栽培が多く，北アフリカ・西アジアが主産地。実は甘くて栄養に富み，食用のほか，油やジャムの原料となる。参照▶P.101・116・117

JN075482

24 タロいも

↑日本のさといもに似ている。熱帯・亜熱帯の多雨地域に適している。オセアニアの島々、熱帯アフリカの人々の主食である。年中収穫が可能。**参照** ≫P.98

25 ヤムいも

↑日本のやまいもに似ている。東南アジア・オセアニアの島々・アフリカなどの熱帯で栽培され、先住民の主食の一部となる。焼畑で栽培され年中収穫が可能。**参照** ≫P.117・315

26 キャッサバ（マニオク）

↑原産地は南米で多年生作物。アフリカ・東南アジア・ブラジルが主産地。根からとれるデンプン（タピオカ）は、菓子やパンのほか飼料・バイオ燃料になる。**参照** ≫P.117

27 ナタネ（菜種）

↑元来はアブラナの種子をいう。葉や花などは食用、種子は油・バイオ燃料として利用。搾りかすは肥料。**参照** ≫P.107

28 ヒマワリ

↑北米原産のキク科の一年草で種子から食用油をとる。食用、バイオ燃料にも利用。ウクライナ・ロシアが主産地。**参照** ≫P.121・300

29 ゴマ

↑アフリカ原産のゴマ科の一年生作物。高温・乾燥地に適する。食用とし、また、油をとる。インド・ミャンマー・中国が主産地。

30 サイザル麻（アゲーブ）

↑原産地はメキシコのユカタン半島。高温で乾燥した気候に適する。葉からとれる繊維は耐水性があり、漁網や船のロープ、包装用材などに加工される。

31 ジュート（黄麻）

↑原産地は熱帯アジア。熱帯低湿地に適し、ガンジスデルタが主産地。3〜5mになる茎の表皮から繊維をとり、麻袋やじゅうたんの裏打用布に加工される。**参照** ≫P.115

32 天然ゴム（パラゴム）

↑原産地はアマゾン川流域で、高温湿潤な気候に適する。主産地は東南アジア。幹に傷をつけ、そこから分泌する樹液を採取し加工する。使用量はタイヤが多い。**参照** ≫P.100

33 綿花

↑生育期の高温と収穫期の乾燥が栽培条件。中国・アメリカを中心に世界各地で栽培。種子を包む白色の繊維が綿織物の原料となる。用途は広い。
参照 ≫P.101・110・115・116・283

34 コルクがし

↑原産地は地中海沿岸。耐乾性のある硬葉樹で、スペイン・ポルトガルなどが主産地。樹皮から採取するコルクは、ビンの栓・サンダル底・床板などに用いる。**参照** ≫P.72

35 アルファルファ

↑アルゼンチンのパンパで多く栽培。良質のマメ科の多年性牧草で栄養価が高く、家畜の重要な飼料の一つ。地力の回復に役立つ。日本名ムラサキウマゴヤシ。**参照** ≫P.126・127

世界の主な家畜

❶乳牛(ホルスタイン種)

⬆オランダが原産地。ドイツのホルスタイン地方で改良。冷涼な地域に適し性質は温和、乳牛としては最も多く飼育され、白毛の地に黒の斑が特徴。乳量は年間5千kg以上。
参照▶P.107

❷乳牛(ジャージー種)

⬆イギリスのジャージー島が原産地。性質は神経質で、脂肪が多くバター製造に適する。現在は改良種のニュージャージー種が普及。ホルスタイン種に次いで飼育が多い。乳量は年間4千kg。

❸肉牛

⬆主として混合農業地帯や企業的牧畜地域で飼育されシャロレー(仏)、ヘレフォード(英)などが代表的。日本の在来種と交配した写真の黒毛和牛が我が国では多く飼育されている。

❹水牛

⬆主に中国南部から東南・南アジアで飼育され水辺で生活する牛の総称。高温に強く粗飼料で育ち、水田作業や運搬には欠かせない存在となっている。

❺豚(ヨークシャー種)

⬆イギリスのヨークシャー地方が原産地。白色で飼育しやすく多産・早熟で肉質もよく成豚で200〜250kg。しだいに大ヨークシャー種が多くなっている。近年は3品種の交配種が多い。
参照▶P.110・118

❻豚(バークシャー種)

⬆イギリスのバークシャー地方が原産地。全体に黒色、四肢・尾と鼻の先が白く繁殖力が旺盛で肉付きがよく肉質もよい。産子数はやや少ない。国内では鹿児島県に多い。

❼羊(メリノ種)

⬆スペインを原産地とする毛用種で、羊毛量が多く良質の羊毛が得られる。オーストラリアをはじめ、世界各地で飼育されている。参照▶P.108・129

❽羊(コリデール種)

⬆ニュージーランドが原産地でウシ科。毛質のよいメリノ種と肉質のよいリンコルン種などの交配によって生み出された毛肉兼用種の羊。食用ではロムニー種も有名。参照▶P.129

❾ラクダ

⬆乾燥に強い大型の家畜。乗用・運搬用、毛はじゅうたんなどに使われる。こぶに特徴があり、北アフリカ・西アジアにはひとこぶ種、中央アジアにはふたこぶ種が多い。

❿トナカイ

⬆北半球のツンドラからタイガでサーミ・イヌイットによって飼育されているシカ科で、遊牧が行われている。乗用・運搬用のほか、肉・乳を食用に、皮をテント・衣服用に利用する。参照▶P.78・121・296

⓫ヤク

⬆チベット・ヒマラヤ地方などの冷涼な高地に分布している牛科の一種。力が強く農耕・運搬用のほか、毛・乳・肉も利用される。皮はテントに使われる。糞は燃料になる。
参照▶P.104・191

⓬アルパカ(左)とリャマ(右)

⬆アンデス高地で飼育されるラクダ科の動物。荷役、食用、織物原料になり、両者とも乳は利用されない。アルパカ(体長150〜175cm)はリャマ(体長175〜225cm)より小型で、毛は高級織物の原料。荷役は主にリャマ。

■地形図登載ページ
「地図，地理的技能」関連
　　　　　28～31，34，35，37
「自然環境」関連
　　44，49，52，57，334～338，344
「村落・都市」関連
　　219，221，223，224，229，
　　231，233，339～343

■「二次元コード」設置ページ（計41か所）
38，43（2か所），46（3か所），47（2か所），
48（2か所），51（3か所），54（2か所），
56（3か所），61，67，96，107，116，123
（2か所），147，195，219，274，283，
287，293，310（2か所），313，316，
322，326，328，331，332

NHK for School
地理関連クリップへは
こちらから➡

※通信料はお客様のご負担になります。

●統計資料について
　本書に掲げた諸統計資料中，
　　──　　は不明
　0または0.0　は単位に満たない
　　　　　　　　を示す。
　統計は，処理上100%にならない
　ものもある。
　また，統計地図における国境及び
　市町村境界は，調査当時のもので
　ある。

●出典の表記について
　本書に掲載した資料は，原典どお
　りに引用することを旨といたしま
　したが，学習教材という性格から
　便宜的に加筆したものがありま
　す。その場合は，（「○○」による）
　と表記しました。

※本書に掲載した地図は，国土地理院発
　行の50万分の1地方図・20万分の1
　地勢図・5万分の1地形図・2万5千
　分の1地形図・1万分の1地形図・
　2万5千分の1土地利用図・2万5千
　分の1土地条件図・2万5千分の1沿
　岸海域地形図・2万5千分の1都市圏
　活断層図を使用したものである。

■編者
内　山　美　彦　　坂　口　俊　夫
宮　原　弘　匡　　山　口　通　之
横　山　孝　夫　　吉　川　　　泰
第1編（P.18～19）執筆　山　本　靖

■写真・資料提供者一覧（五十音順・敬称略）
朝日新聞社／アトラス・フォト・バンク／アフロ／
アマナイメージズ／家の光フォトサービス／石原
正／MLA東京オフィス／大阪市交通局／オセ
アニア交流センター／海上保安庁／株式会社
ZMP／上村自治振興センター／気象庁／共同通
信社／クリエイティブセンター／KDDI／公益財
団法人イオン環境財団／国土交通省国土地理
院／国土交通省福島河川国道事務所／コービ
ス・ジャパン／コーベット・フォトエージェンシー／
小松義夫／Cynet Photo／ザ・ウールマーク・カ
ンパニー／時事通信フォト／島根県土木部河川
課／真când伝志／新日本製鐵／新むつ小川原株
式会社／水産航空／石油連盟／大創産業／
畜産草地研究所　森田聡一郎／中部電力／東
京国立博物館／東京電力／道路交通情報通
信システムセンター／豊橋市地下資源館／長野
県立大学／中山裕則／日刊工業新聞社／日本
気象協会／日本地図センター／日本林業技術
協会／芳賀ライブラリー／パナソニック／PPS通
信社／ブックオフコーポレーション／舟川晋也／
古河電気工業／本田技研工業／毎日新聞社／
毎日フォトバンク／UCCコーヒー博物館／ユニク
ロ／ユーラスエナジージャパン／読売新聞社／
リモート・センシング技術センター／渡邉哲弘／
ワールドフォトサービス

本書活用ガイド

　本書は，日常の地理学習を深めるための資料や大学入試に必要となる情報をきめ細かく
収集・編集したものです。以下の点を参考にして活用してください。

本書の構成	◆高等学校「地理探究」「地理B」の課程を参考に3つの編から構成しています。系統的に学習したり地誌的に学習したりする際に，関連する資料を有効活用できるよう参照ページ（参照▶P.○○）を随所に表示しています。
チェックワード	◆聞き覚えのある用語でありながら，正確な意味・定義などを見過ごしてしまいがちな地理用語を解説しています。重要な用語ですので，確実に把握しておきましょう。
情報ナビ	◆欄外には各頁の内容に関連した情報を掲載しています。エピソード，統計データ，参考文献，HPアドレス等，プラスαの情報を掲載し，発展的な地理学習をナビゲートします。

※生産量等の国別割合のグラフは，原則として，「第3編第2章世界の諸地域」の地域区分に沿って色分けしてあります（P.99など。ただし，ロシアはヨーロッパと同じ色で表現）。

SDGs（持続可能な開発目標）

1 SDGsとは －Sustainable Development Goals－

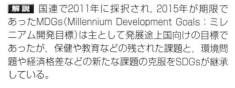

解説 国連で2011年に採択され，2015年が期限であったMDGs（Millennium Development Goals：ミレニアム開発目標）は主として発展途上国向けの目標であったが，保健や教育などの残された課題と，環境問題や経済格差などの新たな課題の克服をSDGsが継承している。

●行動に関連するSDGsの例

節水　　　　　リサイクル　　　　　CO₂削減

　世界は気候変動や資源・エネルギー問題など，さまざまな**地球規模的な課題**を抱えている。これらの課題を克服するため，2015年9月，国連は2016年から2030年までの国際社会共通の目標「**持続可能な開発のための2030アジェンダ***」を策定した。この行動計画は，17のゴール・169のターゲットから構成され，地球上の「**誰一人取り残さない（leave no one behind）**」ことを誓っている。SDGsは，将来世代の経済成長を制限することなく，発展途上国を含む各国の開発を目指すものであり，目標を実現するためには私たちは何をすればよいのだろうか。

　SDGsの考え方　SDGsが関係するのは国単位やグローバルな取り組みだけではない。社会を構成する企業や個人が普段から行っている節電や節水，リサイクルや子育て支援などの行動すべてがSDGsとつながる。
*アジェンダ…行動目標。実現されるべきことがら。

2 SDGsを目指す取り組み

●スウェーデンの取り組み

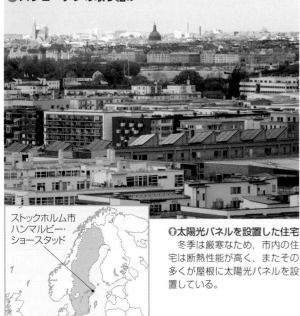

ストックホルム市
ハンマルビー・
ショースタッド

❶太陽光パネルを設置した住宅
冬季は厳寒なため，市内の住宅は断熱性能が高く，またその多くが屋根に太陽光パネルを設置している。

　ハンマルビー・ショースタッドは，首都ストックホルム市中心部の南に位置する居住地区である。ここでは，1990年代初頭から環境に配慮した大規模な都市開発プロジェクトが進められており，同程度の都市と比較してCO₂排出等の環境負荷を半減させる先進的環境都市を目指している。

❶路面電車はバイオガスで走行　廃棄物や下水をエネルギーに活用して地区の必要なエネルギーの半分をまかなうとし，生ゴミや下水汚泥を生物分解して発生したバイオガスを回収して，交通機関の燃料や家庭用のガスとして活用。写真の路面電車のほか地区の湖を運行するフェリーにもバイオガスが使われている。交通機関が整備され，カーシェアリングも進んでいる。

❶ゴミシューター　家庭から出るゴミは街中にあるゴミシューターに分別のうえ投入され，地下パイプを通じて自動的に集積所に送られる。可燃性のゴミは燃やして発電し，またその際に出た熱を回収して給湯や暖房に使用している。

日本国内の企業などによる取り組み

⬆民間財団による国内外での植樹活動　自然災害や伐採などで失われた森林の再生，地球温暖化防止の向上などを目指した，ボランティアとの植樹活動を実施。環境活動への助成や環境教育にも取り組んでいる。

（写真提供：公益財団法人イオン環境財団）

⬆ロボット開発企業の取り組み　宅配ロボットなどの開発に取り組む(株)ZMPでは，「3：健康と福祉」「8：働きがいも経済成長も」「9：産業と技術革新」「11：住み続けられるまちづくり」「17：パートナーシップ」の5つの開発目標を設定している。

（写真提供：株式会社ZMP）

⬆電力調達すべてを再生可能エネルギーに切り替えた大学　長野県立大学は，学内の使用電力のすべてを県内の水力発電で調達しており，長野県SDGs推進企業として，排出CO₂の削減を重点的な取り組みの一つに掲げている。（写真提供：長野県立大学）

解説　企業が積極的にSDGsへの取り組みを通じて社会貢献をすることは，地球規模的な課題を克服するための重要なアクションであるが，企業のブランドイメージの向上にもつながる可能性がある。社会的にSDGsに関心が集まっている現在，SDGsの取り組みを積極的に行っている企業がステークホルダー(株主や経営者，消費者などの利害関係者)に支持されるといわれている。

国連世界食糧計画（WFP）の取り組み

⬆ミャンマーでの食料支援　WFPは，飢餓のない世界を目指して活動する国連の食料支援機関。2020年には84か国で1億1,550万人を支援し，同年，ノーベル平和賞を受賞した。

解説　2020年以降の新型コロナウイルス感染症による世界的なパンデミックにより，各国の貧困率や失業率が上昇した。この影響は持続可能な開発の三側面である経済，社会，環境のすべてに及んでいる。

3 国別SDGs達成状況

SDGs達成状況上位20か国 （2022年）

順位(前年)	国名	点数	順位(前年)	国名	点数
1(1)	フィンランド	86.5	11(17)	イギリス	80.6
2(3)	デンマーク	85.6	12(15)	ポーランド	80.5
3(2)	スウェーデン	85.2	13(12)	チェコ	80.5
4(7)	ノルウェー	82.3	14(22)	ラトビア	80.3
5(6)	オーストリア	82.3	15(9)	スロベニア	80.0
6(4)	ドイツ	82.2	16(20)	スペイン	79.9
7(8)	フランス	81.2	17(11)	オランダ	79.9
8(16)	スイス	80.8	18(5)	ベルギー	79.7
9(13)	アイルランド	80.7	19(18)	日本	79.6
10(10)	エストニア	80.6	20(27)	ポルトガル	79.2

解説　毎年6月，ドイツの「ベルテルスマン財団」と「持続可能な開発ソリューション・ネットワーク」が作成する「SDGs報告書」が公表されている。それによると，ランキングの上位は欧米諸国，下位はサハラ以南アフリカ諸国で占められている(上記の表には掲載がない)。トップ3は北欧3か国。フィンランドは2021年に続くトップであった。

SDGs報告書に掲載された日本の評価 （2022年）

解説　日本は17のゴールのうち，「5：ジェンダー平等」「12：つくる責任つかう責任」「13：気候変動」「14：海の豊かさ」「15：陸の豊かさ」「17：パートナーシップ」の6つについて「深刻な課題がある」(赤)とされている。評価が低い理由がどこにあるのかを把握し，改善することが求められる。

気象災害と異常気象

異常気象とは，過去に経験した現象から大きく外れた現象で，人が一生の間にまれにしか経験しない現象をいう。大雨や強雨などの激しい数時間の現象から，数か月も続く干ばつ・極端な冷夏・暖冬なども含まれる。

異常高温・異常低温や異常多雨・異常少雨は，それぞれの地点において，1991 ～ 2020 年の30年間の気温や降水量の観測データを基準にして，現在観測された週あるいは月の気温や降水量が異常かどうか判断している。

近年の世界各地の異常気象は，日常的に起こっているところもある。また，最近は異常気象とともに「極端気象」という言葉も使われている。その原因としては，エルニーニョ現象・ラニーニャ現象とともに偏西風のこれまでの流れと違った大きく複雑な蛇行が影響している。　　（気象庁資料による）

1 世界の主な気象災害・異常気象

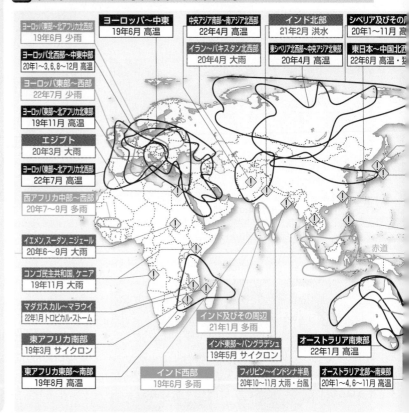

ヨーロッパ東部～北アフリカ北西部
19年6月 少雨

ヨーロッパ北部～中東中部
20年1～3,6,8～12月 高温

ヨーロッパ東部～西部
22年7月 少雨

ヨーロッパ東部～北アフリカ北東部
19年11月 高温

エジプト
20年3月 大雨

ヨーロッパ東部～北アフリカ北西部
22年7月 高温

西アフリカ中部～西部
20年7～9月 多雨

イエメン，スーダン，ニジェール
20年6～9月 大雨

コンゴ民主共和国，ケニア
19年11月 大雨

マダガスカル～マラウイ
22年1月 トロピカル・ストーム

東アフリカ南部
19年3月 サイクロン

東アフリカ東部～南部
19年8月 高温

ヨーロッパ～中東
19年6月 高温

中央アジア南部～南アジア北西部
22年4月 高温

イラン～パキスタン北部
20年4月 大雨

インド北部
21年2月 洪水

東シベリア北部～中央アジア北東部
20年4月 高温

シベリア及びその周辺
20年1～11月 高温

東日本～中国北西部
22年6月 高温

インド及びその周辺
21年1月 多雨

インド東部～バングラデシュ
19年5月 サイクロン

インド西部
19年6月 多雨

フィリピン～インドシナ半島
20年10～11月 大雨・台風

オーストラリア南東部
22年1月 高温

オーストラリア北部～南東部
20年1～4,6～11月 高温

赤道

干ばつ

❶干ばつにより干上がってしまった水田を歩く農民[タイ，2015年]　例年なら雨期が始まる5月末になっても，農業地帯では日照りが続き，稲が枯れるなどの被害が出ている。

熱波

❶地中海をおそった熱波[ギリシャ，2021年]　8月に強烈な熱波が地中海からアフリカ北部をおそい，シチリア島で48.8℃（ヨーロッパ史上最高），チュニスで49℃（観測史上最高）を記録し，大規模な山火事も発生した。

寒波

❶ヨーロッパ～モンゴルをおそった寒波[スイス，2012年]　チェコ南西部で－39.4℃を記録したり，イタリアの水の都ヴェネツィアの運河が凍りつくなど，ヨーロッパ全体が激しい大寒波に見舞われた。

強風（台風）

❶史上最大の台風30号が直撃した岸壁を歩く住民[フィリピン，2013年11月]　「過去に類を見ないほどの強烈な台風」（在フィリピン日本大使館）といわれた台風30号はフィリピンを横断し，レイテ島・セブ島を中心に大きな被害を出した。死者6,200人，負傷者2万8,000人，不明者1,700人，被災者は1,600万人以上にのぼり，フィリピン経済にも大きな打撃を与えた。

洪水（台風）

❶巨大台風東日本各地を襲う[2019年10月]　猛烈な台風19号は東北地方から関東・中部・近畿地方を襲い，各地で主要河川が氾濫し，死者86人，住宅被害9万6,000棟以上という大災害になった。長野市赤沼にある北陸新幹線長野車両基地は千曲川の洪水により浸水した。

豪雨

❶令和2年7月豪雨[熊本県，2020年7月]　西日本から東日本，東北地方の広い範囲で大雨。特に4日から7日にかけて九州で記録的な豪雨となり，球磨川など大河川の氾濫が相次いだ。

（気象庁資料などによる）

〜ーリング海峡周辺
1年11月 少雨

ベーリング海峡周辺
21年11月 低温

アメリカ西部
年8〜9月 森林火災

北米中部〜南部
21年2月 低温

米国北部〜メキシコ
21年12月 高温

米国中部
21年12月 竜巻

北米南部〜南米中部
20年1〜12月 高温

アメリカ東部〜バハマ
19年9月 ハリケーン

メキシコ東部〜南米西部
19年8月 少雨

西日本日本海側及びその周辺
21年1月 大雪

日本
9年8〜10月 高温・台風

アメリカ南部〜中米
20年8,11月 ハリケーン

中国中部〜南東部
19年6月 大雨

フィリピン
21年10月 台風

コロンビア
21年11月 大雨

ブラジル北東部
22年5月 大雨

南アジア中部及びその周辺
21年1月 多雨

ブラジル南東部
19年6月 高温

メラネシア南部〜ニュージーランド北部
21年12月 高温

パラグアイ南部〜アルゼンチン北東部
19年6月 少雨

世界の主な気象災害・異常気象
（2019〜22年）

⬭ 高温　⬭ 低温　⬭ 気象災害
⬭ 少雨　⬭ 多雨

オーストラリア南東部
22年1月 高温　—国・地域名

発生年月　異常気象の種類

アルゼンチン北部〜ブラジル南部
20年2〜3,5,9〜11月 少雨

〜ーストラリア
11月 高温,少雨

② 2014〜22年に 日本を襲った自然災害

2014年8月	広島の土砂災害 参照》P.15
9月	御嶽山噴火〜戦後最大の火山災害 参照》P.11
2015年9月	関東・東北豪雨 参照》P.15
2016年4月	熊本地震 参照》P.10
8月	北海道・東北豪雨
2017年6〜7月	九州北部豪雨
2018年1月	本白根山噴火 参照》P.11
6月	大阪府北部地震　M6.1，最大震度6弱。小学生1人を含む6人が死亡。
7月	7月豪雨
2019年10月	巨大台風19号による被害 参照》P.8
2020年7月	7月豪雨 参照》P.8
12月〜2021年1月	年末年始豪雪・暴風雪　北海道から九州の日本海側を中心に大雪。暴風雪による交通障害・停電の発生。
2月	福島沖地震 参照》P.12
2022年1月	北海道豪雪・暴風雪
3月	福島沖地震 参照》P.12

自然環境

　近年，局地的な豪雨，大気の不安定さからくる雷雨・突風，2011年の東日本大震災以降日本列島を襲う地震，その引き金になる火山活動に，我々は常日頃から備え，避難の準備や心構えをしておかなければならない。

竜巻

●竜巻とみられる突風で屋根を飛ばされた住宅[埼玉県越谷市，2013年]　9月に埼玉県・千葉県などで竜巻が発生した（藤田スケールF2）。今や世界各地でみられる異常気象の背景には，**地球温暖化・エルニーニョ現象・ラニーニャ現象・ジェット気流の蛇行**などが影響しているといわれている。

③ 異常気象をもたらすエルニーニョ現象

●エルニーニョ現象

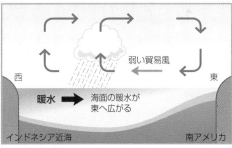

弱い貿易風

西

東

暖水　➡　海面の暖水が東へ広がる

インドネシア近海　　南アメリカ

◐赤道付近の海面温度は，通常の年では西側が東側より高温になるのだが，1年程度の間，**東側まで高温の海域が広がる**ことがある。これを**エルニーニョ現象**という。

　このとき，貿易風が弱まり西側では通常に比べ海水温が低下するため，東南アジア方面で高気圧傾向があらわれ，降水量が減少し，干ばつになりやすくなる。日本付近では，夏は気温が低く，日照時間が短くなり，冬は西高東低の気圧配置が弱まり，気温が高くなる傾向がある。

●エルニーニョ時の海面海水温分布

●赤色は平年より水温が高い部分である。南アメリカ西岸の赤色が目立つ。

●ラニーニャ現象

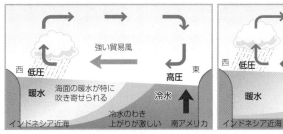

強い貿易風

西　低圧

東　高圧

暖水　海面の暖水が特に吹き寄せられる　冷水

冷水のわき上がりが激しい

インドネシア近海　　南アメリカ

●通常の年のようす

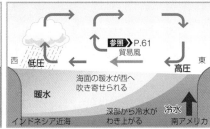

参照》P.61

西　低圧

東　高圧

貿易風

海面の暖水が西へ吹き寄せられる

暖水　　深部から冷水がわき上がる　冷水

インドネシア近海　　南アメリカ

↑エルニーニョ現象とは逆に，西側がさらに高温になることを**ラニーニャ現象**という。貿易風が強く吹き高温の海水が西側に集まることで起こると考えられている。このときは特に西側で上昇気流が活発となり，多くの降水をもたらす。日本付近では，夏は太平洋高気圧が北に張り出しやすくなり，気温が高くなり，冬は西高東低の気圧配置が高まり，気温が低くなる傾向がある。

1 地震による災害　●日本付近で発生する地震の種類　参照 ▶ P.59

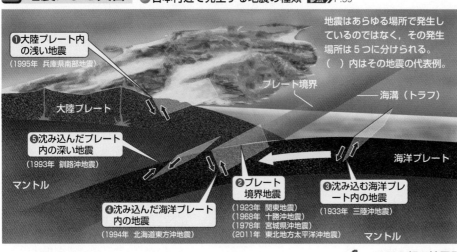

地震はあらゆる場所で発生しているのではなく，その発生場所は5つに分けられる。（　）内はその地震の代表例。

❶大陸プレート内の浅い地震（1995年 兵庫県南部地震）

❺沈み込んだプレート内の深い地震（1993年 釧路沖地震）

❹沈み込んだ海洋プレート内の地震（1994年 北海道東方沖地震）

❷プレート境界地震（1923年 関東地震）（1968年 十勝沖地震）（1978年 宮城県沖地震）（2011年 東北地方太平洋沖地震）

❸沈み込む海洋プレート内の地震（1933年 三陸沖地震）

プレート境界／大陸プレート／海溝（トラフ）／海洋プレート／マントル

❶深さは20kmより浅い。マグニチュード5程度でも被害が大きい。
❷深さは50kmより浅い。マグニチュード7以上になると大きな津波が発生。
❸海洋プレートが沈み込む前に発生する浅い地震。
❹海洋プレートが沈み込んだ後に発生する深い地震。
❺深く沈み込んだ海洋プレート内の地震。

●2018年から30年間に震度6弱以上の揺れに見舞われる確率

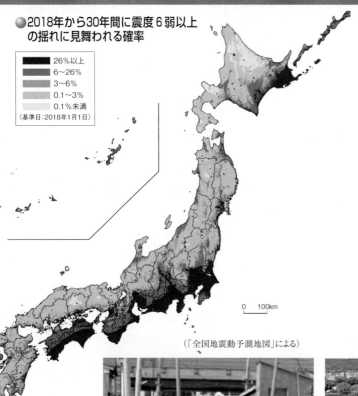

- 26%以上
- 6～26%
- 3～6%
- 0.1～3%
- 0.1%未満

（基準日：2018年1月1日）

0　100km

（「全国地震動予測地図」による）

●M8超の地震発生確率

30年以内に60～80%　政府の地震調査委員会は，南海トラフで起きると予測される巨大地震の発生確率を全域で統一して予測する方針に改めた。従来の東海・東南海・南海の3領域に分けて計算してきたものを見直した。

マグニチュード(M)9を含めたM8以上の巨大地震が南海トラフ沿いで起きる確率は今後30年以内で60～80%となる見込み。過去に繰り返されてきた地震は発生間隔にばらつきがあるため，将来の予測も幅を持たせた。調査委員会は2001年から，各領域で起きることを前提に計算してきたが，実態にそぐわなかった。

M9だった東日本大震災を予測できなかった反省から見直し作業を進めていたもので，調査委員会はこれまでの予測を毎年算定し直しており，2018年6月の発表では北海道東部で大幅に高まった（釧路で前年比22ポイント増の69%）ほか，太平洋岸も千葉85%，横浜82%，静岡70%，高知75%と引き続き高い確率となっている。　　　　（『朝日新聞』2013.5.20などによる）

➡新潟県中越地震で発生した液状化現象〔新潟県小千谷市，2004年11月〕　地下水位の高い砂地盤が，地震の震動を受けることによって液状化する現象を**液状化現象**とよぶ。これにより比重の大きい建物が沈んだり，地中にある比重の小さい下水管が地表に浮き上がってきたりすることがある。

浮き上がったマンホール

⬆復興が進む熊本城〔2021年4月〕　2016年4月14日，熊本県中部を震度7（M6.5）の地震が襲い，その後地震は大分県にも及び熊本県益城町・西原村では16日にも震度7（本震M7.3）を観測した。各地で壊滅的な被害が出ており，死者228名，重軽傷者2,700人以上，最大で18万人以上が避難していた。完全復旧に20年かかるとされる熊本城だが，2019年から始まった特別公開（2021年～第3弾）で復旧状況を確かめられる。21年3月には天守閣の修復が終了したが，22年2月現在100人以上が仮の住まいのままである。

●世界の地震・火山の分布

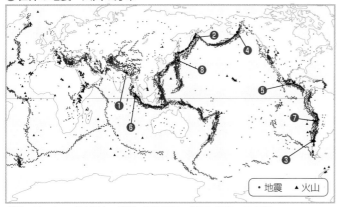

（注）マグニチュード4以上，震源の深さ100km以下，1991〜2010年
（『理科年表』2022）

・地震　▲火山

❶**アッサム地震**（インド・中国国境，1950年）　M8.6，世界最大級の内陸地震。

❷**カムチャツカ地震**（ロシア極東，1952年）　M9.0，震源域の長さは800kmに及ぶ。

❸**チリ地震**（チリ南部，1960年）　M9.5，世界史上最大の超巨大地震。過去半世紀の全地震エネルギーの半分以上を占めるとされる。

❹**アラスカ地震**（アラスカ南部，1964年）　M9.2，大津波（最大遡上高30m），世界最大級の超巨大地震の一つ。

❺**メキシコ地震**（メキシコ南西部，1985年）　M8.1，400km離れたメキシコシティで甚大な被害。

❻**スマトラ島沖地震**（インドネシア北西部，2004年）　M9.1〜9.3，世界史上最悪の津波被害。参照》P.275

❼**マウレ地震**（チリ中部，2010年）　M8.7〜8.8，巨大な海溝型地震で，20m超の大津波。

❽**東北地方太平洋沖地震**（日本列島東部，2011年）　M9.0，日本の観測史上最大の巨大地震。福島第一原発事故を引き起こし，現時点における戦後日本最悪の災厄。

自然環境

2 火山による災害・活動 参照》P.14

❶**雲仙普賢岳の噴火**[長崎県島原市，1991年6月]　火砕流や土石流が発生し，水無川流域を中心に多くの被害がでた。

❶**気象庁も「想定外」の噴火をした草津白根山**の本白根山で噴石の直撃を受けたゴンドラ[群馬県草津町，2018年1月]　1月23日複数の噴火口から噴火が発生，隣接のスキー場で訓練中の自衛隊員1名が噴石の直撃を受け死亡し，スキー客やゴンドラリフトの乗客ら11人が負傷した。降灰は北東7〜8kmと推定され，火砕流も1.8kmまで達した。

❶**小笠原に誕生した西之島新島**[東京都小笠原村，2022年7月]　2013年12月の噴火によって誕生した，小笠原諸島の西之島新島は面積2.89k㎡（2019年5月現在，東京ドーム約61個分），標高160m（2019年5月現在）となっている。大部分が新島に飲み込まれた旧島ではわずかに残った高台が貴重な野鳥の営巣地になっている。2021年8月15日現在，海上保安庁の航空機による観測では，火山灰や噴石等の噴出は確認されていない。引き続き付近を航行する船舶には注意を呼びかけている。　（写真：海上保安庁）

❶**御嶽山の噴火災害による不明者の捜索**[長野・岐阜県境，2015年7月]　2014年9月27日に噴火した御嶽山は死者58名負傷者300名以上という戦後の火山災害では最大の被害を出した。2015年7月29日，長野・岐阜県の捜索隊員による捜索が再開されたが8月6日，5名の行方がわかっていないまま捜索活動を打ち切った。

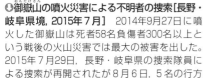

3 火山と生活

火山地形 参照》P.43

❶**地熱を利用した温室栽培**　北極圏に近いアイスランドでは，地熱を利用して花きや農作物を生産している。

❶**関東ローム層での畑作**　関東地方の台地上に分布する赤褐色の火山灰の土壌を関東ロームとよぶ 参照》P.63。ローム層の表土は砂質で，大根や長いもなど根菜類の栽培に適している。

1 津波による災害

● 津波とは

津波とは，「津」（港や湾）での波を意味する。高潮が，周期が短く，表面的なものに対して，津波は，周期が長く，海の深くまでが同時に動くため，「海の壁」となる。

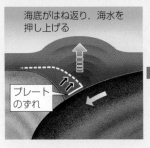

海底がはね返り，海水を押し上げる

プレートのずれ

周囲に津波が走る

沖合

水面の隆起の幅が大きい　ジェット機なみ

数cm〜数m

数km〜数百km

時速数百km

（水深5,000mのところでは800km/時）

● 津波の高さ

遡上高

痕跡高　浸水深

検潮所

津波の高さ

平常潮位
（津波がない場合の潮位）

（気象庁資料）

解説 津波の高さを表す表現には，次のようなものがある。

津波の高さ　平常潮位面からの波の高さのことで，波高ともいう。海岸にある検潮所，験潮場などで検潮儀を用いて観測する。

浸水深　陸上の構造物に残る，地面から水面までの高さ

痕跡高　陸上の構造物に残る，平常潮位面から水面までの高さ

遡上高　陸上の斜面や崖などに残る，平常潮位面から水面までのその付近における最大の高さ

2 関東，阪神・淡路，東日本各大震災の被害状況

関連 P.14・18（ハザードマップ）・P.32（避難所等の地図記号）

	関東大震災 （関東地震）	阪神・淡路大震災 （兵庫県南部地震）	東日本大震災 （東北地方太平洋沖地震）
発　生	1923（大正12）年 9月1日 午前11時58分	1995（平成7）年 1月17日 午前5時46分	2011（平成23）年 3月11日 午後2時46分
震　源	相模湾 深さ約15km	兵庫県・淡路島北部 深さ約16km	三陸沖 深さ約24km
規　模	マグニチュード7.9 震度6（最大7の説も）	マグニチュード7.3 震度7	マグニチュード9.0 震度7
特　徴	・東京，神奈川を中心に関東一円に大きな被害 ・昼食前だったため**各地で火災発生**。東京では，木造家屋が密集した市街地で延焼して被害が拡大 ・関東沿岸には10m前後の津波	・兵庫県神戸，芦屋，西宮市などの**都市部に被害**を及ぼした直下型地震 ・**建物の倒壊**による死者が多かった ・避難者が約32万人にのぼり，避難所生活の長期化に伴う疾病など「**震災関連死**」も相次いだ	・宮城，岩手，福島県を中心に太平洋沿岸部を最大15m前後の**津波**が襲い，沿岸市町村が壊滅状態に ・福島県の東京電力福島第一原発が津波被害で電源喪失。**放射能漏れ**が発生し，政府が避難指示 **参照** P.148
死　者	10万5,000余人 （行方不明者含む） （『理科年表』国立天文台編）	6,434人 （2006年5月，消防庁確定）	1万9,759人 （2022年3月1日現在，消防庁まとめ）
行方不明者	などより	3人（同上）	2,553人（同上）
全半壊家屋	21万2,000余棟（同上）	24万9,180棟（同上）	40万5,166棟（同上）
焼失家屋	21万2,000余棟（同上）	全焼7,036棟（同上）	全焼・半焼297棟（警察庁資料）

（『読売新聞』2011.5.12，警察庁資料などによる）

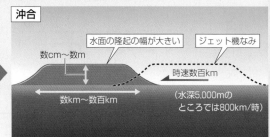

地域によって差がある震災復興[宮城県名取市閖上地区，2021年2月]　閖上地区では，内陸に移住したい住民側と海側で街を再建したい行政側との間で大きな隔たりが生じており，震災から3年2か月が経っても更地のままだった（写真右上：2014年5月）。その後復興が進められ写真のような状況にまでなったが，復興・復旧の進み具合には地域・地区によって大きな差が出ている。

11年前の地震の余震[宮城県白石市，2022年3月]　2021年2月の地震に続き，22年3月16日23時36分ごろ，2011年の東日本大震災の余震と思われる地震が発生。震源は福島県沖（深さ約60km），マグニチュード7.3。福島県・宮城県で最大震度6強を観測，宮城福島両県で3人が死亡，12県で180人以上が負傷した。東北新幹線の車両が脱線し不通になったが4月14日，29日ぶりに全通した。

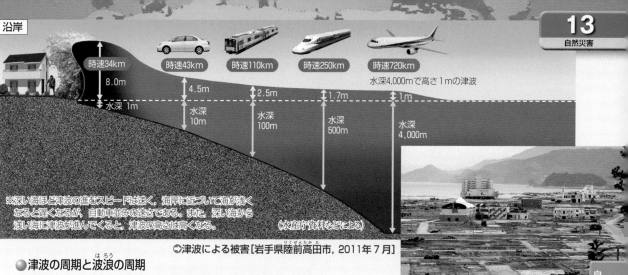

沿岸

時速34km　8.0m　水深1m
時速43km　4.5m　水深10m
時速110km　2.5m　水深100m
時速250km　1.7m　水深500m
時速720km　1m　水深4,000m　水深4,000mで高さ1mの津波

※深い海ほど津波の進むスピードは速く，海岸に近づいて海が浅くなると遅くなるが，自動車並みの速さである。また，深い海から浅い海に津波が進んでくると，津波の高さは高くなる。

（水産庁資料などによる）

➡津波による被害［岩手県陸前高田市，2011年7月］

●津波の周期と波浪の周期

　津波も波浪も海水の振動によって引き起こされる波動現象である。

　周期とは，波の山がやってきて，さらにその次の波の山が到達してくる間の時間のこと。波浪の周期は長くても数十秒程度であるのに対し，津波の周期は数十分にも及ぶ。津波の長い周期により，津波の押しが長時間継続する。また，津波は，波と波の間隔である波長が非常に長く，巨大な波高となる。

　このため，津波は陸上を奥深く侵入したり，数kmにわたって河川も逆流するほどのエネルギーがある。

普通の波（波浪）
1波長：数十m～数百m
半波長　半波長

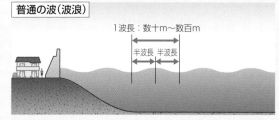

津波
1波長：数km～数百km

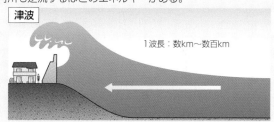

（水産庁，気象庁資料）

➡津波により破壊された堤防のその後［岩手県宮古市田老地区，2021年2月］　「万里の長城」といわれていた防潮堤防は，震災の巨大津波によって破壊され，この地区は壊滅的被害を受けた。X字型に交わる2本の堤防のうち破壊された海側の一部に沿って高さ14mの新たな堤防が建設されている。完成後は既存の堤防からは海の視界を遮ることになる。右奥にある白い建物「たろう観光ホテル」は4階まで浸水し，2階までは鉄骨のみになった。ホテルは，現在，「津波遺構」として保存され，訪れた人々に津波襲来の様子を当時の映像で見せ今後の防災に役立ててもらうように活用されている。

➡整備された防災庁舎周辺［宮城県南三陸町，2021年1月］　役場職員41人が犠牲になった庁舎は，県民の間で「解体」か「保存」か意見が二分され，震災から20年間（2031年3月末まで）は県有化して維持・管理し，議論を続けることになっている。庁舎周辺は震災復興公園として整備され，2019年12月にその一部が，さらに20年10月には遊歩道が完成して公園と商店街が中橋（約80m）でつながれた。

➡震災と台風からの復興のシンボル三陸鉄道［岩手県山田町，2020年3月］　震災以降不通になっていたJR山田線の宮古～釜石間が3月23日開通し，同時に三陸鉄道に移管され，久慈（久慈市）～盛（大船渡市）間163kmがリアス線として全国最長の第三セクター鉄道が誕生した。2019年10月の台風被害からも復旧し，2020年3月，再び全線開通した。

1 ハザードマップ(災害予測地図)

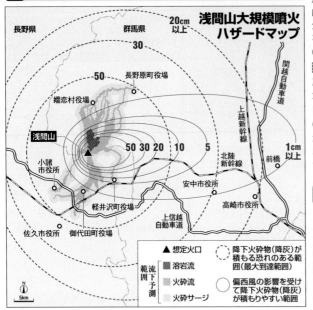

❶浅間山噴火ハザードマップ(提供:朝日新聞社,作成:浅間山火山防災協議会)

解説 浅間山のハザードマップ　2018年3月23日,長野・群馬県境にある浅間山周辺の6市町村と両県などでつくる浅間山火山防災協議会は大規模噴火を想定したハザードマップを公表した。約900年前の天仁噴火,約200年前の天明の大噴火を想定し,火山灰や火砕流・溶岩流・火砕サージ(高温の暴風)の及ぶ範囲を明示した。

チェック・ワード ハザードマップ　GISの技術により作成された防災地図(災害予測地図)。災害危険度箇所分布図ともいい,地震,洪水,高潮,火山噴火,土砂崩れ,津波などの災害に対して,その災害の規模により危険なところを地図上に示したもの。過去の災害の解析に基づき,危険度を制定している。例えば,地震の場合はその規模によって建物の倒壊や火災の発生による延焼の危険性,避難場所などを知ることができる。各自治体では災害に備えてハザードマップを作成している。**参照》**P.18

2 火山の監視 **参照》**P.59

　日本列島には111の活火山があり,気象庁では東京の気象庁本庁のほか,札幌・仙台・福岡の各管区気象台に設置された「火山監視・警報センター」(地図の■)の4か所で火山活動を監視している。

　111の活火山のうち,火山噴火予知連絡会によって,50の火山が「火山防災のために監視・観測体制の充実等が必要な火山」(地図の▲)に選定され,地震計,傾斜計,遠望カメラ等の観測施設を整備し,大学の研究機関・自治体・消防等の関係機関からのデータ提供も受け,24時間体制で火山活動を常時観測・監視している。また,2014年9月の御嶽山の噴火を受けて,登山者や火山の周辺の住民に噴火の事実をいち早く伝える気象庁の「噴火速報」の運用が,2015年8月4日から始まった。

●火山監視・警報センターにおいて火山活動を24時間体制で監視している火山(常時観測火山) (2022年7月現在)

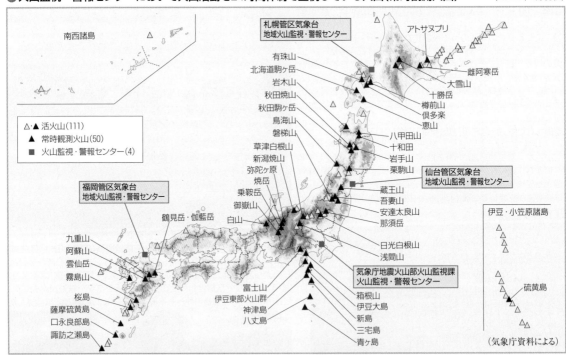

(気象庁資料による)

3 気象の注意報・警報・特別警報

　気象庁は気象現象によって災害が起こるおそれのあるときは「注意報」を,重大な災害が起こるおそれのあるときは「警報」を,さらに重大な災害の危険性が著しく高まっている場合は「特別警報」を発表して注意や警戒を呼びかけている。

●特別警報・警報・注意報

特 別 警 報	大雨,暴風,暴風雪,大雪,波浪,高潮
警　　　報	大雨,洪水,暴風,暴風雪,大雪,波浪,高潮
注　意　報	大雨,洪水,強風,風雪,大雪,波浪,高潮,雷,融雪,濃霧,乾燥,なだれ,低温,霜,着氷,着雪

●防災への教訓

2011年の東日本大震災の際，岩手県釜石市釜石小学校の児童145名は市民とともに高台に避難して難を逃れた。報道では「釜石の奇跡」と呼ぶが，これは群馬大学の片田教授(現・東京大学)による10年以上にわたる防災教育によって小学生から市民までいざというときの避難が迅速にできた結果であった。決して奇跡ではなく，日頃の教訓が大きく生かされた一例であった。

⬆避難所の小学校で勉強会[岩手県釜石市, 2011年3月]

⬆広島の土砂災害[広島県広島市, 2014年8月]　広島市北部を襲った集中豪雨は24時間で300mmを超え，土砂災害警戒情報が出される前に土砂崩れ・土石流が発生した。死者76名，負傷者138名を出す戦後最大の土砂災害になった。

●5段階の警戒レベル

警戒レベル	(市町村からの)行動を促す情報	住民が取るべき行動	気象庁等の情報	
5	緊急安全確保	命の危険 直ちに安全確保！	大雨特別警報	氾濫発生情報
	警戒レベル4までに必ず避難			
4	避難指示	危険な場所から全員避難	土砂災害警戒情報	氾濫危険情報
3	高齢者等避難	危険な場所から高齢者等は避難	大雨警報 洪水警報	氾濫警戒情報
2		自らの避難行動を確認	大雨注意報 洪水注意報	氾濫注意情報
1		災害への心構えを高める	早期注意情報	

(注)2021年，これまで自治体が出してきた「避難勧告」は廃止され，「避難指示」に一本化された。また，気象庁は22年6月1日から産学官連携で世界最高レベルの技術を用いた線状降水帯予測を開始した。　　　　　　　　　　　　　　　　　　　　　　　　(気象庁資料による)

⬆関東・東北豪雨[茨城県常総市, 2015年9月]　9月9日から11日にかけて，日本海を北東に進む温帯低気圧に向かって暖かい湿った空気が大量に流れ込み，太平洋上から日本に接近していた台風17号から吹き出す湿った風とぶつかり，**線状降水帯**が発生した。関東地方北部から東北地方南部にかけて時間降水量300mmを超える豪雨となり，鬼怒川の堤防が決壊し広い範囲が水没するなど，死者8名，負傷者79名，床上浸水7,700棟以上，床下浸水13,000棟以上と各地に大きな被害をもたらした。

4 災害に対する備え・心構え

様々な自然災害に対し，正しい知識を持ち日頃から実際に災害に直面したときの備えを心がけるとともに，災害に強い地域づくりを進めていくことが被害の軽減につながる。

●地震を知る

地域や住んでいる建物によって地震による揺れの強さが違うことを知っておく。

震度0	人は揺れを感じない。
震度1	屋内にいる人の一部が，わずかな揺れを感じる。
震度2	屋内にいる人の多くが，揺れを感じる。眠っている人の一部が，目を覚ます。
震度3	屋内にいる人のほとんどが，揺れを感じる。恐怖感を覚える人もいる。
震度4	かなりの恐怖感があり，一部の人は，身の安全を図ろうとする。眠っている人のほとんどが，目を覚ます。
震度5弱	多くの人が身の安全を図ろうとする。一部の人は，行動に支障を感じる。
震度5強	非常な恐怖を感じる。行動に支障を感じる。
震度6弱	立っていることが困難になる。
震度6強	立っていることができず，はわないと動くことができない。
震度7	揺れにほんろうされ，自分の意思で行動できない。

●土砂災害の前兆現象に注意

土砂災害には，「がけ崩れ」「地すべり」「土石流」の3つの種類があり，これらが発生する際は，何らかの前兆現象がみられることがある。

がけ崩れ
急激に斜面が崩れ落ちる現象。がけにひび割れができる，小石が落ちてくる等の前兆現象。

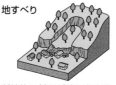
地すべり
断続的に斜面が滑り出す現象。地面がひび割れ・陥没，がけや斜面から水が噴き出す等の前兆現象。

土石流
山や川の石や土砂が水と一緒になって激しく流れる現象。山鳴りがする，川の水が濁る等の前兆現象。

●日頃からの備え

リュックサックなどに入れておき，避難しなければならないときに持ち出す**「非常持ち出し品」**と，避難後の生活をささえる**「非常備蓄品」**に分けておこう。

非常持ち出し品の例

非常備蓄品の例
- 飲料水……一人1日3リットルを目安に，3日分を用意
- 食品…ご飯(アルファ米など一人5食分を用意)，ビスケット，板チョコ，乾パン，缶詰など，一人最低3日分の食料を備蓄
- 下着，衣類
- トイレットペーパー，ティッシュペーパーなど
- マッチ，ろうそく
- カセットこんろ

(総務省消防庁「わたしの防災サバイバル手帳」などによる)

情報ナビ　気象庁のホームページには気象・津波・火山噴火・地震の場合の警報等とるべき行動が示されている。参考にして万が一のときに備えよう。詳細はhttps://www.jma.go.jp/jmaへ。

⬆宇宙から見た夜の地球 宇宙からの衛星写真によって撮影された数十枚の画像を組み合わせて作成されている。都市部の光が集中している地域はおもに北半球に多く日本，中国東岸，ヨーロッパ，北アメリカの東部や西岸などは人口密集地である。逆に，シベリアやカナダのタイガ，ツンドラ，中国西部の乾燥地帯，オーストラリア中央の砂漠地帯，アフリカ大陸の広範囲，南アメリカ大陸のアマゾン川上流域ではほとんど光の画像が見えず，人口密集度の小さい地域である。地上で火が燃え揺らめく赤色の地域がペルシア湾岸やウラル山脈付近，北アフリカなどの油田地帯である。海上でも北海で石油の燃える画像が見られる。焼畑により森林が燃えている画像も見られ，それが赤道付近の紫色の地域である。日本海に見られる緑色の部分はイカ釣りの漁り火である。カナダ北部のツンドラ地帯からグリーンランドにかけてオーロラが見られる。

⬤リモートセンシングによる観測の概念図

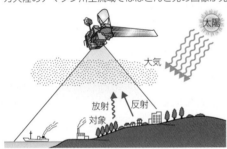

大陽

大気

放射　反射

対象

チェック・ワード **リモートセンシング（遠隔探査）** 地表上の事象を，人工衛星などからの情報によって分析する技術のこと。地球を観測するための人工衛星から，電波・赤外線などを地球に向けて発射し，その反射・放射された時間や量を測定して地表の**地形の起伏**，**災害状況**，**環境変化**，**植生**，**海洋の表面水温分布**，さらには**原油や金属などの地下資源の分布状況**，**海洋のプランクトンの発生状況**などを知ることができる。観測衛星には，アメリカ合衆国の「ランドサット」，日本の「だいち2号（地図作成）」などがある。
（日本リモートセンシング研究会／編『図解リモートセンシング』日本測量協会による）

2 GNSS（全世界測位システム）

⬤GPS用衛星の配置図

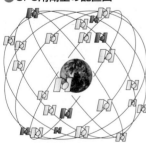

（東京海洋大学ホームページによる）

チェック・ワード **GNSS（Global Navigation Satellite System）** 複数（4基以上）の測位衛星から信号を受信し，地球上での現在位置（緯度，経度，高度）を測位するシステムの総称。一般にはスマートフォンや自動車，航空機，船舶などのナビゲーションに利用されている。**GPS（汎地球測位システム）**はアメリカ合衆国が開発したシステムであり，GNSSの一つである。その他にロシア，EU諸国，日本，中国などでも同様のシステムが開発されている（日本は初期からGPSを利用）。

⬤ナビゲーションシステム

⬤GPSのしくみ

GPS受信機

GPS衛星

カーナビ
（GPS対応）
搭載車

解説 **ナビゲーション**とは行き先を案内すること。自動車につけて，DVDやハードディスクに入った現在位置から目的地までの地図を画面に映し出し（3D化されているものもある），人工衛星からの電波信号を受信して，位置を表示する（**カーナビゲーションシステム**）。また，ナビゲーションシステムを通じて，渋滞情報や事故状況，交通規制，目的地までの所要時間の目安などを提供する**VICS（道路交通情報システム）**サービスも全国で行われている。

⬆目的地検索が高速のカーナビ（提供：三菱電機）

情報ナビ **今どこにいる？** 高齢者や児童などの安全，安心のため，現在の「イドコロ」を確認することができるように，警備会社などによってGPSの端末装置の利用を提供するサービスも行われている。

3 GIS（地理情報システム） ●GISの様々な利用法

- ●国勢調査の人口データを用いて，人口分布図を作成する。
- ●交通量調査と道路ネットワークの情報から，交通渋滞の発生を予測する。
- ●消費者の買い物行動のデータを用いて，商店の来店者数を予測する。
- ●業務上必要な最新の地図の作成や表示ができるため，住民からの区画の閲覧や確認の問い合わせにも素早く対応できる。
- ●地図をコンピュータに入力すれば，縮尺や範囲の異なる様々な地図を目的に応じて自由に作成することができる。
- ●台帳，統計など別々の形式で作成・保存されてきた地理情報をコンピュータで一括して管理ができる。　《以上センター試験過去問より抜粋》
- ●大規模地震発生時，公共交通機関が停止し外出先からの帰宅手段が徒歩のみとなる人が多く発生した場合，地理情報とGISを活用できる例。
  - ①一定距離内に位置する公共施設を特定し，帰宅困難者の一時的滞在施設を把握。
  - ②自宅までの徒歩での距離を計測し，遠距離のため帰宅が困難となる人数を推計。
  - ③道路データと災害の危険性がある区域データを重ね合わせ，危険なルートを把握。

  《令和3年度大学入学共通テスト参考》

❶**標高データから作成した富士山の鳥瞰図**　標高を電子データ化し，コンピュータ処理によって鳥瞰図（3次元地図）を作成できる。さらに，地図上に利用者が独自にデータを加えることで，地図を編集することも可能である。コンピュータを利用する情報化の進展に伴い，新しい地図表現と地図の利用が生み出された。

●**GISを利用したコンピュータ地図**（「地理情報分析支援システムMANDARA」）

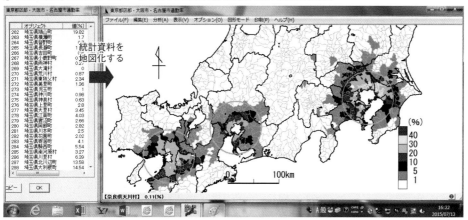

統計資料を地図化する

(%)
40
30
20
10
5
1

100km

チェック・ワード

GIS（地理情報システム）
Geo-graphical Information Systemsの略。地図と主題の情報を総合的に管理し，空間的に情報結合を行う地図・地域データベースシステム。さまざまな地理情報をコンピュータ・グラフィックの技術を利用し地図化し，**都市計画や防災，さらに企業活動などに利用**することができる。

解説　上図は国勢調査で調べた三大都市圏の郊外地域から都心部への通勤率の資料をコンピュータを使って地図化したものである。統計資料で読み取るよりも，GIS機能を利用し地図化することによって，通勤圏の広がりやその範囲を視覚的にとらえることができる。図から新幹線に沿って栃木県宇都宮市や群馬県高崎市，また，長野県軽井沢町や伊豆半島北東部の静岡県熱海市などからも東京都区部に通勤している人がいることが読み取れる。また，三大都市圏の拡大を比較でき，東京都市圏の拡大が最も大きく，名古屋都市圏は小さくまとまっていることが読み取れる。GISは商業施設などのマーケティング調査，**ハザードマップ**（参照 P.14・18）等様々な分野で活用されている。

4 GISの構造例

①百貨店（●）
　総合スーパー（●）
　専門スーパー（■）
　コンビニエンスストア（▲）
　の分布〔ポイント：点〕

②人口集中地区
　〔ポリゴン：面〕

③一人暮らしの
　高齢者の多い地区

④道路・鉄道
　〔ポリライン：線〕

⑤陰影起伏図
　〔ラスタデータ〕

①～⑤を重ね合わせたもの

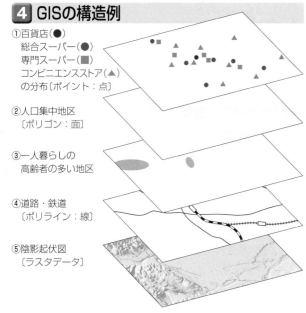

解説　文字や数値で表されている様々な地理情報をコンピュータの地図上で可視化して，地理情報の様々な関係性や傾向などを導き出せる。「店舗を出すのに最適な場所は？」，「地価が安い場所は？」，「自然災害の危険が高い場所は？」，「感染症の発生率が高い場所は？」など，地図上でビジュアルに表現できる。左図（イメージ）のように複数の地理的情報を重ね合わせて情報を分析でき，またその対比も簡単にでき，その関係性も見えてくる。3Dやアニメーションで可視化することも可能。

　GISで扱うデータ　ベクタデータとラスタデータである。ベクタデータにはポイント（点），ポリゴン（面），ポリライン（線）がある。ラスタデータは格子状のセルごとに情報が含まれているものである。

5 GISの活用例

● 商圏を地図化する

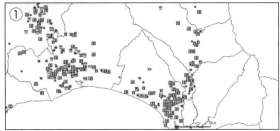

⬆ある地区のコンビニエンスストアの分布

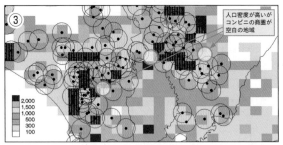

⬆各店舗の商圏(半径500m範囲)

解説 GISは，コンビニエンスストアなど新たな店舗出店などのマーケティング調査等，企業の経営戦略などにも活用されている。

①ある地区のコンビニエンスストアの位置を住所(経度・緯度)をもとにコンピュータマップ上に示したものである。

②コンビニエンスストアから徒歩で半径500mの範囲をそのコンビニエンスストアの商圏(参照》P.189)と想定し，それを地図上に円で示したものである。いくつかの地域ではコンビニエンスストアの商圏が重なり合っていることが読み取れる。また，郊外ではどの商圏にも属さない「コンビニ空白地」があることもわかる。

③上記コンビニエンスストアの商圏を示した地図に，500m四方のメッシュごとの人口密度の地図を重ね合わせてみる。人口密度が高いにもかかわらず，どこの円にも属さない，つまりコンビニエンスストアの商圏に属さない地点が存在していることもわかる。

以上のように，GISの利用で新たなコンビニエンスストアの店舗の出店位置を決定する検討材料とすることができる。

(伊藤智章著『地図化すると世の中が見えてくる』ベレ出版による)

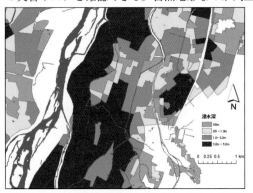

⬆人口密度(2005年)と商圏の重ね合わせ

● ハザードマップの作成～土地条件や災害リスクを確認する

土地条件図の災害リスクの評価に基づいてハザードマップを作成したもの。自宅や学校が立地する場所の災害リスクを確認できる。自然地形なのか人工地形なのかをまず確認しよう。次にそれぞれの災害リスクについて，地形との関連を考察してみよう。避難所までの近接性も確認しておこう！

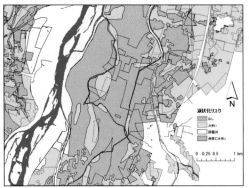

⬆**浸水深リスク** 各家庭に配布されるハザードマップである。国土数値情報の浸水想定区域や土地条件図を使用すればハザードマップが容易に作成できる。

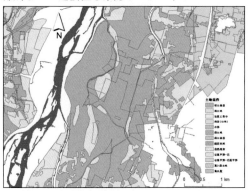

⬆**土地条件図** 様々な地形が自然地形か，人工地形か確認してみる。

⬆**液状化リスク** 土地条件図の液状化リスクの評価に基づいて可視化したもの。土地条件との関連について考察しよう。

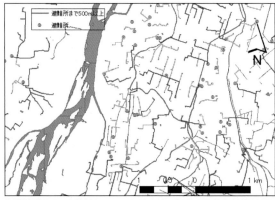

⬆**避難所までの近接性** 町丁目ポリゴン(面)の重心から最近隣の避難所までの距離を測定したもの。赤いラインはその距離が500m(高齢者が徒歩で無理なく歩行できる距離として一般的に用いられる)以上のものである。図では4割以上の町丁目で500m以上あり，より最近隣に避難所の設置が求められる。

地図、地理的技能

●集計データの利用～データを活用して課題を探る

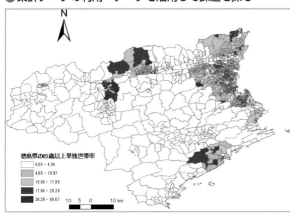

徳島県の65歳以上の高齢者単独世帯率
0.00 - 4.04
4.05 - 10.97
10.98 - 17.85
17.86 - 28.28
28.29 - 66.67

10　5　0　　　　10 km

◆徳島県の65歳以上の高齢者単独世帯率　政府統計の総合窓口(e-Stat)(下図)の国勢調査の結果より徳島県の65歳以上の高齢者単独世帯率(65歳以上世帯員のみのうち)を可視化したもの。このデータから読み取れることは多岐にわたる。空き家の増加，地方の消滅等日本社会が抱える課題が凝縮されている。こうした問題を自分事として話し合ってみよう。

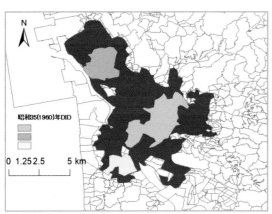

昭和35(1960)年DID

0　1.25 2.5　　　5 km

◆秋田市のDID面積の変化　国土数値情報(下図)のDID(人口集中地区)データを可視化したもの。昭和期，平成11(1999)年からの大合併，現在の様子を可視化することで，変遷をたどることができる。また，大合併の効果の検証のための資料としても活用できる。昭和35年に3か所あったDIDは，平成27年のデータでは赤色のように結合し，面積では約3.6倍，人口では約2倍となっていることがうかがえる。

都市の変遷や合併を考える上で不可欠なものが，DIDの面積や人口のデータである。必要と思われるデータや入手先を調べてみよう。さらに，合併の前後で何がどのように変化したのかを検証してみよう。

●衛星画像の利用

　ランドサット(Landsat)の衛星画像は無償のリモートセンシングのソフトウェアで処理が可能である。地図帳や資料集に掲載の場所も気軽に見ることができ，作成も可能である。海外の地形を身近に捉えることができる便利なツールである。

◆森林伐採の跡＝フィッシュボーン[ブラジルのパラ州]　アマゾンの農地開発のために森林が伐採され，魚の骨のように伐採跡が残り，フィッシュボーンと呼ばれているものである。「地球の肺」の役割を果たしてきた熱帯雨林が，毎年消失し続けている。1970年代にアマゾン横断道路が建設された。入植者は，農地を開くために伐採を繰り返している。

◆センターピボットの灌漑農地　サウジアラビアのワディ・アドダワシル(Wadi Ad Dawasir)付近のセンターピボットによる灌漑農地の様子である。かつてサウジアラビアは小麦の輸出国であったが，コスト抑制のために国内需要優先とし，さらに水資源の枯渇への配慮から輸入国へとシフトした。

◆MultiSpecの起動画面

解説　Landsatの衛星画像はアメリカ地質調査所(USGS)のホームページから無償でダウンロードできる。Path/Row(位置を示す番地)を確認して入手した後，右図のMultiSpec(Purdue大学がNASAの協力を得て開発)のようなフリーソフトウェアで簡便に処理でき可視化できる。

◆USGSのホームページ

1 地球上の位置

● 地球の公転と四季

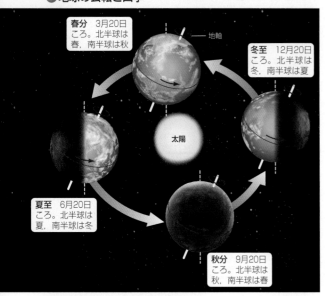

春分　3月20日ころ。北半球は春、南半球は秋

冬至　12月20日ころ。北半球は冬、南半球は夏

地軸

太陽

夏至　6月20日ころ。北半球は夏、南半球は冬

秋分　9月20日ころ。北半球は秋、南半球は春

● 地球上の位置

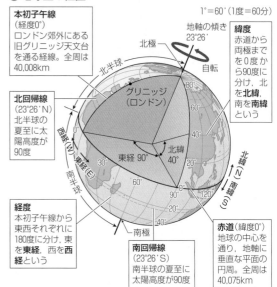

1°＝60′（1度＝60分）

本初子午線（経度0°）ロンドン郊外にある旧グリニッジ天文台を通る経線。全周は40,008km

地軸の傾き23°26′

緯度 赤道から両極までを0度から90度に分け、北を**北緯**、南を**南緯**という

北回帰線（23°26′N）北半球の夏至に太陽高度が90度

北極
北半球
自転
グリニッジ（ロンドン）
80
60
40 北緯40°
20 西経（W）・東経（E）
0
30
60
90
120
20
40 南半球
南極

北緯90°

東経90°

経度 本初子午線から東西それぞれに180度に分け、東を**東経**、西を**西経**という

南回帰線（23°26′S）南半球の夏至に太陽高度が90度

赤道（緯度0°）地球の中心を通り、地軸に垂直な平面の円周。全周は40,075km

解説 地球は、地軸を23度26分傾けた状態で太陽の周りを公転しているため、地球の位置によって、また同じ地点でも季節によって昼夜間の長さや太陽の南中高度が変化する。北半球と南半球では太陽から得る熱量に差が出て季節が逆になる。また、北極圏において、緯度66度34分より極に近い範囲である**極圏**では、夏には太陽が完全には沈まず一日中暗くならない**白夜**や、冬には太陽が地平線からほとんど昇らない**極夜**があらわれる。

● 主な緯度と経度の通過点（主な経緯線の通過点を確認しよう）

緯度	北緯66度34分（北極圏*の境界）	アイスランド以北の海洋、スカンディナヴィア半島北部（ラップランド）、ロシア、北アメリカのツンドラ地帯
	北緯40度	スペイン中部、イタリア南部、トルコ、タクラマカン砂漠、ペキン、**秋田県**、フィラデルフィア
	北回帰線	サハラ砂漠、アラビア半島中央、インド、中国華南、台湾、メキシコ、キューバ北端
	赤道（緯度0度）	コンゴ盆地、ヴィクトリア湖北端、スマトラ島、カリマンタン島、エクアドル、アマゾン川河口
	南回帰線	マダガスカル南部、オーストラリア中央、サンパウロ
	南緯40度	アフリカ大陸南端沖の海洋、オーストラリア大陸とタスマニア島間のバス海峡、ニュージーランド北島、パタゴニア
経度	本初子午線	ロンドン（旧グリニッジ天文台）、フランス、マリ、ガーナ
	東経60度	ウラル山脈、アラル海、イラン東部
	東経90度	アルタイ山脈、中国西部、バングラデシュ
	東経135度	**日本の標準時子午線（兵庫県明石市）**、オーストラリア中央
	西経120度	サンフランシスコ東部、ロサンゼルス西部

❶グリニッジ天文台旧本館　窓の中央の線が経度0度のグリニッジ子午線。

❷旧本館のグリニッジ子午線とつながる本初子午線

*北極圏内に入る地域・都市…ツンドラ地域（ラップランド、ディクソン、バロー、プルドーベイ）

解説 地球を半分に分けたとき、陸地面積が最大となる半球を**陸半球**、海洋面積が最大となる半球を**水半球**という。陸半球の中心地点はパリ南西のナント付近であり、水半球の中心地点はニュージーランド沖のアンティポディーズ諸島である。陸半球の中心地点と水半球の中心地点は地球上の正反対の位置になり、対蹠点の関係にある。水半球の中心である**アンティポディーズ**とは対蹠点の意味である。

2 陸半球と水半球、対蹠点（たいせきてん）

● 陸半球

中心地点（北緯47度、西経1度30分）

● 水半球

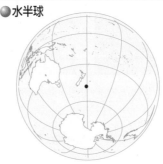

中心地点（南緯47度、東経178度30分）

チェック・ワード **対蹠点** 対蹠点とは地球上のある地点に対する正反対の地点のことである。ある地点の対蹠点の求め方は、緯度の絶対値は同じで、北緯と南緯を逆にする。経度の対蹠点は180度の差があり、東経と西経を逆にする。例えば、東京（35°41′N、139°46′E）の対蹠点は、35°41′S、40°14′Wとなり、南米アルゼンチン沖の南西大西洋上になる。

情報ナビ **世界標準時（GMT）** 1875年に国際地理学会は世界の標準時子午線をフランスのパリを通る子午線に決めかけたが、当時世界一の海上貿易国家イギリスが反対し、1884年イギリスのグリニッジ天文台を通る子午線が世界の標準時子午線になった。

3 時　差

⬆東京（1月1日9：00）

⬇ホノルル（ハワイ）
（12月31日14：00）

● 標準時と時差

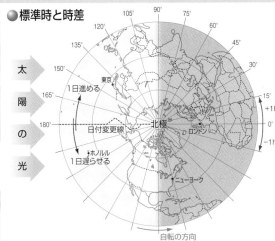

太陽の光

自転の方向

● ロンドン（1月1日0：00）

⬆ロンドン（1月1日0：00）

⬇ニューヨーク
（12月31日19：00）

解説 地球は一日24時間で360度自転するので，360°÷24時間＝15°となり，**経度15度ごとに1時間の時差**が生じる。イギリスの旧グリニッジ天文台の時刻を「**世界標準時**」（GMT：Greenwich Mean Time）として世界中の時刻の基準とした。地球は西から東へ自転するので，**東経は経度15度ごとにGMTより時刻が1時間ずつ早くなり，西経は経度15度ごとにGMTより時刻が1時間ずつ遅くなる。**

● 等時刻帯地図

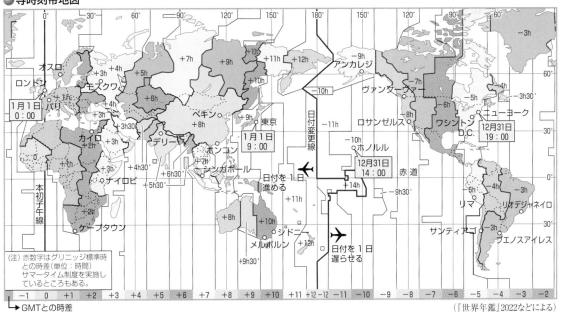

（注）赤数字はグリニッジ標準時との時差（単位：時間）
サマータイム制度を実施しているところもある。

↳ GMTとの時差

（『世界年鑑』2022などによる）

4 サマータイム制度とは?

　夏の日照時間が長い高緯度地方の国々を中心に時計の針を1時間進め，日中の時間を有効に活用しようとする制度である。サマータイム制度は，現在欧米を中心に多くの国で実施されているが，近年，EU諸国でサマータイム反対の世論が高まり廃止を検討している国が多い。

● サマータイムの導入の是非

賛成
①朝，涼しい時間から仕事をして明るい時間を有効に使い，夜は早く寝るため省エネにつながる。
②日没までの自由時間が増加し，余暇活動が充実する。

反対
①始業時刻は夏時間でも終業時刻を外の明るさを基準とする傾向があれば労働時間が増加する。
②時刻切り替え時に睡眠など生活のリズムが狂い，健康を損なう人が増加する。
③夏時間と通常時間との切り替え時に時計や各種システムの修正が大変。

● 世界のサマータイム制度実施国・地域 （2021年）

▨ サマータイム実施国・地域　（『世界年鑑』2022などによる）

地図にみる世界観の変化

●B.C.2500年ころの世界最古の粘土板に記録された地図

北西メソポタミアの遺跡から出土した地図。魚鱗状の形態をした山地に囲まれた小盆地・盆地の中を流れる灌漑水路に沿った小円状の集落がみられる。楔形文字で「アザラの耕地」と記されている。

●B.C.700年ころのバビロニアの世界図

メソポタミアを中心にして，バビロニア人が抱いていた地理的世界像を表現したものである。海の外側は想像で描かれた未知の土地。世界の中心にバビロン，周りの海の向こうに空を支える山がある。
1 海
2 バビロン
3 周囲の小都市
4 ユーフラテス川
5 ペルシア湾

●中世ヨーロッパのTO図

地球球体説が否定され，地図から科学性が失われた中世ヨーロッパの象徴的な世界図。Oは世界の周辺をとりまく海オケアノス，Tの横線はタナイス川（現在のドン川）とナイル川，縦線は地中海を表している。

●1154年のイドリーシーの世界図（イスラームの世界図）

聖なる方位「南」を上にして描く。北西ヨーロッパ〜地中海〜アラビア半島，広大なアフリカ大陸，ユーラシア大陸，東南アジアの描写がみられる。アフリカ大陸の東端に日本を示すとされるワクワク（アラビア語で日本を示す倭国）の文字がある（地図中○）。日本の存在は知られていたが，その位置が正確にとらえられていない。

●1569年のメルカトル（オランダ）の世界図

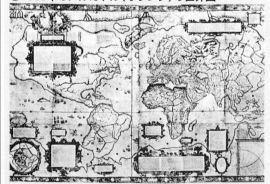

メルカトル図法の名で知られる**航海用世界図**。地図上の任意の方位線が直線で表され，この方位線と経線のなす角が常に正しい舵角を示している。南半球に大きな南方大陸があると考えられ，また北極にも大陸が描かれている。

●1720年のドゥリール（フランス）の世界図

地球を実際より小さく考えてしまったプトレマイオスの影響から完全に脱し，各大陸の位置をほぼ正確に表現するようになった地図。ヨーロッパとアフリカ，南アメリカの輪郭や緯度・経度がほぼ正確であるが，オーストラリアはまだ西半分しか描かれておらず，北アメリカの北西部も明確になっていない。

情報ナビ **世界観が確立する過程で…** 後世からみると無謀な取り決めも行われている。1494年，新大陸を探検していたスペインとポルトガルは，現在のブラジル中部を境界として，以東をポルトガル領，以西をスペイン領とする**トルデシリャス条約**を結んでいる。

（ジョン・ノーブル・ウィルフォード，鈴木主税訳『地図をつくった人々』河出書房新社，織田武雄『地図の歴史』講談社，国土地理院「MAP GUIDE」，（財）日本地図センターなどによる）

地図、地理的技能

●B.C.200年ころのエラトステネス（ギリシャ）の世界図

初めて地球の大きさを測ったエラトステネスの世界地図には，東西方向の線と南北方向の線が使われている。正確ではないが緯線・経線の始まりとされている。アレクサンドロス大王のアジア遠征によって，ヒマラヤ山脈の存在も知られるようになり，世界の陸地は東西に長い形態になっている。

●A.D.150ころのプトレマイオス（ギリシャ）の世界図

丸い地球の球面を平面に描き表した最初の世界図（円錐図法で作成）。経度で180度，南緯20度までの範囲を経緯線を使って表している。しかし地球の大きさはエラトステネスの測定値ではなく，ポセイドニオスの求めた値，地球一周約3万2,000kmを使っているため，小さく表現されている。アジアを東へ延ばしすぎて表現しているため，コロンブスのように西まわりをしてアジアへたどりつこうとする人々を生んだ。以後ヨーロッパの世界観の基となった地図。プトレマイオス自身の原図は存在せず，上の写真は後世に描かれた写本である。

●13世紀～16世紀のポルトラノ型海図

地中海の海上交通の発達において，航海に羅針盤が用いられるようになって生まれた地図。15世紀ころイタリアを中心に発達。羅針盤の中心から32本の方位線が引かれているのが特徴である。

●1492年のマルティン＝ベハイム（ドイツ）の地球儀

現存する最古の地球儀。直径51cm。アメリカ大陸は存在せず，ヨーロッパとアジアの間の大洋の西寄りにジパング島（日本）がある。各地を描写する細密画や各国についての詳細な説明文が細かく記載されている。

日本の古地図

●奈良時代の行基図（下図は1656年の行基図『拾芥抄』）

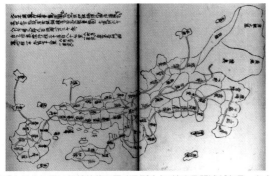

左上に「大日本国図は行基菩薩の図する所也」で始まる記述がある。もとは奈良時代の僧の行基（668-749）が作成したと伝えられており，日本最古の地図とされる。原本は残っていないが，江戸時代初期までに加筆・訂正され使用されてきた。江戸時代初期の改訂では，都（京都）からの街道が記載されている。また，東北地方はおおまかに描かれており，まだ，未知の世界であったことがわかる。北海道（蝦夷地）は描かれておらず，江戸幕府の統治下に入っていなかったこともわかる。写真の地図は2枚の画像を合成したものである。　　（提供／筑波大学附属図書館）

●1821年の伊能忠敬の日本地図

幕府の命によって日本各地を測量（大図）し，その地図をもとに中図，小図などが編集され，明治時代まで使われた。彼の死後，高橋景保によって完成。大日本沿海実測（輿地）全図と総称される。

情報ナビ **伊能図よみがえる**　伊能忠敬（1745-1818）の作った大図の正本は1873年皇居の火災で焼失したが，模写図のうち最後まで所在不明だった「山城，河内・摂津」など4枚が2004年に発見され，全貌がようやく明らかになった。

図法の特色と用途

（注）❷の各図法の背景の色は，❶の投影の原理の背景の色と同じにしてある。

❶ 地図投影法

　球体である地球の姿を平面である世界地図に面積・方位・距離・角度などの要素をすべて正確に描くことは不可能である。どのような地図であっても，必ずどこかの要素に歪みが生じる。**地図投影法**は地球儀に光をあて，平面に影を映し出し，平面地図を作成する方法である。

①円筒図法
（心射円筒図法の場合）

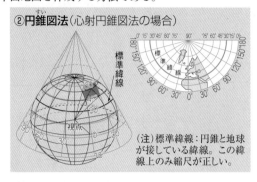

②円錐図法（心射円錐図法の場合）

（注）標準緯線：円錐と地球が接している緯線。この緯線上のみ縮尺が正しい。

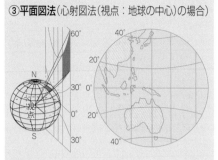

③平面図法（心射図法（視点：地球の中心）の場合）

❷ 用途による分類

(1)正角図

実際の地球上の角度と地図上の角度が等しく表現された地図。

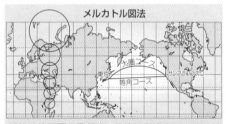

メルカトル図法

　経線は等間隔の平行線，緯線は高緯度にいくほど間隔が広い平行線となる。経線と常に同じ角度に交わって進む**等角航路**が直線で示されるので，**航海用（海図）**として使用され，羅針盤に頼っていた大航海時代には最も重要な地図であった。大圏コース（最短コース）は直線で示すことができず曲線になる。高緯度地方ほど距離や面積が著しく拡大され，赤道に対して**緯度60度で距離は2倍，面積は4倍に拡大**される。

(2)正距離図・正方位図

方位・距離が正しく表現された地図。

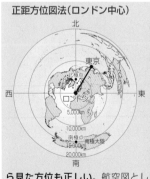

正距方位図法（ロンドン中心）

　地表における任意の2地点間の最短経路を**大圏コース**とよぶ。正距方位図法は，図の中心地点と任意の1地点を結ぶ直線は2地点間の**大圏コース（最短経路，最短距離）**を示し，中心から見た方位も正しい。航空図として利用され，**外周は中心地点に対する対蹠点**として表現され，**半径は約20,000km**（対蹠点までの距離は，地球1周約40,000kmの半分）である。図の周辺ほど面積や形のひずみが大きく描かれる。図では，ロンドンから見た東京の方位と距離は，北北東，約10,000kmである。

(3)正積図

面積が正しく表現された地図。各種分布図として利用されている。

⬭は，地球上の各地域に一定の大きさの円を描いたとき，その円の形や大きさの変化を示している。

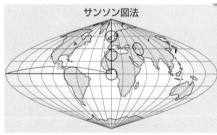

サンソン図法

　緯線は赤道に平行で等間隔，経線は中央経線を除いて**正弦曲線（サインカーブ）**となる。低緯度地方での形のひずみが小さい反面，高緯度地方の周辺部ほど形のひずみが大きくなる。低緯度地方の地図に利用。中央経線と赤道の比は1：2。

モルワイデ図法

　サンソン図法を基本とし，中緯度以上の周辺のひずみを減らすために，経線を**楕円曲線（楕円弧）**にする。正積の条件を保つために，緯線は高緯度ほど間隔が狭くなる平行直線になる。中緯度重点の世界地図に利用。90度の経線が円になる。

グード（ホモロサイン）図法

　低緯度のひずみの少ない**サンソン図法**の長所と高緯度のひずみが少ない**モルワイデ図法**の長所を生かすため，**緯度40度44分で両者を接合**し，更にひずみを少なくするために海洋部を断裂した。陸地の形のひずみが小さく陸地重点の世界地図に利用。分布図に向いている。流線図には適さない。

接合部分

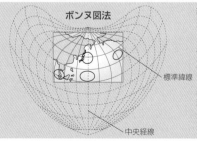

ボンヌ図法

　緯線は等間隔の同心円。経線間隔は正積の条件を保つように作図した曲線。中央経線，標準緯線付近の形が自然だが，周辺部のひずみが大きいため世界図には適さないが，中縮尺の地方図（西ヨーロッパ地方程度）に適する。あえて世界図を描くとハート形のような図になる。

標準緯線

中央経線

情報ナビ **国連旗** 北極を中心とした正距方位図法の地図を南緯60度で切り，その周りを平和の象徴とされるオリーブの葉で囲んだデザインの旗が国連旗である。

演習1 地球上の距離・位置を理解しよう

解答》P.37

(1) 赤道，子午線一周の距離は約何kmか。

(2) 緯線60度一周は約何kmか。

(3) 次の世界地図を見ながら地球上の位置・距離を確認しよう。

① 1～7の(　)に経度，緯度の数値を答えよう。

② 地図中に南北回帰線を直線で記入しよう。

③ 地図中に北極圏の境界となる北緯66度34分を直線で記入しよう。

④ 地図中のX地点の対蹠点に●をつけよう。

⑤ A，Bの直線の距離はどちらが長いか。

⑥ Aの直線の距離は約何kmか。

⑦ Bの直線の距離は約何kmか。

⑧ Cの直線の距離は約何kmか。

(4) 自分の学校の緯度と経度を調べよう。

●方位

写真のように，東京を中心として南極点と北極点をつなぐ経線と，**直角に交わる大円上の線が**東京から見た東西である。メルカトル図法上の緯線は赤道上以外，東西を示したものではない。

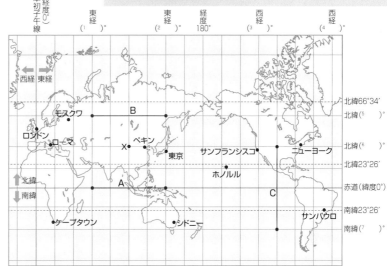

演習2 時差を理解しよう

解答》P.37

1 大学入試に出題された時差の問題と解法の手順

次の表は，2005年12月における東京(成田)からホノルルと，東京からバンコクの直行便のフライトスケジュール*を示したものである。東京・ホノルル間の所要時間と東京・バンコク間の所要時間との正しい組合せを，下の①～④のうちから一つ選べ。

*時間はすべて現地時間で示した。

表

フライトスケジュール	日本と現地との時差
東京(成田)発 20：10 → ホノルル着 7：40(同日)	19時間
東京(成田)発 11：20 → バンコク着 16：50	2時間

『JTB時刻表』により作成。

	東京(成田)・ホノルル間	東京(成田)・バンコク間
①	6時間30分	3時間30分
②	6時間30分	7時間30分
③	11時間30分	3時間30分
④	11時間30分	7時間30分

(大学入試センター試験2007年地理A)

【東京(成田)・ホノルル間についての解法の手順】

(　)に適語を入れるか，選べ。

東京とホノルルとの時差は，ホノルルの方が19時間(1 早い・遅い)。したがって，この便が東京を出発する20：10の時，ホノルルは(2 当日・翌日)の(3　：10)。この便はホノルルに当日の7：40に着くから，実際の飛行時間は(4　時間30分)である。したがって解答は(5 ①か②・③か④)である。

※東京・バンコク間についても同様に計算してみよう。

2 東京・ホノルル間の時差の計算

(　)に適語を入れるか，選べ。

地球一周は(6　度)で1日は24時間だから，1時間は経度(7　度)分になる。時刻は東へ行けば行くほど(8 早く・遅く)なり，太平洋上の経度180度線は(9　線)とよばれている。東京(日本)の標準時は東経(10　度)，ホノルル(ハワイ)の標準時は西経150度を基準としているので，東京とホノルルの経度差はGMTを経て計算すると(11　度)，すなわち19時間の時差ということになる。

●**主要証券取引所の立会時間**

(日本時間)

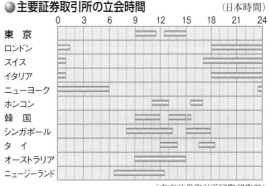

(東京証券取引所国際部資料)

解説 常にどこかの証券取引所が開かれており，金融市場は24時間動いている。また，ニューヨーク証券取引所のサマータイム時の立会時間は，22時30分～5時である。

情報ナビ **日付変更線** 地球を一周すると日付が1日ずれるのを防ぐため，1884年の万国子午線会議で経度180度に沿って設定。1995年キリバスは国内の日付の混乱を防ぐという理由で東側に迂回させ，GMT＋14時間の地域が出現した。

●正距方位図法（東京中心）

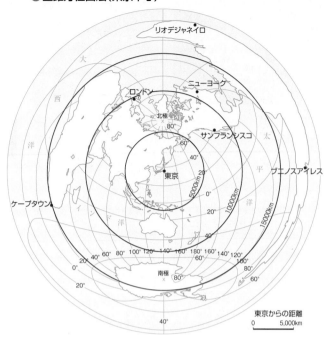

●メルカトル図法

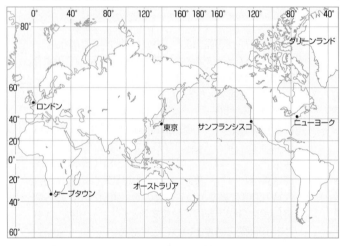

❸最短コース＝大円（大圏）コースを理解しよう

　A地点から見たB地点の**方位**とは，A地点において B地点へ行くための**最短コース**のスタートする方向 をいい，それは地球上で**大円（大圏）コース**を示す。そ れは次のように証明できる。

　○地球上にひかれた既知の線を大円，小円にわける と次のようになる。

赤道
任意の子午線・経線　}→大円

赤道以外の緯線→小円
（回帰線などを含む）

　右下側の図より，円C，C′それぞれの円周上の⌒AB 間の距離は，円C上のほうが短い。どんな平面で切っ ても，Cよりも大きな円はできないのだから，円C（大 円）上の⌒ABが，両地点間の最短コースであり，これを 大円コースとか，大圏航路とよぶ。

❶東京中心の正距方位図法の作業

(1)　東京からみた東西南北の方向へ直線を引こう。

(2)　東京からの以下の各都市の方位を，16方位（北・ 北北東・北東・東北東など）で答え，およその距離 を求めよう。
  ①　ニューヨーク
  ②　リオデジャネイロ
  ③　ブエノスアイレス
  ④　ケープタウン
  ⑤　ロンドン

(3)　正距方位図法の図の円周は何を表しているか。

(4)　左の正距方位図法の図の直径は，実際に地球上で 測るとおよそ何kmか。

(5)　ロンドンからみた東京の方位は南南東で正しい か。

❷メルカトル図法と方位・対蹠点・面積

❶の作業をした結果を参考にして，

(1)　東京からニューヨークとロンドンへの最短経路 を図中に描こう。

(2)　東京からみた東西南北の線を図中に描こう。

(3)　(1)の結果から，メルカトル図法上では，最短コー スは直線で表現されていないことを確認しよう。し かし，メルカトル図法上でも最短コースが直線 で表現されている場合もある。どのような場合か。

(4)　一般にメルカトル図法上で2点間を結んだ直 線（等角コースという）は，どのような意味を もった線で，どのようなことに利用できるか。

(5)　東京―サンフランシスコ間の等角航路を図 中に示そう。

(6)　東京(35°41′N, 139°46′E)の対蹠点に●を つけよう。

(7)　ニューヨーク(40°46′N, 73°54′W)の対蹠 点を求め，その地点に●をつけよう。

(8)　東京からみたサンフランシスコの方位を答 えよ。

(9)　ロンドンとケープタウンはどちらが東京に 近いか。

(10)　グリーンランドとオーストラリアはどちらが面 積が大きいか。

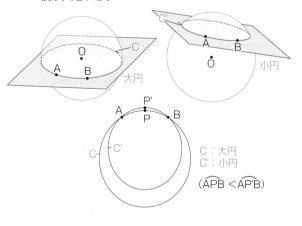

設問1　次の図は，南極観測拠点の一つである日本の昭和基地(地点**P**)を中心とした正距方位図法によって描かれている。図中の実線で描かれた直線は，昭和基地を通る経線を示し，破線**X**は，ある緯線を表している。図を見ながら問に答えよ。

(2004年度大学入試センター試験地理B本試より)

問1　南極点に●を記入せよ。

問2　図中の破線**X**の緯度として最も適当なものを，次の①〜④のうちから一つ選べ。

① 南緯20度　　② 南緯40度

③ 南緯60度　　④ 南緯80度

問3　中心地点(**P**の昭和基地)から見た東西南北の直線を記入せよ。

問4　図中の昭和基地(地点**P**)と他地点との位置関係について述べた文として最も適当なものを，次の①〜④のうちから一つ選べ。

① 昭和基地から見て真西の方角には，南アメリカ大陸の東部が位置している。

② 昭和基地から真北の方角に進むと，太平洋を通過した後に日本列島に到達する。

③ 昭和基地からアフリカ大陸最北端や南アメリカ大陸最北端までの距離は，およそ20,000kmである。

④ 図中の**A**〜**C**で示された各地点のうち，昭和基地までの距離が最も近いのは，**C**地点である。

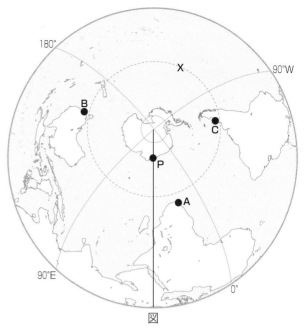

図

設問2　下の図を見て，地理の基礎的事項に関する次の問に答えよ。　(2010年度大学入試センター試験地理A本試より)

問1　図中の東京から見たペキンの方位とおよその距離との正しい組合せを，次の①〜④のうちから一つ選べ。

	①	②	③	④
方　位	北北西	北北西	西北西	西北西
距離(km)	2,000	5,000	2,000	5,000

問2　図中の**ア**〜**エ**の地点のうち，2地点間の地球上での距離が最短となる組合せを，次の①〜④のうちから一つ選べ。

① **ア**と**イ**　　② **イ**と**ウ**　　③ **ウ**と**エ**　　④ **エ**と**ア**

問3　図中の**A**〜**C**で示した範囲の地球上の面積について述べた文として正しいものを，次の①〜④のうちから一つ選べ。

① **A**で示した範囲の面積が最も広い。

② **B**で示した範囲の面積が最も広い。

③ **C**で示した範囲の面積が最も広い。

④ **A**〜**C**で示した範囲の面積はすべて同じである。

問4　図中の**D**地点で2月1日午後1：00に開始されるスポーツ生中継を，東京で視聴するときの試合開始時刻として正しいものを，次の①〜④のうちから一つ選べ。なお，サマータイム制度は考慮しない。

① 2月2日午前3時

② 2月1日午後10時

③ 2月1日午前3時

④ 1月31日午後10時

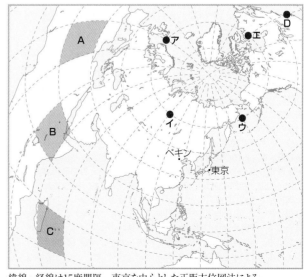

緯線・経線は15度間隔。東京を中心とした正距方位図法による。
図

●地図の分類

基準	種類	内　容	例
表現内容	一般図	基本的な地図情報を網羅して表現	国土基本図・地形図・地勢図
	主題図	特定の事象をくわしく表現	統計地図・気候図・海図・土地利用図
作成法	実測図	実際に測量をして作成	国土基本図・2万5千分の1地形図
	編集図	実測図などをもとにして編集	5万分の1地形図・地勢図
縮尺	大縮尺図	相対的な概念。分母が小さいほど大縮尺	5千分の1国土基本図・2万5千分の1地形図
	小縮尺図		100万分の1日本

●5万分の1地形図

■**内容**　2万5千分の1地形図4面分を1面にまとめた**編集図**。全国を1,295面でカバー。2万5千分の1地形図に比べると表現内容は少し省略されている。電子化に伴い更新停止。
■**使い方**　地形・地域の観察や，登山や旅行の行程・拠点を考えるときに便利。

●2万5千分の1地形図

■**内容**　統一した内容と精度で国土全体を4,430面（2022年8月1日現在）でカバーした基本的な**実測図**。平成14年式が登場して経緯度線の基準が**世界測地系**になった。2013年11月以降，順次更新され，新しい地図表現が適用される。これまでのように3色刷に限定せず，多彩な色を使って表現されている。この多色刷の地形図は，我が国全域を覆うベクトル形式の基盤データである電子国土基本図（地図情報）を活用して作成し，オンラインで提供している「電子地形図25000」を印刷図として調製・印刷したもので，道路や建物の情報がより詳細になった。
■**使い方**　地域のさまざまな計画，調査，郷土の学習，観光や登山と幅広く利用できる。

●20万分の1地勢図

■**内容**　5万分の1地形図16面を張り合わせて1面にまとめ，全国を130面でカバー。山地には影（ボカシ）をつけて表現し，地表の起伏のようすが見やすい。更新なく「電子地形図20万」へ。
■**使い方**　1面の平均的面積は約6,400km²であるから，県レベルの調査，計画などには手ごろな大きさ。

●1万分の1地形図

■**内容**　全国主要都市を整備（313面）。一軒一軒の家が表示される。紙地図は廃刊で更新なし。
■**使い方**　1万分の1地形図は，主要都市の新しい地形図である。道路などがくわしく表示されているだけでなく，2mごとの等高線で地形が表現されているので，地形や街のようすを知るのに便利である。

●電子地形図25000

■**内容**　電子国土基本図をもとに作成され，多色刷りで地図表現も新しくなった。電子データまたは紙の両方で提供される。図の中心位置，画像の向き，道路・鉄道の色や形に関する表現方法など，いくつかの項目を利用者が用途に応じて選択できる。サイズはA3，A4も選択できるので，家庭でも印刷できる。電子国土基本図は「地図情報」「オルソ画像」及び「地名情報」の3項目から構成され，「**地理院地図**」として，ホームページで閲覧できる。(https://maps.gsi.go.jp/)
■**使い方**　更新の頻度が高く，常に新鮮な地図画像を入手できる。欲しい場所を欲しい大きさで自由に切り取ったり，地物の表現を選択したりすること（オンデマンド）ができ，幅広く利用可能。
（注）このページの地形図は，東京の高島平を中心にみたものである。

情報ナビ　**一般図はほかにどのようなものがあるの？**　国土地理院発行の一般図は，これらのほかに50万分の1地方図，100万分の1日本，500万分の1日本とその周辺，国土基本図などがある。

2 主題図(1)

● 活断層図((旧)都市圏活断層図)(注)

(松本)

■**内容** 2万5千分の1地形図に活断層の正確な位置，横ずれの方向，縦ずれの方向，段丘，第四紀，後期の主な地形などを表示したもの。 (注)2017年10月より名称変更。

● 2万5千分の1土地利用図

■**内容** 土地利用状態を現地調査や空中写真，資料などによって調べ，地図に色分けして表したもの。都市の商業や工業などの機能区分，農地，林地などの植生区分などが表示されている。

チェックワード 絶対分布図 数や量の値そのものを地図化したもの。(例)ドットマップ，等値線図，図形表現図，流線図
相対分布図 割合や指数のような相対的な値を地図化したもの。(例)階級区分図，メッシュマップ

3 主題図(2)〜統計情報を地図化した統計地図

● ドットマップ

・1点＝2,000人
(2010年，「国勢調査」による)

❶**富山県の人口分布** 一定数量を示す点（ドット）で分布密度の粗密を示す地図。家畜頭数，穀物栽培量などを表現するのに適している。

● 等値線図

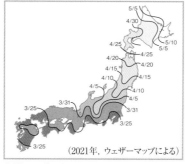
(2021年，ウェザーマップによる)

❶**桜の開花予想日** 等しい数値の地点を線で結んだ地図。等温線や等高線，桜の開花日など，連続的に分布・変化する事象を表現するのに適している。

● 流線図

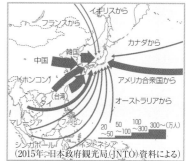
(2015年，日本政府観光局(JNTO)資料による)

❶**訪日外国人旅行者数(一部)** 移動の方向・量を矢印の方向・太さで表現した地図。石油や石炭の貿易，人口移動などを表現するのに適している。

● 図形表現図

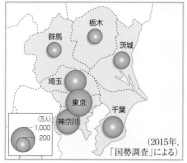
(2015年，「国勢調査」による)

❶**関東の人口分布(球による表現)** 棒・円・球などの図形の大きさで統計数字の大きさを表現した地図。直観的にその大きさを理解しやすい。

● カルトグラム(変形地図)

(2015年，「国勢調査」による)

❶**関東の人口数によるカルトグラム** 表現する地域の**地図そのものを変形**した地図。所得や人口など地域の統計値を視覚的に示すのに有効である。

● メッシュマップ

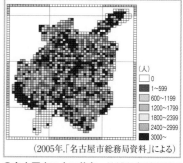
(2005年，「名古屋市総務局資料」による)

❶**名古屋市の人口分布** 地域を方形の網目状に区切って，統計数値を図化する地図。行政区域などの既存の区画にとらわれない地域比較が可能。

● 階級区分図 (コロプレスマップ)

地域間の**統計数値の違いを，色の濃淡や模様の違いで表現した地図**。A〜Dのように階級の分け方によって分布の様子の印象が大きく変わるので，階級区分をどのようにするか注意が必要である。

(「The 2014 Statistical Abstract」による)

(1：25,000　羊蹄山——北海道　2016年調製，51%縮小)

縮尺
1：25,000では，地図上の1cmが実際の25,000cm＝250mとなる。

図名
地形図の名称。図中に記載されている集落のうち代表的な地名を表示するが，著名な集落がない場合は山・湖・浜・岬・島など。

地形図の番号
この図の入る100万分の1国際図の番号(NK-54)，20万分の1地勢図の番号(NK-54-20)。この図の場合「岩内」を，4号は5万分の1「岩内」を，3は2万5千分の1「岩内」を示す。

索引図
隣接する図名の一覧。

行政区画
図郭内の県，郡市，町村などの境界線の略図と各辺の地図上の長さ。

地形図の基準
地形図の基準となる事柄を説明。

世界測地系…2002年より使われているGPSを使った世界基準の測地系

日本測地系…明治以来用いられてきた三角測量に基づいた日本独自の測地系

磁針方位…磁北と真北(北極点)の差。沖縄の与那国島では西偏2度30分だが，北海道北部では10度50分にもなる。

三角点記号の透かし
1辺15mmの正三角形の中心に径1.5mmの点。地図枠外に表示があるものが多いが，枠内に横向きに入っているものもある。

平成28年 5月 調製
著作権所有発行者
国 土 地 理 院
この地形図の複製については測量法の定めによる

平成28年 9月 1日発行 1刷

バーコード
販売・注文の際に利用する。

2万5千分1地形図

ようていざん
羊蹄山

NK-54-20-4-3
(岩内4号-3)

索引図

ニセコ アンヌプリ	倶知安	京極
ニセコ	羊蹄山	喜茂別
昆布岳	三ノ原	留寿都

地域図

行政区画

北海道
後志総合振興局
A．虻田郡ニセコ町
B．虻田郡真狩村
C．虻田郡留寿都村
D．虻田郡喜茂別町
E．虻田郡京極町
F．虻田郡倶知安町

地形図の基準
1．経緯度の基準は世界測地系
2．高さの基準は東京湾の平均海面
3．等高線及び等深線の間隔は10メートル
4．投影はユニバーサル横メルカトル図法，座標帯は第54帯，中央子午線は東経141°
5．図は平成25年2万5千分1地形図式
6．磁気偏角は西偏約9°40'
7．図郭に付したﾏは隣接の図郭の位置，・は日本測地系による地形図の図郭の位置
8．図郭に付した数値は黒色の短線の経緯度(茶色の短線は経緯度1分ごとの目盛)

平成25年式
多彩な色を使ってきめ細かな表現が可能となった。

分区線
経度・緯度の1分ごとの目盛りが四辺に長さ1mmの線で表示されている。

ニセコ町

【地図記号の由来】
- ‖ 田……稲の切りかぶ
- Ⅴ 畑……若葉が大地から芽生えた姿
- ○ 果樹園……りんごの実
- ∴ 茶畑……茶の実
- Ｑ 広葉樹林……広葉樹の形と影
- Λ 針葉樹林……針葉樹の形と影
- ○ 官公署……「公」の字を記号化したもの
- Ⅱ 裁判所……高札
- ◇ 税務署……そろばん玉
- Ⅹ 交番……警棒の交差
- ☼ 発電所等……歯車と電鍵(電位回路を開閉する装置)の組合せ
- Ⅲ 神社……鳥居
- 卍 寺院……梵字の「万」の図案化(まんじ)
- ∩ 城跡……工事開始時の「縄張り」の図案化
- ↓ 漁港……いかり形

(大沼一雄『地図の記号と地図読み練習帳』(東洋書店)などによる)

4車線以上の道路	高速道路	駅，駅，複線以上	鉄道駅	堤	都府県界
2車線幅員13m以上	国道・国道番号	⊙	JR線	特定地区界	北海道総合振興局界・振興局界
2車線幅員13m未満	都道府県道	トンネル	地下の鉄道	特殊鉄道	市区町村界
1車線の道路	有料道路	路面の鉄道	リフト等	空間の水涯線	所属界
幅員3.0m未満の道路
徒歩道	橋・高架
庭園路	
石段	雪覆い等

明治12～14年頃	明治18年	明治19年	明治20年代	明治28～33年	明治42～平成	平成14年式

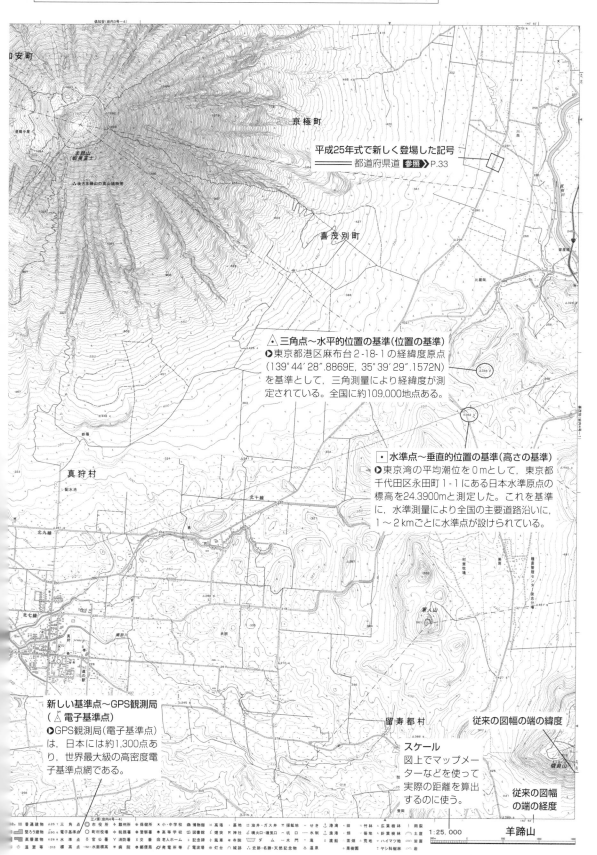

平成25年式で新しく登場した記号
都道府県道　**参照** ▶ P.33

⚠ 三角点～水平的位置の基準（位置の基準）
▶東京都港区麻布台2-18-1の経緯度原点
（139°44′28″.8869E, 35°39′29″.1572N）
を基準として，三角測量により経緯度が測
定されている。全国に約109,000地点ある。

・ 水準点～垂直的位置の基準（高さの基準）
▶東京湾の平均潮位を0mとして，東京都
千代田区永田町1-1にある日本水準原点の
標高を24.3900mと測定した。これを基準
に，水準測量により全国の主要道路沿いに，
1～2kmごとに水準点が設けられている。

新しい基準点～GPS観測局
（ △ 電子基準点）
▶GPS観測局（電子基準点）
は，日本には約1,300点あ
り，世界最大級の高密度電
子基準点網である。

スケール
図上でマップメー
ターなどを使って
実際の距離を算出
するのに使う。

従来の図幅の端の緯度

従来の図幅
の端の経度

1:25,000

羊蹄山

主な地図記号

平面図形：記号の中心点が正しい位置に一致。水準点・三角点など。
側面図形：下辺の中央が正しい位置。記念碑・電波塔など。

建物記号・植生・比高・境界など

◎ 市役所	○ 町村役場	官公署「公」の字を図案化	裁判所 高札を形どる	税務署 そろばんの玉	消防署 刺股を記号化
⊕ 保健所	警察署 6尺棒を2本交差	交番	郵便局 旧逓信省の「テ」の字を図案化	文 小・中学校 旧文部省の「文」	⊗ 高等学校
病 院 旧陸軍の衛生隊のマーク	⛩ 神社 鳥居を前からながめた	卍 寺院 梵字「万」の図案化	博物館	図書館 開いた本を図案化	発電所等 歯車と電線の組み合わせ
老人ホーム	田 切り株を図案化	畑 若葉が芽生えた姿を記号にした	果樹園	茶 畑 茶の実を図案化	広葉樹林 葉の形と木の影
針葉樹林 尖った葉とその影	ハイマツ地	竹 林 竹の葉と幹と影	笹 地	ヤシ科樹林 やしの木とその影を図案化	荒 地
城 跡 工事をするときの縄張りをかたどる	史跡・名勝・天然記念物	噴火口・噴気口	温 泉 湯つぼと湯けむり	採鉱地	漁 港
湿 地	砂れき地	万年雪			
4.5 岸 高	+6.0 比 高	•27 水 深			
—125— 水面標高	———— 都府県界	———— 北海道の振興局界			
—·—·— 市区町村界	—————— 特定地区界				

[平成25年図式] ⚓ 港湾

[旧図式（平成14年図式まで使用）]
⊗ 森林管理署	自衛隊	⚓ 重要港	○ その他の樹木畑
気象台	☼ 工場	⚓ 地方港	町村・政令市の区界
(大)文 大学等	採石地	Y 桑畑	———— 植生界

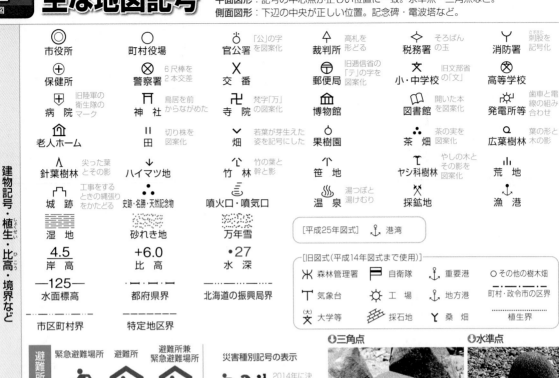

避難所等の地図記号

緊急避難場所　避難所　避難所兼緊急避難場所

災害種別記号の表示

2014年に決定された地図記号。避難所などのマークと災害記号とを組み合わせて使用する。

災害種別記号

基準点・種々の目標物

△ 三角点　三角測量の三角網を図案化。位置を示す基準点

水準点　埋めてある標石を上から見た姿を図案化

電子基準点

•124.7 現地測量による標高点

•125 写真測量による標高点

高 塔 鉄塔を真上から見た

記念碑 石碑を正面から見た姿の図案化

煙 突

電波塔 柱と電波を組み合せた

油井・ガス井 井戸の「井」の記号化

灯 台 光が四方に輝いている姿

坑 口

• 指示点

風 車

自然災害伝承碑 過去に起きた自然災害の情報を伝える石碑等。2019年に制定。

—·—·—→ 送電線

———— 輸送管

[旧図式]
比高+3.0
へい　土 堤　擁壁

河川・湖沼及び海

かれ川　地下の水路　流水方向（上流）（下流）　水門

干潟　隠顕岩 干潮時に水面上に現れ，満潮時には水面下に沈む岩。

（小）せき（大）（下流）（上流）

（小）滝（大）滝つぼ

ダム　（小）（大）水制 水の流れを制御したり，河岸や海岸の侵食を防ぐための工作物。

防波堤等

地形

（小）（大）陸上のおう地　湖底のおう地 おう地とは，局地的に窪んでいる地形をいう。

がけ 土がけには，土砂の崩壊によってできた急斜面や盛土，切土など人工的につくられた急斜面が含まれる。
岩　（岩）　（土）

三角点
水準点
擁壁
土堤
皇居（東京都千代田区）
隠顕岩
潮岬（和歌山県串本町）
灯台
水制
消波ブロック
万年雪
白馬岳（長野県）

(注)一部の地図記号は，拡大して掲載している。また，図式によりデザインが変更されたものもある。なお，避難所等の地図記号は，「地理院地図」（国土地理院がインターネットで配信している地図）などでわかりやすく表示するための地図記号。

道路

[平成25年図式]
- 高速道路
- 国道・国道番号　14
- 都道府県道

[旧図式]
- 高速・国道（番号）

- 4車線以上の道路（道路幅19.5m以上）
- 歩道のある2車線道路（道路幅13〜19.5m）
- 歩道のない2車線道路（道路幅5.5〜13m）

- 1車線道路（道路幅3〜5.5m）
- 軽車道（1.0〜3m）
- 徒歩道（1.0m未満）
- 有料道路・料金所
- 分離帯
- 建設中
- 街路　市街地など建物が密集している区域の道路。

鉄道

[単線]　[駅]　[複線以上]　[建設中]
- JR線
- JR線以外
- 側線
- 特殊鉄道　工場敷地内の鉄道など。

- 地下鉄及び地下式鉄道と駅
- リフト等（索道）
- 路面の鉄道　道路の記号の中にある一本線。

その他の交通関係

- 道路橋
- 鉄道橋
- トンネル（道路）
- トンネル（鉄道）
- 切取部　岩石や土砂を切り取って道路や鉄道を通した部分。
- 盛土部　土砂を盛った上に道路や鉄道を通した部分。
- 立体交差
- 石段
- 渡船（フェリー）
- 渡船（その他の旅客船）

建物など

[平成25年図式]
- 普通建物
- 堅ろう建物
- 高層建物
- 無壁舎
- タンク

[旧図式]
- 独立建物（小）
- 独立建物（大）
- 中高層建物街
- 総描建物（小）
- 総描建物（大）　総描建物とは，建物の密集地域。
- 建物類似の構築物　市場やガスタンク，飛行機の格納庫やビニールハウスなど。
- 樹木に囲まれた居住地

┴├┴┴ 墓地

❶有料道路
分離帯

❷JR単線と鉄道橋
球磨川
JR肥薩線

❸リフト等
黒部湖
立山ロープウェイ　参照　P.334

❹路面電車
紙屋町西駅（広島電鉄）付近

❺切取部
切取部を渡す導水管

❻盛土部

❼立体交差

❽石段
室生寺（奈良県宇陀市）

❾樹木に囲まれた居住地

❿独立建物（小）

⓫独立建物（大）

⓬中高層建物街
日本橋周辺（東京都中央区）

⓭建物類似の構築物
ガスタンク

1 ユニバーサル横メルカトル(UTM)図法

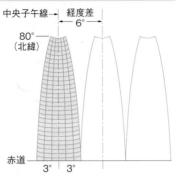

中央子午線　経度差 6°

80°(北緯)

赤道　3° 3°

解説 メルカトル図法の円筒面を90度回転させ，ある特定の子午線のまわりに巻きつけたもの。地球全体を経度6度ごとに60のゾーンに分け，各ゾーンごとに，それぞれの円筒に投影する。誤差を平均化するために，縮尺係数(実際の距離／投影面上の距離)を中央経線上で0.9996にしている。1枚の地形図の形は不等辺四辺形で，1枚ずつ大きさがちがうが，同じ6度幅の座標帯の中では，同一平面でつなぐことができる。日本周辺の中央経線(円筒の接する子午線)は，129°E，135°E，141°Eである。

2 等高線の種類

種類＼縮尺	1:50,000	1:25,000	1:10,000	書き表し方
計曲線	100m	50m	平地・丘陵10m／山地　20m	
主曲線	20	10	平地・丘陵 2m／山地　4m	
第1次補助曲線	10	5，2.5(注)	平地・丘陵 1m／山地　2m	－ － －
第2次補助曲線	5			－－－－－－

(注)2.5mの補助曲線には数字が記入されている。

解説 等高線は同じ高さを結んだ線であり，計曲線と主曲線は，傾斜が急すぎて表現できず崖の記号を使うなどの場合を除いて，原則として途中で消えてしまうことはない。

補助曲線は，主曲線で表現できないような地形をわかりやすくするために，部分的に使われるので，図の途中で消えてしまうこともある。

3 勾配の求めかた(A―Bの勾配を求める場合)

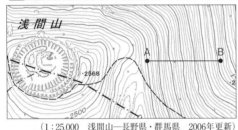

浅間山　・2568

(1:25,000　浅間山―長野県・群馬県　2006年更新)

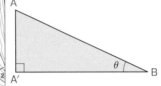

A

θ

A′　B

① A′Bの水平距離を求める。

　図上の長さ　縮尺の分母　実際の距離
　2(cm)　×　25,000　＝　500(m)

② AA′の比高を求める。

　Aの標高－Bの標高
　2400(m)－2090(m)＝310(m)

③ 勾配を求める。

$$\frac{高さ}{水平距離}＝\frac{AA′}{A′B}＝\frac{310}{500}≒\frac{1}{1.6}$$

④ 傾斜角を求める。

$$\tan\theta＝\frac{310}{500}≒0.62$$

三角関数表により，θ＝32°

4 肉眼実体視の方法〜3Dは地形図作成に利用されていた

解説 測量用空中写真　水平直線飛行する飛行機からカメラを鉛直方向に向けて，撮影範囲が55〜75%重複するように連続的に撮影する。

この隣り合った重複する写真を左右の眼で別々に見て観察するのが，**ステレオ観察(実体視)**の原理である。この方法は何の道具の助けも借りないので**肉眼実体視**という。

なおこの写真の場所は，河岸段丘地形であり，平坦な段丘面と斜面になっている段丘崖がはっきり区別できる。段丘崖の濃い黒色はp.338の地形図でも確認できるように森林(針葉樹林・広葉樹林)である。

◆新潟県津南町を流れる中津川が形成した河岸段丘
(1999年8月3日撮影)

参照 ▶P.338

情報ナビ 測量用空中写真　地形図と同様，この測量用空中写真も市販されている。縮尺は約1万分の1程度と2万分の1程度のものがあり，23cm×23cmの密着焼印画である。(一財)日本地図センターなどで販売。

解答 》P.37

作業

1 例にならって，枠内の尾根線を赤，谷線を青で引こう。

2 Yと同一の集水域を黄色で着色しよう。

問題

読図をして各問に答えよう。

(1) 図中のa～dの4地点のうち，図中のY地点の集水域に**含まれない地点**を，次の①～④のうちから一つ選べ。ただし，Y地点の集水域とは，降雨が川となってY地点に到達する地域全体を指す。

① a地点　　② b地点

③ c地点　　④ d地点

(2) 図中のX山の山頂からア～エの4地点を眺めたとき，尾根の陰となり明らかに**見えない地点**を，次の①～④のうちから一つ選べ。

① ア地点　　② イ地点

③ ウ地点　　④ エ地点

(3) 図中でX山の山頂から南西へ広がる緩やかな斜面にみられる景観について述べた次の文①～④のうちから，最も適当なものを一つ選べ。

① 広葉樹林に覆われている。

② 笹原（ささはら）が広がっている。

③ 針葉樹林に覆われている。

④ 植生に乏しく，荒地が広がっている。

(4) 図中にZで示した「野地」という集落付近の土地利用について述べた次の文①～④のうちから，最も適当なものを一つ選べ。

① 斜面上部の溜池（ためいけ）から用水を引き，段丘面上で稲作が行われている。

② 森林を切り開いた広い草地で，牧畜が行われている。

③ 集落付近の斜面を利用して，畑作が行われている。

④ 北向きの緩やかな斜面を利用して，果樹栽培が行われている。

地図、地理的技能

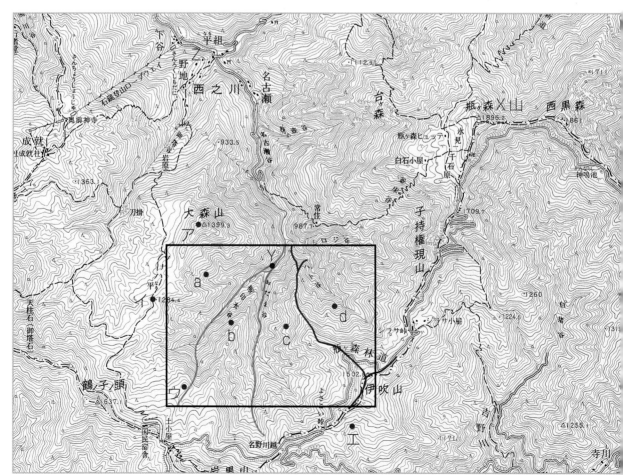

（50,000 石鎚山――愛媛県・高知県　1996年修正）　　（大学入試センター試験1997年地理AB本試験問題）

情報ナビ **旧版地形図も入手できる**　国土地理院でコピー（謄本及び抄本）を販売している。図暦はホームページで確認できる。謄本は，郵送のほか，電子申請による購入もできる。

地域調査

1 地域調査の目的・方法・手順

● **目的**：地域の地理的特徴を理解し，その課題を探求する。

● **方法**：地域調査は準備→行動→整理(まとめ)の3段階に分けて行われる。

● **手順**

課題(テーマ)の設定

↓

調査地域の選定

↓

予備調査
◆予備学習として文献・統計資料・地形図・空中写真等で概要を調査する

↓

調査の計画・依頼
◆調査日数・調査方法の検討(聞き取り調査の場合には，あらかじめ質問事項を整理しておき，効率的に調査できるようルートマップを用意し，歩くコースや順番を確認しておく)，さらに必要に応じて訪問先に依頼状を送る

現地調査の実施
◆聞き取り・記録，観察・測定，資料収集

↓

調査内容の分析と検討
◆調査結果を項目別に整理・分析(分析によって地域調査が不十分だった場合は再調査)，事前の準備で行った文献や統計資料との比較・検討

↓

報告書作成と発表
◆報告書の作成に当たってはグラフ化・地図化をはかり，具体的にわかりやすく

2 調査内容の例

●例示した長野県諏訪市の概要

諏訪市は長野県の中央部に位置し，人口は約5万人(2022年)。諏訪湖に隣接する工業都市であり，また，諏訪湖や上諏訪温泉，諏訪大社の上社(本宮)，霧ヶ峰高原を抱える観光都市でもある。江戸時代は高島藩の城下町であった。明治から大正にかけては製糸業が栄えたが，戦後，時計・カメラ・レンズなどの精密機械工業が発達し，山と湖のある風土と相まって，東洋のスイスと称されたことでも有名である。現在は，情報関連機器を中心とするハイテク産業がさかんであるが，産業の空洞化も心配されている。

🔸**諏訪湖** 長野県中央部，諏訪盆地にある湖。糸魚川市から駿河湾に至るフォッサマグナ西縁の陥没地にできた構造湖(断層湖)で，面積12.9km²，周囲17km。また，糸魚川・静岡構造線と中央構造線が交差する地である。

★印は諏訪市における特色や課題の例

災害と防災 自然環境と地震・洪水・土砂災害・火山災害等との関連，災害と産業生活との関連，防災対策の取り組み。
★災害履歴，各種気象情報，ハザードマップの活用，行政・住民独自の防災対策

地形 どのような地形がみられるか，地形と集落や土地利用・農業・人口分布などとの関連性，開発の歴史。
★フォッサマグナと断層地形，諏訪湖と霧ヶ峰・八ヶ岳の火山地形

気候 気候の特色(気温や降水量，風，日照時間など)，気候と農業・地場産業などとの関連，自然災害，小気候。
★内陸高地で気温の年較差・日較差大，観光・リゾート

人口 地域や市町村の人口分布とその変化およびその要因，年齢別産業別人口の割合と変化，夜間人口と昼間人口。
★市町村や地区別人口変化と要因，高齢化と限界集落

農林水産業 主要産物とその出荷先，主要産物の推移，経営上の問題，農林水産業と地域振興，土地利用の特色。
★沖積低地の水田，八ヶ岳山麓の高冷地農業

製造業 主要業種の変遷やその立地条件，工場や工業団地の分布と交通条件。工業製品の出荷先や原料仕入れ先，工場数や従業員数の変化とその理由，地場産業の特色。
★明治期の製糸業，戦後の精密機械工業

交通 鉄道・主要道路・バス路線などの発達と変化，幹線・高速交通網整備と産業立地や住民生活の変化。
★高速道路開通と観光客数の変化，交通弱者の足の確保

都市と農村 都市化の進展と地域の変貌，都市問題，宅地開発と地形や交通路線との関連，通勤・通学圏。
★中心市街地の買物圏や通院圏，ゴミ処理，景観保全や諏訪湖の汚染と対策

商業・消費生活 大型店やロードサイドショップ・コンビニなどの分布の特色・立地条件，中心商店街の盛衰。
★市内の上記店舗分布・出店時期・立地条件・利用圏

生活・文化 伝統的な家屋・料理・工芸品・御柱などの行事の特色や産業との関連。地域コミュニティの活動。
★諏訪大社と住民の生活，甲州街道・中山道の宿場町，高島城の城下町

(写真中の注記：岡谷市，下諏訪町，諏訪市)

ルートマップ

JR上諏訪駅を出て，国道20号線を南下，NTTの電波塔の先の交差点を右折し，一つ目の辻を左折して国道と並行する道を南下する。200mほど進んで右折し，しばらく行くとJR中央本線の単線の線路と中門川を渡る。さらに300mほど進むと，高島城のお堀に出る。高島城を一周すると東に諏訪市役所が見えてくる。先ほど歩いた同じ道を70mほど逆に進み，小さな辻を右折して道沿いに歩きながら3つの小さな川を渡る。この付近の標高はおよそ762m。右手に野球場を見ながら再びJRの踏切を渡り4つめの辻を右折して税務署を左手に見る。再び，国道20号線に出て左に100mほど進み，地元の高校生が通う通学路を進むと国道より20mほど高台にある高校に到着する。

①商店街　②神社と寺院　③市役所　④・⑤土地利用　⑥税務署　⑦高等学校　（1：25,000　諏訪，南大塩——長野県　1996年修正測量，73%縮小）

「演習」の解答・解説

演習1　地球上の距離・位置を理解しよう（P.25）

(1) 約40,000km　(2) 約20,000km　(3) ①1. 60　2. 140　3. 120　4. 40　5. 60　6. 40　7. 40　②略　③略　④X地点の位置は北緯40度，東経100度である。対蹠点は南緯40度，西経80度の地点である。　⑤A（直線Bの緯度60度一周は，直線Aの赤道一周の2分の1の距離である）　⑥約8,888.9km（直線Aの経度間は80度，赤道一周は約40,000kmなので，40,000km×80／360＝8,888.88…）　⑦約4,444.4km（直線Bの経度間は80度，緯度60度一周は約20,000kmなので，20,000km×80／360＝4,444.44…）　⑧約8,888.9km（直線Cの緯度間は80度，子午線一周は約40,000kmなので，40,000km×80／360＝8,888.88…）　(4)略

演習2　時差を理解しよう（P.25）

1　1－遅い　2－当日　3－1　4－6　5－①か②　※東京・バンコク間の所要時間は，東京よりバンコクの方が2時間遅いから所要時間は7時間30分。したがって，この問題の解答は②。
2　6－360　7－15　8－早く　9－日付変更　10－135　11－285

演習3　正距方位図法とメルカトル図法を理解しよう（P.26）

1　(1)北極点，東京，南極点を通る直線（東京から見た南北）と東京で直交する直線（東京から見た東西）　(2)①北北東，11,000km　②北北東，18,000km　③東，18,000km　④西南西，15,000km　⑤北北西，10,000km　(3)図の中心地点の対蹠点　(4)40,000km　(5)正しくない（北北東である）

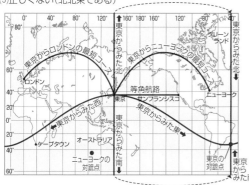

2　(1)図参照　(2)図参照　(3)2地点とも赤道上，同一経線上の場合　(4)常に北（北極点）に対して同じ角度で航行するコースを示す。羅針盤を使って航海するときに利用できる。　(5)図参照　(6)東京の対蹠点は35°41′S，40°14′Wである。図参照　(7)ニューヨークの対蹠点は40°46′S，106°06′Eである。図参照　(8)**1**の正距方位図法から判断して，北東　(9)**1**の正距方位図法から判断して，ロンドン　(10)オーストラリア（メルカトル図法では，面積は高緯度ほど拡大する）

演習4　実戦問題で応用力をつけよう（P.27）

設問1　問1　90°W−90°Eと0°−180°の経線の交点が南極点　**問2**　②−南緯40度の緯線はニュージーランド北島を通る。
　問3　南極点は中心地点Pの上方に位置しているので，この地図ではPから南極点を通過する上が南，下が北，したがって右が西，左が東になる。　**問4**　①　**設問2**　緯線・経線は15度間隔，東京を中心とした正距方位図法（ただし，地球全図を表した円形ではない）であることを確認する。　**問1**　③−日本全長の距離（約3,000km），あるいは北緯45度（北海道北端を通る）から北極点までの距離を計測し，東京〜ペキン間と比較してみよう。
　問2　④　**問3**　②−緯線の距離が最も長いのは赤道上であり，緯度が高くなるにつれて緯線の距離は短くなる。そのため，まず赤道の位置を特定する必要がある。　**問4**　①−D地点のニューヨークはGMT−5（西経75度が通る），日本はGMT＋9

演習5　等高線からさまざまな情報を読み取ろう（P.35）

1・2

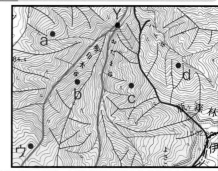

問題　(1)④（作業**2**参照）　(2)④（子持権現山から伊吹山を通る尾根筋の影になってしまう。）　(3)②（「ſ」は「しの地」の記号。しの地とは小さい竹や笹原のこと。）　(4)③（＼は畑・牧草地の記号。家屋も点々と存在しており，広い草地とは考えにくい。）

生きている地球

1 地球の表面

● 大陸の高度別面積割合（%）

高度(m) ＼ 大陸	アジア（カフカスを含む）	ヨーロッパ（カフカスを除く）	アフリカ	北アメリカ	南アメリカ	オーストラリア（ニューギニアなどを含む）	南極大陸	全大陸
200未満	24.6	52.7	9.7	29.9	38.2	39.3	6.4	25.3
200 － 500	20.2	21.2	38.9	30.7	29.8	41.6	2.8	26.8
500 － 1,000	25.9	15.2	28.2	12.0	19.2	16.9	5.0	19.4
1,000 － 2,000	18.0	5.0	19.5	16.6	5.6	2.2	22.0	15.2
2,000 － 3,000	5.2	2.0	2.7	9.1	2.2	0.0	37.6	7.5
3,000 － 4,000	2.0	0.0	1.0	1.7	2.8	0.0	26.2	3.9
4,000 － 5,000	4.1	0.0	0.0	0.0	2.2	0.0	0.0	1.5
5,000以上	1.1	－	0.0	0.0	0.0	－	－	0.4
平均高度(m)	960	340	750	720	590	340	2200	875

（注）数値は，調整項目があるため，合計は100%にならない。（『理科年表』1958による）

解説 ヨーロッパは平野・平原の割合が一番高く，平均高度が低い。アフリカは200〜1,000mまでの割合が一番高く，高原状の大陸といえる。平均高度では，4,000m級の山々と大陸全体が平均2,000mの大陸氷河に覆われる南極大陸が一番高い。

● 地球表面の高度分布と平均地形断面

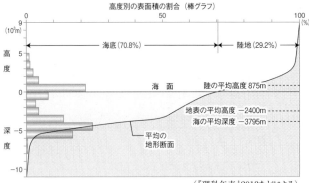

（『理科年表』2013などによる）

2 地形の成因

地球内部から働く力で大地形をつくる。

内的営力	地殻運動	**造陸運動** 広い地域で長期間隆起・沈降する運動。
		造山運動 狭い地域で地殻が褶曲や断層運動をすること。
	火山活動	マグマの噴出やそれに伴う地殻変動で火山特有の地形がつくられる。**参照**▶P.43

内的営力でつくられた地形に外部から働く力で小地形をつくる。

外的営力	風化作用	岩石が太陽・水・大気・生物などで分解される（物理的風化・化学的風化）。
	侵食作用	氷食，河食，溶食（**参照**▶P.56）風食，海食などがある。
	堆積作用	風化・侵食されたものが堆積し，新しい地形をつくる。

チェックワード 営力 「営」は，こしらえる，つくりととのえるの意があり，営力とは地形をつくる力のこと。内的営力とは地球の内部からのエネルギーで，地表に凸凹をつくり，起伏を大きくする力のこと。外的営力は，それとは逆に起伏を平坦にしようとする力のことである。

3 移動する大陸

解説 プレートに乗って大陸は移動し，現在の大陸が形成された。今後オーストラリアは北方に移動し，アフリカはヨーロッパに接近する。カリフォルニア付近の**サンアンドレアス断層**の横ずれは続き，1000万年後にはロサンゼルスとサンフランシスコが並ぶと推定されている。

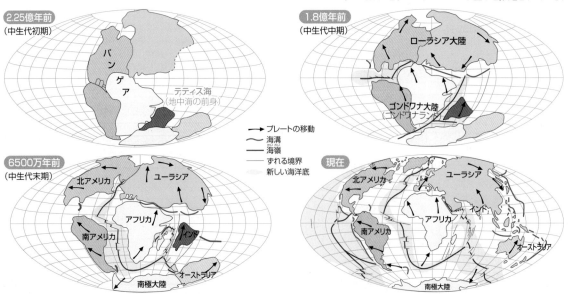

（『PHILIP'S INTERNATIONAL SCHOOL ATLAS』などによる）原図：After Dietz & Holden, Sci. Am.（1970）

情報ナビ ヒマラヤは海だった インド＝オーストラリアプレートがユーラシアプレートの下にもぐり込むことで隆起してできたヒマラヤ山脈では，ここがかつて海底だったことを示すアンモナイトの化石がみつかっている。**参照**▶P.42

4 プレートの誕生と消滅

解説 太平洋や大西洋，インド洋などの大洋には，**海嶺**とよばれる海底山脈がのびている。深海底からの高さは2～3kmに達し，幅は数千kmに及ぶ。この海嶺ではマントルが上昇し冷えて固まり，新しいプレートがつくりだされている。これを**プレートテクトニクス説**という。

海溝　ホットスポット　海嶺　沈み込み帯　海洋プレート　マントル湧昇流（プルーム）　沈み込み帯　大陸プレート

● プレートの2種類の衝突

大陸プレートどうしの衝突

山脈・山地

大陸プレート　大陸プレート

大陸プレートと海洋プレートの衝突

火山

大陸プレート　海溝　海洋プレート

解説 プレートには，海洋プレートと大陸プレートがあり，大陸プレートどうしの衝突では，地殻が厚くなり，褶曲山脈が形成されるが，ヒマラヤ山脈付近などでは火山は少ない（**参照**》P.42）。大陸プレートと海洋プレートの衝突では，海洋プレートが下にもぐり込み，**海溝**を形成し，接触点付近で火山活動がさかんであり，**弧状列島（島弧）**（**参照**》P.58）が形成される。

5 ホットスポット

解説 マントル深部には高温の熱源があり，そこから上昇する高温のプルーム（湧昇流）によってその真上に火山活動が起こる。この場所を**ホットスポット**といい，ハワイ諸島から天皇海山列，カナリア諸島，イエローストーン，アイスランドなど世界各地に20か所以上存在している。

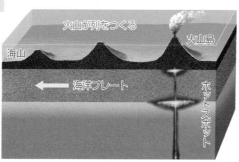

火山が列をつくる　火山島　海山　海洋プレート　ホットスポット

カウアイ島　オアフ島　**参照** P.43　プレートの移動　ハワイ島　北　4　自然環境

⬆**スペースシャトルからみたハワイ諸島**

6 地球内部の構造とプルームテクトニクス

ホットプルーム　ハワイ諸島　南太平洋超プルーム　上部マントル　下部マントル　対流　日本　外核　内核　ユーラシア　南アメリカ　プルーム　コールドプルーム　アフリカ超プルーム　インド洋　アフリカ

解説 **プルームテクトニクス**　プレートの生成や移動はなぜ起こるのか。沈み込んだプレートはその後どうなるのかなどの疑問はこれまでのプレートテクトニクス理論（**参照**》4）では解明できなかった。

1990年代日本で始められた「全地球解読計画」で，「地震波トモグラフィー」とよばれる観測技術によって，マントル中の巨大な「キノコ型」の熱い上昇流が発見された。これが**プルーム**（plume）である（プルームは冷たい下降流にも使われる）。これをきっかけに，超大陸の生成と分裂，生物絶滅など「地球史上の大事件」を説明できるようになった。この理論は**プルームテクトニクス**とよばれている。

太平洋やアフリカの下にはホットプルームがあり，また，ユーラシアの下には，沈み込んだ海洋プレートが核へと崩落するコールドプルームがある。これにより，**マントルの対流が発生し**，プレートの移動が起こる。

● リソスフェアとアセノスフェア

解説 地球表層を硬さの違いによって分類すると，厚さ70kmくらいの硬い**リソスフェア**と，その下の軟らかくて変形しやすい**アセノスフェア**に分けられる。アセノスフェアは深さ600kmくらいまで続き，温度が1,000℃を超えてマントルの物質がとけて軟らかくなったものである。この軟らかいアセノスフェアの上を温度が低くて硬いリソスフェアが移動している。**このリソスフェアこそがプレートである。**

リソスフェア（プレート）　地殻　アセノスフェア　マントル　深さ

── 広がる境界　── 狭まる境界　➡ アフリカプレートを不動と
── ずれる境界　---- 不確かな境界　　　したときのプレートの動き

ユーラシアプレート

北アメリカ
プレート

アイス
ランド

ユーラシア
プレート

アナトリア
プレート

アリューシャン海溝
千島・カムチャツカ海溝

日本海溝

サンアンドレアス
断層

カリブプレート

アラビア
プレート

フィリピン海
プレート

マリアナ
海溝

太平洋プレート

ココスプレート

アフリカ
プレート

大
西
洋
中
央
海
嶺

アフリカ
大地溝帯
(リフトヴァレー)

新たな
境界?

ジャワ海溝

ペ
ル
ー
・
チ
リ
海
溝

南アメリカ
プレート

インド＝
オーストラリアプレート

ナスカ
プレート

ト
ン
ガ
海
溝

ケルマディック海溝

東
太
平
洋
海
嶺

チリ海嶺

イ
ン
ド
洋
中
央
海
嶺

太平洋・南極海嶺

南
西
イ
ン
ド
洋
海
嶺

南
東
イ
ン
ド
洋
海
嶺

南極プレート

(上田誠也『生きている地球』岩波書店,『Diercke Weltatlas』などによる)

●3種類のプレート境界

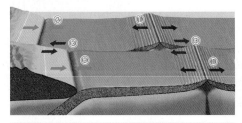

	特徴的な地形(例)
①広がる境界	海嶺(大西洋中央海嶺) 地溝(アフリカ大地溝帯)
②狭まる境界	海溝・弧状列島・火山列 　(日本海溝・日本列島) 参照▶P.58 山脈 　(ヒマラヤ山脈・アルプス山脈)
③ずれる境界	横ずれ(トランスフォーム)断層 　(サンアンドレアス断層)

●主な海嶺の位置

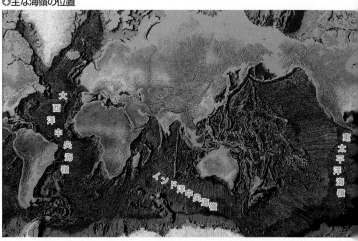

大
西
洋
中
央
海
嶺

インド洋中央海嶺

東
太
平
洋
海
嶺

●アフリカ大地溝帯[ケニア]　アフリカ南東部のザ
ンベジ川河口からマラウイ湖,タンガニーカ湖を経
て,ジブチから紅海,ヨルダン川河谷に続く,南北
約6,000kmにも及ぶ巨大な「大陸の裂け目」である。
参照▶P.287

**●ギャオとよばれる大地の裂け目
[アイスランド]**

大西洋中央海嶺上にある

●サンアンドレアス断層　アメリカ合衆
国最西部にある代表的な横ずれ断層。

太平洋
プレート

北アメリ
プレー

1 世界の大地形とその特色

(注)地図中の番号は，下表の分布地域のものを示す。

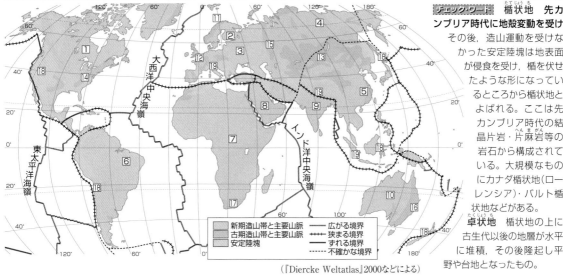

新期造山帯と主要山脈
古期造山帯と主要山脈
安定陸塊

広がる境界
狭まる境界
ずれる境界
不確かな境界

(『Diercke Weltatlas』2000などによる)

チェックワード 楯状地 先カ

ンブリア時代に地殻変動を受け，その後，造山運動を受けなかった安定陸塊は地表面が侵食を受け，楯を伏せたような形になっているところから楯状地とよばれる。ここは先カンブリア時代の結晶片岩・片麻岩等の岩石から構成されている。大規模なものにカナダ楯状地(ローレンシア)・バルト楯状地などがある。

卓状地 楯状地の上に古生代以後の地層が水平に堆積，その後隆起し平野や台地となったもの。

自然環境

		地形の特色	分布地域	生活との関連
(数字の単位は百万年前)	新期造山帯	古第三紀以降の激しい造山運動により大山脈となる。造山運動が継続中で，地震・火山活動が活発である。 壮年期の帯状山脈または弧状列島をなし，盆地や海盆・海溝をもつ。  ↑ヒマラヤ山脈	18**環太平洋造山帯** 千島列島，日本列島，フィリピン諸島，ニューギニア島，ニュージーランド島，ロッキー，カスケード，シエラネヴァダ(アメリカ)，シエラマドレ，西インド諸島，アンデスなど 19**アルプス=ヒマラヤ造山帯** アトラス，ネバダ(スペイン)，ピレネー，アルプス，カルパティア，アペニン，ディナルアルプス，カフカス，イラン高原，ヒンドゥークシ，パミール高原，ヒマラヤ，チベット高原，アラカン，アンダマン諸島，大スンダ列島など	1. 起伏が大きく交通障害となるため，異なった文化圏の境となる例が多い。 2. 火山や地震による災害が多い。 3. 温泉・湖水・山岳などの観光資源に恵まれている。 4. 銅や石油が産出する。 **参照**▶P.144・153
	古期造山帯	古生代に大褶曲山脈となり，その後侵食され，なだらかな山容となる。新生代に断層作用による断裂を受け，隆起したものもある。 山頂が平坦な丘陵性山地，断層による地塁山地・地溝盆地が多い。  ↑アパラチア山脈	11**スカンディナヴィア山脈などカレドニア山系** 他にグレートブリテン島北部，スヴァールバル諸島など 12**ペニン山脈などヘルシニア山系**(バリスカン造山運動で変動) 他にサントラル高地，ブルターニュ半島，ジュラ，ヴォージュ，エルツ，スデーティなどの各山脈 13**アルタイ山系** テンシャン，アルタイ，ヤブロノヴイなどの各山脈 14**アパラチア山脈** 15**ウラル山脈** 16**グレートディヴァイディング山脈** 17**ドラケンスバーグ山脈**	1. 起伏が比較的少ないので交通障害にならない。 2. 侵食され残された部分に石炭などの地下資源が豊富である。 **参照**▶P.142
	安定陸塊	先カンブリア時代に地殻変動を受け，後は造陸運動だけの安定した古大陸塊。地表の侵食がすすみ一般に高度1,000m以下で，台地や平原(準平原・構造平野)をなす。  ↑カナダ楯状地	1**カナダ楯状地(ローレンシア)** 2**バルト楯状地(フェノスカンジア)** 3**ロシア卓状地** 4**シベリア卓状地(アンガラランド)** 5**中国陸塊** アジア大陸の東部 [以下 ゴンドワナ大陸 **参照**▶P.38] 6**ブラジル楯状地** 7**アフリカ楯状地** 8**アラブ楯状地** 9**インド陸塊** 10**オーストラリア楯状地**	1. 世界の大平原のほとんどはこの陸塊上にある。 2. 温帯では世界の大農牧業地域となり，亜寒帯から寒帯にかけては林産資源・鉱産資源(鉄鉱石)の開発がさかんである。 **参照**▶P.152

時代区分(数字の単位は百万年前):
完新世(沖積世) 0.01 / 更新世(洪積世) 2.6 / 新第三紀 23 / 古第三紀 66 / 白亜紀 145 / ジュラ紀 200 / 三畳紀 251 / 二畳紀 299 / 石炭紀 359 / デボン紀 416 / シルル紀 444 / オルドビス紀 488 / カンブリア紀 542 / 原生代 2500 / 始生代 4000 / 冥王代 4600

第四紀 / 大陸氷河発達 / アルプス造山運動 / 古第三紀 / バリスカン造山運動 / カレドニア造山運動

情報ナビ **標高測定** レーザー測量を実用化した地球の標準球面(楕円体面)からの標高測定では，通常世界2位といわれているカラコルム山脈にあるK2(ゴッドウィンオースティン山)が8,859mを記録している。なおエヴェレストについては，P.278の情報ナビを参照。

山地地形

1 褶曲山地

● 褶曲と褶曲山地 参照 》P.144

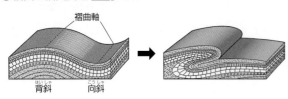

褶曲軸
背斜　向斜

解説 褶曲山地　地殻内部が封じ込められた状態で横からの圧力を受けて曲げられ，波状に屈曲する褶曲作用でできた山地。地殻内部で褶曲を完了した後，隆起して高い山脈になる。油田地帯では**背斜状構造**の内部に石油が貯留していることが多い。

⬆アルプス山脈の褶曲[スイス]

● ヒマラヤ山脈の形成

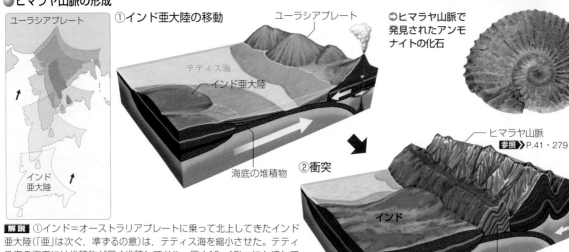

ユーラシアプレート

①インド亜大陸の移動　ユーラシアプレート

テティス海
インド亜大陸
海底の堆積物

➡ヒマラヤ山脈で発見されたアンモナイトの化石

ヒマラヤ山脈 参照 》P.41・279

②衝突
インド
海底の堆積物

解説 ①インド＝オーストラリアプレートに乗って北上してきたインド亜大陸（「亜」は次ぐ，準ずるの意）は，テティス海を縮小させた。テティス海の海底には堆積物が厚く堆積しており，厚さ10〜15kmにも達していた。5500万年前，インド亜大陸は北西部からユーラシアプレートに衝突しはじめた。
②衝突で隆起運動がおき，褶曲によって山脈は徐々に成長。テティス海の海洋プレートを構成していた岩石や堆積物が地表面にあらわれた。

2 断層山地

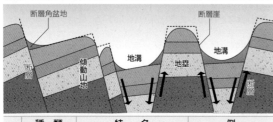

断層角盆地　断層崖
地溝　地溝
傾動山地　地塁

● 断層の種類

縦ずれ断層　　　　　横ずれ断層
正断層　逆断層
張力によってできた断層　圧力によってできた断層

⬇傾動山地[養老山地]　岐阜県と三重県の境界をなす養老山地は，東側が断層による急崖，西側が緩傾斜をなす**傾動山地**である。写真中央部の上下に続く急崖が断層崖で，その山麓には扇状地が連なる。

	種類	特色	例
断層山地	地塁	両側をほぼ平行する2つの断層崖によってはさまれた山地。	木曽山脈・讃岐山脈・テンシャン山脈など
	傾動山地（注）（傾動地塊）	山地の片側が断層崖による急斜面で，もう一方は緩斜面となっている山地。	養老山地・飛驒山脈・シエラネヴァダ山脈など
断層地形	断層角盆地（断層角低地）	片側が断層崖の急斜面，もう一方を緩斜面によってはさまれた盆地。	亀岡盆地・人吉盆地など
	地溝	両側を断層崖によってはさまれた低地。細長い帯状の低地を地溝帯，盆地状の低地を地溝盆地という。	ライン地溝帯・アフリカ大地溝帯・諏訪盆地・伊那盆地など

（注）地塁と傾動山地との区別の難しい山地もある。

情報ナビ 褶曲山地　古期造山帯に属する褶曲山脈にはウラル山脈，アパラチア山脈などがあり，新期造山帯に属する褶曲山脈には，アルプス山脈，ヒマラヤ山脈などがある。 参照 》P.41

3 火山地形 ●さまざまな火山の形

火山災害 参照 P.11

ドーム状の火山	円錐形の火山	傾斜の緩やかな火山
（火山岩尖・鐘状火山）	（成層火山）	（楯状火山）
周りの岩石を吹き飛ばしながら，土地を押し上げ，マグマ（溶岩）が顔を出す。	大きな爆発音を発し，噴出物が噴煙となって上空10,000mまで達することがある。	マグマ（溶岩）に粘りけがないために，緩やかな傾斜の山ができる。

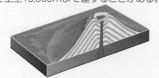
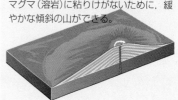

おもな火山岩	流紋岩	安山岩	玄武岩

大きい ◀●●●●●●●●●●●●●●●●●●●●●●●●●●▶ 小さい
マグマ（溶岩）の粘性

低い 950℃ ◀●●●●●●●●●●●●●●●●●●●●●●●●●●▶ 高い 1,200℃
マグマ（溶岩）の温度（噴出時）

標高2,455m

標高398m 標高3,776m 標高4,170m

↑焼岳[長野・岐阜]（左上）と昭和新山[北海道]（右下） ↑富士山[静岡・山梨] ↑マウナロア山[ハワイ島]

自然環境

●カルデラの形成過程

①初期の火山活動期。活発な噴火活動。
②大量の熱雲を吹き出し，マグマの量が減るため，上部の地層が重みで壊れる。
③上部の地層が重みで落ちこみ，残りのマグマは新しい火山や岩脈をつくる。
④地表に生じた落ちこみの部分にカルデラ湖が生じることがある。

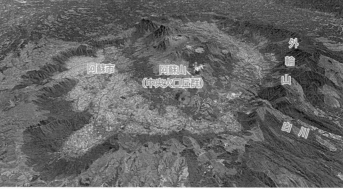

外輪山

阿蘇市　阿蘇山（中央火口丘群）

白川

↑阿蘇山の衛星画像　阿蘇山は，世界最大級のカルデラと外輪山をもつ。
参照 P.332

●その他の火山地形

●溶岩台地[デカン高原・インド]　多数の火口から流動性に富む溶岩が流れてできた台地。溶岩が風化して肥沃な土壌を形成し，綿花栽培など農業がさかんな地域になっている。参照 P.63・115・278

●臼状火山[ダイヤモンドヘッド・オアフ島（ハワイ諸島）]　火口の大きい火山で，爆発による火山砕屑物が火口付近に堆積する。

解説　爆発または陥没によって火山体の上部が失われた大きな火口状のくぼ地をカルデラという。くぼ地に水が溜まり，カルデラ湖（参照 P.82）となることがある。洞爺湖や十和田湖が典型。

情報ナビ　シュナイダーによる火山地形の分類　1911年，ドイツのシュナイダーは，形態によって火山地形の分類を行った。コニーデ（成層火山），トロイデ（鐘状火山），アスピーテ（楯状火山），マール（爆裂火口）などがある。

🅐 開聞岳より池田湖方面

🅑 JR指宿枕崎線西大山駅から見た開聞岳

(注)開聞町は2006年1月指宿市・山川町と合併し,指宿市となった。

4 写真と地形図でみる山地地形

● 開聞岳(鹿児島県指宿市)

開聞岳は,薩摩半島の南東端に位置する**円錐状の火山**(参照▶P.43)で,別名薩摩富士の名がある。標高924m,霧島火山帯に属し,885(仁和元)年まで活動した記録が残る。山体は主として粘性の低い**玄武岩**(参照▶P.43)であり,山頂付近の**溶岩ドーム**は**安山岩**からできている。

地形図にみられるように,登山道がらせん状に整備されており,裾野のようすを360度楽しみながら登り2時間,下り1.5時間ほどで登山できる。山麓の北側を通るJR指宿枕崎線の西大山駅はJRの最南端の駅である。この地は薩摩半島の最南端にあるため,海上交通の重要路とされ,山名の「かいもん」は海門に通ずるという。山麓の土地利用の特徴を考察してみよう。

(1:25,000 開聞岳・長崎鼻——鹿児島県 ともに2001年修正測量,60%縮小)

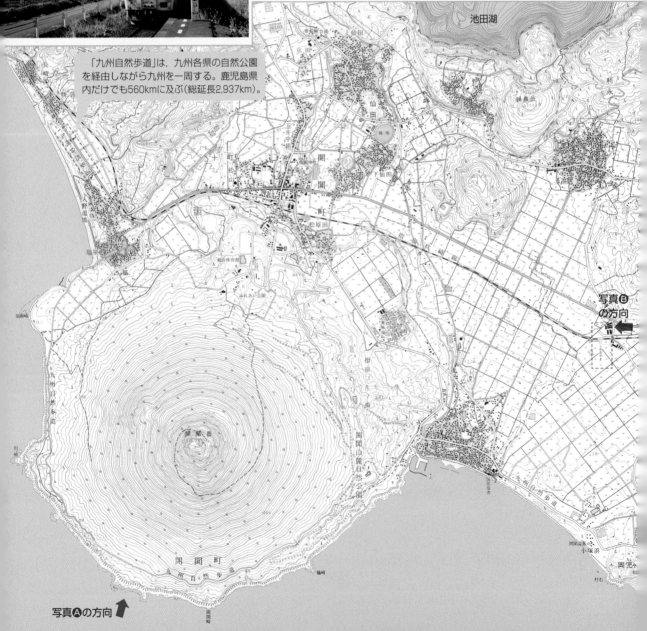

「九州自然歩道」は,九州各県の自然公園を経由しながら九州を一周する。鹿児島県内だけでも560kmに及ぶ(総延長2,937km)。

写真🅑の方向

写真🅐の方向

1 平野の分類

名称			成因・特色	例
侵食平野 しんしょくへいや 大地が長期にわたって侵食されて形成 ・古い岩盤や地層からなる ・大規模		準 平 原	長い間に侵食された起伏の乏しい平原。 （地表の形態による分類）	ハドソン湾周辺 カザフステップ
		残 丘 （モナドノック）	硬い地層の部分が残ったもの。	ウルル（エアーズロック）参照》P.316
		構 造 平 野	古生代以降に堆積した地質構造がほぼ水平もしくは緩傾斜の平野。（地質構造による分類）	北米中央平原 東ヨーロッパ平原
		メ サ	上層の硬い岩層周辺が残った比較的大規模な丘。	モニュメントヴァレー
		ビ ュ ー ト	上層の硬い岩層周辺が残った比較的小規模な丘。	パリ盆地 参照》P.292
		ケ ス タ	硬軟互層が緩傾斜している平野。	ナイアガラ滝
堆積平野 たいせきへいや 河川などが運搬してきた土砂が堆積して形成 ・比較的新しい ・小規模 参照》P.46	**沖積平野** ちゅうせきへいや 河川の堆積作用でできた平野 ・完新世（沖積世，1万年前から現在まで）に形成 参照》P.46	谷 底 平 野 たにぞこへいや	河川の側方侵食で広がった谷底に砂礫・土砂が堆積した平野。	上高地
		扇 状 地	谷口で河川の流速が衰え，砂礫を扇状に堆積した地形。	甲府盆地 松本盆地
		氾 濫 原 はんらんげん	洪水時に川からあふれた水が土砂を堆積する低平な土地。自然堤防帯，三角州など。	石狩川下流部（河跡湖を伴う） 信濃川下流部
		三 角 州	河川最下流部の河口付近で土砂・泥土をデルタ状に堆積した低湿地。参照》P.47	ナイル川 参照》P.287 ガンジス川 参照》P.278
	台地（洪積台地） こうせきだいち 古い時代の平野が隆起し，台地状になったもの ・約12万年前の最終間氷期とそれ以降に形成（狭義の台地を洪積台地とよぶこともある）	河 岸 段 丘	平野の隆起と河川の侵食によって階段状になった地形。河成段丘ともいう。参照》P.48	片品川流域 参照》P.48 天竜川流域
		隆 起 扇 状 地	扇状地が隆起して台地状になった地形。参照》P.48	牧ノ原 参照》P.326
		隆 起 三 角 州	三角州が隆起して台地状になった地形。	三本木原
		隆 起 海 岸 平 野	海岸平野が隆起して台地状になった地形。	下総台地 参照》P.47・196
		海 岸 段 丘	岩石海岸に形成された海食台・海食崖の隆起した地形で，階段状の配列をなす。参照》P.48・51	大戸瀬崎 室戸岬 参照》P.48

（注）堆積平野には，沖積平野，台地（洪積台地）のほかに，**海岸平野**が含まれる。海岸平野は遠浅の海底の堆積面が，隆起（離水）によって現れた平野のこと。九十九里平野，アメリカ大西洋岸平野などがこれにあたる。

2 侵食平野

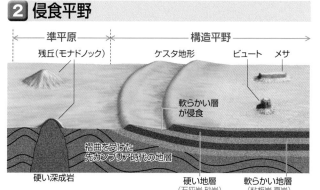

◎モニュメントヴァレー［アメリカ合衆国］　水平に堆積した地層は風化作用や侵食により，硬岩層だけテーブル状に残された**メサ**や，さらに侵食が進み尖塔状になった**ビュート**などの地形となる。

● 地形の侵食輪廻〜デービス（アメリカ，1850−1934）による

❶ 原地形 → ❷ 幼年期 → ❸ 壮年期 参照》P.334 → ❹ 老年期 → ❺ 準平原

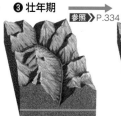

侵食が始まる以前の地形で内的営力により形成され，平坦面が広がる。

河川による侵食が始まり，谷が形成され始める。平坦面が広く残る。

侵食が進み谷密度も高まり地形の起伏も大きくなる。険しい山容となる。

さらに侵食が進むと山地は高度を減じて谷も広く，丸味を帯びたなだらかな山容となる。

侵食の結果ほとんど平坦となった地形。隆起すると ❷ へ戻り，隆起準平原（幼年期）となる。

③ 堆積平野～沖積平野

●谷底平野

⬆️**木曽川の谷底平野に発達した集落[長野県木曽町]** 谷底を流れる河川の堆積作用により形成された山間部の小平野を谷底平野とよぶ。平地にとぼしい山村地域では，集落・農耕地・交通路が集中し，重要な生活舞台となる。

●扇状地 参照》P.335

扇頂
扇央
扇端

⬆️**京戸川扇状地[山梨県甲州市，笛吹市]** ぶどうを中心とした果樹栽培がさかん。扇央部を横切る中央自動車道は，等高線に沿ってカーブを描いている。

●氾濫原

河跡湖
後背湿地
自然堤防
河跡湖
川の流れ

⬆️**河跡湖のある石狩平野[北海道]** 河川下流の沖積平野の大部分を占める氾濫原は，河川両岸の微高地である**自然堤防**と，その背後の**後背湿地**からなる。集落は，洪水の被害が少ない自然堤防上に立地し，後背湿地は近世以降水田化された。参照》P.219

旧草津川
JR東海道線

谷底平野
扇状地
天井川
氾濫原
自然堤防
河跡湖（三日月湖）
後背湿地
三角州

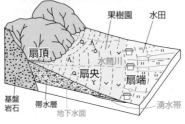

果樹園 水田
扇頂
水無川
扇央 扇端
基盤岩石 帯水層 地下水面 湧水帯

解説 扇頂は集落が立地しやすい。扇央は水無川になるので畑や果樹園（かつては桑畑），扇端は伏流水が湧水し集落や水田が立地する。参照》P.219

扇状地のなりたち

氾濫原のなりたち

●沖積平野（氾濫原）に発達する地形 参照》P.336

名　称	成因・特色
自然堤防	洪水の際，流路からあふれた水は流速を減じて川の両岸に土砂を堆積する。この堆積によってつくられた**微高地**のこと。砂礫質のため土地は乾燥し，集落・畑・果樹園に利用されている。
後背湿地 （バックマーシュ）	自然堤防の外側の低い場所にあふれた水が溜り，**沼や湿地**となったところ。水田として利用される。湿地や沼地のまま放置されたり，泥炭地となっている所もある。
河跡湖 （三日月湖）	旧流路に残された三日月形の湖沼のこと。低平な氾濫原では河川は屈曲して流れ，**蛇行（メアンダー）**する。洪水時には河道が切断され，新流路を形成する。
天井川	河床が河川両側の平地面より高い河川のこと。土砂運搬のさかんな河川で，洪水時には河床が土砂で埋まる。そこで洪水対策のため堤防を高くしていった結果形成された。例黄河・旧草津川（滋賀県）

⬇️**天井川[滋賀県・旧草津川]** 土砂運搬のさかんな河川では，洪水時に河床が土砂で埋まる。そのため氾濫対策として堤防を高くしていった結果，**天井川**が形成される。旧草津川は住宅が広がる平地に比べて河床の方が5m近く高かった。写真中央部で旧草津川と交差しているのはJR東海道本線であり，トンネルが河床の下を通っていた。

自然環境

●三角州の形態 参照》P.337

解説 河川が海に流入する河口では、粒の最も細かい土砂が堆積し、三角州（デルタともいう。ギリシャ文字の⊿に似ていることから）をつくる。

三角州の形態は、河川の流量・土砂供給量のほかに、海の沿岸流や潮流の影響も関係している。河川が卓越する（河川営力が強い）場合は鳥趾状になり、沿岸流が卓越する（波浪の営力が強い）場合はカスプ状になる。

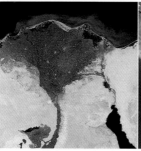
❶円弧状三角州[エジプト・ナイル川] 土砂の量が多く、海の波がおだやかで水量が少ない場所に形成される。先端は円形をしている。

❶鳥趾状三角州[アメリカ・ミシシッピ川] 海底の勾配が緩やかで、海岸の波や流れに対して河川の堆積作用が相対的に大きい場合に形成される。

❶カスプ状三角州[イタリア・テヴェレ川] 海の侵食力が強く、波や潮流で運ばれた土砂が堆積して形成される。河口部分がとがり両側は弓形にへこんでいる。

❷サイクロンで水没したエーヤワディー川の三角州[ミャンマー]
サイクロン「ナルギス」による被災後（2008年5月5日撮影、右）の写真は、被災前（4月15日撮影、左）に比べて広範な土地がベンガル湾の海水により、水没していることを示している。ナルギスは5月2日夜、エーヤワディー川河口の三角州地帯に上陸、北東に進み、ヤンゴンも暴風の直撃を受けた。写真右端の赤い四角がヤンゴン。

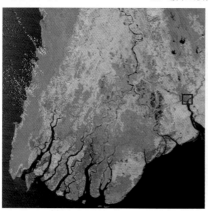

●扇状地と三角州の比較

	扇　状　地	三　角　州
構　成　物　質	山麓の谷口にあり、**砂礫**でできている。	海岸・湖岸にあり、**細砂・泥**からできている。
河　　　川	急流で浅く、荒れ川。流路は不安定である。	緩流で水深は深く**蛇行**。流路はほぼ固定、分流となる。
表　流　水	透水性が大きく**伏流**し、扇央は**水無川**となる。	三角州全域が低湿地帯となる。
地　下　水	扇央は深井戸、扇端は**湧水帯**で浅井戸である。	**地下水面が浅く**浅井戸である。
集　落　立　地	表流水のある扇頂や湧水のある扇端に発達する。	河川の両側の微高地である**自然堤防上**に発達する。
土　地　利　用の　特　色	扇端は比較的早く、水田として開発。水の得にくい扇央は近代以後桑畑・果樹園として開発された。	河川が分流、全面低湿地帯であるため、早くから水田開発が行われた。

4 堆積平野〜台地（洪積台地）

●関東平野の台地（洪積台地）と下総台地 参照》P.196 の土地利用

（東木龍七原図）

過去の海　　貝塚　　台地・丘陵

（貝塚爽平他『日本の平野と海岸』岩波書店）

解説 関東平野にある台地の大部分は更新世に形成された。縄文時代には最終氷期終了後の温暖化の時期（完新世最温暖化）にあたり、東京湾では今より2〜3m面が高くなっていた（縄文海進）。

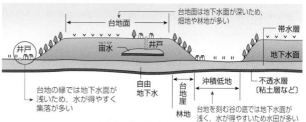
台地面は地下水面が深いため、畑地や林地が多い
帯水層
台地面
井戸　　宙水　　井戸
地下水面
台地の縁では地下水面が浅いため、水が得やすく集落が多い
自由地下水
台地崖
林地
沖積低地
不透水層〔粘土層など〕
台地を刻む谷の底では地下水面が浅く、水が得やすいため水田が多い

❷下総台地[千葉県富里市、左上図★の位置] 台地は更新世（洪積世）の地層からなり、台地上を火山灰（関東ローム）がおおっている。写真で台地と沖積平野の境界がわかり、土地利用の違いが読み取れる。参照》P.219

台地
沖積平野

● 河岸段丘 参照 P.338

● 片品川の河岸段丘[群馬県沼田市・昭和村] 段丘面は地下水位が低く水に恵まれないため，かつては畑地が多かったが，水利技術の発達で現在は集落や水田にも利用されている。段丘崖の多くは林地である。

● 河岸段丘の形成過程

①河川の氾濫により土砂が堆積し，広い河原ができる。

↓ 土地の隆起（または海面低下）

②河川の侵食作用が活発になり，V字谷ができる。

↓

③谷底が低くなると，河川はそれ以上下方への侵食はせず，側方へ侵食して広い河原をつくる。

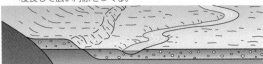

↓ 土地の隆起（または海面低下）をくり返す

④河岸段丘の起伏に富んだ地形ができる。段丘の平坦面には礫が取り残されている。

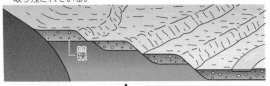

↓ 土地の沈降（または海面上昇）

⑤土地が低くなり，河川は土砂を堆積させる作用が強まり，氾濫によって段丘を埋めながら平坦面をつくる（低地の形成）。取り残された段丘の一番上の面が現在の丘陵である。

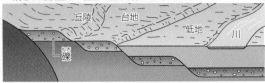

● 隆起扇状地

● 南アルプス山麓に形成された隆起扇状地と河岸段丘[長野県]
更新世（洪積世）末期，赤石山脈（南アルプス）[A]の隆起とともに，伊那盆地に流下する三峰川[B]が[C]付近を頂点とする大規模な扇状地を形成した。その後地盤の隆起により，扇状地は三峰川や本流の天竜川[D]の侵食作用で開析され，両岸に数段の河岸段丘が形成された。以前，山林が多かった段丘面は，その後，ダムによる水を利用した灌漑水路網が発達したことから，水田や畑地に変化した。三峰川には武田信玄が考案したといわれる霞堤がみられる[E]。

● 海岸段丘 参照 P.51

● 室戸岬[高知県] 室戸岬周辺は隆起傾向を示しており，最大比高100mの海岸段丘を形成している。1946年の南海地震で岬先端で1.3mの隆起があった。

5 写真と地形図でみる平野地形

● 筑後川と筑紫平野

筑後川は，福岡・佐賀・熊本・大分 4 県を流域にもつ九州一の大河である。長さ143km，流域面積2,863km²で，利根川（坂東太郎），吉野川（四国（吉野）三郎）とともに筑紫次郎ともよばれている。

大分県の久住山系から流れる玖珠川と熊本県の阿蘇山系から流れる大山川が日田盆地で合流し，**筑紫平野**に入って筑後川とよばれ，流域最大の都市，久留米市を通って河口の柳川市で有明海に注いでいる。筑後川の歴史は洪水と治水の歴史でもあり，江戸時代以降，現代に至るまで治水事業が繰り返されてきた。洪水の原因は，筑後川やその支流の上流は，水が地中に浸透しにくい地質であること，上流の河床の勾配が急であるのに対し，中・下流の勾配がきわめて緩く，筑紫平野に入って河川の水が氾濫しやすい状況になっていることなどがあげられる。

筑紫平野は筑後川の中・下流域及びその周辺地域からなる**沖積平野**（参照▶P.45・46）で九州最大の平野である。福岡県側を筑後平野，佐賀県側を佐賀平野ともよび，両者を総称して筑紫平野（参照▶P.332）とよんでいる。開発は古く，岩戸山古墳などの古墳群や古代の条里制の遺構などがみられる。筑後川の中流は蛇行が激しく，下流には網状に**クリーク**が発達し，国内有数の穀倉地帯となっている。有明海岸には干拓地が広がり，佐賀県側に搦（他に地形図にはないが，籠）など，福岡県側に開などの地名（参照▶P.222）がみられる。

↑蛇行する筑後川

↑筑後川河口（右が筑後川，左が早津江川）

(1：25,000　佐賀南部——佐賀県・福岡県　2011年更新，80％縮小)

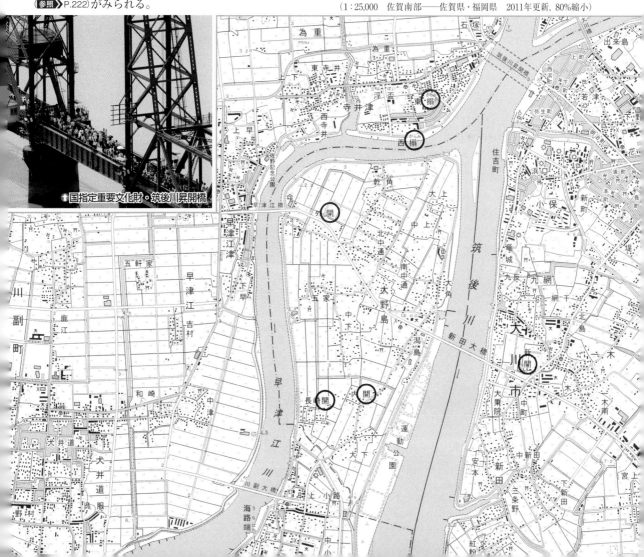

↑国指定重要文化財・筑後川昇開橋

	沈水（沈降）海岸	離水（隆起）海岸
成因・特色	**成因** 陸地の沈降または海面の上昇 **特色** 海岸線が複雑で，水深が深い 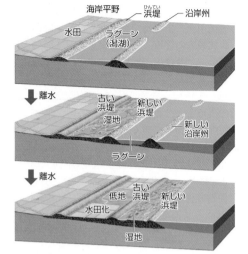 沈水後の海面／現在（沈水前）の海面 ↓沈水 溺れ谷／島／半島／沈水後の海面	**成因** 陸地の隆起または海面の低下 **特色** 海岸線が単調で，水深が浅い 海岸平野／浜堤／沿岸州／水田／ラグーン（潟湖） ↓離水 古い浜堤／新しい浜堤／湿地／新しい沿岸州／ラグーン ↓離水 低地／古い浜堤／新しい浜堤／水田化／湿地

地形・例		
リアス海岸	起伏の多い山地（**V字谷**）が沈降して形成された鋸の歯状の海岸。**参照》P.292・328** **例** 三陸海岸南部・若狭湾・志摩半島・薩摩半島南西部・スペイン北西のリアスバハス海岸	（注）浜堤：海岸線に並行に砂が波に打ち上げられたり，隆起したりしてできた微高地のこと。
フィヨルド	**峡湾**。**氷食谷（U字谷）**が沈降して生じた狭くて奥深い入江。**参照》P.316** **例** ノルウェー・カナダ西岸・ニュージーランド・チリ	**海岸平野**　浅海底が隆起または海面の低下で陸地化した平野。**参照》P.220** **例** 九十九里平野・釧路平野・宮崎平野
エスチュアリー （エスチュアリ）	**三角江**。河川の河口部が沈降して生じたラッパ状の入江。背後に大きな山脈をもたない。 **例** テムズ川・セーヌ川・エルベ川・ラプラタ川	**海岸段丘**　地盤の隆起や海面の低下で形成された段丘。 **例** 襟裳岬・三浦半島・室戸岬・足摺岬

2 沈水海岸

●フィヨルド

❶ガイランゲルフィヨルドの湾奥[ノルウェー] フィヨルドの海岸はU字谷の谷壁にあたるため高くけわしい。狭く奥行きのある**フィヨルド**は，**水深があり**巨大な客船も自由に航行できる。ガイランゲルフィヨルドは全長162km，周囲の山地は1,500mにもなり，その美しさで世界遺産に登録されている。

●リアス海岸

▲薩摩半島の坊岬[鹿児島県]

●エスチュアリー

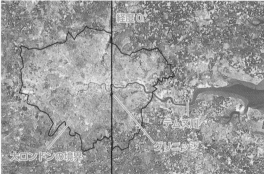

経度0／テムズ川／グリニッジ／大ロンドンの境界

❶テムズ川[イギリス] エスチュアリーは，比較的水深が大きく，広大な平野が発達し，**ヒンターランド（後背地）**が広く商業港ができ，大都市が成立しやすい。**参照》P.225**

3 離水海岸

↓海岸平野[千葉県・九十九里浜]

● 海岸平野 参照》P.342

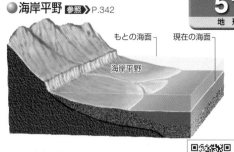

もとの海面　現在の海面
海岸平野

● 海岸段丘 参照》P.48

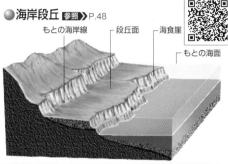

もとの海岸線　段丘面　海食崖
もとの海面

自然環境

4 砂地形

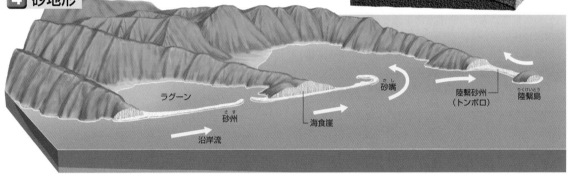

ラグーン
砂州
沿岸流
海食崖
砂嘴
陸繋砂州（トンボロ）
陸繋島

種　類	成因・特色	例
砂　　嘴	沿岸流が運んだ砂が鳥のくちばし状に海へ突き出した地形。	野付崎・伊豆戸田湾・三保松原・コッド岬
砂　　州	砂嘴が発達し，湾口をふさぐ程になった地形。	天橋立・弓ヶ浜(夜見ヶ浜)
沿　岸　州	遠浅の沖合で，海岸線に平行に砂が堆積した地形。	アメリカ合衆国東部沿岸(ハッテラス岬)
陸　繋　島	陸繋砂州(トンボロ)により対岸の島が本土とつながったもの。	函館山・男鹿半島・江の島・潮岬・志賀島
ラ グ ー ン	潟湖。砂の堆積物と陸地に囲まれた湖。浅い水面が湿地化し干潟となる。	能取湖・サロマ湖・八郎潟・河北潟・中海

↓砂嘴[北海道・野付崎]

北海道
根室海峡
野付崎
砂嘴

↓砂州(天橋立)[京都府] 参照》P.95

宮津湾
砂州

↓陸繋島と陸繋砂州[北海道・函館]

函館市街
陸繋砂州
函館山
陸繋島

↓ラグーン(サロマ湖)と砂州[北海道]

サロマ湖
砂州
オホーツク海

5 写真と地形図でみる海岸地形

●八郎潟・大潟村の誕生〜汽水湖から淡水湖へ

八郎潟は，秋田県西部に位置する潟湖(参照▶P.51)である。雄物川と米代川の土砂流出により男鹿半島が陸繋島化し，その後の地盤隆起によって八郎潟ができあがった。東西13km，南北24km，深さ4〜5m，面積約223km²の湖は，かつては琵琶湖に次ぐ日本で2位の大きさであった。戦後の食糧増産計画による**干拓事業**で約8割が干拓され，そこに**大潟村**が誕生した。

1957(昭和32)年，国営事業として開始された干拓事業は，まず日本海の海水が八郎潟へ流入するのを防ぐため，防潮水門(湖面が海面より高くなるように調整されている)を築き，次に湖の周囲に総延長52kmの堤防を築いた。地形図にみられるように，干拓によってできた大潟村は，海面下の土地(−1〜−5m位)であり，東部承水路と西部承水路(地形図の左側)が大潟村の周囲を囲んでいる。2つの水路は南東部にある八郎潟調整池に入り，防潮水門を通って船越水道から日本海に注いでいる。かつては海水と真水が混じり合う**汽水湖**(参照▶P.82)であったが，防潮水門によって締め切られ，現在は**淡水湖**になっている。

(1:25,000 大潟，寒風山——秋田県 それぞれ1996年部分修正測量，2007年更新，45%縮小)

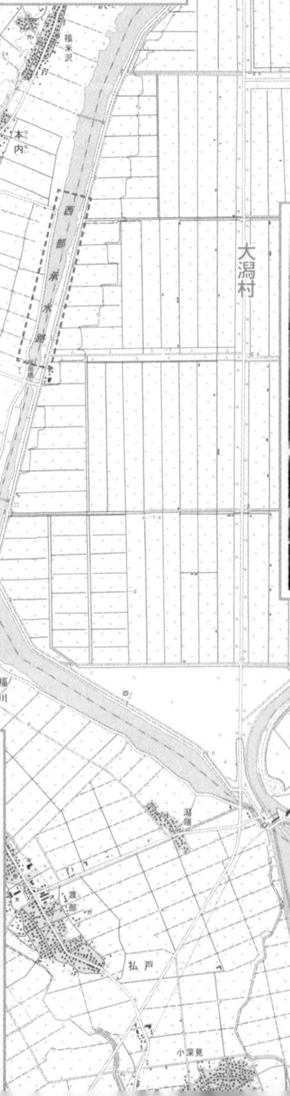

集落の周囲に防風・防雪のための針葉樹林がみられる。

▲Ⓐ大潟村の広大な農地

写真Ⓐの方向

八郎潟調整池

▲Ⓑ八郎潟中央干拓地(1960年代)

1 海面上昇とサンゴ礁の発達

裾礁（きょしょう）海岸に接して，これをとりまく形で発達したサンゴ礁

→ 海面上昇

堡礁（ほしょう）海岸から沖合に離れたところに発達したサンゴ礁　参照▶P.316

→ 海面上昇

環礁（かんしょう）礁湖を囲んでサンゴ礁がリング状に発達する。　参照▶P.315

海面　サンゴ礁

礁湖　サンゴが成長

浅い礁湖　さらにサンゴが成長

↑モーレア島[仏領ポリネシア]　　↑ボラボラ島[仏領ポリネシア]　　↑ミリ環礁[マーシャル諸島]

自然環境

●サンゴ礁の分布

（貝塚爽平編『世界の地形』東京大学出版会）

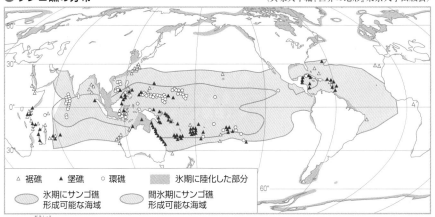

△ 裾礁　▲ 堡礁　○ 環礁　■ 氷期に陸化した部分

⬭ 氷期にサンゴ礁形成可能な海域　⬭ 間氷期にサンゴ礁形成可能な海域

↑沖縄県伊江島　北緯24度から31度にわたる南西諸島は，**サンゴ礁分布の北限**にあたり，特に奄美大島以南の島々の沿岸には裾礁が多く発達する。開発によるサンゴ礁の汚染や破壊が懸念される。

解説 **造礁サンゴ**　サンゴ礁は造礁サンゴとよばれる生物が集積・固結してつくった**石灰岩**を主成分とした生物地形である。造礁サンゴはミドリイシ科，キクメイシ科等の生物（イソギンチャクと同じ刺胞動物）で活発に炭酸カルシウムを分泌し，強い波でも破壊されない骨格をつくっている。

　造礁サンゴの最適生育条件は海水温度25〜29℃，塩分濃度34〜36‰（パーミル），照度は1.2〜4.2万ルクス，水深は20m以下の範囲にあたる。こうした条件下では枝サンゴで年に数cmから十数cm，塊状サンゴで数mmから数cm上方へ成長する。暖流の流れる水域に発達している。

2 海底地形　●大陸棚の定義

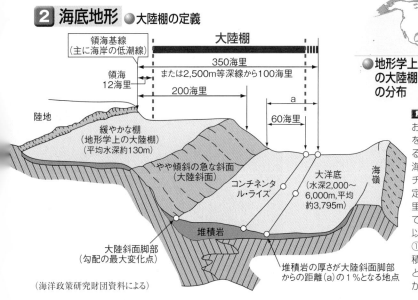

領海基線（主に海岸の低潮線）

大陸棚

領海12海里

350海里

または2,500m等深線から100海里

200海里

a

60海里

陸地

緩やかな棚（地形学上の大陸棚）（平均水深約130m）

やや傾斜の急な斜面（大陸斜面）

コンチネンタル・ライズ

大洋底（水深2,000〜6,000m，平均約3,795m）

海嶺

堆積岩

大陸斜面脚部（勾配の最大変化点）

堆積岩の厚さが大陸斜面脚部からの距離（a）の1％となる地点

（海洋政策研究財団資料による）

●地形学上の大陸棚の分布

（『地球大図鑑』を参考に作成）

解説　地形を示す用語としての**大陸棚**は，おおむね水深130m付近まで続く海底の部分を指すが，**国連海洋法条約**では，領海を超える海面下の区域で，範囲は領海基線から200海里まで，または，大陸縁辺部の外縁（コンチネンタル・ライズと大洋底の境目）までと定められている。大陸縁辺部の外縁が200海里を超えない場合には，大陸棚は200海里まで。大陸縁辺部の外縁が200海里を超えると，以下の①〜③の要件で大陸棚を延長できる。①大陸棚斜面脚部から60海里，または②堆積岩の厚さが大陸斜面脚部からの距離の1％となる地点。ただし③領海基線から350海里か2,500m等深線から100海里。

氷河地形

谷氷河
（長さ24km）

年180〜200cm
の速さで移動

⬆アルプス山脈のアレッチ氷河［スイス］　スイスアルプスのユングフラウ山（4,158m）のアレッチ氷河は谷氷河でアルプス最長である（24km）。

◯大陸氷河と谷氷河

名称		成因・特色
氷河	大陸氷河	大陸を厚くおおう大規模な氷河。更新世の最終氷期には陸地の約30%が氷河でおおわれた。
	谷氷河（山岳氷河）	雪線（積もる氷雪の量（涵養量）と融けていく量（消耗量）が均衡している高度）以上の高さをもつ山地の谷に発達。

◯氷河地形の形　参照》P.334・344

氷期

谷氷河

モレーン

間氷期・後氷期
ホルン（ホーン）
カール
U字谷
モレーンによる堰止湖
モレーン

◯氷河地形

名称	成因・特色
U字谷	谷氷河が流下する際に斜面を削りとり，谷底は幅広く平らで，谷壁は急崖となる。横断面はU字形を示す。谷底は農耕や牧畜，集落の立地に適する。参照》P.304
フィヨルド	U字谷に海水が侵入したもの。参照》P.50
ホルン（尖峰）	ホーンともよばれる。周囲を氷河によって削られ，三角錐形をした岩峰。
カール（圏谷）	山頂付近や山腹に氷河の侵食によってつくられた半円（馬てい）形の窪地。氷河が消失すると，カールの前面にモレーンが残され，底部は氷河湖となることが多い。
モレーン（堆石）	氷河の末端部に堆積した砂・礫・岩塊の砕屑物。
氷河湖	氷河が削った窪地や，氷河とモレーンの間に形成された湖。

カール

⬆穂高岳のカール［長野県・飛騨山脈］

U字谷
氷河湖

⬆U字谷と氷河湖［カナダ・ロッキー山脈］

◯ハイデでの放牧［ドイツ］　更新世（260万年前〜1万年前）と4回の氷期に大陸氷河におおわれたため，現在もヒースとよばれるツツジ科の樹木などを中心とした植生である。イギリスではヒースランド，北ドイツ平原ではハイデとよばれ，羊・山羊の放牧地となっている。

⬇ホルン［マッターホルン（アルプス山脈）］

ホルン（ホーン）　標高4,477m

情報ナビ　**氷河性海面変動**　更新世（洪積世）には4回の氷期と比較的温暖な3回の間氷期があり，間氷期には氷河が融けて海面が上昇する。日本でも約6000年前，「縄文海進」とよばれる海面上昇があった。

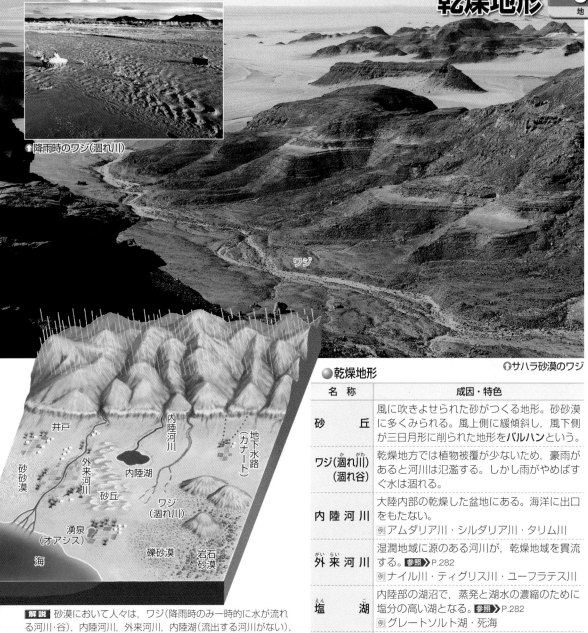

↑降雨時のワジ(涸れ川)

↑サハラ砂漠のワジ

●乾燥地形

名　称	成因・特色
砂　丘	風に吹きよせられた砂がつくる地形。砂砂漠に多くみられる。風上側に緩傾斜し，風下側が三日月形に削られた地形を**バルハン**という。
ワジ(涸れ川)(涸れ谷)	乾燥地方では植物被覆が少ないため，豪雨があると河川は氾濫する。しかし雨がやめばすぐ水は涸れる。
内陸河川	大陸内部の乾燥した盆地にある。海洋に出口をもたない。例アムダリア川・シルダリア川・タリム川
外来河川	湿潤地域に源のある河川が，乾燥地域を貫流する。参照P.282 例ナイル川・ティグリス川・ユーフラテス川
塩　湖	内陸部の湖沼で，蒸発と湖水の濃縮のために塩分の高い湖となる。参照P.282 例グレートソルト湖・死海
オアシス	砂漠の中で局地的に水がわき，樹木が繁茂している土地。集落や都市が立地している。

解説 砂漠において人々は，ワジ(降雨時のみ一時的に水が流れる河川・谷)，内陸河川，外来河川，内陸湖(流出する河川がない)，オアシス(参照P.70)などから水を得ている。

●砂漠の種類

砂砂漠(エルグ)	礫砂漠(レグ)	岩石砂漠(ハマダ)
砂におおわれた砂漠。全砂漠の20%。例タクラマカン砂漠・グレートヴィクトリア砂漠	礫におおわれた砂漠 例サハラ砂漠・アタカマ砂漠	基盤が露出し，植物がほとんどない荒地 例サハラ砂漠・ゴビ砂漠

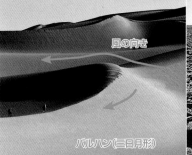

風の向き／バルハン(三日月形)

情報ナビ **砂漠の大半は石?** 砂漠というと砂丘のある砂砂漠を多くの日本人が思い浮かべるが，実際はごくわずかで大部分は岩石や礫でおおわれている岩石砂漠や礫砂漠である。

カルスト地形

↑スロベニアのカルスト地方 スロベニアの(クラス地方のドイツ語読みである)カルスト地方は石灰岩による地形がみられ、カルスト地形の語源となっている。石灰岩が露出し荒涼とした丘陵と、大規模な**ポリエ**(溶食盆地)に加え、ポストーイナには全長22kmにも及ぶ世界最大規模の**鍾乳洞**がみられる。参照▶P.292

●カルスト地形(溶食地形) 参照▶P.57

カルスト地形	石灰岩が二酸化炭素を含む雨水や地下水に溶食されて形成されたさまざまな地形の総称。ディナルアルプス山脈北部、**スロベニアのカルスト地方**に典型的に発達し、この名がついた。
鍾乳洞	地中の石灰岩が溶食されて生じた地下の空洞。囫秋芳洞、龍河洞
ドリーネ	溶食や地下鍾乳洞の落盤によって形成された、すり鉢状のくぼ地。直径数m～数十m。
ウバーレ	ドリーネが拡大・連続してできた、長さ1km程度のくぼ地。
ポリエ(溶食盆地)	ウバーレやドリーネが拡大・連続してできた大規模なくぼ地。底面積は100kmから数百km。盆地底には石灰岩の風化土壌、**テラロッサ**が堆積し農地がみられる。ディナルアルプス山脈に多い。
タワーカルスト	石灰岩の厚い層が高温多雨気候のもとで溶食を受けてできた岩峰。囫コイリン(桂林)(中国)

←←ポリエ(溶食盆地)(上)とテラロッサ(左) 数km～数百kmの盆地を、**ポリエ**とよぶ。地中海沿岸には**テラロッサ**(参照▶P.63)とよばれる石灰岩の**風化土壌**(石灰岩の炭酸カルシウムが溶脱する過程で、FeやAlの酸化物が残積して赤みを帯びる。)が広がり、オリーブやぶどうの栽培に適している。

●タワーカルスト[中国・コイリン(桂林)] 中国のコワンシー壮族自治区からコイチョウ(貴州省)にかけては、サンゴなどによりつくられた石灰岩が厚く堆積しており、高温多雨の気候のもとで溶食が進んだ。特に縦の割れ目に沿って溶食が進み、生じたくぼ地に雨水がたまって一層溶食作用が進んだため、**タワーカルスト**とよばれる地形が形成された。コイリン(桂林)は中国有数の観光地として人気がある。

●カルスト台地の表面[山口県・秋吉台] 秋吉台一帯にはカルスト地形が発達している。台地の表面には溶食から取り残された**石灰岩**が石塔原(ピナクル群)となって広がり、各所に直径数十～数百mに及ぶ、**ドリーネ**とよばれるすり鉢状のくぼ地がみられる。(参照▶P.57)

②　写真と地形図でみるカルスト地形

●カルスト地形と四国カルスト

　四国カルスト（参照▶P.56・292）は，愛媛県と高知県の県境に位置する標高1,000〜1,450mの石灰岩の高原地帯である。姫鶴平，五段高原，天狗高原，大野ヶ原などからなり，山口県の秋吉台，福岡県の平尾台とともに**日本三大カルスト**とよばれている。また四国カルストは，愛媛県西予市，久万高原町，内子町，高知県檮原町，津野町の東西25kmにわたって広がり，最高峰は標高1,485mの天狗森で，晴れた日には北に瀬戸内海，南に太平洋が見渡せる。

　一帯は愛媛・高知両県から県立自然公園に指定され，溶食作用で誕生したドリーネやウバーレ，石塔原などの**カルスト地形**が，春から夏にかけての緑の草原や秋のススキ，冬の雪原に映え，自然が作り出す幻想的な美しさに多くの人々が魅了され，四季を通じて観光客でにぎわっている。また，乳牛の放牧地としても歴史があり，多くの牛が放牧されている。さらに，近年は**風力発電**（参照▶P.149）の風車が風の里公園に20基ほど設置され稼働している。

Ⓐ天狗高原に広がるカルスト地形

Ⓑ四国カルストでみられる乳牛の放牧と風力発電

自然環境

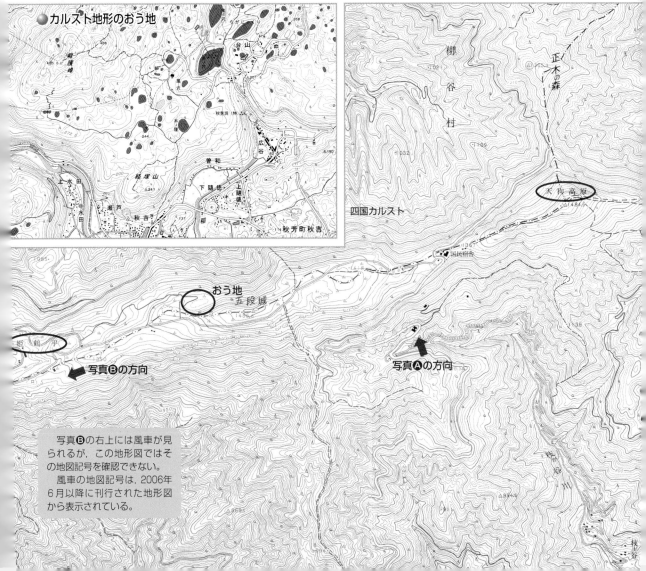

（1：25,000　秋吉台──山口県　2011年更新, 65%縮小）

●カルスト地形のおう地

秋芳町秋吉

（1：25,000　越知面・王在家──愛媛県・高知県　ともに2001年修正測量, 80%縮小）

四国カルスト

天狗高原

おう地
五段城

姫鶴平

写真Ⓑの方向

写真Ⓐの方向

　写真Ⓑの右上には風車が見られるが，この地形図ではその地図記号を確認できない。
　風車の地図記号は，2006年6月以降に刊行された地形図から表示されている。

日本の地形

1 弧状列島（こじょう）

解説 海溝はプレートが消滅する場所である。一方が他方の下に沈み込むとき，深い溝のような地形ができる。千島弧から伊豆・小笠原弧に至る海溝は水深9,000mにも達する。一方本州中部には3,000m級の山脈が連なり，海溝からこれらの山々にかけての斜面は世界有数のはげしい起伏をみせている。弧状の島の列はプレートの沈み込み帯にできる特有の地形であり，そこにそびえる山々もプレートの運動によって形成されたものである。**参照》**P.39

フォッサマグナ 1875（明治8）年来日したドイツの地質学者ナウマン（Nauman）が，東北日本と西南日本の境界にある大亀裂帯を発見し命名した。地体構造の西縁は糸魚川・静岡構造線とよばれ，糸魚川市・姫川・青木湖・木崎湖・諏訪湖・釜無川・安倍川・静岡市を結ぶ大断層線となっている。

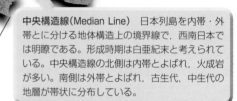

洞爺湖
有珠山
アポイ岳
糸魚川
隠岐
山陰海岸
伊豆半島
島原半島
阿蘇
室戸

中央構造線（Median Line） 日本列島を内帯・外帯とに分ける地体構造上の境界線で，西南日本では明瞭である。形成時期は白亜紀末と考えられている。中央構造線の北側は内帯とよばれ，火成岩が多い。南側は外帯とよばれ，古生代，中生代の地層が帯状に分布している。

2 日本の氷河

❶氷河が確認された立山連峰の三ノ窓雪渓（さんのまど） 富山県立山連峰の3つの氷体が氷河（**参照》**P.54）であると確認された。これまで極東アジアでは，カムチャツカ半島以北で確認されているのみで，日本には現存する氷河はないとされてきた。三ノ窓雪渓では厚さ30m以上，長さ1km前後の氷河が，1か月に30㎝移動しているという。

● 4つのプレートの境界に位置する日本列島

凡例	
………	プレート境界
▲▲▲	沈み込み帯
	火山帯と火山フロント
	プレート境界型地震の想定震源域
←	地震の地域別連動性
	主な活断層帯

❶ 山形盆地断層帯
❷ 神縄・国府津―松田断層帯
❸ 三浦半島断層帯
❹ 糸魚川・静岡構造線断層帯
❺ 富士川河口断層帯
❻ 境峠・神谷断層帯
❼ 伊那谷断層帯
❽ 阿寺断層帯
❾ 琵琶湖西岸断層帯

北アメリカプレート
ユーラシアプレート
日本海東縁部
東日本火山帯
千島・カムチャツカ海溝
9cm/年
10.5cm/年
日本海
フォッサマグナ西縁
相模トラフ
太平洋プレート
中央構造線
西日本火山帯
南海トラフ
4cm/年
フィリピン海プレート
太平洋
沖縄トラフ

（「全国を概観した地震動予測地図」などによる）

解説 日本列島付近では，太平洋プレート，フィリピン海プレート，ユーラシアプレート，北アメリカプレートの4つのプレートがせめぎ合っている。

太平洋プレートは北アメリカプレートと衝突して日本海溝にもぐり込んでいる。またフィリピン海プレートはユーラシアプレートと衝突して南海トラフ（**トラフ**：細長く比較的幅の広い舟底状の凹地で水深6,000〜7,000m以下のもの）にもぐり込む。**参照》**P.40

情報ナビ **世界ジオパークとは** 地球の成り立ちを知るうえで貴重な地形や地層などを国際的に認定して保護・活用しようとするもの。日本では2022年4月現在，アポイ岳，洞爺湖有珠山，糸魚川，山陰海岸，室戸，島原半島，隠岐，阿蘇及び伊豆半島の9地域が認定されている。**参照》**P.95

3 日本列島と火山

火山帯と火山フロント 日本列島の火山は島弧の火山の常として，海溝から遠い側にだけ分布する。そこは内帯(火山弧)とよばれ，海溝に近い側は外帯(非火山弧)とよばれてきた。

内帯での火山分布は外寄りほど密で，急に火山のない外帯に接するから，火山有無の境界を一線で描くことができる。この線を**火山フロント**という。火山フロントから内側に向かうほど火山がまばらになるだけでなく，火山岩(参照▶P.43)の組成にも系統的な変化がある。そこで，火山フロントの連続性に注目すれば，日本の火山分布を**東日本火山帯**と**西日本火山帯**の2つにまとめることができる。

↑桜島の噴火[鹿児島県]

●日本列島付近の火山の構造

日本の火山には円錐形の成層火山が多いが，巨大な**カルデラ**(参照▶P.43)が多いのも特色である。大カルデラ火山と大成層火山は，ほとんどが火山フロントに沿って分布している。成層火山や大カルデラ火山は数万年から数十万年という"寿命"があって，繰り返し活動する。そして活動を繰り返すうちに噴出物や噴火の性質が変わり，したがって火山地形も変化していく。

(貝塚爽平『空からみる日本の地形』岩波書店などによる)

●日本の火山分布 (2022年7月現在)

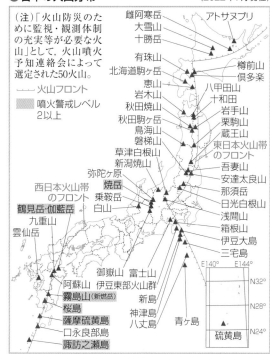

(注)「火山防災のために監視・観測体制の充実等が必要な火山」として，火山噴火予知連絡会によって選定された50火山。

——— 火山フロント

▨ 噴火警戒レベル2以上

(気象庁資料などによる)

4 日本は有数の地震国 参照▶P.9・10

過去10年で1.7倍に増加 地震大国といわれる日本列島。2011年の東日本大震災以降も，2020年までの10年間で日本列島やその周辺で発生した地震の回数は205万1,547回と，震災前の2010年までの10年間の123万7,312回と比べて81万回も多くなっており，約1.7倍に増加している。また，世界で起こるマグニチュード6以上の地震の約2割は日本で発生している。

熊本地震(2016年)，大阪北部地震(2018年)，北海道胆振東部地震(2018年)と大地震が続き，2020年秋からは全国各地で地震が発生。2021年2月，3月，5月，2022年3月には福島県沖，宮城県沖で東日本大震災の余震といわれる地震が起こっている。立命館大学特任教授・高橋学氏は「「余震は本震から数年も経てば起こらない」「今回大きな余震があったのだからもう大きなものはこないだろう」という考えは誤り。東日本大震災クラスの余震は10年程度で収まるものではない。今後また同程度か，それ以上の余震が起こることについても想定しておく必要がある」旨指摘している。

(気象庁及び内閣府の資料などによる)

●日本列島及びその周辺で発生した地震回数

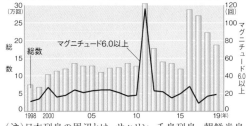

(注)日本列島の周辺とは，サハリン，千島列島，朝鮮半島，小笠原諸島，沿海州及び台湾。 (気象庁資料による)

⊃熊本地震で損壊した阿蘇長陽大橋[熊本県南阿蘇村，2016年4月]

⊃新たに開通した新阿蘇大橋[2021年3月]

気候要素と気候因子

チェックワード **気候要素** 気候を構成する要素。気温・降水量・風が3要素，湿度・雲量・日照時間など。
気候因子 気候要素に影響を与える要因。緯度・地形・海流・海抜高度・水陸分布など。

1 気温 ●世界の気温と降水量 ●緯度別平均気温

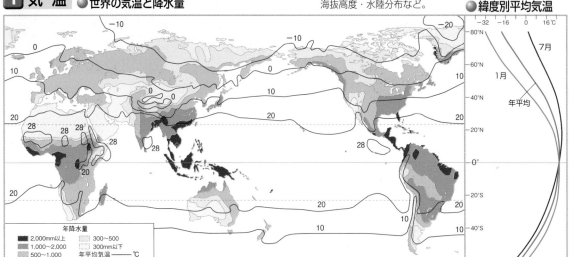

年降水量
- 2,000mm以上
- 1,000〜2,000
- 500〜1,000
- 300〜500
- 300mm未満
- 年平均気温 ——℃

(注)気温は1971〜2000年の期間で平均した年平均気温。降水量は1979〜2000年の期間で平均した年降水量。 (『理科年表』2013などによる)

●気温分布の特色

水平分布	緯度との関係	○等温線はほぼ緯線に平行。 ○年較差は高緯度で大きく，低緯度で小さい。 **年較差＝最暖月平均気温−最寒月平均気温** **日較差＝日最高気温−日最低気温** ○地球の各経線上で気温の最も高い地点を連ねた線(**熱赤道**)は北緯10度付近。
	水陸分布との関係	○夏に北アフリカ・西アジアの内陸部で著しい高温部，冬にシベリアで著しい低温部となり，年較差が大きくなる。 ○同緯度での気温の年較差は**海洋で小さく，内陸ほど大きい**。
	大陸の東岸・西岸	○夏は東岸が西岸より高温であるが，冬は西岸が東岸より高温となる。 ○中緯度の東岸は**季節風**(参照≫P.62)が卓越し夏高温・冬寒冷,西岸は**偏西風**(参照≫P.61)が卓越し冬は東岸より寒気は和らぐ。
垂直分布	高度との関係	○気温は海抜高度が増すと低くなる。対流圏では一般に100mの高度差に対して気温は**平均0.65℃**(注)の割合で下がる。これを**気温の逓減率**(減率)という。

●気温の年較差の分布

(単位 ℃)

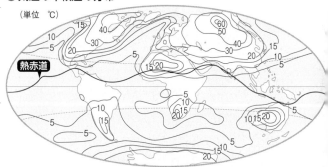

(中村和郎他『日本の気候』岩波書店)

解説 気温の年較差は一般に緯度が増すごとに大きくなる。大陸は海洋よりも比熱が小さい(暖まりやすく冷めやすい)ので太陽放射量に敏感に反応し，気温の年較差は海洋より大きくなる。そのため上図の年較差等値線図は大陸の形となって現れる。特に東シベリアの内陸部は極大となり，「**北半球の寒極**」(参照≫P.77)とよばれる。

また，低緯度は太陽放射量の季節変化が小さく，気温の年較差は小さい。かえって，気温の日較差の方が大きいので，「**夜は熱帯の冬**」とよばれる。

気温の年較差は最暖月と最寒月の平均気温の差であり，1年の最高気温と最低気温の差でないことに注意が必要。

(注)対流圏全体で平均すると約0.65℃/100mであるが，人間生活に関係の深い対流圏下層や山間部では約0.55℃/100mである。

●東岸気候と西岸気候〜北緯50度付近の平均気温

(気象庁資料などによる)

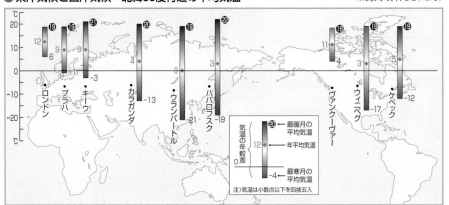

気温の年較差
- 最暖月の平均気温
- 年平均気温
- 最寒月の平均気温

(注)気温は小数点以下を四捨五入

解説 **大陸の西岸**は，偏西風や暖流など海の影響を受け，一般に夏は涼しく冬は暖かくて気温の年較差が小さい(**海洋性気候**)。

これに対し，**大陸の東岸**は熱しやすく冷めやすい大陸の特性が現れ，一般に季節風の影響を受けて，夏暑く冬は寒くて気温の年較差が大きい(**大陸性気候**)。

内陸ではさらに気温の年較差が大きい。

情報ナビ **自転の影響を受ける風** 地球上のすべての物体は自転による転向力を受け，まっすぐ進んでも北半球では進行方向に対して右にそれる。したがって北半球では，自転がなければ北風になるはずの貿易風は東寄りの風になる。

自然環境

2 降水　●上昇気流の成因による降雨の種類

種類	上昇気流が生じる理由	例
地形性降雨	湿った空気が風に運ばれ，地形の起伏に沿って上昇し，雲が発生して風上側に降雨をもたらす。風下側には乾燥した空気が吹き下りる。	山地の風上側の降雨　インド西岸(西ガーツ山脈)　アッサム地方(ヒマラヤ山脈)　冬季の日本海側，ノルウェー
前線性降雨	暖気団と寒気団が接し，寒気団の上に暖気団が乗り上げる(寒気団が暖気団の下にもぐり込む)ことで生じる。	梅雨前線など停滞前線による降雨 参照》P.81
低気圧性降雨	気圧の低い場所に周囲から風が吹き込み，行き場がなくなって上昇する。	温帯低気圧による降雨　熱帯低気圧・台風による降雨
対流性降雨	強い日射の結果，地表近くの空気が暖められることで起こる急速な上昇。参照》P.67	夏の夕立，ゲリラ豪雨　赤道付近の熱帯地域のスコール

●地形性降雨

●対流性降雨

3 風　●大気の大循環と緯度別の降水量・蒸発量

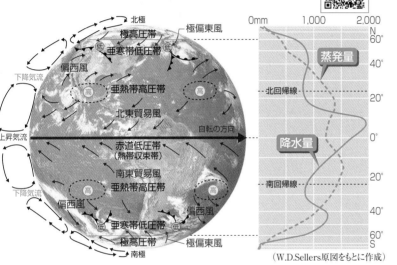

(W.D.Sellers原図をもとに作成)

解説 降水量の多いのは赤道低圧帯にあたる赤道付近と亜寒帯低圧帯にあたる緯度40〜50度である。逆に降水量の少ないのは緯度20〜30度(回帰線付近)と両極付近の寒冷なところである。**回帰線付近は蒸発量が降水量を上回るため，乾燥地域となりやすく大陸内部では砂漠がみられる。**

●気圧帯

(注)風向は北半球の場合。

種類	特色	降水	恒常風(注)
極高圧帯	両極地方は年中低温であるため，安定した高気圧地帯を形成する。ここから極偏東風が吹き出す。	少雨	〈高圧〉　極偏東風
亜寒帯低圧帯	南北両半球60度付近の地域。極風帯と偏西風帯の境にあたり，**寒帯前線**を形成し，低気圧が発達しやすい。	多雨	〈低圧〉　偏西風
亜熱帯高圧帯(中緯度高圧帯)	南北両半球の**回帰線**から30度にかけての地域。赤道付近で上昇した大気が下降するために形成される。**貿易風と偏西風が吹き出し**，降水量が少なく乾燥し砂漠となる。	乾燥	〈高圧〉　貿易風
赤道低圧帯(熱帯収束帯)	赤道の南北10度くらいは風が弱く，上昇気流がさかんで雨が多い。貿易風が接合し収束帯となり，**赤道無風帯**ともいう。	多雨	〈低圧〉

➡赤道低圧帯の衛星画像(7月)
　雨を降らせる雲が帯状になって現れる。7月には赤道よりも北側に位置する。

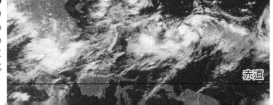

赤道

●恒常風：年中風向が一定の大規模な風

名称	特色
極偏東風	極高圧帯から吹き出す寒冷な風。地球の自転による**転向力**を受けて東風となる。極東風・極風ともいわれる。
偏西風	亜熱帯高圧帯から亜寒帯低圧帯に向かって吹く風で，転向力を受けて西風となる。低緯度側からの暖かい空気と極方面からの冷たい空気がぶつかり，**寒帯前線**が形成され，温帯低気圧の発生が多い。参照》P.75
貿易風	亜熱帯高圧帯から赤道低圧帯に向かって吹く風で，転向力を受け，北半球では北東風，南半球では南東風となる。熱帯偏東風ともいう。

●ジェット気流(北極からみた図)

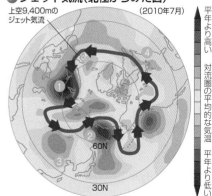

上空9,400mのジェット気流　(2010年7月)

60N
30N

(気象庁資料による)

(注)赤色領域は，対流圏の平均的な気温が平年より高い部分。平年値は1979〜2004年で平均した値。図中の❶〜❹は，2010年7月に顕著な高温となった都市の位置を示す(❶モスクワ，❷ヤクーツク，❸ペキン，❹ニューヨーク)。

解説 中緯度地方に吹いている偏西風は，上空10〜14km付近で特に強く，風速が40m/sに達するので，**ジェット気流**とよばれている。
　ジェット気流は蛇行しながら極を中心に地球を一周し，高緯度側にうねると暖気が流入し，逆に低緯度側にうねると寒気が流入する。航空機はこの風を利用して飛ぶと，時間と燃料が節約できる。

●赤道低圧帯などの季節移動〜１月と７月の気圧配置と風系（上段），降水量分布（下段）

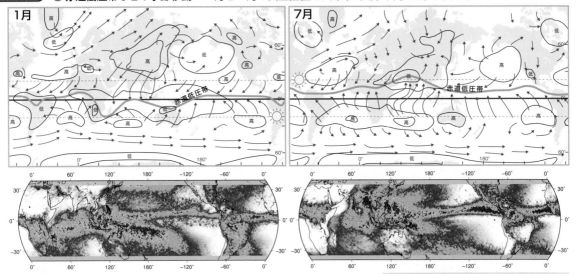

●恒常風以外の風

種　類	風の性質と主に出現する地域
モンスーン（季節風） モンスーンとはアラビア語のMausim（季節）に由来 参照 ▶P.279	大陸と海洋の比熱の違いにより，**夏は海洋から大陸へ，冬は大陸から海洋へ**，大陸と海洋との間を半年間の周期で規則的に交代して吹く風をいう。夏は大陸に低気圧ができ海洋が高気圧となるので，風は海洋から大陸に吹き込み，冬はこの逆となる。一般に夏は高温多湿，冬は乾燥する。米・茶・さとうきびなどの栽培に影響を与える。東アジア・東南アジア・南アジアに著しい。
局地風（地方風） 参照 ▶P.293	特定の地域に吹く特有の風で，地方ごとに**フェーン，シロッコ，ボラ，ブリザード**など固有の呼び名がある。
熱帯低気圧に伴う風 参照 ▶P.279	熱帯低気圧は，熱帯地方に発生する高温多湿の移動性低気圧である。夏から秋にかけて最も多く発生し，発生する地域によって**台風**（中心付近の最大風速が17.2m/s以上になったもの）・**サイクロン・ハリケーン**とよばれる。

●アジアのモンスーン
（水野一晴『自然のしくみがわかる 地理学入門』ベレ出版などによる）

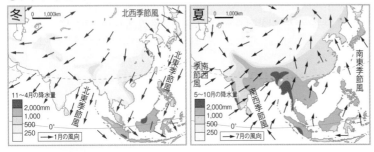

●局地風と熱帯低気圧に伴う風

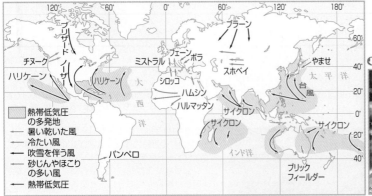

（倉嶋厚『日本の気候』を参考に作成）

降水量分布について

TRMM/PRによる地表面降雨分布の気候学的な月平均値。期間は1997年12月〜2014年10月までの約17年間。単位は mm/30days。
（JAXA提供）

解説 １月は赤道より南に赤道低圧帯が位置するのに対し，７月は赤道より北に移動する。これに伴い，他の気圧帯・恒常風も移動し，降水量の年変化が生ずる。人工衛星技術の進歩により，海上の降水量を正確に知ることができるようになった。

●フェーン現象

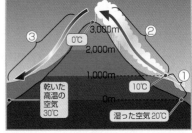

①空気が山腹を上昇すると，温度が下がる。湿った空気なら雲ができる。
100m上昇すると１℃下がる
②雲が発生すると，温度の下がり方がゆるやかになる。
100m上昇すると0.5℃下がる
③山を越えた乾燥した風が下降すると空気の温度が上がる。
100m下降すると１℃上がる

●地中海周辺の拡大図

1 気候帯と植物帯・土壌帯との関係

気候帯	植物帯	土壌帯

乾燥←→湿潤　乾燥←→湿潤　乾燥←→湿潤
寒冷　　　　　寒冷　　　　　寒冷

氷雪気候 EF			永久氷雪			永久氷雪		
ツンドラ気候 ET			ツンドラ			ツンドラ土		
亜寒帯(冷帯)Dw・Df			タイガ			ポドゾル		
砂漠気候 BW	半乾燥気候 BS	半湿潤気候 Cw・Cf・Cs	温帯気候	砂漠	ステップ砂漠	ステップ	長草草原	温帯林
			サバナ熱帯気候 Aw・Af				短草草原	暖帯林
								熱帯雨林

砂漠土　栗色土　チェルノーゼム　プレーリー土　灰褐色土　褐色土　赤黄色土　ラトソル

温暖　　　　　温暖　　　　　温暖

(G. T. Rennerによる)

解説 気温(縦軸)と降水量(横軸)の関係から3つの図の内容をとらえ，それぞれの位置関係を比較すれば相互の関係がよくわかる。例えば，最も肥沃な黒土は適度な降水量の下で草原地帯に生成されることがわかる。亜寒帯ではタイガが発達し，土壌はポドゾルが生成される。

チェック・ワード 成帯土壌 気温及び降水量の変化に対応してそれぞれの気候・植生下で，特色ある土壌が生成される。この種の土壌を成帯土壌とよぶ。
間帯土壌 これに対し，気候・植生の影響よりも母岩・地形・地下水などの因子に強く制約されて生成された土壌を間帯土壌とよぶ。

2 土壌の種類と特色

(注)溶脱とは，水の移動に伴って土壌中から水溶性の有機・無機物が下層や上層へ移動すること。特に塩分が影響を受けやすい。

土壌		分布地域 ( )内は気候帯	表土の色	特色
成帯土壌	湿潤土壌	ツンドラ土	ツンドラ地帯 (ET)	灰褐色	寒冷地のため有機物の分解が不活発で，泥炭化する。強酸性で農耕には適さない。
		ポドゾル	針葉樹林帯 (Df北部・Dw)	灰白色	寒冷地で有機物の分解が進まず，化学成分が**溶脱**し，土壌は漂白され，灰白色層となり，その下は鉄分などが集積し赤茶色。強酸性土。**ロシア語で「白い土」**。
		褐色森林土	広葉樹林帯 (Cfa・Cfb・Df南部)	褐色	表層は腐植を含み，暗褐色で中性から弱酸性の肥沃土。
		赤黄色土	亜熱帯モンスーン地帯 (Cfa)	赤色	亜熱帯を中心に降雨により有機物が溶脱し，アルミニウムや鉄の酸化物が集積した酸性土壌。
		ラトソル	熱帯雨林地帯〜サバナ (Af・Aw・Am)	紅色	雨季に無機質養分や有機養分(腐植)が溶脱し，乾季の水分蒸発に伴い，鉄分やアルミニウムが表面に集まり，やせた赤黄色土となる。固結したものを**ラテライト**という。
	半乾燥土壌	チェルノーゼム **参照▶**P.71	ウクライナ〜西シベリア (BS)	黒色	厚い腐植層をもち，黒色の肥沃土で，中性ないし弱アルカリ性。ロシア語で「黒土」の意味。**小麦**の栽培に適している。
		プレーリー土	北アメリカグレートプレーンズ (Cfa〜BS)	黒色	チェルノーゼムと同じ。腐植が多く，肥沃土であるが，やや湿潤地域に分布する。アルゼンチンのパンパにも分布。
	乾燥土壌	栗色土	ステップ地帯 (BS)	栗色	短草草原に生成する土壌。表層は腐植を含み，栗色の弱アルカリ性肥沃土。
		砂漠土 **参照▶**P.71	砂漠地帯 (BW)	淡赤色(熱帯) 淡白色(温帯)	腐植層がなく，地中の塩分が地表面に集積し，強いアルカリ性土壌。凹地に集まった塩類土壌をソロンチャクという。
間帯土壌		テラロッサ	地中海沿岸地域	赤褐色	**石灰岩が風化した土壌**で，弱アルカリ性。イタリア語で「赤色の土」。
		テラローシャ	ブラジル高原	赤紫色	玄武岩質の火山岩が風化した排水良好な肥沃土。ポルトガル語で「紫色の土」。
		レグール **参照▶**P.115	デカン高原	黒色	玄武岩の風化した肥沃土。**綿花栽培**がさかんで，(黒色)綿花土ともいう。
その他		黄土(レス)	黄河流域	黄色	ゴビ砂漠からの風積土。細砂や粘土の肥沃土。(**風成レス**)
			ヨーロッパ，南北アメリカ	黄色	大陸氷河に削られた岩石の微砂が，風によって運ばれたもの。(**氷成レス**)
		火山灰土	火山地帯	赤色 (灰白色)	更新世末期から完新世にかけての火山灰の風化した土壌で，台地状に堆積している。酸性土壌で**関東ローム**が代表的。

■ポドゾル　**■褐色森林土**

■赤黄色土　**■ラトソル**

(写真：京都大学　渡邉哲弘氏　舟川晋也氏　真常仁志氏)

①プレーリー土とプレーリードッグ　プレーリー土のような草原土壌は，大量の腐植が表層に集積し，養分に富んで肥沃である。これは植物の根が，土中に生息するプレーリードッグやミミズ，バクテリア等によって分解されてできたものである。

①テラローシャ(ブラジル高原)　テラローシャは，玄武岩や輝緑岩の風化土壌で，水はけが良いためコーヒーの栽培に適している。

情報ナビ **土の色はなぜ違う？**　土壌の色は土壌に含まれる成分と水分環境を反映している。腐植を多く含むと黒色味を増す。酸化鉄の含有量が多くなると赤色から黄橙色を呈する。土色の判定には標準土色帳(色相・明度・彩度を数値化)を用いる。

自然環境

気候帯と気候区

→**ケッペン**(右, 1846〜1940年) ロシアのペテルブルク(現サンクトペテルブルク)生まれのドイツ人気候学者。植生分布にもとづいて気候の分類をした。彼は大陸移動説を唱えたウェーゲナー(左)の義父であった。

1 ケッペンの気候区分

Af …熱帯雨林気候
Am …弱い乾季のある熱帯雨林気候
Aw …サバナ気候
BW …砂漠気候
BS …ステップ気候
Cfa …温暖湿潤気候
Cfb·Cfc …西岸海洋性気候
Cs …地中海性気候
Cw …温暖冬季少雨気候
Df …亜寒帯(冷帯)湿潤気候
Dw …亜寒帯(冷帯)冬季少雨気候
ET …ツンドラ気候
EF …氷雪気候

(注)高山気候(H)はケッペンの気候区分にはない。Amは熱帯モンスーン気候ともいう。

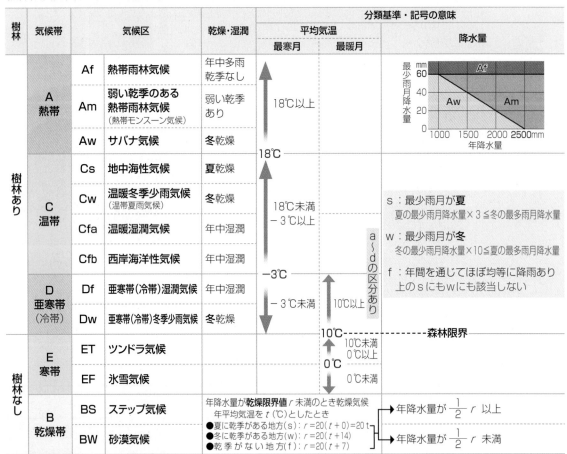

樹林	気候帯	気候区		乾燥・湿潤	分類基準・記号の意味		
					平均気温		降水量
					最寒月	最暖月	
樹林あり	A 熱帯	Af	熱帯雨林気候	年中多雨 乾季なし	18℃以上		
		Am	弱い乾季のある熱帯雨林気候 (熱帯モンスーン気候)	弱い乾季あり			
		Aw	サバナ気候	冬乾燥			
	C 温帯	Cs	地中海性気候	夏乾燥	18℃未満 −3℃以上		s:最少雨月が夏 夏の最少雨月降水量×3≦冬の最多雨月降水量 w:最少雨月が冬 冬の最少雨月降水量×10≦夏の最多雨月降水量 f:年間を通じてほぼ均等に降雨あり 上のsにもwにも該当しない
		Cw	温暖冬季少雨気候 (温暖夏雨気候)	冬乾燥			
		Cfa	温暖湿潤気候	年中湿潤			
		Cfb	西岸海洋性気候	年中湿潤			
	D 亜寒帯 (冷帯)	Df	亜寒帯(冷帯)湿潤気候	年中湿潤	−3℃未満	10℃以上	a〜dの区分あり
		Dw	亜寒帯(冷帯)冬季少雨気候	冬乾燥			
樹林なし	E 寒帯	ET	ツンドラ気候			10℃未満 0℃以上	森林限界
		EF	氷雪気候			0℃未満	
	B 乾燥帯	BS	ステップ気候	年降水量が乾燥限界値r未満のとき乾燥気候 年平均気温をt(℃)としたとき ●夏に乾季がある地方(s):r=20(t+0)=20t ●冬に乾季がある地方(w):r=20(t+14) ●乾季がない地方(f):r=20(t+7)			年降水量が $\frac{1}{2}r$ 以上
		BW	砂漠気候				年降水量が $\frac{1}{2}r$ 未満

降水量グラフ: 最少雨月降水量(mm) Af / Aw / Am / 年降水量 1000 1500 2000 2500mm

●気候区分で用いられる文字の意味

1番目の大文字
気温に基づく。
赤道から極に向かってA, B, C, D, Eとつけられた。

2番目の小文字
f:年中多雨(feucht)
s:夏に乾燥(sommer trocken)
w:冬に乾燥(winter trocken)
m:fとwの中間(mittelform) (修正ではmonsuon)

2番目の大文字
[BS] S:ステップ(Steppen)
[BW] W:砂漠(Wüsten)
[ET] T:ツンドラ(Tundren)
[EF] F:永久凍結(Frostes)

●C, D気候におけるa・b・c・dの区分

記号	最暖月平均気温	月平均気温が10℃以上の月数	最寒月平均気温
a	22℃以上		
b	22℃未満	4か月以上	
c		1〜3か月	−38℃以上
d			−38℃未満

情報ナビ **ケッペンの気候区分** 1918年に彼が72歳のときに発表したもので, その分類法の優れた点は記号を見ただけでその気候区の特色がわかることである。ドイツ語の頭文字が元になっているので, 記号の意味をしっかりつかもう。

2 気候区を判定する

●雨温図から判定する方法【手順】

①北半球か南半球か確認する
　・気温が山型（夏が7月ころ）なら北半球
　　　　　　谷型（夏が1月ころ）なら南半球

②B気候か否かを判断する
　・年降水量R（mm）が少ない場合は乾燥限界値r（mm）を算出する。
　　s気候（夏に乾季）の場合　$r=20t$　　t：年平均気温（℃）
　　w気候（冬に乾季）の場合　$r=20(t+14)$
　　f気候（乾季なし）の場合　$r=20(t+7)$
　　年降水量Rが
　　　　　$\frac{1}{2}r \leqq R < r$　　のとき，BS気候
　　　　　$R < \frac{1}{2}r$　　　　　のとき，BW気候

B気候でない場合
③最寒月と最暖月の平均気温からA・C・D・Eを判断する
（左ページの表を参考に区分する）
　・最寒月の平均気温　18℃と－3℃の線を引いてみる。
　・最暖月の平均気温　10℃と0℃の線を引いてみる。
　・Aの場合は最少雨月降水量と年降水量でAf・Aw・Amに分ける。
　・C，Dの場合は降水の季節配分でCs・Cw・Cf・Df・Dwに分け，必要に応じて最暖月平均気温などでさらにCfa・Cfb・Dfaなどに分ける。

●ハイサーグラフから判定する方法

ハイサーグラフは縦軸に気温，横軸に降水量をとり，各月の気温と降水量が一致する場所に点を取り，1月から12月まで結んだもの。気温と降水量の変動のようす（季節的な変化）を調べるために用いられる。典型例では以下のようなハイサーグラフの形状の特徴が見られる。なお，それぞれのグラフの気温・降水量はめやすである。

A気候：常に18℃以上にあり横型
　Af　60mmより右，降水量の変化少ない
　Am　降水量の変化大きい
　Aw　Amより変化は小さい。冬に降水量少ない

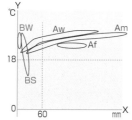

B気候：Y軸に接近
　BW　Y軸から離れない
　BS　一時的に離れる

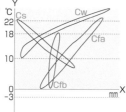

C気候：最寒月が－3℃以上，18℃未満にある。最暖月は10℃以上。斜め型
　Cs　右下がり
　Cw　降水量の変化大きく，右上方に横長
　Cfa　右上がりで最暖月22℃以上
　Cfb　中央部に小さな縦型。最暖月22℃未満

D気候：最暖月10℃以上，最寒月－3℃未満の縦長型
　Df　Dwより降水量の変化小さい
　Dw　縦長で夏に大きく右上がりとなる

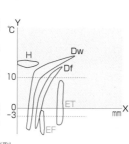

E気候：最暖月10℃未満の縦型
　ET　最暖月が0～10℃となる縦型
　EF　最暖月が0℃未満となる縦型

H気候：横型でY軸に近接している

●気候区の判定

【例題1】トンブクトゥ（マリ）　　（気象庁資料などによる）

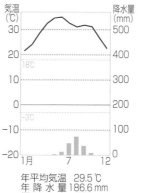
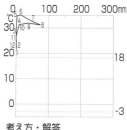

年平均気温　29.5℃
年 降 水 量　186.6mm
標　　　高　263m
最少雨月降水量　0.0mm
最多雨月降水量　74.1mm

考え方・解答
・気温が山型なので北半球
・11月～4月に乾燥。8月に最多雨74.1mmなのでw気候
・$r=20(t+14)$
　　$=20(29.5+14)$
　　$=870$〔mm〕
　$r > R$なので，B気候
・さらに$\frac{1}{2}r=435$〔mm〕
　$\frac{1}{2}r > R$なので**BW気候**

【例題2】ブリズベン（オーストラリア）

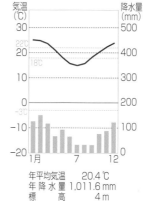

年平均気温　20.4℃
年 降 水 量　1,011.6mm
標　　　高　4m

考え方・解答
・気温が谷型なので南半球
　→1月が夏，7月が冬
・降水量が多いのでB気候ではない
・最寒月の気温が18℃未満－3℃以上なので，C気候
・乾季がないのでCf気候（冬乾季は最少と最多の月降水量が10倍以上）
・最暖月の気温が22℃以上なので，**Cfa気候**

3 模式化した気候区分（ケッペン）

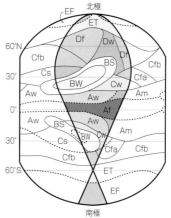

解説　①赤道から緯度に対応してA→E気候に配列している。
②水陸分布は北半球に大陸が偏っているため，大陸性のD気候は南半球ではみられない。
③中緯度ではCfb・Cs気候が西岸，Cw・Cfa気候は東岸にみられる。
④南北緯度30度付近にB気候が発達している。
⑤高山気候はケッペンにはない。

熱帯（A）気候　**1** 特徴と分布

	熱帯雨林気候（Af）	弱い乾季のある熱帯雨林気候（Am）	サバナ気候（Aw）
気候の特徴	①気温の年較差が日較差（6℃～14℃）より小。「夜は熱帯の冬」とよばれる。②年中高温多雨。毎日規則的に対流性降雨（**スコール**）がある。③赤道低圧帯に入り，風は弱い。↑上空からみた熱帯雨林	①気温の年較差はAfよりやや大きい。②降水は**夏季モンスーン**により多雨，冬季は弱い乾季となる。AfとAwの中間型。**熱帯モンスーン気候**ともいう。↑冬季の乾季［フィリピン・ルソン島・2月］	①気温の年較差はAfより大。②夏季は赤道低圧帯に入り**雨季**，冬季は亜熱帯高圧帯に入り**乾季**となる。雨季・乾季の区別は明瞭である。雨季の初めに最高気温が出現。アカシア ↑疎林と長草草原
植生と土壌	①**スコール**による降雨に恵まれ，多種類の常緑広葉樹が熱帯雨林をつくる。河口には**マングローブ**が茂る。②やせた赤色の**ラトソル**。参照▶P.63	①一般に熱帯雨林の密林となる。一部に半落葉樹林があり，アジアでは**ジャングル**化。②やせた赤色の**ラトソル**。参照▶P.63	①丈の高い**疎林**（バオバブ 参照▶P.68，アカシアなど）と**長草草原**となる。乾季に樹木は落葉し草は枯死。肉食獣・草食獣が多い。②**レグール**（デカン高原），**テラローシャ**（ブラジル高原）。参照▶P.63
人間生活・産業	①発展途上国では医療活動のおくれから**風土病**（黄熱病・マラリア・デング熱など）が残る。②焼畑農業と**プランテーション**農業。	①アジアでは稲作農業が発達し，平地では人口密度が高い。②さとうきび・バナナ・コーヒー・茶などの**プランテーション**農業。	①生育期の高温多湿と収穫期の乾燥を要する綿花・さとうきび・コーヒーなどの**プランテーション**農業が発達。②アフリカでは狩猟，牛の放牧。
主な分布	①マレー半島～インドネシア②フィリピン諸島東南部③スリランカ南部④アマゾン川流域（**セルバ**）参照▶P.311⑤コンゴ盆地 参照▶P.287	①インドシナ半島海岸部②インド半島西南海岸③リベリア・シエラレオネの海岸④ブラジルの北東部～ガイアナ	①インド半島の大部分，タイ，カンボジア，ベトナム南部②東アフリカ，西アフリカの大部分③ブラジル高原の**カンポ**，オリノコ川流域の**リャノ**，パラグアイ～アルゼンチン北部，**グランチャコ**④オーストラリア北部
主な都市	**シンガポール**，クアラルンプール コロンボ（スリランカ）バリクパパン（インドネシア），フナフティ（ツバル）	マナオス（ブラジル）**マイアミ** 参照▶P.68 ケアンズ（オーストラリア）	コルカタ，ムンバイ，ダルエスサラーム（タンザニア）バンコク，アビジャン（コートジボワール）**ダーウィン**，キングストン（ジャマイカ）

●分布地域と雨温図・ハイサーグラフ

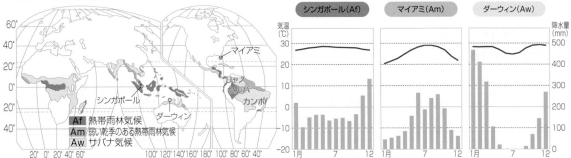

シンガポール（Af）　マイアミ（Am）　ダーウィン（Aw）

Af 熱帯雨林気候
Am 弱い乾季のある熱帯雨林気候
Aw サバナ気候

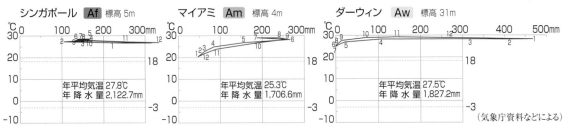

シンガポール Af 標高5m	マイアミ Am 標高4m	ダーウィン Aw 標高31m
年平均気温 27.8℃ 年降水量 2,122.7mm	年平均気温 25.3℃ 年降水量 1,706.6mm	年平均気温 27.5℃ 年降水量 1,827.2mm

（気象庁資料などによる）

情報ナビ **熱帯雨林は薬の宝庫**　血止め，化膿止めといった外用薬から腹痛，頭痛，咳止めなどに効く内服薬まで…。猛毒の蛇に咬まれたときに使う毒消しといわれる植物もある。熱帯雨林は遺伝子資源の宝庫なのだ。

② Af 熱帯雨林気候

(1)熱帯雨林とは

景観として見出された 1903年にドイツの植物地理学者であるA・F・W・シンパーは，著書『生態的な基礎にたつ植物地理学』で，熱帯雨林(熱帯降雨林あるいは熱帯多雨林とも訳される)という言葉をはじめて用いた。彼は地域によって構成する植物は異なるが，**つぎのような共通性をもつ森林が存在することをみとめて，それを熱帯雨林と名づけた。**すなわち，一年中葉をつけたままの常緑広葉樹によって構成され，最低でも30mの高木からなり，木本性や草本性のつる植物と着生植物がひじょうに多いという特徴をもつ熱帯域にある森林である。……

樹高の高い常緑広葉樹の茂る熱帯雨林では，林床までとどく光の強さは数%で，90%以上の光エネルギーは森林の表面で吸収あるいは反射されてしまう。そのため，林床には弱い光を使って光合成して生活するごくかぎられた草本性植物しかない。高木になれない多くの小さい植物は，高木の幹や枝に着生して生活する。

● 熱帯雨林の構造

突出木

高木層
幹の上に葉を茂らし，森の中に差し込む太陽の光をさえぎる

低木層
高木の幹をつたって上へとのびるつる植物がみられる

地表層
落葉や落枝の分解が速く，地表に腐植層は形成されない

つる植物

シダ　板根

巨大な突出木を支える地下部 熱帯雨林では**高温多湿**であるために，**有機物の分解が速い。**そのため土壌は薄く，大木の根もきわめて浅い。立ち枯れして根返りを起こした高さ70mの**突出木**を見ても，せいぜい表層2，3mの深さに放射状にひろがった根系しかない(地中の根だけでは支えきれないので，幹の下部が板状になった板根で支えている)。**水や栄養塩を吸収する根は表層30cmに集中しており，**その間のせまい空間で巨大な地上部を支えるための栄養摂取が行われている。光をめぐる樹木間の競争は高さ70mの間で起こっているが，栄養塩をめぐる競争はたった30cmの間で起こっているのである。

(湯本貴和『熱帯雨林』岩波新書による)

↑板根 表土が浅く，根を地中深くまで伸ばすことができない地域でみられ，突出木の多くは板根をもつ。

↑スコール[ベトナム] 熱帯地方では，季節変化はないが1日の天気には決まったリズムがある。日中の強い日射によって熱せられた地表が大気を暖め，上昇気流を起こし，午後には**対流性降雨**であるスコールをもたらす。 参照》P.61

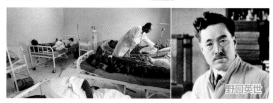

野口英世

↑風土病 限定された一定の地域に発生する病気のことで，高温多湿の熱帯にはさまざまな風土病がある。代表的なものに**マラリアや黄熱病**があり，野口英世(1876〜1928年)は黄熱病の研究中に感染して亡くなった。**風土病は，外国人を悩ませ，産業の発展に悪影響を与えた。** 参照》P.288

↑高床式の家[マレーシア] マレーシア・カリマンタン島にあるサラワク州では，高温多湿のため，風通しがよく浸水しにくいロングハウスを建てて生活している人々がいる(参照》P.240)。複数の家族が住んでおり，周辺には焼畑(参照》P.104)がみられる。

(2)マングローブと魚の関係 参照》P.113

日本の「魚つき林」は陸地の林だが，潮間帯にあるマングローブ林は直接的に魚やエビ，カニ，貝などの涵養地として重要な役割をはたす。マングローブ林は漁業資源の宝庫なのだ。

マングローブになぜ魚が集まるのか。それは，食物連鎖と生育環境から理解できよう。常緑のマングローブがたえずおとす葉や小枝が腐食し，それがプランクトンの餌となる。そのプランクトンは稚魚の餌となる。さらに稚魚は中型，大型の魚の餌になる。**食物連鎖の中心はマングローブなのである。**

(環境庁熱帯雨林保護検討会編『熱帯雨林をまもる』日本放送協会出版による)

⬅マングローブ 海水からも水を吸収することができるため，河口など潮間帯(1日のうちに陸上になったり海中になったりする部分)に生息する。

自然環境

3 Am 弱い乾季のある熱帯雨林気候（熱帯モンスーン気候）

アメリカ
マイアミ

⬆ジャングル　東南アジアやアフリカの弱い乾季を生じる地域にみられる。落葉樹が少数あるため林内が明るく、地面は下草が繁茂する。

⬆マイアミ［アメリカ］　フロリダ半島の南端に位置し、冬でも平均気温が20℃を超えるほど温暖である。マイアミビーチは世界的にも有名な観光地・保養地となっている。マイアミはハリケーン（参照》P.62）が頻繁に上陸することでも知られる。

4 Aw サバナ気候 ●雨季と乾季が生じる理由

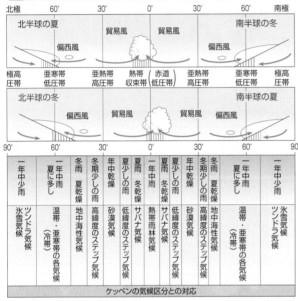

（注）亜熱帯高圧帯を中緯度高圧帯、亜寒帯低圧帯を高緯度低圧帯と称することもある。　　　　　　　　　　　　（Petterssenによる）

解説　上図は前線帯の位置の年変化と降水の変化を示したものである。地球は地軸を傾けて公転しているため（参照》P.20）、太陽光が垂直に当たる（太陽から受けるエネルギーが大きい）場所は、季節によって変化する。北半球が夏の7月には熱帯収束帯（赤道低圧帯）は北の方に移動し、北半球が冬の1月に南下する（参照》P.62）。年中、熱帯収束帯の勢力下にある赤道付近の地域は年中多雨となり、熱帯雨林気候になる。北緯10度のやや北では、7月に熱帯収束帯の影響下で降水があり、1月は亜熱帯高圧帯で乾燥し、雨季と乾季が明瞭なサバナ気候になる。南緯10度のやや南では1月に雨季、7月に乾季のサバナ気候になる。ただし、東アフリカは標高が高いため、赤道直下でも熱帯雨林気候が見られない。

⬆サバナの雨季［ケニア］

⬆サバナの乾季［ケニア］

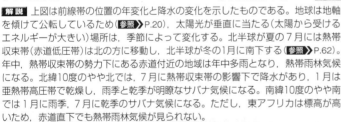

⬆コーヒーのプランテーション［ブラジル］　コーヒーや綿花は、その生育と収穫において雨季と乾季が必要なため、サバナ気候での栽培が適している。ブラジル高原に分布するテラローシャはコーヒー栽培に適している。参照》P.63

⬆バオバブ［マダガスカル］　アカシアとともにサバナ気候を代表する樹木で果肉は食用となる。

1 特徴と分布

	砂漠気候（BW）	ステップ気候（BS）
気候の特徴	①気温の日較差・年較差が大きく，岩石の風化が激しい。 ②低緯度の砂漠は**亜熱帯高圧帯**（参照▷P.61）に入り，中緯度の砂漠は内陸にあり，降水量はきわめて少なく年中寡雨。降雨は不規則で，**ワジ**（涸れ川）（参照▷P.55）ができる。  ↑サハラ砂漠	①砂漠気候同様に，気温の日較差・年較差は大である。 ②降水量はBWより多く，一般的に年降水量250〜500mm程度。降水は春・夏に多く，そのほかは降水のほとんどない乾季となる。ラホールのように年降水量が500mmを上回る場合もあり。  ↑ステップでの羊の遊牧［モンゴル］
植生と土壌	①耐乾性の特に強いサボテン類や草類が散在するのみで，ほとんど植生のない砂や岩石地域となる。 ②強アルカリ性土壌（**砂漠土**）。参照▷P.63	①雨季には短い丈の草原（**ステップ**）となる。乾季にはほとんど草がなくなる。 ②湿潤気候との境界に肥沃な黒色土（**チェルノーゼム・プレーリー土**）が分布。参照▷P.63
人間生活	①オアシスや外来河川の流域では灌漑農業が発達する。 ②西アジアからアフリカにかけてのオアシスでは**なつめやし**が栽培されている。参照▷P.101	①中央アジアやアフリカでは遊牧が行われている。 ②新大陸やロシアでは乾燥農法，灌漑による近代的農業が発展し，小麦地帯が形成。羊・牛の大放牧地。
主な分布	①ルブアルハリ・タクラマカン砂漠 ②サハラ・カラハリ砂漠 参照▷P.287 ③モハーヴェ・グレートソルトレーク砂漠 ④アタカマ砂漠 参照▷P.311，パタゴニア 参照▷P.70 ⑤グレートサンディー砂漠	砂漠気候の周辺に分布 ①アフガニスタン〜イラン〜北アフリカのステップ ②ウクライナ〜カザフステップ ③プレーリー西縁〜**グレートプレーンズ** ④グレートアーテジアン盆地 参照▷P.83
主な都市	**ヘルワン**（エジプト） リマ（ペルー） カラチ（パキスタン） リヤド（サウジアラビア） ラスヴェガス アスワン（エジプト） トンブクトゥ（マリ） ⇨**ラスヴェガス[アメリカ]** ネヴァダ砂漠の中に市街地が広がる。	**ラホール**（パキスタン） ンジャメナ（チャド） アシガバット（トルクメニスタン） **ニアメ** ⇨**ニアメ[ニジェール]** ニジェール川に面した都市で，砂漠化が懸念されている。

（注）ヘルワンはエジプトの首都カイロ県の都市。

分布地域と雨温図・ハイサーグラフ

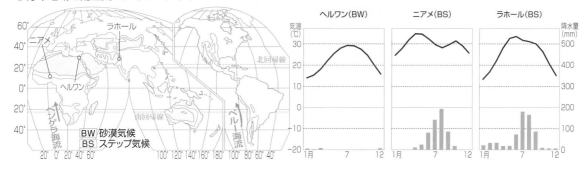

BW 砂漠気候
BS ステップ気候

ヘルワン（BW）　ニアメ（BS）　ラホール（BS）

ヘルワン　BW　標高139m
年平均気温 22.3℃
年降水量 29.7mm

ニアメ　BS　標高223m
年平均気温 29.9℃
年降水量 556.2mm

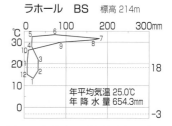

ラホール　BS　標高214m
年平均気温 25.0℃
年降水量 654.3mm

情報ナビ **いちばん広い気候帯は？** 大陸上では乾燥帯（B）気候区の面積が全体の26.3％で最も大きい。大陸別では乾燥大陸とよばれるオーストラリア大陸が57.2％，アフリカ大陸が46.7％で，特にサヘル地域の砂漠化が深刻である。

自然環境

2 BW 砂漠気候 (1)成因による分類

名称	成因	主な例
亜熱帯砂漠	世界の砂漠の多くは南北20〜30度付近に広がっている。この付近は**亜熱帯高圧帯**となり，乾燥し，蒸発散量が降水量を上回り砂漠となる。	サハラ砂漠 アラビアの砂漠 オーストラリアの砂漠
内陸砂漠	大陸の内陸部では周辺を高い山脈で囲まれ，水蒸気流入がほとんどなく砂漠となる。 高緯度で寒冷砂漠ともいう。	ゴビ砂漠 タクラマカン砂漠
海岸砂漠	低緯度の大陸の西岸で，沖合いを**寒流**が流れるところにできる砂漠。アフリカのナミブ砂漠と沖合を流れるベンゲラ海流(寒流)，ペルーのアタカマ砂漠と沖合いを流れるペルー海流(寒流)などである。寒流の影響で低温となり，**気温の逆転**が生じて上昇気流が発生しないため，降水量が少なく砂漠となる。	ナミブ砂漠 アタカマ砂漠 参照 P.311
雨陰砂漠	大気が山脈を越えて吹く地域では，風上側で降雨となるが，山脈を越えた**風下側ではフェーン現象**で乾いた下降気流となり乾燥し砂漠となる。	パタゴニア (アルゼンチン)

(山本正三ほか『自然環境と文化』大明堂などによる)

● 回帰線付近に広がるBW

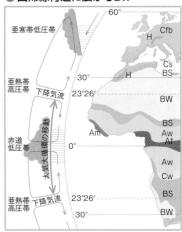

↓海岸砂漠のナミブ砂漠 沖合いを流れる**ベンゲラ海流**(寒流)の影響で低温になるため，上昇気流が発生せず，雨が降らない。

↓内陸砂漠のタクラマカン砂漠[中国]

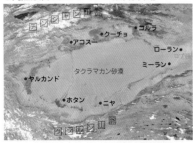

↓雨陰砂漠のあるパタゴニア[アルゼンチン]

(2)地下水路とオアシス農業 参照 P.105

カナートの断面図

※カナートの出口に集落がある場合

果樹園や畑地
ため池(ときどき沈殿物をかき混ぜて灌漑する)
洗濯場
水くみ場　縦穴
住居　カナート出口　母井戸
山岳
帯水層
不透水層　母岩

(『ビジュアルシリーズ 世界再発見⑥』同朋舎を参考に作成)
(遠山柾雄『沙漠を緑に』岩波新書を参考に作成)

↑イランのカナートとその内部(左) イランの都市・集落では地下水路がみられる。地下水路のことをイランでは**カナート**，北アフリカでは**フォガラ**，アフガニスタンでは**カレーズ**，オマーンでは**ファラジ**とよんでいる。
　この地下水路は，水を蓄えている山腹に地表面から母井戸を掘り，水源にあたるとわずかな傾斜で水平方向に横穴を掘って水を導く。また，20〜30m程度の間隔で縦穴を掘って，地下水道内の掃除や補修を行っている。地下に水路を作るため，**蒸発による損失も少なく，水温の上昇を防ぐことができる**。乾燥地帯で水を確保するのに適している。

↓オアシス[モロッコ]
乾燥地帯において淡水がある場所はオアシスとよばれる。地下水路の出口は，人工的なオアシスとなり，集落が形成され，**なつめやし**などの栽培が可能になる。

3 BS ステップ気候

(1)モンゴルの遊牧

遊牧民の生活 広大な草原を移動しながら暮らす遊牧民。しかし，そんな彼らにも，手紙も届けば新聞も届く。じつは，大草原を思うがままに移動しているように見える遊牧民だが，国内は21のアイマグ（県）と，さらに小さな単位のソム（郡）に区分され，**住民は一定の範囲を一定の周期で移動しながら，草を求めて遊牧**しているのである。かつては1年間の移動範囲が300〜400km，時には1,000kmにもおよぶこともあったが，現在は30〜40km，遠くても100km圏内の移動になっている。冬の居住地は，風をしのぎやすい山の裾など，ほぼ同じ場所と決まっており，春，夏，秋の居住地も毎年場所を変えるものの，滞留地点はほぼ決まっているという。そのため，馬やオートバイにまたがった郵便配達人が，居住地にまとめて手紙や数日分の新聞を届けてくれるのだ。また，各地に置かれた郵便局で局留めの方法もとられている。郵便局から遠いゲル宛てに手紙が届いていれば，遊牧民から遊牧民へ伝え，届けてあげることも。人々の密接なつながりと善意がこの国の郵便システムを支えている。

（『週刊地球旅行No.79 モンゴル』講談社による）

⬆⬅ **遊牧民の家・ゲルとその内部[モンゴル]** 移動の際には，折りたたんでしまうことができる住居。木製の骨組みと，それをおおう羊の皮から成り立っている。中央に暖房と炊事用のストーブと煙突がある。
参照▶P.104

自然環境

(2)ステップでの農牧業と土壌

⬆ **チェルノーゼムの小麦畑** ウクライナからロシアの西シベリアにかけて分布する黒色土は，養分に富み，世界的な小麦地帯が形成されている。参照▶P.121・283

⬆ **チェルノーゼム** 地表にある短草草原のため，表層には厚い腐植層をもつ。

補足 砂漠土と塩害

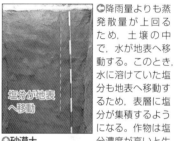

⬆ 降雨量よりも蒸発散量が上回るため，土壌の中で，水が地表へ移動する。このとき，水に溶けていた塩分も地表へ移動するため，表層に塩分が集積するようになる。作物は塩分濃度が高いと生育できないため，農業には不向きである。

塩分が地表へ移動

⬆ **砂漠土**
参照▶P.63

塩害とは，潮風や海水などのために作物の生育に障害が起こることをいい，乾燥地域では，土壌の表層に塩分が集積して塩害をもたらすことがある。

偏西風
6,900m
アンデス山脈
パンパ
乾燥パンパ 牧羊など
湿潤パンパ 牧牛・小麦など
参照▶P.127・311
年降水量 550mm
A B

⬆ **湿潤パンパでの牧牛[アルゼンチン]**

ガウチョ

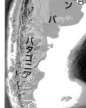

⬆ パンパとよばれるステップ気候の草原では，大規模な羊や肉牛の飼育が行われている。
参照▶P.127

パンパ パタゴニア

 草原の国 牧場・牧草地率の高い国は，草原の国とよばれるモンゴルが約72％，ウルグアイと南アフリカ共和国が約69％，ステップの名の由来となった草原のあるカザフスタンが約68％である（2018年）。

温帯（C）気候

1 特徴と分布

	地中海性気候（Cs）	温暖冬季少雨気候（Cw）	温暖湿潤気候（Cfa）
気候の特徴	①緯度30～45度の大陸の西岸でみられ，夏季は亜熱帯高圧帯に入り高温乾燥。 ②冬季は**偏西風**の影響を受け雨季となる。	①夏季は高温湿潤な**モンスーン（季節風）**が洋上から流入し，降水量が多く，むし暑い。**温帯夏雨気候**ともいう。ただし，南米やアフリカではモンスーンの影響はみられない。 ②冬季は乾燥温暖である。	①南・北回帰線～緯度40度の大陸東岸でみられ，同緯度の西岸と比べ**モンスーン**の影響を受け，気温の年較差が大きい。 ②年中降水あり，四季が明瞭である。 ③暴風・豪雨等気象の変化も激しい。
植生と土壌	①耐乾性をもつ**硬葉樹**（オリーブ・コルクがしなど）。 ②夏は草が枯れて褐色，冬は緑色となる。 ③**テラロッサ**，赤黄色土，黄色土。	①シイ・カシ・クスなどの**照葉樹**（常緑広葉樹）が育つ。高緯度側は落葉樹・針葉樹もある。 ②黄色土・赤黄色土。	①常緑広葉樹・落葉広葉樹・針葉樹が生育。 ②黄色土・赤黄色土・**褐色森林土**・黒色土・**プレーリー土**が分布。 参照 ▶P.63
	 ↑コルクがし（硬葉樹）	 ↑スダジイ（照葉樹）	 ↑ミズナラ（落葉広葉樹）
人間生活・産業	①乾地性果樹である**オリーブ**・ぶどうの栽培が多い。 ②冬季は雨季で温暖なため，穀物栽培。 ③地中海沿岸は夏冬とも観光保養地。	①アジア（中国南部～インド北部）では**稲作**，綿花・茶の栽培が多い。 ②アフリカ南部・アンデス山脈東側では，とうもろこし・小麦・コーヒーなどの栽培が多い。	①居住には好適な気候条件であるため，人口が多い。稲作地帯。 ②商工業が発達。 ③アジアでは米・茶，アメリカ大陸では小麦・綿花。
主な分布	緯度30～45度の**大陸西岸** ①ヨーロッパ地中海の沿岸 ②カリフォルニア ③チリ中部 ④オーストラリア南部 ⑤アフリカ南西端	サバナ気候の高緯度側に接続した**大陸東岸** ①ガンジス川中・上流部，インドシナ半島北部，華南 ②**グランチャコ**	南・北回帰線～緯度40度の**大陸東岸** ①日本（北海道と東北を除く），華中，華南の一部 ②**プレーリー** ③**パンパ** ④オーストラリアの東部
主な都市	**ピサ**（イタリア），ニース，マドリードイスタンブール，サンフランシスコケープタウン，パース（オーストラリア）	**ホンコン**，ソウル，クンミン（中国）プレトリア（南アフリカ共和国）アディスアベバ（エチオピア）	**東京**，ニューヨーク，ニューオーリンズブエノスアイレス，ブリズベンシャンハイ，シドニー

分布地域と雨温図・ハイサーグラフ

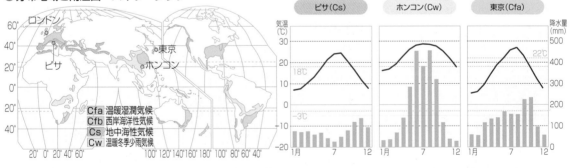

ピサ Cs　標高 2m
年平均気温 15.0℃
年降水量 893.1mm

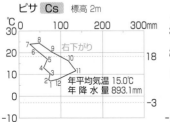

ホンコン（香港）Cw　標高 64m
年平均気温 23.2℃
年降水量 2,359.3mm

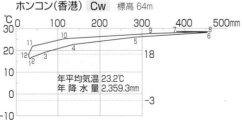

東京 Cfa　標高 6m
年平均気温 15.8℃
年降水量 1,598.2mm

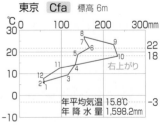

情報ナビ **ブナ気候って何？** ケッペンは植生に基づいて世界の気候区分を行ったことで知られるが，初期の分類ではサバナ気候をバオバブ気候，地中海性気候をオリーブ気候，西岸海洋性気候をブナ気候など，具体的な植物の名前によって細分したという。

オリーブ園[イタリア]
オリーブは乾燥に強い植物である。世界のオリーブの生産の約95%は地中海沿岸で栽培され，スペインやイタリア，ギリシャで全世界の約5割を占めている。オリーブの実からとった油は，ラテン系の人々の食事であるパスタ料理や炒め物には必ず使われる。

オレンジ園[アメリカ合衆国] カリフォルニア州はあんず・もも・ぶどう・グレープフルーツなどの果樹栽培がさかんである。これは4～10月の成長期に乾燥することと，北太平洋の高気圧により晴天率が高く，日照量が多いためである。参照▶P.124

西岸海洋性気候(Cfb)

①緯度40～60度の大陸西岸でみられ，**偏西風**の影響を受け，同緯度の大陸東岸と比べ，夏季は冷涼，冬季は温暖である。気温の年較差が小さい。
②年中降水あり。

①落葉広葉樹(ブナ・カシワなど)が多い。
②褐色森林土が広く分布。

↑ブナ(落葉広葉樹)

①居住には好適な気候条件であるため，人口が多い。
②商工業が発達。
③酪農・混合農業が発達。

緯度40～60度の主に**大陸西岸**
①北西～中央ヨーロッパ ②北米西岸 ③チリ南部 ④ニュージーランド・オーストラリア南東部
⑤アフリカ南部の東端

ロンドン，パリ，ベルリン，ブリュッセル
クライストチャーチ(ニュージーランド)
メルボルン(オーストラリア)

(1)アンダルシア地方のレンガとシエスタ 参照▶P.293・296

時には40℃を超える高い気温，強い日射し。もっともスペインらしい，"太陽の国"といわれるアンダルシア地方では，猛烈な暑さへの対処法が随所にみられる。

白い壁を特徴とするこの地方の建物は，**レンガ**で造られているが，このレンガ個々の断面には，ハチの巣状の穴が空けられている。このレンガを積み上げて家を造り，その上を白い漆喰で塗り固めるが，この穴で室内に熱がこもらず，白い壁は日光を反射する。

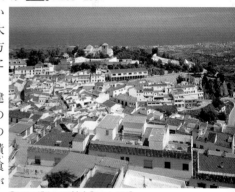
↑アンダルシア地方[スペイン]

また，一日でもっとも暑い時間帯を昼寝で過ごす，スペインの伝統的な生活習慣「**シエスタ**」も，じつはこのアンダルシアで生まれたものである。

（『週刊地球旅行 No.24スペイン』講談社による）

(2)夏が乾燥する理由

主な要因は，**気圧帯(前線帯)の季節変動**による。夏は，この付近が**亜熱帯高圧帯**におおわれるため乾燥するが，冬は**亜寒帯低圧帯**に入り，偏西風の影響で降水量が多くなる。このほかに乾燥する理由は，次の2つである。
①寒流の**カナリア海流** 参照▶P.83 の影響で生じた高気圧が，大西洋を西から移動してきた低気圧をブロックする。
②ヒマラヤ山脈で生じた上昇気流が西へ張り出し，その一部が地中海で下降気流となる。

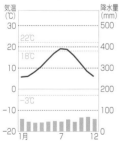

ロンドン(Cfb)

ロンドン Cfb 標高 24m
年平均気温 11.8℃
年降水量 633.4mm

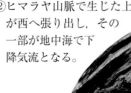

↑夏枯れした下草[イタリア・シチリア島]

情報ナビ **地中海は巨大な風呂** 地中海には大規模な海流の流れがなく，寒流も暖流も外部から流入しないため，海水温の変化が少ない。海域によって差はあるが，夏の日射で暖められた海水温は，冬になっても5℃ほどしか低下しない。

自然環境

3 Cw 温暖冬季少雨気候

⬆茶摘み[中国・ユンナン(雲南省)] 4月上旬から始まる一番茶の摘みとり作業である。華中から華南に広がる茶園(参照▶P.110)は、水はけや日当たりが良い丘陵や台地の斜面に多く、適度な気温と降水量のある温帯が適している。参照▶P.243

⬆ホンコン(香港)の乾燥した冬 1月の平均降水量は32.7mmと少なく、また、平均気温は16.1℃と温暖なため、比較的過ごしやすい。軽装の人々も目立つ。春・夏は、季節風と熱帯低気圧の影響で高温湿潤である。

4 Cfa 温暖湿潤気候 (1)明瞭な四季

➡桜並木[秋田・仙北市] 日本の春は3月から5月上旬の桜前線の北上から始まる。秋田県の桜の開花は4月中旬であり、これは春先の平均気温に関連している。

➡冬の東京 太平洋側に位置する地域の冬は、北西季節風の風下のため晴れる日が多いが、春が近づくと東へ進む低気圧の影響で、雪が降ることもある。

春　夏
冬　秋

➡昆虫採集をする少年たち 日本の夏は太平洋高気圧下に入り、非常に厳しい暑さが続くために、長い夏休みがある。

➡秋の紅葉 青森県から秋田県にかけての白神山地は、ブナ・ナラが分布する落葉広葉樹の原生林である。

(2)衣替え

⬆衣替え[日本] 気温の年較差が大きい地域では「衣替え」の習慣がみられる。一般的には6月と10月。南西諸島では5月と11月。

(3)熱帯低気圧による風水害

⬆台風により冠水した道路[日本] 熱帯低気圧の通過する地域が多いため風水害に見舞われる。

5 Cfb 西岸海洋性気候

偏西風を利用するため
西を向いて建っている

⬆降り続く雨[イギリス・ロンドン] 11月のロンドンは平均気温が8℃前後で，毎日のように雨が降り，すっきりしない空模様が続き，寒冷である。

⬇雨で中断したウィンブルドン選手権[イギリス] 6月に開催されるテニスの大会。雨天で中止・中断されることが多かったが，現在は開閉式の屋根が設置されている。

⬆風車[オランダ・ロッテルダム] 一年中吹きつける偏西風（参照》P.61）により回る風車は，干拓地（ポルダー）の排水と，小麦などの製粉に利用されていた。現在は観光用に残されている。

⬆世界最北の不凍港といわれるハンメルフェスト[ノルウェー] 暖流の**北大西洋海流**の影響で，1月でも氷点下になることが少ない。**不凍港**のため船舶の出入港が多い。

⬅スコットランドの牧羊[イギリス] 緯度は高いが温和で一年を通じて適度な降水がある。最寒月の気温は2〜6℃と日本の関東とほぼ同じである。牧草がよく育つため，牧羊や牧牛がさかんである。

⬅ニュージーランドの牧羊 全島が偏西風帯に包まれるため，ほぼ全土がCfb気候である。一年を通して温和で，冬の強烈な寒波も少ない。イギリスと同様，牧羊がさかんである。参照》P.317

サザンアルプス山脈最高峰の
アオラキ（クック）山
（3,754m）

⬆ニュージーランドの衛星写真

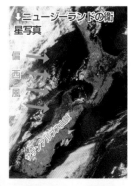

偏西風

自然環境

	亜寒帯(冷帯)湿潤気候(Df) Dfa〜Dfd	亜寒帯(冷帯)冬季少雨気候(Dw) Dwa〜Dwd	ツンドラ気候(ET)	氷雪気候(EF)
気候の特徴	①気温の年較差が大きい大陸性気候，年中降水あり。 ②亜寒帯は**冷帯**ともいう。	①気温の年較差大，降水量は夏多く，冬は少雨。	①最暖月の平均気温0℃以上10℃未満。 ②降水量少ない。	①最暖月の平均気温0℃未満の厳寒地。 ②降水量，融雪量とも少なく，年中氷雪におおわれる。
植生と土壌	①Df・Dwとも，北部はエゾマツ・トドマツなどの針葉樹林帯(**タイガ**)となる。 南部はカバ類の落葉広葉樹と，モミ・ツガ類の針葉樹の**混合林**となる。 ②北部は**ポドゾル**，南部は褐色森林土が分布。 参照▶P.63 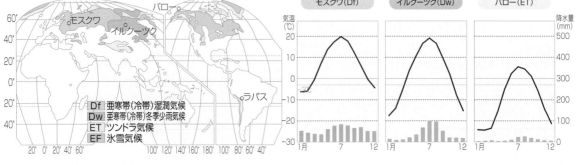 ↑タイガ[ロシア]		①夏季，永久凍土層がとけ，**蘚苔類，地衣類**が生育(**ツンドラ**)。参照▶P.301 ②**ツンドラ土**。参照▶P.63 ↑地衣類	①ほとんど植物の生育はなく，**永久氷雪**におおわれている。 ↑氷床[グリーンランド]
人間生活・産業	①夏季の高温を利用して春小麦・ライ麦・えん麦・じゃがいもなど栽培。 ②酪農が発達している。 ③林業(製材・パルプ)が発達。	①寒冷地で農耕に適さないが，耐寒性作物(えん麦・じゃがいも)の栽培がみられ，栽培限界は北進している。 ②林業(製材・パルプ)が発達。	①イヌイットの狩猟，サーミ・サモエード・ネツ(参照▶P.78)による**トナカイ**の飼育。 ②航空基地・軍事基地がある。	①無居住地域(**アネクメーネ**)(参照▶P.208)であったが，地球観測の学術調査や地下資源の調査が行われている。
主な分布	①夏高温型(Dfa)北米グレートプレーンズ中部　②夏冷涼型(Dfb)北海道，米五大湖，シベリア南西部　③夏冷涼・夏短期型(Dfc)北欧，シベリア東部，カナダ　④夏冷涼・冬極寒型(Dfd)シベリア東部	①夏高温型(Dwa)中国東部　②夏冷涼型(Dwb)中国東北部　③夏冷涼・夏短期型(Dwc)シベリア東部　④冬極寒型(Dwd)シベリア東部内陸(北半球の寒極)	①ユーラシア大陸〜北アメリカ大陸〜グリーンランドの北極海沿岸 ②南極半島の一部(グレイアムランド)	①グリーンランド内陸部 ②南極大陸 参照▶P.309 昭和基地 参照▶P.78 ↑昭和基地とオーロラ
主な都市	**モスクワ**，サンクトペテルブルク，ヘルシンキ，モントリオール，ウィニペグ，シカゴ，札幌	チャンチュン(長春)，ウラジオストク，**イルクーツク**，ピョンヤン	**バロー**(アメリカ)，ディクソン(ロシア)	

●分布地域と雨温図・ハイサーグラフ

Df 亜寒帯(冷帯)湿潤気候
Dw 亜寒帯(冷帯)冬季少雨気候
ET ツンドラ気候
EF 氷雪気候

モスクワ(Df)　イルクーツク(Dw)　バロー(ET)

気温(℃)　降水量(mm)

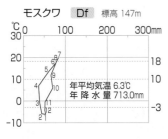

モスクワ **Df** 標高147m
年平均気温 6.3℃
年降水量 713.0mm

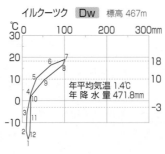

イルクーツク **Dw** 標高467m
年平均気温 1.4℃
年降水量 471.8mm

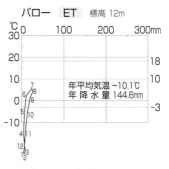

バロー **ET** 標高12m
年平均気温 −10.1℃
年降水量 144.6mm

高山気候(H)

①海抜高度が増すにつれ気温は100mにつき平均0.65℃(**気温の逓減率**)低下する。**参照** P.60

②気温の年較差が小さく日較差が大きい(赤道付近は**常春の気候**)。

③1,500〜2,000mで降水量は極大，高度が増すと減少。

①低地から高地にかけ，熱帯植物から寒帯植物へ垂直に変化。

❶森林限界(高木が生育できない限界高度より上の植生)

①ヒマラヤ山中・チベット高原の遊牧やアンデス山中の農耕(じゃがいも)，高地都市の発達。

②避暑地(熱帯の高原)。シムラ，ダージリンなど

①ヒマラヤ山中　②アンデス山中

ラパス(**参照** P.78)，ラサ　アディスアベバ，キト **参照** P.226

❶エクアドルの首都・キトの街並み

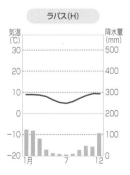

ラパス(H)

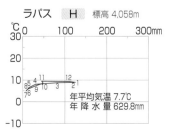

ラパス　H　標高 4,058m

年平均気温 7.7℃
年 降 水 量 629.8mm

2 Df 亜寒帯(冷帯)湿潤気候

➡**小麦の収穫[カナダ・アルバータ州]** アメリカ合衆国北部からカナダにかけては世界的な小麦地帯である。亜寒帯気候のため春小麦を栽培し4月中旬種をまき，8月中旬から9月上旬にかけて収穫する。**参照** P.99

3 Dw 亜寒帯(冷帯)冬季少雨気候

➡**「世界一寒い」極東の村　オイミャコン** 人間の定住地として最も寒い−67.8℃が観測されたロシア・サハ共和国の村で，「**北半球の寒極**」とよばれる。写真は−61.5℃の時で，ぬれたタオルを振り回すと，30秒ほどでかちかちに凍りついた。オイミャコンは「魚が凍らない水」の意味で，冬でも温水がわいて凍らない水場がある。そこから水を取った給水車が各家庭を巡回している。

(提供：朝日新聞社)

➡**凍結したレナ川[ロシア]** レナ川はオビ川・エニセイ川とともにシベリア三大河川で，北極海に注ぐ。冬の平均気温が−20℃〜−40℃にもなるため，川には厚い氷が張り，道路として利用される。低緯度側の上流部で融解が進んでも高緯度側の下流部は凍結しているため，例年洪水が発生する。全河川が融解し水量の多い6月頃から夏にかけてタイガの木材を流す。

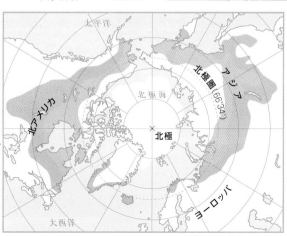

➡**永久凍土**

● 永久凍土の分布

解説 **永久凍土の形成** 凍った土が夏にとけ，再び冬に凍るというのは地面に近いところだけで，これを活動層(季節凍土)といい，その下の永久に凍っている土を**永久凍土**という。永久凍土の南限は，1月の−20℃の等温線とほぼ等しい。

☐ 永久凍土・氷河
▨ 季節凍土
▨ 永久凍土が散在

(『地球大図鑑』により作成)

自然環境

4 ET ツンドラ気候 参照 ▶P.301

●冬のツンドラ[ロシア]，夏のツンドラ[アメリカ合衆国] ユーラシア大陸北部のツンドラ地帯では，夏季に雪がとけ，蘚苔類や地衣類が育ち，大小の水たまりができる。人々はトナカイの遊牧（参照 ▶P.121）やアザラシの狩猟を行っている。

冬　夏

(1)ネネツ人のトナカイ飼育

トナカイ飼育　ネネツ人は，現在4万5,000人ほどで，彼らのトナカイ飼育は長い歴史を反映して，トナカイの性質を知りつくした上に成立している。その技術は北方ユーラシア各地のトナカイ飼育の中でも際立って優れている。まず彼らの飼育の最大の特徴は1,000頭に及ぶ群れを少人数で的確に管理できる点にある。おそらく長年の生殖管理によって一頭一頭が人間に柔順になるように品種改良されてしまったこと，群れのリーダーを牧民が適切に育成し適確に指導しているものと考えられる。

(NHK取材班『北極圏』日本放送出版協会による)

●ネネツ人の居住地域

●ネネツ人とトナカイ　トナカイの利用方法には2つあり，一つはそりを曳かせて交通輸送手段として，もう一つは，屠殺して食料・毛皮・装飾品として利用する。

5 EF 氷雪気候

南極観測船しらせ

❶夏の昭和基地　昭和基地は年平均気温が－10.5℃で，観測開始後の最高気温は10.0℃(1977年)，最低気温は－45.3℃(1982年)であった。夏の1月が最暖月で，平均気温は－0.8℃となり氷がとけるが，一年の多くは氷雪の中である。参照 ▶P.309

6 H 高山気候

❶❷チンツァン鉄道　中国の西部大開発（参照 ▶P.167）を象徴する鉄道で，チベットのラサとチンハイ(青海省)のシーニンを結ぶ。この鉄道は標高4,000m以上の高地を走るため，高山病対策として酸素吸入器（右写真）が設置されている。

❶高地(高山)都市ラパス　ボリビアの首都ラパスは南緯約16度の低緯度で，標高が3,600m以上の高地にある。年平均気温は8℃前後で，月別平均気温の最高値は9.5℃(11月)，最低値は4.9℃(7月)で年較差が4.6℃と暮らしやすい。写真のロープウェーは「テレフェリコ」と呼ばれ，ラパスと隣接のエルアルトを結ぶ。2014年に開業し，自動車の交通渋滞を解消して，アンデス山脈を望めるボリビアの観光名所となった。

情報ナビ **酸素濃度ですみ分け**　ボリビアの首都ラパスは富士山ほどの高さにある都市で，すりばち状の地形の中心に市街地がある。酸素が濃い中心部にヨーロッパ系，その周辺がメスチーソ，酸素濃度の一番低い郊外はインディオが居住し，すみ分けがみられる。

1 日本の気候区分

自然環境

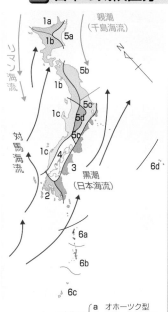

1 日本海型	a	オホーツク型
	b	東北・北海道型
	c	北陸・山陰型
2 九州型		
3 南海型		
4 瀬戸内型		
5 東日本型	a	東部北海道型
	b	三陸・常磐型
	c	東海・関東型
	d	中央高原型
6 南日本型	a	奄美区
	b	那覇区
	c	先島区
	d	小笠原区

（関口武・福井英一郎両氏による）

オホーツク型（1a）

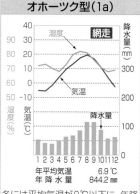

年平均気温	6.9℃
年降水量	844.2㎜

冬には平均気温が0℃以下に。年降水量は1,000mm以下のところも。

東北・北海道型（1b）

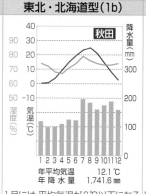

年平均気温	12.1℃
年降水量	1,741.6㎜

1月には，平均気温が0℃以下になるところも。降水量は年後半に多い。

三陸・常磐型（5b）

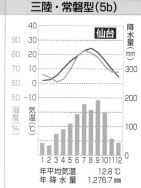

年平均気温	12.8℃
年降水量	1,276.7㎜

同緯度の日本海側よりも低温で，夏は1～2℃低い。積雪は少ない。

北陸・山陰型（1c）

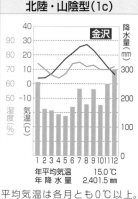

年平均気温	15.0℃
年降水量	2,401.5㎜

平均気温は各月とも0℃以上。季節風によって冬の降水量多い。

中央高原型（5d）

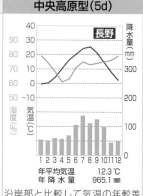

年平均気温	12.3℃
年降水量	965.1㎜

沿岸部と比較して気温の年較差が大きく，降水量も少ない。

東海・関東型（5c）

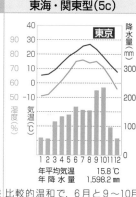

年平均気温	15.8℃
年降水量	1,598.2㎜

比較的温和で，6月と9～10月に降水量が多い。

南日本型（那覇区, 6b）

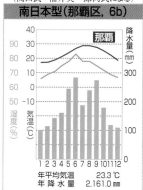

年平均気温	23.3℃
年降水量	2,161.0㎜

降水量により奄美区，那覇区などに分けられる。奄美区が最も多い。

九州型（2）

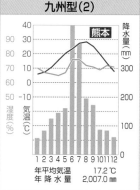

年平均気温	17.2℃
年降水量	2,007.0㎜

九州は概ね一つのまとまった気候区で，6月に降水量が最も多い。

瀬戸内型（4）

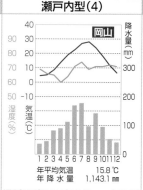

年平均気温	15.8℃
年降水量	1,143.1㎜

温暖で晴天に恵まれ，一年を通じて降水量が少ない。

南海型（3）

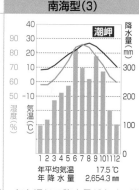

年平均気温	17.5℃
年降水量	2,654.3㎜

一年を通じて降水量が多く，総降水量は2,500mmくらいである。

（気象庁資料などによる）

2 日本の気候に影響を与える気候因子

位置	アジア大陸の東縁部に位置する。北半球の温帯では大陸の西岸で温和な気候を示すのに対し，**東岸は大陸性気候**である。
緯度	日本列島は南北に細長く，低緯度から高緯度まで広く分布する。そのため日本は面積は小さくても，**亜熱帯から亜寒帯（冷帯）**にわたる気候がみられる。
水陸分布	日本はアジア大陸から日本海や東シナ海などによってへだてられている。このため冬のシベリア大陸の厳しい気候は緩和される。また海岸線が長く，これに対し内陸がせまいので温和な海岸気候が発達している。
地形	起伏に富んだ山脈が日本列島を縦横に走っているため，気候の地域的差異がきわめて大きい。なかでも**脊梁山脈による日本海側と太平洋側の気候の差異は，最も著しい**ものである。
海流 参照▶P.83	日本付近には**黒潮（日本海流）**と，これから分岐した**対馬海流**という暖流があり，また**親潮（千島海流）及びリマン海流**という寒流が流れている。これらは日々の天候の変化を通じて，日本の気候に影響を与えている。

（『日本国勢図会』などによる）

3 日本付近の気団

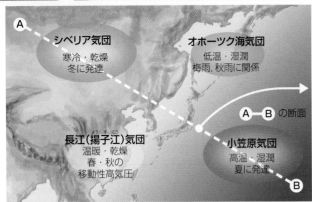

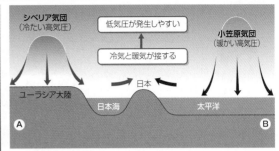

Ⓐ—Ⓑ の断面

解説 大陸や海洋のような広いところでは、気温や湿度がほぼ一様な空気のかたまり（気団）ができる。気団どうしは、性質が異なるのでなかなか混じらない。また、気団は高気圧で、たがいに勢力を広げようと常にぶつかりあっているので、そこには前線や低気圧ができる。日本の天気は、このような気団の勢力の変化に影響を受ける。

気団名	性質	発生地	活動期
シベリア気団	寒冷・乾燥	シベリア	冬・春・秋
小笠原気団	高温・湿潤	小笠原方面の海上	春・夏・秋
オホーツク海気団	低温・湿潤	オホーツク海上	梅雨期
長江気団（揚子江気団）	温暖・乾燥	中国、長江（揚子江）流域	春・秋

4 冬の天気

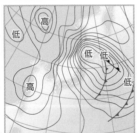

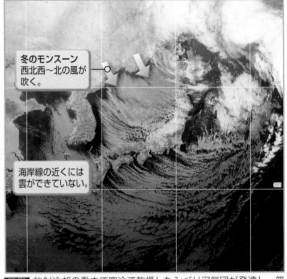

冬のモンスーン
西北西～北の風が吹く。

海岸線の近くには雲ができていない。

●日本海側の雪

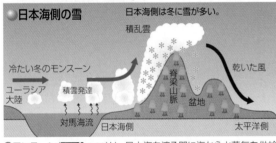

日本海側は冬に雪が多い。

Ⓝモンスーン（**参照** ▶P.62）は、日本海を渡る間に海から水蒸気を供給される。これが日本の山脈にぶつかって日本海側に雪を降らせる。

解説 放射冷却の働きで寒冷で乾燥したシベリア気団が発達し、等圧線が狭い間隔で南北に走る。**西高東低の気圧配置**となる。

5 春・秋の天気

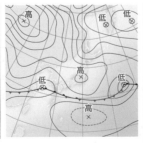

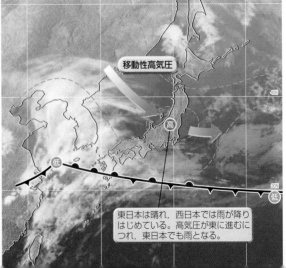

移動性高気圧

東日本は晴れ、西日本では雨が降りはじめている。高気圧が東に進むにつれ、東日本でも雨となる。

解説 温帯低気圧が太平洋岸や日本海を東進し、周期的に天候が変わる。低気圧の通過後には大陸から**移動性高気圧**が進んできて晴天をもたらす。

①三寒四温　初春に温帯低気圧の通過の周期が1週間程度であることをいう。移動性高気圧におおわれた朝方に**晩霜**がある。

②台風　8月から9月にかけてカロリン諸島で発生した台風が、小笠原気団（太平洋高気圧）の縁を迂回して北上し、日本へ上陸する。

自然環境

6 梅 雨

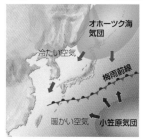
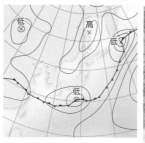
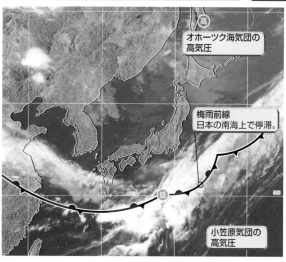

オホーツク海気団

冷たい空気

梅雨前線

暖かい空気　小笠原気団

オホーツク海気団の高気圧

梅雨前線　日本の南海上で停滞。

小笠原気団の高気圧

解説 梅雨前期はオホーツク海気団が主役で雨はシトシト降り，後期は小笠原気団が勢力を強め，雨はザーザー降る。
①**オホーツク海気団**　オホーツク海方面から日本にはり出す高気圧が現れやすくなる。オホーツク海気団（オホーツク海高気圧）は「**やませ**」と関係し，冷害の原因ともなる。
②**梅雨前線**　南海上に大規模な停滞前線が横たわる。
③**小笠原気団**　前線の南側に，小笠原気団がくっきりした姿をみせている。

7 夏の天気

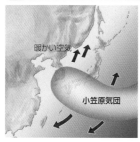

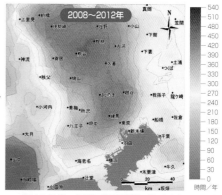

暖かい空気

小笠原気団

小笠原気団が朝鮮半島にまではり出して，くじらの尾のような形になっている。

解説 成長した小笠原気団（太平洋高気圧）が広く日本をおおう。高気圧の中心部は乾燥しているが，ここから吹き出す風は，海面に接し，しだいに湿ってくる。高気圧の北の縁あたりだと，湿度が高く蒸し暑く，雷が発生しやすい。日本海側ではフェーン現象（**参照**▶P.62）によって高温になることもある。
①**夏日**　1日の最高気温が25℃以上になる日。
②**真夏日**　1日の最高気温が30℃以上になる日。
③**猛暑日**　1日の最高気温が35℃以上になる日。

8 ヒートアイランド現象 ●関東地方における30℃以上の合計時間数の分布

解説 ヒートアイランド現象とは，都市の中心部の気温が郊外に比べて島状に高くなる現象。人口集中地域（都市部）にみられる**都市気候**の代表的な現象で，都市に特有の環境問題として注目される。右の図では，東京，埼玉を中心に30℃以上の時間数が増大している様子がわかる。
　政府は2004年に策定したヒートアイランド対策大綱を見直し，新たな施策の展開を踏まえ，人の健康への影響等を軽減する適応策を推進するため2013年5月に改定した。

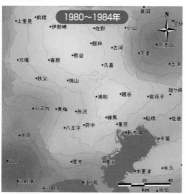

1980〜1984年

2008〜2012年

540
510
480
450
420
390
360
330
300
270
240
210
180
150
120
90
60
30
時間／年

（注）5年間の年間平均時間数。（環境省資料による）

●主な原因

地表面被覆の人工化	緑地，農地，裸地の減少による蒸散効果の減少 舗装面，建築物の増大による熱の吸収・蓄熱の増大
人工排熱の増加	建築物，工場，自動車などからの排熱
都市形態の変化	建築物の高層化・緊密化による弱風化

⊃屋上緑化［東京都・六本木ヒルズ］

環境としての水

1 水の循環

降雪

降雨

浸透

湖・川からの蒸発

土壌・植物からの蒸発

海からの蒸発

土壌・川へしみ出す地下水

湖へしみ出す地下水

海へしみ出す地下水（海から陸へしみ出す地下水）

解説 地球には13億8,500万km³の水がある。その97.5%は海水である。

2 日本と世界の河川の特徴

(1)主な河川の縦断面曲線

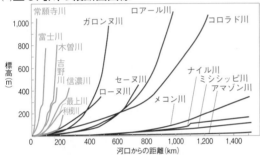

常願寺川　富士川　木曽川　吉野川　信濃川　最上川　利根川　ロアール川　ガロンヌ川　セーヌ川　ローヌ川　コロラド川　ナイル川　ミシシッピ川　アマゾン川　メコン川

標高(m) 1,000 800 600 400 200

河口からの距離(km) 0 200 400 600 800 1,000 1,200 1,400

(注)図は源流から示したものではない。

(阪口豊ほか『日本の自然③～日本の川』岩波書店による)

(3)世界の河川の流水型

● 月別河川流量の年間総流量に対する割合

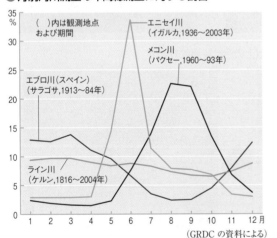

（　）内は観測地点および期間

エニセイ川（イガルカ,1936～2003年）

メコン川（パクセー,1960～93年）

エブロ川（スペイン）（サラゴサ,1913～84年）

ライン川（ケルン,1816～2004年）

35% 30 25 20 15 10 5 0

1 2 3 4 5 6 7 8 9 10 11 12月

(GRDC の資料による)

解説 河川の流量は，一般的に降水量の季節配分に応じて変化がみられることが多い。したがって，乾季があるかないかに着目しよう。メコン川は 7～10月に流量が多く，1～4月に少ない。雨季と乾季の明瞭なAw気候の地域を流れているためである。ライン川はCfb気候の地域を流れるため流量の季節的変化がみられず，流量も極端に多くなく平均化している。エブロ川はCs気候下を流れ，乾燥する夏季は流量が少なくなっている。エニセイ川は 5～6月にかけて融雪水により急激に増水し，下流で洪水を引き起こすこともある。

(2)河況係数の比較

河川名	流域面積	観測地点	河況係数
北 上 川	10,150km²	狐 禅 寺	159
利 根 川	16,840	栗 橋	1,782
天 竜 川	5,090	鹿 島	1,430
淀 川	8,240	枚 方	114
紀 ノ 川	1,660	橋 本	6,375
筑 後 川	2,860	瀬 ノ 下	8,671
テ ム ズ	…	ロ ン ド ン	8
ラ イ ン	224,000	バ ー ゼ ル	18
ナ イ ル	3,007,000	カ イ ロ	30
ミ シ シ ッ ピ	3,248,000	ミ ネ ソ タ	119

(注)河況係数とは最大流量と最小流量の比をいう。数値が1に近いほど流量の変動の少ない川で，大きくなるほど荒れ川である。

(阪口豊ほか『日本の自然③～日本の川』岩波書店などによる)

3 湖沼の分類

成因	断 層 湖	断層によってできた凹地に水がたまった湖 例諏訪湖, バイカル湖 **参照** P.300
	火 口 湖（カルデラ湖）	火口（またはカルデラ **参照** P.43）に水がたまった湖 例洞爺湖・十和田湖
	堰 止 湖	火山噴出物, 地すべりなどで川が堰き止められてできた湖 例中禅寺湖, 富士五湖
	河 跡 湖	河川の蛇行の一部が本流から切り離されてできた湖（三日月湖）**参照** P.46
	海 跡 湖	海だったところが切り離されてできた湖 例浜名湖, 霞ケ浦
	潟 湖	砂嘴, 沿岸洲等の発達で海の一部が閉じ込められてできた湖 例サロマ湖
	氷 河 湖	氷食によってできた凹地に水がたまった湖
塩分濃度	淡 水 湖	塩分が 1 L中500mg以下の湖 **参照** P.52
	汽 水 湖	水路で海と結ばれていて湖水に海水が進入する湖 例サロマ湖 **参照** P.52
	塩 湖	乾燥などにより塩分が高濃度になった湖。乾燥地帯の内陸部に多くみられる 例死海 **参照** P.282
窒素等の濃度	富 栄 養 湖	リン, 窒素の濃度が高い湖（リン0.02mg/L, 窒素0.2mg/L以上）
	貧 栄 養 湖	リン, 窒素の濃度が低い湖

4 地下水

●世界の地下水分布

解説 地下水は，砂岩など水分を含みやすい地層中に，雨水や氷河の氷などがしみ込んで蓄積された水のことで。こうした水を含む地層を**帯水層**とよぶ。

国連によると，人間が利用可能な地下水は1,050万km³存在し，世界人口の4分の1が飲み水を地下水だけに頼っている。

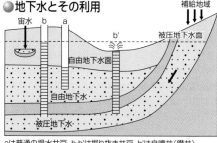

アメリカ中西部
化石地下水（氷期の氷が融けてたまった水）をくみ上げて農業に使用。地下水位は40年間で約40m低下 **参照** P.124

サハラ砂漠
安定陸塊では砂岩が厚く堆積しており，帯水層を形成。年に10億m³の地下水がくみ上げられ，北方の農業用と都市用に使用

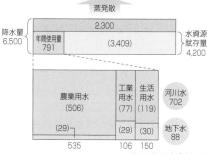

パンジャブ地方
乾燥地帯のパンジャブ地方は1960年代に一大穀倉地帯に変貌。田畑で使用する水は地下水がほとんどで地下水位が急激に低下

(ユネスコ資料による)

↑自噴井[岐阜県大垣市]

解説 海岸の沖積低地では，過剰にくみ上げたことが原因となって，**地盤沈下**や地下水の**塩水化**が全国各地に発生している。

チェック・ワード **自由地下水（不圧水）** 最も地表に近いところにある帯水層中の地下水。一般に台地上では深井戸を掘削しないと得られないため，開発が遅れた。

被圧地下水 不透水層間にはさまれた地下水。大気圧以上の圧力を受けている。**掘り抜き井戸**を掘ると被圧地下水面まで水位が上がってくる。井戸の高さが被圧地下水面以下だと自噴する。(例) グレートアーテジアン(大鑽井)盆地 **参照** P.316

宙水 自由地下水位面より上方に，部分的な不透水層がある場合に，その上にたまっている局地的な地下水。台地上で宙水がある場合，集落が立地できた。**参照** P.47・219

●地下水とその利用

宙水 b a 補給地域
自由地下水面
被圧地下水面
自由地下水
被圧地下水

aは普通の揚水井戸，b・b'は掘り抜き井戸，b'は自噴井(鑽井)
透水層 帯水層 不透水層

5 日本の水収支

●日本の水資源賦存量と使用量 (単位：億m³/年)

蒸発散
降水量 2,300
6,500 年間使用量 791 (3,409) 水資源賦存量 4,200

農業用水 (506)	工業用水 (77)	生活用水 (119)	河川水 702
(29)	(29)	(30)	地下水 88
535	106	150	

(国土交通省資料による)

解説 日本の年間降水量は約6,500億m³(1986年から2015年までの30年間の平均値)，そのうち約2,300億m³(35%)は蒸発散。残りの約4,200億m³は理論上人間が最大限利用可能な量であり，これを**水資源賦存量**という。実際に使用している水量は，2017年の取水量ベースで年間約791億m³であり，平均的な水資源賦存量の約19%に相当。この比率を**水資源使用率**という。使用されない3,000億m³以上の水は洪水などになって海へ流出したり，地下水として貯えられている。

水の用途別の使用状況(2017年)は，農業用水が約535億m³で全体の約68%，工業用水が約106億m³で全体の約13%，生活用水が約150億m³で約19%となっている。

6 世界の海流 (日本付近の海流は **参照** P.79)

→(赤)は暖流，(青)は寒流を表す。

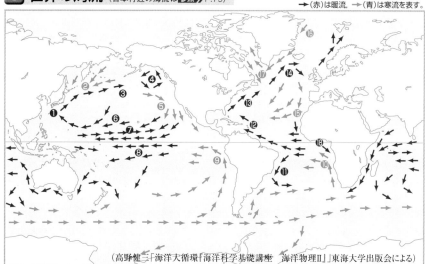

❶黒潮(日本海流) ❷親潮(千島海流) ❸北太平洋海流 ❹アラスカ海流 ❺カリフォルニア海流 ❻北赤道海流 ❼赤道反流 ❽南赤道海流 ❾ペルー海流 ❿ベンゲラ海流 ⓫ブラジル海流 ⓬アンティル海流 ⓭メキシコ湾流 ⓮北大西洋海流 ⓯カナリア海流 ⓰東グリーンランド海流 ⓱ラブラドル海流 ⓲ギニア海流

解説 海流には規則性にも似た特徴があり，赤道をはさんで**両半球で対称的**に，北半球では**時計回り**，南半球では**反時計回り**の循環となっている。

さらにこれらの循環は東西方向には非対称で，循環の中心はそれぞれの大洋の中心から西にずれている。

(高野健三『海洋大循環』「海洋科学基礎講座 海洋物理Ⅱ」東海大学出版会による)

情報ナビ **日本は仮想水の輸入大国** 農産物を輸入することはあたかも水を輸入するのと同じであるという意味で，そうした農産物のことを**バーチャルウォーター(仮想水)**とよぶことがある。日本は世界でも大変な水消費大国である。

自然環境

世界の環境問題　**1** 地球環境問題の現状

【ヨーロッパ】
酸性雨による被害のほか，低地で洪水が発生

【北極圏】
平均気温の上昇により，氷の減少　参照》P.309

【東アジア・東南アジア】
中国において砂漠化が進行。工業化の進展により，酸性雨や黄砂の被害が拡大

キリバス

モルディブ諸島　参照》P.278

【アフリカ】
干ばつや砂漠化による食料不足，水不足，生物の絶滅危機，デング熱患者の増加など

【中南アメリカ】
熱帯雨林の破壊の進行とともに，生物多様性が減少

ツバル　参照》P.86

| 酸性雨がみられる地域 | 森林の減少が進む地域 | 砂漠化が進む地域 | 油膜のみられる海域 | 水没の危機がある地域 |

(Resources and Environment World Atlas などによる)

項　目		現 状 と 国 際 的 な 動 き
酸性雨・黄砂	現　状	**酸性雨**はヨーロッパ・北アメリカの約4分の1の湖沼，約3分の1の森林に影響。中国で被害拡大。**黄砂**は中国・モンゴルから日本への飛来が大規模化している。PM2.5の被害が顕在化。参照》P.90
	国際的な動き	1979年ヨーロッパを中心に「**長距離越境大気汚染条約**」が締結された。東アジア各国共同で酸性雨モニタリングネットワークが，2001年から参加10か国で本格的に稼動を開始した。黄砂の主な原因は，中国での過放牧や耕地拡大，森林減少など人為的な要因も影響しているとの指摘。
地球温暖化	CO₂濃度	大気中のCO₂濃度は産業革命前の280ppmから，2013年では396ppmと1.4倍の増加。人為起源の温室効果ガスの排出が温暖化の支配的原因である可能性（**IPCC第5次評価報告書**による）。
	温度上昇	18世紀の産業革命前から最近までに**平均気温が約0.6℃上昇**。今世紀末には地球の平均気温は1986～2005年の水準より4.8℃上昇する。参照》P.86
	海面上昇	20世紀には海面が推定17cm上昇。今世紀末には18～59cm上昇すると予測（1980～99年比）。
	国際的な動き	1992年の地球サミットで「**気候変動枠組条約**」を締結（1994年発効）。1997年「**京都議定書**」を決定（2005年発効）。2015年**パリ協定**採択。IPCC第6次評価報告書公表（2022年4月）。参照》P.87
オゾン層の破壊	現　状	1980年代に南極上空の「**オゾンホール**」が指摘されるようになった。**フロン**がオゾン層を破壊し，有害紫外線を増大させ，人の健康や生態系への影響が懸念されている。参照》P.91
	国際的な動き	1987年の「**オゾン層を破壊する物質に関するモントリオール議定書**」で規制されてきている。フロンは大別して特定フロン・代替フロンがあり，先進国は1995年12月末で特定フロンの生産・消費を全廃。21世紀半ばには1980年頃のレベルに戻り減少に向かうが，皮膚ガンはあと40～50年増え続ける可能性があるといわれる。
森林の減少	現　状	世界の森林は陸地の約30%。1990～2020年にかけ年平均592万ha純減。特に熱帯林が減少。
	国際的な動き	1992年の「地球サミット」では「**森林の原則声明**」。2000年には国連の下に「**国際森林フォーラム**」を設置。持続可能な森林経営の阻害要因となっている違法伐採への対策が急がれている。参照》P.89
砂漠化	現　状	人口増加に伴う家畜の過放牧や，過度の土地利用により，世界の陸地面積の4分の1に当たる面積が砂漠化の影響を受け，人口では，約10億人がその影響を受ける危険性があると指摘。(UNEP資料より)
	国際的な動き	1977年に「国連砂漠化防止会議」で「砂漠化防止行動計画」を採択。1994年に「**砂漠化対処条約**」を採択（1996年発効，98年日本加盟，2019年196か国・地域とEU）。日本はアメリカ合衆国に次ぐ拠出国として条約活動を支援。参照》P.90
化学物質など問題	現　状	有害な化学物質の問題について次第に国際条約が定められるようになってきた。
	国際的な動き	**バーゼル条約**（有害物質を含んだ廃棄物の国際的な移動を規制する条約，1992年発効，169か国とEUが加盟）。2019年5月の条約締結国会議で，汚れた**プラスチックごみ**を輸出規制の対象にする改正案を採択。発効は2021年1月。
海洋汚染	現　状	海洋資源への依存や経済活動の活発化に伴い，海洋汚染(油，廃棄物，プラスチックごみ等)が増加し，海洋環境の保全が課題となってきた。
	国際的な動き	陸上で発生した廃棄物の海洋投棄を規制する「ロンドン条約」，船舶からの油や有害液体物質などの排出を規制する「マルポール条約」。1994年に「**海洋法条約**」発効。**レジ袋**による汚染が深刻化している。
生物多様性の減少	現　状	世界で100万種の動植物が危機にひんしている(国連の科学者組織)。参照》P.91
	国際的な動き	動植物の国際的取引については「**ワシントン条約**」で規制(1975年発効，80年日本加盟)。1992年「**生物の多様性に関する条約**」を採択(1993年発効，同年日本加盟)。2010年「**名古屋議定書**」(批准50か国，2014年発効)

◆海鳥と海岸に流れ出たプラスチックごみ[レバノン]

(「環境白書」などによる)

情報ナビ PM2.5　直径2.5マイクロメートル(1ミリメートルの1000分の1)以下の微小粒子状物質をいう。近年春になるとゴビ砂漠や黄土高原の黄塵が日本の上空まで飛来しその被害が心配されている。環境省は基準を設け注意喚起情報を公表している。

↑1970年代の足尾銅山[栃木県]

1 公害・環境問題年表

年	事　項
1878	足尾銅山(栃木県)の鉱毒で渡良瀬川流域に被害
91	田中正造が衆議院で足尾鉱毒事件を追及
1922	神通川(富山県)流域でイタイイタイ病発見
56	水俣病の存在が社会問題化
61	四日市ぜんそく多発
65	阿賀野川(新潟県)流域で第二水俣病発生
67	阿賀野川水銀中毒被害者，昭和電工に対し損害賠償請求訴訟をおこす(四大公害訴訟第1号) 公害対策基本法制定，海水汚濁防止法制定
69	初の「公害白書」発表。「公害被害者救済法」公布
70	第64臨時国会(公害国会)。公害関係14法案成立
72	四日市公害訴訟，患者側勝訴，判決確定 イタイイタイ病訴訟控訴審，患者側勝訴，判決確定
74	大阪空港公害裁判「環境権」を主張
93	環境基本法制定，環境基本計画策定('94)
97	環境影響評価(アセスメント)法制定
98	地球温暖化対策推進法制定
2001	環境庁が環境省に昇格
05	京都議定書発効
08	生物多様性基本法施行
10	生物多様性条約締約国会議。「名古屋議定書」採択
20	7月からレジ袋有料化
22	プラスチック資源循環促進法施行

(注)国際的な環境会議・条約は 参照 ≫P.94

2 日本の公害の種類別苦情件数

（2020年）

典型7公害 68.8%

| 総数
81,557件 | 大気汚染
21.0% | 6.9 | 騒音
24.2 | 悪臭
13.8 | その他(廃棄物投棄など)
31.2 |

水質汚濁　　　振動2.7　　　　その他0.2

(注)典型7公害の「土壌汚染」「地盤沈下」は苦情件数が少ないため，「その他」扱い。　　(総務省公害等調整委員会資料)

3 足尾鉱毒事件～日本の公害の原点

　銅山の歩み　銅が発見されたのが慶長15(1610)年。幕領，日光東照宮の寺領を経て正保4(1647)年以降，幕府直営の「公儀御台所御用山」として再開発。二十余年"足尾千軒"とよばれるほど繁栄。元禄に入って産出量が急減，明治10(1877)年，のちに銅山王とよばれる古河市兵衛が買収。7年後に大鉱脈を発見，最新技術を導入して全国の約4割を産銅。

　公害の発生　急速な近代化により産銅量が増加し，乱掘と煙害(亜硫酸ガス)で，周辺の山林が枯死し洪水も頻発。さらに酸性廃水や銅・亜鉛・ひ素など有毒重金属のたれ流しにより渡良瀬川下流域の広大な農地が汚染され，明治中期から一大社会問題化(足尾鉱毒事件。わが国の"公害の原点"とされる)。鉱毒問題と戦時中の乱掘によって鉱量が枯渇。昭和48(1973)年2月，400年の歴史に閉幕。町の西北，松木川に沿った山あい約9kmを松木渓谷とよび，緑したたる美しい谷だったが，今は岩や土をむき出しにした荒涼とした姿をさらす。煙害が侵食した山地は，ざっと3,000haに及ぶ。

（「毎日新聞」1992.7.15などによる）

↑現在の日光市足尾町[栃木県]　ひところは人口3万人余りを抱えていたが，現在は2,000人に満たない。旧鉱山内部の一部を歴史博物館(足尾歴史館)にし，特異な歴史を生かし，新しい町づくりが進められている。荒れた山は緑化工事が進行している。

環境問題

4 四大公害病と損害賠償請求訴訟

	新潟水俣病	四日市ぜんそく	イタイイタイ病	熊本水俣病
発生地域	1964年ころから，新潟県阿賀野川流域	1961年ころから，三重県四日市のコンビナート周辺	大正年間から，富山県神通川流域	1953年ころから，熊本県水俣湾周辺
症　状	四肢の感覚障害，ふるえなどを起こし苦しむ	気管支など呼吸器が冒され，ぜんそく発作が襲う	カルシウム脱失による一種の骨疾患，疼痛を伴う	新潟水俣病と同じ
提訴→判決	1967.6→1971.9 原告勝訴(新潟地裁)	1967.9→1972.7 原告勝訴(津地裁)	1968.3→1972.8 原告勝訴(名古屋高裁)	1969.6→1973.3 原告勝訴(熊本地裁)
原告数・被告	76人・昭和電工	12人・四日市コンビナート6社	33人・三井金属鉱業	138人・チッソ
判決内容	疫学的に因果関係が推認・立証できる。企業責任あり。	コンビナート各企業の共同不法行為で責任あり	疫学的因果関係の証明で賠償請求は可能	工場排水の安全確認を怠った企業に責任あり
〈原因〉	工場排水中の有機水銀	コンビナート工場から排出された亜硫酸ガス	鉱山から放流されたカドミウム	工場排水中の有機水銀

解説 **四大公害病と課題**　上の表の新潟水俣病～熊本水俣病までをいう。工場廃液や汚染物質が痙攣，発作といった重い障害を多くの人にもたらした。1960年代以降患者が各地で提訴し70年代半ばまでに次々と勝利した。21世紀に入っても認定や補償を巡り訴訟が今も続いている。水俣病の認定は法に基づき行われており，被認定者数は2,999人，このうち生存者は396人(2021年11月末現在)。

情報ナビ **「水俣条約」が発効**　世界各地で水銀による健康被害や環境汚染が広がるなか，水銀の使用や輸出入を国際的に規制する「水俣条約」が2017年8月に発効した。73か国と欧州連合(EU)が条約を締結。

地球温暖化

1 温暖化の進行

● 世界の年平均地上気温の平年差の経年変化

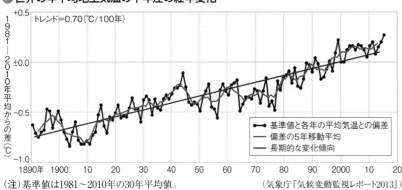

トレンド=0.70(℃/100年)

1981〜2010年平均からの差(℃)

+0.5 / ±0.0 / -0.5 / -1.0

1890年 1900 10 20 30 40 50 60 70 80 90 2000 10 20

- ● 基準値と各年の平均気温との偏差
- ─ 偏差の5年移動平均
- ─ 長期的な変化傾向

(注)基準値は1981〜2010年の30年平均値。 (気象庁『気候変動監視レポート2013』)

● 温室効果ガス総排出量に占める
　各種ガスの排出量(2010年)

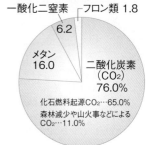

一酸化二窒素 6.2／フロン類 1.8

メタン 16.0

二酸化炭素(CO_2)
76.0%

化石燃料起源CO_2…65.0%
森林減少や山火事などによる
CO_2…11.0%

(注)CO_2換算ベース
(IPCC第5次報告書)

解説 IPCC(参照 ▶P.87「情報ナビ」)の2014年の第5次評価報告書によると、大気中の二酸化炭素濃度は396ppm(2013年)と、産業革命前の約280ppmの約1.4倍になっている。「最近30年間の各10年間の世界平均地上気温は、1850年以降のどの10年間より高温であった。北半球では、1983〜2012年の期間は過去1400年において最も高温の30年間であった可能性が高い」と結論づけている。 (鬼頭昭雄『異常気象と地球温暖化』岩波新書)

2 地球温暖化の現状と影響

● IPCC第6次評価報告書の概要(2021年8月〜22年4月)

第1作業部会 (自然科学的 根拠)	●人間の影響が温暖化させてきたことに疑う余地がない。 ●温室効果ガス排出が大幅に減らない限り21世紀中に1.5℃及び2℃上昇する。 ●温暖化が進むと極端な高温や大雨の頻度と強度が拡大する。
第2作業部会 (気候変動の 影響と適応)	●気候変動は自然と人間に広範囲に悪影響をもたらしている。 ●生態系に取り返しのつかない損失を引き起こしている。 ●33億〜36億人が非常に脆弱な状況下で生活している。
第3作業部会 (排出削減対策)	●温暖化を1.5℃に抑えるには温室効果ガスの排出量を2025年までにピークにする必要がある。 ●対策を強化しなければ今世紀末までに3.2℃の温暖化をもたらす。 ●化石燃料の大幅削減、低排出エネルギーの導入など大規模な転換が必要。

● 温室効果(気温が上昇するしくみ)

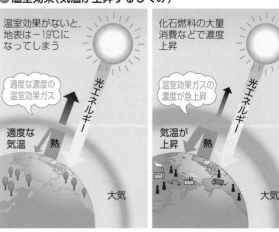

温室効果がないと、地表は−19℃になってしまう

適度な濃度の温室効果ガス

光エネルギー

適度な気温　熱

大気

化石燃料の大量消費などで濃度上昇

温室効果ガスの濃度が急上昇

光エネルギー

気温が上昇　熱

大気

解説 太陽光による地上の熱は、赤外線として地球外に放出されるが、**二酸化炭素**や**フロン**、**メタン**がこの赤外線を吸収してしまうことで、地表は温められている。**温室効果**によって地球は適温に保たれ、生物が生存できる環境にある。**地球温暖化**はこの温室効果ガスの濃度が上がっている点と、地球の平均気温の上昇の関連性が問題だとして指摘されている。

● 水没の危機にあるツバル

干潮時

満潮時

キリバス／ツバル／オーストラリア／ニュージーランド

解説 海面上昇による被害(地中から海水が噴出し、畑の作物が被害。井戸水の塩水化など)が出ているツバル(参照 ▶P.315)では、国民の集団移住をニュージーランドに打診し、条件付きで年間75人ずつの移住が進行中である。ツバル政府は自国のインターネット・ドメイン".tv"の使用権をアメリカのdotTV社に売却した(国家予算の3倍以上)ことにより、この資金を元に国連加盟を果たした(2000年)。以降、地球温暖化による海面上昇のおそれを各国に伝えている。近くの**キリバス**は平均海抜2mほど、高潮被害などで国土の浸水が進んでいる。

3 大気中の二酸化炭素濃度の変化

● 世界の大気中のCO₂濃度の推移と人為的CO₂排出量の累計

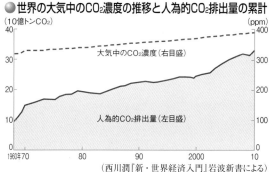

（西川潤『新・世界経済入門』岩波新書による）

解説 CO_2の増大は，人為的CO_2排出量の増加とほぼ比例している。IPCCの第5次評価報告書によれば，2100年までには540〜940ppmになると予測されている。

4 二酸化炭素排出量

● 主な国の1人当たりCO₂排出量 （2019年）

国	t/人
ブルネイ	18.7
カナダ	15.2
オーストラリア	15.0
アメリカ合衆国	14.5
韓国	11.3
ロシア	11.3
日本	8.39
シンガポール	8.30
ドイツ	7.75
マレーシア	7.41
中国	7.07
ニュージーランド	6.71
イタリア	5.13
イギリス	5.11
チリ	4.78
フランス	4.35
タイ	3.61
メキシコ	3.29
ベトナム	2.93
インドネシア	2.16
ブラジル	1.95
インド	1.69

単位：t/人（二酸化炭素換算）

● 世界のCO₂排出量割合 （2019年）

世界計 335.5億t（二酸化炭素換算）

中国 29.5%
アメリカ合衆国 14.1
ドイツ 1.9
イギリス 1.0
イタリア 0.9
フランス 0.9
その他 5.1
インド 6.9
欧州OECD 9.8
ロシア 4.9
日本 3.2
その他 31.6

（『EDMC／エネルギー・経済統計要覧』2022）

5 氷河の後退

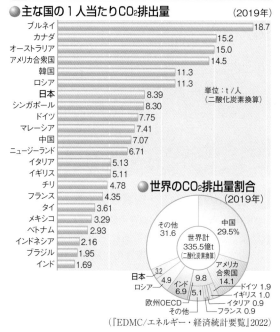

Bøyabreen 1993

Bøyabreen 2009

● **氷河の後退[ノルウェー]** 地球の気温は19世紀末から100年間で，0.3〜0.7℃上昇したといわれる。そのため**南極・北極の氷**や高所の**山岳氷河**がとけて海水面が10〜25cm上昇したり，極端な高温現象，洪水・干ばつなどがみられるようになってきている。写真はヨーロッパ最大のヨステダール氷河の支流の一つであるボイエ氷河で，氷河が後退しているのがわかる。

6 温暖化防止の取り組み

(1)京都議定書（1997年，2005年発効）

● 温室効果ガス国別増減率　1990年→(2008〜2012年)

10%増	アイスランド
8%増	オーストラリア
1%増	ノルウェー
0	ニュージーランド，ロシア，ウクライナ
5%減	クロアチア
6%減	カナダ，ハンガリー，**日本**，ポーランド
7%減	アメリカ
8%減	EU各国，ブルガリア，チェコ，エストニア，ラトビア，リヒテンシュタイン，リトアニア，モナコ，ルーマニア，スロバキア，スロベニア，スイス

解説 京都議定書　地球温暖化防止のための気候変動枠組条約により，1997年京都市の会議で採択された議定書。目標期限は2008〜2012年。日本・アメリカ・EUなどの先進国に，温室効果ガス（二酸化炭素，メタン，亜酸化窒素など）の排出削減を義務付けた（1990年水準が基準。先進国全体で5％以上）。2005年2月に発効したがアメリカは批准しなかった。

(2)パリ協定の発効（2016年11月）とその後

温室効果ガス今世紀後半に「実質ゼロ」に　地球温暖化対策に関する新たな国際ルール。大気中への温室効果ガス排出を今世紀後半に「実質ゼロ」にし，産業革命前からの気温上昇を2度未満に抑えるのが目標。パリ協定は先進国と途上国の対立を克服して2015年に採択され，16年に発効。195か国・地域が署名，アメリカ合衆国と中国を含む147か国・地域が批准している。

その後，2018年10月，IPCC（国連気候変動に関する政府間パネル）は，気温上昇を1.5度に抑制するためには，50年には実質排出ゼロを達成する必要性を示した。

(3)各国の温室効果ガス排出削減目標　（2021年8月IPCC第6次評価報告書時点）

日本	2030年度に46%減（13年比）
アメリカ	2030年に50〜52%減（05年比）
EU	2035年度までに少なくとも78%減（1990年比）
イギリス	2030年度までに78%減（1990年比）
中国	2030年度までにGDP当たり排出を65%減（05年比）

(注)日本で「改正地球温暖化対策基本法」成立（2021年5月），「脱炭素社会実現」を明記。2021年4月に菅首相は2050年「実質ゼロ」を表明した。

温暖化は人間の影響―IPCC第6次評価報告書―
2021年8月から22年4月にかけて第1〜3作業部会の報告書が公表され，地球温暖化の要因を人間の影響とすることに「疑う余地がない」と初めて断言した。

(4)高校生が「気候変動スト」

2019年，気候変動に関する国際会議で，スウェーデンの高校生グレタ・トゥーンベリさんが危機感を切実に訴えるスピーチが注目を集めた。前年の8月には気候変動対策を求めて学校ストライキを実施，取組は全世界に広まった。日本では長野県白馬高校からの提案を契機に白馬村が19年12月に気候非常事態宣言を行った。その後も高校生の動きは各地に広がっている。

チェック・ワード カーボンニュートラル　温室効果ガスの排出量と吸収量を均衡させること，つまり地球上の温室効果ガスの排出量を実質的にゼロに抑えることを意味する。日本語では炭素中立という。

酸性雨

1 酸性雨とは
●酸性雨発生のしくみ

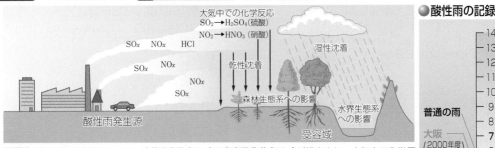

大気中での化学反応
$SO_2 \rightarrow H_2SO_4$（硫酸）
$NO_2 \rightarrow HNO_3$（硝酸）

SO_x　NO_x　HCl

SO_x　NO_x

NO_x

SO_x

酸性雨発生源

乾性沈着　湿性沈着

森林生態系への影響

水界生態系への影響

受容域

解説 化石燃料の燃焼によって，**硫黄酸化物(SO_x)や窒素酸化物(NO_x)**が排出され，大気中で化学反応を引き起こした結果，酸性度の高い雨となって降下する。

チェックワード **酸性雨** 一般的には**pH5.6以下の雨を酸性雨**という。ヨーロッパでは，拡大解釈して大気汚染物質全体を酸性雨といい替えて報道する例もある(旧西ドイツの黒い森の森林被害など)。酸性雨は，より科学的には「**酸性沈着**」という(大気中にでた硫黄酸化物や窒素酸化物が再び地上に戻ってくることを沈着という)。なお，酸性雨はヨーロッパでは「**緑のペスト**」，中国では「**空中鬼**」ともいう。pHが低いほど酸性度が強い。

●酸性雨の記録

アルカリ性	
14	
13	
12	
11	海水
10	
9	海水
8	人間の血液
7	**中性**
6	トマトジュース
5	ビール
4	酢
3	レモン水
2	
1	レモン
0	**酸性**
pH	

普通の雨

大阪（2000年度平均値 pH4.5）

ピトロッホリー（イギリス北部）1974年

ウェストヴァージニア（アメリカ合衆国）1979年

●酸性雨の被害を受けた森林[ドイツ]

2 ヨーロッパの黒い三角地帯（酸性雨）

　枯死は1980年の異常寒波をきっかけに，将棋倒しのように始まった。……国立公園内の森林の９割がドイツトウヒやヨーロッパアカマツを主体とする針葉樹だ。すでにその**80%**の森林が枯れたり弱ったりし，稜線に沿ってはほぼ全滅状態だ。
　チェコ，スロバキア，ポーランド，旧東ドイツの国境地帯の森林は，このスデーティ山脈につづくエルツ山脈，ベスキディ山地でもまったく同じ状況だ。この４国の国境地帯は，「黒い三角地帯」とよばれてきた。大気汚染でどこも黒く煤けていることに由来する。

(石弘之『地球環境報告Ⅱ』岩波新書)

●黒い三角地帯

黒い三角地帯

ポーランド　ベラルーシ

ドイツ　ベルリン

ヴァルタ川　ワルシャワ

エルツ山脈

スデーティ山脈　ヴィスワ川

プラハ　シロンスク地方　ウクライナ

クルコノシェ国立公園

チェコ　ベスキディ山地

スロバキア

3 北米の酸性雨
●カナダ・アメリカ東部の酸性雨の変化（1996〜2000年平均）

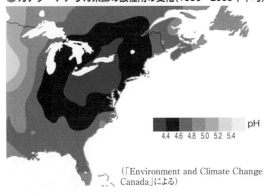

pH
4.4 4.6 4.8 5.0 5.2 5.4

(「Environment and Climate Change Canada」による)

4 日本の酸性雨〜国境を越える

　2013年に取りまとめた2008〜2012年度の５年間の調査結果の概要は次のとおりであり，その後も同様である。
① 依然として，全国的に酸性雨が観測されている(全平均値pH4.72)。
② 日本海側や西日本では**大陸に由来した大気汚染物質の流入**が示唆され，冬季と春季に高い。
③ 生態系への影響については，酸性雨による衰退木などの生態被害や湖沼の酸性化は確認されなかった。
④ 現在のような酸性雨が今後も降り続けば，将来酸性雨による深刻な影響が生ずるおそれがある。

●東アジアの酸性雨の状況（2016〜2019年の平均値）

ロシア

イルクーツク　モンディ　リストビヤンカ

ウランバートル　テレルジ　プリモルスカヤ　利尻　落石岬

モンゴル

中国　シージャン　イムシル　日本　佐渡関岬

ジンユンシャン　ハイフ　チェジュ島　韓国　東京　伊自良湖

ホアビン　隠岐

ビエンチャン　シャンジョウ ホンウェン　辺戸岬

マエビア　ハノイ　小笠原

ヤンゴン　クックブオン　サント・トーマス山

カンチャナブリー　ダナン　マニラ首都圏

バンコク　ホーチミン

サクラート　カントー　フィリピン

プノンペン　マレーシア　ダナムバレー

タナラタ　クチン

ベタリンジャヤー

コタバル

ジャカルタ

pH	
●	<4.5
●	4.5−4.8
●	4.8−5.1
●	5.1−5.4
●	5.4−5.7
●	5.7−6.0
●	6.0<

(『環境白書』2021などによる)

1 森林の減少 ● 国別の森林面積の純変化

（2010−2020年）

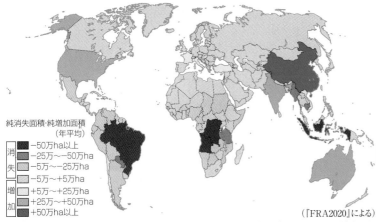

純消失面積・純増加面積
（年平均）

消失	−50万ha以上
	−25万〜−50万ha
	−5万〜−25万ha
	−5万〜+5万ha
増加	+5万〜+25万ha
	+25万〜+50万ha
	+50万ha以上

（『FRA2020』による）

解説 森林の減少 世界の森林面積は2010年から10年間で，年平均で約470万ha減少した。減少が深刻だった地域はアフリカや南米である。アジアの純増は，主に中国の大規模な新規植林によるもので，南アジア，東南アジアの多くの国々は依然として森林減少率が高い。森林減少の原因は，人口の急増が最大の要因であるが，**アフリカ地域**では農地造成や薪炭材の採取・不法伐採，**南米地域**では農地や放牧地の造成，ダム開発といわれている。
中国での増加 森林の増加は，1999年から始まった**退耕還林**とよばれる国家政策による。これは黄河や長江などの大河の中・上流域の生態環境の改善を目的に急傾斜地の農耕をやめて森林に転換する内容である。

●針葉樹林の伐採[ロシア] 針葉樹は生育が遅いため，再生ペースを上回る伐採によって**表土が融解**し，問題となっている。

●セルバに延びる道路[ブラジル] 牧場・農場開拓や鉱山開発によりセルバの奥地まで道路が延びている。参照 P.311

● 世界の森林面積の変化

（凡例）□ 2010〜2020年 □ 2000〜2010年 □ 1990〜2000年

（100万ha/年）

地域	2010〜2020年	2000〜2010年	1990〜2000年
世界計	−4.7	−5.2	−7.8
アジア	0.2	2.4	1.2
アフリカ	−3.9	−3.4	−3.3
ヨーロッパ	0.3	0.8	1.2
北中アメリカ	0.2	−0.3	−0.1
南アメリカ	−5.1	−5.2	−2.6
オセアニア	0.4	−0.2	−0.2

（『森林・林業白書』令和2年度版による）

2 消える熱帯林〜輸出先は日本

　日本の輸入合板のほぼ半数を占める産地，ボルネオ島北部のマレーシア・サラワク州で，手つかずの熱帯林が急速に失われている。現地を訪ねると，伐採は奥地まで及び，森に頼って生活する先住民と伐採企業との争いが多発していた。

　サラワク州は日本が輸入する南洋材の一大産地。州内では，かつてフィリピンで乱伐された「ラワン」と同じフタバガキ科の木が「メランティ」の名で乱伐されている。食料や薬草，住居など生活の多くを森林資源に頼る先住民は，伐採地の土地の権利を認めるよう求めて州政府と伐採企業を次々と提訴。訴訟代理人のバル・ビアン弁護士によると，その数は約300件にのぼる。

● 熱帯林が切られて合板が日本で使われる流れ

サラワク州

●伐採道路を走るトレーラー

熱帯林でフタバガキ科の木を切る

↓

工場で合板に加工

日本

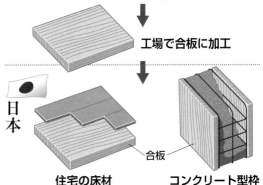

合板

住宅の床材
サラワク州から
輸出される合板

**59%が
日本向け**

コンクリート型枠
日本が
輸入する合板

**46%が
サラワク
州産**

（『朝日新聞』2016.5.29による）

マレーシア
サラワク州

インドネシア

ボルネオ島

参照 P.133

●沿岸部の都市ミリから南東に約200km[マレーシア] 伐採道路から急な斜面を下りたところで熱帯林が伐採されていた。切られた丸太は重機で伐採道路まで運ばれる。

砂漠化・黄砂

1 砂漠化が進む地域

凡例：
砂漠地域（農耕不能）／中度／重度／激甚

モーリタニア

（UNEP資料による）

▲砂漠が押し寄せる街[モーリタニア]

解説 砂漠化の定義　砂漠化についてはさまざまな説明がされてきたが，1992年の地球サミットでは「砂漠化は，気候変動と人間活動を含む多様な要因による乾燥・半乾燥・乾燥亜湿潤地域における土地の劣化」と定義された（1994年の砂漠化対処条約参照）。

2 地球の4分の1が砂漠化の影響

　1991年の国連環境計画の報告書によれば，地球の陸地全体の約4分の1が砂漠化の影響を受けている。これは耕作が可能な乾燥，半乾燥地域などの約70％にあたる。また，砂漠化の影響を受けている地域のほとんどはアジアとアフリカで，全体の約3分の2を占めている。あとの3分の1は，南北アメリカとオーストラリアである。現在でも毎年，約600万haの割合で砂漠化が進行している。これは日本の九州と四国を合わせた面積に相当する。

●砂漠化の現状

砂漠化の影響を受けている土地の面積：約36億ha／地球の全陸地（約149億ha）の約4分の1

砂漠化の影響を受けている人口：約9億人／世界の人口（約64億人）の約7分の1

耕作可能な乾燥地における砂漠化地域の割合（大陸別）：
北アメリカ 12.0%／南アメリカ 8.6%／ヨーロッパ 2.6%／アフリカ 29.4%／アジア 36.8%／オーストラリア 10.6%

（注）原資料は1991年のUNEPの資料。　（『環境白書』2008などによる）

3 砂漠化の進行と対策

●砂漠化の原因と影響

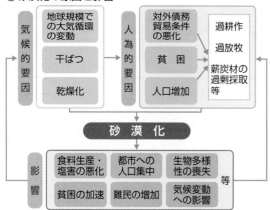

気候的要因 → 地球規模での大気循環の変動／干ばつ／乾燥化

人為的要因 → 対外債務貿易条件の悪化／貧困／人口増加 → 過耕作／過放牧／薪炭材の過剰採取等

→ 砂漠化

影響 → 食料生産・塩害の悪化／都市への人口集中／生物多様性の喪失／貧困の加速／難民の増加／気候変動への影響 等

（「砂漠化防止対策への提言」環境省による）

解説 人口増が主因　地球規模での気候変動が，乾燥地域を砂漠化させている一因であるが，人間の活動や発展途上国での**人口増**がその地域での**生態系の許容限界**を超え，直接的な主因となっている場合が多い。

●砂漠化対処条約～1994年

①点滴農法[オーストラリア]　砂漠化問題に関する国際協力を定めた条約が**砂漠化対処条約**。砂漠化が進む国が防止のための行動計画を作成し，先進国が支援することを義務づけている。写真は，従来のスプリンクラー方式に比べ節水・雑草防止が期待できる農法。

4 急増する黄砂

　11月上旬から5月にかけて中国大陸から日本に飛来する「黄砂」の規模や頻度は2000年から2010年にかけて拡大した。かつては西日本に限られていたが，北海道や東北地方でも残雪が茶色に染まり，東京でも駐車中の自動車がキナコのようなほこりを被るようになった。

　原因は　北京では春の砂嵐は「**沙塵暴**」とよばれ，3月初旬から中旬に砂混じりの強風が吹き荒れることが多い。猛威を増してきた「沙塵暴」の背後には，中国大陸の砂漠化があった。砂嵐の主な発生場所は，「ゴビ砂漠や黄土高原」「北京西方の張家から内蒙古」「中国西部のタクラマカン砂漠」「中国中央部の砂漠」の4地域が知られている。特に北京で急増している砂嵐は，**開発で植生が破壊され砂漠化が進行している**ことが原因である。　（石弘之『地球環境「危機」報告』有斐閣）

●日本での年別黄砂観測のべ日数

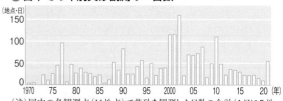

（地点・日）

（注）国内の各観測点（11地点）で黄砂を観測した日数の合計（1日に5地点で黄砂が観測された場合には5日として数える）。　（気象庁資料による）

⊃黄砂に覆われたペキンのようす[中国]　2021年3月15日，ペキンは大規模な黄砂に見舞われた。ペキン気象台は春に「砂塵予報」を出しており，程度によって，注意報，警報，外出禁止令が発令される。近年よく報道されるPM2.5は**参照**▶P.270。

1 オゾンホールが拡大

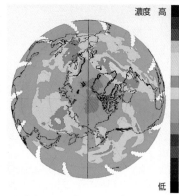

○南極のオゾンマップ(NASA)　オゾンの濃度は茶色の部分が高く，青，白，灰色になるにつれて低くなる。m atm-cm(ミリ アトム センチ)はオゾン量の単位。　(気象庁資料による)

濃度　高
低

○北極のオゾンマップ(2000年9月，NASA)　緯度が高くなるにつれて，オゾン濃度も高まっているが，北極圏では穴が開いたように青くなっている(オゾンホール)。

2 南極のオゾンホール面積の変化

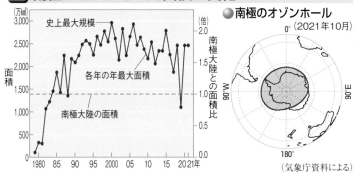

面積　史上最大規模　各年の年最大面積　南極大陸との面積比　南極大陸の面積

●南極のオゾンホール
(2021年10月)
(気象庁資料による)

オゾンホール　1980年代初頭から，南極域の上空のオゾンの全量が著しく少なくなり，その減少した領域は，**オゾン層に穴のあいたような状態**であることから「オゾンホール」とよばれている。2021年の南極上空のオゾンホールの最大面積は，南極大陸の約1.8倍となっている。オゾン層破壊物質の濃度は依然として高い状態にあり，**オゾン層の破壊は続いている**。1987年のモントリオール議定書で2010年までに全廃が各国に義務付けられたフロンの一種「CFC11」の放出量が2012年以降も高い状態にあり，監視強化が課題となっている。オゾン層の破壊の影響は **参照▶P.84**。

3 生物多様性(Biodiversity)とは～「生物多様性国家戦略2010」・「国際自然保護連合報告」より

生物多様性とは—3つの多様性— 定義：様々な生態系が存在，すべての生物の間に違いがあること	生態系の多様性	干潟，サンゴ礁，里山などさまざまなタイプの自然があること
	種(種間)の多様性	500万～3,000万種(推定)もの生物が生育していること
	種内(遺伝子)の多様性	同種でも個体により差があること(アサリの貝殻の模様が千差万別など)
なぜ生物多様性が重要なのか	生命の存立基盤	生命維持に欠かせない大気や土壌などの環境は，物質循環を担う生物の多様性が健全に維持されることにより成り立つ
	有用性の源泉	水産物や林産物など生活に必要な有用材の確保のためには，生態系の循環機能が不可欠
	豊かな文化の根源	生物多様性に支えられて育まれてきた文化は，人間の精神的な恩恵をもたらし，地域社会の持続的な発展に寄与してきた
	安全・安心の基盤	サンゴ礁が波浪や侵食被害を和らげるなど災害被害の軽減に役立つ
生物多様性の危機	第1の危機	人間活動による生態系の破壊，種の減少・絶滅
	第2の危機	里地里山など人間の働きかけの減少による影響
	第3の危機	外来生物などによる生態系のかく乱
	地球温暖化による危機	全球平均気温が1.5～2.5℃上昇すると，動植物種の20～30%の絶滅リスクが上昇する(IPCC第4次評価報告書)

サンゴ礁

トキ

(注)国際自然保護連合のあげた絶滅危惧種：〈例〉トナカイ・コアラ・キリン(2016年)，マツタケ(2020年)。2020年には3万5,765種を指定。
(環境省資料による)

4 動植物100万種が絶滅危機～国連報告書(2019年)

　国連の科学者組織「生物多様性及び生態系サービスに関する政府間科学政策プラットフォーム(IPBES)」は，世界で100万種の動植物が絶滅の危機にひんし，人の活動に伴う生態系の喪失がかつてない速度で進んでいると発表。「自然資源を持続的に利用するには社会や経済，政治などあらゆる分野で変革が必要だ」と指摘。

- 人は自然から食料，薬，燃料を得ており，作物の75%は受粉を動物に頼る。
- 世界の陸地の75%が大幅に改変されており，湿地は85%が消失，海洋の66%が人の活動の影響を強く受けている。
- 種は100万種が絶滅の危機にある。陸上の50万種は生息地が脅かされている。両生類の40%以上，サメと海洋哺乳類のそれぞれ30%程度が絶滅の危機。　(国連報告書から一部引用)

水資源開発と課題

↓ナムグムダム[ラオス]

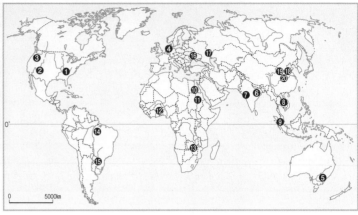

地 域		番号	開 発 名	内　　　　容
先進国	アングロアメリカ	❶	テネシー川(TVA) 参照▶P.178	洪水の害がひどかったテネシー川とその流域の総合開発。**ニューディール政策**の一環として行われ，30のダムを造ることで洪水をおさえ，また，発電を行った。
		❷	コロラド川流域 参照▶P.93	1936年完成のフーヴァーダム(ミード湖)による発電，パーカーダムによる給水，インピリアルヴァレーの灌漑による農地化，ロサンゼルスへの飲料水・工業用水の供給。
		❸	コロンビア川流域 参照▶P.93	1941年完成のグランドクーリーダムによるコロンビア盆地の**灌漑**(小麦の栽培，南部では果樹)，発電による**工業化**(アルミニウム，シアトルの航空機生産)。
	ヨーロッパ	❹	ゾイデル海の干拓(ポルダーの造成) 参照▶P.75・292	約30㎞の堤防でゾイデル海を締め切り，**アイセル湖**を造った(1932年)。現在4つの干拓地ができあがり，その面積は約1,650㎢で，農業のほか各種の開発計画が進む。
	オセアニア	❺	スノーウィーマウンテンズ計画 参照▶P.129	オーストラリアアルプス山脈の東南斜面の豊富なスノーウィー川の水を，トンネルでマリー川に導き，山脈の西側の**乾燥地域の開発**を目的とした。1949年着工，78年完成。
発展途上国	アジア	❻	ダモダル川開発(DVC)	アメリカのTVAにならい，インド東部・ダモダル川流域開発公社の事業として1948年に着手。流域に8つのダムを建設して西ベンガル地方の治水・灌漑・水運・発電事業を実施し，近くのダモダル炭田，鉄鉱床を活用し**重工業の発展**に貢献した。
		❼	ナルマダ川ダム開発	インド西部に灌漑用水と電力を供給するために，ナルマダ川流域にダムを3,000か所以上建設しようとするもの。森林・農地の水没，強制移住などの問題が生じ，1993年には世界銀行が融資を中止したことでも知られる。
		❽	メコン川	6か国にまたがる約4,400㎞の国際河川。先進諸国の支援を受けて，ラオスのナムグムダム(1985年操業)や中国などにダムが建設された。そのため下流域の水不足が課題となっている。生物多様性が高いことから環境対策の支援も始まっている。
		❾	アサハン川	北スマトラのアサハン川の水力を開発し，**アルミ精錬工場**を建設する事業は1982年から着工された。日本も経済援助をしたが，日本だけが利益を得たとの批判もでた。
	アフリカ	❿	ナイル川	参照▶P.93
		⓫	ゲジラ灌漑計画	スーダンの青・白ナイル川の合流点付近のゲジラ平原の灌漑事業。1925年のサンナールダムにより72万haの農地の灌漑が可能となり，綿花の生産が急増した。
		⓬	ヴォルタ川	ヴォルタ川開発計画の一環として，アコソンボダムが1965年に完成。アルミニウムの精錬。
		⓭	ザンベジ川	アフリカ南部最大の河川に1959年カリバダムが完成。ザンビアの**銅の精錬**のために送電している。ダムはザンビアとジンバブエの国境地帯にある。
	ラテンアメリカ	⓮	アマゾン開発計画	横断道路の建設，農・鉱資源開発。パラ州のカラジャス鉄鉱産地の開発も含まれる。
		⓯	パラナ川 参照▶P.147	ラプラタ川支流のパラナ川をせき止め，世界最大級の水力発電所であるイタイプ発電所(参照▶P.147)を建設。ブラジルとパラグアイ共同による開発である。
旧ソ連・中国	旧ソ連	⓰	ドニプロ川	1954年に下流域，59年に中流域にダムを建設し，沿岸の重工業地帯に送電。下流部の水はクリム運河によりクリム半島に送水され，灌漑用水として利用。
		⓱	自然改造計画	旧ソ連では総合開発を**自然改造**とよび，計画経済のもとで進められた。1952年にヴォルガ・ドン運河が完成。中央アジアではアムダリア川・シルダリア川の水をカラクーム運河などによって導き，綿花栽培の拡大を図った。特に**アラル海の面積の減少**が問題となっている。参照▶P.116・283
	中国	⓲	ホワイ川	革命後の中国では，まず流域の洪水を防ぐ目的で1951年からホワイ川の利水・治水事業が開始された。その後黄河流域へと展開されていった。
		⓳	黄河	**典型的な天井川**である黄河の堤防の決壊は有史以来度重なり，その治水，加えて利水が課題であった。1955年から中流にサンメンシヤダム，上流にリウチヤシヤダムを建設し，多目的な利用を図っている。近年は下流の水不足(断流)が問題となっている。
		⓴	長江(サンシヤダム) 参照▶P.267	1993年に着工し，2009年完成。「万里の長城」以来の大工事といわれるダムは高さ185m，長さ2,300m，ダム湖の長さは上流約600㎞のチョンチン(重慶)にまで至る。電力供給のほか，洪水調節や水運に利用される一方，人々の強制移住，名所旧跡の水没，水質汚染や生態系への影響やダムの決壊の危険性も指摘されている。

0　　　　5000km

② ナイル川とダム開発・世界遺産

エジプトは「ナイルの賜物」 エジプトの年間降水量はほとんど無に等しく，天水に頼れないこの気候条件のもとで，ナイルはまさにエジプトという国を支える命脈（賜物）でありつづけた。しかもナイルは水とともに肥沃な沖積土をもたらした。アスワンハイダムが建造されるまでの数千年間，人びとはナイルの岸辺に凹状に仕切った畑を並列させ，洪水時に沖積土を含んだ水がその上にかぶるようにした，いわゆる囲い式沈殿灌漑方式による農業を営んできた。ナイルの水，沖積土，さんさんたる陽光は，確実に豊饒を約束した。農民はナイルの岸辺に定着し，風土への限りない謝恩の念を抱いて農事にいそしんだ。

アスワンハイダムと世界遺産条約 エジプトはナセル大統領時代に社会主義経済を導入し，旧ソ連の援助を得て1960年にアスワンハイダムの建設に着手し，1971年に世界最大級のダムを完成させた（工事完了は1970年，完工式は翌71年）。これにより洪水の防止，灌漑農地の飛躍的拡大，発電などの経済効果が期待されたが，**大規模な自然改造による環境変化は予想以上**のものとなった。①洪水の消滅により，農地への肥沃な土砂の供給がなくなった。②地中海への有機物の流出が減り，河口付近のイワシ漁が不振となった。③ナイルデルタに堆積する土砂が減り，海岸線の侵食が進みつつある。④灌漑農地の塩害。⑤灌漑水路の拡大により湿地が増え，ネズミの増加，住血吸虫病のまん延がみられるようになった。

（『週刊朝日百科・世界の地理95』朝日新聞社などによる）

⬇**アスワンハイダム[エジプト]** アスワンダムより7km上流に建設された多目的ダム。ダム上流に人造湖ナセル湖ができた。このダム建設の過程での神殿が水没する危機に伴い，その移転をきっかけに**世界遺産条約採択へ**と向かった。参照 》P.96

③ アメリカ西部のダム建設〜豊富な電力を軍需産業へ

多目的ダム時代 フーヴァーダムは，大恐慌を克服するためのニューディール政策のモデルとなる公共事業であった。全国の失業者の25%が，各地のダム建設作業に動員された。1930年代半ばにはコロラド川のフーヴァーダム，コロンビア川のグランドクーリーダムとボンネヴィルダム，サクラメント川のシャスタダム，そしてミズーリ川上流のフォートペックダムという世界の五大建造物がアメリカ西部に建設中だったことになり，**多目的ダム時代**に入る。

就任したルーズベルト大統領はプロジェクトを立ち上げ，1937年から73年の間にコロンビア川とその支流には，合わせて36の巨大ダムが建設され，41年のグランドクーリーダムは，世界に類のない超巨大建造物となった。この事業によって発電とコロンビア盆地への灌漑が可能となる。コロンビア盆地はアメリカ北西部を代表する一大農業地帯に変貌した。

核超大国へ ダム完成の5日前に，日本によって真珠湾を急襲されたアメリカは，ダムの周囲に，またたく間に航空機工場とアルミニウム精錬所を建設した。戦時中，ダムの電力はワシントン州にある極秘のハンフォード軍需施設にも供給され，そこで製造されたプルトニウム239は，第二次世界大戦後に**アメリカを核超大国にする**。

（スティーブン・ソロモン，矢野真千子訳『水が世界を支配する』集英社による）

⬇**グランドクーリーダム[アメリカ合衆国]**

環境保護の取り組み

① 国際的な環境保護の取り組み

年	事　項
1971	ラムサール条約採択―湿地とその生態系の保護　参照▶P.95
72	ローマ・クラブが「成長の限界」を発表
	国連人間環境会議（スウェーデン・ストックホルム）
	①「かけがえのない地球(only one earth)」をスローガンに、「人間環境宣言」を採択
	②国連環境計画(UNEP)を設立
	世界遺産条約採択（ユネスコ総会）　参照▶P.96・97
73	ワシントン条約採択―絶滅危機の野生動物保護
79	長距離越境大気汚染条約採択
85	オゾン層保護のためのウィーン条約採択
87	モントリオール議定書採択―フロンの規制・全廃
88	気候変動に関する政府間パネル(IPCC)設置
89	バーゼル条約(有害廃棄物の越境を規制する条約)採択　参照▶P.95
92	国連環境開発会議(地球サミット)（ブラジル・リオデジャネイロ）「持続可能な開発」がスローガン　参照▶②(1)
	①リオ宣言(21世紀の地球環境保全のための原則)
	②アジェンダ21(上記宣言を達成するための行動計画)
	③生物多様性条約，気候変動枠組み条約などを採択
94	砂漠化対処条約採択　参照▶P.90
97	地球温暖化防止京都会議　「京都議定書」を採択
2002	持続可能な開発に関する世界首脳会議（環境開発サミット）（南ア・ヨハネスブルグ）
10	生物多様性条約締約国会議(COP10)が名古屋市で開催
12	国連持続可能な開発会議(リオ+20)開催　参照▶②(2)
15	国連総会で「持続可能な開発のための2030アジェンダ」採択　参照▶P.6
16	パリ協定発効―地球温暖化防止の具体化　参照▶P.87
22	IPCC 3つの評価報告書を統合し公表　参照▶P.86・87

② 主な国際会議と条約

(1)「国連環境開発会議」（地球サミット）～1992年，リオデジャネイロ

1972年のストックホルムで開かれた「国連人間環境会議」から20年，環境問題が地球規模に広がりをもち，質的に変化したという中で開かれた。次の4つの柱が主な内容であった。NGOを含め4万人余りが参加。

・2つの条約を調印……「気候変動枠組み条約」「生物多様性条約」

・「環境と開発に関するリオ宣言」，それを各国が実現するための計画「アジェンダ21」。

キーワードは「持続可能な開発」で，以後この理念が継承されていく。

(2)「リオ+20」の開催～2012年，「地球サミット」から20年目，「国連持続可能な開発会議」

テーマの一つは「グリーンエコノミー」であった。環境保全と経済発展の両立をはかる経済をさす（これに対して従来型の大型事業を推進し化石燃料などに依存する方法をブラウンエコノミーという）。先進国はグリーンエコノミーの普及とそれに伴う雇用の確保を主張。一方，途上国は経済発展と貧困撲滅が先決だとし，折り合わず，各国がそれぞれ取り組むことで決着した。20年前の活気が失われつつあるとの論評が目立った。

③ ナショナル・トラスト運動　●日本で活動している主な団体とそのトラスト地

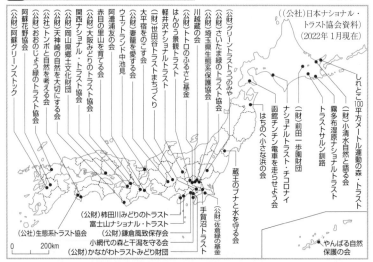

((公社)日本ナショナル・トラスト協会資料)
(2022年1月現在)

解説　ナショナル・トラスト運動

National Trust，「歴史的名勝および自然的景勝地のためのナショナル・トラスト」の略称。自然や歴史的遺産を開発などから守るため，多くの人から寄付金を集めて開発予定の土地を買収したり，その土地の寄贈を受けて保存・管理する運動で，1895年にイギリスで始まった。**ナショナルといっても，運動の主体は民間組織であり，イギリスでは「1人の1万ポンドより，1万人の1ポンドずつ」をモットーに運動が展開されてきた。**

日本では，鎌倉の鶴岡八幡宮の裏山買い取り運動，知床国定公園内の100平方メートル運動などをとおして広まった。1985年に政府は「自然環境保全法人」の設立を認め，87年に**和歌山県田辺市の天神崎の自然を大切にする会が第1号**に指定された。全国50以上の地域で，それぞれの風土に根ざしたナショナル・トラスト運動が展開されている。

④ 様々なツーリズムと多様化～エコツーリズム

従来型の観光旅行ではなく，テーマ性の強い体験型の新しいタイプの旅行と旅行システム全体をニューツーリズムという。テーマとしてエコツーリズム，グリーンツーリズム，アーバンツーリズム，ダークツーリズム，ヘルスツーリズム，産業観光などがある。

エコツーリズムは，自然・歴史・文化など地域固有の資源を保護しながら，体験し学ぶことを意味する。我が国では2007年に「エコツーリズム推進法」が成立し，北海道の知床を始め全国13か所でモデル事業が推進されている。

◎コスタリカのエコツーリズム

1970年にコスタリカは，「自国の自然の森林は，人間が手がけたいかなる農耕地よりも貴重で生産的な存在である」と判断した。その後政権が変わるたびに，新政権は，新たな保護地域を指定する。このようにして自国の約25%もの土地を何らかの保護地域に指定するようになった。その結果，**いまや世界第一の「エコツーリズム」の地**となった。

(古川潤『NHK地球白書』家の光協会による)

5 ラムサール条約

● 日本のラムサール条約登録地
（2022年7月現在）

条約湿地数 53か所
条約湿地面積 155,174ha

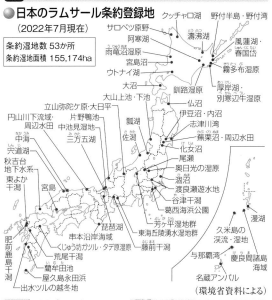

クッチャロ湖
野付半島・野付湾
サロベツ原野
濤沸湖
阿寒湖
風蓮湖・春国岱
雨竜沼湿原
宮島沼
霧多布湿原
ウトナイ湖
厚岸湖・別寒辺牛湿原
大沼
釧路湿原
大山上池・下池
仏沼
立山弥陀ケ原・大日平
伊豆沼・内沼
片野鴨池
志津川湾
円山川下流域・周辺水田
中池見湿地
瓢湖
蕪栗沼・周辺水田
中海
三方五湖
佐潟
化女沼
宍道湖
尾瀬
秋吉台地下水系
奥日光の湿原
涸沼
東よか干潟
宮島
渡良瀬遊水地
谷津干潟
琵琶湖
葛西海浜公園
肥前鹿島干潟
串本沿岸海域
芳ケ平湿地群
くじゅう坊ガツル・タデ原湿原
荒尾干潟
東海丘陵湧水湿地群
漫湖
藺牟田池
藤前干潟
久米島の渓流・湿地
屋久島永田浜
与那覇湾
慶良間諸島海域
出水ツルの越冬地
名蔵アンパル
（環境省資料による）

解説 1971年，イランのラムサールで採択され（75年発効），正式名は「特に水鳥の生息地として国際的に重要な湿地に関する条約」（締約国172か国）。湿地や干潟は微生物等が多く，小動物が生息し「天然の浄化装置」といわれる。「湿地」の環境アセスメント手続の指針に合意。

●藤前干潟

6 ユネスコ「ジオパーク」と「エコパーク」

●洞爺湖 有珠山

知床
アポイ岳
洞爺湖有珠山
白神山地
只見
糸魚川
白山
みなかみ
隠岐
山陰海岸
志賀高原
甲武信
南アルプス
伊豆半島
阿蘇
室戸
大台ケ原・大峯山・大杉谷
島原半島
綾
祖母・傾・大崩
小笠原諸島
屋久島・口永良部島
屋久島

□ 世界自然遺産
● 世界ジオパーク
● ユネスコエコパーク

（日本ジオパークネットワーク資料などによる）

解説 世界ジオパーク（2004年～）　ユネスコが認定する世界ジオパークのほか，日本ジオパーク委員会の認定を受けた日本ジオパークがある。地質学や地球科学の見地から重要とされる地層・岩石・地形などを貴重な遺産と考え，保護と活用を図る自然公園である。世界で46か国177地域，日本は46地域の日本ジオパークのうち9地域が世界ジオパークに認定されている（2022年4月現在）。
　ユネスコエコパーク（2004年～）　ユネスコの「生物圏保存地域（Biosphere Reserves）」の呼称で「生態系の保全と持続可能な利活用の調和」が目的で，自然環境を厳しく保護する「核心地域」，環境教育，観光などに利用できる「緩衝地域」，人々が暮らす「移行地域」の3地域からなる。世界で131か国727地域，日本では10地域が登録されている（2021年9月現在）。

7 養浜事業～天橋立　参照 ≫P.51

江尻漁港
養浜砂投入
漂砂の移動
（1：25,000　宮津―京都府 2001年修正測量）
500m　　　500

参照 ≫P.51

解説 京都府宮津市の「天橋立」は，全長3.6kmの砂州で，日本三景の一つである。この砂州に土砂を供給していた川では護岸工事が進み，流出土砂量が激減。また，砂州の北端に防波堤をもつ江尻漁港が整備されたことにより，北から南への砂の運搬が少なくなった。その結果，1960年代には砂州がすっかりやせ細った（天のくし刺し）。そこで砂州に突堤を築き，別の場所からとった砂を投入するなど養浜事業が行われた。

●天橋立に築かれた侵食防止用の突堤と養浜事業

8 プラごみ輸出規制―「バーゼル条約」改正―

　初の国際的規制　2019年のバーゼル条約の改正により，プラスチックごみに関する初の国際的な規制が採択された。世界各地で問題となっているプラごみによる海洋汚染に歯止めをかける狙い。汚れたり，生ごみに混ざったりしてリサイクルに適さないプラごみは有害物質と指定され，相手国の同意なしの輸出は禁止となる。締約国はプラごみの発生を最小限に抑え，可能な限り国内で処分することを求められる。

　レジ袋有料化とコロナ禍での課題　我が国で初めてプラ製のレジ袋の有料化が「容器包装リサイクル法」の改正に伴いプラスチック資源のリユースを促進する一歩として2020年7月に始まった。日本の一人当たり廃棄量はアメリカに次いで2位。用途や厚さによって対象外も多く，更なる削減が課題となっている。一方でコロナウイルス感染拡大防止のための応急的対策として大量のプラスチック製品が生産・消費されている。生産や使用を減らす取り組みが課題に。

地球の宝「世界遺産」

1 世界遺産条約

世界遺産条約 1972年，ユネスコ総会は「世界の文化遺産及び自然遺産の保護に関する条約」(以下，世界遺産条約)を採択(1975年発効，1992年日本批准)。それは顕著な価値のある文化財や自然を人類共通の遺産として保護・保存し次世代に伝えていくことを目的とする。内容は文化・自然・複合遺産の3種類に分けられ，各国政府が推薦した中からユネスコ世界遺産委員会が登録決定する(現在の登録状況は右の表のとおりである)。

近年の動向と課題 近年は遺産登録の審査が厳しくなってきている。一方で，開発，紛争，災害などにより「危機にさらされている遺産リスト」への登録が増える傾向にある(2021年7月現在52件。登録を抹消された遺産は3件)。各地で登録を目指す取り組みが進む中，住民の遺産を守る意識が大切となっている。

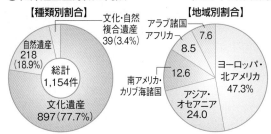

● **世界遺産登録数の内訳** (2021年7月末現在)

【種類別割合】
- 自然遺産 218 (18.9%)
- 文化・自然複合遺産 39 (3.4%)
- 総計 1,154件
- 文化遺産 897 (77.7%)

【地域別割合】
- アラブ諸国 7.6
- アフリカ 8.5
- 南アメリカ・カリブ海諸国 12.6
- アジア・オセアニア 24.0
- ヨーロッパ・北アメリカ 47.3%

● **世界遺産登録数上位国**(注) (2021年7月末現在)

順位	国名	件数
1	イタリア	58
2	中国	56
3	ドイツ	51
4	スペイン	49
4	フランス	49
6	インド	40
7	メキシコ	35
8	イギリス	34
9	ロシア	30
10	イラン	26
11	日本	25
12	アメリカ合衆国	24

(注)国境にまたがるものは，それぞれの国の数に加えている。
(ユネスコホームページによる)

解説 世界遺産登録数の内訳を種類別にみると，文化遺産が大半を占める。地域別ではヨーロッパ・北アメリカで多く，発展途上地域での遺産認定が遅れている。近年，アジア地域の文化遺産の登録件数が急増している。

2 世界遺産の例

⬆**アブ・シンベル神殿[エジプト・1979年，文化遺産]** 世界遺産創設のきっかけとなった遺跡。紀元前1300〜1200年ころ，ナイル川左岸の岩山に造られた岩窟神殿で19世紀末に発見された。1960年代にアスワン・ハイ・ダムが建設され水没することになったため，神殿を分割し約60m上方に移動させた。参照≫P.93

⬆**モン・サン・ミシェル[フランス・1979年，文化遺産]** 古くは先住民ケルト人の聖地，10世紀にキリスト教の修道院として建てられた。サンマロ湾の奥にある高さ46m，周囲830mの岩山にある。18世紀末はフランスの刑務所とされたが，1965年修道院に復元。**周辺の干潟はラムサール条約に登録。**参照≫P.95

⬆**ガラパゴス諸島[エクアドル・1978年，自然遺産]** 世界自然遺産第1号。ダーウィンが『種の起源』を書く原動力となった諸島で，絶滅の危機に瀕した生物がこの孤島に集中していることで知られる。北の暖流パナマ海流に乗ってアシカ，東の南赤道海流からゾウガメ，南のペルー寒流からペンギンとオットセイなどが流れ着く。

⬆**コルディリェーラの棚田群[フィリピン・1995年，文化遺産]** 世界文化的景観遺産第1号。現在は**危機遺産リスト**の一つ。若い人たちの都会への流出で棚田の維持が課題となっている。

● **本書に掲載されている世界遺産** (○=自然遺産 ●=文化遺産 ■=複合遺産)

■ウルル(エアーズロック)(表紙，P.316) ○ハワイ諸島(P.39) ●富士山(P.43,97) ○ノルウェーのフィヨルド(P.50)
●オマーンのファラジ(P.116) ○九寨溝(P.266) ●アンコールワット(P.274) ■カッパドキア(P.282)
●エルサレムの旧市街とその城壁群(P.285) ○カルスト地形(P.292) ○ヨセミテ国立公園(P.304)
○グランドキャニオン(P.304) ●ナスカの地上絵(P.310) ■マチュピチュ(P.313) ○グレートバリアリーフ(P.316)

3 日本の世界遺産

日本は1992年に条約を批准。93年に初めて4か所が「**世界遺産**」に登録され，2021年7月現在で25件（文化遺産20件，自然遺産5件）登録。右図のほか，文化遺産に「**明治日本の産業革命遺産─製鉄・製鋼，造船，石炭産業─**」（2015年，8県23施設），「**長崎と天草地方の潜伏キリシタン関連遺産**」（2018年，長崎県・熊本県），「**北海道・北東北の縄文遺跡群**」（2021年，北海道・青森県・岩手県・秋田県），自然遺産に「**奄美大島，徳之島，沖縄島北部及び西表島**」（2021年，鹿児島県・沖縄県）。

●日本の世界遺産

白川郷・五箇山の合掌造り集落（95）
石見銀山遺跡とその文化的景観（2007）
「神宿る島」宗像・沖ノ島と関連遺産群（2017）
姫路城（93）
原爆ドーム（96）
厳島神社（96）
百舌鳥・古市古墳群（2019）
屋久島（93）
紀伊山地の霊場と参詣道（2004）
琉球王国のグスク及び関連遺産群（2000）
法隆寺地域の仏教建造物（93）
古都奈良の文化財（98）
白神山地（93）
富岡製糸場と絹産業遺産群（2014）
知床（2005）
平泉─仏国土（浄土）を表す建築・庭園及び考古学的遺跡群─（2011）
日光の社寺（99）
ル・コルビュジエの建築作品─近代建築運動への顕著な貢献─（2016）
富士山─信仰の対象と芸術の源泉─（2013）
古都京都の文化財（京都市，宇治市，大津市）（94）
小笠原諸島（2011）

■ 文化遺産　・自然遺産（　）数字は登録年

(1) 小笠原諸島～世界自然遺産（2011年）

東京湾から約1,000km南方にあり，南北400kmの範囲に父島・母島列島や聟島列島を含む大小約30の島々が点在し，東京都に属する。もともとは無人島であったが，江戸時代の後期には捕鯨船の補給基地として注目され幕府が日本人の移住に乗り出した。戦後はアメリカの施政下におかれ1968年に返還が実現し，島民が帰還してから開発も進むようになった。

遺産の価値　隔絶された島々だった事情からオガサワラオオコウモリ，アカガシラカラスバト，クロアシアホウドリなど独自の進化を遂げた貴重な固有種，希少種が数多く生息し「**東洋のガラパゴス**」ともよばれる。登録は生態系保全に対する取り組みが世界に認められた結果でもある。海洋プレート活動による陸地形成の痕跡を残す貴重な地形的特徴ももつ。

今後の課題　一方で，外から持ち込まれたヤギやネコが野生化して固有種を脅かし，大きな問題となってきた。

○小笠原諸島の父島と南島
○固有種のテリハハマボウ

(2) 富士山～世界文化遺産（2013年）

遺産の価値　葛飾北斎，松尾芭蕉，夏目漱石，太宰治ら多くの文人，画家が富士に向き合い，それらの作品により，広く世界にその荘厳さが知られるようになった。さらに古くから山岳信仰の場として畏敬され，その伝統を守り続けてきた点などから，信仰・芸術の両面で「顕著で普遍的な価値を有する」と，文化的な価値が高く評価された。

今後の課題　訪れる登山者，観光客は夏山（7～8月）だけでも30万人にも達する。そのため①ゴミや尿処理などの環境対策，②信仰の山をどう守るか，③自然の保全と観光業などとのバランス，④登山者の安全の確保，⑤入山規制や入山料をどうするか，⑥登録に当たって重視した**構成資産（25資産）**をどう結びつけ総合的な景観保全対策をたてるのか，などが課題であった。2015年度中に保存管理に関する全体の構想を改めて提出するという厳しい条件がついての登録であった。2016年7月に富士山の保全策が承認された。

○河口湖と富士山[山梨県富士河口湖町]
○北斎の浮世絵・富嶽三十六景「山下白雨」

(3) ル・コルビュジエの建築作品（国立西洋美術館）～世界文化遺産（2016年）

遺産の価値　フランスの建築家ル・コルビュジエ（1887～1965年）が設計したフランス，日本，ドイツなど7か国にある個人住宅や宗教施設，行政機関など計17作品が世界文化遺産に登録された（2016年7月）。**複数の大陸にまたがる世界遺産は初めて**。7か国共同での世界遺産推薦に携わった委員は「新しい材料や技術を駆使し，20世紀という新しい時代の建築はこうだと示した。時代を見抜いた天才だった」と話す。日本の国立西洋美術館は1957年に設計され，平面形状を正方形にまとめており，外側に渦巻状に増築していく「無限発展美術館」の構想に基づく建築とされる。

今後の課題　裁判所や議会棟などの庁舎を中心としたインドの計画都市の保全計画を，インドは提出していない。世界遺産委員会は一部の建物の老朽化を不安視しており，通常は6年後に行う保全状況の審査を2年後に前倒ししている。保全に向け資金面でも人材面でも課題となろう。

○国立西洋美術館[東京都台東区]

農業の起源と伝播

1 4つの農耕文化の発生地と伝播ルート

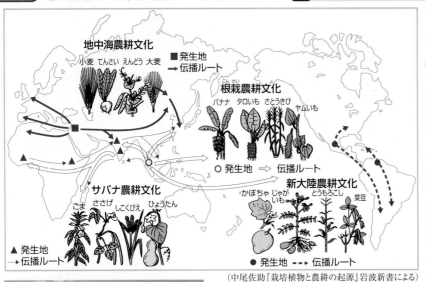

（中尾佐助『栽培植物と農耕の起源』岩波新書による）

▲**サバナ農耕文化**[発生地：西アフリカ] 東アフリカ→インド・華北へと伝播。種子によって繁殖する一年生の夏作物を指す。

○**根栽農耕文化**[発生地：東南アジア] 起源地→オセアニア・アフリカの熱帯雨林へ伝播。栄養繁殖作物（根分・株分によって広まる）のいも類が中心。栽培が比較的容易。

●**新大陸農耕文化**[発生地：アメリカ大陸] メキシコ高原やアンデス山脈で起こった，根菜作物（キャッサバ・じゃがいも・さつまいも）と種子作物（とうもろこし）にかぼちゃ・トマトなどの野菜類が加わったもの。

■**地中海農耕文化**[発生地：地中海東岸・西アジア] 種子によって広まる冬作物。麦作混合農耕文化。麦類と豆類の栽培，家畜飼育も早くから行われた。

◐**西アフリカでの雑穀栽培[ギニア]** サバナ農耕文化は，一年生の夏作物を中心とした農耕文化で，西アフリカのニジェール川流域が発生地。アフリカ，インドでは主食。参照▶P.117

◐**いも類を売る人々[インドネシア]** 根栽農耕文化は，ヤムいも・タロいもなどが主で，東南アジアが発生地。

2 じゃがいも栽培の伝播〜中央アンデスからヨーロッパへ

大飢饉が契機に 1770年代初頭に起こったヨーロッパの大飢饉は，厳しい冬が長く続いたこと，そして夏に長雨が続いたことによってもたらされたが，それは穀物栽培に壊滅的な被害をもたらした。一方，じゃがいもが栽培されていた地域では，その飢饉の影響をほとんど受けなかった。こうしてじゃがいもの有用性があらためて認識され，18世紀末ころからじゃがいも栽培がドイツ各地で急速に広がっていった。さらに，じゃがいもの生産性の高さや耐寒性，栄養価の高さなども広く知られるようになり，その後，栽培面積は順調に拡大していった。

戦争とともに拡大 飢饉のころ，ヨーロッパ北部での主作物は小麦やライ麦などであった。これらの穀物は収量が低く，そのせいで飢饉が頻発し，そのため各国が領土の拡大をはかるため戦争がくりかえされた。そのたびに，**中央アンデス原産のじゃがいもが普及してゆく**。その発端になったのが1680年代のルイ14世によるベルギー占領のときであった。そして，そこからじゃがいもはドイツやポーランドに広がってゆく。さらに，7年戦争（1756〜63年）の時に東の方に広がり，プロイセンやポーランドでも栽培されるようになり，ナポレオン戦争（1795〜1814年）の時にはロシアにまで拡大したし，ヨーロッパ北部での栽培もいよいよさかんになった。

戦争の結果，兵士が麦畑を踏み荒らしたり，収穫

した貯蔵庫の麦をしばしば略奪していった。このような状況のなかで，**じゃがいもは戦争の被害が比較的小さかったのである**。じゃがいもは畑が少々踏み荒らされても収穫できたし，また畑を貯蔵庫がわりにして必要なときに収穫することもできたからだ。

参照▶P.126・311 （山本紀夫『ジャガイモのきた道』岩波新書による）

◐**じゃがいもの伝播ルート**

◐**じゃがいもの生産**

						3.59億t（2020年）
中国 21.8%	インド 14.3	5.8	ロシア 5.5	5.2		その他 44.1

ウクライナ／アメリカ合衆国／ドイツ3.3

（「FAOSTAT」による）

◐**ロシアでのじゃがいも栽培**

1 三大穀物の生産と流通

三大穀物は小麦，米，とうもろこし。大豆を加えて四大穀物ともいわれる。

●小麦カレンダー（世界の小麦の収穫期）

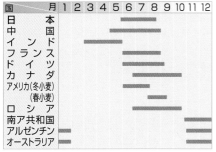

国 ＼ 月	1	2	3	4	5	6	7	8	9	10	11	12
日 本						▬	▬					
中 国					▬	▬	▬					
イ ン ド			▬	▬								
フ ラ ン ス							▬	▬				
ド イ ツ							▬	▬				
カ ナ ダ								▬	▬			
アメリカ(冬小麦)						▬	▬					
(春小麦)								▬	▬			
ロ シ ア							▬	▬				
南ア共和国											▬	▬
アルゼンチン	▬										▬	▬
オーストラリア	▬										▬	▬

（注）カナダ・ロシアは春・冬小麦を含む。

チェックワード **小麦カレンダー** 小麦は世界各地で栽培されており，北半球と南半球では収穫期が違うため，1年を通じて世界のどこかで収穫されている。北半球の端境期（小麦が市場に出回らなくなる時期）に南半球の国々が出荷できる。

冬小麦（秋に種をまき，初夏に収穫）が多い。

春小麦（春に種をまき，秋に収穫）は高緯度地域で栽培される。

耐寒性品種 カナダで育成された**ガーネット種**が有名。生育期間は100日で，カナダの小麦地帯を北進させた。

↑冬小麦の収穫[6月・茨城県]

米
生産
1点 500万ブッシェル（約10万t）
貿易（1994～96年平均）
50 100 200万t
1ブッシェル=約35.2リットル（アメリカ）

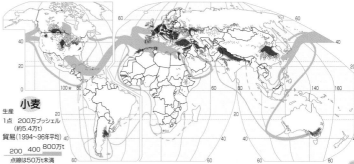

小麦
生産
1点 200万ブッシェル（約5.4万t）
貿易（1994～96年平均）
200 400 800万t
点線は50万未満

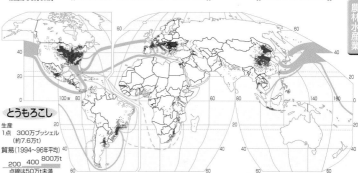

とうもろこし
生産
1点 300万ブッシェル（約7.6万t）
貿易（1994～96年平均）
200 400 800万t
点線は50万未満

（『GOODE'S WORLD ATLAS』2000）

2 主な農産物の栽培条件・原産地と生産・輸出入

		栽培条件・原産地等	生産・輸出入（2020年） [ ]の数字は生産量に対する輸出量の割合
米	**高温多雨**	生 育 期…平均気温17～18℃以上 分けつ期（根が分かれる）…日中25℃以上 年降水量…1,000mm以上 積算温度…2,400℃以上	
	栽培適地…沖積平野では引水可能な低平な地形（参照》P.105），丘陵・山地では棚田（参照》P.274）を作る必要がある。土壌は**肥沃な沖積土**が適する	
	原 産 地…インド東部～中国の華南	
	そ の 他…一年中高温多雨なところでは，**二期作・三期作**も可能。労働力は麦作に比べて多く必要とするが，欧米地域では**輪作体系**の中に組み入れ，大規模な機械化耕作が行われている。アフリカではネリカ米が開発されている 参照》P.117	

米の生産・輸出入データ:

	中国	インド	バングラデシュ		ベトナム5.7	その他
生産 75,674(万t)	28.0%	23.6	7.3	7.2		28.2

	インド	ベトナム	タイ	インドネシア パキスタン	中国5.0	その他
輸出 4,559(万t) [6.0%]	31.7%	12.5	12.4	8.7 6.1		23.6

	中国	フィリピン4.2	サウジアラビア3.4	マレーシア2.7 アメリカ合衆国2.6 ガーナ2.9 コートジボワール3.0	その他
輸入 4,527(万t)	6.4%				74.8

		栽培条件・原産地等
小麦	**冷涼少雨**	生 育 期…月平均14℃程度 成 熟 期…月平均20℃が必要，乾燥がのぞましい 年降水量…500～750mmが適度 積算温度…1,900℃以上
	栽培適地…土壌は著しく消耗するので，肥沃な土壌がよい。ロシアの**チェルノーゼム（黒土）**，アメリカのプレーリー土，中欧・華北の**レス（黄土）**。春・冬小麦地帯に注意 参照》■・P.108
	原 産 地…カスピ海南岸を中心とする西アジア
	そ の 他…**最も作付面積が広く，商品化率は米より高い**。労働力は米ほど必要としないが，収穫期には多くの労力を必要とするので，人口の少ない新大陸やロシア・オーストラリアでは，機械化によって大農場を経営している

小麦の生産・輸出入データ:

	中国	インド	ロシア	アメリカ合衆国	カナダ4.6	ウクライナ3.3	その他
生産 76,093(万t)	17.6%	14.1	11.3	6.5			35.3

フランス4.0 パキスタン3.3

	ロシア	アメリカ合衆国	カナダ	ウクライナ	オーストラリア	その他
輸出 19,853(万t) [26.1%]	18.8%	13.2	13.2	10.0	9.1 5.2 5.1	25.4

フランス アルゼンチン

	インドネシア	トルコ	アルジェリア3.7	ブラジル3.2	その他
輸入 19,174(万t)	5.4%	5.0			69.5

エジプト4.7 イタリア4.2 中国4.3

とうもろこし

- **夏季高温**…
  - 生 育 期…22〜27℃
  - 年降水量…1,000mm程度がよい

  ※夏気温が低く，年降水量1,000mm以下のところは，穀粒を求めず，青刈りにして茎を家畜の飼料としている
- **栽培適地**…土壌はアメリカの**コーンベルト**のように，腐植に富んだ**プレーリー土**ないし**褐色森林土**が最も適している
- **原 産 地**…アメリカ大陸（メキシコ高原）
- **その 他**…労働力は米や小麦に比べて少なくてよい。さらに栽培は機械化も容易であり，粗放的栽培が可能。最近は**バイオエタノール**（参照》P.150）にも利用されている

生産 116,235(万t)	アメリカ合衆国 31.0%	中国 22.4	ブラジル 8.9	アルゼンチン5.0	その他 32.7

輸出 19,289(万t) [16.6%]	アメリカ合衆国 26.9%	アルゼンチン 19.1	ウクライナ ブラジル 17.9 14.5	その他 21.6

輸入 18,524(万t)	ベトナム 日本 8.6% 8.5	中国 6.6 6.3 6.1	スペイン4.4	その他 55.2

メキシコ　韓国　エジプト4.3

大豆

- **気候条件**…冷涼な気候を好むが，近年は熱帯でも栽培が広がっている
- **栽培適地**…豆科のため**やせた土地でも栽培が可能**
- **原 産 地**…中国といわれる
- **その 他**…用途は多用で油，大豆粕は飼料，日本では味噌・醤油・豆腐などに欠かせない

生産 35,346(万t)	ブラジル 34.5%	アメリカ合衆国 31.8	アルゼンチン 13.8	中国5.5 その他 14.4

輸出 17,337(万t) [49.0%]	ブラジル 47.9%	アメリカ合衆国 37.2	パラグアイ3.8 その他 7.4

アルゼンチン3.7

さとうきび

- **気候条件**…生育期は高温多雨，収穫期は高温乾燥（年平均気温16〜18℃以上，年降水量1,200〜1,500mm）
- **栽培適地**…排水のよい肥沃な土地で，サバナ気候が適する
- **原 産 地**…ニューギニア
- **その 他**…収穫期に非常に多くの労働力を必要とする。砂糖のほか，近年は**バイオエタノール**としても利用される

生産 186,972(万t)	ブラジル 40.5%	インド 19.8	パキスタン4.3 タイ4.0 その他 25.6

中国5.8

輸出(粗糖) 7,215(万t) [3.9%]	ブラジル 42.5%	インド タイ 9.8 8.3	その他 34.7

オーストラリア4.7

カカオ

- **気候条件**…高温多雨（年平均気温24〜28℃，年降水量2,000mm以上）
- **栽培適地**…直射日光と強風を防ぐ**母の木**が必要。特にカカオは豆袋が樹木に成り下がるため，強風地域には不向き
- **原 産 地**…アマゾン・オリノコ川流域
- **その 他**…チョコレート・ココアの原料になる

生産 576(万t)	コートジボワール 38.2%	ガーナ 13.9	インドネシア 12.8	ナイジェリア エクアドル 5.9 5.7	その他 23.5

輸出 412(万t) [71.5%]	コートジボワール 39.7%	ガーナ 12.6	エクアドル カメルーン 7.9 7.6 5.3	その他 26.9

ナイジェリア

コーヒー

- **気候条件**…生育期は高温多雨（1,500〜2,000mm），結実期は乾燥
- **栽培適地**…強い直射日光をきらうため，熱帯では標高500〜1,000mの高原斜面が良好で，幼木の段階では**母の木**（守の木）が必要。ブラジルの**テラローシャ**（参照》P.63）のような排水良好な肥沃土が適する
- **原 産 地**…エチオピア高原，コンゴ盆地
- **その 他**…品種が多く，味や香りが異なる

母の木があるコーヒー園
バナナの木（母の木）
コーヒーの木

生産 1,069(万t)	ブラジル 34.6%	ベトナム 16.5	コロンビア 7.8 7.2	エチオピア5.5 その他 24.9

インドネシア　ペルー3.5

輸出 772(万t) [72.2%]	ブラジル 30.7%	ベトナム 16.0	コロンビア 9.0	その他 34.7

インドネシア4.9　ホンジュラス4.7

茶

- **気候条件**…年中高温多雨（年降水量1,500〜2,000mmを好むが，気候に対する適応性が高い）
- **栽培適地**…排水良好な丘陵地
- **原 産 地**…中国南西部，アッサム地方
- **その 他**…摘葉の回数は気候条件に左右される。茶摘みには鋏（はさみ）を使用する場合もあるが，良質のものは手摘みであり，多くの労働力が必要 参照》P.109・115

生産 702(万t)	中国 42.3%	インド 20.3	ケニア 8.1	スリランカ4.0 その他 20.5

アルゼンチン4.8

輸出 214(万t) [30.5%]	ケニア 26.9%	中国 16.3	スリランカ 13.3	インド 9.8 5.9	その他 27.8

ベトナム

バナナ

- **気候条件**…高温を好む（年平均21℃以上），年降水量900mm以上
- **栽培適地**…熱帯を中心に北緯・南緯30度以下の低緯度で排水の良い場所
- **その 他**…**プランテーション作物**として栽培されている傾向がある。総生産の約72%が生食用で，料理用がそれに続く。参照》P.114・127

生産 11,983(万t)	インド 26.3%	中国 9.6	ブラジル 6.8 5.5 5.0 5.0	エクアドル その他 41.8

インドネシア　フィリピン　グアテマラ

輸出 2,450(万t) [20.4%]	エクアドル 28.7%	10.7	10.3 8.3 7.6	コロンビア その他 34.4

コスタリカ　フィリピン

天然ゴム

- **気候条件**…年中高温多雨（年平均気温25℃以上，年降水量2,500mm以上）
- **栽培適地**…排水良好な土地
- **原 産 地**…アマゾン川流域
- **その 他**…天然ゴムは**「野生ゴム」**と**「栽培ゴム」**があり，ともにゴムの木の分泌物から得られるが，合成ゴムは石油が原料

生産 1,484(万t)	タイ 31.7%	インドネシア 22.7	ベトナム 8.3 6.5 6.3 4.6	中国 その他 19.9

インド　コートジボワール

輸出 906(万t) [61.1%]	タイ 29.3%	インドネシア 25.2	コートジボワール 12.0 6.3 6.2	ベトナム その他 21.0

マレーシア

綿花	気候条件…生育期は高温多雨，成熟期は乾燥を必要とする（無霜期間(むそう)200日以上，年降水量500〜700mm）							

綿花
気候条件…生育期は高温多雨，成熟期は乾燥を必要とする（無霜期間(むそう)
200日以上，年降水量500〜700mm）
栽培適地…排水のよい砂質土壌。デカン高原のレグールは玄武岩の(げんぶがん)
風化した肥沃土(黒色綿花土)で適する。
原 産 地…世界各地で別個の基本種から独自に作物化。
そ の 他…20種ぐらいあるが，アジア綿・陸地綿・海島綿が主。

生産 2,743(万t)（繰り綿）	アメリカ合衆国			ブラジル	
	中国 35.5%	インド 21.3	11.7	8.5	その他 18.8

パキスタン4.2

輸出 922(万t) [33.6%]	アメリカ合衆国 41.4%	ブラジル 23.0	インド 10.5	その他 19.0

ベナン3.0
ギリシャ3.1

(川崎敏『世界の産物誌』古今書院，星川清親『栽培作物の起原と伝播』二宮書店，「FAOSTAT」などによる)

③ 世界の農地利用状況〜各地域の牧草地と耕作地〜 (2018年)

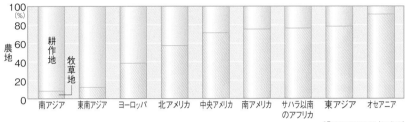

農地 (%) 100 80 60 40 20 0

耕作地 牧草地

南アジア　東南アジア　ヨーロッパ　北アメリカ　中央アメリカ　南アメリカ　サハラ以南のアフリカ　東アジア　オセアニア

(「FAOSTAT」による)

解説 世界各地の農業地域の特色を理解するには，農地の利用状況(土地利用)を調べるのも一つの方法である。農地を耕作地と牧草地に分けるのは，本誌の「気候帯と気候区」(**参照**》P.64)・「農業地域と栽培限界」(**参照**》P.102)の図を参照して考えると理解の手がかりとなる。南・東南アジアの例では，耕作地がモンスーンを利用した稲作と畑作に特色がみられる。

④ やし類の生産 **参照**》P.1

↑パーム油の生産工場[タイ] 油やしの実からしぼられたパーム油は，植物性油脂として先進国を中心にさまざまな食品に多く利用されバイオ燃料ともなる。また，パーム油は安価なため，熱帯の発展途上国でも需要が急増している。**参照**》P.114

油やし（パーム油） 生産 7,458万t(2019年)

インドネシア 57.5%	マレーシア 26.6	その他 9.8

タイ4.1
コロンビア2.0

↑コプラの生産[インド・ケーララ州] コプラは油脂の含有率が高いココやしの果肉を天日で乾燥させたもので，東南アジアやオセアニアの熱帯に産する。コプラからしぼったココナッツ油は石けん・化粧品・マーガリンなどの原料となる。

ココやし（コプラ） 生産 316万t(2019年)

フィリピン 37.8%	インドネシア 28.3	インド 11.1	その他 13.0

ベトナム5.7
メキシコ4.1

↑なつめやしの実(デーツ)を売る店[エジプト・アスワン] 北アフリカや西アジアの乾燥地帯の代表的作物である。実は伝統的food乾燥し保存食にしたり，ジャム，菓子の材料にも使われ，重要なビタミン・ミネラル源となっている。**参照**》P.70

なつめやし 生産 945万t(2020年)

エジプト 17.9%	サウジアラビア 16.3	イラン 13.6	アルジェリア 12.2	7.8	その他 32.2

イラク

(「FAOSTAT」による)

⑤ 畜産物の生産・輸出 (2020年) **参照**》P.128・129

豚肉　生産 1億984万t

中国 37.4%	アメリカ合衆国 11.7	ドイツ4.7	その他 37.5

スペイン4.6　ブラジル4.1

羊毛(脂付き)　生産 107万t

中国 18.7%	ニュージーランド 15.9	オーストラリア 8.5	トルコ4.5	モロッコ 3.3	その他 45.1

イギリス4.0

バター (19年)　生産 1,173万t

インド 38.8%	アメリカ合衆国 9.6	7.8	ニュージーランド4.3	その他 35.3

パキスタン　ドイツ4.2

牛肉　生産 6,788万t

アメリカ合衆国 18.2%	ブラジル 14.9	中国 8.9	その他 49.8

アルゼンチン4.7　オーストラリア3.5

牛乳　生産 7億1,804万t

アメリカ合衆国 14.1%	インド 12.2	中国4.8	ロシア4.5	その他 54.7

ブラジル5.1　ドイツ4.6

チーズ (19年)　生産 2,332万t

アメリカ合衆国 26.4%	ドイツ 10.9	イタリア 6.9	5.6	その他 46.1

フランス　オランダ4.1

(「FAOSTAT」による)

●豚肉の輸出　世界計 2,088万t

アメリカ合衆国 16.2%	スペイン 14.2	ドイツ 13.5	カナダ 7.7	7.6	7.3	その他 33.5

オランダ　デンマーク

(注)ベーコン・ハム・ソーセージを含む。
(「FAOSTAT」による)

●牛肉の輸出　世界計 914万t

ブラジル 18.9%	オーストラリア 12.1	アルゼンチン 10.3	6.7	オランダ 4.9	その他 41.9

アメリカ合衆国　ニュージーランド5.2

(注)水牛を含まない。
(「FAOSTAT」による)

解説 豚肉は，EUやアメリカ合衆国の生産量に占める輸出量の割合が高く，東アジア向けを中心に輸出量を増加させている。
牛肉は，オーストラリア産は日本・アメリカ合衆国向け輸出が多く，ブラジル産はアメリカ合衆国のファストフード店からの需要が大きい。また，日本への輸出割合が高いアメリカ合衆国やオーストラリア，ニュージーランドの3か国で全輸出量の約3割を占める。

農林水産業

世界の農業形態

1 農業地域と栽培限界　参照》P.109

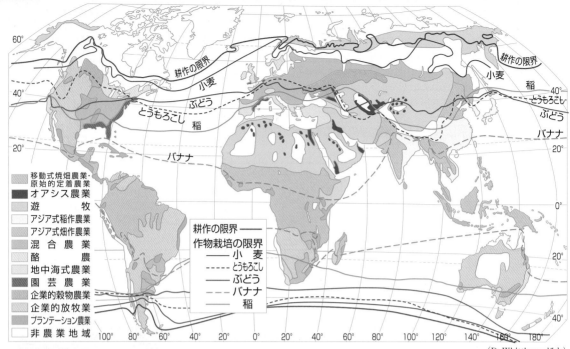

(D. Whittlesey ほか)

凡例
- 移動式焼畑農業・原始的定着農業
- オアシス農業
- 遊　牧
- アジア式稲作農業
- アジア式畑作農業
- 混　合　農　業
- 酪　　　　農
- 地中海式農業
- 園　芸　農　業
- 企業的穀物農業
- 企業的放牧業
- プランテーション農業
- 非農業地域

耕作の限界 ————
作物栽培の限界
- ———— 小　麦
- ----- とうもろこし
- ———— ぶどう
- ----- バナナ
- ———— 稲

2 伝統的農業

チェックワード　伝統的農業　かつては自家消費を主目的とする自給的農業であったが，近年，流通網の発達とともに販売目的の生産が増加し，商業的生産の傾向もみられる。

農業形態		農業の特色　（■は主な作物・家畜）	主 な 地 域
移動式焼畑農業 参照》P.104		○森林や草原を焼き，**草木灰を肥料**として**ハック**(掘棒)を使って耕作する。地力が減退し，雑草が繁茂するために2～3年で**他地域へ移動**する。 ■キャッサバ(マニオク)・タロいも・ヤムいも・とうもろこし	熱帯雨林とサバナ地域(東南アジアの島や山地地域，コンゴ盆地とその周辺，アマゾン川流域)
原始的定着農業		○移動式農業の発展形態。肥沃な土地や交通の便利な場所で定着化。耕地を休閑して地力の回復を図る。 ○粗放的ではあるが，栽培作物の中に商品作物が入ってくる。 ■カカオ・油やし・ココやし・バナナ・落花生・天然ゴム・ソルガム	インドシナ半島 西アフリカ，東アフリカ 中央アメリカ アンデス山脈，ブラジル高原
オアシス農業 参照》P.105		○乾燥地域で，外来河川・泉・地下水などの水を利用した**灌漑**による集約的な農業。**カナート**(イラン)，**カレーズ**(アフガニスタン)，**フォガラ**(北アフリカ)，**ファラジ**(オマーン)とよばれる地下水路が発達。参照》P.70・116 ■なつめやし・小麦・綿花・米・野菜・果樹	ナイル川流域，サハラ砂漠 ティグリス川・ユーフラテス川流域 中央アジア イラン高原
遊牧	乾燥地域	○自然の牧草と水を求めて，家畜とともに一定地域を移動する粗放的な牧畜。組み立て式テントに居住(モンゴル…**ゲル**(**パオ**)参照》P.104，中央アジア…**ユルト**)。ほかに，ベドウィン(アラビア半島)，トゥアレグ族(北アフリカ)。 ■羊・やぎ・ラクダ・牛・馬	北アフリカ～西アジア 中央アジア～モンゴル
	寒冷地域	○衣・食・住から交通手段まで**トナカイ**に依存。**サーミ**(**ラップ**)・**サモエード**・ネネツなどの遊牧民。参照》P.296	ユーラシア 北アメリカのツンドラ地帯
	高山地域	■チベット高原…**ヤク**(参照》P.104)，アンデス山脈…**リャマ・アルパカ**(参照》P.3)など，採毛のほか，荷役用としても重要。	チベット高原，アンデス山脈
アジア式稲作農業 (集約的稲作農業) 参照》P.105		○**モンスーン地域の沖積平野**で行われている。一般に東アジアでは灌漑が進んでいるのに対し，東南アジア・インドでは遅れが目立つ。 ○経営規模は小さく，家族労働を主体とする手労働中心の農業。集約的であるが，労働生産性は低い。参照》P.103 ○1960年代以降東南アジアを中心に「**緑の革命**」で生産性の向上もみられ，輸出する諸国がアジアに多くなっている。参照》P.113	東アジア(日本・朝鮮・台湾・中国) 東南アジア(ソンコイ川・メコン川・チャオプラヤ川・エーヤワディー川流域など) 南アジア(ガンジス川流域が中心)
アジア式畑作農業 (集約的畑作農業)		○稲作地域周辺の年降水量300～1,000mmの地域や，気温の低い地域で行われている。農業経営はアジア式稲作農業とほぼ同様である。 ■小麦・とうもろこし・あわ・こうりゃんなどの作物を自給的に生産。一部では，大豆・綿花などの商品作物も栽培	中国の華北・東北地区 デカン高原 パンジャブ地方～インダス川流域

情報ナビ　耕作限界(栽培限界)　作物が生育可能な自然環境条件の限界のこと。極地限界，高距(垂直的)限界，乾燥限界の3つがあり，農業技術の進歩や品種改良によって拡大されてきた。シベリアでは北緯60度以北まで耕作が可能な地域がある。

3 ヨーロッパ起源の商業的農業　チェック・ワード　商業的農業　生産した農産物の販売を主目的とした農業。

混合農業 参照》P.107	○**作物栽培**(穀物と飼料作物)と**家畜の飼育**(肉牛・豚)を組み合わせた経営。一般に**家畜飼育が中心**で，穀物栽培は自給程度。ヨーロッパが起源。 ○合理的な**輪作**による地力保持，機械化，化学肥料の多量投下などにより，生産性は高い。新大陸では19世紀以降，大規模な混合農業が発達した。 ■小麦・ライ麦・てんさい(ビート)・ばれいしょ・とうもろこし・アルファルファ	〈商業的地域〉西ヨーロッパ 　アメリカのコーンベルト 　アルゼンチンの湿潤パンパ 〈自給的地域〉東ヨーロッパ 　旧ソ連
酪農 参照》P.107	○乳牛を飼育して生乳・バター・チーズなどの**酪製品を生産**する農業形態で，混合農業から分化・発達したもの。 ○耕地には主に**飼料作物**を栽培する。設備や技術の改善に多くの資本が投下され，高度に集約的な経営が行われる。 ○牧草・飼料作物の生産に適する夏冷涼・湿潤な地域で，大消費地の近くに発達する。 ■牧草・ライ麦・えん麦・てんさい・ばれいしょ	北西ヨーロッパ(デンマーク・オランダが中心) アルプス山脈の山麓(スイス) 北アメリカの五大湖周辺～セントローレンス川流域 オーストラリア南東部 ニュージーランド
地中海式農業 参照》P.107	○地中海性気候の夏の高温乾燥に対応し，自給的混合農業に**耐乾性の樹木園芸**が結合したもの。一般に，樹木園芸から現金収入を得る。 ○夏高温乾燥のため，牧草が枯れて少なく，羊・やぎが多い。 ■オリーブ・ぶどう・オレンジ・コルクがし・小麦	ヨーロッパ地中海沿岸 アメリカのカリフォルニア州 チリ中部，オーストラリア南部 南アフリカ共和国南端
園芸農業 参照》P.107	○高度の技術を要し，資本・労働力を要する**近代的かつ集約的な農業**であり，生産性が高く高収入を得ることができる。 ○**近郊農業**と遠郊農業(**輸送園芸**)に大きく区別され，**輸送園芸(トラックファーミング)**では気候条件を生かして**促成栽培**や**抑制栽培**を行う。 ■都市向けの新鮮な野菜・果実・花きを栽培。	〈近郊農業〉大都市近郊に発達(アメリカ東岸，西ヨーロッパなど) 〈遠郊農業〉ヨーロッパ地中海沿岸，アメリカのフロリダ半島からカリフォルニア州に点在

4 新大陸・熱帯の企業的農業　チェック・ワード　企業的農業　ほぼ商業的農業と同じとみてよいが，大資本による大規模な生産と販売を特徴とする。

企業的穀物農業 参照》P.108	○産業革命の進行による穀物需要の増大に対応して，新大陸において輸出を目的に成立。 ○**近代的機械化農法**で，小麦を商品作物として単一栽培する。粗放的で大規模な経営であるため，単位収量は低いが，**労働生産性は高い**。 ○近年，経営の安定化を図るため作付制限・多角経営化が進行。	北アメリカのプレーリー～グレートプレーンズ 南アメリカのパンパ オーストラリアの東南部・南西部 旧ソ連のウクライナ～西シベリア
企業的放牧業 参照》P.108	○人口密度の低い半乾燥地域にみられる大規模かつ**粗放的な放牧**。牧草・家畜の品種改良，飼育方法の改善など合理的・科学的経営に特色がある。 ○19世紀後半の**冷凍船の発明**が企業的放牧を発展させる要因となった。 ■肉牛・羊(羊毛・羊肉)	北アメリカのグレートプレーンズ 南アメリカのパンパ・パタゴニア オーストラリアのグレートアーテジアン盆地・クインズランド州 ニュージーランド
プランテーション農業 参照》P.109	○16世紀から始まり，特に19世紀を中心に熱帯・亜熱帯の旧植民地で成立。 ○欧米人の資本・技術と先住民の安価な労働力が結合。熱帯・亜熱帯特有の工業原料や嗜好品を**単一耕作(モノカルチャー)**により大量生産。 ○第二次世界大戦後の植民地の独立により，国有化・分割による自作農園の創設など**経営形態の変質が目立つ**。 ■コーヒー・カカオ・さとうきび・バナナ・ゴム・茶など多年生作物中心。	輸出に都合のよい海岸部に発達 東南アジア，南アジア 西アフリカ，東アフリカ ラテンアメリカ

●主な国の土地生産性と労働生産性　参照》P.108

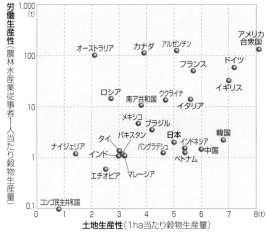

労働生産性(農林水産業従事者1人当たり穀物生産量)

土地生産性(1ha当たり穀物生産量)

(注)縦軸は対数目盛。　　(2016年，「FAOSTAT」などによる)

解説 社会主義国の集団制農業　上記の農業形態のほかに，計画経済の下で土地改革により生産手段を国有化したり集団化し，共同経営を行う社会主義諸国の農業もみられる。旧ソ連，モンゴル，キューバなどである。これらの諸国も近年農地の私有制を認める国もあり，急激に変化している点が特徴である。

チェック・ワード

農業の生産性

　土地生産性　単位面積当たりの生産量の大きさ。同じ面積でも生産量が多いと「土地生産性が高い」という。

　労働生産性　単位時間当たりの労働によって得られる生産量の大きさ。同じ労働時間でも生産量が多いと「労働生産性が高い」という。一般に，栽培技術の向上，機械化，労働者の質に関係がある。

農業の形態

　集約的農業　単位面積当たりの労働力や肥料の投下量が多く，土地利用率が高い農業。

　粗放的農業　単位面積当たりの労働力や肥料の投下量が少なく，土地利用率も低い農業。

解説 アジアの農業は単位面積当たりに多くの資本や労働力が投下され**土地生産性**が高くなるが，生産コストがかかるため**国際競争力**は弱く**労働生産性**が低くなる。新大陸の農業は耕地に対する労働力・資本投下の割合が低いが機械化などにより**労働生産性**が高くなる。

伝統的農業

1 伝統的農業の分布

0   4000km

移動式焼畑農業・
原始的定着農業
オアシス農業
遊　牧
アジア式稲作農業
アジア式畑作農業

(注)Ａ～Ｆは各写真の撮影地を示している。　　　　　　　　(D.Whittlesey ほか)

⬆**エジプトの灌漑農業Ａ**　ギーザの農村風景である。砂漠のなかでロバを利用して水を汲み上げ農地を造成している。遠方にはサッカラの階段ピラミッドがみえる。

2 焼畑農業

　自然再生力の活用　アフリカの焼畑農業は，農民がいかに土地の自然再生力を活用できるかを示している。この農法では，まず樹木や灌木を焼き払って畑を拓く。最初の作物には灰が肥料となる。何期か作付けを続けると，土壌栄養素が失われて収量が落ちる。すると農民はその畑を放棄して，新しい畑を拓く。放棄された畑地では自然が再生され，しだいに樹木や灌木の種子が入り込み，表土に栄養素が戻って，土地の肥沃度が回復する。15～20年後には，再び焼き払って畑にできる良い状態となる。

　これはサヘルのサバナ(サバンナ)から東アフリカのサバナにかけて広くみられ，またそれがとり囲むかたちになっているギニア湾からコンゴ盆地の熱帯雨林についても基本的に同じである。つまり，**サバナの雑穀を中心とする焼畑**も，また**熱帯雨林の根栽(ヤム農耕)の焼畑**も，共通している伝統的農耕であった。

(石弘之『地球環境報告』岩波新書などによる)

⬆**焼畑農業[マダガスカル]Ｂ**　熱帯地域に多くみられる。酸性の強い**ラトソル**におおわれている地域では，森林を焼き払い，その草木灰を肥料とする。かつては十分な**休閑期間を設けて耕作**していたが，人口増加に伴い畑を休ませる期間が短くなった。森林が十分に再生しないままに火が入れられるため，もともと薄い土壌が，豪雨や乾季の風で流出し，**土壌破壊**が進行している。

3 遊 牧

⬆**モンゴルの遊牧Ｃ**　ゴビ砂漠周辺のステップ地帯で，標高は1,500mを超えている。飼育されているのは馬・羊・やぎなどである。移動経路は毎年決まっていて，移動には**ゲル**(組み立て式住居)が用いられる。**参照** P.71・240

⬆**高山地域で飼育されるヤク[チベット高原]Ｄ**　3,000m以上のチベットからヒマラヤ地域のみに分布している。ヤクは極寒に耐えるため，胃でさかんに発酵を行い，体温を維持する(胃の温度は40℃にもなる)。体表は，足の先まで黒い毛でおおわれ，**農耕用・荷役用，食用(乳・肉)**として重要である。糞は燃料に用いる。

情報ナビ　**変化するサーミのトナカイ飼育**　柵のない牧場での遊牧は姿を消しつつある。ノルウェーのサーミのトナカイ飼育従事者は約7,000人，合計頭数は70万頭ほど。

4 カナート(地下水路)による農業 参照 ▶P.70

カナートの建設　カナートは地下水を用いて農業用水や生活用水を供給するというシステムである。イラン国内には，37,000を超えるカナートがあり，その総延長は30,000kmに達する。乾燥地域では，灌漑をしても水がすぐ蒸発して塩分が溜まり，農業ができなくなってしまう。このため，水路が地下に造られているのである。

水源地から農地まで，緩い傾斜をつけた横50〜80cm，縦90〜150cmの地下水路が掘られ，ところどころ竪穴を設けて，水の管理ができるように工夫されている。カナートの建設や維持管理を行うための，専門的な技術者集団が組織され，水利を中心にした共同の農業システムが営まれている点が，おもしろいと思う。

カナートでの栽培と利点　栽培は春と秋に行われ，春にはキュウリやトマト，タマネギなど，秋にはコムギやオオムギなどが生産されている。

カナートでは一定以上の水を汲み出すことができないしくみになっているため，水が枯渇することはない。

自然の地下水は採取しすぎると，枯渇してしまうが，地下水路は，水が豊富な場所から計画的に運んでいるため枯渇しない。つまり，**持続可能なシステム**なのである。

(武内和彦『世界農業遺産—注目される日本の里地里山』祥伝社新書による)

● ケイルアーバード村(イラン)の全景とカナート

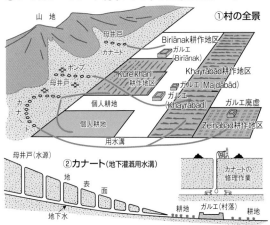

①村の全景

②カナート(地下灌漑用水溝)

(大野盛雄『アジアの農村』東京大学出版会)

チェック・ワード **カナート**
　乾燥地域における地下水路で，イランでは**カナート**，北アフリカでは**フォガラ**，アフガニスタンでは**カレーズ**，オマーンでは**ファラジ**(参照 ▶P.116)とよぶ。

⊃地下水路を利用した灌漑[アラブ首長国連邦]E 地下水路から取水した水をこうした方法で灌漑している。

5 アジア式農業〜タイの稲作

天水稲作と洪水稲作　天水稲作は灌漑によらず，"天の水"すなわち雨に依存した稲作である。タイの降水量は年平均1,200mmほどで，日本よりかなり少なく，降雨が不規則なので，収量は不安定である。

洪水稲作は，タイの最大河川でバンコクを流れるチャオプラヤ川のデルタの低く平らな地形と，雨期の洪水とを利用して行われてきた伝統的粗放技術である。背丈の高い，病害虫に強い在来品種を使い，無肥料・無農薬で，労働投入も耕起時と種もみの直播時，及び収穫時のみという，低収量であるが低費用で安定した技術である。根から穂まで10mになる，いわゆる**浮稲**はこの洪水稲作の一つのタイプである。

これらタイの伝統的な**低収量・粗放稲作技術**が，タイの**低い労賃**とあいまって，タイ米を**低い生産費**で生産することを可能にし，タイ米の世界コメ市場での強さの最大の源泉になっている。

(朝日新聞学芸部『お米はどうなる』朝日新聞社などによる)

解説 **タイの稲作の特徴**　タイの米の作付面積は，2012年現在，約1,100万haで，日本の158万ha，アメリカ合衆国の106万haに比べ広大である。しかし，日本の稲作が灌漑を施し，集約的に行われるのに対し，タイでは広大な面積の約2割が灌漑されているにすぎない。全作付面積の8割ほどでは，**ほとんど無肥料・無農薬**で作られ，1ha当たり収量も2.91tと非常に低く(アメリカ合衆国8.54t，日本6.64t，2020年のデータ)，不安定である。
参照 ▶P.99

⇧⇧タイの米の収穫F
　浮稲は穂だけを収穫する。近年は**緑の革命**(参照 ▶P.113)による多収穫品種や機械の導入によって農村地帯も様変わりしてきている。

浮稲

農林水産業

商業的農業

1 商業的農業の分布

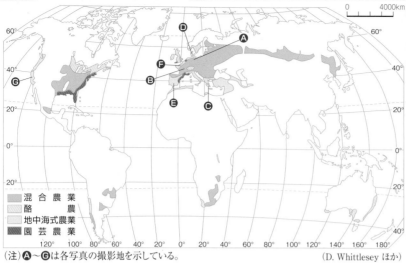

混合農業
酪農
地中海式農業
園芸農業

(注) Ⓐ～Ⓖは各写真の撮影地を示している。

(D. Whittlesey ほか)

↑てんさいの収穫[ドイツ]Ⓐ
ヨーロッパでは寒冷地を中心に糖料・飼料作物としててんさい(ビート)の栽培がさかん。てんさいは根菜類であり、**地力の回復を図ることができる。**

↑ぶどうの収穫[フランス]Ⓑ
ぶどうは**地中海性気候を生かした果樹農業**である。フランスは夏の乾燥とケスタ地形(**参照**》P.45)などの丘陵性の地形を生かし栽培している。

↑オリーブの収穫[ギリシャ]Ⓒ
オリーブの収穫は木の下にシートやネットを敷いて落として集める。

2 商業的農業の成立～ヨーロッパ農業の発展

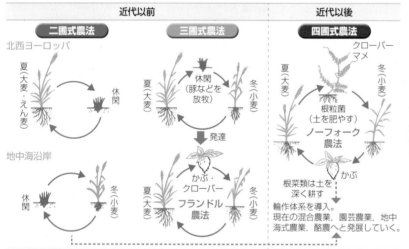

近代以前		近代以後
二圃式農法	**三圃式農法**	**四圃式農法**

北西ヨーロッパ
夏(大麦・えん麦)
休閑

三圃式農法
夏(大麦)
休閑(豚などを放牧)
冬(小麦)
発達
かぶ・クローバー
フランドル農法

地中海沿岸
休閑
冬(小麦)

四圃式農法
クローバー・マメ
夏(大麦)
冬(小麦)
根粒菌(土を肥やす)
ノーフォーク農法
かぶ

根菜類は土を深く耕す
輪作体系を導入。
現在の混合農業、園芸農業、地中海式農業、酪農へと発展していく。

三圃式農法とその発展 イングランドでは耕地を3つに区分し、**冬小麦・夏大麦・休閑地**として、翌年は小麦のところへ大麦、大麦のところは休閑し、休閑地へは小麦というローテーションが組まれた。ドイツでもほとんど同じで、夏大麦のところがライ麦となる。これの特色は耕地の**3分の1が常に休養**していて、ここには羊・豚などの共同放牧が行われることもある。

三圃式農法が最も発達したのは、ベルギー西部を中心として、オランダやフランスの一部も含めたフランドル地方で、ここで**フランドル農法が確立**される。三圃式農法との違いは、休閑するかわりにかぶやクローバーを栽培し、**休閑しないで土を肥やす方法**をあみだしたことである。根菜類のかぶをつくることで土は深耕され、マメ科の牧草のクローバーの根は根粒菌により空中窒素を固定するから、休閑するよりむしろ土は肥える。

四圃式輪作体系の導入 18世紀に入ると、イングランド東部のノーフォーク州で、**ノーフォーク農法が確立**される。このノーフォーク農法が近代ヨーロッパ農法の原型となるが、フランドル農法をより集約化して、**四圃式の輪作体系**がはじめて取り入れられた。かぶ～大麦～クローバー～小麦の4つの作物を基本として、4年ごとのローテーションが組まれている。かぶとクローバーが入ったことで家畜の数はぐんと多くなり、堆厩肥が多く土に入れられるようになったために地力は高まり、「播種量収穫物比」(種子の量に対する収穫物の割合)は、5から12へはねあがったといわれる。

(薄井清『土は呼吸する』現代教養文庫による)

3 農業立地論

●チューネン圏と川による変形

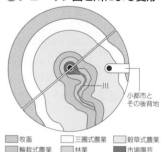

小都市とその後背地
川

牧畜
三圃式農業
穀草式農業
輪栽式農業
林業
市場園芸

(『農業地理学』大明堂による)

解説 ドイツの経済学者のチューネン(1783～1850年)は、農業地域に差異が生ずる要因を、中心になる都市(市場)からの距離(輸送費)などによって、**市場園芸→林業→輪栽式農業→穀草式農業→三圃式農業→牧畜**とした。
『孤立国』(1826年出版)が代表的な著書。

情報ナビ 家畜の飼料 バルカン半島のつけ根からアルプスを通ってフランス中部につながる線の南側ではとうもろこし、北側では大麦・オート麦・じゃがいも・てんさいなどが多い(ドイツではじゃがいもの約70%が飼料)。**参照**》P.119

4 混合農業 参照▶P.118

⬇️➡️混合農業[ドイツ]Ⓐ ヨーロッパを代表する農業は，作物栽培と家畜の飼育を結びつけた混合農業である。土地は穀物・飼料作物栽培，放牧に利用するため**輪作形態**をとる。ドイツでは，小麦，てんさい(ビート)，菜種などの作物，家畜では豚の飼育が多い。

十分な飼料で多頭飼育する

休耕地
菜の花畑
とうもろこし畑

5 酪農

⬇️デンマークの酪農Ⓓ 冷涼で，かつて大陸氷河(**参照**▶P.54)におおわれ栄養分の少ない土地で，小麦などの穀物栽培には不利であった。そのため，牧草により乳牛を飼育し乳製品を都市や近在のヨーロッパ諸国に輸出し酪農を発展させてきた。乳牛はホルスタイン種が多い。国土面積に対する牧場の割合は5.0%(2018年)，**家畜は牧舎で飼う。参照**▶P.120

6 地中海式農業

⬇️オレンジの収穫[スペイン]Ⓔ 地中海性気候(**参照**▶P.73)を生かした農業は，豊かな陽光と乾燥に強いオリーブやオレンジなどのかんきつ類が代表的なものである。オリーブは地中海沿岸に集中し，オレンジは南イタリアやスペインに多い。

7 園芸農業〜オランダの花き栽培

　ヴェストラントの花き栽培農家，ファン・ステーケレンブルク氏の農業経営を概観(がいかん)することにしよう。この農家の経営耕地面積は約1haであり，そこには面積1万㎡に及ぶ温室が耕地一面に建てられている。この温室では，キクをはじめとする数種の花きが栽培されている。これらの花きは，**ほとんど一年中出荷されている。**温室には，近代的な加温装置・換気装置・灌水(かんすい)装置が装備されている。各種の農用機械も導入されている。また，耕地には大量の肥料が投入されており，時おり客土(きゃくど)も施されている。さらに労働力は，家族労働力のほかに男子の雇用労働力3人(通年雇用)，女子の雇用労働力2人(農繁期のみ雇用)から成っており，きわめて多量の労働力が投入されている。このように，農家はきわめて**労働集約的，資本集約的**な経営を行っている。

(小林浩二『西ヨーロッパの自然と農業』大明堂などによる)

解説 オランダの花き栽培 オランダは世界最大の花き栽培国といってよい。**ポルダー(干拓地)** (**参照**▶P.292)が利用され，チューリップは球根を太らすために，開花するとすぐ花を摘み取る。右上の写真の後方は酪農地帯である。**風車**は粉ひき用で，ひいた粉はパンになる。また，19世紀まで干拓のための排水にも使用されていたが今は使われていない。**参照**▶P.118・292

● **日本の球根の輸入先**
(財務省「貿易統計」による)

フランス 4.3　その他 3.8
チリ 5.5
ニュージーランド 10.7

60.4億円
(2021年)

オランダ
75.7%

⬆️オランダのチューリップ栽培Ⓕ

8 トラックファーミング(輸送園芸)

⬆️トラックファーミング[アメリカ・カリフォルニア]Ⓖ 温暖な気候を利用して野菜や果樹の促成栽培が行われている。保冷車とハイウェイを利用し，新鮮なまま大都市へ出荷する**遠郊農業**で，「**トラックファーミング**」(輸送園芸)ともいう。**参照**▶P.122

農林水産業

企業的農業

1 企業的農業の分布

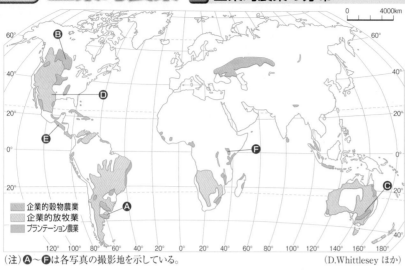

0　　4000km

（注）Ⓐ〜Ⓕは各写真の撮影地を示している。

企業的穀物農業
企業的放牧業
プランテーション農業

（D.Whittlesey ほか）

⬆️**パンパの牛の放牧[アルゼンチン]**Ⓐ
　パンパには**エスタンシア**とよばれる大農場が多く，19世紀後半の**冷凍船の発明**が大規模な放牧業の契機となった。農場では栄養分の高い豆科の**牧草アルファルファ**（参照 ≫P.2・126・127）が栽培されている。

2 企業的穀物農業

新大陸諸国の農業の特色 参照 P.103

	農業従事者1人当たり農用地(ha)(2018年)	土地生産性(農用地1ha当たり農業生産額,ドル)(2014年)	労働生産性(農業従事者1人当たり農業生産額,ドル)(2014年)	輸出比率(生産量に占める輸出量の割合,%)(2020年)		
				小麦	牛肉	羊毛
アメリカ合衆国	186	619	104,818	52.6	7.6	30.2
カ ナ ダ	204	473	96,486	74.2	27.4	30.8
ブラジル	28	517	13,922	8.8	17.1	64.6
アルゼンチン	107('14年)	246	26,367	51.6	19.4	15.5
オーストラリア	883('14年)	70	62,035	71.8	46.5	91.1
ニュージーランド	70	1,428	83,522	0.0	67.3	85.4
日　　本	2	13,769	49,777	0.0	1.0	0.0

アメリカの牛肉輸出はBSE問題で2004年に激減した。
（注）羊毛は60%で洗上換算。（「FAOSTAT」，世界銀行資料による）

3 企業的放牧業

⬇️**オーストラリアの羊の放牧**Ⓒ　ニューサウスウェールズ州の羊の放牧である。大半はスペイン産の**メリノ種**である。放牧はグレートディヴァイディング山脈の西部や西南部に多い。グレートアーテジアン（大鑽井）盆地の**地下水**を家畜に与えている。

⬆️**カナダの春小麦地帯**Ⓑ　内陸部は冷涼で，**春小麦栽培では北限に近**い。広大な農地に栽培される小麦と大型のコンバインによる収穫作業は企業的経営のようすをよく示している。輸送は鉄道によることが多い。遠方は針葉樹林帯となっている。

⬇️**フィードロット[アメリカ合衆国・テキサス州]**Ⓓ　広大な放牧地に肉牛を高密度で**集約的に肥育**するためにフェンスで囲った施設を備えている。アメリカ合衆国南西部に多い。参照 ≫P.122・124

4 プランテーション農業 ●熱帯の商品作物の分布

――― バナナの栽培限界 参照▶P.102
――― ココやしの栽培限界 参照▶P.114

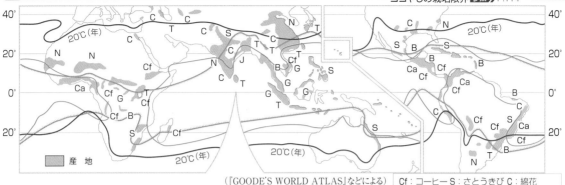

（『GOODE'S WORLD ATLAS』などによる）

Cf：コーヒー	S：さとうきび	C：綿花
Ca：カカオ	B：バナナ	G：天然ゴム
T：茶	N：落花生	J：ジュート

解説 熱帯・亜熱帯の商品作物の分布 南・北両半球とも**年平均気温20℃の等温線内**にあり，気温と作物の関係が深いことを示している。これらの作物の栽培は，温帯の先進工業国への輸出が目的であり，その立地は輸出の都合のよい島や臨海地に多くみられる。なお，上図にはかつてプランテーションが経営された地域を広く含んでいるが，第二次世界大戦後は植民地の独立，発展途上国の民族主義的政策によって，現地人のアグリビジネスによる経営が増えてきている状況である。

チェックワード プランテーション(plantation) 世界市場に向け大規模に商品作物を**単一耕作(モノカルチャー)** する農業をいう。植民地時代にヨーロッパ諸国やアメリカ合衆国が，熱帯や亜熱帯地域で，技術や資本を投入し，豊富で安価な現地住民や移民労働力を利用して行った。最近は，作物の多角化や農園の国有化などで変化している。参照▶P.103・114・127

●カカオプランテーション
[メキシコ]E

5 単一耕作(モノカルチャー経済)

●アフリカ諸国の輸出品 (2019年) 参照▶P.117

エチオピア
15.5億ドル
（'18年）

コーヒー豆 24.3%	野菜・果実 19.0	ごま 18.2		その他 26.8

肉類6.6 ── └機械類5.1

スーダン
36.2億ドル
（'18年）

金 25.2%	ごま 18.8	羊 12.9	原油 11.9	その他 31.0

ケニア
58.4億ドル

切り花 ─┐ ┌─ 衣類

茶 19.1%	10.0	9.5	7.6	5.9	その他 47.9

野菜・果実 ─┘ └─石油製品

セネガル
41.8億ドル

┌─ 化学薬品

石油製品 19.2%	金 15.4	魚介類 13.5	8.3	その他 43.6

タンザニア
41.8億ドル
（'17年）

カシューナッツ ─┐ ┌─ 魚介類4.6

金 36.8%	13.0		その他 40.9

└─ 葉たばこ4.7

コートジボワール
127.2億ドル

石油製品 ─┐ ┌─ カシューナッツ

カカオ豆 28.1%	8.8	金 8.5	7.1	6.3	その他 41.2

└─ 天然ゴム

ガーナ
167.7億ドル

┌─ カカオ豆

金 37.0%	原油 31.3	11.0	その他 20.7

（『世界国勢図会』2021/22などによる）

チェックワード モノカルチャー(monoculture)経済 農産物や鉱産物などの**一次産品**の一つ，あるいはごく少数の品物の栽培と輸出に大きく依存する経済。国際価格の変動を受けやすい点が特徴である。発展途上国によくみられる。

6 ケニアの茶のプランテーション

1901年，ウガンダ鉄道が完成し，ケニアの内陸高原への白色人種の入植が進んだ。1906年には，イギリスは高原地域を白人のみに譲渡することを決定し，白人入植者による**コーヒー・とうもろこし・小麦**の栽培や会社組織による**サイザル麻や茶**のプランテーション農業が行われるようになった。それらの地域を白人の高原という意味で「ホワイトハイランド」とよぶようになった。特に茶は，かつての「ホワイトハイランド」での茶栽培の影響を受け，**インド・中国と並ぶ世界有数の生産国**であり，スリランカ・中国と並ぶ大輸出国で，その輸出先は主にイギリスである。

（高橋伸夫『世界の地理がわかる！』三笠書房による）

●ホワイトハイランドの茶栽培[ケニア]F アジアから茶を移植し，イギリス向けの大規模な**紅茶**プランテーションが展開している。近年は茶・コーヒーのほかに**欧州向けの花き栽培も増加**している。参照▶P.100

東アジアの農業

1 中国の農業地域

大豆・春小麦・こうりゃん地域

砂漠

放牧地域

オアシス地域
(小麦・綿花)

放牧地域

春小麦地域

冬小麦・あわ地域

スーチョワン水稲地域

南西水稲地域

冬小麦・こうりゃん地域

長江水稲・小麦地域

水稲・茶地域

水稲二期作地域

300mm

1,000mm

1,200mm

年降水量
1月の平均気温

海抜3,000m

海抜500m

-6℃

10℃

40°

20°

120°

(Chi-Yun Chang『中国の気候と人間』などによる)

解説 ホイットルセーの農業地域区分（**参照**≫P.102）では，図中の1,000mmの年降水量線が750mm（**チンリン山脈とホワイ川を結ぶ線**）とされ，以北がアジア式畑作，以南がアジア式稲作とされているが，下図でみるように**作物分布が変化しつつあること**に留意しよう。

東西区分 中国の最大の農業地域間の差異は，まず東部と西部の差異である。東部地区は水分・熱量・土壌の条件が比較的よく，人口も稠密で，農作物・家畜の飼育ともに集中している地区である。西部地区は気候は乾燥し，人口も少なく，農業地域も小規模で分散し，放牧を主としている。

南北区分 東部と西部は，おのおのの南北間の差異によって，さらに二つの大きな地域に分けられる。東部はチンリン山脈とホワイ川を結ぶ線によって北部と南部に分けられる。北部は畑地を基本形態とし，各種の畑作穀物の主産地である。南部は水田を基本形態とし，水稲や各種の亜熱帯・熱帯経済作物の主産地である。

(日中地理学会議編訳『中国の農業発展と国土整治』古今書院による)

⬤**稲作[チャンスー(江蘇省)]** 水には恵まれた地域であるが，これまでは生産性の低い地域であった。人口増加に伴う食糧増産の必要から品種改良，機械を導入し集約的な栽培で増産に向かっている。

⬤主な農産物生産の上位省 (2020年) ※(青字)は世界生産順位

米 (1位)

ヘイロンチャン 1

フーペイ 5

チャンスー 4

チャンシー 3

フーナン 2

年降水量1,000mm

小麦 (1位)

ホーペイ 4

ホーナン 2

シャントン 1

チャンスー 5

アンホイ 3

⬤**綿花の収穫[シンチヤンウイグル自治区]** 中国の西部の乾燥地域では，近年雪解け水をダムから引水し整備された土地で集約的に栽培し品質の向上を図っている。近年連作による塩害が指摘されるようになった。

豆 類 (大豆は4位)

ヘイロンチャン 1

内モンゴル自治区 2

スーチョワン 3

ユンナン 4

アンホイ 5

とうもろこし (2位)

ヘイロンチャン 1

チーリン 2

内モンゴル自治区 3

シャントン 4

ホーナン 5

⬤**養豚場[スーチョワン(四川省)コワンアン(広安)]** 世界中で飼育されている**豚のうち，中国が約半数を占め**，スーチョワン(四川省)が中心である。また，世界で最も豚肉を消費しているだけでなく，1人当たり消費量も年間約38kgと，40～60kgを消費する欧州諸国に次いで多い。**参照**≫P.101

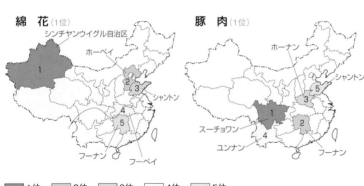

綿 花 (1位)

シンチヤンウイグル自治区 1

ホーペイ 2

シャントン 3

フーナン 4

フーペイ 5

豚 肉 (1位)

ホーナン 3

シャントン 1

スーチョワン 4

ユンナン 5

フーナン 2

■1位 ▨2位 ▨3位 □4位 □5位

――年降水量1,000mm

(『中国統計年鑑』2021による)

② 中国の農業の特色

(2019年)

			単位	中国	日本	世界
対総土地面積比率	耕地率		%	14.4	12.1	11.9
	牧場・牧草地率		%	41.8	1.6	24.5
	森林率		%	23.2	68.4	31.2
農業人口1人当たり耕地			ha	0.69	1.93	1.76
就農率			%	25.3	3.4	26.7
単収水準	小麦		kg/10a	563	490	354
	米（もみ）		kg/10a	706	716	463
	大麦		kg/10a	346	362	311
	ばれいしょ		kg/10a	1,873	3,224	2,153
	てんさい		kg/10a	5,385	7,030	6,040
	大豆		kg/10a	195	152	277

（「FAOSTAT」などによる）

解説 中国の土地生産性 ばれいしょ，てんさい（ビート）の単収（10a当たりの収量）は日本に比べて低く，とりわけばれいしょは2倍以上の差がある。これらの作物は主に水不足や農業土地基盤整備の遅れている地域に作付けされている。「万元戸」，「億元戸」（「元」は中国の通貨）といわれる豊かな農家もある一方で，一般的農家の年収は1,000元程度といわれている。

参照》P.99～101

●中国が世界生産1位の主な農畜産物 (2020年)

米 (もみ付き)	中国 28.0%	(2位：インド 23.6)	世界計 7億 5,674万 t
小麦	17.6	(インド 14.1)	7億 6,093万 t
綿花 (繰り綿)	35.5	(インド 21.3)	2,743万 t
キャベツ	47.7	(インド 13.0)	7,086万 t
トマト	34.7	(インド 11.0)	1億 8,682万 t
きゅうり	79.8	(トルコ 2.1)	9,126万 t
りんご	46.9	(アメリカ合衆国 5.4)	8,644万 t
茶	42.3	(インド 20.3)	702万 t
豚肉	37.4	(アメリカ合衆国 11.7)	1億 984万 t
鶏卵	37.3	(アメリカ合衆国 7.1)	9,297万 t

（注）（　）内は2位の国。　（「FAOSTAT」による）

③ 人民公社から生産責任制へ

| 1949年 | | 1950年代 | | 1980年代前半 | 1990年代以降 |

地主制度 → 中華人民共和国成立 → 土地改革開始 → 農業集団化 → 拡大 人民公社 制度全国に → 農民の生産意欲の低下 → 農業生産の停滞 → 人民公社解体 生産責任制 導入 → 個人経営農家増加 商業的農業の発達（特に沿海地域） 輸出増加 野菜やその加工品の

解説 人民公社は，1980年代前半までにほぼ解体され，農家は農業経営に関する意思決定権を持つ独立した経営主体となった。これを**生産責任制**という。農家は，国家買付と集団への供出ノルマさえ達成すればよいこととなり生産意欲が向上した。**土地は公有**で，集団は土地管理・農業生産におけるサービスの役割を担っている。

●人民公社のはくさい畑[1982年・ペキン近郊] 集団労働でその報酬も一律であったため，農民の生産意欲が低く，中国の農業生産の停滞の要因ともなった。

●豊かになった農村[1984年・コワントン（広東省）] 生産責任制の導入により，「万元戸」・「億元戸」とよばれる富裕農家が各地に出現したが，一方で格差の拡大も指摘されている。

④ 中国の農業の特徴と課題 参照》P.269

中国は，2001年に世界貿易機関（WTO）へ加盟し，人口増加や急激な工業化の中，農業については，次のような課題に直面している。①都市部との格差（農民の収入が伸び悩む），②WTO加盟により農産物の輸入が急増し，外国との競争が激化した。③生活向上と輸入の拡大（生活向上や都市化の発展などにより，食肉消費量が増え，大豆・とうもろこしなどの輸入が増加し，世界の穀物の需給や価格に影響を与えている。2013年には**輸入超過額で中国が最大**。日本は2番目となっている。），④「**三農問題**」（低収入の農民，近代化への遅れ等），などの課題が山積している。

●日本向け食品加工工場 中国東部では，野菜生産などの商業的農業やその加工業が発達している。参照》P.139

●日本の農産物全体の輸入額

(2021年)

世界計 7兆388（億円）

アメリカ合衆国 23.3%
中国 10.1
カナダ 6.9
オーストラリア 6.7
タイ 6.2
ブラジル 5.1
イタリア 4.3
その他 37.4

（財務省「貿易統計」による）

情報ナビ 小城鎮 農村部に形成されている人口数万人から20万人程度の小規模都市。農村の余剰人口が大都市に流入するのを防ぐため，第2・第3次産業中心の都市を設けた。700ほどあるといわれている（現在は，農村の余剰人口は減少傾向）。

5 北朝鮮の食料不足1,000万人超

悪化する食料不足 国連機関は猛暑や洪水などの影響で2018年の農作物生産量が過去10年で最悪水準となり、人口の約4割に当たる1,000万人を超える住民が食料不足に見舞われていると明らかにした。韓国は食料援助の検討を始めたが、北朝鮮による弾道ミサイル発射が人道支援の実施に影響を及ぼす可能性もある。2019年5月に公表された報告書によると、北朝鮮の18年の農作物生産量は約490万tで、既に行われた援助などを除き、約136万tの食料が不足しているという。

（『信濃毎日新聞』2019.5.13による）

北朝鮮の農作物生産量

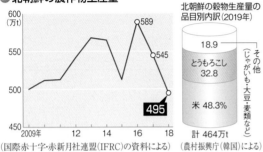

北朝鮮の穀物生産量の品目別内訳（2019年）

（国際赤十字・赤新月社連盟（IFRC）の資料による）（農村振興庁（韓国）による）

解説 2019年の住民1人当たりの食料配給は1日当たり300gと前年から80g減少し、子どもや妊婦らの栄養不足も懸念され、「飢餓の危機」に陥る恐れもあるという。

周辺国も支援に乗り出した。国連世界食糧計画（WFP）のビーズリー事務局長によると、ロシアが小麦5万tを支援し、一部は既に北朝鮮に到着。韓国の文在寅大統領が電話会談でトランプ米大統領の支持を取り付けたとして、韓国政府も「人道的食料支援を推進していく」（統一省報道官）と検討を始めた。

（2019年5月FAO、WFPの報告書による）

農業地域

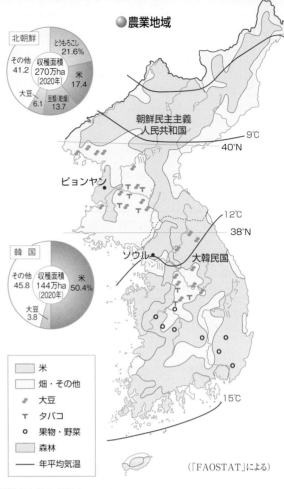

（「FAOSTAT」による）

北朝鮮のとうもろこし栽培のようす 北朝鮮は山がちで、亜寒帯気候のため、とうもろこしや大豆といった畑作中心の農業である。集団農場制で、生産性は低い。

韓国の農村の田植のようす 専業農家の比率がほぼ6割と高く、稲作中心の営農形態が6割弱を占める。テーベク山脈西側の沖積平野が主要稲作地帯であり、一部では二期作もみられる。

6 韓国の農業の特徴と課題

輸入農産物の急増 韓国の農業は、戦後長らくアメリカ合衆国に農産物を依存してきた。1970年代からは「**セマウル運動**」（セマウルは「新しい村」の意味）の中で農業の生産性の向上が見られた。一方で都市化の進展の中で農林水産業人口の総就業人口に対する比率は、2019年現在、5.1%（日本は3.4%）と低下している。80年代以降農産物の貿易自由化の中で、輸入農産物の輸入が米、トウモロコシなどで顕著となった。90年代からは日本向けの園芸農業の成長が著しくスイカ、パプリカ、ナス、キュウリ、花卉などの分野の生産が増加している。

政府が海外での開発に支援 2006年韓国政府は海外での農業開発を促すため進出企業に向け支援策を発表。小麦、トウモロコシ、大豆などで自給率の低い作物を栽培する企業を優先している。食料危機が起こった際、国際価格が上がろうと、「適正」な価格で韓国に送ることを義務づけた。一方農民の側からは、「自給率を上げるため政府は海外で農業をするのではなく、農民と一緒に取り組むべきです」と批判する。

（NHK食料危機取材班『ランドラッシュ─激化する世界農地争奪戦』新潮社などによる）

情報ナビ 韓国では1970年代、農村の近代化をめざした**セマウル運動**が行われたが、今日、農村にコンピュータを普及させ、インターネット網を構築して、住民の情報化教育や特産物の電子商取引を支援する「**デジタル・セマウル運動**」が推進されることになった。

1 農業地域

(『Diercke Weltatlas』などによる)

米	♪	バナナ
油やし	●	コーヒー
森林・その他	⤫	ココやし
	⋎	天然ゴム

⬆コーヒー栽培[ベトナム・ダックラック省]　米作中心の農業から商品作物としてコーヒー，天然ゴムの導入が急速に進んだ。コーヒーは生産と輸出でいずれも世界2位(2020年)。

⬆メコン川の水田[カンボジア]

2 「緑の革命」とその実態　参照》P.105

　緑の革命(Green Revolution)　1940年代から1960年代にかけて，高収量品種の導入や化学肥料の大量投入などにより穀物の生産が飛躍的に向上し，稲を中心に大量増産を達成した。農業革命の一つとされる(1960年代に進められたという見解もある)。

　緑の革命には，「品種改良」と「耕地の拡大」という，2つのアプローチがある。

　成果と課題　緑の革命によって，食糧生産は飛躍的に増大し，過去50年間で約3倍に増えたといわれている。その成功例が，フィリピンのロスバニョスにある「IRRI」(国際稲研究所)であろう。1966年には，IR8という高収量の稲の開発に成功し，この品種が普及することで，アジアではほとんど飢餓がなくなったわけである。

　ところがその一方で，緑の革命によって，農地の質の悪化や地下水の枯渇，ひいては砂漠化，土地の荒廃など，地球環境に多大な悪影響がおよぼされていることが指摘されるようになった。

　緑の革命はアジアでは一定の成功をおさめたが，アフリカではうまく行かなかった。高収量品種の栽培に必要な灌漑システムがなかったり，農民に化学肥料を買うだけのお金がなかったりしたためである。

(武内和彦『世界農業遺産—注目される日本の里地里山』祥伝社新書による)

⬆IR8米　IR8米は，灌漑，大量の肥料・農薬が必要で，富裕層への普及にとどまり，零細農と大土地所有者との格差を広げた。その解決に向けて，新たな取り組みが始まっている。

3 エビの養殖〜ベトナム・インドネシア

⬆エビの養殖池開発で消失するマングローブの森とエビの養殖風景[インドネシア]　日本のエビ輸入相手国はベトナム・インドネシアなどが中心である。1980年代に始まったエビ養殖ブーム以降，エビ養殖池の開発がマングローブの森の消失の最大の原因となっている。参照》P.137

情報ナビ　ドイ・モイ政策と農業　南北統一後のベトナムは，社会主義計画経済であったため，農民の労働意欲が低下し農業生産が低迷した。1986年のドイ・モイ政策以降は，市場経済に移行したため，農業生産の拡大と多角化が進んだ。参照》P.168

4 マレーシアのオイルパーム生産 参照 ≫P.113

パーム油(油やし)の生産 油やしの果肉から得られるのがパーム油，種の油がパーム核油。西アフリカの原産で農地は熱帯地域に限られ，インドネシアとマレーシアのパーム油生産量は世界の85%を占める。植物油では2005年に大豆油を抜いてトップとなった。日本で使われる植物油では，パーム油は菜種油についで2番目に多く使われる。

オイルパームの用途 パーム油は今や世界で最も多く使われている食用油で，マーガリンやサラダオイルはもちろん，スナック菓子やインスタント麺を揚げるのにも使われている。また，食用以外としては，石けんの原料などに使われているが，一方，パーム核油はほとんどが石けんや界面活性剤(洗剤)の原料として使われている。

⬇オイルパーム(パーム油)を使用した商品

まんぷくクラブ おやつラーメン16個
スナック菓子
小麦粉，動植物油(パーム油，ラード)，でんぷん，食塩，醤油(大豆，小麦)，肉エキス(チキン，ポーク)，野菜エキス，砂糖，発酵調味料，香辛料，調味料(アミノ酸等)，かんすい，増粘多糖類，酸味料，酸化防止剤(ビタミンE)

地球に優しい? 合成洗剤よりも植物性油脂で作られた石けんの方が生分解性が高く，環境に優しいとよくいわれる。また，パーム油は石けんの原料として使った場合，ココやしから取れるやし油よりも泡の持続性がよく，皮膚に対する刺激も弱い。しかし，オイルパームの実は痛みやすいため，収穫後すぐに工場で処理しなければならない。当然，製油工場とセットになった大規模生産が必要となる。個人単位での生産は難しく，**大規模なプランテーション開発とならざるを得ず**，そのために大規模に熱帯林が皆伐され，あるいは焼き払われてモノカルチャー農園がつくられる。**モノカルチャーでは大量の除草剤，殺虫剤，化学肥料を投入する必要があり，とても環境に優しいとはいえない。**

持続可能性に配慮 欧米企業は，パーム油の生産が環境破壊を引き起こしかねないという危機感から，欧州企業やマレーシアのパーム油業界が2004年，持続可能性に配慮して生産されたパーム油の国際認証制度を立ち上げ，日本企業へも期待を寄せている。

(「エコツアーでマレーシア再発見」日馬プレス2001.10.1などによる)

⬇油やしのプランテーション[マレーシア] パーム油は，バイオディーゼルの原料としても注目されている。

5 フィリピンのバナナプランテーション

日本の最大輸入先はフィリピン 日本へのバナナの商業輸入は1903年に台湾から神戸港に送られたのが始まりとされる。戦後しばらくは高級品だったが現在は年間100万トン前後が輸入され，**生鮮果物の輸入の約6割**を占める。日本で消費されるバナナの99.9%以上が外国産で食料品，8割近くがフィリピン産。輸入シェアは住友商事グループのスミフルが約3割，伊藤忠商事が2013年買収したドールが2割強。商社系で全体の約半分を占める。青果の流通大手ファーマインド(東京)は2016年，フィリピン産バナナの輸入量を現在の10倍の約26万トンに増やす計画を発表。今後，日本でのシェア争いや，産地での調達をめぐる競争が激しくなる可能性もある。(『朝日新聞』2017.1.9による)

⬤**日本のバナナ輸入先** (2021年)

フィリピン 76.1%	エクアドル 12.3	メキシコ6.7	その他4.9

総輸入量110.9万t (財務省「貿易統計」による)

⬤**バナナの輸入** (2020年)

アメリカ合衆国 20.0%	中国 7.5	ロシア 6.5	ドイツ 5.7	オランダ 5.5	ベルギー 5.0	日本 4.6	その他 45.3

総輸入量2,337.6万t (「FAOSTAT」による)

⬤**ミンダナオ島のバナナ栽培**

ルソン島
バナナ
パイナップル
ココヤシ
フィリピン
ミンダナオ島

500km

(『Diercke Weltatlas』2015)

解説 熱帯雨林が広がるミンダナオ島は，**日本が輸入するバナナの最大の生産拠点。**伊藤忠商事は2013年，アメリカ合衆国のドールからフィリピンでのバナナ栽培を含むアジアの青果事業を買収。バナナの生育状況を把握して生産計画を立てるなどの仕事は多岐にわたるが，3,700万本のバナナの木を実際に育てるのは，各農園で働くフィリピン人スタッフである。収穫や灌漑施設の整備，新品種への植え替えなどを計画どおりに進めるには現地スタッフの協力が欠かせない。

参照 ≫P.127

⬆フィリピンのバナナ農園

情報ナビ **ベトナムのコーヒー** コーヒーはブラジルが世界1位の生産・輸出国だが，2000年，コロンビアを抜いてベトナムが2位となった。ベトナムは主にロブスタ種で生産性の高さ，「こく」と苦みが特徴。コンデンスミルクをたっぷり入れるのがベトナム式の飲み方。

1 農業地域

凡例：
- 米
- 小麦
- 落花生
- ||||| さとうきび
- ♀♀ 綿花
- Y Y ジュート
- ↓↓ 茶
- レグールの分布
- —— 年降水量（mm）

パンジャブ
パキスタン
西インド（タール）砂漠
デリー
ネパール
アッサム
ガンジス川
コルカタ
デカン高原
ムンバイ
バングラデシュ
チェンナイ

（『Diercke Weltatlas』2015などによる）

解説 東経80度線とほぼ一致する年降水量1,000mmの線を境に，東側の湿潤な地域では稲作やジュート，西側と内陸に近い乾燥地域では小麦や綿花（レグールの分布に注意）が栽培されている。

	自然条件・分布	特色
米	○年降水量1,000mm以上の地域 ○ガンジス川流域の沖積平野 ○インド東部・南西海岸	生産高はインドが世界2位。輸出はインドが世界1位。インドの1ha当たりの収量は4.06 t（日本の約59%。2019年）。1960年代後半から高収量品種の導入や二期作化。
小麦	○年降水量500～1,000mmの地域 ○インダス川上流のパンジャブ地方 ○ガンジス川中・上流域	生産高はインドが世界2位。インド北西部はイギリス植民地時代からの灌漑施設が整備された。「緑の革命」の効果大。
綿花	○デカン高原・インダス川上流 ○デカン高原には綿花栽培に適したレグールが分布	生産高はインドが世界2位，パキスタンが5位。インド綿は短繊維。インドは古くから綿織物業がさかん。
茶	○高温多雨なアッサム地方の丘陵地域 ○セイロン島，ヒマラヤ山麓のダージリン	イギリス植民地時代にプランテーションが発達。生産高はインドが世界2位，スリランカが5位。
ジュート（黄麻）	○温暖湿潤，月平均降水量が75～100mm程度の地域 ○ガンジスデルタ	生産高はインドが世界1位，バングラデシュが2位。加工されたジュートは穀物の麻袋や絨毯の裏打用布に利用。

● ジュートの生産

269万t（2020年）

インド	バングラデシュ
67.2%	29.9

その他 2.9
（「FAOSTAT」による）

2 スリランカの農業

スリランカの農業は，**茶・天然ゴム・ココヤシの三大プランテーション作物**，及び**米**を主産品としている。それぞれの**主産地は自然地域ごとに明瞭に分化**し，茶がハイランド，ゴムがウェットゾーンの丘陵地，そしてココヤシが海岸平野にみられる。米はほぼ全島で栽培されている。19世紀末，それまでのコーヒーに代わって栽培されるようになった茶は，品種によってハイ＝グロウン（海抜1,300m以上で栽培される優良品種，主として輸出用），ミディアム＝グロウン（海抜650～1,300mで作られる中級品，主としてティーバッグ向け），ロー＝グロウン（海抜650m以下で作られる国内消費用の低級品）に分けられる。

（『世界の地理　インド2』朝日新聞社，市川健夫「スリランカの農耕文化」『地理』27巻3号などによる）

セイロン島
ドライゾーン　年間1,200～1,900mm
ハイランド
ココヤシ
米
天然ゴム
茶
コロンボ
ウェットゾーン　年間2,500～5,000mm
0　60km

↑デカン高原での綿花の収穫[インド]

↑ダージリンの茶園[インド]

↑ジュートの収穫[バングラデシュ]

農林水産業

情報ナビ **白い革命** インドでは近年，都市部に人口が集中し，生乳を中心に乳製品の消費が増加しており，それに伴う流通網や供給の確保といった一連の動きを指している。多収穫品種の導入による農業生産増加の「緑の革命」から連想された用語。

西アジア～中央アジアの農業

2 企業的穀物農業地域

1 農業地域

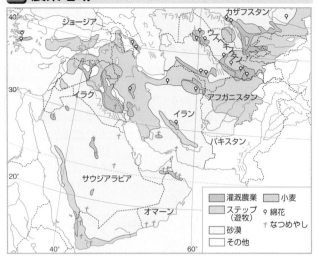

⬆小麦の栽培[カザフスタン]　カザフスタン北部の**ステップ地帯**は，肥沃な**チェルノーゼム**に恵まれた世界的な企業的穀物農業地帯である。参照》P.283

3 灌漑による農業

(1)灌漑用水路による綿花の栽培

⬆綿花の栽培[ウズベキスタン]　旧ソ連時代に，アラル海南東部のアムダリア川やシルダリア川流域で多くの灌漑用水路が建設され，**世界的な綿花の生産・輸出地域**となった。収穫期の秋には学校も休みとなり，児童が綿摘み労働に駆り出される。過剰な灌漑により，**現在では塩害やアラル海の縮小**（参照》P.283）などの問題が起きている。

● カフカス山脈を境に異なる農産物

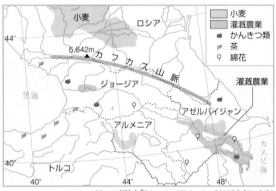

(2つの図とも『Diercke Weltatlas』2015などによる)

解説　新期造山帯の5,000m級の山脈が国境線をなし，南のジョージア，アルメニア，アゼルバイジャンと北のロシアでは気候の違いから農産物が異なっている。

　ジョージアの西部は黒海の影響を受け温暖湿潤気候(Cfa)，沿岸部は降水量が多く亜熱帯気候，東部は大陸性気候，北部山地は亜寒帯湿潤気候(Dfa)と高山気候(H)である。農産物はオレンジなどのかんきつ類，ぶどう，茶が特産物。牧羊，養蚕もみられる。

　アルメニアは内陸国でステップ気候(BS)が多く，綿花のほかぶどうなど。

　アゼルバイジャンはカスピ海に面し北部の気候はCfa，南部はステップ気候で果樹，小麦，綿花などが多い。山脈の北麓のロシア側は小麦が栽培されている。参照》P.300

⬇ワイン用のぶどうを集荷する人々[ジョージア]

(2)地下水路を利用

➡地下水路を利用した灌漑システム[オマーンのファラジ]　オマーンにある地下水路を利用した灌漑システムを**ファラジ**という。オマーンには，生活用水や農業用水供給のために3,000以上のファラジが存在する。そのうち5つは，**世界遺産に登録**されている。ファラジは2000年以上にわたってこの地を潤してきた。水路脇のやしは，乾燥に耐える**なつめやし**。参照》P.101・105

(3)センターピボットによる農業　参照》P.122

⬆センターピボットによる大規模灌漑農業[サウジアラビア]
サウジアラビアは1980年代から豊富な石油収入によって大規模灌漑農業を発展させ，野菜などを国内向けに生産している。小麦を輸出したこともあったが現在は水の枯渇を懸念し激減。

参照》P.19

1 農業地域

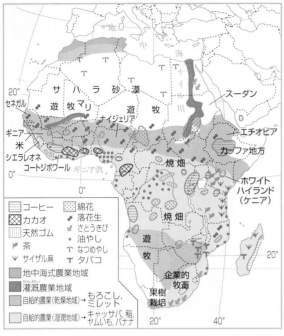

コーヒー／カカオ／天然ゴム／茶／サイザル麻／綿花／落花生／さとうきび／油やし／なつめやし／タバコ

地中海式農業地域
灌漑農業地域
自給的農業(乾燥地域)→もろこし, ミレット
自給的農業(湿潤地域)→キャッサバ, 稲, ヤムいも, バナナ

2 自給的農業

◎きびの脱穀[マリ]
アフリカの乾燥地域は, 雑穀類を主食としており, もろこし(ソルガム), ミレット(きび, あわ, ひえ)などを自給作物として栽培し, 換金作物として落花生, 綿花を商業的に栽培している。

●もろこし・キャッサバの生産 (2020年)

もろこし(ソルガム)5,871万t	アメリカ合衆国16.1%	ナイジェリア10.8	8.6	インド8.1	メキシコ8.0	中国6.0	その他42.4

エチオピア

キャッサバ3億266万t	ナイジェリア19.8%	コンゴ民主共和国13.6	タイ9.6	ガーナ7.2	6.0	6.0	その他37.8

ブラジル／インドネシア

(「FAOSTAT」による)

3 ヤム・ベルト 参照》P.2・291

　ヤム・ベルトとは, **ヤムいもの栽培地帯**といった意味であるが, ヤムいも以外にも, **タロいも, マニオク(キャッサバ), プランテイン**(料理用バナナ)などの作物を含む, いわゆる**根栽農耕文化**(参照》P.98)を示している。赤道に並行したヤム・ベルトの中で, ヤムいもを主食としているのは, ナイジェリア南部からコートジボワール南部にかけてのギニア湾沿岸地方である。

　この地方では, 熱帯雨林を切り開いて造られた**焼き畑**に, 手鍬を用いて大きなマウンド(土盛り)をつくり, そこにヤムいもを植え付ける。種類によっては2, 3か月で収穫できるものもある。

●ヤム・ベルトと雑穀栽培地帯

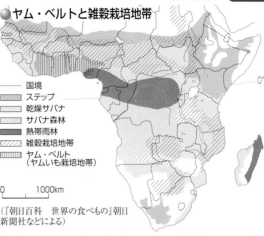

- - - - 国境
ステップ
乾燥サバナ
サバナ森林
熱帯雨林
雑穀栽培地帯
ヤム・ベルト(ヤムいも栽培地帯)

0　　1000km

(『朝日百科　世界の食べもの』朝日新聞社などによる)

4 セネガルのピーナッツ(落花生)生産

●セネガルのピーナッツとミレットの生産量の推移

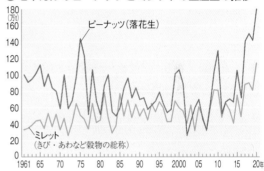

ピーナッツ(落花生)
ミレット(きび・あわなど穀物の総称)

●セネガルの主な農作物の収穫面積 (2020年)

ピーナッツ 31.0%
ミレット 25.9
米 10.2
ササゲ 7.3
とうもろこし 7.3
もろこし(ソルガム) 7.0
その他 11.3

総収穫面積　395.5万ha

(上図とも「FAOSTAT」による)

ピーナッツを売る女性[セネガル]

解説 セネガルでは19世紀半ば, 植民地支配をしていた**フランスのピーナッツ油をまかなう換金作物**として, ピーナッツ栽培が始まり, 次第に**ミレット, もろこしなどの伝統的な主食穀物からの作付け転換**が進んだ。1960年以降, 世界のピーナッツ生産におけるセネガルの地位は, 中国, インドでの大増産により低下しているが, 依然として国内では大きな比重を占めている。近年は水産物の輸出が増えている。

5 ネリカ米の導入

　ネリカ米(New Rice For Africa)は, アフリカで食糧増産と貧困対策として開発された。高収量のアジア種と乾燥や病虫害に強い西アフリカ種を交配した**新種の陸稲**。アフリカの食糧事情の改善が期待され, 普及本部をコートジボワールに置き「西アフリカ稲開発会議」と称する。

↑**ネリカ米の収穫[シエラレオネ]**

情報ナビ　**穀物の主食とシチューのおかず**　アフリカのサバナ地域の主食は, 穀物の粉を練ってかためたもの。主に白とうもろこしの粉で, ウガリとよばれる。おかずのシチューは, たまねぎと肉をいためて煮込み, トマトと塩で味をつける。肉は主に羊肉。

ヨーロッパの農業

1 農牧業地域

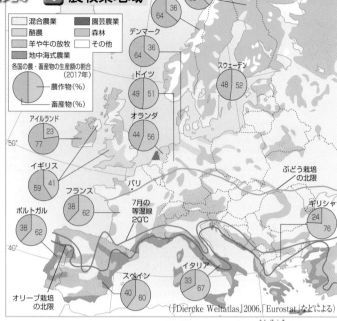

凡例
- 混合農業
- 酪農
- 羊や牛の放牧
- 地中海式農業
- 園芸農業
- 森林
- その他

各国の農・畜産物の生産額の割合（2017年）
農作物（％）／畜産物（％）

（『Diercke Weltatlas』2006、「Eurostat」などによる）

⬆ヨーロッパの農村景観[イギリス]　ヨーロッパは，冷涼な気候のもと，地力の消耗を防ぐため，耕地を夏作，冬作，休閑地に分け，かつては３年に１度家畜を放牧し地力を蓄えてきた（三圃式農業（参照》P.106）。整然と区画された畑と放牧地が入りまじる景観は，典型的なヨーロッパの農村景観となっている。

⬅酪農地域[オランダ]　ヨーロッパの冷涼な地域では，小麦などの耕種作物よりも牧草の生産に適した地域に多い。乳牛の主要品種はいずれもヨーロッパの酪農地域に由来し（ジャージー，ホルスタインなど），有名なチーズは町や都市にちなんでいる（オランダのエダム，フランスのカマンベールなど）。

解説　ヨーロッパでは三圃式農業を起源とする農耕と牧畜を結びつけた伝統的な農業形態である混合農業を基礎としたヨーロッパ型農業地域が成立した。冷涼な地域では乳牛を主とした酪農，温暖な南欧では果樹栽培に特色のある地中海式農業に分化した。都市化の進んだ西ヨーロッパでは畜産物の割合が多い商業的・集約的な混合農業と園芸，東ヨーロッパでは農作物の割合が畜産物に比べて大きい自給的・粗放的な混合農業が小規模に営まれている。参照》P.106・107

2 土地利用からみる混合農業 参照》P.107

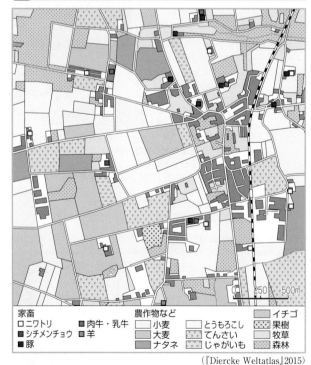

凡例
家畜：ニワトリ／シチメンチョウ／豚／肉牛・乳牛／羊
農作物など：小麦／大麦／ナタネ／とうもろこし／てんさい／じゃがいも／イチゴ／果樹／牧草／森林

（『Diercke Weltatlas』2015）

解説　上図はドイツ北西部のレチャーフィールドという地域の土地利用図。作物と家畜の種類が多い点が特徴である。てんさい（砂糖大根），じゃがいもはドイツの代表的な農産物である。これらの作物は，輪作で耕作され，家畜と農産物が結びついた混合農業のようすがよくうかがえる。

● 主な国の家畜飼育頭数 （2020年）

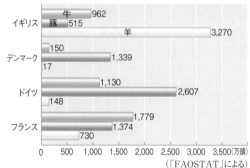

イギリス：牛962／豚515／羊3,270
デンマーク：150／1,339／17
ドイツ：1,130／2,607／148
フランス：1,779／1,374／730

（「FAOSTAT」による）

⬆ヴルスト生産[ドイツ]　ドイツの豚の飼育頭数はEU最大でヴルスト（ソーセージ）の生産が多い。やせ地の多い北部ではライ麦・じゃがいもの栽培が主で，肥沃な南部では小麦栽培がさかんで，ビールはこの国の伝統的飲料である。

3 ヨーロッパの主な国の農業指標と地域性

	農林水産業就業者1人当たり農用地(ha)(2018年)	国土面積に対する割合(%)(2018年) 耕地・樹園地	牧場・牧草地	農林水産業就業人口率(%)(2019年)	食料自給率(%)(2018年) 穀 類	いも類	野菜類	果実類	肉 類	牛乳・乳製品	農業生産額の割合(%)(2019年) 農作物	畜産物
イ ギ リ ス	48.7	25.1	46.6	1.0	83	87	43	14	80	88	41.0	59.0
フ ラ ン ス	41.6	34.7	17.3	2.5	**176**	**130**	72	66	**104**	**104**	62.3	37.7
ド イ ツ	31.6	33.3	13.2	1.2	**101**	**134**	42	39	**130**	**106**	50.5	49.5
デンマーク	42.8	56.3	5.0	2.2	94	**109**	51	12	**400**	**201**[09年]	36.1	63.9
オ ラ ン ダ	9.9	25.2	18.2	2.1	10	**150**	**411**	40	**273**	**157**	56.3	43.7
ス イ ス	10.5	10.3	26.5	2.6	46	94	52	44	90	**101**	44.5	55.5
イ タ リ ア	14.1	30.3	10.7	3.9	62	54	**149**	**109**	75	85	66.7	33.3
ス ペ イ ン	31.9	33.1	18.6	4.0	71	62	**210**	**147**	**157**	89	60.2	39.8
ポルトガル	12.1	18.5	20.4	5.5	21	57	**158**	80	87	91[03年]	61.7	38.3
スウェーデン	34.9	5.8	1.0	1.7	**102**	78	34	7	85	84	52.0	48.0
日 本	1.9	10.1	1.6	3.4	29	84	79	54	62	59	63.7	36.3

(注)**太字**は100%以上のもの。 (FAOSTAT,『世界の統計』2022, 令和2年度『食料需給表』などによる)

4 農産物の収穫量・耕地面積の割合と変化

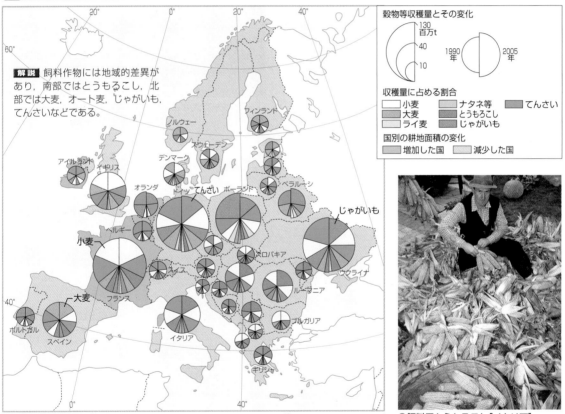

解説 飼料作物には地域的差異があり, 南部ではとうもろこし, 北部では大麦, オート麦, じゃがいも, てんさいなどである。

穀物等収穫量とその変化
130 百万t / 40 / 10 1990年 2005年

収穫量に占める割合
小麦　ナタネ等　てんさい
大麦　とうもろこし
ライ麦　じゃがいも

国別の耕地面積の変化
増加した国　減少した国

(『Diercke Weltatlas』2009)

❶飼料用とうもろこし[イタリア]

5 ヨーロッパを特徴づける農作物の生産・輸出 (2020年) 参照▶P.101

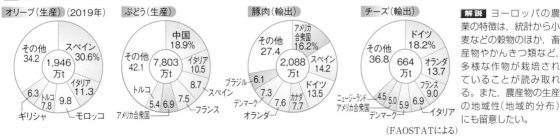

オリーブ(生産)(2019年)
その他 34.2 / スペイン 30.6% / **1,946万t** / イタリア 11.3 / モロッコ 9.8 / トルコ 7.8 / ギリシャ 6.3

ぶどう(生産)
中国 18.9% / その他 42.1 / **7,803万t** / イタリア 10.5 / スペイン 8.7 / フランス 7.5 / アメリカ合衆国 6.9 / トルコ 5.4

豚肉(輸出)
アメリカ合衆国 16.2% / その他 27.4 / **2,088万t** / スペイン 14.2 / ドイツ 13.5 / カナダ 7.7 / オランダ 7.6 / デンマーク 7.3 / ブラジル 6.1

チーズ(輸出)
ドイツ 18.2% / その他 36.8 / **664万t** / オランダ 13.7 / フランス 9.0 / イタリア 6.9 / デンマーク 5.9 / アメリカ合衆国 5.0 / ニュージーランド 4.5

(FAOSTATによる)

解説 ヨーロッパの農業の特徴は, 統計から小麦などの穀物のほか, 畜産物やかんきつ類など, 多様な作物が栽培されていることが読み取れる。また, 農産物の生産の地域性(地域的分布)にも留意したい。

情報ナビ **日本のワインの輸入先** 日本では1994年に赤ワインの輸入の急増により輸入が国産を上回った。輸入先はチリ25.8%, フランス24.5%, 以下, スペイン, イタリアの順(2021年, 輸入量)。オーストラリア, アメリカ合衆国からの輸入も多い。

6 移牧

移牧とは，地縁的社会集団の成員の少なくとも一部は定住集落にとどまるが，その成員の一部，または雇われた牧人が，家畜とともに牧草を求めて移動するという生活様式である。つまり，移牧とは，家畜の周期的，季節的な移動，すなわち**相異なる気候条件をもつ２つの地域間における，家畜群の季節的移動**を意味するが，家畜には，地域によって相違がある。アルプス地域では，主として牛（乳牛）であり，羊もみられる。イタリアのアペニン山地でも，羊の移牧がみられる。トルコやルーマニアの移牧も羊であり，牧畜の博物館といわれるバルカン半島にも羊の移牧がある。筆者のフィールドワークによれば，スロベニアでは，こんにちでも牛の正移牧(注)はあるが，羊の移牧はほとんど衰退した。

(注)正移牧は，平野または山ろくにかれらの基地や牧場があり，夏季に山地の牧場を利用する。フランスアルプスでは移牧の88%は正移牧である。(白坂著「南カルパチア山地における羊の伝統的移牧」『地理』50巻７号による)

◎移牧[スイス] アルプス山脈地域では，U字谷の上方になだらかな**アルプ**とよばれる草原が広がっている。スイスでは毎年，牛の**垂直移牧**を営み，冬に屋内で飼っていた牛を夏にアルプで放牧し，仮小屋で**チーズ**を生産している。

7 主な国の耕地率と50ha以上の農家の割合

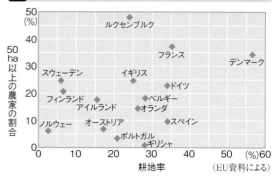

解説 南ヨーロッパでは小規模な農家が多く，50ha以上の大規模農家は北ヨーロッパに多い。また，**耕地率が特に高い国はデンマーク**であるが，牧場・牧草地率の割合（4.6%）は低い。それは舎飼いで濃厚配合飼料を与え，農耕地で穀物や飼料の自給を図っていることによる。**参照》P.130**

◑トラクターを使用した大規模な収穫[デンマーク・フュン島]

8 各国の食料品等の輸出入型分類 (2013年)

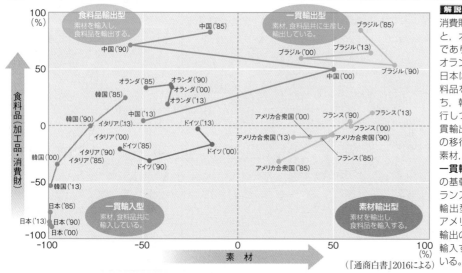

解説 素材と食料品（加工品・消費財）を軸として類型化すると，オランダは**食料品輸出型**であり，ドイツとイタリアがオランダ型に加わりつつある。日本は**一貫輸入型**で素材，食料品を共に輸入する特徴を持ち，韓国は近年，その型に移行しつつある。中国は近年一貫輸出型から食料品輸出型への移行が見られ，ブラジルは素材，食料品を共に輸出する**一貫輸出型**で食料産業が国内の基幹産業になっている。フランスは素材輸出型から一貫輸出型へと移行しつつある。アメリカ合衆国は比較的素材輸出の割合が高く，食料品を輸入する**素材輸出型**となっている。

9 EUの共通農業政策（CAP）と課題

(1)共通農業政策

1968年に共通農業政策（CAP）の下で農業共同市場が発足した。その過程で２つの特徴と課題が浮かび上がった。**１つは価格支持と生産過剰**である。生産者が受け取る市場価格が低かった場合は介入価格による買い上げ，貯蔵を行う。そのため生産性の高い農家は増産に努め，結果として生産過剰が生じた。**２つ目は輸出補助金の問題と貿易摩擦**である。地域内の農業を保護するため域外諸国に対し高い課徴金と数量割り当てを課したため域外諸国との間に貿易摩擦を引き起こした。

(2)最近の改革

最近のCAP改革（2014～20年のCAP・2013年10月合意）は小規模農業者，条件不利地域への援助を増強するとともに，気候と環境に有益な生産方法——有機農業，粗放化（永年草地の維持），作物の多様化など——を尊重することで面積当たりの追加支払を受けることができる環境支払も設けた。各国は割り当てられた直接支払の30%をこれに充てることを義務づけられた。

(『世界』岩波書店(2016年９月号)による)

1 ロシアとその周辺の農牧業地域

厳しい自然条件下での農業はソ連時代から「ソ連のアキレス腱」とよばれた。

黒土地帯 いわゆる**チェルノーゼム（黒土）**（参照▶P.71）とよばれる肥沃な土壌が広がる地帯は森林ステップ，ステップ地帯である。乾燥が進み樹木の生育が困難な地域であるが，18～19世紀に開発が進み，豊かな農業地帯になった。**小麦**の生産はウクライナ，モルドバからカザフスタンの草原地帯や西シベリアにまで広がっている。

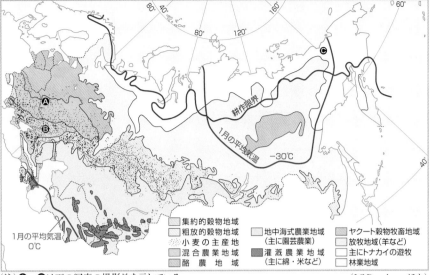

耕作限界

1月の平均気温 −30℃

1月の平均気温 0℃

凡例:
- 集約的穀物地域
- 粗放的穀物地域
- 小麦の主産地
- 混合農業地域
- 酪農地域
- 地中海式農業地域（主に園芸農業）
- 灌漑農業地域（主に綿・米など）
- ヤクート穀物牧畜地域
- 放牧地域（羊など）
- 主にトナカイの遊牧
- 林業地域

（注）🅐～🅒は下の写真の撮影地を示している。

（J.C.Dewdaneyほか）

● ロシアの生産割合の高い主な農産物 （2020年）

ライ麦 1,502万t	ドイツ 23.4%	ポーランド 19.3	ロシア 15.8	ベラルーシ 7.0	デンマーク 4.7	その他 29.8

てんさい 2億5,297万t	ロシア 13.4%	アメリカ合衆国 12.1	ドイツ 11.3	フランス 10.4	トルコ 9.1	ポーランド 5.6	その他 38.1

ヒマワリ（種） 5,023万t	ロシア 26.5%	ウクライナ 26.1	アルゼンチン 6.4	中国 4.7	ルーマニア 4.4	その他 31.9

（「FAOSTAT」による）

解説 ロシアは国土のほとんどを亜寒帯と寒帯が占めており，農業の可能な地域は，南部の東西に連なる細長い地域に限られる。比較的暖かい地域では小麦，ライ麦，てんさい，じゃがいも，ヒマワリなどと牛・豚を飼育する**混合農業**が営まれる。東部のシベリアでは，粗放的な混合農業が営まれライ麦を中心とする穀物が中心となる。**ウクライナからカザフスタンに広がる黒土（チェルノーゼム）**地帯は世界有数の穀物栽培地域が広がる（参照▶P.283）。寒冷な北極海岸のツンドラ地域はトナカイの遊牧（参照▶P.78），乾燥した中央アジアでは羊・らくだの放牧・飼育が営まれる。

ロシア料理はライ麦からつくる**黒パン**と野菜を煮込んだ**ボルシチ**，主にライ麦を原料とするアルコール分の強い**ウォトカ**が有名である。参照▶P.302

農林水産業

⬇じゃがいも栽培🅐

⬇黒土地帯での小麦栽培🅑

⬇トナカイの遊牧🅒 2016年，国際自然保護連合はトナカイを絶滅危惧種に分類した。

2 農業組織の変遷

⬇食品売場の動向 ソ連時代は世界有数の食料生産国であったが，ソ連崩壊後に，社会の混乱とともに深刻な食料不足となった。急激な社会変革の中で農業生産量も回復し，ロシア国内では自給率が低い肉類，乳製品，果実なども，経済の回復によって市場に出回るようになってきている。しかし，2022年以降ロシアによるウクライナ侵攻に対する経済措置で，停滞も予想されている。

● ロシア・ウクライナの輸出割合の高い主な農産物

（2020年）参照▶P.99

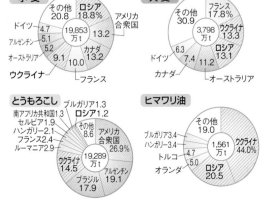

小麦 19,853万t
- ロシア 18.8%
- アメリカ合衆国 13.2
- カナダ 13.2
- フランス 10.0
- オーストラリア 9.1
- アルゼンチン 5.2
- ドイツ 5.1
- ドイツ 4.7
- その他 20.8
- ウクライナ

大麦 3,798万t
- フランス 17.8%
- ウクライナ 13.3
- ロシア 13.1
- オーストラリア 11.2
- カナダ 7.4
- ドイツ 6.3
- その他 30.9

とうもろこし 19,289万t
- アメリカ合衆国 26.9%
- アルゼンチン 19.1
- ブラジル 17.9
- ウクライナ 14.5
- その他 8.6
- ルーマニア 2.9
- フランス 2.4
- ハンガリー 2.1
- セルビア 1.9
- 南アフリカ共和国 1.3
- ブルガリア 1.3
- ロシア 1.2

ヒマワリ油 1,561万t
- ウクライナ 44.0%
- ロシア 20.5
- オランダ 5.0
- トルコ 4.7
- ハンガリー 3.4
- ブルガリア 3.4
- その他 19.0

（「FAOSTAT」による）

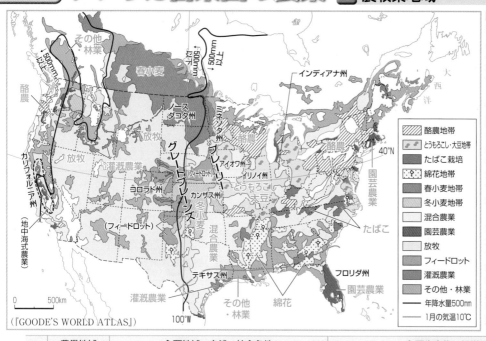

解説 アメリカでは自然環境のうち,特に気候は農牧業に直接影響を与えるので,**南北差と東西差を特徴とする農業地域**ができあがった。

西経100度の線に沿って年降水量500mmの等降水量線がほぼ南北に走り,その線を境に東西で異なる農業地域が形成された。また東側の年降水量500mm以上の地域では,南北差が顕著に現れている。

五大湖地方は,日本の北海道あるいはそのやや北の地域に相当し,メキシコ湾岸は南九州から沖縄と似た気候条件の下にあるので,この南北差が農作物の種類に影響している。西部の地中海式農業も特徴である。

凡例:
- 酪農地帯
- とうもろこし・大豆地帯
- たばこ栽培
- 綿花地帯
- 春小麦地帯
- 冬小麦地帯
- 混合農業
- 園芸農業
- 放牧
- フィードロット
- 灌漑農業
- その他・林業
- 年降水量500mm
- 1月の気温10℃

(『GOODE'S WORLD ATLAS』)

	農業地域	主要地域,自然・社会条件	主要生産物,経営の特色
北東部	酪農地帯	○ニューイングランド地方~五大湖沿岸 ○冷涼・湿潤な気候,**氷食**を受けたやせ地で牧草栽培には適する。北東部の巨大市場に隣接。	○牧草などの**飼料作物**を栽培し,乳牛を飼育。 ○市場に近い北東部では生乳,五大湖沿岸ではチーズ・バターを生産。
中西部	とうもろこし・大豆地帯(コーンベルト)	○五大湖南岸地域~アイオワ州 ○高温湿潤な夏,肥沃な**プレーリー土**が分布し,とうもろこし栽培に適する。近年は大豆が急増。	○とうもろこし(大豆と輪作)栽培と豚の飼育・肉牛の肥育を組み合わせた**混合農業**。 ○近年,穀物栽培または家畜飼育に専門化する農家が多い。
中西部	小麦地帯	○プレーリー~グレートプレーンズ ○**年降水量500mm前後**の半乾燥気候,肥沃な黒色土が分布し,小麦栽培に適する。 ○土壌侵食を防止するため**等高線耕作**がみられる。	○数百haの大農場で小麦栽培を行う**企業的穀物農業**。 ○冬小麦地帯:南部のカンザス州・オクラホマ州 　春小麦地帯:北部のノースダコタ州~カナダの平原3州。
西部	放牧・灌漑農業	○グレートプレーンズ以西の**年降水量500mm**未満の乾燥地域 ○小麦地帯とともに大陸横断鉄道により開拓。	○1,000ha規模の大牧場で肉牛を放牧する**企業的牧畜**。 ○近年,**センターピボット**による大規模灌漑農業でとうもろこしを栽培し,**フィードロット**での企業的な肥育が増加。
南部	綿花地帯(コットンベルト)	○ジョージア州~ルイジアナ州 ○生育期は高温多雨(**無霜期間200日以上**),収穫期は乾燥する気候で,綿花栽培に適する。	○かつて黒人奴隷を利用したプランテーションが発達。 ○地力減退などにより綿花栽培面積が縮小,農業の多角化が進展。現在,綿花栽培の中心は**テキサス州**などに移動。
南部	園芸農業	○フロリダ州~メキシコ湾岸 ○湿潤な亜熱帯性の気候。	○温暖な気候を利用して野菜・果樹などを栽培する**輸送園芸**が発達。特に,かんきつ類や冬野菜の生産は国内最大。
太平洋岸	地中海式農業	○カリフォルニア州(セントラルヴァレー中心) ○温暖な地中海性気候を生かし,夏の乾燥を灌漑施設の整備で克服。	○さまざまな農畜産物を生産し,国内最大の農業州。 ○セントラルヴァレー中心に,果樹や野菜などの集約的な農業を展開。機械化できない農作業は**ヒスパニック**に依存。

⬆フィードロット **参照**▶P.108・124

⬆センターピボットによる円形農場 **参照**▶P.116

⬆**等高線耕作** 等高線にそって帯状に作付けすることで,降雨による土壌や肥料の流出を防ぐ。

情報ナビ **綿花栽培地域の移動** 中心はかつての南部の綿花地帯(コットンベルト)からテキサス州・カリフォルニア州といった西部乾燥地域に移動している。両州は灌漑により綿花のほかさまざまな作物を生産し,大農業州となっている。**参照**▶P.123

2 主な農産物生産の上位州

凡例: ■1位 ▨2位 ▤3位 □4位 □5位

（NASS「Agricultural Statistics Data Base」による）

3 アメリカは「世界のパンかご」

●主な農産物の生産と輸出に占めるアメリカの割合 (2020年)

参照》P.99～101

（カッコ内はアメリカ合衆国の世界順位）

解説 アメリカは世界最大の食料生産国であり，広大な土地資源のもとで，近代的で生産性の高い大規模な農業が営まれている。特にアメリカの穀物輸出量は世界全体の穀物輸出量の17.2%(2020年)に達し，世界の穀物市場に与える影響が極めて大きく，「**世界のパンかご**」とよばれている。

世界計（万t）

品目	生産/輸出	割合(順位)	世界計(万t)
小麦	生産	6.5%(4)	76,093
	輸出	13.2%(2)	19,853
とうもろこし	生産	31.0(1)	116,235
	輸出	26.9(1)	19,289
大豆	生産	31.8(2)	35,346
	輸出	37.2(2)	17,337
綿花（繰り綿）	生産	11.7(3)	2,743
	輸出	41.4(1)	922
オレンジ類	生産	4.9(4)	11,406
	輸出	4.1(7)	1,349
牛肉	生産	18.2(1)	6,788
	輸出	10.3(3)	914
豚肉	生産	11.7(2)	10,984
	輸出	16.2(1)	2,088

（「FAOSTAT」による）

4 1戸当たりの農地面積（州別）からみた地域性

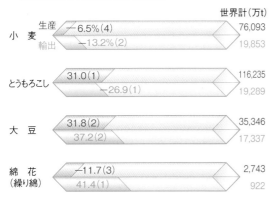

凡例: ■1,000ha～ ▨200～1,000ha □100～200ha □～100ha

（注）2001年の統計によると，1戸当たり農地面積はアメリカ全体では177haであるが，ワイオミング州の1,522haからロードアイランド州・ニュージャージー州の35haまで地域差が大きい。参照》P.130
（薄井寛『アメリカ農業は脅威か』家の光協会による）

解説 経営規模と生産の差異　アメリカでは，半乾燥地域での農牧業が目ざましく発達している。**広大な西部の草原に巨大な経営規模を誇る放牧地がある**ことは有名である。アリゾナ・ネヴァダ・ワイオミング・ニューメキシコ州などでは，**牧畜農家1戸当たりの平均経営規模が1,200～1,700ha**にも達する。なかには何千，何万haもの放牧地をもつ農家もある。

同じアメリカでも，東部では農家の経営規模が小さくなる。ニューイングランドや南東部諸州では，100ha未満の農家が大部分である。東部では放牧はほとんど行われず，牧場で乳牛を飼育したり，野菜・果樹・タバコ栽培，あるいは養鶏などがさかんなので，西部ほど広い土地を必要としないが，それでも日本よりはるかに大規模である。

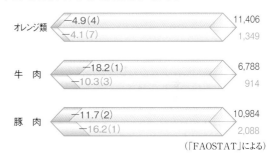

➡経営規模が大きいネヴァダ州の牧場

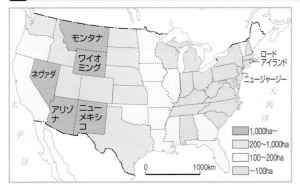

情報ナビ　**コーンベルトの大豆生産**　中西部のアイオワ州・イリノイ州を中心とした**コーンベルト（とうもろこし地帯）**では，近年大豆の栽培が増加している。大豆は食用油，飼料作物としてだけでなく，地力の回復，バイオマス燃料にも利用され，遺伝子組み換えが増えている。参照》P.125

農林水産業

5 カリフォルニアの農業

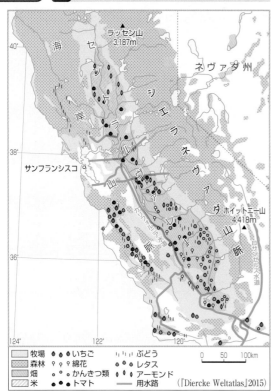

☐ 牧場	▲▲ いちご	ᴸᴸ ぶどう	
▨ 森林	♀♀ 綿花	● レタス	
▤ 畑	● かんきつ類	● アーモンド	
▥ 米	●▲ トマト	━ 用水路	

0　50　100km

（『Diercke Weltatlas』2015）

解説 地中海性気候（参照》P.73）を生かした付加価値の高い農業に特徴がある。カリフォルニア州は**全米第1の生産額**を示し、農畜産物は多様で多くが日本に輸出されている。特にセントラルヴァレーでは灌漑施設がはりめぐらされている。北部では良質な米、南部では果実、野菜を中心に綿花、乳牛の飼育もさかんである。農業協同組合のサンキストはよく知られている。ヒスパニックの雇用も多い。シエラネヴァダ山脈は**傾動山地**。

●不法入国者たちが支えるカリフォルニア農業

チカノ 現代の農場労働者は、**チカノ**といわれるメキシコ系、南米系の人々である。彼らは照りつけるカリフォルニアの強い太陽のもとで1日10時間以上働き、夜はただ眠るだけという生活を続けている。一つの農場での収穫が終わると次の農場へ職を求めて移動するため、一定の雇用者との安定した関係も打ちたてられない。そして彼らの労働の実態は、いまだにはっきりしたことがつかめていない。法律スレスレのところで仕事をしていると思われるが、雇用者側も雇用される側も、真実がさらけ出されて職場がなくなることをおそれるあまり、口を開かないからである。

不法入国者 さらに話をややこしくしているのが**ウェット・バック**（wetback、「リオグランデ川をわたって米国に密入国するメキシコ人労働者」の意）、つまり不法入国者の存在である。不法移民は、東部の大都市にも流れているが、多くは移動していて、実態のつかみにくいカリフォルニアの農場労働者になっていることが想像される。

（注）**チカノ**とは、アメリカとメキシコの戦争（米墨戦争）が終わった1848年以前からカリフォルニアに住んでいたヒスパニックの子孫の呼称。　（松尾弌之『不思議の国アメリカ』講談社現代新書による）

6 グレートプレーンズの農業

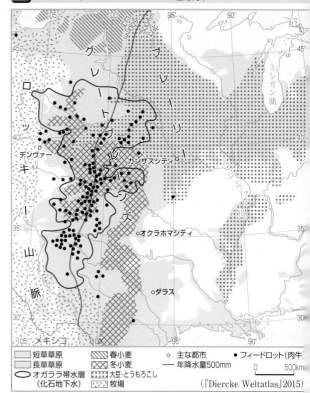

☐ 短草草原	▨ 春小麦	○ 主な都市	● フィードロット（肉牛）
▨ 長草草原	▧ 冬小麦	━ 年降水量500mm	
◯ オガララ帯水層 （化石地下水）	▥ 大豆・とうもろこし		
	▨ 牧場		

0　　　　500km

（『Diercke Weltatlas』2015）

解説 アメリカの中西部はこの国を代表する牛肉、小麦の生産地である。小麦、とうもろこしと肉牛を飼育する形態は**企業的混合農業地帯**といってもよい。ここが農業地帯となったのは**オガララ帯水層**（参照》「情報ナビ」）とよばれる世界最大級の地下水を利用したからである。近年は過剰なくみ上げによって枯渇や塩害が問題となってきている。参照》P.83

7 世界最大のシカゴ穀物取引所

シカゴ穀物取引所の大時計の針が午前9時半を指した。「ウォー」。地鳴りのようなどよめきが立会場からふき上がる。小麦・とうもろこし・大豆など作物別に輪をつくった400人をこえる仲買人が、両手を高く上げ、手のひらを外へ向けて振っている。「セル、セル（売り、売り）」と叫んでいる。たまに買い手が見つかると、けんかのような勢いで大声が殺到する。

世界最古の穀物取引所 シカゴ穀物取引所は、現在ではアメリカの全商品取引高の約半分を占める世界最大の穀物取引所である。1800年代にシカゴはアメリカの穀物流通の中心になったが、収穫期には穀物の供給が過剰となり、数か月たつと供給がいちじるしく不足し、穀物相場が大きく変動した。このようなことをなくすため、1848年に82人の事業家によって、世界最古の穀物取引所が設立され、穀物の流通・分配の改善と価格変動の調整が図られた。アメリカの穀物の世界的地位が高まるにつれて、**シカゴ穀物取引所は、国際取引の中心地になり、毎日のシカゴ相場が世界の穀物取引を左右する**ようになった。

（小島晃ほか『地球を旅する地理の本⑥』大月書店などによる）

情報ナビ **オガララ帯水層の水はあと何年？** テキサス州やカンザス州など特に南側では貯水量の大半を使い果たし、過剰取水が続く。大型スプリンクラーで散水することから、水の枯渇は2020年から2030年と予想される。

8 バイオ燃料用が急増

● アメリカのとうもろこしの用途別消費量

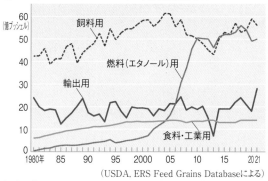

（USDA, ERS Feed Grains Databaseによる）

(注) 単位のブッシェルは, ヤード・ポンド法における体積の単位で, 1ブッシェルは約35.2Lである。

解説 とうもろこしの用途が変化 2000年代に入って**燃料用が急増**。アメリカで生産されているとうもろこしの3割以上が**バイオエタノール**としてエネルギーになっている。アメリカでは, バイオエタノールの需要拡大を背景にとうもろこしの作付面積が大幅に拡大した。とうもろこしや大豆は, **バイオマス**とよばれ, **カーボンニュートラル**（バイオマスが燃焼して排出されるCO_2量は生長するときに吸収した量に等しい）という性格をもつため, 地球温暖化抑制の社会的関心の高まりとともに注目されている。
参照 P.149

9 アグリビジネスと穀物メジャー

アグリビジネス(Agribusiness)とは 農産物の加工の分野や, 販売までの流通部門, 農業生産においても畜産・園芸・プランテーションなどの分野では, **アグリビジネス(農業関連産業)企業**とよばれる多国籍企業が強力な支配力をもっている。また, 化学肥料, 農薬, 農業機械, 種子の供給, 遺伝子組み換えによる新品種の開発など, 農業関連のさまざまな領域で, 国境を越えて世界規模で事業展開をする, 巨大で独占的なアグリビジネス企業が存在する。

穀物メジャー アグリビジネス企業のなかで最も注目されるのは, 穀物貿易で大きな支配力をもつ「穀物メジャー」とよばれる巨大穀物商社の存在である。穀物メジャーは, 内陸の穀倉地帯から膨大な穀物を集荷, 貯蔵, 輸送し, 港湾から船積みして輸出するという**効率的で近代的な流通システム**を掌握するとともに, **世界ネットワークの情報網**を活用して輸出市場を支配している。

●穀物メジャーの一つカーギル社[ミネソタ州] アメリカ中西部の穀物商社から出発してしだいに事業を拡大し, 飼料製造, 穀物製粉, 大豆・とうもろこしの加工, 食肉処理・加工など広範な分野で支配的な地位を確立している。2021年5月時点の年間収益は1,344億ドル, 従業員数は, 世界70か国に155,000人。

●ポート・エレベーター アメリカ中西部で生産された穀物は, 農場から生産地に散在する穀物施設である**カントリー・エレベーター**で集荷された後, そこから大規模な穀物施設である**ターミナル・エレベーター**（河川沿いにあるものをリバー・エレベーターともいう）を経て, ニューオーリンズなどの輸出港にある**ポート・エレベーター**に運ばれ, 外航船に積み込まれるというのが代表的なルートである。

10 遺伝子組み換え農産物が急増

遺伝子組み換え農産物(GMO) 害虫や除草などに有用な遺伝子を他の作物から取り出して組み込むことで農業生産により有効な品種に改良した作物をいう。1996年以降から栽培され北米やラテンアメリカで大豆, とうもろこしなどの農産物に導入され, 近年では綿花, 菜種などの作物にも広がっている。遺伝子組み換え技術は, 近年において最も急速に普及した農産物技術である。組み換え作物の栽培国は2019年には29か国に及び, うち24か国が発展途上国で, 普及率は大豆74%, 綿花79%, とうもろこし31%となっている。**特に発展途上国での栽培面積が急増し, 組み換え作物の栽培面積の約55%が発展途上国**で占められている。

生産の特徴と課題 組み換え作物を生産する農業生産者全体の90%以上にあたる1,500万人が発展途上国の小規模で資源に恵まれない小規模生産者である点が特筆に価する。EUや日本では**食の安全性**という点から導入に慎重な声も根強く, 表示義務や流通過程における分別の徹底などの課題が指摘されている。2021年5月現在, 日本で安全性が確認され, 販売・流通が認められているのは, 食品8種類(325品種)。

（参考：バイテク情報普及会資料）

● 世界の遺伝子組み換え農作物の作付面積の推移

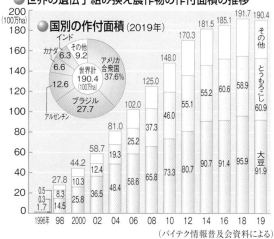

（バイテク情報普及会資料による）

ラテンアメリカの農業

1 農業地域

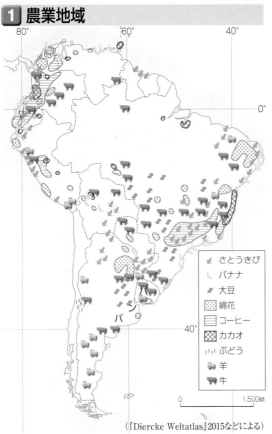

さとうきび
バナナ
大豆
綿花
コーヒー
カカオ
ぶどう
羊
牛

（『Diercke Weltatlas』2015などによる）

2 中央アンデスの環境と土地利用

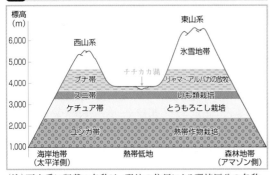

（注）西山系に記載の名称は，現地の住民による環境区分の名称。
（山本紀夫『ジャガイモのきた道』岩波書店による）

○原産地アンデス山中のじゃがいも［ペルー］ アンデス山脈の海抜4,000mの高地で収穫したじゃがいもを一緒になって食べる村人たち。参照▶P.98・311

3 多様な農業経営

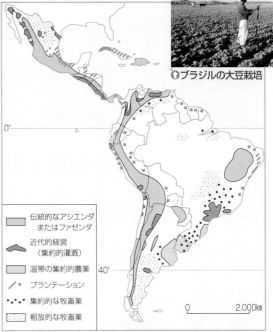

○ブラジルの大豆栽培

	伝統的なアシエンダまたはファゼンダ
	近代的経営（集約的灌漑）
	温帯の集約的農業
	プランテーション
	集約的な牧畜業
	粗放的な牧畜業

（高橋伸夫ほか『世界地図を読む』大明堂）

4 ラテンアメリカ諸国の大土地所有制

　ラテンアメリカでは今なお大土地所有制（ラティフンディオ）が残存しており，全体としてみた場合に人口の5％が約70％の土地を所有しているといわれる。6,000ha以上の広大な農場がきわめて少数の大地主によって占められ，ブラジルではファゼンダ，メキシコやペルーなどではアシエンダ，アルゼンチンではエスタンシアなどとよばれる。チリの首都サンチアゴの近くにあるリオコロラドのアシエンダは，その面積が実に9,900kmにも及び，日本の四国地方の半分内外にも匹敵するとさえいわれている。このようにして，1,000ha以上の所有者がチリでは農地の約80％，ボリビアでは92％，ベネズエラでは74％をも占めているという。

（注）エヒード　アシエンダ解体後のメキシコにみられる土地制度で，個人または共同で耕作する農地を村落共同体が共有する。土地所有権は国家にあるが，耕作権は農民がもつ。

○エスタンシアのプラン

アルファルファ	自然牧場	小作農地	樹林地	地主邸
小作人家屋		井戸		

（『ラテンアメリカの農地改革と農業発展』農政調査委員会などによる）

5 パンパの農牧業

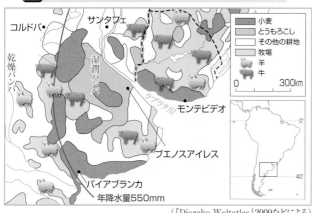

コルドバ• サンタフェ•
乾燥パンパ
湿潤パンパ
ラプラタ川
モンテビデオ
ブエノスアイレス
バイアブランカ
年降水量550mm

小麦
とうもろこし
その他の耕地
牧場
羊
牛
0　300km

（『Diercke Weltatlas』2009などによる）

解説 **発展の要因** アルゼンチンの農業は1870年代から世界的な一次産品の需要の高まりや**冷凍船**の普及，鉄道建設や移民労働力の増加によって発展した。イタリアやスペインからのコロノとよばれた移民労働者は大土地所有者から土地を借り，3〜4年の契約が終わると借地に**アルファルファ**（**参照**→P.2・108）を植え付けて返済した。これは牧畜業の発展にも寄与することとなった。パンパはラプラタ川下流域の大草原をいう。

パンパの農業 年降水量550mmの線に沿って小麦地帯が延び，その東側の**湿潤パンパ**では主に小麦，とうもろこしからなる混合農業が行われ**肉牛**の飼育が多い。西側の**乾燥パンパ**では**牧羊**が中心となる。羊の大牧場はさらに南部のパタゴニアに広がっている。近年は大豆の栽培が急増している。**参照**→P.71・311

6 大豆生産の急増
〜ラテンアメリカ農業の変貌

大豆畑の急増 「大豆，大豆，また大豆ですよ」。南米アルゼンチンの国立農業研究所研究員ステラ・カルバジョさん(58)が，衛星写真を見せながら語った。カルバジョさんは地球観測衛星ランドサットの映像から大豆の葉が放つ周波数を選び出し，ピンク色で示して大豆畑の拡大ぶりを分析している。

1995年に全耕作面積の約4分の1だった**アルゼンチン**の大豆作付面積は，2004年には49%に達した。過去5年の平均で，東京都の面積の5倍にあたる100万ha の大豆畑が毎年増えたことになる。

ブラジルでは95年から04年の間に1千万ha が増えた。ボリビア，パラグアイなどでも急増が確認できる。南アメリカはまるで「大豆大陸」と化しつつある。

（「朝日新聞」2006.3.16による）

● ブラジルの主な農産物の生産推移

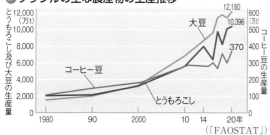

とうもろこし及び大豆の生産量（万t）
12,000
10,000
8,000
6,000
4,000
2,000
0

大豆 12,180 10,396
コーヒー豆
とうもろこし
370

コーヒー豆の生産量（万t）
600
500
400
300
200
100

1980　90　2000　10 14　20年
（「FAOSTAT」）

解説 ブラジルでは，国土面積の約30%を占める広大な農用地を利用した大規模農業が行われており，**大豆・コーヒー豆・さとうきびの生産量は世界1位**，牛肉・オレンジ類は世界2位，とうもろこしはアメリカ合衆国，中国に次いで世界3位の生産量である（FAO：2020年）。**参照**→P.100・101

7 バナナ輸出量の増加

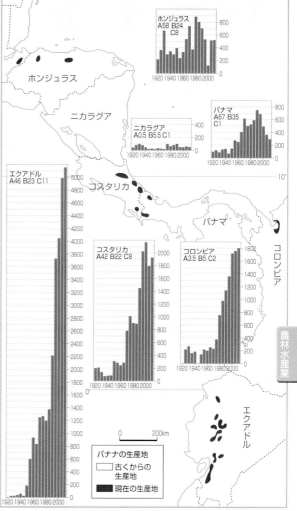

ホンジュラス
A58 B24 C8
800 600 400 200
1920 1940 1960 1980 2000

ニカラグア
A0.5 B5.5 C1
400 200
1920 1940 1960 1980 2000

パナマ
A67 B35 C1
800 600 400 200
1920 1940 1960 1980 2000

エクアドル
A46 B23 C11
5000〜800

コスタリカ
A42 B22 C8
2000 1800 1600 1400 1200 1000 800 600 400 200
1920 1940 1960 1980 2000

コロンビア
A3.5 B5 C2
1800 1600 1400 1200 1000 800 600 400 200
1920 1940 1960 1980 2000

ホンジュラス
ニカラグア
コスタリカ
パナマ
コロンビア
エクアドル

0　200km

バナナの生産地
□ 古くからの生産地
■ 現在の生産地

（注）グラフはバナナの輸出量で単位は千t。グラフ中のA, B, Cの数値は総輸出額に占めるバナナの輸出額割合（%）で，Aは1950〜1958年，Bは1990〜1998年，Cは2003〜2011年の平均。

（『Diercke Weltatlas』2015）

◐バナナ農園（プランテーション）[コスタリカ] 中央アメリカのコスタリカでは，バナナ・コーヒー・パイナップルなどの**プランテーション農業**が行われている。バナナは重要な輸出品であり，エクアドルに次ぐ輸出国である（2020年）。成長する観光業とともに同国の経済を支えている。軍隊を廃止した国としても知られており，スペイン系白人，先住民との混血が約94%を占める。

情報ナビ **ブラジルの主要輸出品目は一次産品** 大豆，砂糖，コーヒー，食肉の農産物や原油，鉄鉱石等で鉱物資源等の一次産品が主要輸出品目で全輸出額の約5割。輸出先は中国が全輸出額の3割を占め，主な品目は大豆，原油，鉄鉱石（2020年）。

農林水産業

オセアニアの農業

1 農牧業地域〜オーストラリア・ニュージーランド

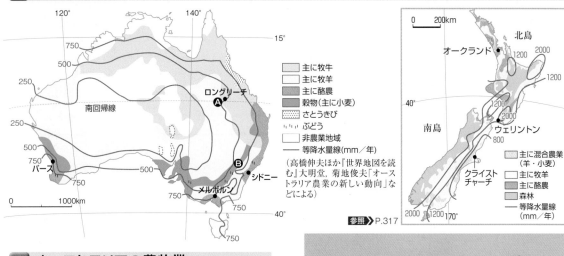

凡例
- 主に牧牛
- 主に牧羊
- 主に酪農
- 穀物(主に小麦)
- さとうきび
- ぶどう
- 非農業地域
- 等降水量線(mm／年)

（高橋伸夫ほか『世界地図を読む』大明堂，菊地俊夫「オーストラリア農業の新しい動向」などによる）

ニュージーランド凡例
- 主に混合農業（羊・小麦）
- 主に牧羊
- 主に酪農
- 森林
- 等降水量線（mm／年）

参照 P.317

2 オーストラリアの農牧業

オーストラリアは農業国？ オーストラリアは農業国という印象が強いが，就業者数に占める農業人口の割合は2.6％にすぎない(2019年)。1960年には11.0％であったから，農業はこの間急速に国民経済におけるシェアを低下させている。

輪作体系 小麦，牧羊地帯の農業方式は，3年から5年間穀物を栽培した後に，家畜を放牧するという輪作体系のもとで営まれている。というのは，オーストラリアの農場は表土が浅く地力も痩せている。そのため，家畜の放牧により土壌の肥沃度を高めてから穀物を栽培するわけである。

牛肉の飼料は小麦 オーストラリアでは，日本の牛肉輸入自由化に伴って，フィードロット農場が増加しつつある。アメリカの場合，とうもろこしを飼料とするが，オーストラリアは小麦を飼料として与える。とうもろこしによる穀物肥育よりも，小麦による穀物肥育の方が上質の脂肪(サシ)が入る。

主要な輸出農産物は4品目 オーストラリアが農産物輸出国だからといって，同国農業があらゆる分野で国際競争力をもっているわけではない。オーストラリア国内ではゴムなどの一部熱帯産品を除き非常に広範囲にわたる農畜産物が生産されているが，**主要な**

◯クインズランド州ロングリーチでの牧牛 A オーストラリアの牧牛は，大都市がある東部沿岸でさかんである。降水量の少ない内陸部では，**粗放的な放牧**が行われている。

◯大型コンバインを使用した小麦の収穫[ニューサウスウェールズ州] B

輸出農産物は羊毛，小麦，肉類，砂糖であり，この4つで農産物輸出額のほぼ4分の3を占める。世界市場に進出しうる農畜産物は非常に限定されている。

（加賀井優「オーストラリアにおける食糧需給と貿易構造」などによる）

◯日本のオセアニアに依存する主な農産物 (2021年)

農産物	輸入量	主な輸入先と輸入量に占める割合(%)		
羊毛	6(千t)	中国(51.0)	ニュージーランド(18.6)	オーストラリア(9.8)
牛肉	585(千t)	オーストラリア(40.8)	アメリカ合衆国(39.8)	カナダ(8.5)
ナチュラルチーズ	278(千t)	オーストラリア(22.0)	ニュージーランド(21.5)	アメリカ合衆国(13.8)
砂糖	986(千t)	オーストラリア(85.3)	タイ(13.5)	中国(0.3)
小麦	5,126(千t)	アメリカ合衆国(44.2)	カナダ(35.1)	オーストラリア(20.6)

（財務省「貿易統計」）

解説 牛肉の輸入が日本で多い理由 日本の2021年の牛肉の輸入額は，米国42.2%，オーストラリア40.5%であった(輸入量は上表のとおり)。オーストラリア産牛肉がこのような高いシェアを占めている理由に，オーストラリア産牛肉への安心感がある。オーストラリアは，**BSE(狂牛病)と口蹄疫のない国として国際的な認証を受けており**，これが日本人の支持を得ている。厳格なオーストラリアの食品安全基準の下，オーストラリア産牛肉は，安全でかつ日本政府の輸入条件を満たすように管理されている。

オーストラリアから日本へ輸出される牛肉の約半分は，日本企業の資本が携わっており，品質や安全性において**日本の消費者の嗜好に合わせた製品を提供している**。日本のあらゆる需要に対応するため，霜降りの穀物肥育牛と赤身の牧草肥育牛の両方を育てている。参照 P.101・319

情報ナビ **オーストラリア内陸部の大牧場** なかには，東京都程の面積のものもあるという。最寄りの医者から何百kmも離れて暮らす人たちの命綱は，無線で助けを呼ぶと軽飛行機でかけつけるフライング＝ドクター。現在，大陸の2/3をカバーしている。

3 オーストラリア南東部の農業

⬆ワイン用ぶどうの収穫[マリー川沿岸]
大都市郊外を中心にぶどう栽培がさかんで，ワイン生産も急増している。

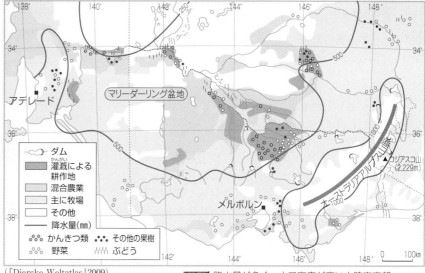

凡例
- 〜 ダム
- 灌漑による耕作地
- 混合農業
- 主に牧場
- その他
- — 降水量(mm)
- 〇〇〇 かんきつ類　▥▥▥ その他の果樹
- 〇〇〇 野菜　▥▥▥ ぶどう

(『Diercke Weltatlas』2009)

4 マリー川流域の灌漑

⬇マリー川沿岸の耕作地(左)と，マリー川の流量を増やすための灌漑設備(右)　オーストラリア南東部のマリーダーリング盆地の半乾燥地域では，**スノーウィーマウンテンズ計画**(参照▶P.92)によって建設されたダム湖の水を，トンネルで導水してマリー川の流量を増やし灌漑に利用している。

解説 降水量が多く，人口密度が高い大陸南東部では大都市市場向けの野菜や果樹栽培が行われている。マリー川沿岸に広がる耕作地では，小麦栽培を中心に牧羊や稲作もみられる。近年では，野菜，果樹生産の増加により，小麦栽培は減少傾向にある。オーストラリアにおける牧羊の多くはメリノ種であるが，南東部では毛・肉兼用のコリデール種もみられる。

(注)羊の種類 参照▶P.3
メリノ種…毛用種の羊で，スペインが原産地。白く細長い良質の羊毛が得られ，オーストラリアをはじめ，ヨーロッパや南北アメリカなど各地で飼われている。
コリデール種…毛肉兼用種の羊で，ニュージーランドを原産地とする。湿気に強く繁殖力に富んでいる。特にニュージーランド北島に多い。

5 経済を支える牧畜業〜ニュージーランド

● 世界の羊毛の輸出(洗上換算)

オーストラリア 38.5%	ニュージーランド 19.2	その他 30.3	(2020年) 40.3万 t

南ア共和国 7.5 ┘　└イギリス 4.5
(注)60%で洗上換算。
(「FAOSTAT」による)

● ニュージーランドの輸出品

酪農品 26.5%	肉類 13.9	機械類 4.9	その他 40.2	(2019年) 395.4億ドル

木材 7.4 ┘　└野菜と果実 7.1
(『世界国勢図会』2021/22による)

　ニュージーランドは山がちな国ではあるが，よく開発され，国土の半分は牧羊地となっている。牧草は主要な作物で，ニュージーランドの重要な富の源泉である。これはニュージーランドが気候的に大変恵まれているためで，冬季間も温暖であるので，一年中牧草があり，**飼育は完全屋外自然放牧**で，畜舎はなく毛刈小屋や搾乳小屋以外にはほとんど手を加えない。羊の場合200〜4,000頭，乳牛だと100〜300頭を家族労働により飼育するのが平均的である。かつて，農牧輸出品の9割がイギリス向けだったがオーストラリア，アメリカ合衆国，日本などへ転換し，近年では中国，インド，韓国などの比重が増加している(参照▶P.101)。　(『世界地理　オセアニア』朝倉書店などによる)

⬇サザンアルプス山脈の東側に広がる牧羊地域

日本の農業

1 日本の国土と農地の特色

日本の農地面積 ヨーロッパ諸国の中で比較対象を求めるとすれば，国土面積のほぼ等しい島国であるイギリスが最も適当である。日本の国土面積は37.8万km²，イギリスよりも50%大きい。しかしここで重要なのは，イギリスの国土の大部分が，農業にもその他の用途にも利用できる平地であるのに対して，日本では国土の70%が急傾斜地の山地であるということである。日本農業の最も大きな特色は，人口に比較して農地面積が狭い（参照▶P.119）ということである。

日本の農地の三つの特色─イギリスとの対比で─

第1は，日本は永久牧草地が非常に少なく，また放牧用の野草地は全く無いに近いということである。2014年の統計によると，日本の牧場・牧草地率はわずか1.7%である。イギリスは45.3%となっている。

第2は，日本では農地のほぼ半分を，米を作るための特別な農地である水田が占めていることである。日本は気候風土上アジアモンスーン地帯に属していて，稲の生育する春から夏にかけて雨がたっぷり降る。これは稲の栽培上非常に有利な条件であり，そもそも稲が日本の主要作物となった理由である。

第3は，日本には現実に「農場」というものが存在しないことである。農地があるのに農場がないのは奇妙にきこえるかもしれないが，日本の農地は農業経営単位ごとにまとまっていない。1農業経営＝1農場という形になっていない。これは農業経営学上，農場制に対して分散錯圃制（さくほ）とよばれている。

（荏開津典生『日本人と牛肉』岩波ブックレットNo.121などによる）

2 高齢化する農業従事者

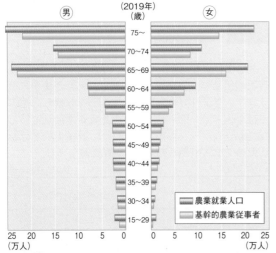

（男）（2019年）（歳）（女）

75〜
70〜74
65〜69
60〜64
55〜59
50〜54
45〜49
40〜44
35〜39
30〜34
15〜29

25 20 15 10 5 0 （万人）　0 5 10 15 20 25 （万人）

凡例：農業就業人口／基幹的農業従事者

（注）**農業就業人口**とは自営農業のみに従事している者又は農業とそれ以外の仕事の両方に従事し自営農業が主の者。
基幹的農業従事者とは農業就業人口のうち，ふだん仕事として主に農業に従事している者。 （「農業構造動態調査」による）

解説 総就業人口に占める農業従事者の割合は4.1%（2019年），国内総生産に占める農業総生産の割合は0.8%（2019年）。全産業の中で農業の地位の低下が著しい。高齢化と農村の過疎化，輸入農産物への対応が課題となっている。

情報ナビ **農業経営体** 日本は個人経営体が96.1%，近年増加している法人経営体は3.2万経営体で2.1%（2021年）。

3 農業関連年表

年	出来事
1942	**食糧管理法**制定
45	**第1次農地改革**，46年第2次農地改革
61	**農業基本法**公布
63	バナナなど25品目の輸入自由化
69	食管制度の手直し。自主流通米を新設。生産者米価据え置き。過剰米が深刻化
71	**減反政策**（米の生産調整）開始
91	牛肉・オレンジの輸入自由化
93	米の部分的開放を決定。**GATT（ガット）ウルグアイ・ラウンド**（新多角的貿易交渉）妥結。米が大凶作
94	米を計260万t緊急輸入（タイ・中国などから）
95	米輸入（ミニマム・アクセス）開始。食糧管理法廃止。**新食糧法**施行
99	**米の輸入関税化**（自由化）。食料・農業・農村基本法（**新農業基本法**）公布
2010	新たな「食料・農業・農村基本計画」策定
11	**経営所得安定対策**を実施
17	農業競争力強化へ8法成立
18	減反政策廃止

4 耕地率・経営規模からみた日本の特徴

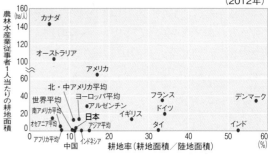

（2012年）

縦軸：農林水産業従事者1人当たりの耕地面積（ha/人）
横軸：耕地率（耕地面積／陸地面積）（%）

参照▶P.120　（『世界の統計』2015による）

5 農家数とその構成の推移

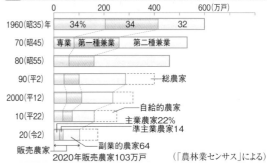

横軸：0 200 400 600（万戸）

1960（昭35）年 34% 34 32
70（昭45） 専業／第一種兼業／第二種兼業
80（昭55）
90（平2） 総農家
2000（平12） 自給的農家
10（平22） 主業農家22%／準主業農家14
20（令2） 副業的農家64
販売農家 2020年販売農家103万戸

（「農林業センサス」による）

販売農家	経営耕地面積30a以上または農産物販売金額が年間50万円以上の農家
主業農家	農業所得が主（50%以上）で，65歳未満の農業従事60日以上の者がいる農家
準主業農家	農外所得が主で，65歳未満の農業従事60日以上の者がいる農家
副業的農家	主業農家，準主業農家以外の販売農家
自給的農家	経営耕地面積30a未満かつ農産物販売金額が年間50万円未満の農家

解説 農家の種類 『1995年農業センサス』から経営耕地面積10a以上または年間の農産物販売金額15万円以上の農家について，販売農家（主業農家・準主業農家・副業的農家）と自給的農家に分ける統計の取り方をしている（1aは100m²）。

6 農業総産出額の作目別構成比の推移

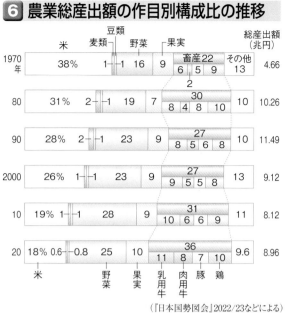

	米	麦類	豆類	野菜	果実	畜産				その他	総産出額（兆円）
1970年	38%	1	1	16	9	畜産22（6 6 5 9）				13	4.66
80	31%	2	1	19	7	30（8 4 8 10）				10	10.26
90	28%	2	1	23	9	27（8 5 6 8）				10	11.49
2000	26%	1	1	23	9	27（9 5 5 8）				13	9.12
10	19%	1	1	28	9	31（10 6 6 9）				11	8.12
20	18%	0.6	0.8	25	10	36（11 8 7 10）				10	8.96

米　野菜　果実　乳用牛　肉用牛　豚　鶏

（『日本国勢図会』2022/23などによる）

都道府県別農業産出額1位の品目

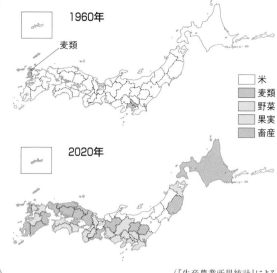

1960年

2020年

凡例：米／麦類／野菜／果実／畜産

（『生産農業所得統計』による）

7 農畜産物の主な産地 (2021年, %)

	米 756万t	小麦 108万t	ばれいしょ 214万t	りんご 66万t	みかん 75万t	きゅうり 55万t	キャベツ※1 143万t	茶 33万t	乳用牛 136万頭	肉用牛 261万頭	豚 929万頭	肉用若鶏※2 7.1億羽
1位	新潟 8.2	北海道 66.1	北海道 78.8	青森 62.8	和歌山 19.7	宮崎 11.6	愛知 18.3	静岡 40.5	北海道 61.2	北海道 20.6	鹿児島 13.3	鹿児島 19.8
2位	北海道 7.6	福岡 7.1	鹿児島 3.7	長野 16.7	愛媛 17.1	群馬 9.8	群馬 17.9	鹿児島 38.4	栃木 3.9	鹿児島 13.5	宮崎 8.6	宮崎 19.6
3位	秋田 6.6	佐賀 5.3	長崎 3.2	岩手 6.4	静岡 13.3	埼玉 8.3	千葉 8.3	三重 7.7	熊本 3.2	宮崎 9.6	北海道 7.8	岩手 16.6
4位	山形 5.2	愛知 2.7	茨城 2.3	山形 4.9	熊本 12.0	福島 7.1	茨城 7.4	宮崎 4.3	岩手 3.0	熊本 5.2	群馬 6.9	青森 5.9
5位	宮城 4.7	三重 2.1	千葉 1.4	福島 2.8	長崎 6.9	千葉 5.7	鹿児島 5.0	京都 3.5	群馬 2.5	岩手 3.5	千葉 6.6	北海道 5.5

（注）※1は2020年の数値。※2は出荷羽数。　　　　　　（「農林水産統計情報総合データベース」などによる）

8 米の需給及び古米在庫量の推移

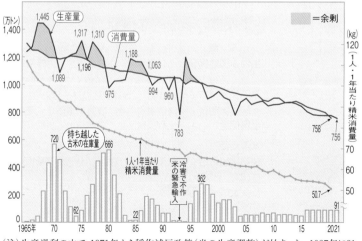

生産量　消費量　=余剰

1,445／1,317／1,310／1,188／1,089／1,196／975／1,063／994／960／783／758／756

持ち越した古米の在庫量　720／666

1人・1年当たり精米消費量

米冷害で緊急不作輸入

62／22／362／50.7／91

（注）生産過剰の中で、1971年から稲作減反政策（米の生産調整）が始まった。1987年に31年ぶりに米価引き下げ。2018年に減反政策廃止。

（農林水産省『令和2年度食料需給表』などによる）

9 食料消費の構成の変化

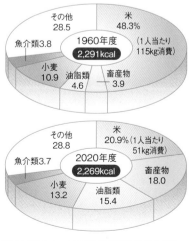

1960年度 2,291kcal
その他 28.5／米 48.3%（1人当たり115kg消費）／魚介類 3.8／小麦 10.9／油脂類 4.6／畜産物 3.9

2020年度 2,269kcal
その他 28.8／米 20.9%（1人当たり51kg消費）／魚介類 3.7／小麦 13.2／油脂類 15.4／畜産物 18.0

（注）国民1人・1日当たりの供給熱量の割合。米の（　）内は1人・1年当たりの消費量。
（『令和2年度食料需給表』などによる）

情報ナビ　**6次産業化**　第1次産業（農水産業）は、第2次（加工業）、第3次（流通・販売）と結びつく（1次×2次×3次産業＝6次産業）ことにより、多くの付加価値を得ることができる。その方向を目指し2011年6次産業化法が制定された。

世界と日本の森林資源

1 森林分布と主な国の木材伐採量・用途

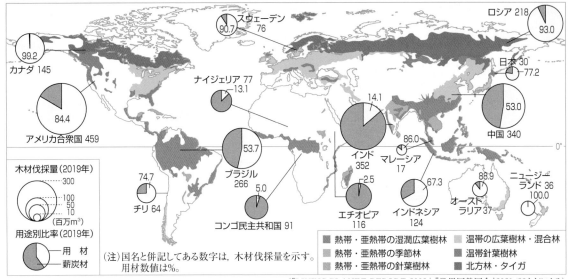

スウェーデン 90.7 76
ロシア 218 93.0
カナダ 145 99.2
日本 30 77.2
ナイジェリア 77 13.1
中国 340 53.0
アメリカ合衆国 459 84.4
インド 352 14.1
マレーシア 17 86.0
ブラジル 266 53.7
チリ 64 74.7
エチオピア 116 2.5
インドネシア 124 67.3
オーストラリア 37 88.9
ニュージーランド 36 100.0
コンゴ民主共和国 91 5.0

木材伐採量(2019年)
300 100 50 10
(百万m³)
用途別比率(2019年)
用材 薪炭材

(注)国名と併記してある数字は,木材伐採量を示す。用材数値は%。

■ 熱帯・亜熱帯の湿潤広葉樹林　■ 温帯の広葉樹林・混合林
■ 熱帯・亜熱帯の季節林　　　　■ 温帯針葉樹林
■ 熱帯・亜熱帯の針葉樹林　　　■ 北方林・タイガ

(『LIVING PLANET REPORT 2008』,『世界国勢図会』2021/22などによる)

解説 世界の森林面積は約40億haで陸地面積の約30%を占める。森林の約半分は**熱帯林**で,残りは**温帯林**,**亜寒帯林(冷帯林)**である。先進国では,製材・パルプ・合板などの**用材**として,発展途上国では,木炭を含む燃料用の**薪炭材**としての利用が多い。

2 世界の森林面積,木材伐採量・輸出入

(森林面積は2018年,木材伐採量・輸出入量は2020年)

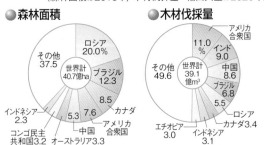

● 森林面積
世界計 40.7億ha
ロシア 20.0%
ブラジル 12.3
カナダ 8.5
アメリカ合衆国 7.6
中国 5.3
オーストラリア 3.3
コンゴ民主共和国 3.2
インドネシア 2.3
その他 37.5

● 木材伐採量
世界計 39.1億m³
アメリカ合衆国 11.0%
インド 9.0
中国 8.6
ブラジル 6.8
ロシア 5.5
カナダ 3.4
インドネシア 3.1
エチオピア 3.0
その他 49.6

● 木材輸出量
世界計 29,315万m³
ロシア 16.3%
カナダ 11.2
ニュージーランド 8.0
ドイツ 7.8
チェコ 7.5
スウェーデン 5.2
アメリカ合衆国 4.4
フィンランド 3.2
その他 36.4

● 木材輸入量
世界計 28,505万m³
中国 32.8%
アメリカ合衆国 9.6
オーストリア 5.1
ドイツ 4.5
ベルギー 3.0
イギリス 2.9
スウェーデン 2.8
イタリア 2.6
日本 2.5
その他 34.6

(注)輸出入量は丸太と製材の合計で,合板,木質パルプなどは含まない。

(「FAOSTAT」などによる)

3 世界の紙類,パルプの生産量 (2020年)

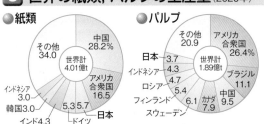

● 紙類
世界計 4.01億t
中国 28.2%
アメリカ合衆国 16.5
日本 5.7
ドイツ 5.3
インド 4.3
韓国 3.0
インドネシア 3.0
その他 34.0

● パルプ
世界計 1.89億t
アメリカ合衆国 26.4%
ブラジル 11.1
中国 9.5
カナダ 7.9
スウェーデン 6.1
フィンランド 5.4
ロシア 4.7
インドネシア 4.3
日本 3.7
その他 20.9

(「FAOSTAT」による)

4 主な国の森林率と木材生産量 (2019年)

	森林率(%)(2018年)	木材伐採高用材(%)	薪炭材(%)	うち針葉樹の割合(%)
日　本	66.0	3,035 77.2	22.8	69.3
中　国	22.6	34,012 53.0	47.0	27.4
ロ シ ア	47.7	21,840 93.0	7.0	79.2
スウェーデン	62.5	7,550 90.7	9.3	88.1
カ ナ ダ	35.1	14,517 99.2	0.8	80.6
ブ ラ ジ ル	58.6	26,629 53.0	46.3	16.9
イ ン ド	21.8	35,176 14.1	85.9	4.3

木材伐採高(万m³)

(『世界国勢図会』2021/22による)

解説 国土面積に占める森林率は,広大な熱帯雨林が広がるブラジル,針葉樹林帯(タイガ)が分布するカナダやスウェーデンなどの北ヨーロッパ諸国,ロシアで高い比率である。中国は西部に砂漠やステップなど乾燥地帯が広がり森林率は低い。**日本は約66%**と世界有数の森林率を有する国であるが,平地林が少なく山地林がほとんどで生産コストが高く,山村の過疎化とともに林業従事者の高齢化が進み,外材への依存率が高まり,かつては木材の自給率が90%以上であったが,**現在は世界有数の木材輸入国**となった。

5 森林の多面的な機能

機能	主な内容
生物多様性保全	遺伝子保全,生物種保全,生態系保全
地球環境保全	地球温暖化の緩和(CO_2吸収,化石燃料代替),地球気候システムの安定化
土砂災害防止・土壌保全	表面浸食防止,表層崩壊防止,その他土砂災害防止,雪崩防止,防風,防雪
水源涵養	洪水緩和,水資源貯蔵,水量調節,水質浄化
快適環境形成	気候緩和,大気浄化,快適生活環境形成
保健・レクリエーション	療養,保養,行楽,スポーツ
文化	景観・風致,学習・教育,芸術,宗教・祭礼,伝統文化,地域の多様性維持
物質生産	木材,食料,工業原料,工芸材料

(日本学術会議答申「地球環境・人間生活にかかわる農業及び森林の多面的な機能の評価について」)

情報ナビ **薪炭材** 世界の木材需要のうち,薪や木炭に用いる薪炭材需要が発展途上国を中心に約50%を占める。人口急増に伴い,近年,薪炭材としての木材伐採が増加し,砂漠化の原因にもなっている。

6 森林資源の分布・特色・利用

	分布と林相	特　色	利用樹種
熱帯林	アマゾン川流域(**セルバ**),カリブ海沿岸,コンゴ川流域,東南アジア(**ジャングル**) ●**熱帯雨林**——多層的な常緑広葉樹林 ●**熱帯モンスーン林**——高木層が落葉広葉樹のため下層樹やつた類が繁茂	①**多種多様な樹種**が混在し,均質の材が得にくい。硬木の特殊材の伐採が中心である。 ②市場に最も遠く,交通も不便で開発が遅れた。 ③最近はパルプ材などの生産が急増し(東南アジアの**マングローブ林**),**各地で熱帯林の消滅が問題**となっている。 ④発展途上国では,薪炭材としての利用が現在も多く,環境破壊の一因ともなっている。 **参照** P.89	有用材 ●チーク(ミャンマー・タイ・ジャワ島) 　→船舶材・家具材・枕木 ●ラワン(フィリピン・カリマンタン島) 　→合板材・建築材・家具材 ●マホガニー(カリブ海沿岸地域) 　→西洋の高級家具材・ギター ●紫檀・黒檀(インド・タイ・台湾・スラウェシ島) 　→東洋の高級家具材 有用樹 ケブラチョ(アルゼンチン・パラグアイ)→タンニン,油やし・ココやし・天然ゴム・キナ
温帯林	⑦西南日本〜中国本土 ⑦地中海沿岸 ⑦東北日本,中・西部ヨーロッパ ●暖帯林(低緯度側) **常緑広葉樹林**(⑦照葉樹林 ⑦硬葉樹林)**カシ帯** ●温帯林(高緯度側) **落葉広葉樹林**(⑦針葉樹との混合体)**ブナ帯**	①古くから用材や薪炭として利用され,さらに伐採され耕地として利用されてきたので,**天然林(原生林)が少ない。** ②日本,中・西部ヨーロッパでは**人工林が多く**,集約的な林業が発達している。 ③市場に近く,交通も便利。樹種が多く,需要も多い。 ④原生林の減少,酸性雨の被害で,自然保護運動も各地に起こっている。	有用材 ●常緑広葉樹(カシ・シイ) ●落葉広葉樹(ブナ・ナラ・ケヤキ) ●針葉樹(マツ・スギ・ヒノキ・モミ・トウヒ) 有用樹 クス(台湾・九州)→しょう脳 コルクがし・オリーブ(ともに地中海沿岸) うるし(中国・日本)
亜寒帯林〈冷帯林〉	北ヨーロッパ,ロシア北部,アラスカ,カナダ ●**針葉樹林** **タイガ**(原生林の意)地帯	①樹種が少なく,樹高のそろった**純林**が多いので,大量生産が可能。 ②**軟木**が多く,パルプ材・建築材として利用価値が大きい。大規模な林業地帯を形成している。	有用材 カラマツ,トドマツ,トウヒ,モミ

↑**熱帯雨林**　多種多様で高木層・低木層など雑多な森林環境を形成。

↑**照葉樹林**　常緑広葉樹林に属し,温帯の南部地域に多い暖帯林。葉が厚く光沢がある。**シイ,カシ,クス**が代表的な樹木である。

↑**針葉樹林**　温帯から亜寒帯にかけて広く分布。**マツ,スギ,モミ**などが好例。

↑**落葉広葉樹林**　温帯の落葉広葉樹を代表する**ブナ**林。**ナラ,クリ,カエデ**など種類は多い。

↓**マホガニー**　中米から南米原産で,樹高は40m,幹の直径は2mまでに生長する。ギターや高級家具に使用される。乱伐が進み現在は入手が困難。

↓**ラワン**　東南アジア等に分布し,樹高は40m,直径は2mに達し,板根(**参照** P.67)が発達。商用価値が高く,合板材として広く利用されている。

↑●合板の生産　合板とは単材(木材を薄くかつらむきのようにスライスしたもの)を複数枚,接着剤などで貼り合わせて1枚の板に加工したもの。複数枚組み合わせるときには木目を交互にする(左図)。一般にラワン合板をベニヤ板とよぶ。

7 日本の木材供給量と自給率

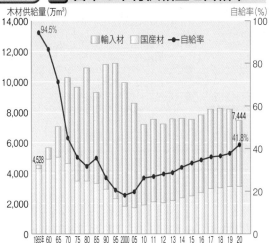

木材供給量(万m³) / 自給率(%)

□輸入材 □国産材 ●自給率

94.5%
4,528
7,444
41.8%

1955 60 65 70 75 80 85 90 95 2000 05 11 12 13 14 15 16 17 18 19 20

(注)木材自給率が最も低かったのは、2002年の18.8%である。
(『令和2年木材需給表』などによる)

解説 日本の木材需要は1960年代後半から90年代前半までの間に約1.5倍に増え、それは住宅建設や紙・パルプ生産の増加によっている。70%を確保していた自給率はこの間低下し、41.8%(2020年)にまで落ち込んでいる。**日本は、現在、世界有数の木材輸入国**となっている。

8 日本の都道府県別林野率と素材生産量

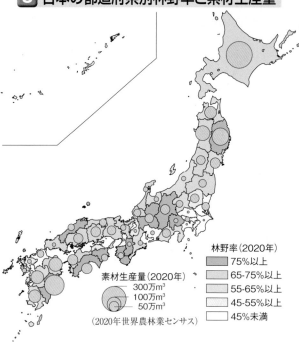

素材生産量(2020年)
300万m³
100万m³
50万m³

林野率(2020年)
■ 75%以上
■ 65-75%以上
■ 55-65%以上
□ 45-55%以上
□ 45%未満

(2020年世界農林業センサス)

9 日本の木材輸入先の推移

●丸太輸入先の推移

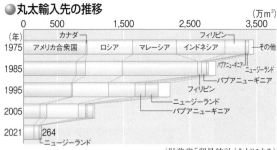

(万m³)
0　500　1,500　2,500　3,500

(年)
1975 カナダ / アメリカ合衆国 / ロシア / マレーシア / インドネシア / フィリピン / その他
1985 パプアニューギニア / ニュージーランド
1995 フィリピン / ニュージーランド / パプアニューギニア
2005
2021 264 / ニュージーランド

(財務省「貿易統計」などによる)

●製材輸入先の推移

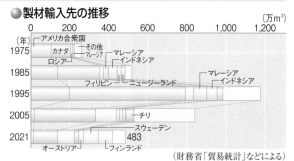

(万m³)
0　200　400　600　800　1,000　1,200

(年)
1975 アメリカ合衆国 / カナダ / ロシア / その他 / マレーシア / インドネシア
1985 フィリピン / ニュージーランド / マレーシア / インドネシア
1995
2005 チリ / スウェーデン
2021 483 / オーストリア / フィンランド

(財務省「貿易統計」などによる)

解説 日本の木材輸入先は北アメリカ・ロシア・東南アジアが中心だったが、現在は特にマレーシア・インドネシア・フィリピンなど**東南アジアからの輸入が大きく減少**し、オーストラリアやニュージーランドからの輸入が増加している。1980年代までは東南アジアからラワン材などが、原木(丸太)で日本など先進国向けに多く輸出されていたが、熱帯林の破壊防止、国内産業育成のため丸太輸出の規制が強化され、高付加価値のチップや合板材に加工してから輸出するようになってきている。なお、チップとは工業原料として使われる木材で、木片(チップ)にしたものである。

●アグロフォレストリー

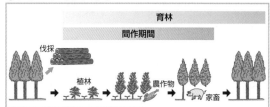

育林

間作期間

伐採 → 植林 → 農作物 → 家畜

樹木を育てながら樹間で農作物の栽培や家畜の飼育を複合的に行い、林業と農業・牧畜の融合として捉えることができる。森林破壊が問題となっている熱帯地方、特にインドネシアなど東南アジア島嶼部でさかんに行われている。土壌流出防止、家畜の排泄物の肥料化などの効果があり、樹間で農作物を栽培し、家畜を放牧することにより効率的な農林業が期待されるとともに生物多様性保全など環境にも配慮されたものとして注目されている。

10 日本の木材需要

●用材の用途別割合及び需要に占める外材の割合

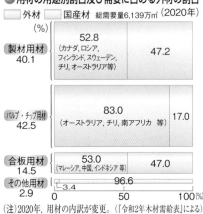

□外材　□国産材　総需要量6,139万m³ (2020年)

(%)

	外材	国産材
製材用材 40.1	52.8 (カナダ、ロシア、フィンランド、スウェーデン、チリ、オーストラリア等)	47.2
パルプ・チップ用材 42.5	83.0 (オーストラリア、チリ、南アフリカ 等)	17.0
合板用材 14.5	53.0 (マレーシア、中国、インドネシア 等)	47.0
その他用材 2.9	3.4	96.6

0　50　100(%)

(注)2020年、用材の内訳が変更。(『令和2年木材需給表』による)

11 林業就業者数及び高齢化率の推移

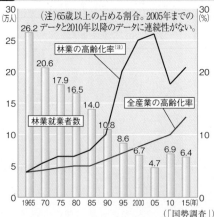

(万人) / (%)

(注)65歳以上の占める割合。2005年までのデータと2010年以降のデータに連続性がない。

林業の高齢化率(注)
全産業の高齢化率
林業就業者数

26.2
20.6
17.9
16.5
14.0
10.8
8.6
6.7
4.7
6.9
6.4

1965 70 75 80 85 90 95 2000 05 10 15(年)

(「国勢調査」)

1 海域別漁獲量と最大漁獲国

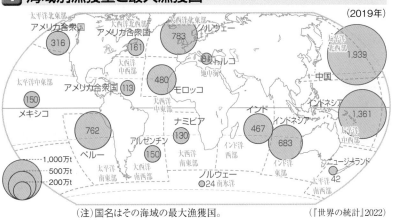

（2019年）

太平洋北東部 アメリカ合衆国 316
大西洋北西部 アメリカ合衆国 161
大西洋北東部 ノルウェー 783
太平洋北西部 中国 1,939
トルコ 81
地中海
モロッコ 480
アメリカ合衆国 113 太平洋中東部
メキシコ 150 太平洋中東部
ペルー 762 太平洋南東部
アルゼンチン 150 大西洋南西部
ナミビア 130 大西洋南東部
インド 467 インド洋西部
インドネシア 683 インド洋東部
インドネシア 1,361 太平洋中西部
ニュージーランド 42 太平洋南西部
ノルウェー 24 南氷洋

1,000万t
500万t
200万t

（注）国名はその海域の最大漁獲国。　（『世界の統計』2022）

2 世界の水産物輸出入

輸出　（2019年）

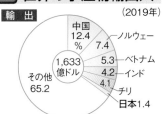

1,633億ドル
中国 12.4%
ノルウェー 7.4
ベトナム 5.3
インド 4.2
チリ 4.1
日本 1.4
その他 65.2

輸入

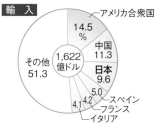

1,622億ドル
アメリカ合衆国 14.5%
中国 11.3
日本 9.6
スペイン 5.0
フランス 4.2
イタリア 4.1
その他 51.3

（『日本国勢図会』2022/23）

3 主な国の漁獲量の推移

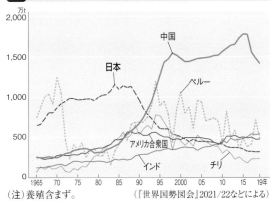

中国／日本／ペルー／アメリカ合衆国／インド／チリ

（注）養殖含まず。　（『世界国勢図会』2021/22などによる）

中国の漁獲量の内訳

（2020年）

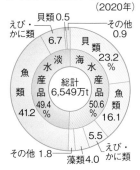

総計 6,549万t
海水産品 50.6%
　魚類 16.1
　えび・かに類 5.5
　藻類 4.0
　その他 1.8
淡水産品 49.4%
　魚類 41.2
　えび・かに類 6.7
　貝類 0.5
貝類 23.2%
その他 0.9

（注）養殖は総計の79.8%を占める。　（『中国統計年鑑』2021）

解説　国別漁獲量は，1960年代はペルーが世界一であり，アンチョビー漁がさかんで，**フィッシュミール**（飼料）に加工し輸出してきたが，海流の異変と乱獲で，1972年から激減した。その後，日本が再び首位となった。1970年代後半から200海里の**排他的経済水域（EEZ）**（参照≫P.250）が設定され，沿岸国の水産資源の保護，外国船の入漁制限が進み，養殖業や人工孵化による放流を行う**栽培漁業**が進展するようになった。1990年代に入って中国の漁獲量が急増。海水産品と淡水産品がほぼ半々を占め，漁獲量の4分の3以上が養殖であるという特色がある。

農林水産業

4 主な魚類

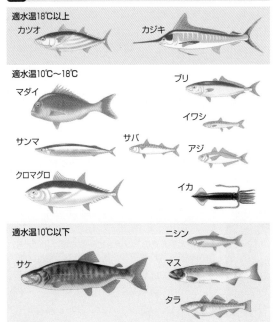

適水温18℃以上
カツオ／カジキ

適水温10℃〜18℃
マダイ／ブリ／サンマ／サバ／イワシ／アジ／クロマグロ／イカ

適水温10℃以下
サケ／ニシン／マス／タラ

5 主な漁法

定置網漁

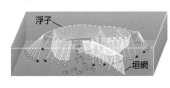

浮子／垣網

沿岸近くの海中に網を仕掛ける漁法で，垣網という網で魚道を遮り，次第に奥の網の中に魚を誘導して捕獲する。

トロール漁

引き綱の長さは水深の約3倍
網の長さは約70m
オッターボード

トロール網という袋状の網を引いて，海底に生息する**ヒラメ・カレイ**などを捕獲する漁法。底引き網漁の一つ。

延縄漁

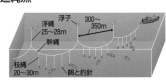

浮子
300〜350m
浮縄 25〜28m
幹縄
枝縄 20〜30m
餌と釣針

釣り針をつけた枝縄を幹縄から垂らし，**マグロ**などを捕獲する漁法。釣り針には餌となるイカなどをつける。

情報ナビ　**1人当たりの魚介類の消費量は？**　1日1人当たり，アイスランド250g，韓国156g，ノルウェー139g，日本126g，インドネシア120g，中国105g，ペルー66g，アメリカ合衆国61gなどである（2019年，「FAOSTAT」）。

6 世界の主な漁場と条件・特色 参照▶P.83

漁場名	漁場の条件	漁業の特色(漁港は下図参照)
北西太平洋漁場 (北太平洋西岸)	①東シナ海の大陸棚や大和堆・武蔵堆などがある。 ②**黒潮**(日本海流)と**親潮**(千島海流)が合流して潮境(潮目)をつくる。**対馬海流**(暖流)と**リマン海流**(寒流)が合流。 ③日本が大消費地(市場)として存在。	①漁獲物の種類・漁獲高ともに世界最大 ②北部水域(北洋)——寒海魚 サケ・マス・ニシン・スケトウダラ ③南部水域——暖海魚 サバ・イワシ・カツオ・マグロ
北東太平洋漁場 (北米西岸)	①**カリフォルニア海流**(寒流)が南下し、湧昇流海域である。 ②**フレーザー川・コロンビア川**などは、サケ・マスのよい産卵場であり、河川漁業がさかん(人工ふ化もさかん)。	①20世紀に入り日本人移民によって、サケ・マス漁業がさかんになる。 ②消費市場に遠いので沿岸に大規模な缶詰・冷凍工場が発達。
南東太平洋漁場 (南米西岸)	①**ペルー海流**(寒流)が北上。沿岸は顕著な湧昇流海域で、下層から栄養塩類が供給され、プランクトンが繁殖して好漁場となる。	①第二次世界大戦後に発達 ②**アンチョビー**の漁獲がほとんど。**魚粉(フィッシュミール)**(飼料・肥料)として主に欧米諸国へ輸出。 ③1970年代、乱獲や海流の異変(**エルニーニョ現象**)(参照▶P.9)で漁獲高が激減。1990年代は豊漁期に。
北東大西洋漁場 (北西ヨーロッパ)	①北海の大陸棚、**ドッガーバンク、グレートフィッシャーバンク**などがある。 ②**北大西洋海流**(暖流)と**東グリーンランド海流**(寒流)が合流して潮境をつくる。 ③周囲に先進国が多く、大消費市場形成。 ④北海周辺の**エスチュアリー**(三角江)、**リアス海岸**、フィヨルドなど良港がある。参照▶P.50	①開発の歴史が古く、機械化された大規模経営。 ②**トロール漁**が中心で、ニシン・タラは漁獲高の大半を占めるが、タラは激減。 ③イギリスとアイスランドの間でタラをめぐり3回衝突(**タラ戦争**)。1975年、アイスランドが200海里経済水域を宣言し、20年近くに及ぶ「タラ戦争」が決着した。
北西大西洋漁場 (北米東岸)	①**グランドバンク、ジョージバンク**などがある。 ②**メキシコ湾流**(暖流)と**ラブラドル海流**(寒流)が合流して潮境をつくる。 ③北アメリカ大陸の大消費地に近い。	①15世紀末、ニューファンドランドを発見したフランスの漁民によって開発された。 ②主な漁獲物はタラであるが、ニシン・サバも多い。
南氷洋漁場	①1925年　ノルウェー人の母船式捕鯨業開始。乱獲が進行 ②1946年　国際捕鯨取締条約…捕獲頭数制限 ③1972年　国連環境会議の捕鯨禁止決議…捕鯨の規制強化 ④1982年　国際捕鯨委員会、商業捕鯨の全面禁止決議	**解説** 好漁場の自然条件は、①寒流と暖流の出会う**潮境(潮目)**にあたり魚群が濃いこと、②**大陸棚**やバンク(浅堆)が多く、魚の餌であるプランクトンが繁殖すること、③海水の下層水が上昇し、海上に向かう**湧昇流海域**であること、などがあげられる。

●北西太平洋漁場

●北東大西洋漁場

●北西大西洋漁場

●南東太平洋漁場のイメージ(沿岸は湧昇流海域)

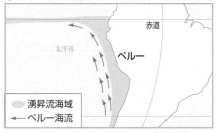

●サケの水揚げ[北海道斜里町]

●タラの日干し[ノルウェー]

●南東太平洋でのアンチョビーの水揚げ[ペルー]

7 日本の種類別漁獲量と水産物輸入量の推移

（各年次『日本国勢図会』による）

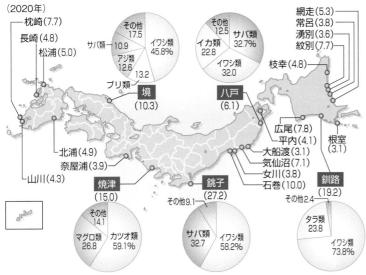

（注）(1) カキ，ノリ，真珠，ハマチなどの養殖。(2) 河川，湖沼における養殖以外の漁業。
(3) 河川，湖沼における養殖。輸入量には加工品・飼肥料及び海藻類を含む。

解説 日本の遠洋漁業は1973年の**石油危機**以降，**燃料費の高騰**や各国の**200海里の排他的経済水域設定**の影響を受け，漁獲量が急減した。順調に上昇を続けてきた沖合漁業も，主要魚種であるマイワシの漁獲量が激減するなどして，1989年以降は減少している。

一方，マグロ，エビ，サケ・マスを中心に水産物の輸入割合は高く，「とる漁業」から「買う漁業」，「栽培漁業」，「養殖漁業」への転換が進んでいる。

チェック・ワード 栽培漁業と養殖漁業　近年増加している**栽培漁業**は，卵から稚魚になるまでの期間を人間の手により守り育て，外敵から身を守ることができるようになったらその魚類にとって最適な海に放流し，自然の海で成長したものを漁獲する。**養殖漁業**は，魚類が稚魚から大人になるまでいけすなど，人間の管理下で育て，放流はしない。

8 主な漁港の水揚量と魚種別割合

（2020年）

網走(5.3)
常呂(3.8)
湧別(3.6)
紋別(7.7)
枝幸(4.8)
根室(3.1)

枕崎(7.7)
長崎(4.8)
松浦(5.0)
北浦(4.9)
奈屋浦(3.9)
山川(4.3)

広尾(7.8)
平内(4.1)
大船渡(3.1)
気仙沼(7.1)
女川(3.8)
石巻(10.0)

境 (10.3)
その他 17.5 / イワシ類 45.8% / アジ類 12.6 / ブリ類 13.2 / サバ類 10.9

八戸 (6.1)
その他 12.5 / サバ類 32.7% / イカ類 22.8 / イワシ類 32.0

焼津 (15.0)
その他 14.1 / マグロ類 26.8 / カツオ類 59.1%

銚子 (27.2)
その他 9.1 / サバ類 32.7 / イワシ類 58.2%

釧路 (19.2)
その他 2.4 / タラ類 23.8 / イワシ類 73.8%

（注）水揚量には貝類・藻類を含む。年間水揚量3.0万t以上の漁港。(　) の数字の単位は万t。魚種別割合は各港の出荷量で算出。　（水産物流通調査による）

解説 最も水揚量が多い漁港は銚子で**沖合漁業**によるサバ・イワシなどが大きな割合を占めていることが特徴。焼津は**遠洋漁業**によるカツオ・マグロの水揚げが大半を占める。

農林水産業

↑日本の市場に並ぶスペインからのマグロ[東京・築地市場]　蓄養マグロの輸入は地中海沿岸諸国のほか，近年はメキシコやオーストラリアからも増加している。若いマグロを巻き網で一網打尽にし，沖合の巨大ないけすの中で脂が乗ったマグロを「生産」する手法で，2005年には約22,000 tの大西洋蓄養マグロが輸入され，日本の漁獲量2,800 tを大幅に上回った。2010年には，大西洋でのマグロ資源枯渇を危惧して，輸出を制限する議論が行われた。

9 日本へ輸出される魚介類

●日本の魚介類の主な輸入先

輸入量（2021年）
5　10（万t）
（財務省「貿易統計」による）

ノルウェー サケ・マス
ロシア カニ
カナダ カニ
アメリカ合衆国 サケ・マス
モロッコ タコ
モーリタニア タコ
中国 イカ ウナギ・マグロ
韓国 マグロ
インド エビ
ベトナム エビ
台湾 マグロ・ウナギ
インドネシア エビ
チリ サケ・マス

↑スーパーに並ぶモーリタニア産のタコ

●日本の魚介類の品目別輸入割合（2021年）

品目（主な輸入相手国・地域）	金額(億円)	割合(%)
サケ・マス(チリ・ノルウェー)	2,200	18.4
マグロ(台湾・中国)	1,824	15.3
エビ(インド・ベトナム)	1,738	14.6
カニ(ロシア・カナダ)	673	5.6
イカ(中国・ベトナム)	570	4.8
タコ(モーリタニア・モロッコ)	318	2.7
ウナギ(中国・台湾)	151	1.3
その他	4,451	37.3
計	11,925	100.0

（財務省「貿易統計」による）

世界と日本の食料問題

1 世界の食料事情

● 世界の栄養不足人口（1990－2030年）(100万人)

	1990－92年	2005－07年	2011－13年*	2030年**
世　界	1,015(19%)	907(14%)	842(12%)	―
先進国***	20(<<5)	14(<<5)	16(<<5)	―
途上国	996(24)	893(17)	827(14)	443(6%)
アフリカ	178(27)	218(23)	226(21)	183(15)
アジア	751(24)	620(16)	552(14)	235(5)
中南米	66(15)	55(10)	47(8)	25(4)
大洋州	0.8(14)	1.1(13)	1.2(12)	―

(注)*推定，**推測，***(<<5)は5％以下

● 主要地域別の1人1日当たりの供給栄養量と，それに占める穀物の比率

	1人1日当たりの供給栄養量(2009年)	穀物の比率(2005－07年)
北　米	3,688kcal	22%
ヨーロッパ	3,362	30
日　本	2,723	38
アフリカ	2,560	49
サハラ以南アフリカ	2,360	55
アジア	2,706	56
中　国	3,036	50
インド	2,321	60
ラテンアメリカ	2,951	37

(2図とも西川潤『新・世界経済入門』(岩波新書)による)

解説 地域によって1人当たり供給栄養量や穀物需給のバランスにはかなりの差がみられる。南の発展途上国の平均は2,700キロカロリーである。サハラ以南のアフリカでは2,360キロカロリーと，**OECD諸国平均の7割程度の水準**でしかない。供給栄養量にしめる穀物の比率をみると途上国では50～60％に及んでいる。

⬤食料支援を待つアフリカの子ども 現在，世界には8億人を超える栄養不足人口が存在し，**そのうち9割以上が途上国**に存在している。餓死者数は毎日2万5,000人（子どもは6秒に1人が餓死）といわれる。

2 世界的な農地争奪戦

● ランドラッシュ（ランドグラビング）

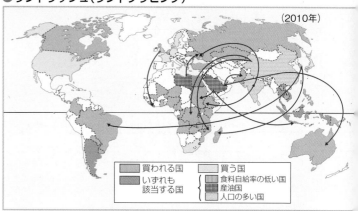

(2010年)

買われる国／買う国／いずれも該当する国／食料自給率の低い国／産油国／人口の多い国

(農業情報研究所資料による)

投資国	農地取得等が行われた国	農地取得の主な内容
アラブ首長国連邦	スーダン	37万8,000haに投資
	パキスタン	32万4,000haの農地を購入
中　国	タンザニア	稲作のため300haを確保
バーレーン	フィリピン	農業，漁業のための1万haを確保
ヨルダン	スーダン	作物栽培及び放牧用に2万5,000haを確保
エジプト	スーダン	年間200万tの小麦を栽培するための農地を確保

(平成21年度『食料・農業・農村白書』などによる)

解説 2008年の急激な食料高騰を背景に将来的な食料不足への懸念が強まり，自国の食料確保を外国の農地に求める動きがある（オイルマネーの潤沢な産油国や人口が多い国，先進国など）。

3 フード・マイレージ（＝食料輸送量×輸送距離）

輸入食料の総重量と輸送距離を数値化したもので，持続可能な社会実現の一つの方法として，食料の生産地と消費地の距離をなるべく短くすることが考えられる。日本のフード・マイレージは他国と比べても格段に大きく，日本が世界有数の農産物輸入大国であるとともに，輸送に多くの化石燃料を使用していることがうかがえる。

● 主な国のフード・マイレージ (2001年)

	日本	韓国	アメリカ合衆国	イギリス
フードマイレージ(百万t・km)(日本を100としたときの指数)	900,208(100)	317,169(35)	295,821(33)	187,986(21)
人口1人あたり(t・km)	7,093	6,637	1,051	3,195

(平成22年度『食料・農業・農村白書』などによる)

4 変動する穀物の国際価格と需要の見通し

解説 とうもろこし，大豆は2012年以降，世界的な豊作等から穀物等の価格は低下。2017年以降はほぼ横ばいで推移。2021年以降，小麦については米国やカナダの高温乾燥による不作に加え，ロシアによるウクライナ侵攻が重なったことから2022年急騰している。

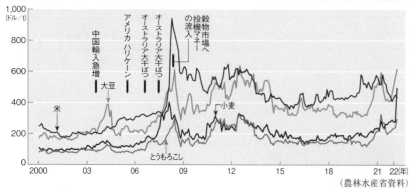

中国輸入急増／米／大豆／アメリカハリケーン／オーストラリア大干ばつ／オーストラリア大干ばつ／穀物市場への投機マネーの流入／小麦／とうもろこし

(農林水産省資料による)

● 世界全体の穀物需要の見通し

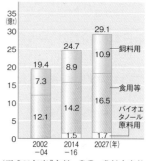

	2002－04	2014－16	2027(年)
飼料用	7.3	8.9	10.9
食用等	12.1	14.2	16.5
バイオエタノール原料用		1.5	1.7
計	19.4	24.7	29.1

(平成29年度『食料・農業・農村白書』)

情報ナビ **オリジナルカロリー** 家畜のエネルギー転換率は15％（約7倍）といわれており，**1kgの肉を得るために約7kgの飼料を必要とする**（とうもろこし換算で牛肉11kg，豚肉7kg）。畜産物のカロリーを飼料に換算して計算し直した数値を**オリジナルカロリー**という。

④ 日本は世界有数の農産物輸入国〜低い自給率

● 日本向け各国の農水産物輸出総額とその内訳 (2020年)

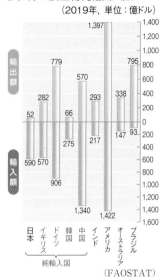

デンマーク 715億円 豚肉 56% チーズ 10
フランス 1,939億円 52% アルコール飲料
ロシア 1,081億円 カニ 27% エビ 6 ウニ 7 サケ・マス タラ
中国 9,214億円 野菜 18% 加工肉 8 イカ
韓国 2,758億円 たばこ 38% 加工ウナギ 7 カツオ・マグロ類 アルコール飲料
カナダ 4,465億円 豚肉 28% 菜種(採油用) 22 小麦 13 大豆
アメリカ合衆国 1兆4,795億円 とうもろこし 15% 牛肉 10 豚肉 9 大豆 8 小麦 6 果実 5
ベトナム 1,845億円 エビ 33% イカ 10 コーヒー豆
インドネシア 2,376億円 天然ゴム 25% エビ 11 真珠 2 パーム油
フィリピン 1,237億円 やし油 3 果実 77%
南アフリカ 194億円 果実 22% アルコール飲料 5 種 4
タイ 4,967億円 加工鶏肉 33% エビ 6 鶏肉 7 天然ゴム 5
オーストラリア 4,192億円 牛肉 39% 小麦 6 チーズ 7 砂糖 8
ニュージーランド 1,848億円 果実 27% ウニ 5 チーズ 14 バター 3 牛肉 7
チリ 2,122億円 サケ・マス 57% 豚肉 9 ウニ 5 アルコール飲料 6
ブラジル 3,257億円 とうもろこし 37% 鶏肉 24 コーヒー豆 10

(農林水産省「二国間貿易実績」による)

● 世界の農産物純輸出入額 (2019年,単位:億ドル)

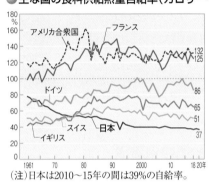

(FAOSTAT)

輸出額 / 輸入額

国	輸出	輸入
日本	52	590
イギリス	282	570
ドイツ	779	906
韓国	66	275
中国	570	1,340
インド	293	217
アメリカ	1,397	1,422
オーストラリア	338	147
ブラジル	795	93

純輸入国:日本,イギリス,ドイツ,韓国,中国,インド

● 日本の主な農産物の自給率の推移

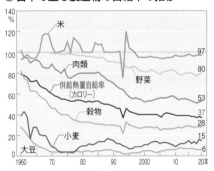

米 97
肉類 80
野菜 53
供給熱量自給率(カロリー) 37
穀物 28
小麦 15
大豆 6

● 主な国の食料供給熱量自給率(カロリーベース)

アメリカ合衆国 / フランス 132 / 125
ドイツ 86
イギリス 65
スイス 51
日本 37

(注)日本は2010〜15年の間は39%の自給率。

(注)**食料自給率** 品目別自給率の算出は,通常重量ベースで行われるが,食料全体の自給率は,多種多様な食料を重量で合計することが不都合なため,供給熱量自給率(カロリーベース),つまり食料の供給熱量を適用することが多い。

供給熱量自給率 =(国内生産による供給熱量÷総供給熱量)× 100(%)
(『令和2年度食料需給表』などによる)

● 都道府県別食料自給率〜100%以上は6道県 (2019年,カロリーベース,単位:%)

北海道	216	栃木	71	静岡	15	滋賀	49	岡山	36	佐賀	72
青森	123	群馬	32	**新潟**	109	京都	12	広島	21	長崎	39
岩手	107	埼玉	10	富山	76	大阪	1	山口	29	熊本	56
宮城	73	千葉	24	石川	47	兵庫	15	徳島	41	大分	42
秋田	205	東京	0	福井	66	奈良	14	香川	33	宮崎	60
山形	145	神奈川	2	岐阜	25	和歌山	28	愛媛	35	鹿児島	78
福島	78	山梨	19	愛知	12	鳥取	61	高知	43	沖縄	34
茨城	66	長野	53	三重	39	島根	61	福岡	19	全国	38

(注)太字の道県は,100%以上の道県を表す。
(農林水産省資料による)

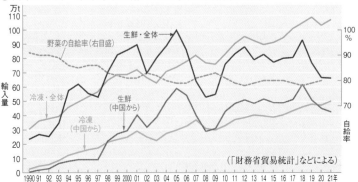

⇒店頭に並ぶ中国産野菜

⑤ 増加する中国からの輸入野菜

1980年代以降の日本の野菜の輸入増加の背景には,まず,**輸送技術の進歩により鮮度保持が可能になった**ことから,安価な海上輸送が可能になったことがある。これに加えて,野菜の生産は穀物などの場合に比べて労働集約的であり,中国がその**安価な労働力**(賃金水準は日本の約1/25)を生かして,日本のマーケット向けに安価な野菜供給を本格化させてきた。一方で,安全性も問われている。参照▶P.111

● 日本の生鮮・冷凍野菜の輸入量と野菜の自給率の推移

生鮮・全体
野菜の自給率(右目盛)
冷凍・全体
生鮮(中国から)
冷凍(中国から)

(「財務省貿易統計」などによる)

世界のエネルギー消費

1 世界の一次エネルギー供給の推移

（石油換算：百万 t）2019年は1 PJ＝23,855石油換算トンにて算出。

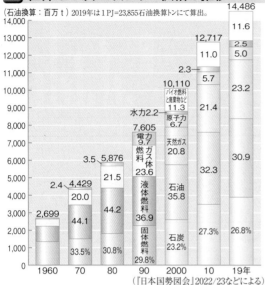

（『日本国勢図会』2022/23などによる）

年	合計	バイオ燃料と産業物など	水力	原子力	天然ガス	石油	石炭
1960	2,699	2.4		20.0		44.1	33.5%
70	4,429	3.5		21.5		44.2	30.8%
80	5,876		電力9.7 燃料23.6			液体燃料36.9	固体燃料29.8%
90	7,605	バイオ燃料と産業物など11.3	水力2.2	原子力6.7	天然ガス20.8	石油35.8	石炭23.2%
2000	10,110	2.3	5.7	21.4	32.3		27.3%
10	12,717	11.0	2.5	23.2	30.9		26.8%
19年	14,486	11.6	2.5	5.0	23.2	30.9	26.8%

（注）一次エネルギー　石炭・石油・天然ガスなどの化石燃料，水力・原子力・地熱・薪炭など，加工されない状態で供給されるエネルギー。

解説 1960年代のエネルギー革命以降，石油が大きな割合を占めてきたが，1970年代のオイルショックをきっかけに石油代替エネルギーへの転換が進み，天然ガスや原子力の割合が増加した。

チェック・ワード エネルギー革命　エネルギー源の移行のこと。一般には，1960年代後半にみられた**石炭から石油への転換**を指す。その背景には，中東での大規模な油田開発や大型タンカー・パイプラインなど輸送技術の発達があった。

2 一次エネルギー供給の国別構成

（2018年，石油換算）

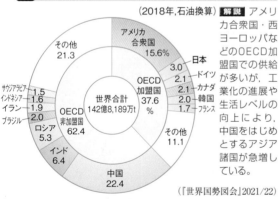

世界合計 142億8,189万t

- OECD加盟国 37.6%
  - アメリカ合衆国 15.6%
  - 日本 3.0
  - ドイツ 2.1
  - カナダ 2.1
  - 韓国 2.0
  - フランス 1.7
  - その他 11.1
- OECD非加盟国 62.4
  - 中国 22.4
  - インド 6.4
  - ロシア 5.3
  - ブラジル 2.0
  - イラン 1.9
  - インドネシア 1.6
  - サウジアラビア 1.5
  - その他 21.3

解説 アメリカ合衆国・西ヨーロッパなどのOECD加盟国での供給が多いが，工業化の進展や生活レベルの向上により，中国をはじめとするアジア諸国が急増している。

（『世界国勢図会』2021/22）

3 エネルギー資源の可採年数 (2020年)

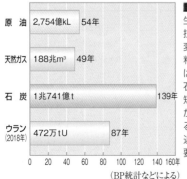

		可採年数
原　油	2,754億kL	54年
天然ガス	188兆m³	49年
石　炭	1兆741億t	139年
ウラン (2018年)	472万tU	87年

（BP統計などによる）

解説 可採年数は生産量の増減や開発技術の向上によって変動するが，化石燃料が有限であることは確かである。特に石油は，可採年数が短く，埋蔵量の多くが中東地域に偏在するなどの難点があり，近年の地域紛争の一要因ともなっている。

4 各国のエネルギー供給事情

❶牛糞燃料作り[インド・ヴァラナシ（ベナレス）]　発展途上国では一次エネルギー供給割合において，**バイオ燃料と廃棄物**（Biofuels and waste，以前はCRWと表記されていた）の比率が高い。薪炭が多いが，牛の多いインドでは牛糞が重要な燃料であり，収入源でもある。円形にして壁に貼り付け一週間ほど乾燥させると，匂いもなく火力も予想以上に強い。

●主な国の一次エネルギー供給構成 （%, 2018年）

国	石炭	石油	天然ガス	原子力	水力・地熱	バイオ燃料と廃棄物	合計(万t)
日　本	26.9	39.0	22.8	4.0	3.6	3.7	42,600
南アフリカ共和国	73.2	15.0	3.0	2.2	5.6	1.0	13,424
中　国	61.9	19.1	7.2	2.4	5.7	3.7	319,642
ポーランド	46.7	28.1	15.2		1.3	8.7	10,580
オーストラリア	33.5	33.9	25.4		3.1	4.1	12,803
インド	45.1	25.6	5.7	1.1	2.5	20.0	91,944
サウジアラビア		63.0	37.0				21,364
ブラジル	5.7	36.2	10.7	1.4	13.6	32.4	28,703
アメリカ合衆国	14.4	35.9	31.8	9.8	3.1	5.0	223,077
ドイツ	22.8	32.5	24.3	6.6	5.3	8.5	30,208
ロシア	15.7	19.5	54.5	7.1	2.2	1.0	75,933
エジプト	3.4	38.3	54.4		1.5	2.4	9,562
イタリア	5.7	33.8	39.5		8.9	12.1	15,058
カナダ	5.1	34.8	35.8	8.8	12.2	3.3	29,758
フランス	3.7	28.8	14.9	43.7	3.9	5.0	24,635
フィリピン ('08年)	16.4	32.7	7.8	24.5	18.6		4,107

凡例：石炭　石油　天然ガス　原子力　水力・地熱　バイオ燃料と廃棄物

（注）100％になるように「バイオ燃料と廃棄物」で調整。

（『世界国勢図会』2021/22などによる）

解説 多くの国で石油の比率が高い中，中国とインドは石炭の比率が高く，公害問題が懸念される。統計では，原子力発電比率の高いフランスや，石油を輸出して国内では安価な天然ガスを用いるロシア，地熱比率が高いフィリピン，風力の比率が高い北西ヨーロッパ諸国も特徴的である。また，発展途上国は**バイオ燃料と廃棄物**の比率が高くなっている。

1 世界の天然ガスの埋蔵量と生産量

地域別・国別確認埋蔵量（2020年末）

世界計 188.1兆m³	中東 40.3%					ロシア 19.9	トルクメニスタン 7.2	6.7	中国4.5 その他 21.4
	イラン 17.1	カタール 13.1	3.2	3.2					

サウジアラビア　アラブ首長国連邦　アメリカ合衆国

国別生産量（2020年）

世界計 3.85兆m³	アメリカ合衆国 23.7%	ロシア 16.6	イラン 6.5	中国 5.0	カナダ 4.3	カタール4.4 オーストラリア3.7 その他 30.0

ノルウェー2.9　サウジアラビア2.9

（BP「Statistical Review of World Energy 2021」）

❶天然ガス田[ロシア・コミ共和国] ロシアの民営化された石油生産会社のルクオイル資本のガス田である。

2 LNG（液化天然ガス）

LNGの流れ

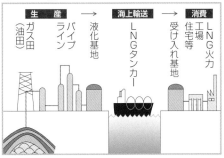

生産	→	海上輸送	→	消費
ガス田（油田）→パイプ→液化基地		LNGタンカー		受け入れ基地・LNG火力・工場・住宅等

解説 天然ガス 油田地帯・ガス田から産出し，メタンを主成分とする無色透明で高カロリーの可燃性ガス。パイプラインで送られるほか，低温で液化させLNGタンカー（参照▶P.194）で輸送される。液化したものは不純物をほとんど含まず，石油に比べて地球温暖化の原因となる二酸化炭素の排出量が少ないため**クリーンエネルギー**として注目されている。

LNG（液化天然ガス，Liquefied Natural Gas） 天然ガスは，－162℃まで冷却すると液化し，体積が600分の1になる。日本ではLNGは主に東南アジアから輸入し，ガス管を通じて送られてくる都市ガスや火力発電の燃料として用いられる。

LPG（液化石油ガス，Liquefied Petroleum Gas） プロパンやブタンを主成分とするガスはLPガスを液化したもの。空気より重く液化しやすい性質があり，油田地帯から産出されたり，石油精製の過程で副産物として得られる。日本はLPGを中東から輸入し，ボンベに詰められたプロパンガスなどに利用される。

3 シェール革命

世界のシェールガス分布と技術的回収可能量

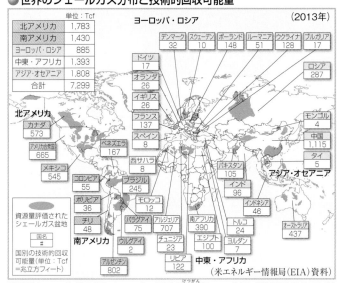

（2013年）

単位：Tcf

北アメリカ	1,783
南アメリカ	1,430
ヨーロッパ・ロシア	885
中東・アフリカ	1,393
アジア・オセアニア	1,808
合計	7,299

資源量評価されたシェールガス盆地
［国名
　#］
国別の技術的回収可能量（単位：Tcf=兆立方フィート）

ヨーロッパ・ロシア
デンマーク 32／スウェーデン 10／ポーランド 148／ルーマニア 51／ウクライナ 128／ブルガリア 17
ドイツ 17／オランダ 26／イギリス 26／フランス 137／スペイン 8
ロシア 287／モンゴル 4／中国 1,115／タイ 5／インドネシア 46／オーストラリア 437

北アメリカ
カナダ 573／アメリカ合衆国 665／メキシコ 545

南アメリカ
ベネズエラ 167／コロンビア 55／ブラジル 245／ボリビア 36／パラグアイ 75／チリ 48／ウルグアイ 2／アルゼンチン 802

中東・アフリカ
西サハラ 8／モロッコ 12／アルジェリア 707／南アフリカ 390／チュニジア 23／リビア 122／エジプト 100／ヨルダン 7／トルコ 24／パキスタン 105／インド 96

アジア・オセアニア

（米エネルギー情報局（EIA）資料）

解説 シェールガス（Shale gas） 地下の頁岩（シェール）に閉じ込められている天然ガス。これまで，採掘は困難とされてきたが，低コストでガスを取り出す技術が確立され，1kW当たりのコストが，石油10円，風力20円，太陽光35円に対し，シェールガスは6円と安く，埋蔵量が少なくとも150年分，なおかつ，CO₂排出量は石炭に対し40%，石油に対し15%も少ないという。

シェール革命 シェール層がアメリカ合衆国のほぼ全域に広がり，天然ガスばかりでなく石油も埋蔵されているため，アメリカ合衆国で起きた開発ブームをいう。しかし，急激な生産拡大で大幅な供給過剰となって価格が低下し，産出期間が短く次々と新たな掘削を余儀なくされコスト高となり，開発企業の収益が悪化している。

4 世界の天然ガス貿易

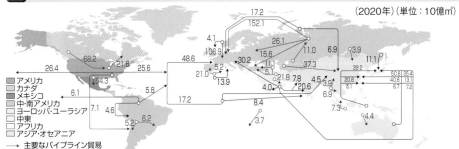

（2020年）（単位：10億m³）

凡例：
アメリカ／カナダ／メキシコ／中・南アメリカ／ヨーロッパ・ユーラシア／中東／アフリカ／アジア・オセアニア
→ 主要なパイプライン貿易
→ 主要なLNG貿易

（BP「Statistical Review of World Energy 2021」による）

解説 欧米諸国はパイプライン網が発達しており，天然ガスの大半を気体のままパイプラインで輸入している。

一方，日本は輸入天然ガスの全量をLNGとして海上輸送している。そのため**日本は世界最大のLNG輸入国**である。輸入先はオーストラリア・マレーシア・カタール・アメリカ合衆国が約70%を占める。

天然ガスの国別輸出入量（2019年）

輸出 12,789億m³	ロシア 21.5%	アメリカ合衆国 10.3	カタール 9.7	ノルウェー 8.9	オーストラリア 7.8	カナダ 5.9	トルクメニスタン 4.1	オランダ 3.7	3.4	その他 24.7

アルジェリア

輸入 12,343億m³	中国 10.1%	日本 8.5	ドイツ 8.3	6.3	イタリア 5.7	オランダ 4.8	メキシコ 4.6	フランス 4.4	韓国 4.4	その他 42.9

アメリカ合衆国

（IEA「Natural Gas Information Statistics」による）

情報ナビ 天然ガスは石炭を100としたときSOx（硫黄酸化物）は0，NOx（窒素酸化物）は20～40，CO₂（二酸化炭素）は60と，大気汚染の原因となる物質の発生が少ないクリーンエネルギーである。

鉱工業

石 炭

1 露天掘りと坑道掘り

● 露天掘り

⬆石炭の露天掘り［ドイツ］

● 坑道掘り

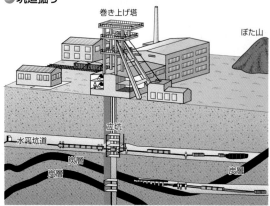

チェックワード 露天掘りと坑道掘り　石炭が堆積する炭層が地表付近にある場合，大型機械を用いて直接炭層を削り取る。この採掘方法を**露天掘り**という。一方，炭層が地下深くにある場合は地上から縦に坑道を掘り，炭層付近で坑道を水平に掘って採掘する。この方法を**坑道掘り**という。

2 石炭の種類と用途

無煙炭	最も炭化が進んだ石炭で，燃焼時に煙が出ないため主に家庭用燃料として利用。	古生代〜中生代に生成
瀝青炭（れきせいたん）	現在最も出炭量が多い。粘結性の強い強粘結炭は製鉄用のコークスとして利用。	古生代〜中生代に生成
褐炭（かったん）	炭化が不十分で燃焼時に発煙する。主に火力発電所のボイラー用燃料として利用。	新生代に生成

解説 製鉄用コークス・ガス製造用など工業原料として使われる石炭を**原料炭**，発電用・一般用など燃料として使われる石炭を**一般炭**という。

● 日本の産業別石炭需要

2020年
1億8,860万t

- 電力 57.1%
- 鉄鋼 28.3
- 窯業土石 5.1
- その他 9.5

（『EDMC/エネルギー・経済統計要覧』2022）

3 石炭の生産と移動

⬆石炭

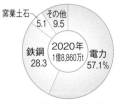

主な炭田

石炭の移動（2008年）

1000〜3000 ／ 3000〜5000 ／ 5000以上（万t）

（注）海上輸送分のみ。矢印は航路を示すものではない。

（『Diercke Weltatlas』『世界の統計』などによる）

主な炭田：ロッキー，西部中央，東部中央，アパラチア，ルール，ザール，シロンスク，ウラル，クズネツク，カラガンダ，カイロワン，タートン，ダモダル，ピンシャン，ハロン（ホンガイ），トランスヴァール，ボウエン，モウラ

解説 古生代の後期は，地球上に大森林が形成された時代で，この時代の地層は石炭に富んでいる。アパラチア炭田など，世界の大炭田は**古期造山帯**に多い。国別では，中国・インド・インドネシア・オーストラリアで世界の約80％を産出している。日本は中国・インドに次ぐ輸入国で，約65％がオーストラリアからの輸入（2021年）。近年，インドネシアからの輸入が急増している。**参照** ▶P.154

石炭産出量 70.2億t (2019年)	中国 54.8%		インド 10.4	インドネシア 8.8	アメリカ合衆国 6.2	オーストラリア 5.1	ロシア 4.4	3.7 南ア共和国	その他 6.6

石炭輸出量 14.2億t (2019年)	インドネシア 32.4%	オーストラリア 27.8	ロシア 14.5	アメリカ合衆国 5.6	南ア共和国 5.5	コロンビア 5.3	その他 8.9

石炭輸入量 13.8億t (2019年)	中国 21.8%	インド 18.0	日本 13.6	韓国 9.2	台湾 4.0	ベトナム 3.2	その他 30.2

（『日本国勢図会』2022/23）

情報ナビ **石炭**　地域偏在性が小さく供給の安定性が高いこと，価格が安く安定していることなどから，石油代替エネルギーとして見直されてきた。反面，化石燃料の中で環境への負荷が最も高いため，利用の拡大にはクリーンな利用技術の開発・普及が必要である。

⇨石炭の輸出が急増しているインドネシア(左)と鉄鋼需要の頭打ちから閉鎖されたルール炭田の製鉄所(右)

スマトラ島南部にある露天掘りの炭田

4 世界の主な炭田

地域	国名	炭田名(主な中心都市)	特色
ア ジ ア	中 国	カイロワン(開灤)炭田	●1878年開鉱。良質の強粘結炭を産し，華北工業地域の動力源。戦前，日本に製鉄用に送られた。
		タートン(大同)炭田	●戦後開発され，埋蔵量が多く，中国最大の炭田。華北工業地域のほか，**パオトウ(包頭)**鉄鋼コンビナートへ供給。
		ピンシャン(萍郷)炭田	●良質の粘結炭を産し，**ウーハン(武漢)**鉄鋼コンビナートへ供給。
		フーシュン(撫順)炭田	●**戦前日本の資本によって開発**。良質な瀝青炭を産し，露天掘りで有名。**アンシャン(鞍山)**鉄鋼コンビナートへ供給。かつては中国最大の炭田であったが，現在は出炭量が大幅に減少。大規模な採掘はほぼ終了している。
	ベトナム	ハロン(ホンガイ)炭田	●ベトナム北東部に位置し，良質の**無煙炭**の産地で知られる。
	インドネシア	タラカン炭田 クタイ炭田	●1980年代から炭田開発に外国資本が参入し，世界有数の石炭輸出国に成長。主な輸出先は，日本・韓国などのアジア諸国。
	イ ン ド	ダモダル炭田(アサンソル)	●同国最大の炭田で，シングブームの鉄鉱石と結ばれ，インド重化学工業の重要な動力源。ダモダル川総合開発の一環。ジャムシェドプルの鉄鋼業の発展を支える。
	カザフスタン	カラガンダ炭田(カラガンダ)	●1930年代より開発，ウラルの鉄鋼業地域へ供給。中央アジアの銅鉱と結合しカラガンダ工業地域を形成。
アフリカ	南アフリカ共和国	トランスヴァール炭田	●良質な瀝青炭を産し，西欧諸国・日本などへ輸出。
ヨ ー ロ ッ パ	イ ギ リ ス	ヨークシャー炭田(リーズ) ランカシャー炭田(マンチェスター) ミッドランド炭田(バーミンガム) サウスウェールズ炭田(カーディフ)	●近代的石炭業がもっとも早く成立。**19世紀まで世界最大の産出国**。老朽化が著しく，1947年国有化されたが，その後も出炭量減少。 ●良質の粘結炭を産する。 ●炭層が薄く，現在老朽化。**産業革命の発祥地**。 ●**黒郷**とよばれたミッドランド工業地帯の基盤。 ●無煙炭・強粘結炭を産し，カーディフ炭として輸出。臨海工業地域を形成。
	ド イ ツ	ルール炭田(エッセン)	●良質な瀝青炭を豊富に産出し，工業発展の原動力。近年出炭量は低下。炭鉱の閉鎖相次ぐ。
		ザール炭田(ザールブリュッケン)	●近くの**ロレーヌ鉄山**(1997年閉山)と結び工業地域を形成し，かつては，その帰属をめぐってフランスと係争した。
		ザクセン炭田(ドレスデン)	●ザクセン工業地域の基盤。褐炭が多い。
	フランス	北フランス炭田(リール)	●ベルギーとの国境付近に位置する。炭層は薄く，断層も多いが，良質の無煙炭・瀝青炭を産出。
	ポーランド	シロンスク炭田(ヴロツワフ)	●ポーランド工業の基盤。
	ウクライナ	ドネツ(ドンバス)炭田(ドネツク)	●**旧ソ連最大の炭田**で，国内生産の3分の1を占めた。良質な無煙炭・瀝青炭を産し，クリヴィリフ鉄山と結んで，旧ソ連最大の**ドニプロ(ドニエプル)工業地域**の原動力となっている。
ロ シ ア	ロ シ ア	クズネック(クズバス)炭田 (ノヴォクズネツク)	●1930年代に開発された旧ソ連第2の炭田。良質な瀝青炭を産し，**クズネック工業地域**の基盤。シベリアへの工業進出の誘因となった炭田。
		ウラル炭田(チェリャビンスク)	●1950年代に開発。褐炭が多いが，近年出炭量が増加。
北アメリカ	アメリカ合衆国	アパラチア炭田(ピッツバーグ)	●無煙炭や強粘結性の瀝青炭が露天掘りされる。北東部の工業地帯へ供給。
		東部中央(イリノイ)炭田 西部中央(ミズーリ)炭田	●炭層は薄いが機械化された露天掘りで，五大湖沿岸工業地域(シカゴ・ゲーリーなど)に供給。
		ロッキー炭田(ワイオミング州)	●工業地帯から遠く開発遅れたが，現在は産出量がアメリカ最大。
オセアニア	オーストラリア	モウラ炭田 ボウエン炭田 ニューカースル炭田	●日・米・豪の民間企業の共同出資で開発。良質な瀝青炭を産出。**日本へ製鉄用コークスの原料炭として輸出される**。

鉱工業

情報ナビ 　**石炭ガス化技術**　近年国内で，石炭ガス化技術の実証試験が行われている。実用化されれば，発電の効率が高まるだけでなく，地球温暖化の原因となるCO_2や，大気を汚染する硫黄酸化物や窒素酸化物などの排出を減らす効果が期待できる。

石 油

チェックワード **石油** 動植物の遺骸(いがい)が海底に沈積し, バクテリアの分解と地圧・地熱で油化したもの。

◑**ガワール油田の積み出し港ラスタヌーラ[サウジアラビア]** ガワール油田は生産量・埋蔵量とも豊富で, ペルシア湾岸の**ラスタヌーラ港**から積み出されるとともに, **ペトロライン**で紅海沿岸のヤンブーに送油されている。日本は原油輸入先として脱中東をめざしているが, アジアの経済発展に伴い, 中国・東南アジアからの輸入は激減し, 中東からの輸入が大半を占めている。

◑**オイルサンドの採掘[カナダ・アルバータ州]** カナダは産油量世界4位であるが, 埋蔵量において世界3位である。これはアルバータ州に分布する**オイルサンド**(タール状の石油を含んだ砂岩。頁岩(けつがん)の場合は**シェールオイル(オイルシェール)**という)を算入しているためである。かつてオイルサンドの産出はコストがかかり採算が合わなかったが, 技術開発とともに注目されている資源である。

◑**バクー・トビリシ・ジェイハンパイプライン(BTCパイプライン)[トルコ・ジェイハン]** アゼルバイジャンの首都バクーからジョージアの首都トビリシを通り, トルコの地中海沿岸南東部の港ジェイハン(Ceyhan)を結ぶ全長1,768kmのパイプライン。参照 ▶P.170

1 石油の生産と移動

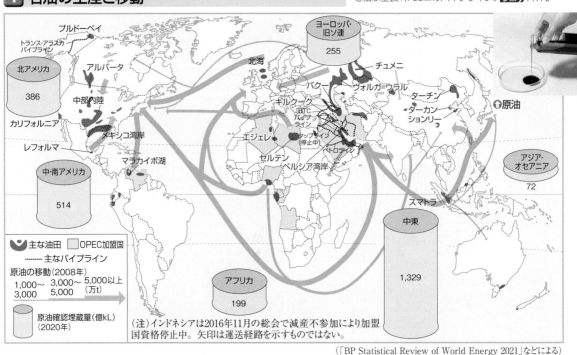

◑原油

図中の凡例:
- ♨ 主な油田 ☐ OPEC加盟国
- ------- 主なパイプライン
- 原油の移動(2008年) 1,000〜3,000 / 3,000〜5,000 / 5,000以上(万t)
- 原油確認埋蔵量(億kL)(2020年)

(注)インドネシアは2016年11月の総会で減産不参加により加盟国資格停止中。矢印は運送経路を示すものではない。

北アメリカ 386 / ヨーロッパ・旧ソ連 255 / 中・南アメリカ 514 / アフリカ 199 / 中東 1,329 / アジア・オセアニア 72

(「BP Statistical Review of World Energy 2021」などによる)

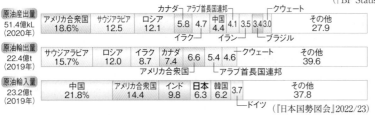

原油産出量 51.4億kL (2020年)	アメリカ合衆国 18.6%	サウジアラビア 12.5	ロシア 12.1	カナダ 5.8	アラブ首長国連邦 4.7	中国 4.4	イラク 4.1	イラン 3.5	ブラジル 3.4	クウェート 3.0	その他 27.9

原油輸出量 22.4億t (2019年)	サウジアラビア 15.7%	ロシア 12.0	イラク 8.7	カナダ 7.4	アメリカ合衆国 6.6	アラブ首長国連邦 5.4	クウェート 4.6	その他 39.6

原油輸入量 23.2億t (2019年)	中国 21.8%	アメリカ合衆国 14.4	インド 9.8	日本 6.3	韓国 6.2	ドイツ 3.7	その他 37.8

(『日本国勢図会』2022/23)

解説 石油の多くは, 褶曲構造をもった地層の背斜部(参照 ▶P.42)に存在する。その分布は著しく偏在しており, 確認埋蔵量の約50%が中東に集中している。日本は中国・アメリカ・インドに次ぐ輸入国で, サウジアラビア・アラブ首長国連邦など中東への依存度は約92%(2021年)である。

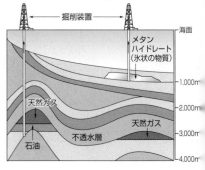

情報ナビ **カスピ海とその沿岸地域(カザフスタン・アゼルバイジャンなど)の石油資源** 近年注目が高まり, メジャーをはじめとする外国企業の進出がさかん。日本企業も進出しているが, 中国企業の進出が目覚ましい。

2 世界の主な油田

□：OPEC加盟　Ａ：OAPEC加盟（2022年8月現在）　参照》P.146・256

地域	国　名	油　田　名	特　　　色
東・東南アジア	中　国	ターチン(大慶)油田	●1960年に開発された**中国最大の油田**。この油田の開発により中国は62年から自給達成。近年産出量は低下しており，原油の輸入を行っている。ペキン・ターリエンまでパイプラインが通じている。
		ションリー(勝利)油田	●同国第2の油田で，パイプラインでチンタオ(青島)まで運ばれる。
		ターカン(大港)油田	●同国第3の油田で，渤海沿岸にある。
	インドネシア	スマトラ油田	●1893年から英・蘭系のロイヤル＝ダッチ＝シェルが開発。中スマトラの**ミナス油田**(低硫黄原油で有名)と南スマトラの**パレンバン油田**が中心。**最大の輸出先は日本**で，日本も石油開発プロジェクトのため進出。
西・中央アジア	イ　ラ　ン □	アガジャリー油田 ガチサラーン油田	●両油田とも，1930年代に開発され，73年に国有化。パイプラインで西アジア最大の精油所のある**アバダン**や**カーグ島**へ送油され積み出される。
	イ　ラ　ク □ Ａ	キルクーク油田	●1927年英・米・蘭・仏資本からなるイラク石油会社により開発され，72年国有化。パイプラインで地中海沿岸のバーニヤース(シリア)などへ送油される。
	サウジアラビア □ Ａ	ガワール油田	●1948年に発見され，アラムコ(米資本)により開発，76年に国有化。**世界最大級の埋蔵量と産油量**を誇り，**タップライン**によりレバノンのサイダー(シドン)へ送油(現在輸送停止中)。3分の2はペルシア湾岸の**ラスタヌーラ港**よりタンカーで積み出される。**ペトロライン**で紅海のヤンブーに送油。
		カフジ油田	●1960年日本のアラビア石油が開発したが,2003年からはサウジ・クウェートの共同操業。
	クウェート □ Ａ	ブルガン油田	●1938年に発見。英・米資本により開発された。サウジアラビアのガワール油田に次ぐ巨大油田。91年湾岸戦争により，生産施設が破壊された(現在は復旧)。
	アラブ首長国連邦 □ Ａ	アサブ油田	●1960年代に油田の発見が相次ぎ，世界的産油国に。アブダビ首長国が同国原油生産の9割以上を占める。1980年代からサウジアラビアと対日原油供給国の首位の座を競っている。
	アゼルバイジャン	バクー油田	●1873年に開発され，第二次世界大戦前まで同国最大の油田であったが，戦後は減産。現在はカスピ海の海底油田が中心。BTCパイプラインの起点。
アフリカ	リビア □ Ａ	ゼルテン油田	●1960年代に欧米資本により開発されたが，現在は国有化されている。
	ナイジェリア □	ポートハーコート油田	●ニジェール川デルタから海底にかけて分布。1970年から西欧系メジャーによって開発が進んだ。低硫黄の石油を多く産出。中国からの投資で開発進む。
ヨーロッパ	イギリスノルウェーなど	北海油田 参照》P.174	●北海にある海底油田の総称で，1975年から本格的に開発が進んだ。英領内の**フォーティーズ油田**，ノルウェー領の**エコフィスク油田**などが中心である。水深約100mで荒海のため，生産費が高い。原油はパイプラインでイギリスのアバディーン・ミドルズブラなどへ送油。沿岸国は原油輸出国となった。
ロシア	ロ　シ　ア	ヴォルガ＝ウラル油田(第2バクー油田)	●1930年代に発見され，現在**同国の約60％を生産**。サマーラ・ペルミ・ウファなどの油田が中心。東は**シベリア横断パイプライン**でイルクーツクまで送られ，西は**ドルジバ(友好)パイプライン**で東欧諸国等へ送油されている(ともに1964年完成)。
		チュメニ油田(第3バクー油田)	●1960年代に開発された西シベリア低地に広がる油田。埋蔵量は第2バクー油田を上回り，硫黄分の少ない良質の石油を産出する。環境破壊が懸念。
北アメリカ	アメリカ合衆国	中部内陸油田	●20世紀初頭に開発され，オクラホマ・カンザス・テキサス州に分布する**アメリカ合衆国最大の油田**。パイプラインが五大湖沿岸や大西洋沿岸に通じている。
		メキシコ湾岸油田	●1901年に開発され，テキサス・ルイジアナ州の海岸地帯を中心に分布する合衆国第2の油田。当時オイルラッシュによる著しい人口集中が起こる。**ヒューストン**は石油化学工業の中心である。
		カリフォルニア油田	●1880年に開発され，現在，カリフォルニア州はテキサス州に次ぐ産油量を誇る。海底にも油田地帯が延び，ロサンゼルスはこの油田の開発とともに発展。
		プルドーベイ油田	●1968年に発見されたアラスカ州の油田で，北極海沿岸のノーススロープに広がる。**埋蔵量は合衆国全体の約70％を占める**。1977年に**トランス・アラスカ・パイプライン**(全長1,380km)参照》P.178が完成し，アラスカ湾のヴァルディーズ港(不凍港)まで送油。かつて原油流出事故が起こった。
	カ　ナ　ダ	アルバータ油田	●1947年に発見，米資本によって開発されたアルバータ州に分布する油田。アルバータ州北東部では**タールサンド**(タール状の原油を含んだ砂層)を開発中。
中・南アメリカ	メキシコ	レフォルマ油田	●1972年に発見され，現在ユカタン半島付近(レフォルマ油田・カンペチェ油田)で同国の約90％を産出。国営石油公社(ペメックス)が管理。
	ベネズエラ □	マラカイボ湖油田	●1914年に英・米資本により開発され，国内産油量の約70％を占める。原油は沖合のオランダ領**アルバ島・キュラソー島**で精油されるほか，湖内の掘り込み港からも直接積み出され，主にアメリカ合衆国へ輸出されている。

鉱工業

石油をめぐるOPECとメジャー

1 メジャー(国際石油資本)

●メジャーの再編

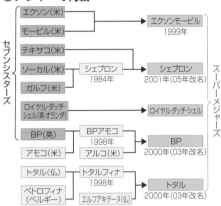

(注)年次は合併年を示す。

（「朝日新聞」2001.5.13などによる）

解説 メジャーは，上流部門(探査・採掘)から下流部門(輸送・精製・販売)までを一貫して手がける国際的な大手石油会社で，かつて「セブンシスターズ」とよばれた。産油国の**資源ナショナリズム**によりその地位は低下したが，下流部門での支配力はいまだに強い。長期にわたる原油価格の低迷の中で，エクソンとモービルの合併など石油業界の再編が進み，欧米の大手5社が「スーパーメジャーズ」とよばれる存在になっている(コノコフィリップスを加えた6社をスーパーメジャーとよぶこともある)。一方で，中国やロシアなど非欧米諸国の主な**国営企業**が近年存在感を増してきており，中国のペトロチャイナ，ロシアのガスプロムら国営企業7社は**新セブンシスターズ**とよばれている。

2 OPEC・OAPEC加盟国 参照 ▶P.256

アフリカ	アジア
	──OAPEC加盟国
エジプト ☆チュニジア	バーレーン シリア
	──OPEC加盟国──
リビア アルジェリア	●イラク ●サウジアラビア ●クウェート アラブ首長国連邦 ★カタール
ナイジェリア アンゴラ ガボン 赤道ギニア コンゴ共和国	●イラン ★インドネシア
ラテンアメリカ ●ベネズエラ ★エクアドル	●はOPEC原加盟国 ★はOPEC脱退(資格停止) ☆はOAPEC脱退(資格停止)

チェック・ワード OPEC(石油輸出国機構) メジャーに対抗して産油国の利益を守るために，1960年に結成。2019年1月にカタールが，2020年1月にエクアドルが脱退し，現在13か国で構成。 OAPEC(アラブ石油輸出国機構) アラブ産油国の連携を強化して加盟国の利益を守るために，1968年に結成。 OPECプラス OPECとロシア，メキシコなど非OPEC諸国が2016年12月に設立で合意した，石油の供給量を協力して調整し，石油価格の安定を目指す枠組み。

情報ナビ バレル 原油の生産・販売の計量単位。原油が樽(barrel，バレル)で輸送されていたことに由来する。日本は現在タンカー(26万t，全長330mクラスが主流)で輸入しているが，タンカーの中は事故対策として約20個のタンクに仕切られている。

3 世界の原油生産とOPECのシェア

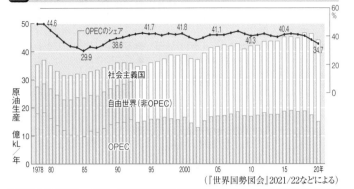

（『世界国勢図会』2021/22などによる）

解説 OPECのシェアは，1980年代に非OPEC諸国の増産もあり低迷したが，90年代以降は40%台で推移し安定している。OPEC諸国は，国内の石油産業の国有化を推進してきたが，近年，油田の老朽化，埋蔵量の減少，国有石油企業の非効率などの問題に直面している国も多い。そのため政策を転換し，石油鉱区の開放，国有石油企業の民営化，外資導入などを進めて，再びメジャーを迎え入れる動きが活発化している。

4 高騰する原油価格と推移(月平均)

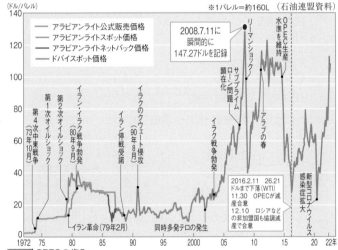

解説 OPECの歩み

第1期(1960〜73年) 価格はメジャーが決定。1960年にOPEC設立。メジャーの価格引き下げを防ぐことを目的とした。

第2期(1973〜83年) 1970年代の第4次中東戦争を契機に，原油の価格と生産量の決定権を掌握。73・79年の2度の**オイルショック**を引き起こした。

第3期(1983〜99年) 1980年代に入り，原油価格高騰による需要減や非OPEC産油国の増産などにより，OPECの価格支配力は次第に低下。

第4期(1999〜2004年) 1999年の総会で生産削減に合意して価格の立て直しが図られ，再び影響力を回復させた。2004年からはイラクの政情不安の長期化，中国の経済成長に伴う需要増などによる需給ギャップにより価格が急速に上昇。

第5期(2004年〜) 中国・インドなど新興国の急激な経済成長に伴う需要増に加え，多額な投資資金の原油市場への流入などにより価格が急上昇。2008年7月には，100ドル／バレルを突破。2008年9月のリーマンショックの影響で大きく下落。OPECの大幅な減産で回復した原油価格は2011年に100ドルを超え，その後も80〜100ドル台で推移。2014年7月以降中国やヨーロッパでの景気減速などから下落。2020年3月，新型コロナウイルス感染が各国に拡大し，世界の経済活動を直撃し，原油価格は暴落した。その後反動し，コロナ禍からの世界経済の回復に伴う原油の需要増や一部産油国の生産停滞，ロシアのウクライナ侵攻に対する経済制裁などにより価格が高騰。

チェック・ワード 資源ナショナリズム 発展途上国などにみられる自国の天然資源に対する主権の確立や，それをもとに自国の経済発展を図ろうとする動き。1950年代から活発化しOPECをきっかけに各種の資源カルテルが結成。

↑**ブラジル・パラグアイのイタイプダム**　パラナ川に造られた最大出力が1,475万kWの世界最大級の水力発電所である。ブラジルの電力は64%が水力発電で，ノルウェー・カナダと並ぶ水力発電国である。

1 電力資源

●主な国の発電量と電力構成比　（2019年）

国	水力	火力	原子力	新エネルギー	対世界比 (10億kWh)(%)
中国	水力17%	火力 68	原子力 5		7,504(27.7)
アメリカ合衆国	7%	63	19		4,392(16.2)
インド	11%	77	3		1,624(6.0)
ロシア	18%	63	19		1,122(4.1)
カナダ	59%	18	16		645(2.4)
ブラジル	64%	15	3		626(2.3)
ドイツ	4%	46	12		609(2.3)
韓国	1%	69	25		582(2.2)
フランス	11% 9	70			571(2.1)
イギリス	2%	43	17		323(1.2)
イタリア	16%	59			294(1.1)
ノルウェー	94%		2		135(0.5)
日本 2019年 火主水従型	8%	72	6		1,045(3.9)
80	15.9%	69.8	14.3		578
70	22.3%	76.4	1.3		360
1960 水主火従型	50.6%	49.4			116

（注）世界の総発電量は27,044（10億kWh）。新エネルギーは風力・地熱発電など。　　　　　　　　　　　（IEA資料による）

解説 エネルギー資源の有無やエネルギー政策の違いを反映して，国によって電力構成比が異なる。石炭資源を多くもつ国は，火力発電の比率が高い。従来，発電の型は，水力・火力発電の比率によって，**水主火従型**や**火主水従型**に分けられた。しかし，原子力発電の比重が高まるにつれ，フランスのように原子力発電の比率が70%を超える国もでてきている。

2 世界の主な発電所　（2017年）

発電所名	所在地または水系	国名	最大出力
水力			万kW
サンシヤ（三峡）	長江	中国	1,846
イタイプ	パラナ川	ブラジル・パラグアイ	1,475
シールオトゥー（渓洛渡）	チンシャー川	中国	1,372
グリ	カロニ川	ベネズエラ	1,006
ツクルイ	トカンチンス	ブラジル	837
グランドクーリー	コロンビア川	アメリカ	677
サヤノシュシェンスク	エニセイ川	ロシア	650
シャンチヤパー（向家壩）	チンシャー川	中国	645
奥多々良木	市川・円山川（兵庫県）	日本	193
火力			
アルシュアイバ	…	サウジアラビア	680
アルクライヤ	…	サウジアラビア	627
タンジン（唐津）	忠清南道	韓国	612
トクト（托克托）	内モンゴル自治区	中国	606
タイツォン（台中）	台中市	（台湾）	583
アズールサウス	…	クウェート	572
鹿島	茨城県	日本	565
原子力（2018年）			
柏崎刈羽	新潟県	日本	821
ブルース	オンタリオ州	カナダ	658
ザポリッジャ	ザポリッジャ州	ウクライナ	600
ハヌル（旧蔚珍）	慶尚北道	韓国	590
ハンビット（旧霊光）	全羅南道	韓国	590
グラブリーヌ	ノール県	フランス	571

（海外電力調査会資料などによる）

3 小水力発電

↑**常願寺川の常西用水小水力発電所[富山県富山市]**

解説 長所は，実際の発電量が100%運転を続けた場合に得られる電力量の何%にあたるかを示す**設備利用率が高く**（70%程度），発電量の変動が小さいこと。太陽光発電の設備利用率は12%程度，風力発電のそれは20%程度である。環境にやさしく，エネルギーの地産地消として環境学習教材・環境貢献PR・まちおこしに活用される。短所は水利権など利害関係が付きまとい，河川法などの手続きが煩雑で，運用開始まで時間がかかり，ゴミ取り作業などの日常的な維持管理が不可欠なこと。小水力発電に関心がある地方自治体，NPO，民間企業等が発電施設を設置したり，実証実験を行っている。

4 水力・火力・原子力発電の比較

	水力	火力	原子力
電源	流水	石炭・石油・LNG	ウラン
立地	山間部	消費地付近	地方の臨海地
経費	設備・送電費が高い。	設備・送電費が安い。燃料費が高い。	設備・補償費が高い。
効率	水量に左右される。	大容量の発電が可能で，供給の調整も可能	大容量の発電が可能だが，出力の調整は困難で，たえず最大出力で供給
問題点	ダムの堆砂・自然環境の破壊	大気汚染地球温暖化	放射能汚染・放射性廃棄物・温廃水

情報ナビ **2016年4月から始まった電力自由化**　全国10社の電力会社だけだった家庭向けの電力小売りが全面自由化され，約8兆円の電力市場が開放された。2017年に都市ガスの自由化，2020年に発送電分離も実行され，地域独占体制は崩壊し大競争時代となる。

鉱工業

原子力発電

1 世界の原子力発電への取り組み

●世界の運転中原子力発電所の設備容量の推移

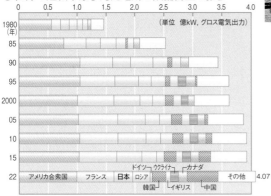

（単位 億kW, グロス電気出力）

年	
1980	
85	
90	
95	
2000	
05	
10	
15	
22	4.07

アメリカ合衆国　フランス　日本　ロシア　ドイツ　ウクライナ　カナダ　その他
韓国　イギリス　中国

（注）ロシアは1990年までは旧ソ連の数値。

2 世界のウラン産出量 （2019年）

世界計 54,224tU	カザフスタン 42.1%	カナダ 12.8	オーストラリア 12.2	ナミビア 9.4	ウズベキスタン 6.5	ニジェール 5.6	その他 11.4

（1・2とも日本原子力産業協会資料による）

1 建屋が破損した福島第一原発（2011年3月撮影）

3 原発が生むゴミ～高レベル放射性廃棄物

○**高レベル放射性廃棄物** オレンジのふたの下にある収納管1本当たりにガラス固化体が9本入っている。

（提供：日本原燃㈱）

◁ガラス固化体

解説 原子力発電所で使用した燃料を再処理して，ウランやプルトニウムを取り出し，高速増殖炉や軽水炉（プルサーマル方式）で再利用していくことを**核燃料サイクル**という。使用済燃料からウラン・プルトニウムを分離・回収した後には，液状の廃棄物が生じ「**高レベル放射性廃棄物**」とよばれ，日本ではガラスと混ぜて固化処理している。この高レベル放射性廃棄物が安全なレベルになるまでには10万年かかるという。**青森県六ヶ所村**などの貯蔵施設で一時的に保管され，地下300mより深い地層に埋め込む**地層処分**が国の方針である。2012年9月，日本学術会議は地層処分の方針を白紙に戻すべきだと提言した。

4 原子力発電所の立地と震災の影響

●原子力施設新規制基準適合性審査状況

（2021年9月15日現在）

柏崎刈羽 [1][2][3][4][5][6][7]
志賀 [1][2]
敦賀 [1][2]
美浜 [1][2][3]
大飯 [1][2][3][4]
島根 [1][2][3]
玄海 [1][2][3][4]
泊 [1][2][3]
大間
川内 [1][2]
伊方 [1][2][3]
東通
六ヶ所
女川 [1][2][3]
福島第二
東海第二
浜岡 [3][4][5]
高浜 [1][2][3][4]

PWR（加圧水型）[1] BWR（沸騰水型）[2] 原燃サイクル施設
└ 号機

🏭 未申請	🏭 許可	🏭 審査中	🏭 稼働	🏭 廃炉

（原子力安全推進協会資料による）

●フランスの主な原子力発電所 （2021年3月現在）

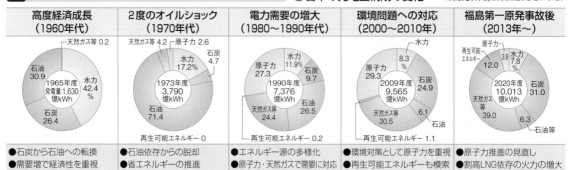

※（ ）内の原子力発電所は，閉鎖中。

（日本原子力産業協会資料による）

解説 原発の立地は良好な地盤，十分な用地，大量の冷却水が条件となり，日本では地方の海岸沿い，フランスでは河川沿いに立地する。余剰電力は周辺諸国に輸出されている。

5 日本の原子力発電の割合はどのくらい？

●日本の発電量構成の変化 （『読売新聞』2011.5.26などによる）

高度経済成長（1960年代）	2度のオイルショック（1970年代）	電力需要の増大（1980～1990年代）	環境問題への対応（2000～2010年）	福島第一原発事故後（2013年～）
天然ガス等 0.2 石油 30.9 水力 42.4% 石炭 26.4 1965年度発電量1,630億kWh	天然ガス等 4.2　原子力 2.6 水力 17.2%　石炭 4.7 石油 71.4 1973年度 3,790億kWh 再生可能エネルギー 0	原子力 27.3 水力 11.9%　石炭 9.7 天然ガス等 24.4　石油 26.5 1990年度 7,376億kWh 再生可能エネルギー 0.2	水力 8.3% 原子力 29.3　石炭 24.9 天然ガス等 30.5　石油 6.1 石炭 2009年度 9,565億kWh 再生可能エネルギー 1.1	原子力 3.9 再生可能エネルギー 12.0　水力 7.8% 天然ガス等 39.0　石炭 31.0 石油等 6.3 2020年度 10,013億kWh
●石炭から石油への転換 ●需要増で経済性を重視	●石油依存からの脱却 ●省エネルギーの推進	●エネルギー源の多様化 ●原子力・天然ガスで需要に対応	●環境対策として原子力を重視 ●再生可能エネルギーも模索	●原子力推進の見直し ●割高LNG依存の火力の増大

解説 福島第一原発事故後，停止した原発に代わって電力供給を穴埋めしてきたのは火力発電で，LNG（液化天然ガス）などの輸入急増で，燃料費の増大が貿易赤字の一因となっている。参照》P.12

情報ナビ **青森県六ヶ所再処理工場** 使用済み燃料からプルトニウムを取り出す核燃料サイクルの中核施設だが，未完成。高速増殖炉「もんじゅ」の廃炉やプルトニウム余剰から巨額の費用をかけて夢の核燃料サイクル実現を追い続けるべきかが検討されている。

1 広義の新エネルギーと特徴

			概　要（特　徴）
再生可能エネルギー（注）	狭義の新エネルギー（注）	発電分野	**風力発電** 風の力で風車を回し，その回転運動を発電機に伝えて発電。長所は発電コストが比較的低く，発電施設の工期が短い。変換効率も高く，夜間でも風があれば，発電可能。短所は風の有無・強度に影響され，不安定・不確実性大。周囲に騒音被害を起こす場合がある。
			地熱発電 低温の蒸気・熱水を沸点の低い媒体（アンモニアなど）を沸騰させてタービンを回す**バイナリー方式**に限る。
			太陽光発電 太陽が持つエネルギーを，太陽電池で直接電気に変換。 参照▶P.150
			バイオマス発電 家畜排泄物，食品廃棄物などの生物資源をエネルギー源として発電。
			中小水力発電所 農業用水路や小さな河川を利用する，出力が1,000kW以下の水力発電。 参照▶P.147
		熱利用分野	**太陽熱利用** 太陽の熱エネルギーを太陽集熱器に集め，水や空気などの熱媒体を暖め給湯や冷暖房などに活用すること。
			雪氷熱利用 冬期の雪や氷を貯蔵して「冷房」や「冷蔵」に利用。
			バイオマス熱利用 生物資源を直接燃焼した蒸気の熱利用や発酵させて発生したメタンガスを燃焼して利用することなど。
			温度差熱利用 地下水，河川水，下水などの水源を熱源としたエネルギー。夏場は水温の方が温度が低く，冬場は水温の方が温度が高い。この水の持つ熱をヒートポンプを用いて利用したもの。
		燃料分野	**バイオマス燃料** 生物資源からつくられた燃料。とうもろこし・さとうきび等から製造される**バイオエタノール**が代表。 参照▶P.150
	大規模水力発電		日本で古くから実績のある水力による発電。発電開始時間が短く，出力調整がしやすい。 参照▶P.147
	地熱発電（フラッシュ方式）		フラッシュ方式とは高温地熱流体中の蒸気で直接タービンを回す地熱発電。火山国で利用でき，CO_2排出量がなく，昼夜を通して発電可。国立・国定公園や温泉などと立地が重なるので関係者と調整必要。
	空気熱利用		空気熱利用ヒートポンプを用い，室外の大気の熱を移送することで給湯や暖房に利用。
	地中熱利用		温度変化がない浅い地盤中に存在する熱エネルギーのため，季節の温度差を冷暖房等に利用。
革新的なエネルギー高度利用技術	**クリーンエネルギー自動車**		ガソリン車に比べてCO_2排出量の少ないエネルギーを利用している自動車。電気自動車・ハイブリッド自動車・燃料電池自動車・天然ガス自動車など。 参照▶P.151
	天然ガスコージェネレーション		天然ガスで発電する際に発生する熱を回収し，温水や蒸気の形で利用するシステム。長所は電気と熱の両方が利用でき，利用効率が70～90％と高い。自家発電施設としても利用。送電ロスが少ない。 参照▶P.151
	燃料電池		酸素と水素を化学的に反応させて直接電気を発生する発電装置。発電時に水しか出ないクリーンエネルギー。発電効率は40～50％であるが，同時発生する排熱を利用すると80％になる。 参照▶P.151

（注）「新エネルギー利用等の促進に関する特別措置法（新エネ法）」により，技術的に実用段階に達しつつあるが，経済性の面での制約から普及が十分でなく，非化石エネルギーの導入を図るために特に必要な10種類。　　　　　　（資源エネルギー庁，新エネルギー財団資料より作成）

チェックワード **固定価格買取制度（FIT）** 2012年7月施行された再生可能エネルギー特別措置法に基づき，再生可能エネルギー（太陽光，風力，水力，地熱，バイオマス）で発電した電気を，電力会社が一定価格で買い取ることを国が約束する制度。電力会社が買い取る費用を電気の利用者から賦課金（再エネ賦課金）という形で集め，今はまだコストの高い再生可能エネルギーの導入を支えている。一般に月々の電気料金に加え使用した電気量（kWh）×3.45円/kWh（2022年5月現在）が負担となる。

2 風力発電

↑デンマークの洋上風力発電所 洋上では陸上に比べてより大きな風力が得られるため，より大きな電力が供給できると考えられている。1991年にデンマークで史上初めて洋上風力発電所が建設された。

3 地熱発電

⤷八丁原地熱発電所［大分県九重町］ 風光明媚な阿蘇くじゅう国立公園特別地域の一画にある国内最大規模の地熱発電所。運転や計器の監視などは約2km離れた大岳発電所から行っており，通常は無人運転。発電能力は合計11万kWで，年間発電電力量は約8億7,000万kWh。ほぼ20万kLの石油を節約できる。

●世界の風力発電の設備容量（導入量）（2020年）

	（万kW）
中国	28,199
アメリカ	11,774
ドイツ	6,218
インド	3,856
スペイン	2,709
イギリス	2,467
フランス	1,738
ブラジル	1,720
カナダ	1,358
日本	421

0　5,000　10,000　15,000　20,000　25,000　30,000

（『EDMC/エネルギー・経済統計要覧』2022による）

解説 風力発電導入量は，中国とアメリカが急増。デンマークでは風力発電が国内消費電力の49％（2020年）を占め，2050年に化石燃料を使わない社会を目指している。日本では2000年代に入って急速に広まったが，欧米諸国との間には大きな格差がある。その要因として，日本では大気の乱れが大きいため発電設備の利用率が低く，**発電コストが高い**ことなどがある。

解説 中国が世界1位でシェア38.5％，アメリカが16.1％，ドイツが8.5％を占める。日本は0.6％。

●世界の地熱発電の設備容量（導入量）（2020年）

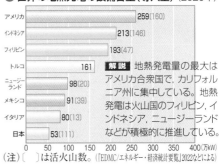

	（万kW）
アメリカ	259（160）
インドネシア	213（146）
フィリピン	193（47）
トルコ	161
ニュージーランド	98（20）
メキシコ	91（39）
イタリア	80（13）
日本	53（111）

0　50　100　150　200　250　300　350　400（万kW）

（注）〔　〕は活火山数。（『EDMC/エネルギー・経済統計要覧』2022などによる）

解説 地熱発電量の最大はアメリカ合衆国で，カリフォルニア州に集中している。地熱発電は火山国のフィリピン，インドネシア，ニュージーランドなどが積極的に推進している。

鉱工業

4 太陽光発電

↑大分ソーラーパワー[大分県大分市]

解説 出力が1MW(メガワット)(1,000kW)以上の施設は、一般的にメガソーラーと称される。大分ソーラーパワーは、国内最大級のメガソーラー。発電所の敷地面積は105ha、発電出力は82MWで、年間予想発電電力量は、一般家庭約3万世帯分に相当する8,700万kWh。

●世界の太陽光発電の設備容量(導入量)の推移

（『EDMC/エネルギー・経済統計要覧』2022による）

中国 25,383
アメリカ合衆国 7,381
日本 6,700
ドイツ 5,378
スペイン 1,179

解説 太陽電池を使った太陽光発電の導入では、長年日本がトップで、2003年のシェア48%を占めていた。ところが、ドイツは1991年から固定価格買取制度(FIT・Feed-in Tariff)を導入し、太陽電池モジュール価格の低下とFIT買い取り価格値下げの延期により急増して、2005年末には日本を抜いた。2015年には、中国がドイツを抜いて1位となった。

5 バイオマスエネルギー

●バイオマスからエネルギーへの転換

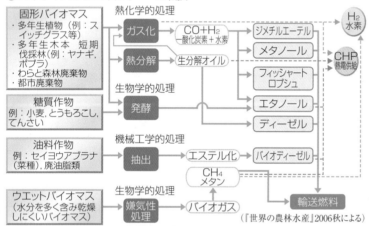

固形バイオマス
・多年生植物(例：スイッチグラス等)
・多年生木本 短期伐採林(例：ヤナギ、ポプラ)
・わらと森林廃棄物
・都市廃棄物

熱化学的処理 → ガス化 → CO+H₂（一酸化炭素＋水素）→ ジメチルエーテル／メタノール
熱分解 → 生分解オイル → フィッシャートロプシュ

糖質作物
例：小麦、とうもろこし、てんさい
生物学的処理 → 発酵 → エタノール／ディーゼル

油料作物
例：セイヨウアブラナ(菜種)、廃油脂類
機械工学的処理 → 抽出 → エステル化 → バイオディーゼル

ウエットバイオマス
(水分を多く含み乾燥しにくいバイオマス)
生物学的処理 → 嫌気性処理 → バイオガス

H₂ 水素
CHP 熱電供給
CH₄ メタン
輸送燃料

（『世界の農林水産』2006秋による）

●バイオエタノール 左端が砂糖をとった後の糖蜜。まだ糖分が残り、なめると甘苦い。これを発酵し(左から2番目)、蒸留すると透明になる。右端が完成したエタノール。

↑アメリカのエタノール85%のガソリン

解説 バイオマスとは、生物を意味する「バイオ」とまとまった量を意味する「マス」の合成語。光合成により植物に蓄えられた有機物を利用するため、CO₂の排出と吸収がプラスマイナスゼロという「カーボンニュートラル」が特徴。未利用の生物性廃棄物を有効利用できるため、循環型社会を形成する上でメリットあり。短所はバイオマス資源となる廃棄物等が広く散在するため収集・運搬等にコストがかかる。食料となるバイオマスは、食料生産と燃料生産とのトレードオフが懸念される。

●バイオエタノール製造から利用まで

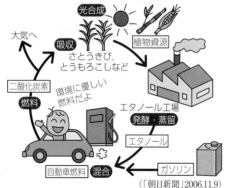

光合成
大気へ
吸収
二酸化炭素
燃料
環境に優しい燃料だよ
植物資源
さとうきび、とうもろこしなど
エタノール工場
発酵・蒸留
エタノール
自動車燃料
混合
ガソリン

（「朝日新聞」2006.11.9）

解説 バイオマスの燃焼時に発生する二酸化炭素は、「植物が生育中に吸収したものの再放出」との考え方から京都議定書では温室効果ガスとカウントされず、地球温暖化対策の有効な手段の↗

●世界のバイオエタノール生産量

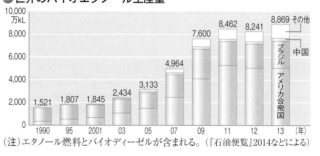

年	生産量（万kL）
1990	1,521
95	1,807
2001	1,845
03	2,434
05	3,133
07	4,964
09	7,600
11	8,462
12	8,241
13	8,869

その他／中国／ブラジル／アメリカ合衆国

(注)エタノール燃料とバイオディーゼルが含まれる。（『石油便覧』2014などによる）

↘一つとされている。バイオエタノールは石油価格の高騰の中で大きく需要を伸ばした。ブラジルでは1970年代の石油危機をきっかけに、さとうきびを原料としたエタノールの普及を図ってきた。アメリカでは90年代末からの石油価格の高騰と、とうもろこし価格の低迷などを背景に、政府がエタノールの導入を推進している。こうした動きは穀物価格の高騰を引き起こしている。

6 クリーンエネルギー自動車 参照》P.164

クリーンエネルギー自動車の実用化

ハイブリッド自動車(HV)	電気自動車(EV)	燃料電池自動車(FCV)

↑トヨタのプリウス

ハイブリッド自動車は，ガソリンエンジン，電気モーターなど2つ以上の異なる動力源を組み合わせた自動車。動力源を上手に組み合わせることによって，燃費向上や排出ガス低減に効果があり，既に実用化されている。減速時に充電を行い，電気モーターにより加速に優れている。日本国内の保有台数は2020年現在，1,166万6,242台。

↑日産のリーフ

走行中に排出ガスが出ない，騒音が小さい，振動が少ないなどの利点がある。欠点は走行距離が短いことや充電に時間がかかること。高性能，低コストのバッテリー開発に加え，充電スタンドやバッテリーのリサイクルシステムが確立すれば，普及が期待される。日本国内の保有台数は2020年現在，13万109台。

↑トヨタのMIRAI

水素と酸素を化学反応させて電気を発生させる装置(**燃料電池**)を搭載しモーターで走行する自動車。内燃機関に比べ，エネルギー効率が高く，汚染物質をほとんど出さないという特徴をもつ。トヨタから2014年12月15日に市販された。1回約3分の充塡で約650km走行が可能。水素は多様な一次エネルギーから製造可能だが，**水素ステーション**の普及も課題である。

このほか，圧縮天然ガス(CNG)を利用した**天然ガス自動車(NGV)**は路線バスや荷物収集車などの商用車を中心に普及が進んでいる。水素を燃料とした内燃機関を動力源とする**水素自動車**は，公道での走行試験の段階にきている。

(注)HVはHybrid Vehicleの略。EVはElectric Vehicleの略。FCVはFuel Cell Vehicleの略。

7 「水素社会」の実現に向けて

水素の製造方法

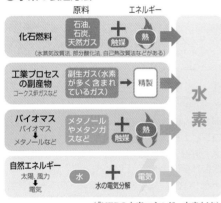

（『NEDO水素エネルギー白書』より）

解説 無尽蔵に存在する水や多様な一次エネルギー源から様々な方法で製造することができる水素は貯蔵や輸送が可能であり，エネルギー効率の高さやCO₂や汚染物質を出さない環境負荷の低さ，非常時対応等の効果が期待されている。水素を本格的に活用する**水素社会**を実現するためには，水素の製造・貯蔵・輸送などの多様な技術開発や低コスト化をすすめることが求められている。

↑水の電気分解で生じた水素を燃料電池車に供給する「水素ステーション」[デンマーク・コペンハーゲン]

鉱工業

8 コージェネレーションシステム

新宿新都心地区の例(東京ガス㈱ホームページによる)

（写真提供：㈱エネルギーアドバンス）

地区の概要 新宿新都心地区では1971年4月から地域冷暖房による熱の供給を開始。さらに，都庁の移転や新宿パークタワーの建設など当地の発展に対応するため，90年に新宿地域冷暖房センターを増移設。現在の冷凍規模は59,000RT(約20.7万kW)と世界最大級の規模をほこり，供給区域面積は33.2万㎡，延床面積は220万㎡に及ぶ。

システムの概要 ガスタービンコージェネレーション(8,500kW(2012年3月現在))を採用。新宿パークタワービルへの電力特定供給，地冷センターの自家使用電力に利用。廃熱と水管式ボイラーで発生させた蒸気は，暖房・給湯用に減温，減圧して地区全体へ供給。この蒸気を熱源とする吸収式冷凍機と蒸気タービン・ターボ冷凍機で冷水を製造し，冷房用にも供給。

解説 ガスタービンコージェネレーションを採用し，発電時に生じた熱を用いて暖房供給したり，冷房によって各ビルから回収した熱を用いて蒸気をつくり発電を行うなど，エネルギーを無駄なく利用している。

鉄鉱石 **1** 鉄鉱山分布と鉄鉱石の移動

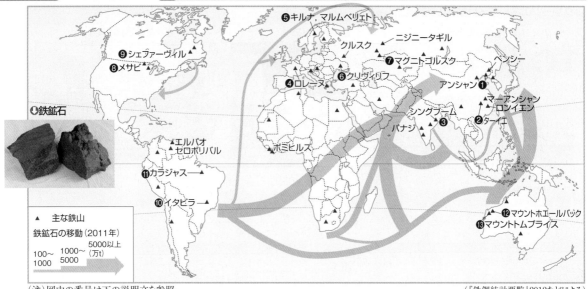

⊕鉄鉱石

▲ 主な鉄山

鉄鉱石の移動 (2011年)

	5000以上
100〜	1000〜
1000	5000 (万t)

(注)図中の番号は下の説明文を参照。　　　　　　　　　　　　　　　　　　　　　　　　（『鉄鋼統計要覧』2012などによる）

⊕オーストラリアの鉄山　1960〜70年代に開発されたピルバラ地区の主要鉱山は、内陸の無人の地にあり、専用鉄道などさまざまなインフラ整備が行われた。

参照》P.183

産出量 15.2億t (2019年)	オーストラリア 37.4%		ブラジル 17.0		中国 14.4	インド 9.7	ロシア 4.2	南ア共和国 2.7	その他 14.6

輸出量 16.7億t (2020年)	オーストラリア 52.7%			ブラジル 20.7		南ア共和国 4.0	カナダ 3.3	その他 19.3

輸入量 16.2億t (2020年)	中国 72.4%				日本 6.1	韓国 4.4	ドイツ 2.1	その他 15.0

(注)産出量はFe含有量。　　　　　　　　　　（『World Steel in Figures』2022などによる）

解説　鉄鉱石の産出は、産業革命以降ヨーロッパの鉱山が中心であったが、20世紀になると、アメリカや旧ソ連が主要産出国となった。第二次世界大戦後は、ブラジルやオーストラリアで新しく鉱山開発が進んだ。大規模な鉱山の多くは、先カンブリア時代の地層が露出した**安定陸塊の楯状地**（**参照》**P.41）に分布している。ブラジルのヴァーレ、イギリス・オーストラリアのBHPビリトン、リオ・ティントの3社の生産量は世界で圧倒的な規模をもち、3社で世界の鉄鉱石海上輸送シェアの約80％を占めていることから、**鉄鉱石三大メジャー**ともよばれる。また鉄鉱石以外にも多種類の資源生産を行っていることから**資源メジャー**ともよばれる。

地域・国名		鉱 山 名	特　　色
ア ジ ア	中国	**❶アンシャン(鞍山)**	東北地方の鉄山で、第二次世界大戦前に日本が開発。フーシュン炭田と結合して、**アンシャン鉄鋼コンビナート**を形成。
		❷ターイエ(大冶)	華中の赤鉄鉱産地。**ウーハン鉄鋼コンビナート**へ供給。
	インド	**❸シングブーム**	ジャルカンド・オディシャ両州にまたがり、赤鉄鉱を産出。ダモダル炭田と結合して、ジャムシェドプルなど多くの製鉄都市を形成。日本へも輸出。**参照》**P.169
ヨ ー ロ ッ パ	フランス	**❹ロレーヌ**	リン分を多く含む低品位の**ミネット鉱**（くず鉱の意）を産し、1878年の**トーマス製鋼法**の発明でリン分除去が可能になり、開発が進んだ。1997年に完全閉山。
	スウェーデン	**❺キルナ、マルムベリェト**	良質な磁鉄鉱の産地。ボスニア湾岸の**ルレオ**やノルウェーの**ナルヴィク**(不凍港)から、ドイツやイギリスなどへ輸出。
	ウクライナ	**❻クリヴィリフ(クリヴォイログ)**	ウクライナ南部の旧ソ連最大の鉄山で、国内の約2分の1を生産。高品位の赤鉄鉱を産する。ドネツ炭田と結合して、ドニプロ(ドニエプル)工業地域を形成していた。
ロ シ ア	ロシア	**❼マグニトゴルスク**	ウラル山脈南東部の鉄山で、ウラル＝クズネックコンビナートの建設により開発された。ニジニータギルなどとともに国内第2の鉄鉱産地を形成していた。
北 ア メ リ カ	アメリカ合衆国	**❽メサビ**	アメリカ最大の鉄山で、赤鉄鉱の露天掘り。近年は富鉱が乏しくなり、貧鉱の**タコナイト**(鉄分20〜30%)も利用されている。スペリオル湖西岸の積出港**ダルース**から五大湖の水運を利用して、五大湖沿岸の製鉄都市へ運ばれる。
	カナダ	**❾シェファーヴィル**	**ラブラドル**高原にあるカナダ最大の鉄山。主にセントローレンス・シーウェイを経由してアメリカに輸出。このほか、キャロルレーク・ノブレークも有名。
南 ア メ リ カ	ブラジル	**❿イタビラ**	ミナスジェライス州の赤鉄鉱の露天掘り鉄山。**イパチンガ**のウジミナス製鉄所(日本との合弁)へ送られるほか、**ビトリア港**から日本・EU諸国などへ輸出。
		⓫カラジャス	パラ州にあり、**世界最大級の埋蔵量**をもつ。**サンルイス港**まで鉄道が敷設され、日本へも輸出。アマゾン開発の拠点の一つ。**参照》**P.182
オ セ ア ニ ア	オーストラリア	**⓬マウントホエールバック** **⓭マウントトムプライス**	西オーストラリア州**ピルバラ地区**の鉄山。高品位の赤鉄鉱の露天掘り。1960年代以降、日本資本も進出して開発が進んだ。積出港**ポートヘッドランド・ダンピア**まで鉄道が敷設され、日本へ輸出。現在は中国が最大の輸出先。

1 主な非鉄金属鉱山

凡例：
- ■ 銅
- ⊙ ボーキサイト
- ☆ すず
- □ 金
- ▲ ニッケル
- ● 鉛・亜鉛

地名：銅鉱、ノリリスク、クラスノウラリスク（中央ウラル）、ジェズカズガン、①サドバリ、ビュート、ビンガム、モレンシー、ポートマリア（ジャマイカ）、セロデパスコ、②チュキカマタ、エスコンディーダ、エルテニエンテ、ポトシ、③カッパーベルト、ヨハネスバーグ、キンタ、クアラルンプール、バンカ島、ブリトン島、マウントアイザ、カルグーリー、ブロークンヒル、ブーゲンヴィル島、④ウェイパ、⑤ニューカレドニア島

① サドバリ　世界最大のニッケル鉱床。銅山としても有名。

② チュキカマタ　世界最大の銅山であったが、現在、1990年代に開発されたエスコンディーダが上回っている。

③ カッパーベルト　コンゴ民主共和国南部のカタンガ州から、ザンビア北部に分布する世界的な銅鉱床地帯。ベルギー資本やイギリス資本により開発されたが、現在は国有化。

④ ウェイパ　カーペンタリア湾岸にある世界最大のボーキサイト産地。

⑤ ニューカレドニア島　フランス領の島で、世界的なニッケルの産地。

◉ ボーキサイト　アルミニウムの原料で、精錬時には大量の電力を必要とする。

◉ チュキカマタ銅山での露天掘り［チリ］　チリは世界最大の銅産出国である。

2 主な非鉄金属の生産 (2019年)

銅 鉱 2,040万t	チリ 28.4%	ペルー 12.1	中国 8.2	コンゴ民主共和国 6.3	アメリカ合衆国 6.2	その他 38.8

鉛 鉱(18) 456万t	中国 46.1%	オーストラリア 9.5	ペルー 6.3	アメリカ合衆国 6.1	その他 32.0

亜鉛鉱 1,270万t	中国 33.2%	ペルー 11.1	オーストラリア 10.4	アメリカ合衆国 5.9	インド 5.7	その他 33.7

すず鉱 29.6万t	中国 28.5%	インドネシア 26.2	ミャンマー 14.2	ペルー 6.7	ボリビア 5.7	その他 18.7

ボーキサイト 3.58億t	オーストラリア 29.4%	中国 19.6	ギニア 18.7	ブラジル 9.5	その他 22.8

金 鉱(18) 3,310t	中国 12.1%	オーストラリア 9.5	ロシア 9.4	アメリカ合衆国 6.8	カナダ 5.5	その他 56.7

銀 鉱 2.66万t	メキシコ 22.3%	ペルー 14.5	中国 12.9	ロシア 7.5	その他 42.8

（『日本国勢図会』2022/23などによる）

非鉄金属の性質と用途

名 称	性 質	主な用途
銅 鉱	柔らかく電気伝導度、展延性が高い。合金材用。殺菌性あり。	電線、電気回路、屋根ふき材、電気モーター、10円玉、真鍮、青銅
鉛 鉱	さびやすく、黒ずんだ鉛色。内部は腐食しにくい。人体に毒性あり。	鉛蓄電池（バッテリー）の電極、ステンドグラスの縁、銃弾、放射線の遮蔽材、つりのおもり、かつてのおしろい
亜鉛鉱	青みを帯びた銀白色の金属。	トタン板、亜鉛メッキ、乾電池の負極、真鍮、ダイカストの地金、安全なおしろい
すず鉱	融点が低く、比較的無害な金属のため合金の材料。	はんだ（鉛との合金）、青銅（銅との合金）、ブリキ、パイプオルガンのパイプ
ボーキサイト	常温・常圧で良好な熱伝導性、電気伝導性。軽量。柔らかく展延性も高い。	アルミサッシ、アルミホイル、1円玉、ジュラルミン、航空機材料、高圧送電線
金 鉱	金色の光沢ある黄色。展延性に優れる。熱伝導性・電気伝導性が高い。	指輪などの装飾品、貨幣、電子基板、金歯、メダル
銀 鉱	電気伝導性、熱伝導性は最大。展延性に富む。抗菌性が高い。	宝飾品、貨幣、写真の感光剤、オーディオケーブル

3 主なレアメタル(希少金属)の生産 (2020年)

クロム鉱 3,700万t	南ア共和国 35.8%	トルコ 21.6	カザフスタン 18.9	インド 6.8	その他 16.9

マンガン鉱 1,890万t	南ア共和国 34.4%	オーストラリア 17.6	ガボン 17.5	中国 7.1	その他 23.4

ニッケル鉱(18) 240万t	インドネシア 25.3%	フィリピン 14.4	ロシア 11.3	ニューカレドニア 9.0	カナダ 7.3	オーストラリア 7.1	その他 25.6

タングステン鉱(18) 8.38万t	中国 82.3%	ベトナム 5.4	その他 12.3

コバルト鉱(19) 14.4万t	コンゴ民主共和国 69.4%	ロシア 4.4	オーストラリア 4.0	フィリピン 3.5	その他 18.7

モリブデン鉱 29.8万t	中国 40.3%	チリ 19.9	アメリカ合衆国 17.1	ペルー 10.8	その他 11.9

（『日本国勢図会』2022/23などによる）

レアメタルの用途

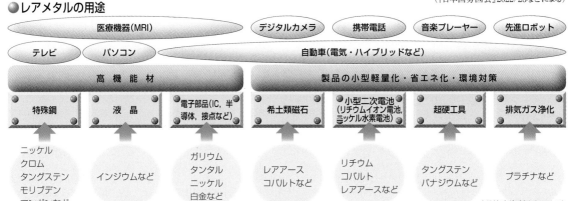

医療機器(MRI)、デジタルカメラ、携帯電話、音楽プレーヤー、先進ロボット、テレビ、パソコン、自動車(電気・ハイブリッドなど)

高機能材 / 製品の小型軽量化・省エネ化・環境対策

- 特殊鋼：ニッケル、クロム、タングステン、モリブデン、マンガンなど
- 液晶：インジウムなど
- 電子部品(IC, 半導体, 接点など)：ガリウム、タンタル、ニッケル、白金など
- 希土類磁石：レアアース、コバルトなど
- 小型二次電池(リチウムイオン電池, ニッケル水素電池)：リチウム、コバルト、レアアースなど
- 超硬工具：タングステン、バナジウムなど
- 排気ガス浄化：プラチナなど

（環境省資料などによる）

鉱工業

日本のエネルギー・鉱産資源

1 主な資源の輸入先と輸入依存率 (2021年)

石炭 18,260t	オーストラリア 65.4%	インドネシア 12.4	ロシア 10.8		5.3	4.2	その他1.9	依存率 99.6%

アメリカ合衆国

原油 14,431万kL	サウジアラビア 39.7%	アラブ首長国連邦 34.7	クウェート 8.4	カタール 7.6	ロシア 3.6	その他 6.0	依存率 99.7%

アメリカ合衆国／ブルネイ

液化天然ガス 7,432万t	オーストラリア 35.8%	マレーシア 13.6	カタール 12.1	ロシア 9.5	5.8	その他 14.4	('20) 97.4%

カナダ

鉄鉱石 11,307万t	オーストラリア 58.8%	ブラジル 26.6	6.3	その他 8.3	100.0%

インドネシア

銅鉱 496万t	チリ 38.3%	13.4	13.0	ペルー 12.3	カナダ 7.9	その他 15.0

オーストラリア

ニッケル鉱 309万t	(ニューカレドニア) 53.8%	フィリピン 46.2

（財務省「貿易統計」による）

3 メタンハイドレート～新しい天然ガス資源
Methane Hydrate

① 「燃える氷」メタンハイドレート

●日本周辺の分布

■ まとまって存在する可能性が高い（約5,000k㎡）
■ まとまって存在する可能性がある（約61,000k㎡）

（メタンハイドレート資源開発研究コンソーシアム資料による）

解説 「燃える氷」 メタンハイドレートは，メタン分子のまわりを水分子が囲み，低温高圧という環境のもとで固体となったもの。温度が上がったり，圧力が下がったりすると分解し，燃えやすいメタンガスと水になる。「燃える氷」ともよばれる。
日本近海にも存在 世界的にみてメタンハイドレートが存在できる低温高圧という環境は，永久凍土層地帯や深海の海底面下に存在する。日本近海では，西日本の南側の南海トラフ付近に多く分布し，探査の結果，静岡から和歌山にかけての**「東部南海トラフ」**にはメタンガス約1兆㎥相当（日本のガス消費量約14年分）が存在することがわかった。
採掘方法 井戸からポンプで水をくみ上げ，地層の圧力を下げて分解を促して取り出す**「減圧法」**という採掘方法が実証されている。

5 都市鉱山
urban mining

① 廃棄された携帯電話

●日本の都市鉱山の規模

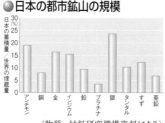

（縦軸：日本の蓄積量／世界の埋蔵量 %）
アンチモン／銅／金／インジウム／鉛／プラチナ／銀／タンタル／すず／亜鉛

（物質・材料研究機構資料による）

2 一次エネルギーの供給構成・輸入依存率の推移

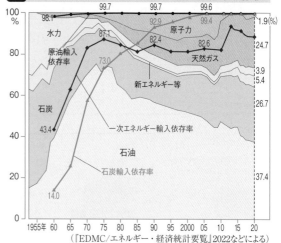

水力／原油輸入依存率／石炭／新エネルギー等／原子力／天然ガス／一次エネルギー輸入依存率／石油／石炭輸入依存率

98.1 / 99.7 / 99.7 / 99.6 / 99.4 / 92.9 / 99.4 / 1.9(%) / 87.1 / 82.4 / 82.6 / 24.7 / 73.0 / 3.9 / 5.4 / 43.4 / 26.7 / 14.0 / 37.4

1955年 60 65 70 75 80 85 90 95 2000 05 10 15 20

（『EDMC/エネルギー・経済統計要覧』2022などによる）

解説 日本の火力発電では1980年代以降，LNG比率が高まっている。石炭も2000年代以降増加しており，もはや「火力発電＝石油」のイメージではない。**東日本大震災以後の原発停止**により，2012年以降は原子力の比率が大きく減少している。

4 太平洋に大量のレアアース（希土類元素）
rare earth elements

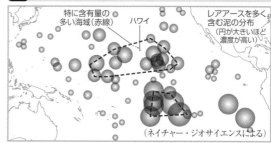

特に含有量の多い海域（赤線）／ハワイ／レアアースを多く含む泥の分布（円が大きいほど濃度が高い）

（ネイチャー・ジオサイエンスによる）

解説 現在は中国が高い生産シェアを占めるが，太平洋には陸地の埋蔵量の800倍ものレアアースがあると確認されており，今後の開発が期待されている。

6 海底に眠る資源

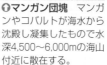

① **マンガン団塊** マンガンやコバルトが海水から沈殿し凝集したもので水深4,500～6,000mの海山付近に散在する。

① **海底熱水鉱床** 海底火山活動に伴って湧水する噴出孔付近には金，亜鉛などの有用金属を大量に含む沈殿物が堆積している。海底の資源は国連海洋法条約で「準国内資源」とされ，安定的な供給が見込まれる。

解説 **都市鉱山**とは，都市で大量に廃棄された家電や携帯電話などに含まれる**レアメタル**などをリサイクルできれば地上の資源とみなせるという考え方で，1988年に東北大学選鉱製錬研究所の南條道夫教授らによって提唱された。
都市鉱山という観点から見ると，日本は世界有数の資源大国である。物質・材料研究機構が2008年に行った試算では，金は，約6,800トンと世界の現有埋蔵量42,000トンの約16%，銀は，約23%におよび，他にもインジウム16%，すず11%，タンタル10%と世界埋蔵量の一割を超える金属が多数あることが分かった。また，他の金属でも，国別埋蔵量保有量と比較するとプラチナなどベスト5に入る金属も多数ある。2013年4月から，**小型家電リサイクル法**という法律が施行された。公益財団法人東京オリンピック・パラリンピック競技大会組織委員会（東京2020組織委員会）は，東京2020大会で使用するメダルについて，「都市鉱山からつくる！みんなのメダルプロジェクト」を実施した。

1 ヨーロッパにおける工業の発達過程

手工業

～中世
自給自あるいは客の注文に応じ，生産者が道具を用いて手作業により生産する方式。

問屋制家内工業

中世～近世
流通を担当する問屋が集めた注文に応じ，農村に分散する手工業者に生産させる方式。問屋は原料や生産用具を貸し付けて生産させ，製品を引き取って販売する。

工場制手工業（マニュファクチュア）

16世紀後半～
資本を集積した問屋などが工場を興し，生産者を賃金労働者として雇用し，工場内で道具を用いて分業で生産する方式。品質の管理がしやすく，新たな動力の導入により機械工業への転換が図れる。

→ 産業革命

工場制機械工業

18世紀後半～
多くの労働者を工場に集め，機械及び動力を用いて均一な製品を大量に生産する工業システム。近代工業の推進力となった。

解説 イギリスの産業革命を決定的にしたのは，蒸気機関に代表される新しい動力の出現である。この水車に代わる新しい動力は，工場立地の地理的条件を緩和するとともに，大資本による工場の大規模化を促すことになった。

発明・技術革新
1709 ダービー，木炭に代わるコークス製鉄法を発明
10 ニューコメン，炭坑の排水ポンプ用蒸気機関を発明

綿工業における技術革新
1733 **ジョン＝ケイ，飛び杼を発明**
64 ハーグリーヴズ，ジェニー紡績機を発明
68 **アークライト，水力紡績機を発明**
79 クロンプトン，ミュール紡績機を発明
85 **カートライト，力織機（蒸気機関を応用）を発明**
93 ホイットニー，綿繰機を発明

動力革命
1769 **ワットが蒸気機関を改良**（生産・運輸の飛躍的発展へ）

交通革命
1807 フルトン，蒸気船を発明（ハドソン川を航行）
14 スティーヴンソン，蒸気機関車を実用化
19 サヴァンナ号，大西洋横断（29.5日かかる）
25 鉄道の実用化（ストックトン～ダーリントン間）
30 リヴァプール～マンチェスター間に鉄道開通

↑ケイの「飛び杼」 紐を引くと杼の端がたたかれて反対側に飛び出す装置を発明した。これによって製織能率は倍加し，従来よりも幅の広い布を織れるようになった。

↑アークライトの水力紡績機 水力（のちには蒸気機関）を利用した多軸型紡績機で，連続作業が可能となり，工場制度の成立を促し，太くて強い糸が生産されるようになった。

↑ワットの蒸気機関 ワットは炭坑の排水用にしか使えなかったニューコメンの蒸気機関を改良し，シリンダー内のピストンの往復運動を回転運動に変える実用的な蒸気機関を考案した。

2 インダストリー4.0～第4次産業革命

第4次産業革命は，人工知能（AI）やあらゆるものをインターネットでつなぐ「IoT」(Internet of Things)，ロボットなど自動化技術を組み合わせ，新しい事業やサービスを生み出すものだ。

「第1次」は18世紀の**蒸気機関**，「第2次」は19世紀の**電力**の活用，「第3次」は20世紀後半の**コンピューター**の普及とされる。「第4次」で，産業の高度化が加速する。政府は2020年に国内で30兆円規模の付加価値が生まれると試算する。

先行するのは海外勢だ。アメリカ合衆国ではグーグルなどが**インターネットで集めた膨大な情報（ビッグデータ）**の活用に強みを持つ。IBMはAI「ワトソン」で世界をリードする。また，ゼネラル・エレクトリック（GE）などが共同研究団体を設立し，あらゆる産業でのIoT活用を目指す。

ドイツは製造業を効率化するため，自国の企業，工場をインターネットで結ぶ「インダストリー4.0」に取り組む。

日本勢もソフトバンクグループが，IoTを支える半導体を手がける英ARMホールディングスを，約240億ポンド（約3.3兆円）で買収すると発表した。政府も成長戦略の柱に第4次産業革命を位置づけ，産官学で世界との競争に挑む。

●第4次産業革命

18世紀後半～	19世紀後半～	1970年代～	現在	将来
第1次産業革命	第2次	第3次	第4次	
蒸気機関	電力	コンピューター	AI（人工知能）やIoT（モノのインターネット），ロボット	
↓	↓	↓	↓	
軽工業	重工業	自動生産	産業の高度化	

（『読売新聞』2016.8.31による）

工業の種類と立地 **1** 工業の分類と概要

主な工業形態		概　要	主な製品
軽工業 日常生活に用いる比較的重量の軽い製品をつくる。	食料品・飲料	農・畜・水・林産物を加工して食料品をつくる。	肉製品・冷凍食品・パン・清涼飲料水
	繊　維	天然繊維や化学繊維を加工して、糸や織物をつくる。参照▶P.159	製糸・レース・組みひも・衣服
	パルプ・紙	木材などを砕いたり、薬品処理して、紙のもとになるパルプを製造したり、各種の紙を製造する。	パルプ・紙類・ダンボール
	印　刷	書籍などの印刷に関連する工業。	書籍・チラシ
	窯業・土石	粘土や石などを窯で焼き、セメント・ガラス・陶磁器などをつくる。	板ガラス・セメント・かわら・レンガ
重工業 （重化学工業） 鉄鋼など比較的重量の重い製品をつくる。 相互に関連の深い重工業と化学工業を合わせて重化学工業とよぶことがある。	化　学	原料を化学的に処理して、原料とは異なる性質の物質をつくる。参照▶P.161	化学肥料・塩・プラスチック・医薬品
	金　属	鉄鉱石・ボーキサイトなどの金属資源を製錬・加工する。参照▶P.160	鉄鋼・アルミニウム・電線
	電気・電子機械 情報通信機械	携帯電話や家電など電気に関連する機械をつくる。参照▶P.162・163	エアコン・パソコン・発光ダイオード
	輸送用機械	自動車、鉄道、航空機、船舶やその部品をつくる。参照▶P.164	乗用車・トラック
	その他の機械	産業用ロボット、農作業用機械といった産業用機械などを製造する。	ボイラー・エレベーター・印刷機械

↑食料品工業
↑パルプ・紙工業
↑機械工業

2 工業はどこへ立地？

アルフレッド＝ウェーバーAlfred Weber（ドイツ）は、その著書『工業立地について』（1909年）のなかで次のように述べている。

> 工業生産で利潤を大きくするためには、輸送費や労働費などの生産費の節約が必要であるが、なかでも輸送費が最も重要であり、**輸送費が最低になる地点に工場は立地する。**

工業原料や製品の性質は、輸送に大きな影響を与え、工場の立地を左右する。

工業立地については、ウェーバーが有力な観点を与えた功績は認められるものの、現実には様々な立地条件を考慮する必要がある。

幼少の頃の
アルフレッド＝ウェーバー

兄のマックス＝
ウェーバー

マックス＝ウェーバーも
経済学者として有名

・**普遍原料**（どこにでもあるもの）→消費地に立地
・**局地原料**（産地が限られるもの）
　純粋原料（原料と製品の重量が変わらないもの）
　　→原料産地と消費地のどちらでもよく、一般に労働費の安い場所に立地
　重量減損原料（製品にすると重量が軽くなるもの）
　　→原料産地に立地

B（動力所在地）

r_2

P（工場）

r_3　　　r_1

C　　　　　　　　A
（消費市場）　　（原料所在地）

解説 輸送費は原料・動力・製品の重量とそれらの輸送距離によって決定される。左図において、AP間の距離をr_1、BP間をr_2、CP間をr_3とし、さらに原料・動力・製品の重量をそれぞれW_1、W_2、W_3とすると、工場Pは$r_1W_1+r_2W_2+r_3W_3$が最小となる地点に立地する。

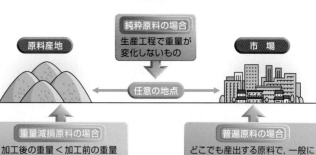

純粋原料の場合
生産工程で重量が変化しないもの

原料産地 ←**任意の地点**→ 市　場

重量減損原料の場合
加工後の重量＜加工前の重量
よって、ここに加工場を置けば輸送費は安くなる

普遍原料の場合
どこでも産出する原料で、一般に加工後の重量＞加工前の重量
よって、ここに加工場を置けば輸送費は安くなる

3 立地条件による工業の分類

分　類	主な立地条件	例
原料指向型工業	**重量減損原料**を使用	鉄鋼・非鉄金属，紙・パルプ，セメント・陶磁器
用水指向型工業	大量の工業用水を使用(冷却用水，洗浄水，原料用水など)	鉄鋼，紙・パルプ，化学繊維，IC，醸造(清酒は重量だけでなく水質も重要)
電力指向型工業	大量の電力を使用	アルミニウム，化学肥料
市場指向型工業	・**普遍原料**を使用し，製品の重量大 ・市場の情報や流行を重視	・ビール・清涼飲料水 ・印刷・出版，高級衣服
労働力指向型工業	労働力への依存度が大きい	繊維(縫製品)，各種の組立工業(電気機械・精密機械など)
臨海指向型工業	海外からの**輸入原料**に依存	鉄鋼，石油精製・石油化学
臨空港指向型工業	**軽薄短小型**の高付加価値製品	エレクトロニクス製品(ICなど)

原料指向型工業

●主なセメント工場の立地と石灰石鉱床の分布 (2021年)

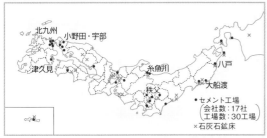

　セメント工場
会社数：17社
工場数：30工場
×石灰石鉱床

(セメント協会資料などによる)

市場指向型工業

●大手ビールメーカーの工場の立地 (2022年)

(キリン，アサヒ，サッポロ，サントリー，オリオンの5社)

(各社ホームページによる)

⬆セメント工場[埼玉県秩父郡横瀬町]　セメント工業は**重量減損原料**を使用するため，原料産地で製品化すれば輸送費が抑えられる。原料の石灰石は全国各地に分布するため，セメント工場も全国に分散立地しているが，とりわけ福岡・山口・埼玉各県への集中が目立つ。

⬆ビール工場[千葉県船橋市]　ビールや清涼飲料水は原料の大半が水である。水はどこでも得られる典型的な**普遍原料**であるため，製品の輸送費が少なくてすむ消費地の周辺に立地するのが有利となる。

(注)ミネラルウォーターを商品化する工場は，良質な水が得られる採水地に立地する。

電力指向型工業

●1978年ころのアルミニウム(製錬)工場の立地 参照≫P.160

(日本アルミニウム協会資料)

⬆アルミニウム工場[静岡県静岡市]

解説　アルミニウムは別名「**電気の缶詰**」とよばれるほど，製錬に大量の電力を必要とする。かつては水力発電を用い，長野県大町など内陸地方に多く立地した(上の図)。しかし電力料金の高騰で撤退が続き，2014年3月に静岡県静岡市(旧蒲原町)の工場が操業を停止したことで国内のアルミニウム電解工場はなくなった。現在では新地金は100%輸入しており，再生地金の生産が主流である。

情報ナビ　**東京都の工業の特徴**　東京都の業種別製造品出荷額で特徴的なのは印刷関連で，出荷額の約10%を占める。とりわけ都心及びその周辺に集積している。印刷業は市場指向型工業の典型であり，情報機能を重視する**情報集約型産業**といえる。

4 立地移動～鉄鋼業の例

↑エッセンの製鉄所（1967年，西ドイツ＝当時）　エッセンではルール炭田の石炭を背景に，ライン川及びその支流であるルール川等の水運を生かして鉄鋼業が発達した。19世紀初めにクルップ社（現ティッセン・クルップ）が設立され，生産が急増した。

↑鹿島臨海工業地域の製鉄所　参照≫P.343

●立地移動の事例

国　名	原料産地立地から	→	臨海立地へ
イギリス	バーミンガム（ミッドランド地方）		ミドルズブラ，カーディフ
フランス	メス，ナンシー（ロレーヌ鉄山）		ダンケルク，フォス
ド イ ツ	エッセン，ドルトムント（ルール炭田）		ブレーメン
アメリカ	ピッツバーグ（アパラチア炭田）		スパローズポイント*
日　本	北九州，室蘭（石炭），釜石（鉄鉱石）		鹿嶋，君津，倉敷，大分

●アメリカにおける鉄鋼生産能力の地域的分布
（単位：%）

	1920年	1930	1940	1950	1959
東部大西洋岸（スパローズポイント*等）	18.3	16.1	19.8	20.0	21.8
ピッツバーグ，ヤングズタウン	51.4	46.4	42.2	39.4	33.7
クリーヴランド，デトロイト	7.0	7.3	9.7	9.4	10.4
シカゴ，ゲーリー	17.8	24.6	21.8	20.9	22.4
南部（バーミングハム等）	2.6	3.0	3.8	4.6	5.9
西部	2.9	2.6	2.7	5.7	5.8

＊スパローズポイントの製鉄所は現在稼動していない。

（『Industrial Location. An Economic Geographical Analysis』）

●立地移動の理由

　鉄鋼業は，従来は典型的な原料指向型工業であり，炭田地域や鉄鉱石産地に立地した。日本でも第二次世界大戦前は，北九州など原料産地立地が中心であった。

　戦後，鉄鋼業の立地パターンが変化し，**内陸部の原料産地から離れ，臨海部に立地する傾向が強まった**。この立地移動は，鉄鋼業の技術革新が進み，原料必要量が低下したことや，**国内原料の枯渇化により輸入原料への依存度を高めたこと**などによるものであった。日本でも戦後に建設された製鉄所は，**太平洋ベルトの臨海部に集中している**。

5 工業立地の変動～アジアの工業化

● 主な電気電子機器の国・地域別生産の割合（2016年）

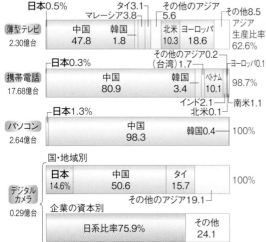

薄型テレビ 2.30億台	日本0.5%　タイ3.1　その他のアジア5.6　その他8.5 マレーシア3.8
	中国 47.8 ｜ 韓国 1.8 ｜ 北米 10.3 ｜ ヨーロッパ 18.6 ｜ アジア生産比率 62.6%

携帯電話 17.68億台	日本0.3%　その他のアジア0.2（台湾）1.7　ヨーロッパ0.1
	中国 80.9 ｜ 韓国 3.4 ｜ ベトナム 10.1 ｜ 98.7%
	インド2.1　南米1.1

パソコン 2.64億台	日本1.3%　北米0.1
	中国 98.3 ｜ 韓国0.4 ｜ 100%

デジタルカメラ 0.29億台	国・地域別
	日本 14.6% ｜ 中国 50.6 ｜ タイ 15.7 ｜ 100%
	その他のアジア19.1
	企業の資本別
	日系比率75.9% ｜ その他 24.1

（電子情報技術産業協会資料などによる）

解説 世界の製造業生産に占めるアジアの比率は中国を中心に拡大しており，「世界の工場」とよばれる存在となっている。品目別では，特に各種の電気電子機器・部品で高い割合を占めている。ただし，デジタルカメラのように，企業の資本別に見た場合には，日本の企業が大きな割合を占めているケースもある。
参照≫P.162

6 プロダクト・サイクル理論

　プロダクト・サイクルとは，工業生産物（プロダクト）が，生物の一生と同様，誕生，成長，成熟，衰退，死亡というサイクルを描くという考え方である。ある工業生産物が成熟すると，これにとって代わる別の生産物が誕生し，後者の成長（販売量の増加）に伴って，前者が衰退，死亡し，そして後者もいずれは別の生産物に取って代わられる。通常，そのサイクルは，①初期段階，②成長段階，③成熟段階，④衰退段階の4段階からなるとされている。そして各段階に応じた生産と経営の特徴があり，したがって**各段階に応じた特有の立地要因が存在する**，というのがプロダクト・サイクル理論に基づく工業立地論である。

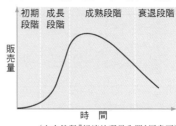

（山本健兒『経済地理学入門』原書房）

解説 初期段階は生産技術改善の時期であり，他企業との連携が必要なことから大都市圏に立地する。成長段階になると，低賃金労働力が得やすい農村部に立地するようになる。

情報ナビ **日本の鉄鋼業**　日本の鉄鋼メーカーは原料を大型専用船で輸入し，規模の大きな工場で，高度な技術を駆使して生産することによってコストの低減を図ってきた。典型的な一貫工場は，水深15m以上の海上の，大型船が横づけできる埋立地に立地している。

1 主な繊維工業と歩み ●産業革命期のイギリス

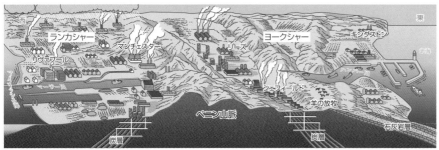

解説 18世紀後半，産業革命により機械化が進み，イギリスのランカシャー地方は世界的な綿織物工業地帯となった。ランカシャー地方は動力の石炭に恵まれ，偏西風の風上となり湿潤であることが立地要因である。反対に偏西風の風下で乾燥するヨークシャー地方は毛織物工業が発達した。伝統技術を持つフランドル地方の職人が百年戦争を契機に移住したことも立地要因である。

工業のあゆみ

綿工業	●綿花が大衆の衣料原料として，羊毛や麻製品に取って代わり，世界で最も重要な地位を占めたのは18世紀の末である。 ●元々インドで興った。その後，イギリスの産業革命はこの部門から**ランカシャー地方**のマンチェスターで始まった。以後アメリカ・ドイツ・日本などで発達。 ●最近は中国・インド・バングラデシュなどの原料産出国や低賃金を利用した国々の生産増加が著しい。
羊毛工業	●衣料原料としての羊毛利用は，有史以前の中央アジアから始まった。 ●中世にはヨーロッパの**フランドル地方**に発達，その後イギリスの**ヨークシャー地方**が中心となった。 ●現在は原毛を輸入してアメリカ・イギリス・イタリアなどで発達。旧ソ連は自国の原料に依存している。
絹工業	●古代中国に始まった。「**シルクロード**」の言葉があることからも，アジアとヨーロッパの交流がうかがえる。 ●日本へも古くに伝わったが，本格化するのは明治以後で，特に生糸は昭和の初期まで輸出の大半を占めたことに注目したい。現在は衰退。
化学(合成)繊維工業	●1930年代の後半，アメリカのカローザスによってナイロン(合成繊維第一号)が発明された。 ●それ以降ビニロン・ポリエステル・アクリルニトリルなどの代表的合成繊維が発明され，今日では天然繊維をはるかにしのぐまでになっている。

2 主な繊維の種類

- 繊維
  - 天然繊維
    - 植物繊維 —— 綿，麻
    - 動物繊維 —— 絹，毛
    - 鉱物繊維 —— 石綿
  - 化学繊維
    - 再生繊維
      - レーヨン(人絹糸，スフ綿)
      - 特殊レーヨン(ポリノジックほか)
    - 半合成繊維
      - アセテート
      - トリアセテート
    - 合成繊維
      - ナイロン(6, 66 ほか)
      - ポリエステル
      - アクリル
      - ビニロン
      - ポリプロピレン
      - ポリエチレン
      - ポリ塩化ビニール
    - 無機繊維
      - ガラス繊維
      - 金属繊維

(『産業全書』ダイヤモンド社)

3 日本の繊維生産高の内訳と推移

	天然繊維		その他	化学繊維 合成繊維糸	
1950年 132.4万t	綿糸 42.6%	毛糸 10.1	8.7	再生・半合成繊維糸 27.0	11.6
2021年 38.6万t	6.7%　1.5　0.3			91.5	

(『日本国勢図会』2022/23による)

4 主な繊維製品の生産

| 綿糸(`14)
5,044万t | 中国
72.3% | インド
7.6 | 6.3 | その他
10.5 |

パキスタン　トルコ3.3

| 生糸(上繭)(`17)
59.3万t | 中国
67.2% | インド
26.2 |

イラン2.2　その他4.4

| 綿織物(`14)
1,723万t | 中国
32.5% | インド
29.3 | パキスタン
18.9 | その他
19.3 |

| 再生・半合成繊維(`18)
525.6万t | 中国
65.7% | インド
10.6 | 9.7 | その他
11.3 |

インドネシア　タイ2.7

| 合成繊維(`18)
5,838万t | 中国
82.0% | インド
8.2 | その他
3.7 |

(台湾)2.7　韓国2.4　日本1.0

(『世界国勢図会』2019/20などによる)

5 日本の化学繊維の製造工場の分布

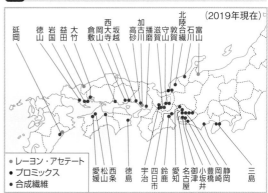

(2019年現在)

延岡　徳山　岩国　益田　大竹　西条　倉敷　岡山　大阪　寺越　高砂　古河　播磨　滋賀　守山　敦賀　合繊　石川　富山　北陸

- ● レーヨン・アセテート
- ● プロミックス
- ● 合成繊維

愛媛　松山　西条　徳島　宇治　四日市　鈴鹿　愛知　名古屋　御坂　小橋　豊崎　岡崎　静岡　三島

(注)工場所在地は化繊協会会員。ただし，関連会社を含む。

(日本化学繊維協会資料による)

解説 化学繊維の製造工場は，豊富な水と原料調達に有利な石油化学コンビナートに隣接した臨海工業地帯や，紡績・織布など繊維加工産地に直結した立地が特色である。

☺チャンスー(江蘇省)での縫製工場[中国] 綿花の約25%を産出する中国では，世界の綿織物の約30%を生産する。地元の原料と豊富で安価な労働力を用いて，大都市周辺の省を中心に生産が活発である。高級品以外の繊維産業は労働力立地型で，綿織物ではパキスタン・インドなどが生産量を伸ばしている。

金属工業

1 鉄と鋼のできるまで

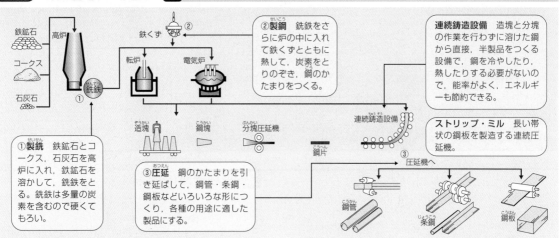

②製鋼 銑鉄をさらに炉の中に入れて鉄くずとともに熱して，炭素をとりのぞき，鋼のかたまりをつくる。

連続鋳造設備 造塊と分塊の作業を行わずに溶けた鋼から直接，半製品をつくる設備で，鋼を冷やしたり，熱したりする必要がないので，能率がよく，エネルギーも節約できる。

①製銑 鉄鉱石とコークス，石灰石を高炉に入れ，鉄鉱石を溶かして，銑鉄をとる。銑鉄は多量の炭素を含むので硬くてもろい。

③圧延 鋼のかたまりを引き延ばして，鋼管・条鋼・鋼板などいろいろな形につくり，各種の用途に適した製品にする。

ストリップ・ミル 長い帯状の鋼板を製造する連続圧延機。

2 主な国の粗鋼生産の推移

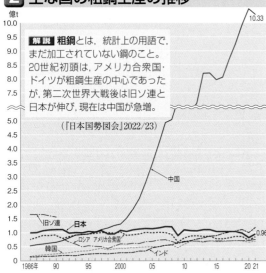

解説 粗鋼とは，統計上の用語で，まだ加工されていない鋼のこと。20世紀初頭は，アメリカ合衆国・ドイツが粗鋼生産の中心であったが，第二次世界大戦後は旧ソ連と日本が伸び，現在は中国が急増。

（『日本国勢図会』2022/23）

4 主な国の大型高炉の保有基数

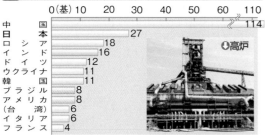

（2014年6月現在）（注）炉内容積2,000㎡以上。（『鉄鋼統計要覧』2014）

3 日本の高炉一貫製鉄所の分布

（2021年7月現在）

（注）地名表記は各社の製鉄所名で，JFEスチールの東日本，西日本はそれぞれ東日本製鉄所，西日本製鉄所を意味する。
（日本鉄鋼連盟資料による）

解説 日本の鉄鋼業は石炭や鉄鉱石の産地であった北九州，室蘭，釜石で始まったが，戦後は輸入鉱石を用いたため，**市場に近い太平洋ベルト**に立地する。近年，中国の鉄鋼メーカーによる「過剰生産」などを背景に国内の鉄鋼業界は大規模な設備削減の必要性に迫られている。日本製鉄は2023年をめどに呉製鉄所（広島）を閉鎖する予定（21年9月に高炉の操業を停止）。

5 アルミニウムの生産と日本の輸入先

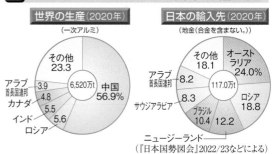

世界の生産（2020年）（一次アルミ）

日本の輸入先（2020年）（地金（合金を含まない。））

（『日本国勢図会』2022/23などによる）

6 アルミニウムができるまで　参照▶P.153・157

ボーキサイト → アルミナ工場 → アルミナ → 電解工場 → アルミ新地金

解説 アルミニウムは「軽く・さびない」ために多くの工業製品に使われている。近年は，ボーキサイトからアルミニウムを作るのに比べて，非常に少ない電気で生産できるリサイクルによる生産工場が増えている。

情報ナビ **鉄鋼の理解には**「銑鉄1tを生産するためには，おおよそ鉄鉱石1.5～1.7t，石炭0.8～1.0t，石灰石0.2～0.3t，電力10～80kWh，水30～60tが必要とされる。」日本鉄鋼連盟ホームページhttps://www.jisf.or.jp/"鉄鋼の一口知識"より。

1 石油製品・石油化学製品の生産

国別の生産割合

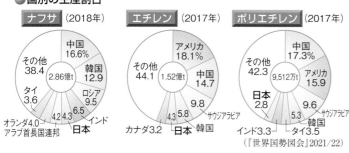

ナフサ (2018年)　2.86億t
- 中国 16.6%
- 韓国 12.9
- ロシア 9.5
- インド 6.5
- 日本 4.3
- 4.2
- オランダ 4.0
- アラブ首長国連邦
- タイ 3.6
- その他 38.4

エチレン (2017年)　1.52億t
- アメリカ 18.1%
- 中国 14.7
- サウジアラビア 9.8
- 韓国 5.8
- 日本 4.3
- カナダ 3.2
- その他 44.1

ポリエチレン (2017年)　9,512万t
- 中国 17.3%
- アメリカ 15.9
- サウジアラビア 9.6
- 韓国 5.3
- タイ 3.5
- インド 3.3
- 日本 2.8
- その他 42.3

(『世界国勢図会』2021/22)

日本の化学工業の製品構成 (2019年)

解説 従来は基礎素材である有機化学工業製品が中心であったが，近年は医薬品や化粧品などの高機能品に生産がシフトしている。

総生産額 43.2兆円
- 石油製品・石炭製品 32.1%
- 有機化学工業製品（プラスチック，有機顔料など）23.6
- 医薬品 19.6
- 無機化学工業製品（ソーダ・無機顔料など）6.3
- 油脂加工製品（塗料，石けん・合成洗剤など）5.6
- その他 12.8

(『日本国勢図会』2022/23)

2 石油からできるもの

原油の用途（日本）(2019年度)

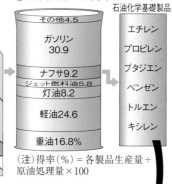

- 石油化学原料用（プラスチック製品など）25.4
- その他 0.8
- 動力用（自動車・トラック・船などの燃料）48.9
- 熱源用（火力発電，ビルや家庭の暖房など）24.9%

油田／ガス／水／原油

(石油連盟資料による)

石油製品生産得率 (2021年)

- その他 4.5
- ガソリン 30.9
- ナフサ 9.2
- ジェット燃料用 5.8
- 灯油 8.2
- 軽油 24.6
- 重油 16.8%

石油化学基礎製品
- エチレン
- プロピレン
- ブタジエン
- ベンゼン
- トルエン
- キシレン

(注) 得率(%)＝各製品生産量÷原油処理量×100

石油化学製品の需要

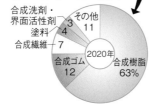

2020年
- 合成樹脂 63%
- 合成ゴム 12
- 合成繊維 7
- 塗料 4
- 合成洗剤・界面活性剤 3
- その他 11

(石油化学工業協会資料などによる)

解説 石油製品と石油化学製品の違い
石油（原油）を蒸留装置を用いて精製したものが一般に**石油製品**とよばれており，LPガス・ガソリン・ナフサ・灯油・軽油・重油・潤滑油・アスファルトなどがある。これに対し，ナフサを熱分解して得られるエチレン・プロピレンなどの製品，及びそれらの原料を化学加工して得られる製品は，**石油化学製品**とよばれている。

主な国の汎用プラスチック生産の推移

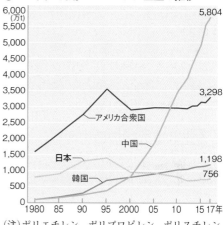

（万t）
- アメリカ合衆国　3,298
- 中国　5,804
- 日本　756
- 韓国　1,198

(年代 1980〜17年)

(注) ポリエチレン，ポリプロピレン，ポリスチレン，ポリ塩化ビニルの4大汎用プラスチックの合計。

(経済産業省資料による)

解説 近年，中国で大規模な生産設備が建設され続けており，2006年にはエチレンの生産量においても中国は日本を上回った。日本の生産設備は中国より小規模かつ旧式なほか，原油・天然ガス調達にコストがかかり，国際競争において苦戦を強いられている。

石油化学コンビナート[岡山県倉敷市水島]

3 石油化学コンビナートとエチレン生産能力

(2021年7月現在)

- 周南 出光興産 62.3
- 水島 三菱ケミカル 49.6（三菱ケミカル旭化成エチレン）／旭化成 …
- 川崎 ENEOS 40.4／ENEOS（旧東燃化学）49.1
- 四日市 三菱ケミカル／東ソー 49.3
- 千葉 出光興産 37.4
- 大分 昭和電工 61.8
- 岩国・大竹 三井化学 …
- 姉崎・袖ケ浦 住友化学 …
- 大阪 三井化学（大阪石油化学）45.5
- 市原 三井化学 55.3
- 鹿島 三菱ケミカル 48.5
- 市原 丸善石油化学（京葉エチレン）48.0／69.0

(注) 一部のコンビナートではエチレン生産を停止しており，ほかのコンビナートからエチレンを輸送するほか，近隣のコンビナート同士でエチレンプラントを共有することで石油化学製品の生産を継続している。

(石油化学工業協会資料による)

解説 石油化学コンビナートは，エチレンプラントを中心とした工場群の複合体であり，多くの関連企業が集積している。石油から得られるナフサを主原料とするため，日本の石油化学コンビナートは**臨海部に立地し，かつ市場に近接する太平洋ベルトに集中**している。石油化学工業は，大量生産によるスケールメリットが競争力に大きな影響を与えるため，日本の石油化学メーカーは外資に対抗して大型合併や事業統合などを推進している。

エチレンプラントの内部 エチレンを経てプラスチックやゴムなどが加工されるため，**エチレンプラントを中心にさまざまな石油化学工場が集中**してコンビナートを形成。

鉱工業

機械工業（造船，電気・電子など）

1 世界の造船竣工量の推移 参照》P.194

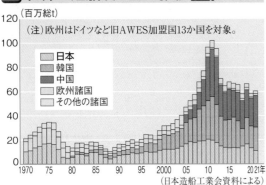

（注）欧州はドイツなど旧AWES加盟国13か国を対象。

凡例：
- 日本
- 韓国
- 中国
- 欧州諸国
- その他の諸国

（日本造船工業会資料による）

解説 日本は1970年代以来，世界最大の造船国の地位を保ってきたが，90年代になると**韓国**が急成長し，両国は激しい首位争いを演じてきた。近年は，**中国**が急伸し，2009年には中国が日本を抜いている。中国躍進の要因は，積極的な設備増強のほか，両国の鋼材価格や賃金水準などのコスト差にあるといわれる。

2 日本の主な造船所の分布 （2022年4月現在）

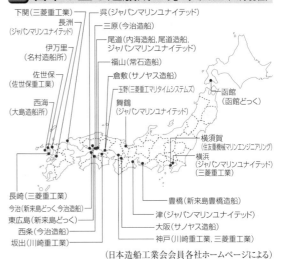

- 下関（三菱重工業）
- 呉（ジャパンマリンユナイテッド）
- 長洲（ジャパンマリンユナイテッド）
- 三原（今治造船）
- 尾道（内海造船，尾道造船，ジャパンマリンユナイテッド）
- 伊万里（名村造船所）
- 福山（常石造船）
- 佐世保（佐世保重工業）
- 倉敷（サノヤス造船）
- 玉野（三菱重工マリタイムシステムズ）
- 西海（大島造船所）
- 舞鶴（ジャパンマリンユナイテッド）
- 函館（函館どっく）
- 横須賀（住友重機械マリンエンジニアリング）
- 横浜（ジャパンマリンユナイテッド）（三菱重工業）
- 長崎（三菱重工業）
- 今治（新来島どっく，今治造船）
- 東広島（新来島どっく）
- 西条（今治造船）
- 坂出（川崎重工業）
- 豊橋（新来島豊橋造船）
- 津（ジャパンマリンユナイテッド）
- 大阪（サノヤス造船）
- 神戸（川崎重工業，三菱重工業）

（日本造船工業会会員各社ホームページによる）

3 主な電気機械の生産量 （2016年，推計）

薄型テレビ 2.30億台	中国 47.8%	マレーシア 3.8 / タイ 3.1		その他 45.3
デジタルカメラ 2,896万台	中国 50.6%	タイ 15.7	日本 14.6	その他 19.1
カーナビゲーション 1,153万台	日本 36.6%	中国 16.6	マレーシア 10.9	その他 35.9
タブレット端末 1.35億台	中国 79.3%	ベトナム 18.7	韓国 0.9	その他 1.1
携帯電話 17.68億台	中国 80.9%	ベトナム 10.1	韓国 3.4	その他 5.6

（電子情報技術産業協会資料による）

4 日本の主な電気機械工場

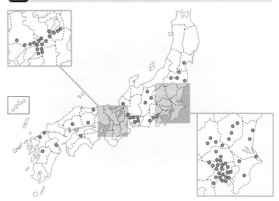

解説 日本の主要電気機械工業は，1980年代より一般工場がアジアへ移転し，よりブランド化・高度化の進んだ部門が残っている。それらの工場も豊富な若年労働力が得られる大都市周辺に立地している。こうした電気機械組立工場にはブラジルなどからの外国人労働力も多く，ブラジル人の居住地域とも一致する。

⭘中国・チョントゥー（成都）のパソコン工場 電気機械の加工・組立てなどの機械工業は低廉で豊富な若年労働力が必要となる**「労働力立地型」**工業である。現在は中国やベトナムなど，NIEs諸国やASEAN4に続く工業国が主流となっている。中国では比較的低価格である家庭電化製品において，世界的に高いシェアを占めている。

5 電気機械工業の国際分業 参照》P.158

国・地域	分業の傾向	製品例
日本・アメリカ合衆国・EU	R&D（研究・開発部門）資本集約的先端技術産業	産業用ロボット，工作機械，高付加価値の電子・電気機器，半導体，集積回路など
アジアNIEs・ASEAN	標準化した付加価値の高いもの，先端技術製品	電気・電子製品，半導体，集積回路，ハードディスクドライバーなど
中国・ベトナム・インド・工業化途上国	標準化した低価格の電気機械	一般家庭電気製品・通信機器・パソコン組立てなど

情報ナビ **工業統計の産業分類の改訂** 2002年調査から，製造業の中分類である「電気機械」が「電気機器」・「情報通信機器」・「電子部品・デバイス」に三分割された。その背景には，ＩＴ（情報通信）産業の多様化と成長がある。

6 世界の半導体(IC)産業 参照 ≫P.165・174

● 半導体の地域別出荷額

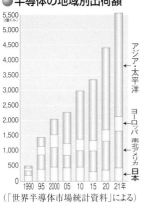

アジア・太平洋
ヨーロッパ
南北アメリカ
日本

（「世界半導体市場統計資料」による）

● 世界の半導体メーカー売上高

（2021年）（単位 億ドル）

順位	メーカー	売上高(%)
1	サムスン電子(韓)	732(12.3)
2	インテル(米)	725(12.2)
3	SKハイニックス(韓)	364(6.1)
4	マイクロン・テクノロジー(米)	286(4.8)
5	クアルコム(米)	271(4.6)
6	ブロードコム(米)	188(3.2)
7	メディアテック(台湾)	176(3.0)
8	テキサス・インスツルメンツ(米)	173(2.9)
9	エヌビディア(米)	168(2.8)
10	AMD(米)	163(2.7)

（『日本国勢図会』2022/23）

7 世界の半導体用途別市場規模

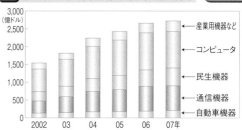

産業用機器など
コンピュータ
民生機器
通信機器
自動車機器

（「ガートナーデータクエスト」による）

解説 電子機器製品を軽量・高品質にし、高速な処理機能に役立っているのが半導体であり、**IC(integrated circuit, 集積回路)** や集積度を高めたLSIなどがある。半導体は、さまざまな工業製品に組み込まれており、あらゆる産業に寄与していることから「**産業のコメ**」とよばれている。近年、需要が高まり、供給不足が深刻である。

● **白河インターチェンジと信越半導体(株)の白河工場[福島県]** ICは軽量で小型、しかも価格が高いので、生産費に占める輸送費の割合は小さい。そのため、労働力を得やすく、輸送に便利な**地方の高速道路沿いに立地**することが多い。IC工場が多く集積し、それぞれ**シリコンアイランド**や**シリコンロード**の別称をもつ九州地方や東北地方は、その典型例といえる（参照 ≫P.323）。東北地方では、2011年3月の東日本大震災で被災したIC工場も多く、関東を中心とした他地域の電気・電子産業の生産活動にも影響を与えた。

8 日本の主なIC工場の分布

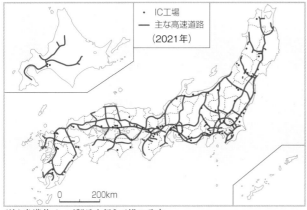

・ IC工場
— 主な高速道路
（2021年）

0 200km

（注）半導体チップ製造を行う工場の分布。

（『日本国勢図会』2022/23などによる）

鉱工業

9 世界のパソコン生産

（万台，%）

	2000年	2005年	2016年(推定)
アジア	7,958(62.1%)	18,642(95.9%)	26,353(100.0%)
日本	989(7.7)	401(2.1)	331(1.3)
中国	2,467(19.2)	16,325(84.0)	25,908(98.3)
（台湾）	3,266(25.5)	955(4.9)	0(0)
韓国	737(5.7)	416(2.1)	114(0.4)
マレーシア	226(1.8)	351(1.8)	0(0)
シンガポール	225(1.8)	117(0.7)	0(0)
北アメリカ	3,013(23.5)	250(1.3)	0(0)
南アメリカ	132(1.0)	25(0.1)	0(0)
ヨーロッパ	1,718(13.4)	516(2.7)	0(0)
世界計	12,821(100.0)	19,433(100.0)	26,353(100.0)
(うち日系企業)	(1,370)(10.7)	(789)(4.1)	(448)(1.7)
デスクトップ	10,442(81.4)	13,543(69.7)	*11,947(37.6)
ノート	2,379(18.6)	5,890(30.3)	*19,865(62.4)

（注）*は2012年。

（『日本国勢図会』2018/19）

解説 パソコンは部品がモジュール化（規格化部品）されており、組み立てが容易である。このため、アメリカや日本のメーカーは、モジュールを中国など人件費の安い国々に運び、現地で組み立てて他国に輸出するといった国際的な分業化を進めている。このため、世界のパソコン生産は中国を中心としたアジア地域で行われている。

10 日本のR&D(研究・開発)関連産業

● **産業用ロボットの製造[兵庫県明石市]** 先進国と途上国間で電気・電子工業分野での水平的分業が進む中、日本はR&D（Research and Development）や高度な先端産業部門に特化している。その結果、**半導体の生産、産業用ロボット、工作機械**などの部門で、日本は世界のトップクラスである。しかし、近年NIEs諸国や中国などが激しく追い上げている。

● 日本の先端産業部門のシェア

工作機械生産額（2016年）

809.6 (億ドル)	中国 28.3%	ドイツ 15.4	日本 15.0	イタリア 6.8	韓国 5.3	アメリカ合衆国 7.3	その他 21.9

産業用ロボット稼働台数（2020年）

301.5 (万台)	中国 31.3%	日本 12.4	韓国 11.4	アメリカ合衆国 10.4	ドイツ 7.6	その他 26.9

（『日本国勢図会』2022/23）

情報ナビ **工作機械** 工作機械は機械をつくる機械であり、工作機械の精度はその国の工業水準を表す。日本は中小企業でもいち早く工作機械を導入し、日本の高い技術力を支えた。

機械工業（自動車）

1 主な国の自動車生産の推移 参照》P.187

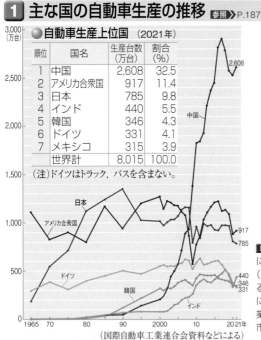

● 自動車生産上位国（2021年）

順位	国名	生産台数（万台）	割合（%）
1	中国	2,608	32.5
2	アメリカ合衆国	917	11.4
3	日本	785	9.8
4	インド	440	5.5
5	韓国	346	4.3
6	ドイツ	331	4.1
7	メキシコ	315	3.9
	世界計	8,015	100.0

（注）ドイツはトラック，バスを含まない。

（国際自動車工業連合会資料などによる）

2 日本の主な自動車組立工場の分布

（2021年3月現在）

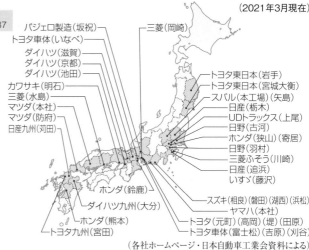

（各社ホームページ・日本自動車工業会資料による）

解説 自動車産業は，資材の購入から部品の製造を経て完成品の組み立てに至る工程で広範な産業が関連する一大総合産業であり，日本の就業人口（6,664万人）の8.2%にあたる549万人（2020年）が従事し，日本経済に与える影響は大きい。日本の自動車製造工場は北関東・南関東地方と東海地方に集中している。豊富で安価な若年労働力と熟練労働力に恵まれ，関連産業が発達しており，輸送に便利な港湾の近くといった条件を兼ね備えた都市周辺地域が多い。

↑自動化された生産ライン（フォルクスワーゲン）[ドイツ]　自動車業界は生産効率を上げ収益率を高めるため工場のFA化を進めてきた。自動車1台を生産するためには約2〜3万点の部品が必要で，FA化は労働者の負担軽減・労災防止にもつながっている。

↑ホンダの新車「レジェンド」の発表会（2021年）　本田技研工業（ホンダ）は，世界で初めて型式認定を取得した自動運転装置搭載の「LEGEND（レジェンド）」を発表。今回レジェンドが実現した自動運転レベル3では，一部の領域に限られるが，システムが自動運転操作を実行している間はナビ画面の注視や画面での映像視聴といったドライバーの「余所見」が可能となる。自動運転を実現するこのシステムは世界初の事例で，自動車生産技術のIT化がますます加速しそうだ。

3 自動車産業の競争領域の変化 参照》P.151

● 自動車産業の競争領域のシフト

2 次世代自動車
ハードウエアの安全性の競争
- ●デバイス開発
- ●デバイス調達
- ●デバイス組み合わせ

1 ガソリン・ディーゼル車
燃費効率の競争
- ●エンジン性能
- ●技術の組み合わせ
環境規制対応の競争

公共スペース

自動運転　　　　マニュアル運転

3 次々世代自動車
システムの安全性の競争
- ●ICTでのハード制御
- ●エネルギー調達
- ●インフラ整備

管理スペース

現在は①から②へと競争領域がシフトしている状態。このあとさらに②から③へのシフトが予想される。

（泉田良輔『Google vs トヨタ』KADOKAWAによる）

● 国内新車販売台数（乗用車）に占める次世代自動車の割合

年	2008	09	10	11	12	13	14	15	16	17	18	19	20
(%)	2.6	9.0	11.7	13.4	20.8	22.5	24.0	26.5	34.8	36.4	37.8	39.2	39.4

● 次世代自動車（乗用車）の国内販売台数の推移　（千台）

年	2008	2010	2012	2014	2016	2018	2020
ハイブリッド車	108.5	481.2	887.9	1,016.8	1,275.6	1,431.9	1,324.8
プラグインハイブリッド車	0	0	11.0	16.2	9.4	23.2	14.7
電気自動車	0	2.4	13.5	16.1	15.3	26.5	14.6
燃料電池車	0	0	0	7台	1.1	0.6	0.8
クリーンディーゼル乗用車	0	8.9	40.2	78.8	143.5	176.7	147.1
計	108.5	492.6	952.5	1,127.9	1,444.8	1,659.0	1,502.0

（注）2016年より軽乗用車のハイブリッド車を含む。

（上図とも日本自動車工業会資料による）

1 韓国の鉱工業地域

地図凡例
- ◯ 主な工業地域
- ■ 石炭
- ▲ 鉄鉱
- 工 鉄鋼業
- 精油所
- 繊維工業
- 化学工業
- ✿ 機械・金属工業
- 自動車工業
- ⑦ 電気機械工業
- ⑦ 精密機械工業
- 造船業
- — 高速道路
- □ 輸出自由地域

（地図中：キョンイン工業地域、ソウル、インチョン、トンヘ、南東沿岸工業地域、テジョン、クミ、ポハン、クンサン、テグ、ウルサン、グァンジュ、マサン、プサン、モクポ　0─100km）

地域	特色	工業都市
キョンイン（京仁）工業地域	①首都を中心とした総合的工業地域 ②古くから繊維工業がさかん ③1960年代以降日米などの外国資本の導入で発展	ソウル─繊維・機械・化学 インチョン（仁川）─鉄鋼・自動車・造船・電子。2003年に指定された最初の経済自由区域
南東沿岸工業地域	①第2の都市プサンを中心として、都市ごとに特色ある工業が発達。プサンはハブ港 ②1960年代以降日本を中心とした外国資本の導入で発展	プサン（釜山）─鉄鋼・機械・化学・電子 ウルサン（蔚山）─石油化学コンビナート、自動車・造船 ポハン（浦項）─鉄鋼（日本の援助による製鉄所） マサン（馬山）─繊維・機械（輸出自由地域であり、外国資本の導入がさかん） テグ（大邱）─繊維

（注）輸出自由地域は輸出加工区ともいい、製品の輸出を条件に税金を減免するなどの優遇をして、外国企業の誘致を図る地域。経済自由区域は、韓国に投資する外国企業のビジネス、生活の環境を改善する区域で、インチョンをはじめ7か所が指定されている。

3 先端技術製品の主なメーカーと世界シェア (2020年)

薄型テレビ		スマートフォン	
会社名（国名）	シェア(%)	会社名（国名）	シェア(%)
サムスン電子（韓国）	18.9	サムスン電子（韓国）	20.0
LG電子（韓国）	14.9	アップル（アメリカ合衆国）	15.8
TCL集団（中国）	9.8	小米〔シャオミ〕（中国）	11.5
3社の合計	43.6	3社の合計	47.3

タブレット端末		NAND型フラッシュメモリー	
会社名（国名）	シェア(%)	会社名（国名）	シェア(%)
アップル（アメリカ合衆国）	33.8	サムスン電子（韓国）	33.7
サムスン電子（韓国）	17.9	キオクシア（日本）	18.8
華為技術〔ファーウェイ〕（中国）	8.6	ウェスタンデジタル（アメリカ合衆国）	14.4
3社の合計	60.3	3社の合計	66.9

（「日経産業新聞」などによる）

2 堅調な重工業と先端技術産業

　牽引役は財閥　1970年代の後半までは繊維を中心とした軽工業が輸出の中心産業であった。80年代の初期からは軽工業の成長貢献度は大幅に低下し、金属製品・機械、石油化学製品、金属一次製品など重化学工業が成長を牽引する中心産業になり、ポハンの製鉄所、ウルサンの造船所は世界屈指の規模である。90年代以降は、家電、情報機器の生産が拡大している。なお、韓国の経済界では**財閥やオーナー企業**の影響力が大きい。

（『ジェトロ貿易投資白書』などによる）

⬆ウルサンの船舶製造[韓国]　近年世界の船舶の新規受注量は大幅に増加している。受注は中国・韓国・日本に集中し、原材料を運ぶ専用船の需要が増えていて、中国・インドでの製造業の生産拡大の影響が大きい。

⬆韓国の液晶テレビ製造　1990年代から半導体や液晶テレビなどの分野に対する投資と技術開発が進められ、重工業分野にかわり韓国経済を牽引している。液晶テレビの世界におけるシェアは、中国に次いで第2位である。

⬆サムスン電子が発表したフラッシュメモリ　サムスン電子は韓国を代表する大企業の一つで、特に半導体メモリなどの電子部品や、ディスプレイ、デジタルメディアなどの電子製品の分野で世界的な大企業である。

鉱工業

東アジアの鉱工業（中国）

1 鉱工業地域

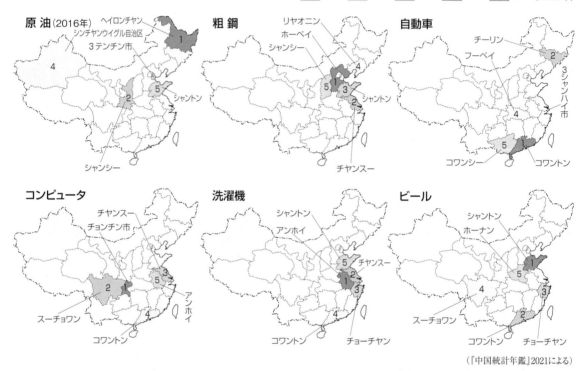

東北区	①戦前日本の資本によって建設された重工業地域 ②炭田（フーシュン），鉄鉱石（アンシャン）を背景に鉄鋼業が興る ③油田（ターチン）
華北・西北区	①華北平野の綿花を背景にした綿工業 ②タートン（大同）炭田を背景に重工業が興る ③内陸部に機械工業が発達
華東・中南区	①革命（1949年）前から綿・絹工業がさかん ②長江（揚子江）の水運，鉄鉱石（ターイエ），石炭（ピンシャン）を背景に鉄鋼コンビナートが形成 ③1979年以後，経済特区がシェンチェン（深圳），チューハイ（珠海）などに設定され，急激に発展
西南区	①内陸部に機械工業が発展

凡例：主な工業地域／○ 工業都市／● 経済特区／⊞ 石油／■ 石炭／△ 天然ガス／▲ 鉄鉱石

主な鉱工業生産の上位省等

1 1位　2 2位　3 3位　4 4位　5 5位　(2020年)

原油（2016年）　ヘイロンチヤン／シンチヤンウイグル自治区／3 テンチン市／シャントン／シャンシー

粗鋼　リヤオニン／ホーペイ／シャンシー／シャントン／チャンスー

自動車　チーリン／フーペイ／シャンハイ市／コワンシー／コワントン

コンピュータ　チヤンスー／チョンチン市／スーチョワン／コワントン／アンホイ

洗濯機　シャントン／アンホイ／チヤンスー／コワントン／チョーチヤン

ビール　シャントン／ホーナン／スーチョワン／コワントン／チョーチヤン

（『中国統計年鑑』2021による）

2 パオシャン（宝山）製鉄所

解説 新中国最大の国家プロジェクトとして1978年以降，日本の技術供与などを受けて設立。1978年に世界第5位であった中国の粗鋼生産量は1996年に世界最大となった。

3 郷鎮企業の発展

⬆郷鎮企業のブラシ工場で働く女性［チヤンスー（江蘇省）］　人民公社の工業部門がその解体後，「郷」（村）・「鎮」（町）営企業となったもので，現在では公営・私営も含めて広範な農村企業の総称として使用される。中国の工業生産の半分近くを占め，生活用品をはじめ広範な工業製品を製造する。

4 中国経済を牽引する深圳

解説 5つの経済特区のうちのひとつで最も成功しているといわれる。製品開発力に優れ，「ハードウェアのシリコンバレー」といわれる。

5 中国の対外経済開放

（北村嘉行『中国工業の地域変動』大明堂などによる）

凡例

★ 経済特区
● 主な経済技術開発区
▲ 国境開放都市
　沿海開放地帯
　西部大開発地域

解説 **経済特区** 1970年代末からの対外開放促進のために特殊な管理と優遇措置が認められた特別の地区。1979年から外国の資本や技術の導入を目的に深圳・珠海・汕頭・厦門に設けられ，88年には海南島が加わった。

経済技術開発区 経済特区に準じるのが経済技術開発区である。大連・天津・上海など14沿海開放都市を設置した。経済特区に比べると，輸出加工区的な性格が強い。現在は内陸部にも広げられ，53か所が指定されている。

経済開放区 対外開放の最前線に位置づけられた沿海開放地域である。1985年にコワントン（広東省）のチュー川（珠江）デルタ，閩南三角デルタ，長江デルタを経済開放区として指定し，以後拡大された。現在は沿海地区の8省・1自治区・2直轄市の合計288市・県が属している。

国境開放都市 1992年国境地域の経済発展促進と観光リゾートの積極的誘致を目的として指定。

西部大開発地域 2000年に決定された開発計画に従い，外資も税制面の優遇措置など経済開放区並みの誘致政策がとられている。**参照** P.78

⊙電気自動車の組み立て[日産の中国合弁工場] 経済成長による需要を背景に，1990年代以降，日本や欧米資本との合弁企業を中心に自動車生産が急増。2009年，中国は世界一の自動車生産・販売大国になった。近年は電気自動車（EV）車をはじめとする「新エネ車」の生産が急速に拡大している。

6 チャイナイノベーションの原点～深圳（シェンチェン）

全ては深圳から始まった 1978年，実質的な最高指導者であった鄧小平（とうしょうへい）氏は，文化大革命で傷んだ中国経済を回復させるため，社会主義体制に資本主義の要素を取り入れることを決めた。**改革開放**のスタートだ。

そこで白羽の矢が立ったのが深圳だった。当時の深圳は人口およそ30万人。**香港の対岸**という**立地**が，資本主義を取り込むのにふさわしいとの判断があった。

2018年は改革開放から40周年に当たる。深圳はこの40年で北京，上海にも劣らぬ巨大都市に変貌した。GDP（域内総生産）は同じ広東省の省都・広州を抜いた。人口は約1,250万人。生粋の「深圳人」はほとんどいない。ほぼ全員が「**外地人**」，つまり「**移民**」だ。

内陸部の農村などから来た「移民」は，当初，外資系工場の現場を支えた。パソコンや携帯電話を組み立て，輸出して外貨を稼ぐ。そうして深圳は中国の経済の成長モデルの起点となった。今の中国の経済発展も，全ては深圳から始まったといえる。

規制を緩和し，事業を進めやすくした**経済特区**の深圳には，欧米や日本の企業だけでなく，中国全土から一攫千金を狙って人材が流入してきた。今でこそ，世界市場で存在感を高める通信機器・スマホ大手の華為技術（ファーウェイ）も，最初は深圳の小さなオフィスだった。

（「日経ビジネス」2018年12月10日号より再編集）

7 失速する経済成長

●中国の実質経済成長率の推移

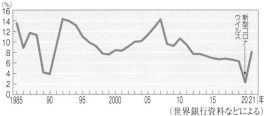

（世界銀行資料などによる）

中国経済の現状 中国は，政治面では中国共産党による社会主義体制を維持する一方，経済面では市場経済を積極的に導入する「**社会主義市場経済**」国家として，目覚ましい経済発展を遂げてきた。国際通貨基金（IMF）のデータ（2017年）によると，世界経済に占める名目国内総生産（GDP）のシェアは米国の24%に次ぐ15%で，3位の日本（6%）を大きく引き離している。

ただ，足元の経済成長率は鈍化しつつある。18年の実質GDP成長率は前年比6.6%増と，17年実績（同6.8%増）を下回っただけでなく，1990年以来28年ぶりの低水準にとどまった。中国政府は2019年3月の全国人民代表大会で経済政策を転換。軸足を債務抑制から景気重視に移し，インフラ投資の拡大や大型減税の実施に踏み切った。ただ，**米国との経済覇権争い**で生じている貿易摩擦の激化で，企業の投資意欲や消費者心理が冷え込んだことが景気の足を引っ張っている。

さらに20年には**新型コロナウイルス**の影響で1～3月の実質GDP成長率は前年同時期比マイナス6.8%にまで落ち込んだ。中国政府は資金繰りに苦しむ企業へ大胆な低利融資を行ったほか，コロナ禍の影響が大きい地域の中小企業を対象とした減税などの財政出動などを実施。4～6月の実質成長率は3.2%増となった。多くの国がマイナス成長であえぐ中，生産と投資の回復傾向は著しい。

（『日経キーワード2021-2022』による）

情報ナビ **労働者争い** 中国では急速な経済成長をうけ，「**用工荒**」（工場労働者不足）が問題になってきた。しかし，経済成長の減速により，沿岸部の工場から農村の出稼ぎ労働者が内陸部に戻る動きが見られる。

東南アジアの鉱工業

1 「ドイ・モイ政策」から経済成長へ 〜ベトナム

企業進出を招く良質で豊富な労働力 ベトナムは，旧ソ連の援助を受けて社会主義経済化を進めてきた。しかし，華人の国外流出，旧ソ連の援助の激減と派遣労働者の帰国などにより経済は悪化していった。

政府は，中国型の社会主義市場経済への転換をめざして，**1986年からドイ・モイ**（ベトナム語で刷新の意）**政策を採用した**。農家請負制や企業の自主権拡大，対外開放政策すなわち外国資本の積極的な導入による経済再建策を取り入れた。この政策は，90年代に入って外資優遇の輸出加工区の設置により，日本・アジアNIEs・欧米諸国の資本が導入され，活況を呈してきた。

ベトナムの最大の魅力は，石油・石炭資源の存在もさることながら，7,900万人を超える人口にある。良質で豊富な低賃金労働力と潜在的な消費市場の存在である。労働賃金が高くなってきているアジアNIEs・ASEAN諸国に代わり，労働集約型産業の立地として有望視され，企業の進出もみられる。

（高橋伸夫『この一冊で世界の地理がわかる！』三笠書房）

2 工業国へ急転換したマレーシア 参照▶P.277

●マレーシアの輸出品目の移り変わり (%)

	1980年	90	2000	10	20
原油	23.8	13.4	4.0	4.9	…
パーム油	8.9	4.7	2.4	6.2	4.2
木材	14.1	9.6	1.8	…	…
天然ゴム	16.4	3.8	…	…	…
液化天然ガス	…	2.9	3.2	6.0	2.9
機械類	10.7	33.3	61.7	42.4	43.4
輸出総額(億ドル)	129.4	294.2	982.3	1,987.9	2,339.3

（各年次『日本国勢図会』）

◎マレーシアに進出する日本企業 外資導入に積極的な政府の政策や，若くて教育を受けた生産性の高い労働力，社会資本（インフラ）の整備など魅力的な投資環境により，日本企業も電気・電子メーカーを中心に数多く進出している。

3 インドネシア—注目される「2億7,000万人市場」

GDP規模はASEANの4割 世界第4位，約2億7,000万人（2020年）の人口を抱えるインドネシア。名目国内総生産（GDP）はASEAN全体の4割近くを占め，域内最大の規模を誇る。この比率は，アジア通貨危機の影響で1998年に2割程度に落ち込んだが，2000年代はほぼ一貫して上昇し，ASEAN経済の規模を押し上げる原動力となってきた。（中略）

ASEANへの関心を高める日本企業は，インドネシアに特に注目している。国際協力銀行（JBIC）が製造業を対象に実施したアンケート調査（13年版）による

と，インドネシアは有望な事業展開先として中国を抜いて初めて1位になった。その理由として圧倒的に多かったのは，現地市場の成長性である。13年の外国企業の対インドネシア直接投資は前年比22％増と過去最高を記録したが，このうち日本は全体の17％を占め，国別の1位になっている。

インドネシア経済の最大の魅力は人口面である。その規模もさることながら，29歳以下の若者の比率が全人口の52％（2016年）を占め，日本（28％）を大きく上回っている（国連統計）。人口の中で働く人の割合が高まる「人口ボーナス」が2025年ぐらいまで続く見通しで，経済に追い風の状態が続くことになる。

（秀和システム『図解でわかるざっくりASEAN』などによる）

●東南アジア各国の経済概況 (2020年)

	実質GDP成長率(%) 2005年	実質GDP成長率(%) 2020年	GDP総額(億ドル)	1人当たりGDP(ドル)	直接投資受入額(億ドル)
ベトナム	8.4	2.9	2,712	2,786	310
シンガポール	7.3	-5.4	3,400	58,116	9,481(17年)
フィリピン	5.0	-9.5	3,615	3,299	23
マレーシア	5.3	-5.6	3,367	10,402	101(17年)
インドネシア	5.7	-2.1	10,584	3,870	287
タイ	4.6	-6.2	5,018	7,189	48(19年)
ミャンマー	…	3.2	762	1,400	17(19年)
カンボジア	13.3	-3.5	253	1,513	36
ラオス	6.8	-0.4	191	2,630	8(19年)

（JETRO資料などによる）

4 豊かな産油国〜ブルネイ

ブルネイはカリマンタン島（ボルネオ島）の北西部にある。面積は日本の三重県ぐらいの小さな独立国だ。労働人口の半分は公務員で，国民は所得税を払う必要はなく，教育と医療は国立の施設の場合無料である。イギリスの大学への全費用支給の奨学制度と奥地の無医村への「フライング・ドクター」の制度は，ブルネイ政府の自慢する制度となっている。

今日のブルネイは，石油と天然ガスに支えられている。ブルネイ沖の海底から湧き出す石油と天然ガスは，イギリスからの独立以来，国内唯一の石油会社ブルネイ・シェルが一手に扱っている。天然ガスは1972年から液化による生産が開始され，そのすべては日本に輸出されて，日本の電力や都市ガスのエネルギー源となっている。（歴史教育者協議会編『知っておきたい東南アジアⅡ』青木書店による）

5 フィリピンの経済成長

「アジアの病人」からの躍進 1970年代から80年代にかけてのマルコス政権による政情不安やオイルショックなどで83年に対外債務のデフォルトを経験し，「アジアの病人」と揶揄されたフィリピンだが，近年の成長は著しい。実質経済成長率は約6％を維持している。まだ直接投資受入額はASEAN諸国の中でも低位であるが，GDPの半分以上はサービス産業で，それを牽引しているのがインドを抜いてシェアが世界1位となったコールセンターである。フィリピンは英語圏のひとつで，世界的企業のIBMやマイクロソフトなどが世界各地から拠点を移している。フィリピン人の英語の方がインド人の英語よりもなまりが少なく，また彼らは勤勉で離職率が低いことなどがその要因とされている。

情報ナビ フィリピンの国外出稼ぎ労働者はOFW（オーバーシー・フィリピーノ・ワーカーズ）とよばれることがある。彼らから母国への送金がGDPの約1割となっており，国内での個人消費を支えている。日本で働くフィリピン人は，ベトナム，中国に次いで第3位である（2021年）。

1 南アジアの鉱工業地域

解説　インドの工業化　1850年代に近代的綿工業が興った。重工業は1890年代にアサンソルにインド製鉄が立地。**ジャムシェドブルにタタ鉄鋼会社ができて1910年代から本格的に生産が開始された。**独立後，政府の強い指導により48年に工業政策の声明が出され，51年より5か年計画がスタートした。しかし，基幹部門の公営化は停滞をもたらし，国際水準から大きく取り残された。80年代に入り自由化政策がとられ，91年になって本格化し，海外からの直接投資の拡大によって急激な変化をしつつある。鉱業部門では石炭・鉄鉱・クロム鉱の産出が多い。

↑ジャムシェドプルの製鉄工場[インド]　近接するダモダル炭田の石炭とシングブーム鉄鉱山の鉄鉱石を原料として利用するインド最大の鉄鋼メーカーの工場であり，1907年にタタ財閥により建設された。

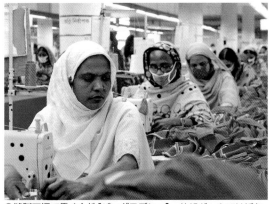

↑縫製工場で働く女性[バングラデシュ]　首都ダッカでは近年，外国企業の注文に応じて衣類を生産する縫製工業が急速に発達し，主要輸出品となった。縫製工業はこの国の経済成長の一端を担うとともに，女性就業率の向上と貧困削減に大きく貢献している。

情報ナビ　優秀な帰国組　かつてアメリカのシリコンバレーなどに知識層が流出し頭脳の「空洞化」が懸念されたインドであるが，近年「頭脳還流」ともいうべき潮流が生まれている。帰国後は大学の教壇に立つなどインドをリードする存在となっている。

2 IT大国インド

　インドのIT(情報技術)産業は，いわゆるコンピューター2000年問題(Y2K)の処理を迅速かつ低価格で請け負ったことでその技術力が注目され，国際的な有名企業からもシステムやソフトウェアの発注が来るようになった。

　インドでIT産業が成功した背景には，**数学的素質に恵まれた人材**が多かったこと，インド工科大学(IIT)など技術系高等教育が充実していたこと，**高い英語通用率，**そして主力市場である**米国との間の12時間**という時差が生かせること，などが挙げられる。こうした利点を生かし，インドIT産業は2010年度，前年度比20％増の886億米ドル(コールセンター業務などのBPO〈業務代行〉含む)を売り上げた。業界団体では，これが2020年度までに2,250億米ドルに達すると予測している。

　これまではソフト制作の下請け的業務やITを応用した**コールセンター業務**などが中心で，業種も金融機関などが多かったが，最近では小売業，航空，医薬，ヘルスケアなどに対象業種が広がり，独自のシステムを作り出して積極的に売り込み，高付加価値化を目指す動きも広がっている。

↑ソフトウェア会社のオフィス[インド・ベンガルール]

3 世界第4位の自動車産業 参照▶P.164

　ヒンドスタン・モータースなど3社の寡占だった市場で，スズキ自動車と印政府の合弁会社マルチ・ウドヨグ(現在はスズキの子会社マルチ・スズキ)が発足。翌年売り出した「マルチ800」の大ヒットは，本格的自動車時代の幕開けとなった。その後，90年代後半にトヨタやホンダ，韓国・現代自動車などが相次ぎ進出。2010年には日産・ルノーが現地生産を開始。スズキやGMなども相次ぎ生産能力拡張に乗り出すなど，インド市場は依然活況を呈している。インド乗用車市場の特徴は，全体の80％が「ミニ」「サブコンパクト」の小型車であること，新規購入者の7割が銀行の個人ローンを利用することである。

　スズキなど日本メーカーの厳しい品質管理に鍛えられた自動車部品産業も着実に技術力をつけており，輸出額は2016年度までに11年度比約5倍の220億米ドルに達する見通し。米国市場などを主戦場に中国メーカーと激しい競争を展開している。

(2・3とも山田剛『知識ゼロからのインド経済入門』幻冬舎による)

西アジア〜中央アジアの鉱工業

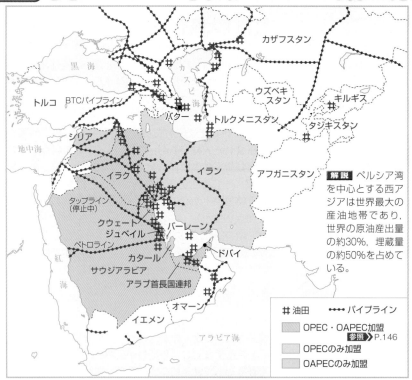

1 油田分布

●西アジア諸国の比率

原油埋蔵量（2020年）
計 2,748億kL

- ベネズエラ 17.6%
- サウジアラビア 15.0
- イラン 12.1
- カナダ 9.9
- イラク 8.4
- クウェート 5.9
- アラブ首長国連邦 5.7
- その他 25.4

原油産出量（2020年）
計 51.4億kL

- アメリカ合衆国 18.6%
- サウジアラビア 12.5
- ロシア 12.1
- カナダ 5.8
- イラク 4.7
- 中国 4.4
- アラブ首長国連邦 4.1
- イラン 3.5
- ブラジル 3.4
- クウェート 3.0
- その他 27.9

原油輸出量（2019年）
計 22.4億t

- サウジアラビア 15.7%
- ロシア 12.0
- イラク 8.7
- カナダ 7.4
- アメリカ合衆国 6.6
- アラブ首長国連邦 5.4
- クウェート 4.6
- ナイジェリア 4.2
- カザフスタン 3.1
- その他 32.3

（『日本国勢図会』2022/23などによる）

解説 ペルシア湾を中心とする西アジアは世界最大の産油地帯であり，世界の原油産出量の約30%，埋蔵量の約50%を占めている。

凡例：
井 油田　・・・ パイプライン
OPEC・OAPEC加盟　**参照** ▶P.146
OPECのみ加盟
OAPECのみ加盟

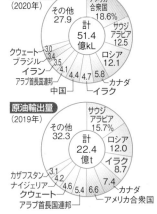
海上に造られたホテル ブルジュ・アル・アラブ（高さ321m）

↑ドバイのジュメイラビーチ　アラブ首長国連邦は首都のアブダビ，経済特区のドバイをはじめとする7首長国の連邦国家である。原油や天然ガスの輸出で経済発展を続けているが，将来に備えて金融，観光業に力を入れている。**参照** ▶P.286

2 トルコの自動車生産

↑自動車工場[トルコ]　トルコは衣類などの軽工業が中心であったが，近年は外国企業との合弁による自動車工業が発達し，EU向け自動車生産が増加，トルコの主要輸出品の一つとなった。

●トルコの主要輸出品 （2020年，1,696億ドル）（JETRO資料による）

一般機械	自動車・同部品	鉄鋼	電気機器	ニット衣料	プラスチック製品	その他
13.0%	9.9	5.5	5.2	4.9	4.1	57.4

3 砂漠のなかの工業団地

進む工業化　ペルシア湾に面したジュベイルは，一昔前までは，背後にどこまでも砂漠が続く小さな漁村だった。そこに，1977年から，工業団地が造成され，現在，エチレン・メタノール・尿素などを製造する最新鋭の石油化学工場がずらりと並んでいる。原料は，これまでは燃やしっ放しにして捨てていた石油随伴ガスだから，タダ同然である。電力は天然ガスを燃料とする火力発電所から，工業用水は天然ガスを熱源とする海水淡水化プラントから供給される。海水淡水化プラントは，1日に約150万tの真水を製造する能力があり，380万人分の生活用水も供給している。

　サウジアラビアは，原油の輸出だけに頼るモノカルチャー経済からぬけだすことを計画して，1976年，サウジアラビア基礎産業公社を設立した。また，高度な技術をもつ先進資本主義国の多国籍企業との合弁企業を次々と設立し，原料に恵まれた石油化学工業を中心に，意欲的な工業化政策を推進することになった。（岩淵孝『地球を旅する地理の本③』大月書店による）

↓ペルシア湾岸の石油化学コンビナート[サウジアラビア・ジュベイル]

1 資源分布

解説 輸出品のほとんどを特定の鉱産資源に頼る**モノカルチャー経済**の国家が多い。原油は2007年新規にOPECに加盟したアンゴラ，ボーキサイトの生産が有数のギニア，ザンビアの銅，ニジェールのウラン，ボツワナのダイヤモンドなどである。南アフリカ共和国は鉄鉱石，石炭をはじめダイヤモンドや**レアメタル**の産出が多く，アフリカ最大の経済大国となっている。

2 アフリカの経済成長

人口の伸びと経済成長　アフリカ経済は長い停滞を経て2000年代から成長を始めた。それまでは名目GDPが伸びず人口が増えたため，1人当たりのGDPは減少，貧困が拡大した。アフリカは石油やダイヤモンドなどの鉱産資源または特定の1次産品の輸出が経済の柱である国が多く，2000年代以降の成長は，資源価格の上昇によるところが大きい。原油価格が暴落した15年には成長率も下落。現在は成長を取り戻したが，安定成長には資源や1次産品頼みの構造からの脱却が欠かせない。

●サブサハラ(サハラ砂漠以南)の名目GDPと人口の推移

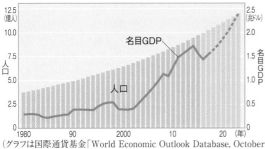

(グラフは国際通貨基金「World Economic Outlook Database, October 2018」(GDP)，国際連合「World Urbanization Prospects: The 2018 Revision」(人口)。GDPは2018年以降，人口は16年以降が予測)
(「日経ビジネス」2019年3月4日号より再編集)

●主な国の実質経済成長率の推移

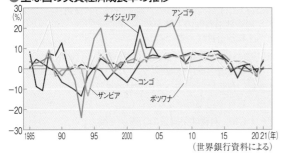

(世界銀行資料による)

●輸出比率の高い鉱産・エネルギー資源 (2019年)

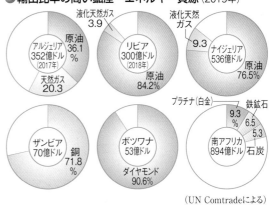

液化天然ガス 3.9
アルジェリア 352億ドル (2017年)
原油 36.1%
天然ガス 20.3

リビア 300億ドル (2018年)
原油 84.2%

液化天然ガス 9.3
ナイジェリア 536億ドル
原油 76.5%

ザンビア 70億ドル
銅 71.8%

ボツワナ 53億ドル
ダイヤモンド 90.6%

プラチナ(白金) 9.3%
鉄鉱石 6.5
石炭 5.3
南アフリカ 894億ドル

(UN Comtradeによる)

↑砂漠の中の油田[リビア]　北アフリカ諸国では1950年代から大規模な油田の開発が始まった。リビアは**OPEC加盟国**で砂漠の中に主要油田があり，アフリカ最大の原油埋蔵量を誇る。主に**イタリア**，スペイン，ドイツに輸出され，近年では天然ガスの生産が増加している。

3 存在感を増す中国

●中国による各地域への経済協力

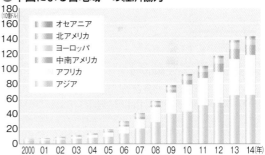

凡例: オセアニア／北アメリカ／ヨーロッパ／中南アメリカ／アフリカ／アジア

●中国の経済協力相手国・地域の分布 (2014年)

※濃い色ほど経済協力額が大きい。

(グラフ・図とも『通商白書』2016による)

解説 アフリカで工業の発展が遅れた理由として，①識字率が低いため労働者としての人材が不足，②資源の利益をめぐる民族間の衝突で政情が不安定，③道路・鉄道などインフラの整備が遅れていることなどが挙げられる。近年，中国やアメリカなど資源目的の直接投資を増やす国が増加している。

1 ヨーロッパの主な工業地域と工業都市

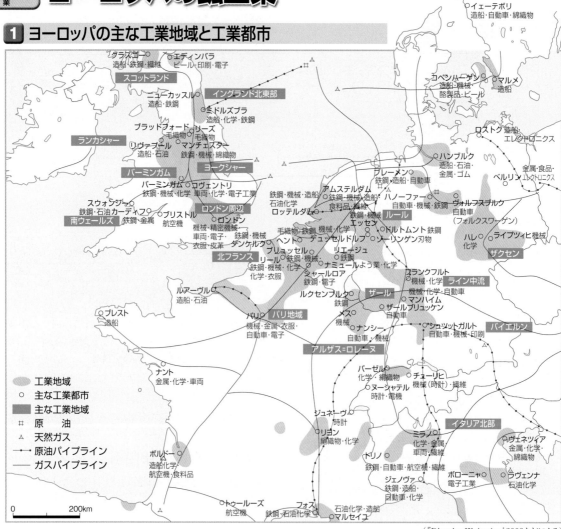

（『Diercke Weltatlas』2008などによる）

凡例:
- 工業地域
- ○ 主な工業都市
- ■ 主な工業地域
- ⊞ 原油
- △ 天然ガス
- —•— 原油パイプライン
- —— ガスパイプライン

0 ─ 200km

国名	工業の特色	主な工業地域と工業都市	
イギリス	① 18世紀後半，世界各国に先がけての**産業革命**により，近代工業が成立した。 ② 石炭・鉄鉱石の存在が有利な条件であった。その他の原料は海外に依存し，加工貿易が発展した。臨海部も発展。 ③ 第二次世界大戦後，石炭・鉄鋼・電力などの工業を国有化している。	**スコットランド地域**　スコットランド炭田に立地し，機械から近年エレクトロニクスもさかん（**シリコン・グレン**）。	グラスゴー エディンバラ
		イングランド北東地域　炭田・鉄鉱資源を背景に，鉄鋼・造船・機械などの重工業。	ニューカッスル ティーズサイド
		ランカシャー地域　炭田・水運・水資源に恵まれ，綿工業を中心に発展。**産業革命発祥の地**である。	マンチェスター リヴァプール
		ヨークシャー地域　羊毛工業中心に発展。南部のシェフィールドでは刃物・金属食器が有名。	リーズ ブラッドフォード
		バーミンガム地域　早くから鉄鋼業が発達し，黒煙が天をおおい「**ブラックカントリー（黒郷）**」とよばれた。	バーミンガム，コヴェントリ，ストーク
		南ウェールズ地域　炭田を背景に，良港に恵まれ鉄鋼業が発展。	カーディフ スウォンジー
		ロンドン地域　首都ロンドンを中心に，テムズ河口一帯が総合工業の中心で，**消費地指向型の工業**が発展。近郊のニュータウンなどへ工業が分散されている。	ロンドン
フランス	① 臨海部に新しい工業地帯が発達している。南部も著しい（フォスなど）。 ② 繊維・衣服・化粧品・ワインなどの軽工業に特色がある。 ③ 第二次世界大戦後，石炭・電力・航空機・自動車など，重要産業を国有化している。トゥールーズは航空機産業さかん。	**北フランス地域**　炭田を中心に発展し，繊維の通信販売，自動車産業が特色。近年臨海製鉄所が発展。	リール ダンケルク（臨海）
		アルザス＝ロレーヌ地域　かつてはロレーヌの鉄鉱石を中心に鉄鋼などが発展。現在は自動車などがさかん。	メス ナンシー
		パリ地域　首都パリを中心に，**消費地指向型の工業**が発展。化粧品・衣服・印刷などフランス最大の総合的工業地域。	パリ

ドイツ	① ヨーロッパ最大の重化学工業国。 ② **ルール炭田**を背景に発展してきた。 ③ 工業原料は海外依存が強い。 ④ 旧西・東ドイツの格差が著しい。  **↑ルール工業地域**	**ルール地域　ヨーロッパ最大の工業地域**。ルール炭田とライン川の水運を中心に鉄鋼業がさかん。**参照**▶P.175	エッセン, ゾーリンゲン, ドルトムント, デュッセルドルフ
		ライン中流地域　ライン川の水運を利用し, 機械・化学工業が中心。	フランクフルト, シュツットガルト, マンハイム
		ザール地域　かつてはザールの石炭とロレーヌの鉄鉱石を基に鉄鋼業がさかんであった。現在は生産が減少。	ザールブリュッケン
		ヴォルフスブルク　ドイツ最大の自動車工場(フォルクスワーゲン)がある。	ヴォルフスブルク
		ザクセン地域　旧東ドイツはライプツィヒの見本市をもって国際貿易の門戸とした。機械工業(ライプツィヒ), 化学工業(ハレ)が特に中心をなす。	ハレ ライプツィヒ ドレスデン
ベネルクス	① ベルギーは中世より**フランドル地方**を中心に**繊維工業(毛織物)**が発達している。重工業も発達。 ② オランダはEUの玄関口ユーロポートに石油関連企業が立地。 ③ ルクセンブルクは鉄鋼業がさかん。	**ベルギー**　伝統的な工業地帯で繊維生産(ブリュッセル, ヘント), 炭田に立地した重工業地帯(リエージュ, ナミュール, シャールロア)。	
		オランダ　アムステルダムは造船・食品・繊維などに特色。ロッテルダムは造船・鉄鋼・機械・石油化学に特色があり, 新マース川河口の**ユーロポート**からはドイツにパイプラインが延びている。**参照**▶P.175	
イタリア	① 近代工業は北部を中心に発達しているが, **南北格差が著しい**。 ② 資源にめぐまれず, 第二次世界大戦後, 国家が主要産業に資本参加(国家特殊会社IRI・ENIに特色)。	**イタリア北部**　ミラノ, トリノ, ジェノヴァを結ぶ**三角形地帯**が中心。巨大企業が集中している。重工業のほか伝統的には繊維部門が特徴。	
		イタリア南部　政府は南部に資本を投下し, **格差是正**につとめている(バノーニ計画, 1955～64年)。タラント(臨海製鉄), ナポリ(化学), クロトーネ(化学肥料・金属)。	
		第三のイタリア　伝統的工業と先端技術が融合。職人間のネットワークが生産活動を支える。ボローニャ, フィレンツェ, ヴェネツィアが中心地。	
スイス	① 高い技術と品質のすぐれた**付加価値の高い製品**に特色がある。	時計工業はジュラ山脈東麓のヌーシャテルを中心にしている。チューリヒ, バーゼルには各種の工業がみられる。	
スウェーデン	① 森林・水力・鉄鉱石資源にめぐまれ, 工業化を図ってきた。	イェーテボリ(自動車・造船), ストックホルム(自動車・造船), マルメ(造船), キルナ(鉄鉱石), スンツヴァル(木材・パルプ)。	
東ヨーロッパ諸国	① ポーランドのウーチ, ドイツのエルフルト, ハンガリーのブダペストを結ぶ**三角形の地域に集中**している。EU加盟により成長に差がみられる。 ② 南と北の格差が課題(ポーランド・チェコとルーマニア・ブルガリア)であるが, ブルガリアは西ヨーロッパ諸国のIT産業の受注を受けてIT部門を強化している。		シロンスク地方, ウーチ, カトヴィツェ, クラクフ, プラハ, プルゼニュ, ブラチスラバ, ブダペスト, オストラヴァ

鉱工業

2 東欧諸国が新たな拠点に

　東欧諸国は, 1993年から94年にかけてマイナス成長からプラス成長に転化し, **市場経済への移行とEU加盟**により, 西欧企業の動きが活発化し, 新たな欧州の製造業の一大拠点となりつつある。

●東欧の概況 (2019年)

		実質経済成長率(%)	日系企業進出状況(社)	賃金(一般工)(ドル)(2016年)
東欧	チェコ	2.3	273	884
	ハンガリー	4.6	162	396～1,111
	ポーランド	4.5	345	586～992
西欧	イギリス	1.4	951	3,058
	ドイツ	0.6	1,870	3,913
	フランス	1.5	703	2,339～2,730
	イタリア	0.3	425	2,152

(注)「一般工」とは工場労働者。
(JETRO「欧州・投資関連コスト一覧」などによる)

情報ナビ　高い学力で話題となっているフィンランドは, インターネットの普及率で北欧諸国と並び日米を大きく上回っている。特に移動電話の普及率では世界トップクラスである。人口分布の希薄性が電線配線の必要がない無線電話を求めたことが一要因である。

3 ヨーロッパ諸国の資源と発電量の内訳

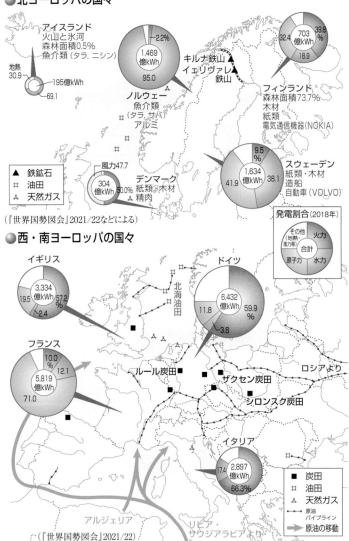

● 北ヨーロッパの国々

アイスランド
火山と氷河
森林面積0.5%
魚介類(タラ, ニシン)

地熱
30.9

195億kWh

69.1

1,469
億kWh
95.0
-2.2%

キルナ鉄山
イェリヴァレ
鉄山

ノルウェー
魚介類
(タラ, サバ)
アルミ

703
億kWh
32.4
39.8
18.9

フィンランド
森林面積73.7%
木材
紙類
電気通信機器(NOKIA)

1,634
億kWh
41.9
9.5
%
38.1

スウェーデン
紙類・木材
造船
自動車(VOLVO)

▲ 鉄鉱石
⊞ 油田
△ 天然ガス

風力47.7

デンマーク
紙類・木材
精肉

304
億kWh 50.0%

発電割合(2018年)
その他
(地熱・
風力等) 火力
合計
原子力 水力

(『世界国勢図会』2021/22などによる)

● 西・南ヨーロッパの国々

イギリス

3,334
億kWh
19.5
57.2
%
2.4

ドイツ

6,432
億kWh
11.8
59.9
%
3.8

北海油田

フランス

5,819
億kWh
71.0
10.0
%
12.1

ルール炭田

ザクセン炭田

シロンスク炭田

ロシアより

イタリア

174 2,897
億kWh
66.3%

■ 炭田
⊞ 油田
△ 天然ガス
原油
パイプライン
原油の移動

アルジェリア

リビア・
サウジアラビアより

(『世界国勢図会』2021/22)

● アイスランドの地熱発電

アイスランドは火山島のため**地熱発電**がさかんで, 低炭素社会がすでに確立されている。写真はブルーラグーンといわれる世界最大の露天風呂保養施設(後方は地熱発電所)。

● 北海油田

解説 ヨーロッパは石炭と鉄鉱石に恵まれ, 18世紀の**産業革命**時代には内陸部の原料(資源)産地に重工業地域が形成された。世界に植民地を拡大させた19世紀には, 河川と海洋交通を結合した港湾に工業都市が栄えた。第二次世界大戦後は石油へのエネルギー転換により, 臨海地域に新しい工業地域が立地した。ロンドンからブリュッセル〜ミラノにかけての湾曲した地域は「**青いバナナ**」(ブルーバナナ)とよばれるヨーロッパで最も経済発展している地域となっている。

4 工業の発展地域 [参照] ≫P.298

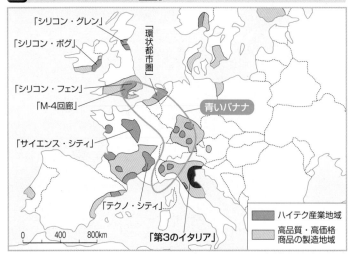

「シリコン・グレン」
「シリコン・ボグ」
「シリコン・フェン」
「M-4回廊」
「サイエンス・シティ」
環状都市圏
青いバナナ
「テクノ・シティ」
「第3のイタリア」

0 400 800km

ハイテク産業地域
高品質・高価格
商品の製造地域

解説 ハイテク産業は, 大学・主要空港・郊外・小さな町・中規模都市に引き寄せられる傾向がある。ロンドン西方の三日月型の地域である「**M-4回廊**」や, エディンバラ周辺ロジアン地方の「**シリコン・グレン**」, パリ南西の「**サイエンス・シティ**」などが好例である。

5 イタリアの工業の発展地域

北部工業地域
ミラノ
トリノ
ジェノバ
ヴェネツィア
ボローニャ
フィレンツェ
第3のイタリア
ナポリ
タラント
南部工業地域

解説 大資本による近代工業が発展したイタリア北部の都市や, 国営企業主導で発展を促したイタリア南部の都市とは異なる産業構造・社会構造をもったのが「**第3のイタリア(サードイタリー)**」である。伝統工業が集積したボローニャ・フィレンツェ・ヴェネツィアなどの都市が中心である。

6 EU域内の国際分業

⬆️エアバス社の飛行機組立[フランス・トゥールーズ]

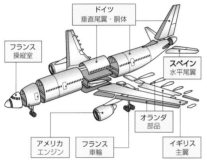

ドイツ
垂直尾翼・胴体

フランス
操縦室

スペイン
水平尾翼

オランダ
部品

アメリカ
エンジン

フランス
車輪

イギリス
主翼

⬆️最終組立工程がフランスの**トゥールーズ**において行われているが，その部品は周辺のEU各国で生産されている。関税や通貨の障壁がないため，部品の輸送コストが小さく，EU域内で国際分業が成立している典型的な事例である。

7 第3のイタリア～イタリア北東部

有名デザイナーブランドを世界に向けて送り出している今日のイタリアは，中国，ホンコンにつぐ世界有数の衣料品輸出国であり，特に高級品の分野で高い競争力を保っている。しかし，第二次世界大戦後まもない頃のイタリアの服飾産業は，パリのオートクチュール（高級仕立服）のデザイナーに生地を提供したり，安い工賃で縫製を請け負うといった，いわばパリの下請け工場としての役割を担っていた。1960年代頃までのイタリアの服飾業界を潤わせたのは，ヨーロッパやアメリカ合衆国の大衆を主な顧客とする，低コストを売りにした衣料の大量生産だったのである。

低価格競争が激しい一般衣料の分野では，1980年代以降，ヨーロッパにも東アジア産の安価な製品が大量輸入されるようになり，従来型の衣料生産は優位性を失った。こうしたなかから，**品質やデザインを重視する高級衣料に特化した現在のイタリアの服飾産業が生み出されたのである。**新しい生産体制において鍵となったのは，流行の移り変わりに遅れを取らないよう，短い製品サイクルで小ロット生産を繰り返さなければならないという，現代のファッション業界に特有の要請であった。従来の一貫生産型ではもはや限界があった。むしろ，**地域に展開する高度な技術力と専門化した中小企業が水平的な分業関係をとり結ぶ**方が，需要の変化に迅速かつ柔軟に対応できた。こうして形成されたイタリア北東部に特徴的な中小企業中心の産業集積は，今日「**第3のイタリア**」の呼び名で広く知られている。

（竹内克行「グローバル化と地域産業」による）

⬆️**デュースブルク[ドイツ]** ドイツ最大の工業地域であるライン川中流の**ルール地方**は，炭田立地型の鉄鋼都市が河川輸送を生かして発展した。デュースブルクは**ライン川**とルール川の合流点に位置する大規模な河港で，外洋から底の浅い河川専用船で鉄鉱石などの資源を輸送している。

⬆️**ロッテルダム[オランダ]** オランダの**ロッテルダム**はヨーロッパ最大の貿易港で，ヨーロッパの中心であるライン川河口に位置し，造船・鉄鋼・機械・精油所や石油化学工業が発達している。**ユーロポート**は世界有数のコンテナターミナルで，**中継貿易**（参照▶P.199）がさかんである。

鉱工業

⬆️➡️**ハンガリーの日系自動車メーカー（スズキ）** ハンガリーは市場経済への移行後，外資の導入を積極的に進め，東欧だけではなくヨーロッパ全域に自動車を供給する一大生産拠点となっている。ハンガリーには，日系企業は部品メーカーなども含め160社以上が進出している。

1 ロシア及び周辺諸国の工業地域

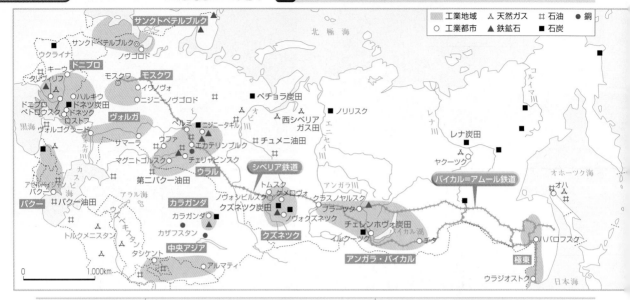

工業地域	特色	主な工業都市
サンクトペテルブルク	①革命(1917年)以前からの工業地域 ②バルト海に面し，かつ大消費地がある	サンクトペテルブルク(造船・繊維・電気) ノヴゴロド(化学・木材)
モスクワ	①革命以前からの工業地域 ②首都として，大消費地である ③水運(ヴォルガ川)で外海とつながる	モスクワ(繊維・機械など総合工業) ニジニーノヴゴロド(造船・自動車) イワノヴォ(繊維)
ヴォルガ	①水運(ヴォルガ川)・水力発電(クイビシェフ湖) ②第二バクー油田(ウラル・ヴォルガ)の開発	サマーラ(機械・石油化学) ヴォルゴグラード(アルミニウム・冶金)
ウラル	①ウラル山脈付近の鉄鉱石を基礎にした重工業 ②1932年に始まったウラル=クズネックコンビナートの一部であったが，現在は分離	マグニトゴルスク・ニジニータギル(鉄鋼) チェリャビンスク・エカテリンブルク(鉄鋼・機械) ペルミ(機械・化学)，ウファ(石油化学)
クズネック	①クズネックの石炭，オビ川の水力発電，テミルタウの鉄鉱石，チュメニの石油が基礎	ノヴォクズネック・ノヴォシビルスク(鉄鋼・機械) ケメロヴォ(石炭化学)，トムスク(機械・石油化学)
アンガラ・バイカル	①アンガラ川，エニセイ川の水力発電 ②シベリア開発の要地 ③チェレンホヴォ炭田	イルクーツク(鉄鋼・パルプ) ブラーツク(木材加工・アルミ) クラスノヤルスク(鉄鋼・機械)
極東	①漁業・木材資源のほか石炭・石油・天然ガスの開発がさかん 参照 ▶P.303	ハバロフスク(精油・機械・木材) ウラジオストク(造船・水産加工)

2 ロシアの産業構造

軍需と民需　ロシアは一面では技術大国である。ロケットの打ち上げやウラン濃縮に関する技術は世界トップクラスであるし，「スホイ」や「ミグ」といった戦闘機の技術水準の高さは世界の認めるところである。武器の輸出は2000年に7億ドルであったが，2004年には57億ドルにまで伸びている。

一方，**宇宙・軍需産業**に比べて，民需関連の技術レベルは先進国中でもかなり低い。自動車部品を例にとれば，エンジンや電装類はもちろん，鋼板ですら国際レベルの製品を作ることができない。家電製品やパソコンの部品についても然りである。**民需技術**のレベルの低さは，部品の国内調達という点において，外国企業がロシアに進出する際の大きなネックとなっている。

○**バイカル=アムール鉄道(バム鉄道)**　シベリアの森林資源や地下資源(石炭・天然ガス・銅など)の開発と，シベリア極東域の輸送力強化のために造られた，針葉樹林帯を走る鉄道である。

国土と物流　広大なロシアには人口100万人以上の都市が13あるが，それは大海の一滴で，ロシアという国は点をつないだ国である。貨物輸送量では依然として**鉄道**が4割を占めるが，長大な**パイプライン網**の輸送量も3割を超える。道路輸送に関するインフラ整備も今後のロシアの課題である。

(ロシア東欧貿易会『ロシアのことがマンガで3時間でわかる本』明日香出版社などによる)

③ ロシア経済の発展

●原油価格とロシアの財政状況

（1バレル＝ドル）

原油価格
原油価格は米国産WTI

財政収支の
GDP比率

2005年 06 07 08 09 10 11 12 13 14 15

（『朝日新聞』2016.1.23による）

●BRICS5か国の1人当たりGDP（国内総生産）比較

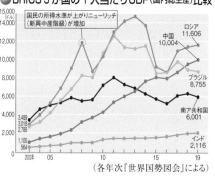

国民の所得水準が上がりニューリッチ
（新興中産階級）が増加

ロシア 11,606
中国 10,004
ブラジル 8,755
南ア共和国 6,001
インド 2,116

2003年 05 10 15 19

（各年次『世界国勢図会』による）

⬆️ロシアから撤退したマクドナルド　自動車やハイテク産業など資源関連以外の産業において，外資を積極的に導入して産業振興を図ったが，ロシアのウクライナ侵攻をきっかけに欧米の企業の撤退が進んでいる。

（写真：ロイター／アフロ）

解説　ソ連の崩壊により成立したロシアは，エリツィン大統領時代の急速な市場経済への転換により，深刻なモノ不足やインフレが起こり，経済のマイナス成長・人口減少など国家の危機をむかえた。豊富な石油資源を背景に経済成長が始まったのは2000年ころからで，東欧社会主義国への供給用であったドルジバパイプラインをEU向けの輸出ルートに切り替え，積極的な**資源外交**を展開した。また鉄鋼・石炭などエネルギー多消費産業から，付加価値の高い加工組立型産業へ転換しようとしている。

　経済成長が著しい**BRICS**（ブラジル，ロシア，インド，中国，南アフリカ共和国）は，いずれも面積・人口・資源大国である。5か国合計の面積は世界の約3割，人口では世界の約4割を占めている。だが，原油価格の高騰に依存しているロシアの経済は，原油相場に大きく影響される。2022年，ロシアのウクライナ侵攻に対し，欧米企業がロシアからの撤退を相次いで表明。今後の経済成長は不透明になった。

④ ロシアの石油・天然ガス産業 参照▶️P.141・303

●ロシアの輸出に占める資源の割合

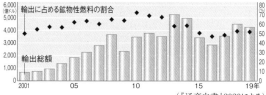

輸出に占める鉱物性燃料の割合

輸出総額

2001 05 10 15 19年

（『通商白書』2020による）

●ロシアの輸出に占める原油・石油製品の割合

3,371億ドル（2020年）	原油 21.5%	石油製品 14.1	その他 64.4

（注）天然ガスは不詳。　（『日本国勢図会』2022/23による）

●天然ガス・石油パイプラインの分布

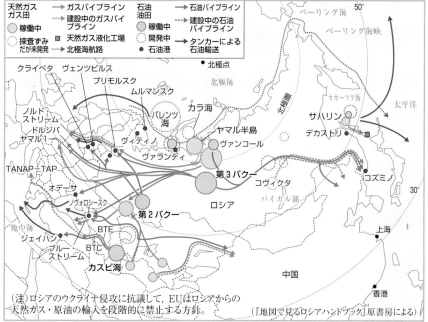

天然ガス ガス田		石油 油田	
🔵稼働中	→ガスパイプライン	🔵稼働中	→石油パイプライン
⭕探査ずみだが未開発	┈➤建設中のガスパイプライン	🔵開発中	┈➤建設中の石油パイプライン
	■天然ガス液化工場		→タンカーによる石油輸送
	➡️北極海航路	●石油港	

ベーリング海
ベーリング海峡
北極点
北極海
クライペタ　ヴェンツピルス
プリモルスク
ムルマンスク
ノルドストリーム
ドルジバ
ヤマル
ヴィティノ
バレンツ海
カラ海
ヤマル半島
ヴァランディ
ヴァンコール
TANAP TAP
オデーサ
第3バクー
コヴィクタ
コズミノ
ノヴォロシースク
ロシア
サハリン
デカストリ
オホーツク海
太平洋
北回帰線
BTE
第2バクー
バイカル湖
ジェイハン
ブルーストリーム
BTC
カスピ海
上海
中国
香港
北極圏
50°
30°

（注）ロシアのウクライナ侵攻に抗議して，EUはロシアからの天然ガス・原油の輸入を段階的に禁止する方針。

（『地図で見るロシアハンドブック』原書房による）

ガス供給停止を示すバルブ

⬆️ロシアからのガス供給の停止[2009年・ウクライナ]　ソ連崩壊後，ロシアとウクライナ両国間では，天然ガスの供給・料金設定，領土をめぐり紛争が続いている。ロシアは豊富な資源を周辺諸国への外交カードとして使用している。

●サハリンの資源開発

解説　サハリン北東部沖の大陸棚には豊富な石油資源があり，1990年代から開発が進んでいた。2009年にはサハリン2が本格稼働し，日本にとって液化天然ガス（LNG）の調達先を多角化することができたが，2022年のロシアのウクライナ侵攻により日本との共同開発が困難になる見通しである。

参照▶️P.303

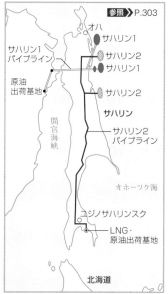

オハ
サハリン1
サハリン1 パイプライン
サハリン2
サハリン1
原油出荷基地
サハリン2
サハリン
間宮海峡
サハリン2 パイプライン
オホーツク海
ユジノサハリンスク
LNG・原油出荷基地
北海道

鉱工業

情報ナビ　**ガスプロム**はロシアの天然ガス産業の約9割を生産するばかりでなく，国内幹線パイプライン網を保有し，生産から流通，そして外国への輸出までを一貫して支配する準国営企業である。事業規模とその経済的貢献度からいってもロシア最大の企業である。

アングロアメリカの鉱工業

1 工業地域の分布

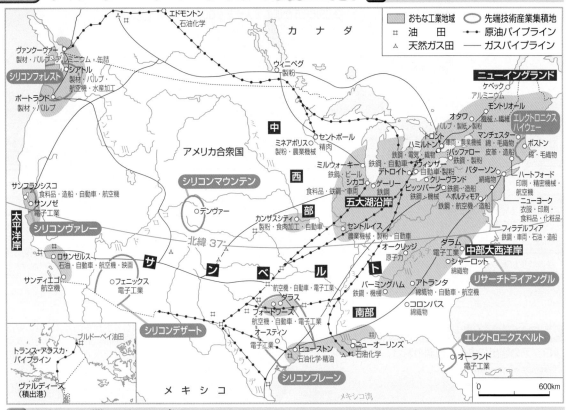

凡例:
- おもな工業地域
- 先端技術産業集積地
- ⊡ 油田
- ▲ 天然ガス田
- ●—● 原油パイプライン
- — ガスパイプライン

カナダ

エドモントン（石油化学）

ヴァンクーヴァー（製材・パルプ・アルミニウム・缶詰）
シリコンフォレスト

シアトル（製材・パルプ・航空機・水産加工）

ウィニペグ（製粉）

ポートランド（製材・パルプ）

中西部

ミネアポリス（製粉・農業機械）
セントポール（精肉）

ミルウォーキー（鉄鋼・ビール）

アメリカ合衆国

シリコンマウンテン

デンヴァー

サンフランシスコ（食品・造船・自動車・航空機）
サンノゼ（電子工業）
シリコンヴァレー

太平洋岸

北緯37度

ロサンゼルス（石油・自動車・航空機・映画）

サンディエゴ（航空機）

フェニックス（電子工業）

カンザスシティ（製粉・食肉加工・自動車）

シカゴ（食品・鉄鋼・車両）
ゲーリー（鉄鋼）

デトロイト（自動車・製鉄）

ピッツバーグ（鉄鋼・造船）

セントルイス（農業機械・製粉・自動車）

五大湖沿岸

サンベルト

南部

ニューイングランド

ケベック（アルミニウム）
モントリオール

オタワ（パルプ・製紙・製鉄）
トロント（車両・農業機械）
ハミルトン（鉄鋼・自動車）
バッファロー（鉄鋼・製粉）
ウィンザー（自動車・製鉄）
クリーヴランド

エレクトロニクスハイウェー
マンチェスター（綿・毛織物）
ボストン（綿・毛織物）

パターソン（絹織物）

ハートフォード（印刷・精密機械・航空機）

ニューヨーク（衣服・印刷・食料品・化粧品）

ボルティモア（鉄鋼・航空機・造船）

フィラデルフィア（鉄鋼・車両・石油・造船）

中部大西洋岸

オークリッジ（原子力）
電子工業

ダラム（電子工業）
シャーロット（綿織物）

リサーチトライアングル

バーミンガム（鉄鋼・機械）
アトランタ（綿織物・自動車・航空機）
コロンバス（綿織物）

航空機・自動車・電子工業
ダラス
フォートワース（航空機・自動車・電子工業）
オースティン（電子工業）

シリコンデザート

ヒューストン（石油化学・精油）
ニューオーリンズ（石油化学）

シリコンプレーン

エレクトロニクスベルト
オーランド（電子工業）

ブルドーベイ油田
トランス・アラスカパイプライン
ヴァルディーズ（積出港）

メキシコ

メキシコ湾

0 — 600km

2 南部の工業の発展を支えたTVA（Tennessee Valley Authority） 参照▶P.92

総合開発 ミシシッピ川の支流テネシー川は，洪水の害がひどく狂暴な川として知られ，広大な流域はアメリカでも貧農地帯として有名であった。1933年テネシー河谷開発公社法が議会を通過し，**ニューディール政策の一環**として7州10万km²の地域に，従来の省・州のような行政機構のわくをこえた形で総合開発が進められた。30のダムによって洪水は完全におさえられ，またダムによって得られた発電能力は200万kWで，アメリカ南部の工業や農村の電化に大きな貢献をした。1933年にはテネシー州の農場の25分の1しか電気を使用していなかったが，安い電力の供給により10年後にはTVA地域の農民の5分の1が電気を使用するようになったという。

もっとも電力の大部分が軍需工場，特にオークリッジの原子力工場で消費されていたことも見逃してはならない。ちなみに，日本の広島・長崎に投下された原爆はここの原子力工場で製造されたものだった。

資本主義国で採用 アメリカを中心とする資本主義経済諸国の過剰生産によって引き起こされた世界恐慌は，必然的に人為的な有効需要の創出を要求したものであり，それを大胆に実施したのがニューディール政策であった。戦争による需要増加を含みながらも，ともかく経済の再建と戦後のアメリカ経済繁栄の基礎建設がニューディールによって実現されたことから，戦後ますます深刻化した経済の拡大の鈍化に対する対策として，このTVA開発方式が競って資本主義諸国で採用されることとなった。

⬆TVAの開発によるダム（チャタヌーガ）

● TVAの開発

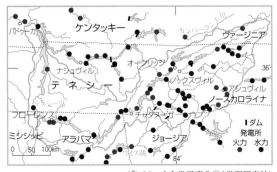

パドゥーカ
ケンタッキー
ヴァージニア
ナシュヴィル
オークリッジ
36度
テネシー
ノクスヴィル
アシュヴィル
ノースカロライナ
フローレンス
チャタヌーガ
ミシシッピ
アラバマ
ジョージア
■ダム
発電所
● 火力　● 水力
0 50 100km
84度

（『ミリオーネ全世界事典⑫』学習研究社）

解説 発電事業はTVAの事業の中でも飛び抜けて大きい。発電能力は**アメリカでは最大の電気事業体**である。日本の電力会社と異なり，発電と送電のみを行い，現在その主力は火力発電となっている。その発電所が環境問題を起こし，TVAは大気汚染・水質汚濁対策にも取り組むことになった。また，2地点，5基の原子力発電所をもち，**原子力とも深いかかわりをもっている。**

③ カナダの工業地域

工業の特色		主な工業都市と工業地域
①各種工業部門で**アメリカ資本との関係が深い。** ②合衆国との関係，立地条件の点からオンタリオ州に工場の約半分が集中している。 ③鉄鉱石・石炭など各種の資源に恵まれている。	トロント ハミルトン	**オンタリオ州** 　資源と水運に恵まれ，アメリカの五大湖沿岸工業地域と隣接し，鉄鋼・自動車・紙など多種類の生産がみられる。近年はIT産業も集積しつつある。
	モントリオール ケベック	**ケベック州** 　セントローレンス海(水)路の沿岸を中心に，豊富な森林・水力により製材(参照》P.133)・パルプ・製紙・アルミニウム(参照》P.160)などの生産がさかんである。
	その他，ヴァンクーヴァー(製材・パルプ)・ウィニペグ(製粉)・エドモントン(石油化学)などがある。	

④ アメリカ合衆国の工業地域

工業地域とその特色		主な工業都市とその特色
ニューイングランド ①アメリカで最も早く(19世紀初)発達した工業地帯。 ②重工業より繊維・皮革・精密機械に特色がある。伝統的技術を生かした**高級綿・毛織物工業**がさかん。最近は**先端技術産業**も発展。	ボストン	繊維・皮革・造船・機械が中心。郊外の国道128号沿いに，エレクトロニクス産業が集積(**エレクトロニクスハイウェー**)。大学や研究所との**産学連携**によって，先端技術産業が発展。
	ハートフォード	精密機械・印刷・航空機などに特色。
中部大西洋岸 ①**メガロポリス**(参照》P.231)の**大消費市場**を背景に，大都市型の総合工業地域を形成。 ②原料の海外依存により，臨海部に重化学工業が発達。	ニューヨーク	ハドソン川の河口に位置する港湾都市で，アメリカの経済・文化の中心であり，都市型工業が特徴(衣料品・印刷・食料品・化粧品など)。郊外のパターソンは絹織物で有名。参照》P.226
	フィラデルフィア ボルティモア	輸入原料に依存し，重化学工業都市として発展。ボルティモア郊外のスパローズポイントに臨海製鉄所が立地していたが現在は閉鎖されている。
五大湖沿岸 ①**鉄鋼・自動車**・機械などの重工業が発達。 ②**五大湖の水運**(参照》P.195)が，スペリオル湖岸の鉄鉱石とアパラチアの石炭を結びつけている。 ③近年では，**IT産業などへの業種転換**も行われている。 ◉GM車体製造工場の廃墟(デトロイト)	デトロイト	**自動車工業都市**で，フォード・ゼネラルモーターズ(GM)・クライスラーなどの工場が設立された。周辺には自動車関連の各種工業が集積したが，空洞化が激しい。近年，IT産業による再開発の動きもみられる。
	ピッツバーグ	「**鉄の町**」ともよばれ，世界有数の鉄鋼業都市であったが，鉄鋼不況を契機にハイテク産業都市に生まれ変わった。
	シカゴ	ミシガン湖岸の大都市で，大農業地帯を背景に鉄鋼のほか農業関連の工業(農業機械・食品加工など)がさかん。
	その他ゲーリー(鉄鋼)，クリーヴランド(鉄鋼)，ミルウォーキー(ビール・農業機械)などがある。	
中西部 ①農業地域を背景に，食品加工・農業機械が中心。	ミネアポリス セントポール	ミシシッピ川中・上流の春小麦地域の中心地で，古くから製粉業がさかん。
	カンザスシティ	ミズーリ川下流の冬小麦地域の中心地で，製粉・食肉加工が発達。
	セントルイス	ミシシッピ川中流(ミズーリ川との合流点付近)に位置し，製粉・農業機械・自動車生産がさかん。
南部 ①初期にはアパラチア山脈東側の**滝線都市**に綿工業がみられた程度。参照》P.226 ②TVAの開発による電力が基礎となり，化学・アルミニウム・原子力工業が興る。 ③メキシコ湾岸の石油を基礎に，化学工業が発達。**サンベルト**の一部。	オークリッジ	**TVAの開発**の過程で，アメリカの原子力開発・工業の中心地となった。参照》P.178
	バーミングハム	アパラチア山脈の南端にあり，鉄鋼業がさかん。
	アトランタ，コロンバス	綿花と安い労働力により，綿工業が発達。
	ヒューストン	メキシコ湾岸の**石油産業**の中心都市。**宇宙産業**も発達。
	ダラス フォートワース	エレクトロニクス・航空産業が集積(**シリコンプレーン**)。ダラスはハブ空港。参照》P.197
太平洋岸 ①第二次世界大戦後急速に発達。特に航空機産業が軍需産業とかかわり発達。 ②**シリコンヴァレー**に代表されるように，ICをはじめとするハイテク産業の中心地域。参照》P.180 ③カリフォルニアの石油のほか，コロンビア川・コロラド川の水力資源も重要。 ④日本の電子・電気機械企業が進出。	ロサンゼルス	石油精製・自動車・航空機・映画など各種産業がみられ，ニューヨークに次ぐ大都市となった。**航空機工場**がある。
	サンフランシスコ	カリフォルニア中部の中心都市で，食品加工・造船・自動車工業が発達。
	サンノゼ	**シリコンヴァレー**の中心都市で，エレクトロニクスや環境関連産業で注目される。
	シアトル	太平洋北部に位置し，航空産業(ボーイング社)を中心に製材・パルプ生産もさかん。

情報ナビ **ガンベルト**　アメリカでは軍需生産と結びつきの強い地域は，「ガンベルト」とよばれている。地理的には，戦略拠点である太平洋岸とニューイングランドに集中し，軍事支出は航空宇宙産業とエレクトロニクス産業が多い。

5 工業集積地の変化〜フロストベルトからサンベルトへ

● アメリカの地域別製造業出荷額・雇用者数のシェア

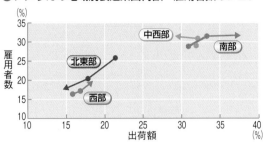

（注）1. シェア＝（当該地域の値）／（全国の値）
2. 1985年→1995年→2009年の変化を矢印で示している。
（米国商務省センサスによる）

● 電気・電子機器産業の地域別出荷額の推移

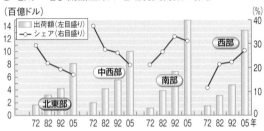

（注）シェア＝（当該地域の出荷額）／（全国の出荷額）
（「Annual Survey of Manufactures」による）

解説 北東部・中西部地域では，1970年代に入り基幹産業の重工業の衰退，南部や西部の発展とともに経済的地盤沈下が進行した。一方，南部や西部では，日照時間の長い温暖な気候に加え，比較的低廉な労働力の存在，税制上の優遇措置による工場誘致などにより，企業・工場や労働力の移動が進んだ。

⇨シリコンヴァレー アメリカ合衆国西部のサンノゼ付近にある，ハイテク産業の世界最大の集積地域である。シリコンヴァレー周辺には，スタンフォード大学，UCバークレーなどの大学・研究機関があり，企業を支援する高度な専門的技能をもった人材が多数存在する。写真はサンノゼ郊外のクパチーノに建設されたアップル社の新社屋である。

● サンベルトとフロストベルト

□	フロストベルト
▨	サンベルト
•	先端技術産業集積都市
◯	先端産業集積地

0 500km

（Philips.K.ほかより作成）

チェック・ワード サンベルト ヴァージニア州からカリフォルニア州に至るほぼ北緯37度以南の地域。1970年代以降，ハイテク産業の進出が著しく，企業や人口の集中がみられる。
フロスト（スノー・ラスト）ベルト サンベルトの対語で，北緯37度以北の北東部・中西部（一部）の地域。アメリカ工業の核心地域であったが，相対的に地盤沈下している。

6 世界が詰まったiPod〜変貌するアメリカのIT産業

付加価値を重視 米シリコンヴァレーの中心に位置するアップルの本社には世界のトップデザイナーと最先端の技術者がそろい，生産を指揮している。「アップルでは，デザイン部門が大きな力をもち，技術者にデザインの具現化を徹底して求める」と関係者は指摘する。iPodから透けて見えるのは，**付加価値を生み出すデザインや設計を本社に残して世界から優れた部品を集め，アジアで生産するシステム**だ。

汎用品は頭脳還流先で 90年代に技術者が不足したシリコンヴァレーは，インド人や中国人のハイテク移民で労働力不足を補った。今は，そうした技術者が本国に戻った結果，世界とシリコンヴァレーをつなぐ新たなネットワークが形成されている。こうした現象は「**頭脳還流**」ともよばれている。アップルのiPod生産の仕方は東アジアの生産ネットワーク（中国＝組み立て地，日本や東南アジア＝部品供給）に近い。

（「朝日新聞」2005.4.7などによる）

解説 アメリカ合衆国で太平洋に面するワシントン州，カリフォルニア州には先端技術産業が集積する。第二次世界大戦前にこの地域に立地した航空機産業を戦後，より発展させたのもこの地域の先端技術産業である。アメリカ合衆国の**軍産複合体制**を支える地域のひとつである。
　アメリカ合衆国の軍産複合体制 アメリカ合衆国は世界最大の兵器製造国である。今日の兵器製造には先端技術が必要不可欠で，軍需産業と先端技術は不可分なものとなっている。また，先端技術の開発には大学での研究も生かされる。アメリカ合衆国の太平洋岸は，国内でも有数の軍産複合体制の一大拠点となっている。

7 世界各地で展開～アメリカの多国籍企業

世界各地で製造・販売 第二次世界大戦後，特に1960年代からアメリカは自動車工業とコンピュータ，電子機械工業を中心に国境を越えて生産を行う多国籍企業群を生み出した。アメリカ多国籍企業は潤沢な資本力を背景に，研究開発（R&D）参照 P.162・163，マーケティングなどにより新しい技術革新を次々と起こして新製品を生産し，世界市場に浸透していった。

新しい製品を開発し，すでに自国内市場を満たしていたアメリカの有力製造業会社は，ヨーロッパやラテンアメリカをはじめ世界各地に現地子会社を設立し，製造・販売等の事業活動を行うに至ったのである。そして，それは現地子会社をもつということから，複数の国籍をもった企業として「多国籍企業」とよばれるようになった。

多国籍企業の典型IBM社 単に複数の国に直接投資を行い，事業活動を展開するだけでなく，世界規模の市場を対象に製品を開発して，低コストで生産し，販売を世界的規模で遂行する。さらに，低利の資金を調達して，高利で運用し，タックスヘイブン（租税回避地）を利用して節税をめざすなど，**世界的規模で利潤を極大化しようとするのが多国籍企業の典型的な姿である。**

例えば，世界トップのコンピュータ・メーカーであるIBM社の企業形態をみると，世界に工場が34か所，多数のノーベル賞受賞者を生んだ基礎研究所が4か所，それらを含め世界132か国で事業展開を行っている。そして世界本社としてのIBMコーポレーション（アメリカ）を頂点に，アメリカIBM，アメリカ以外のアメリカ大陸グループ，アジア・パシフィックグループ，ヨーロッパ・中近東・アフリカグループと世界を四極に分割して掌握している。

（向壽一『世界経済の新しい構図』岩波新書による）

● 世界の情報，通信・流通に影響を与える大企業

解説 「GAFA（ガーファ）」はアメリカの巨大IT企業であるGoogle, Apple, Facebook（現Meta），Amazonの頭文字から成り，世界のIT市場に影響を与える企業群の意味で使われる。最近ではMicrosoftを含めて「GAFAM（ガーファム）」と呼ばれることもある。これらはいずれも経済のグローバリゼーションを背景に急成長した。

● 世界の時価総額ランキング

順位	社名（国名）	時価総額（億ドル）	業種
1	マイクロソフト（米）	9,049	IT
2	アップル（米）	8,957	IT
3	アマゾン・ドット・コム（米）	8,747	小売業
4	アルファベット（グーグル）（米）	8,170	IT
5	バークシャー・ハサウェイ（米）	4,939	金融
6	フェイスブック（米）	4,758	IT
7	アリババ・グループHD（中）	4,692	小売業
8	テンセントHD（中）	4,378	IT
9	ジョンソン・エンド・ジョンソン（米）	3,722	ヘルスケア
10	エクソンモービル（米）	3,424	エネルギー・資源
⋮	⋮	⋮	⋮
42	トヨタ自動車（日）	1,910	自動車

＊時価総額は2019年3月29日時点。日本企業の最上位はトヨタ自動車。
（「週刊ダイヤモンド2019年5月18日号」による）

解説 時価総額とは企業の発行済株式数に株価をかけあわせたものであり，企業価値をはかる指標である。この額が大きいと業績や成長に対する期待が大きいことを示す。

8 膨張するビッグテック～便利さが生んだ「独占」

ビッグテックが急速に大きくなった背景には，ある共通点がある。便利なサービスが顧客を増やし，その顧客から得たデータでさらにサービスが便利になるという「ネットワーク効果」だ。膨大なデータをサービスの向上に結びつけているのは人工知能（AI）。その「最先端」を記者がサンフランシスコで体験した。

市中心部にあるアマゾンのレジなし店舗「アマゾン・ゴー」。ゲート横の表示には「支払い，入場，身分証明，すべてあなたの手のひらで」。情報を登録すれば，手をかざすだけで買い物ができる。

スマホのアプリをかざすと，ゲートが開いた。店内で棚から商品を取り，自分のバッグに入れていき，最後はそのまま店外へ。支払いが済んだのかもわからず，少し落ちつかなかった。

店を出て約2時間半後，アマゾンからメールが届いた。「あなたの買い物時間は7分11秒」「購入時間18日午後0時01分」「コブサラダ，コーヒー，チップス合計11.57ドル」

この「Just Walk Out（歩いて出るだけ）」と呼ばれる機能を支えているのが，アマゾンが持つAIの技術だ。店の天井には，黒い箱形のカメラなどがびっしりと並ぶ。棚には重量センサーがあり，顧客が持ち上げた商品の重さで何を買うのかを識別する。店内にいる利用者の一挙手一投足がデータとして蓄積されているのだ。（中略）

ビッグテックが生み出すサービスは，その便利さで我々の生活のあらゆる部分に行き渡り，「独占」とも呼ばれる状況を生み出した。アマゾンは米国ネット小売りの少なくとも4割超を占めるとされる。世界のスマートフォンの基本ソフト（OS）は，グーグルとアップルで99%だ。

「ネット時代の独占は，1世紀前の重厚長大産業の時代の独占にとても似ている。だが，その原因はまったく異なる」

「プラットフォーム革命」などの著書で知られる，ボストン大のマーシャル・バン・アルスタイン教授はそう話す。

19世紀後半から20世紀初期は，石油や鉄鋼，鉄道などの独占が米国で問題になった時期だ。そうした企業は巨額の投資が必要な装置産業だった一方，いまのIT業界はネットを通じて世界中でビジネスが可能。きわめて低コストで立ち上げることができ，1990年代以降に急速に拡大した。

（『朝日新聞』2022.5.2）

＊ビッグテック GAFA, GAFAMとならぶ米国巨大IT企業の別称。

ラテンアメリカの鉱工業

1 ラテンアメリカのエネルギー・鉱産資源

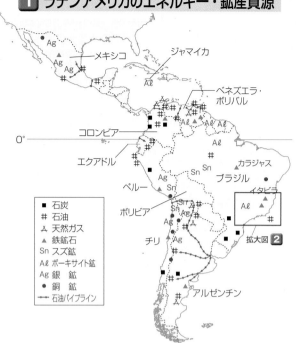

凡例
- ■ 石炭
- ╫ 石油
- ⋏ 天然ガス
- ▲ 鉄鉱石
- Sn スズ鉱
- Aℓ ボーキサイト鉱
- Ag 銀鉱
- ● 銅鉱
- ← 石油パイプライン

2 ブラジルの鉱工業地域（主要部）

凡例
- ╫ 石油
- ▲ 鉄鉱（採鉱地）
- Aℓ ボーキサイト（採鉱地）
- ✿ 水力発電所
- ▲ 鉄鋼業
- ⚙ 金属製品工業
- ⚙ 機械工業
- ⚗ 化学工業
- ⚒ 製油所
- ⛏ 総合工業（工業集積地）
- ─ 石油パイプライン
- ─ 鉄道

0 ─── 200km

（J.Bienfaitほか）

解説 ブラジル南東部の工業地域は南米最大の工業地域である。鉄鋼業をはじめ自動車工業，航空機工業などが集積する。この地域には水力発電所も多い。

↑カラジャス鉄山〔ブラジル〕 1970年代にアマゾン横断道路の建設が進み，アマゾンの開発が始まった。金や石油や鉄鉱石など，豊富な地下資源の開発も積極的に行われ，カラジャスは豊富な鉄鉱石の産地として知られるようになった。

3 ブラジルの航空機工業

↑エンブラエル ブラジルの航空機メーカー。国内最大の輸出企業で，世界第3位の旅客機メーカー。

解説 世界の航空業界は大型旅客機による**大量輸送時代から，経済性を重視した中・小型機の時代に入った**といわれる。エンブラエルはブラジルの輸出企業としては最大規模を誇り，欧米の大手航空会社はもちろん，日本の航空会社からも受注を受ける。

●ブラジルと日本との関係

　ブラジルには日系人が多いことも日系企業の進出を容易にしていると考えられる。彼らの存在は言葉や文化の相違を補う架橋となる。ブラジルに進出する企業が日系人を活用するケースはよくあることだが，大きな混乱は起きていないと言われている。日系人が長年に渡って積み上げた信頼は，ブラジルでの日本企業の事業活動に好影響を与えるものと推測される。

　また，地理的に見るとブラジルは日本の裏側に所在し，時差が約12時間ある。この時差を利用して日本に立地する企業のシステム管理の一部をブラジルにアウトソーシングすることで，**システムの24時間遠隔監視サービスを行う日本企業も存在する**。

（『通商白書』2008）

4 資源の輸出に依存するラテンアメリカ諸国

●輸出比率の高い品目 （2019年）

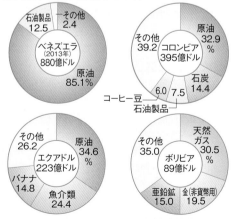

ベネズエラ（2013年）880億ドル
- 原油 85.1%
- 石油製品 12.5
- その他 2.4

コロンビア 395億ドル
- 原油 32.9%
- 石炭 14.4
- 石油製品 7.5
- コーヒー豆 6.0
- その他 39.2

エクアドル 223億ドル
- 原油 34.6%
- 魚介類 24.4
- バナナ 14.8
- その他 26.2

ボリビア 89億ドル
- 天然ガス 30.5%
- 金（非貨幣用）19.5
- 亜鉛鉱 15.0
- その他 35.0

（『世界国勢図会』2021/22による）

解説 ラテンアメリカ諸国では，鉱産資源の輸出で経済を維持している国が依然として多い。政情不安をかかえている国もあり，政治と経済の安定が求められている。

1 オーストラリアの鉱工業

⬆ピルバラ地区の鉄鉱石輸出港のポートヘッドランド

●"不毛の土地"から発見された世界有数の鉱産資源

　オーストラリアの鉱産資源としては，まず金がある。1849年のアメリカ・カリフォルニア州でのゴールドラッシュは，1850年代にオーストラリアに飛び火した。

　それにより多くの移民が入植し，内陸部へと居住地が拡大した。1850年の人口は40万程度であったが，その10年後にはおよそ3倍になっている。

　このように，大量の移民，特に中国からの移民が金鉱山労働者として入ってきたことから，植民地政府は，1855年にヨーロッパ人以外の移住制限を行った。これが白豪主義の始まりである。

　なお，このゴールドラッシュは，1860年代に，ニュージーランドへも波及する。

　さらに，乾燥地帯に鉄鉱石やボーキサイトなどの鉱産資源が大量に発見され，1960年代後半以降，産出量や輸出量が急激に増加した。不毛だと考えられていた土地が大きな富をもたらしたことから，「ラッキーカントリー」と呼ばれるようになった。

　現在，オーストラリアではほとんどの鉱産資源が自給できるといわれる。

　その中でも，ボーキサイト・チタンの生産量は世界一，金・鉄鉱石・鉛鉱・マンガン鉱・亜鉛鉱などの生産量も世界有数である。金や鉄鉱石の主要生産地は**ウェスタン・オーストラリア州**であり，特に鉄鉱石の多くは同州の**ピルバラ地方**で採掘されている。

　多くの鉱産資源を輸出しているが，日本における鉄鉱石の輸入の6割はオーストラリアからである。ボーキサイトや亜鉛も，オーストラリアからの輸入が最も多い。日本の経済市場は，オーストラリアに支えられているところが大きいともいえよう。

（『面白いほど世界がわかる「地理」の本』（三笠書房）による）

●オーストラリアの貿易
（2020年）

輸出（百万ドル）		輸入（百万ドル）	
鉄鉱石	80,234	機械類	57,203
石炭	30,098	自動車	24,019
金（非貨幣用）	17,591	石油製品	12,273
肉類	10,144	医薬品	9,763
機械類	7,370	衣類	7,337
医薬品	3,826	精密機械	6,832
計	245,046	計	211,973

（『日本国勢図会』2022/23による）

解説 オーストラリアは国内の人口が約2,580万人で市場が小さく，工業の規模は小さい。したがって自国で産出する鉱産資源に付加価値をつけて輸出する傾向が強い。

●鉱工業地域

```
日本へ          UＡℓゴヴ    Ａℓウェイパ
  レンジャー
          ダンピア ●ポートヘッドランド    日本へ
            ▲▲ピルバラ地区    ボウエン地区
            ▲マウントホエールバック
          マウントトムプライス  マウントアイザ
                        銅・銀・鉛・亜鉛
                                モウラ
                              ニューカッスル
            カルグーリー    亜鉛・銀・鉛
          パース●  ✕金  ✕金  ブロークンヒル
                  アイアンプブ▲   シドニー
                    アデレード    ●
                        メルボルン
```

■ 石炭　　　U ウラン
▲ 鉄鉱石　　✕ その他の鉱山
Ａℓ ボーキサイト　● 工業の盛んな都市

解説 ピルバラ地区の鉄鉱石，オーストラリア大陸の東岸を南北に走るグレートディヴァイディング山脈の石炭，北部熱帯地域のボーキサイトなど，オーストラリアは世界有数の鉱産資源産出国である。オーストラリアの鉱業には，アメリカ・日本・イギリスなど外国からの投資もさかんで，多くが輸出に振り向けられている。なかでもアジアは最大の輸出相手国となっている。

●日本の輸入（額）に占めるオーストラリアの割合

石炭（2021年）	67.1%
鉄鉱石（2021年）	55.4%
ボーキサイト（2010年）	46.9%

（財務省「貿易統計」による）

⬆ピルバラ地区における鉄鉱石の露天掘り

2 ニュージーランドの地熱発電

⬆**ワイラケイの地熱発電所**　火山地帯に位置する北島のワイラケイには，大小さまざまな地熱発電所があり，新たな地熱資源の開発も行われている。参照》P.149

鉱工業

1 日本工業の業種別構成の推移 (出荷額)

年	金属	化学	機械	繊維	食料品	その他
1909年	6.3%	7.8	機械 4.3	41.0	27.3	13.3
35	18.4%	12.6	16.8		32.3	10.8 / 9.1
55	17.0%	14.7	12.9	17.5	17.9	20.0
75	14.9%		33.1	10.1 / 7.5	10.2	24.2
95	12.5%		43.4	10.0 / 3.2	11.3	19.6
2019	13.5%		45.3　輸送機械 20.9 / 1.2	13.3	12.2	14.5

（『工業統計表』などによる）

2 日本の工業地帯・地域

北海道南西部(道央) 札幌・苫小牧・室蘭にかけて広がる。製紙・パルプ・乳製品・ビール・鉄鋼などに特色がある。苫小牧東部の大規模工業団地は当初の計画どおりに進展していない。近くの函館・旭川にも工業が散在。

北陸 新潟から福井にかけて,石油化学・絹織物・製薬・肥料・金属製品が発達。豊富な電力が有利な条件となった。古くから石川・福井に絹織物工業が発達。

常磐 福島から茨城にかけて発達。いわき・日立が代表的な都市。セメント・肥料・電気器具に特色がみられる。

鹿島 1970年に石油コンビナートが稼働。このほか鉄鋼・火力発電など典型的な臨海工業地域。

阪神 日本第3の工業地帯。古くから繊維工業に特色がある(堺・岸和田・貝塚)。近年は大阪・尼崎・神戸を中心に重化学工業が発達。薬品・消費財・機械工業にも特色がみられる。

中京 日本有数の工業地帯。自動車工業が最もさかん(豊田)。第二次世界大戦前から陶磁器などの軽工業(瀬戸・多治見・常滑)と繊維工業(一宮・尾西・岡崎)も発達。四日市の石油化学も有名である。

瀬戸内 高度成長期に化学・鉄鋼・自動車・造船などが急成長。

北九州 鉄鋼業がさかんで八幡製鉄の発祥地である。ガラス・セメントも多い。近年の合理化の中で変容が激しい。素材の供給(中間製品)が主で,停滞が目立つ。北九州市が中心。

京葉 鉄鋼・石油化学コンビナートなど重化学工業がさかん。千葉・市原・君津にかけて埋立地を中心としている。

京浜 日本有数の総合的な工業地帯。機械工業が発達し,そのほか出版・印刷工業,日用品の製造がさかんである。東京・川崎・横浜が中心。

東海 京浜・中京の2大工業地帯の中間にあり,東海道線に沿った都市を含む工業地域。製紙・楽器・オートバイ・自動車・化学・電機・金属などが富士・浜松・静岡に発達している。

北関東 神奈川・東京の内陸部から埼玉・群馬・栃木にかけて発達。自動車・電気・電子部品や食料品工業がさかん。

（地図中の地名）旭川, 釧路, 札幌, 苫小牧, 室蘭, 函館, 八戸(金属・セメント), 秋田, 仙台, 新潟, いわき, 日立, 鹿嶋, 富山, 金沢, 福井, 諏訪, 桐生, 東京, 千葉, 鳥取, 一宮, 名古屋, 四日市, 富士, 浜松, 静岡, 北九州, 宇部, 広島, 山口, 水島, 神戸, 大阪, 福山, 新居浜, 大牟田, 大分(石油化学・製鉄・電機), 八代, 水俣, 延岡

■ 三大工業地帯
■ その他の工業地域

(注) 近年,北九州工業地帯(福岡県)の地位が低下し,福岡県の出荷額を上まわる工業地域が多くある。このため,古くからの呼び方である「四大工業地帯」に北九州工業地帯を入れておくことは無理があるため,「三大工業地帯」とする。

解説 日本の工業は,高度経済成長期に鉄鋼業や石油化学工業といった**基礎素材型産業**を中心に重化学工業が発達した。これらの産業は鉄鉱石・原油など大量の原料を必要とするため,輸入原材料の搬入に便利で,大消費地に近い**三大工業地帯**やその周辺の臨海部に大工場群が立地し,**太平洋ベルト**への集積が進んだ。

1970年代の2度の石油危機を契機に,電気機械・IC・産業用ロボット・自動車などの**加工組立型産業**に工業の重点が移行したが,これらの産業は物量的に大量の原料を必要としない。さらに,高速道路や空港が整備されたことによって,消費地や貿易港への製品輸送が容易になり,**内陸部や地方**にも工場の進出がさかんになった。しかし,最近の不況や企業の海外進出で各地の工業も変化が著しく,**空洞化**する地域もみられる。

3 主な工業地帯の業種別出荷額割合

(2019年)

三大工業地帯

	金属	電気機械	輸送機械	その他機械	化学	食料品	繊維	その他
京浜 51兆円	13.1%	10.0	14.7	11.3	22.5	14.0	0.4	14.0
中京 65兆円	9.9%	9.6	47.3		9.6	6.5 / 5.0	0.8	11.3
阪神 36兆円	21.1%	11.3	9.3	16.1	17.5	11.0	1.3	12.4

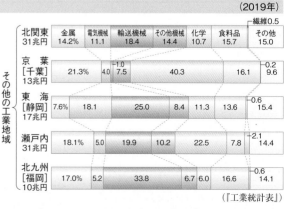

その他の工業地域

	金属	電気機械	輸送機械	その他機械	化学	食料品	繊維	その他
北関東 31兆円	14.2%	11.1	18.4	14.4	10.7	15.7	0.5	15.0
京葉 [千葉] 13兆円	21.3%	4.0	7.5 / 1.0	40.3		16.1	0.2	9.6
東海 [静岡] 17兆円	7.6%	18.1	25.0	8.4	11.3	13.6	0.6	15.4
瀬戸内 31兆円	18.1%	5.0	19.9	10.2	22.5	7.8	2.1	14.4
北九州 [福岡] 10兆円	17.0%	5.2	33.8	6.7 / 6.0	16.6		0.6	14.1

(注) 従業者4人以上の事業所。京浜工業地帯は[東京・神奈川・千葉・埼玉]の合計,阪神は[大阪・兵庫・和歌山]の合計,中京は[岐阜・愛知・三重]の合計,北関東は[茨城・栃木・群馬]の合計,瀬戸内は[岡山・広島・山口・香川・愛媛]の合計数値。

（『工業統計表』）

4 開発計画と指定地域

(1)特定地域・新産業都市・工業整備特別地域

● 特定地域指定地域(1950年〜)

主な開発の内容
(農) 農　業
(林) 林　業
(水) 水 産 業
(国) 国 土 保 全
(資) 資 源 開 発
(工) 工 業 立 地
(工鉱)工鉱業立地
(電) 発　電

対馬(社会福祉向上・水)
錦川(電・工)
十和田岩木(国・資)
芸北(農・林)
阿仁田沢(林・水・農・電)
大山出雲(農・水)
最上(国・農・電)
北奥羽(資・工)
能登(農・水)
飛越(農・国)
北上(国・農・電)
北九州(工鉱・国)
仙塩(工)
只見(電・林)
阿蘇(農)
那賀川(電・水)
四国西南(電・国)
南九州(国)
吉野熊野(電・林・農)
木曽(農・林)
利根(国・農・電)
天竜東三河(電・農・林)

旭川地域

(2)テクノポリス地域・頭脳立地地域(1983年〜)

▨ 高度技術工業集積指定地域(テクノポリス地域)
○ 頭脳立地地域指定

道央地域
函館地域
青森地域
秋田地域
八戸地域
山形地域
山形地域
長岡地域
富山地域
富山地域
石川地域
岡山地域
西播磨地域
鳥取地域
吉備高原地域
広島中央地域
山口地域
宇部地域
北九州地域
久留米・鳥栖地域
長崎地域
環大村湾地域
熊本地域
大分地域
県北国東地域
宮崎地域
鹿児島地域
国分隼人地域
北上川流域地域
仙台北部地域
郡山地域
郡山地域
宇都宮地域
水戸・日立地域
宇都宮地域
群馬地域
浅間地域
甲府地域
甲府地域
岐阜地域
浜松地域
浜松地域
和歌山地域
徳島地域
香川中央地域
香川地域
愛媛地域
大分地域
宮崎地域
沖縄地域

5 工業製品出荷額にみる工業地帯・地域の変化

	京浜	中京	阪神	北関東	瀬戸内	その他
1980年 215兆円	17.5%	11.7	14.1	8.4	9.7	26.9

北九州 2.7、京葉 4.6、東海 4.4

95年 309兆円	14.4%	13.3	11.6	10.1	5.3 8.3	30.7

2.5、3.8

2019年 325兆円	7.8%	18.1	10.3	9.8	5.3 9.6	32.1

3.1、3.9

(注)京浜工業地帯は[東京都・神奈川県]の合計、以下同様に、中京は[愛知・三重県]、阪神は[大阪府・兵庫県]、北関東工業地域は[栃木・群馬・埼玉県]、京葉は[千葉県]、東海は[静岡県]、瀬戸内は[岡山・広島・山口・香川・愛媛県]、北九州は[福岡県]。
(『工業統計表』などによる)

6 空洞化の進む製造業

● 日本の製造業の推移

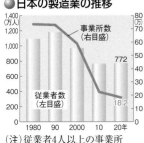

解説 事業所数と従業者数は、1990年ころからほぼ一貫して減少している。この要因として、各企業が工場の集約や海外移転といった生産体制の合理化を進めたことや、中国などのアジア諸国との間で国際分業体制(日本が部品や半製品を輸出して中国などで組み立てる)が進展したことなどがある。

(注)従業者4人以上の事業所
(『工業統計表』などによる)

● 新産業都市(1963年〜)
● 工業整備特別地域(1964年〜)

道央
八戸
秋田湾
富山・高岡
新潟
仙台湾
中海
岡山県南
常磐・郡山
備後
播磨
鹿島
周南
徳島
松本・諏訪
大分
日向・延岡
東予
駿河河湾
東三河
不知火・有明・大牟田

解説 特定地域総合開発計画は、1950年の国土総合開発法によってまず取り組まれた地域開発計画。合衆国のTVAを模範とした総合開発計画で、全国で22か所を特定地域に指定。多目的ダムの建設を中心に各地の資源を利用し、戦後の復興と経済の立て直しを図ることを主たる目的とした。

新産業都市は、1962年5月に成立した新産業都市建設促進法にもとづいて、1963年に13の都市が指定された。1965年には秋田湾地区、1966年には中海地区が追加され、15地域に及んだ。

工業整備特別地域は、1964年に制定された工業整備特別地域整備促進法によって、6地域が指定された。これらの地域は、太平洋ベルト内に位置している。

テクノポリス・頭脳立地地域は、産業構造を重化学工業から先端型へ転換すると同時に、工業立地の分散、内陸への進出を目指し、26地域が指定された。

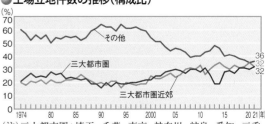

⊕水島の石油化学コンビナート[岡山県]
新産業都市(岡山県南)として発達した。

7 「グローバル化の進展と地域経済」 〜効果が薄れている工場誘致

　これまでの地域経済活性化策の主流は、人口減少等で経済力が低下した地域に対し、工場誘致のための財源や公共投資等を通じて、所得補助を行うものであった。しかし、これらの政策は行き詰まりつつある。工場立地件数は、90年代後半以降、三大都市圏と三大都市圏近郊の合計が、その他の地方圏を逆転している。一時は地方による工場誘致の代表的な成功事例とされた三重県にある家電工場は、グローバルな競争の激化により海外市場での優位性が失われつつあり、苦境に陥っている。一度工場誘致に成功すれば、その後は進出した地域に長期にわたって安定的な経済効果がもたらされるといった時代は、もはや夢物語となりつつある。

(みずほ総合研究所『日本経済の明日を読む2013』東洋経済新報社)

● 工場立地件数の推移(構成比)

その他
三大都市圏
三大都市圏近郊
36
32
32

(注)三大都市圏:埼玉、千葉、東京、神奈川、岐阜、愛知、三重、京都、大阪、兵庫
三大都市圏近郊:茨城、栃木、群馬、山梨、長野、静岡、滋賀、奈良、和歌山 (経済産業省「工場立地動向調査」各年版)

解説 近年の世界的な半導体不足を受けて、国内では半導体工場を地方に新設する動きがみられる。熊本県菊陽町や岩手県北上市などには巨大な半導体工場が建設中である。

日本の海外投資と工業のグローバル化

1 日本企業の主な国への海外進出

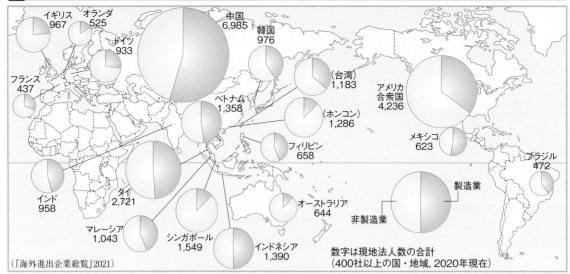

- イギリス 967
- オランダ 525
- ドイツ 933
- フランス 437
- インド 958
- タイ 2,721
- マレーシア 1,043
- シンガポール 1,549
- インドネシア 1,390
- ベトナム 1,358
- フィリピン 658
- 中国 6,985
- 韓国 976
- (台湾) 1,183
- (ホンコン) 1,286
- オーストラリア 644
- アメリカ合衆国 4,236
- メキシコ 623
- ブラジル 472

製造業 / 非製造業

数字は現地法人数の合計
（400社以上の国・地域，2020年現在）

（『海外進出企業総覧』2021）

解説 投資目的の変化 1970年代前半には国内生産活動に不可欠な天然資源の安定供給の確保を目的とした直接投資の割合が多く，70年代後半から80年代前半にかけては，**欧米との間で貿易障壁や貿易摩擦の回避を図る目的**のものがウエイトを高めた。80年代後半になると摩擦回避型の欧米向けに加えて，85年のプラザ合意以降の大幅な円高の進展等経済環境の変化を背景として**コスト削減等を目的とした東アジアへの直接投資**が活発化していった。90年代に入ると，日本経済の減速とともに対外直接投資は減少したが，円高の進行と**高成長を続ける東アジアの将来の市場としての期待**を背景に，94年度以降再び増加傾向に転じた。

地域別の変遷 投資額では，北米向けが３割以上で最も大きな割合を占めているが，**アジア向けは90年代に入ってシェアの拡大傾向**が続き，94年度には欧州を上回り，近年では全体の２割以上を占めるに至っている。業種別にみると，日本の対外直接投資は，他のほとんどの地域で非製造業が製造業を上回っているのに対し，**アジアでは製造業が非製造業を上回っている**傾向にある。

● 主要業種別現地法人従業者数 （2020年度） 参照▶P.157・158

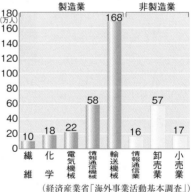

製造業 / 非製造業
（万人）

繊維	化学	電気機械	情報通信機械	輸送機械	情報通信業	卸売業	小売業
10	18	22	58	168	16	57	17

（経済産業省「海外事業活動基本調査」）

解説 日本企業は安価な人件費などのコスト要因（円高の進行による）や販売先である現地市場を求めて中国やASEAN諸国へ進出を進めてきた。技術力や市場ニーズ，顧客などに関する情報交換はその容易さから日本国内の本支社の部署が担当することが多い。

2 日本企業の業種別対外直接投資

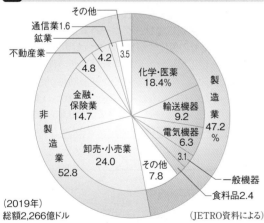

- その他 3.5
- 通信業 1.6
- 鉱業 4.2
- 不動産業 4.8
- 金融・保険業 14.7
- 卸売・小売業 24.0
- 化学・医薬 18.4%
- 輸送機器 9.2
- 電気機器 6.3
- その他 7.8
- 一般機器 3.1
- 食品品 2.4
- 製造業 47.2%
- 非製造業 52.8

（2019年）
総額2,266億ドル
（JETRO資料による）

解説 全体では非製造業の卸売・小売業のシェアが最も大きい。製造業では化学・医薬や輸送機器の割合が高い。輸送機器では北米・ヨーロッパ・東アジアへの投資が大半を占める。

チェック ワード 直接投資 直接投資は，相手国で企業を直接経営するために行われる投資であり，株式の配当などを目的とする間接投資とは区別される。

3 日本の製造業の海外生産比率の推移

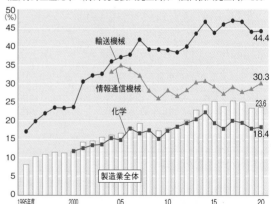

（注）海外生産比率＝（海外現地法人売上高）／（国内法人売上高）×100

- 輸送機械 44.4
- 情報通信機械 30.3
- 化学 18.4
- 製造業全体 23.6

（経済産業省「海外事業活動基本調査」などによる）

解説 日本企業は，**経済のグローバル化**が進展する中で，最適な生産環境を求めて海外展開を進めてきた。製造業の海外生産比率は，1985年度の３％から2020年度には23.6％へと上昇している。業種別にみると，輸送機械と情報通信機械の比率が高い。その一方で，**国内製造業の空洞化**が問題となっている。

情報ナビ ロシアのウクライナ侵攻 2022年２月，ロシアによるウクライナ侵攻が始まり，それに抗議する国々の企業がロシアからの撤退を進めた。日本の企業も取引を停止しているものがある。

4 自動車産業の海外進出

● 世界に進出する日系自動車メーカー(四輪自動車)の現地工場数

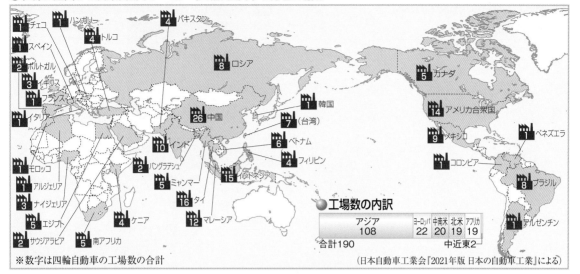

● 工場数の内訳

アジア 108	ヨーロッパ 22	中南米 20	北米 19	アフリカ 19
合計190		中近東2		

※数字は四輪自動車の工場数の合計

(日本自動車工業会『2021年版 日本の自動車工業』による)

● 日系自動車メーカーの海外生産の推移

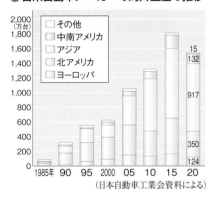

(日本自動車工業会資料による)

● 中国における日系自動車メーカーの四輪車生産実績の推移

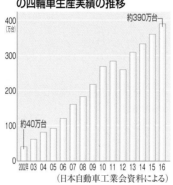

(日本自動車工業会資料による)

● インドにおける日系自動車メーカーの四輪車生産実績の推移

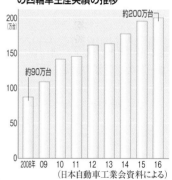

(日本自動車工業会資料による)

5 増えるASEANへの海外直接投資

アジア各国・地域への海外からの直接投資は，2007年にASEAN 6か国への投資額合計が中国への投資額を上回った。これは，インドネシアへの外国直接投資が急増したことによる。資源国であるインドネシアは，政情安定化に資源・環境ブームが重なって，バイオ燃料開発，液化天然ガスや石炭・石油開発などの分野で海外からの直接投資が急増している。

さらに，近年，世界的に成長の著しいITサービス産業では，先進国等に本拠地を置くITサービス企業が，コールセンター業務や顧客サポート業務，ソフトウェア開発業務等の事業拠点を積極的に新興国・途上国に展開させる動き「オフショアリング」を強めている。その結果，先進国から新興国・途上国へのITサービス産業関連の直接投資が急増し，中国，インド，フィリピンなどのアジア各国・地域ではITサービス産業が重要な国内産業として定着しつつある。こうした新興国・途上国におけるITサービス産業の成長は，クロアチア，ポーランド，ルーマニアといった中・東欧諸国にもみられるが，両者に共通する特徴は，高い英語能力と教育水準，豊富な労働力と低い人件費である。

参照 ▶ P.169

● 海外からASEANへの対内直接投資の推移

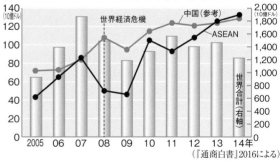

(『通商白書』2016による)

● 在アジア日系企業の月額基本給(製造業／作業員)

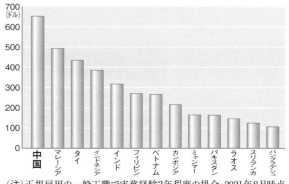

(注)正規雇用の一般工職で実務経験3年程度の場合。2021年8月時点。
(JETRO資料による)

鉱工業

さまざまな消費生活

1 第3次産業人口の増加

● 日本の産業別人口の推移

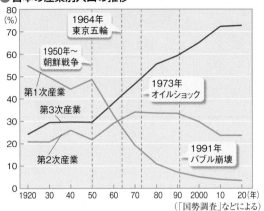

- 1964年 東京五輪
- 1950年〜 朝鮮戦争
- 第1次産業
- 第3次産業
- 第2次産業
- 1973年 オイルショック
- 1991年 バブル崩壊

（「国勢調査」などによる）

解説 かつては第1次産業が半数を占めたが，高度成長とともに減少に向かった。第3次産業には第1次，第2次産業以外の業種がすべて含まれることになり，情報産業，金融・保険業，電気・ガス・水道，教育，福祉関連などの広範な業種が日本の産業分類では含まれる。日本では70年代に50％を超えた。**参照** P.211

3 中心商店街の衰退と再開発

⬆中心市街地の空洞化[神奈川県横須賀市] 現在，地方都市では**中心市街地の居住人口の減少と高齢化**が進行している。商業施設の郊外化に伴って，空き店舗，空きビル，空き家が増え，中小都市の商店街では昼間からシャッターが降ろされている光景（**シャッター通り**ともいわれる）がみられる。

⬇にぎわいを取り戻した商店街[大分県豊後高田市] 昭和30年代の面影を漂わせる「昭和の町」としての街並み作りを進め，活性化に成功した。滋賀県長浜市の黒壁スクエアや鳥取県境港市の水木しげるロード周辺商店街などの成功例もある。

2 商業の形態と立地

● 日本の小売業の業態別立地   (2014年)

	事業所数	年間商品販売額（億円）	年間商品販売額の構成比（%）							
			商業集積地区				オフィス街地区	住宅地区	工業地区	その他地区
			駅周辺型	市街地型	住宅地背景型	ロードサイド型				
百貨店	195	49,226	58.4	30.3	2.8	1.6	6.4	−	0.1	−
総合スーパー	1,413	60,138	22.7	11.3	14.6	27.4	4.7	6.4	6.6	4.7
専門スーパー	32,074	223,685	10.9	4.4	10.0	7.9	8.3	29.6	15.6	12.6
コンビニエンスストア	35,096	64,805	11.7	3.7	6.5	1.8	13.8	30.4	10.6	21.0
ドラッグストア	14,554	43,003	14.1	4.9	8.7	5.1	9.1	35.9	11.7	9.9
その他スーパー	45,154	45,375	19.2	6.6	9.5	7.8	7.4	34.1	11.1	9.4
専門店[1]	430,158	431,576	11.2	6.6	7.3	4.6	14.6	22.1	15.7	17.3
中心店[2]	190,773	192,998	13.3	6.9	7.2	6.0	10.8	19.5	17.6	17.9
その他	1,049	2,032	47.9	8.5	3.0	4.1	13.2	−	6.4	−
小売業計[3]	775,196	1,221,767	14.6	7.3	7.8	6.4	12.1	22.2	14.7	14.3

（注）1）衣・食・住いずれかの専門の商品の割合が90％以上。2）衣・食・住いずれかの専門の商品の割合が50％以上。3）事業所数及び年間商品販売額には，本書登載の9項目以外の別項目を含んでいる。
（「商業統計」による）

解説 現在，さまざまなタイプの流通形態（スーパー，コンビニエンスストア，アウトレットショップなど）が共存している。立地をみると，百貨店は駅周辺・市街地型が多い。コンビニエンスストアは駅周辺や，住宅地を背景にした立地に特色があり，同一地域に複数出店する**ドミナント方式**を採用している。総合スーパーはロードサイド型の立地が他業種よりも多い。かつての**大店法から大店立地法への法改正（大型店の進出についての規制が緩和された）**による影響や，消費者の購買行動の変化に対応するために，既存店舗の**スクラップ・アンド・ビルド**の必要性があるからである。コンビニ業界も不振店を閉鎖してより立地条件のよいところに出店する経営体制になっており，従来からある市街地立地型の専門店は，厳しい経営環境が続いている。

⬆**専門スーパー** 衣・食・住関連など特定の種類の商品を販売する店舗。特定の商品が70％以上を占め，売場面積が250㎡以上のもの。食品スーパーが最も多い。

⬆**コンビニエンスストア** 年中無休で長時間の営業を行い，小規模な店舗において多数の品種を扱う形態の小売店。大手3社はセブンイレブン，ローソン，ファミリーマート。

⬆**総合スーパー** 衣・食・住関連の商品を中心に，各種の商品を幅広く扱っており，量販店とよばれることもある。代表的なものとして，イトーヨーカドー，イオン，西友など。

⬆**百貨店** 名称は百（数多い）貨（商品）を取り扱うことに由来。通例，都市の中心市街地に複数のフロアを持つ店舗を構える。代表的なものとして高島屋，大丸松坂屋，東急百貨店，近鉄百貨店など。

4 進化を続けるコンビニ
参照 >> P.188

セブン-イレブンの誕生 1974年，イトーヨーカ堂は，アメリカのサウスランド社と提携してヨークセブン・ジャパン(のちの「セブン-イレブン」)を設立，江東区豊洲にその1号店をオープンした。同年の「大店法」施行以前からすでに地元店の反対から大型店の出店が困難になっていたなかで，イトーヨーカ堂の注目した**フランチャイズ方式**(本部が商品や経営ノウハウを提供するかわりに加盟店が売り上げの一部を本部に払う)による出店であった。スーパーの進出で経営難となっていた酒屋や食料品店などから加盟希望店が相次ぎ，やがて24時間，休業日なしの営業に踏み切り，「開いててよかった」のコピーとともに全国に店舗が急増していった。

地図にあらわれるドミナント出店 コンビニの出店には「ドミナント戦略」と呼ばれるセオリーがある。1つの地域に集中して複数の出店を意図的に行うことで地域での知名度が上がり，配送の効率アップも図られ，また，競合各社の出店を排除する目的も大きい。コーヒーチェーンのスターバックスも同様の戦略で知られている。

● あるチェーンのドミナント出店の例

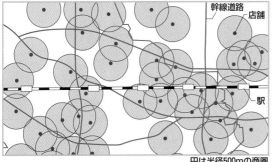

幹線道路 / 店舗 / 駅
円は半径500mの商圏

変化・進化を続けるコンビニ 巨大産業に成長したコンビニ業界は，課題を抱えながらめまぐるしい変化を遂げている。ドミナント出店についても，近隣店舗との売り上げの奪い合いが店舗の経営を圧迫している。各種サービスの多岐化に伴う業務負担増と人手不足は外国人アルバイトによっても解決されず，誕生から45年を迎えた2019年以降には，厳しい人手不足に直面した加盟店から営業時間短縮の要望が強まり，各社は**全店舗24時間営業の見直し**を迫られている。同年の消費税10%導入に刺激された**テイクアウト**への対応は，2020年のコロナ禍によりさらに強まることが予想され，**キャッシュレス決済**や**セルフレジ**は瞬く間に常識化した。一方で，**食品ロス**への注目度も高まっている。

(豊田薫『第三次産業と暮らしはどう変わったか』地歴社，渡辺広明『コンビニが日本から消えたなら』KKベストセラーズなどによる)

⇨ローソンのセルフレジ
(同社提供)

5 卸売業と小売業

● 日本の卸売業・小売業の年間販売額上位10都道府県

(2015年，全国比%) 参照 >> P.321

都道府県	卸売業		小売業		(参考)人口	
北 海 道	⑥	2.9	⑥	4.6	⑧	4.2
宮 城	⑨	2.2	－		－	
埼 玉	⑦	2.5	⑤	5.0	⑤	5.7
千 葉			⑦	4.4	⑥	4.9
東 京	①	41.0	①	13.8	①	10.6
神 奈 川	⑤	3.0	③	6.4	②	7.2
静 岡	－		⑩	2.8	⑩	2.9
愛 知	③	8.2	④	6.1	④	5.9
大 阪	②	11.3	②	7.1	③	7.0
兵 庫	⑧	2.2	⑨	4.0	⑦	4.4
広 島	⑩	2.1	－		－	
福 岡	④	4.0	⑧	4.1	⑨	4.0

(注) ○数字は全国順位，－は10位に入らない。
(平成28年「経済センサス」などによる)

解説 **卸売業**とは，生産者(製造業，農林水産業)から仕入れた商品を**小売業**(直接消費者に商品を販売する)に対して販売している職種のことを指す。日本では巨大商社から問屋街の個人商店まで，商品流通の重要な一面を担っている。小売業の商圏は比較的狭く，各都道府県の人口規模に販売額が比例するが，卸売業の商圏は広いため，東京をはじめとする巨大都市と**広域中心都市**(参照>>P.232)をもつ都道府県が販売額上位を占めている。
●東京都台東区の江戸通り(浅草橋) 玩具，人形などの問屋街として知られる。

● 小売各業界の販売額推移

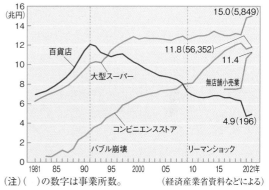

百貨店 / 大型スーパー / 無店舗小売業 / コンビニエンスストア / バブル崩壊 / リーマンショック
15.0(5,849) / 11.8(56,352) / 11.4 / 4.9(196)
(注)( )の数字は事業所数。
(経済産業省資料などによる)

6 商品と商圏

最寄り品と買い回り品 たとえば卵や牛乳を買いに行く場合，多くの人は近所のスーパーに行くことになる。週刊誌を買うのだったら，通勤通学の途中にコンビニによる人が多い。このような**最寄り品**を販売する店舗は，住宅地の近くで徒歩や自転車でも往復できる圏内に店舗が必要になってくる。店舗の商圏もコンビニでは数百mといった狭さになる。一方，テレビを買い換える，新しく家具を買うといった購買行動は，日常的なものではない。このような商品を扱う店舗は郊外に立地する量販店で，自動車で出かけることになる。商圏は数km〜10km以上にもなり，しかも複数の店舗で価格や品質，アフターサービスを比較することもあることから**買い回り品**とよばれる。

観光業

1 主なヨーロッパの国の目的地別旅行者数・収支

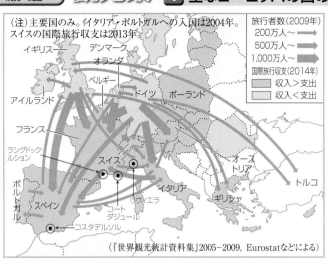

（注）主要国のみ。イタリア・ポルトガルへの入国は2004年。スイスの国際旅行収支は2013年。

旅行者数（2009年）
- 200万人〜
- 500万人〜
- 1,000万人〜

国際旅行収支（2014年）
- 収入＞支出
- 収入＜支出

（『世界観光統計資料集』2005-2009, Eurostatなどによる）

↑コートダジュール［フランス］

解説 イギリスやドイツなど北にある国の人々は，夏のバカンスシーズンとなると，強い日差しを求め，冬もクリスマスから新年にかけ，避寒地として地中海沿岸を訪れる。イタリア沿岸のリヴィエラ海岸からモナコ公国，フランスのコートダジュール，スペインのコスタデルソルまでリゾート地が続いているため，国際旅行収支は北部の国（ゲルマン諸国）は赤字，南部の国（ラテン諸国）は黒字である。

2 旅行収支は逆転したが……

グローバル化と東アジア諸国の経済成長により，日本を訪ねる外国人観光客（インバウンド）は増加を続け，リーマンショック，東日本大震災，日中・日韓関係の揺らぎなど伸びが鈍化した時期もあったが，2015年に旅行収支はついに黒字に転じた。2018年には訪日外国人観光客数が3,000万人を超え，観光立国の期待が膨らんだが，2020年のコロナ禍により国際的な観光客移動は壊滅的な状況に落ち込んでいる。

●旅行収支の推移

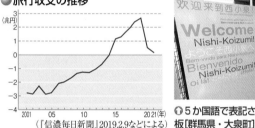

（『信濃毎日新聞』2019.2.9などによる）

↑5か国語で表記された看板［群馬県・大泉町］

●訪日外国人観光客数の変化　●主な国の国際旅行収支（2019年）

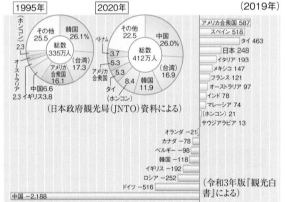

1995年／2020年

（日本政府観光局（JNTO）資料による）

（令和3年版『観光白書』による）

●出国日本人数と訪日外国人数の推移

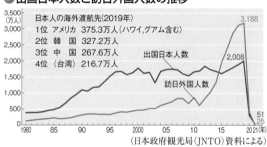

日本人の海外渡航先（2019年）
- 1位　アメリカ　375.3万人（ハワイ，グアム含む）
- 2位　韓　国　327.2万人
- 3位　中　国　267.6万人
- 4位　（台湾）　216.7万人

（日本政府観光局（JNTO）資料による）

●外国人旅行者受入数（2019年）

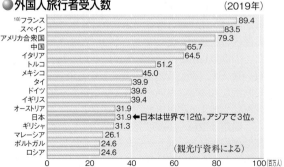

国	百万人
[18]フランス	89.4
スペイン	83.5
アメリカ合衆国	79.3
中国	65.7
イタリア	64.5
トルコ	51.2
メキシコ	45.0
タイ	39.9
ドイツ	39.6
イギリス	39.4
オーストリア	31.9
日本	31.9　←日本は世界で12位。アジアで3位。
ギリシャ	31.3
マレーシア	26.1
ポルトガル	24.6
ロシア	24.6

（観光庁資料による）

3 主な国の労働時間・休暇日数

（製造業・就業者1人当たり）

		日本	イギリス	ドイツ	フランス	イタリア	アメリカ
総実労働時間	1990年	2,031時間	1,765	1,578	1,705	1,831	1,831
	2018年	1,680時間	1,538	1,363	1,520	1,723	1,786
2016年の1年間の休日数	週休日	104日	104	104	104	104	104
	週休以外の休日	16日	8	7	8	10	10
	年次有給休暇	18.2日	25	30	25	25	13.2
	計	138.2日	137	141	137	139	127.2

（注）アメリカの休日数は2006年。（『データブック国際労働比較』2019などによる）

解説 日本では約90％以上の企業で何らかの週休2日制が実施されているが，事業規模や職種によってその実施状況には差がある（統計には表れないサービス残業や休日出勤など）。日本は他国と比べて祝日が多いが，年次有給休暇の取得日数は少ない。欧米では休暇は労働者の権利であるとの考え方が一般的だが，日本では休暇は与えられたものと考える面がある。

情報ナビ **インバウンド復活** 2020年以来途絶えていた外国人観光客受け入れが，2022年6月に添乗員同行の団体に限るなどの条件付きで再開された。旅行宿泊業界からは大きな期待がある一方，新型コロナの感染対策には不安を残しながらの再開となった。

1 交通の発達と現代の交通体系

● 交通の発達と手段

産業革命前から	担夫交通	人間が直接荷物を運搬する。家畜を利用しにくい熱帯雨林や山岳地域などにみられる。
	駄獣交通	家畜を利用して荷物や人を運搬する。アンデス山脈のリャマ・チベット高原のヤクなどが当てはまる。
	輓獣交通	ソリや車を家畜に引かせて荷物や人を運搬する。牛・馬・トナカイなどが利用される。
産業革命	蒸気船	1807年フルトン(アメリカ)が発明。ニューヨーク～オールバニ間に定期船運行。
	蒸気機関車	1825年スティーブンソン(イギリス)が実用化。ストックトン～ダーリントン間で営業運転。
	自動車	19世紀末ダイムラー(ドイツ)がガソリン機関による自動車を発明。フォード(アメリカ)が大量生産。

解説 産業革命以前，交通機関の動力は人力・畜力・風力などに限られていた。

● 現代の交通体系

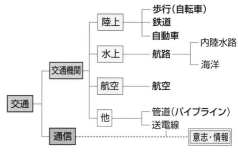

(岡雅行ほか『地球人の地理講座③むすぶ』大月書店)

解説 交通は，人や物の移動をいい，交通機関を媒介して営まれる。広義には，意志・情報の移動を媒介する通信を含む。

● 時間距離の短縮

解説 時間距離　2地点間を移動するのに要した時間の長短で表される。19～20世紀にかけて蒸気船や蒸気機関車の登場により，時間距離は大幅に短縮された。さらに20世紀半ば以降は航空機網の発達により，時間距離は一気に短縮された。よって地球上の時間距離はかなり小さくなったが，昨今の燃料費の高騰や温室効果ガスの発生などを考えると，単に速さを求めることより環境にも優しい交通システムを求めていくことも必要であろう。

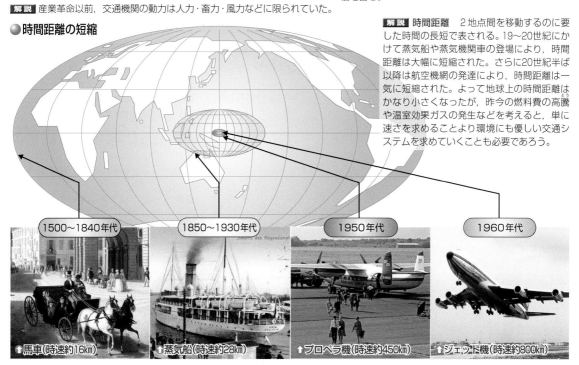

| 1500～1840年代 | 1850～1930年代 | 1950年代 | 1960年代 |

↑馬車(時速約16㎞)　↑蒸気船(時速約28㎞)　↑プロペラ機(時速約450㎞)　↑ジェット機(時速約800㎞)

2 主な交通機関の長所と短所

交通機関	長　所	短　所
鉄道交通 参照▶P.193	大量の旅客・貨物を長距離にわたって輸送できる。運行の定時性に優れ，時間正確。エネルギー効率が良く，交通渋滞に悩む都市部での地下鉄やモノレールなど，環境の見地からも期待される。	地形的な制約(山地・勾配など)を受けやすく，トンネルやレールの敷設などに多額の経費がかかる。人口密度の低い地域では採算が合わない。急な増発ができないなど輸送弾力性に乏しい。
自動車交通 参照▶P.193	戸口から戸口(door to door)への輸送が可能で，時間や経路に制約されずに目的地まで到達できる。また，車内は個室であるため，快適性に優れる。	大量・長距離輸送に不適(近年の高速道路整備・車両の大型化によって改善されつつある)。交通渋滞など道路状況により運行の定時性を欠く。排気ガスなど環境問題の一因となる。
水上交通 参照▶P.194・195	船を用いるために輸送単位が大きく，安価な費用で大量輸送が可能なため，重量のある貨物などを運ぶのに適する。	速度が遅いため，運搬に時間がかかる。水路のある場所や海・湖・河川などに限られ，船の発着も港に限定されるなど，自然の制約が大きい。
航空交通 参照▶P.196・197	最も迅速な交通機関。地形や水陸分布による制約がなく，2点間をほぼ最短コースで直結。集積回路など軽量で高価な貨物や，高級生鮮食品の輸送が急増。	気象による制約が大きく，発着は空港に限られる。輸送コストが高く，重量物の大量輸送には適さない。その後ジャンボ機の就航により，旅客や貨物の大量輸送が可能となった。

情報ナビ　リニア中央新幹線　東京から甲府市付近，長野県南部，名古屋市付近，奈良市付近を経由して大阪までの新ルートを，現在の新幹線の2倍のスピード(500km/h，最速で603km/hを記録)で約1時間で結ぶ。現在，工事中。

商業・交通・通信・貿易

3 主な国の輸送機関（国内輸送）

日本（1960年）

| 貨物 | 鉄道39.2% | 自動車15.0 | 船45.8 | 1,389億トンキロ |

| 旅客 | 鉄道75.8% | 自動車22.8 / 航空0.3 / 船1.1 | 2,433億人キロ |

日本（2009年）

| 貨物 | 鉄道3.9% | 自動車63.9 | 船32.0 航空0.2 | 5,236億トンキロ |

| 旅客 | 鉄道28.7% | 自動車65.6 | 航空5.5 / 船0.2 | 13,708億人キロ |

アメリカ合衆国（2010年）※貨物は2003年。

| 貨物 | 鉄道38.5% | 自動車31.4 | 船15.0 P.L.14.7 航空0.4 | 58,793億トンキロ |

| 旅客 | 鉄道0.1% | 自動車88.2 | 航空11.7 | 77,496億人キロ |

ドイツ（2009年）

| 貨物 | 鉄道23.1% | 自動車59.4 | 船13.4 P.L.3.9 航空0.2 | 4,136億トンキロ |

| 旅客 | 鉄道9.4% | 自動車90.0 | 航空0.6 | 10,546億人キロ |

イギリス（2009年）

| 貨物 | 鉄道12.9% | 自動車80.4 | 船0.1 P.L.6.2 航空0.4 | 1,638億トンキロ |

| 旅客 | 鉄道7.9% | 自動車91.0 | 航空1.1 | 7,895億人キロ |

（注）船とは内航船，航空は国内航空，P.L.はパイプライン（石油）である。イギリスは内航水路のみ対象。　『国土交通白書』2012などによる

4 日本の旅客・貨物輸送量

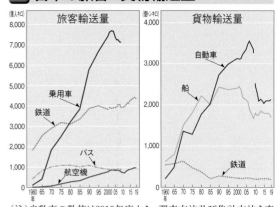

（注）自動車の数値は2010年度から，調査方法及び集計方法を変更した。（『平成31・令和元年版交通経済統計要覧』2021刊などによる）

解説 日本は通勤・通学などで鉄道の旅客輸送量が多いが，貨物輸送は自動車が主体となるため鉄道輸送量は少ない。

5 世界の航空・鉄道

● 世界の鉄道距離ランキング（2019年）

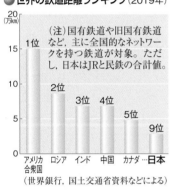

（注）国有鉄道や旧国有鉄道など，主に全国的なネットワークを持つ鉄道が対象。ただし，日本はJRと民鉄の合計値。

1位 アメリカ合衆国／2位 ロシア／3位 インド／4位 中国／5位 カナダ…／9位 日本

（世界銀行，国土交通省資料などによる）

● 航空会社旅客数ランキング（2020年）

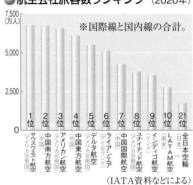

※国際線と国内線の合計。

1位 サウスウエスト航空（アメリカ合衆国）／2位 中国南方航空（中国）／3位 アメリカン航空（アメリカ合衆国）／4位 中国東方航空（中国）／5位 デルタ航空（アメリカ合衆国）／6位 ライアンエア（アイルランド）／7位 中国国際航空（中国）／8位 ユナイテッド航空（アメリカ合衆国）／9位 インディゴ航空（インド）／10位 LATAM航空（チリ）／21位 全日本空輸（日本）

（IATA資料などによる）

● 世界の主な高速鉄道

日本（新幹線）	1964年開業の東海道新幹線をはじめ全国で7路線（約3,000km）が運行。
中国	鉄道営業距離数14万6,300kmのうち高速鉄道は3万8,000km以上となる。日本も技術提供をしている。
韓国（KTX）	2004年開業。フランスのTGVの技術を導入。ソウルとプサンなど主要都市を結ぶ。
台湾	2007年開業。タイペイとカオシュンを結ぶ。参照▶P.271
フランス（TGV）	1981年開業。フランスの主要都市を最高速度320km/hで結ぶ。
ユーロスター	英仏海峡トンネルを通り，イギリスとヨーロッパ大陸とを結ぶ国際列車。参照▶P.193

● 世界の主な高速鉄道計画

日本（リニア中央新幹線）	最高速度500km/hで東京（品川）－名古屋－大阪間の開業を目指す。
アメリカ合衆国	テキサス州高速鉄道（ダラス－ヒューストン間）が2026年の開業の見通し。
インド	ムンバイ－アーメダーバード間で2023年開業目標（遅れる見込し）。その他四大都市を結ぶ「ダイヤモンド鉄道構想」。

東南アジア	インドネシア高速鉄道（2017年末までに事業化調査終了）

● 主な空港の国際線利用者数（2020年）

（単位：万人）

ヒースロー空港（イギリス）	2,065
スキポール空港（オランダ）	2,088
フランクフルト国際空港（ドイツ）	1,684
インチョン国際空港（韓国）	1,196
成田国際空港（日本）	721
香港国際空港（中国）	881
関西国際空港（日本）	351
シャルル・ドゴール空港（フランス）	1,906
ドバイ国際空港（アラブ首長国連邦）	2,583
東京国際（羽田）空港（日本）	322
イスタンブール新空港（トルコ）	1,595
スワンナブーム国際空港（タイ）	971
チャンギ国際空港（シンガポール）	1,164

（『航空統計要覧』2021による）

（『信濃毎日新聞』2017.3.19などによる）

1 世界の高速自動車専用道路

	名　称	特　徴
高速道路	アウトバーン	ヒトラーが1933年から軍用道路として建設したのがはじまり。速度無制限・料金無料で有名だが，近年は速度制限区間が増え，トラックは有料となっている。約13,000km。ドイツ全土の交通量の3割を占める。
	モーターウェイ	イギリスの高速道路。約3,600km。料金は無料。
	オートルート	フランスの高速道路。約12,000km。パリの環状道路などを除いて75%が有料である。
	アウトストラーダ＝デル＝ソーレ	アウトストラーダは，イタリアの高速道路。アウトストラーダ＝デル＝ソーレは，アペニン半島を縦貫する高速道路。**観光と南部開発に利用。**ソーレは太陽。太陽の道の意。約760km。
	フリーウェイ	アメリカ合衆国の高速道路。建設費の90%を連邦政府が支出し無料。約91,200km。
国際自動車道	アラスカハイウェイ	アラスカ公路。フェアバンクス(アラスカ)～ドーソンクリーク(カナダ)間2,237kmの軍事道路。**パンアメリカンハイウェイと連結**している。
	パンアメリカンハイウェイ	汎米公路。南北アメリカ大陸21か国を縦貫する20.9万kmに及ぶ国際道路。現在99%が完成。**未開通のパナマ―コロンビア間は，**両国の不仲，アメリカの懸念(麻薬流入)が絡み，完成の目途は立っていない。
	アジアハイウェイ	パンアメリカンハイウェイのような国際道路網をアジアにも完成させようと1950年代から検討されてきた。現在では，アジアの32か国を横断し，トルコからは欧州自動車道路に接続する。

↑アウトバーン[ドイツ]

↑フリーウェイ[アメリカ合衆国]

（注）**開発道路　トランスアマゾニアンハイウェイ**　アマゾン流域のセルバの開発を目的に，レシフェとクルゼイドロスルを東西に結ぶ全長6,000kmの開発道路。アマゾン横断道路ともいう。

2 ヨーロッパの高速鉄道

営業最高速度
― 320～350km/h
― 300km/h
― 250km/h
― 200～230km/h
― 200km/h未満
― 建設中

主な高速鉄道
フランス：TGV
スペイン：AVE
ドイツ：ICE

（2011年，UIC資料などによる）

🔵**ユーロトンネルを通るユーロスター**　ユーロトンネルは英仏間の**ドーヴァー海峡**をくぐるトンネルで，1994年5月6日開通。長さは50km，海底部分は38km。2本の列車用トンネルと乗客避難用のサービストンネルからなり，列車はトンネルを30分足らずで走りぬけ，ロンドン―パリ間を2時間15分で結ぶ。

3 復活する路面電車

復活する路面電車　路面電車は，1人を同じ距離運ぶときに出す汚染物質が，自動車に比べて窒素酸化物で3分の1，二酸化炭素で9分の1と少ない。**建設費が安く，工事に伴う二酸化炭素の排出量も低い。**利用者にとっても，バスに比べて運行時間が正確で，地下鉄などと比べても，階段の上り下りがないだけ楽だ。だが，結構ずくめだけではない。欧州で成功した例は，**都市計画全体を見直して，路面電車を最優先している。**今の道路のまま復活してもまた邪魔物扱いされるだけだ。経営的に問題を抱えている路線も少なくない。　　　　　　（石弘之『知られざる地球破壊』小学館）

チェック・ワード　**LRT**　路面電車はLRT(Light Rail Transit)とよばれ，車両の小型軽量化や低床化などの改良が進み，性能がアップされ加速・減速が自動車並になった。日本では熊本・広島などで導入されている。

🔵**都市路面電車[フランス・ストラスブール]**

情報ナビ　**大陸横断鉄道**　大陸の東西を結ぶ鉄道で開拓鉄道として建設された性格をもつ。アメリカ合衆国のユニオンパシフィック鉄道やサザンパシフィック鉄道，ロシアのシベリア鉄道などが好例であり，現在も貨物輸送鉄道として重要である。

1 世界のコンテナの荷動き

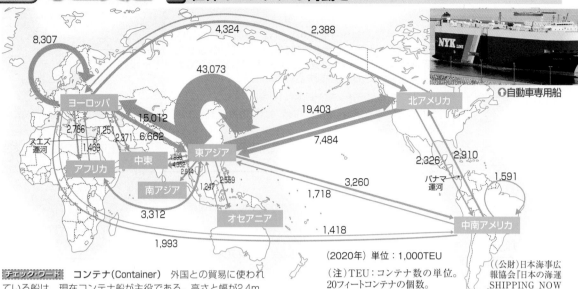

8,307

4,324　2,388

43,073

19,403

ヨーロッパ　15,012

2,786　1,251

スエズ運河　2,371　6,662

1,469

アフリカ　中東　1,898　東アジア　7,484

4,552

2,614

南アジア　1,247　2,559

3,312

オセアニア　1,718　3,260

1,993　1,418

北アメリカ

2,326　2,910

パナマ運河　1,591

中南アメリカ

（2020年）単位：1,000TEU

（注）TEU：コンテナ数の単位。20フィートコンテナの個数。

●自動車専用船

（（公財）日本海事広報協会『日本の海運 SHIPPING NOW 2021-2022』による）

チェック・ワード **コンテナ（Container）** 外国との貿易に使われている船は，現在コンテナ船が主役である。高さと幅が2.4m，長さ6.1m（または12.2m）の巨大なコンテナに荷物を入れ，このコンテナを多く（6万 t の船で4,800個も）載せて運ぶ。日本では1968年に登場。このコンテナ船によって荷物の積みおろしがスピーディとなり，荷物が早く届くようになった。主要航路はアジアと北米を結ぶ北太平洋航路，スエズ運河を経由してヨーロッパとアジアを結ぶ地中海＝インド沖航路などである。

2 アジアと欧州を結ぶ航路

北極海経由 約35日

北極海

スエズ運河経由 約50日

スエズ運河

ブサン

シャンハイ

ホンコン　日本

太平洋

シンガポール　0°

マラッカ海峡

インド洋

喜望峰

喜望峰経由 約60日

解説 北極海航路は，スエズ運河経由と比べ，アジアと欧州の航行距離を約 6 割に短縮できるとされる。海氷が解ける夏季しか利用できないが，地球温暖化で航行可能な期間が年々延びている。

（「朝日新聞」2021.3.30などによる）

3 商船の国別・船種別の船腹量（2020年）

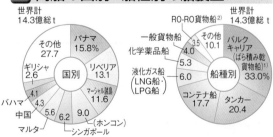

世界計 14.3億総 t

【国別】
パナマ 15.8%
その他 27.7
リベリア 13.1
ギリシャ 2.6
バハマ 4.1
中国 4.3
マルタ 5.6
（ホンコン）6.2
シンガポール 9.0
マーシャル諸島 11.6

世界計 14.3億総 t

【船種別】
RO-RO貨物船[2] 3.5
一般貨物船 4.0
化学薬品船 5.3
液化ガス船（LNG船・LPG船）6.0
コンテナ船 17.7
タンカー 20.4
バルクキャリア（ばら積み乾貨物船[1]）33.0%
その他 10.1

（注）100総t以上の鋼船。1）穀物や石炭，鉄鉱石などのばら積み乾貨物を輸送する船。2）荷役の際，船の側面や船尾にある開口部から車両が直接出入りして作業を行う船。

（『世界国勢図会』2021/22）

便宜置籍船 船の登録税や取得税などの税金の安い国に船籍を置く船。パナマやリベリアが世界 1・2 位の商船保有国であるが，受益国（船主の国）はアメリカ合衆国・ホンコン・ギリシャ・日本などである。**参照》P.162**

●**世界の主な品目別海上荷動き量**　（2020年，推計）

世界計 115.1億t	原油・石油製品 24.0%	鉄鉱石 13.1	石炭 10.1	その他 44.2

穀物4.5　液化ガス4.1

（注）液化ガスはLPGとLNG　（『世界国勢図会』2021/22）

◐**タンカー（油送船）** 船倉が巨大なタンクになっていて，原油を運ぶ。

◐**バルクキャリア（ばら積み船）** 石炭・鉄鉱石・木材・セメント・穀物など，大量の特定貨物を運ぶ。

◐**LNGタンカー** 天然ガスを産地で低温液化した後に運ぶ専用船。**参照》P.141**

◐**コンテナ船** 雑貨などの貨物を個々に荷づくりせず，コンテナ（2.4×2.4×6m）に入れて運ぶ船。

4 ヨーロッパの内陸水路

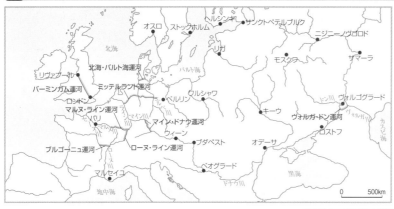

解説 ヨーロッパの河川交通　河川流量の季節的変化が小さく（河況係数小）（参照 P.82），土地が低平なため流速が遅くかつ分水界も低い（河床勾配小）。そのため内陸の主要都市は河川に面して立地していて，内陸水路や運河で結ばれている。このような内陸水路の発達は工業原料や製品の輸送に便利であり，ライン川やドナウ川は国際河川となっている。国際河川は国際条約によって航行の自由が認められている河川である。ロッテルダムにはEU共同使用のユーロポートがある。参照 P.175

⇨ミッテルラント運河　ドイツのエムス，ウェザー，エルベの諸河川を結ぶ運河で全長389kmに及ぶ。この運河の開通により，ライン川とエルベ川が直結することになり，重要な水上交通路として貨物船が航行している。数か所の閘門があり，また別の運河と立体交差しており，"川に架かる川の橋"が見られることでも有名である。

5 閘門式運河のしくみ

● 船を通す方法

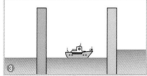

下流側　閘室　上流側

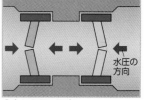

❶閘室から水を取り入れ，下流側の水位を閘室と同じにする。
❷下流側の扉を開き，閘室に船を移す。
❸下流側の扉を閉め，上流側から水を取り入れ，閘室と上流側の水位を同じにする。
❹閘室と上流側の水位が同じになったら，上流側の扉を開き，船を出す。

水圧の方向

⇨上から見た閘室

解説 大西洋と五大湖（参照 P.304）を結ぶセントローレンス川もその標高差を克服するため多くの閘門式運河が利用され，大型の船舶の航行が可能である。標高差がある五大湖間も閘門式運河等によってすべての湖がつながり，大型船舶による航行が可能である。さらに五大湖は運河によってハドソン川（河口にはニューヨーク）とも直結している。これをニューヨークステートバージ運河という。

⇨パナマ運河（閘門式運河）　2016年，パナマ運河の拡張工事が完成し，従来の3倍近い大型貨物船の通航が可能となった。この拡張工事は21世紀最大のエンジニアリングを駆使した大工事だったといわれる。拡張工事ではエジプトのピラミッド2つ分に相当するコンクリートを使用，鋼鉄はエッフェル塔を22塔つくるだけの量を使用したという。

6 パナマ運河とスエズ運河

	パナマ運河	スエズ運河
建　設	1914年 アメリカ合衆国	1869年 フランス人レセップス
規　模	全長93km（直線距離64.5km），幅30〜90m，水深12.5m以上	全長162.5km，平均幅160m，水深19.5m
構　造	閘門式運河 人工のガトゥン湖（標高26m）まで上げるため，太平洋・カリブ海側にそれぞれ3個の閘門を建設	水平式運河 スエズ地峡にあるグレートビター湖を利用
その他 （運営など）	運河地帯はアメリカ合衆国が租借していたが，1999年12月31日パナマへ返還。パナマ運河公社が運営。	建設後イギリス・フランスが所有。1956年エジプト国有化。 （アフリカ南端回りコースに比し）航行距離日数は3分の1となる）

⇨スエズ運河（水平式運河）　アジアと欧州を結ぶ最短航路となるスエズ運河で，2021年3月，長さ400mの大型コンテナ船が浅瀬に乗り上げ水路をふさいでしまい，400隻以上の大型船が運河の周辺で立ち往生した。

航空交通

下総台地

→成田国際空港　1978年5月に開港。2004年に民営化され，それまでの新東京国際空港から成田国際空港に改称された。国内の空港のほか，世界四十数か国への定期便が就航している。非航空収入が少ないこともあり，航空機の着陸料が他の空港と比べて高い。

成田国際空港

1 世界の航空輸送量

国際線航空輸送量（2015年）
- 100億トンキロ以上
- 50〜100
- 10〜50
- 10億トンキロ未満
- （白はデータ不明）

東京から5,000km
東京から10,000km
東京から15,000km

マドリード　ダブリン　ニューヨーク　トロント
バルセロナ　パリ　ロンドン　シカゴ
アムステルダム
フランクフルト
ロサンゼルス
ソウル　ホノルル
ホンコン　大阪　東京
バンコク　タイペイ
クアラルンプール　シンガポール
ジャカルタ

（『世界の統計』2022などによる）

● 世界の地域別・国別空港数 （2019年）

地域名	空港数	国名	空港数
アジア	834	アメリカ合衆国	402
北アメリカ	635	中国	236
ヨーロッパ	560	カナダ	233
中南アメリカ	459	ロシア	164
アフリカ	350	オーストラリア	145
オセアニア	345	インドネシア	125
CIS	229	ブラジル	114
中東	114	日本	97
世界計	3,526	インド	97

（日本航空機開発協会資料による）

● 世界で提供座席数の多い路線 （2019年）

順位	路線	提供座席/日	便数/日
1	ソウル↔済州島	50,663	236
2	東京↔札幌	41,929	146
3	東京↔福岡	36,533	135
4	東京↔大阪	33,825	130
5	リオデジャネイロ↔サンパウロ	31,401	209
6	シドニー↔メルボルン	30,276	166
7	ペキン↔シャンハイ	27,673	105
8	ハノイ↔ホーチミン	26,594	124
9	東京↔沖縄	24,187	76
10	ボンベイ↔デリー	24,003	130

（注）2019年9月15日の週の一日平均。

（日本航空機開発協会資料による）

2 世界の離着陸回数上位空港 （2020年）

都市名／空港名　0　10　20　30　40　50（万回）

都市名／空港名	回数（万回）
アトランタ／ハーツフィールド	54.8
シカゴ／オヘア	53.8
ダラス／ダラス・フォートワース	51.5
デンヴァー／デンヴァー	43.7
シャーロット／シャーロット・ダグラス	39.8
ロサンゼルス／ロサンゼルス	37.9
広州／白雲国際	37.3
上海／上海浦東	32.6
ラスベガス／マッカラン	32.3
深圳／深圳宝安国際	32.0
フェニックス／フェニックス・スカイハーバー国際	31.0
北京／北京首都国際	29.1
東京／東京国際（羽田）	28.0
ヒューストン／インターコンチネンタル	26.8
マイアミ／マイアミ	25.1
デリー／インディラ・ガンディー国際	24.9
ミネアポリス／ミネアポリス・セントポール	24.5
アンカレッジ／アンカレッジ	24.2
アムステルダム／スキポール	24.1

（注）青字はアメリカの空港。　（『航空統計要覧』2021）

→地方空港[タンザニア]　島嶼国や道路・鉄道が未発達な地域では，航空機が重要な交通の手段となる。

3 世界の主な地域間輸送と地域内輸送（旅客数）

（2011年）

北アメリカ 19.2%
ヨーロッパ 18.7%
アジア 29.8%
3.8%
2.5%
1.4%
1.4%
アジアへ
北アメリカへ
2.6%
1.7%
2.1%
1.2%
西アジア 2.5%
0.6%
0.9%
中南米 0.8%
アフリカ 0.8%
1.2%
オセアニア 3.5%

旅客数（国際線・国内線の合計）をもとに算出。
■ 数値は地域間輸送の割合
● 数値は地域内輸送の割合

（『航空統計要覧』2013による）

解説 世界の航空輸送（旅客）は大きく偏っている。北アメリカ，ヨーロッパ，アジアの地域内輸送が世界の約68%を占め，アジア域内の輸送が急増している。アジアの地域内輸送と地域間輸送を合わせると，世界全体の航空輸送の35%以上を占めていることになる。

情報ナビ　**航空会社のグループ化〜アライアンス（業務提携）**　1997年，ユナイテッド航空を中心に5社が集まり，航空企業連合としてスタートしたのがスターアライアンス。コードシェア（共同運航）便の運航などにより経営の効率化を図っている。

4 日本有数の貿易港～成田国際空港

● 主な港別貿易額(上位7港)　(2021年, 億円)

順位	輸出		輸入	
	港名	輸出額	港名	輸入額
1	**成田国際空港**	**128,214**	**成田国際空港**	**160,759**
2	名古屋港	124,805	東京港	122,260
3	横浜港	72,255	名古屋港	52,887
4	東京港	64,938	大阪港	50,955
5	神戸港	58,960	横浜港	49,823
6	関西国際空港	57,363	関西国際空港	41,791
7	大阪港	46,981	神戸港	35,837

※確々報　　　　　　　　　　　　　(財務省「貿易統計」による)

↑半導体を運ぶ飛行機

解説 成田国際空港は1997年, それまで貿易額で首位を占めていた横浜港を抜いて, 日本最大の貿易港となった。2012年には, 輸出額の首位の座を名古屋港に譲った。**輸出入とも集積回路等エレクトロニクス関連機器が上位を占めている**ところに空港(貿易港)の特徴がある。また, 国際貨物取扱量は1986年に世界一となったが, 現在では世界7位(1位はホンコン, 2020年)である。

● 成田国際空港の輸出入品の内訳　(2021年)

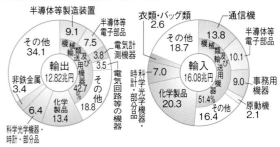

輸出 12.82兆円
- 半導体等製造装置 9.1
- 機械類及び輸送用機器 42.7
- 半導体等電子部品 7.5
- 電気計測機器 3.8
- 電気回路等の機器 3.5
- その他 18.8
- 化学製品 13.4
- 科学光学機器・時計・部分品 6.4
- 非鉄金属 3.4
- その他 34.1

輸入 16.08兆円
- 衣類・バッグ類 2.6
- 通信機 13.8
- 機械類及び輸送用機器 51.4
- 半導体等電子部品 10.1
- 事務用機器 9.0
- 原動機 2.1
- その他 16.4
- 化学製品 20.3
- その他 18.7

● 名古屋港の輸出入品の内訳　(2021年)

輸出 12.48兆円
- 鉄鋼 2.6
- 化学製品 5.3
- その他 11.9
- 機械類及び輸送用機器 80.2
- その他 21.5
- 一般機械 18.0
- 輸送用機器 40.7

輸入 5.29兆円
- 鉱物性燃料 7.7
- 石油ガス類 15.1
- 石油及び同製品 6.9
- その他 0.5
- 機械類及び輸送用機器 30.0
- 衣類・はき物 6.4
- アルミニウム 5.5
- 食料品 5.2
- 繊維製品 2.6
- その他 35.2

(東京税関・名古屋税関資料による)

5 アジアのハブ空港　hub airport

ハブ空港とは 自転車のスポークのように放射状に広がる航空路線。その中心のハブに位置する拠点空港がハブ空港である。ハブ空港の特徴の第一はハブ機能にある。複数の4,000m級滑走路をもち, **国際線・国内線の接続が簡単にできる**ことである。第二に**24時間運用できる**(成田は適用外)ことなどが条件とされる。日本では現在, 東京(羽田)・成田・中部・関西国際空港がハブ空港に位置づけられている。

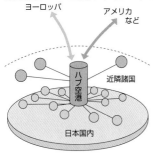
ヨーロッパ／アメリカなど／ハブ空港／近隣諸国／日本国内

解説 各空港を直行便で結ぶものとは異なり, 核となる**ハブ空港**を設定して, ハブ空港間に大型の航空機を就航させ, ハブ空港と周辺の空港をより小型の航空機や少ない頻度で運行させる(スポーク路線)。それにより, 各便の座席利用率を高め, 航空機の運用効率を高めることができる。

↑**スケールが大きいチャンギ国際空港(シンガポール)** アジアのハブ空港の一つであるシンガポールのチャンギ国際空港のスケールの大きさは世界屈指である。1日約19万人が利用し, 敷地面積も1,667haと東京ドーム約350個分の面積になる。滑走路は4,000mのものが2本。シンガポール自体は人口約590万人の小国ではあるが, 年間旅客者数は約6,800万人(2019年)と日本の成田空港の約4,400万人を上回り, およそ100秒に1回飛行機が離発着しているといわれている。空港内には様々なレジャー施設が整っており, 飛行機の待ち時間も退屈することはない。チャンギ国際空港はまさに一つのテーマパークである。アジアのハブ空港として機能するとともに, オセアニアやヨーロッパなどとの中継地としての機能も持っており, 搭乗手続き, 乗り継ぎ, 買い物, 出発, 到着など利便性の高い巨大空港である。

● 世界の主なハブ空港の概要　(2020年)

空港名	開港年	敷地面積(ha)	滑走路(m)	運用実績(国内線・国際線計)	
				旅客(出発+到着)数(千人)	貨物・郵便取扱量(千トン)
成田国際空港	1978	1,151	4000, 2500	10,428 [−76.5]	2,017 [−4.1]
中部国際空港	2005	470	3500	2,015 [−84.0]	114 [−40.0]
関西国際空港	1994	1,055	4000, 3500	6,556 [−79.5]	733 [−8.3]
ペキン首都国際空港	1958	1,300	3800×2, 3200	34,514 [−65.5]	1,210 [−38.2]
プートン国際空港(シャンハイ)	1999	1,200	4000, 3800, 3400	30,477 [−60.0]	3,687 [1.5]
ホンコン国際空港	1998	1,255	3800×2	8,826 [−87.6]	4,468 [−7.1]
インチョン国際空港(ソウル)	2001	1,174	4000, 3750×2	12,061 [−83.1]	2,822 [2.1]
チャンギ国際空港(シンガポール)	1981	1,667	4000×2	11,766 [−82.8]	1,578 [−23.3]
スワンナブーム国際空港(バンコク)	2006	3,237	4000, 3700	16,706 [−74.5]	904 [−31.9]
J・F・ケネディ国際空港(ニューヨーク)	1947	1,995	4442, 3460, 3048, 2560	16,631 [−73.4]	1,104 [−15.8]
ヒースロー国際空港(ロンドン)	1946	1,227	3902, 3658	22,111 [−72.7]	1,207 [−27.9]
フランクフルト国際空港	1972	1,900	4000×2	18,769 [−73.4]	1,914 [−8.5]

(注)[　]の青数字は前年比の伸び率で単位は%。2010年, 東京(羽田)空港がハブ空港となった。　　　(『航空統計要覧』2021などによる)

通信、商業・交通・貿易

高度情報化社会の進展

1 移動電話の普及率

⑤ロシア 239
⑧日本195
①中国1,718
⑦ナイジェリア 204
②インド 1,154
③インドネシア 356
④アメリカ 351
⑥ブラジル 206

(2020年)
100人当たり加入台数
■ 150以上
■ 100～150
■ 65～100
■ 30～65
□ 30未満
□ 資料なし
①～⑧は加入台数上位
8か国(単位:百万台)
(ITU資料による)

▲携帯電話を使用するベドウィン
【エジプト】 アラビア半島や北アフリカの砂漠地域でも,急速に携帯電話が普及している。

解説 世界全体で移動電話加入数が固定電話加入回線数を上回ったのは2002年。携帯電話やPHSなどの移動電話は,**固定電話に比べて電話回線などの設備投資が少なくてすみ**,インターネットへの接続,電子メールなど利便性も高いことから,先進国(特に北欧)を中心に普及してきた。近年は**発展途上国においても固定電話より移動電話の方が急速に普及しつつある。**

2 インターネットの普及と海底ケーブル網の発達

参照》P.273

解説 インターネットは電話回線や専用回線を通じてコンピュータのネットワークを大規模につないだものである。もともと**アメリカの軍事用目的から生まれた技術**で,集中管理ではなく,**分散処理**という発想に特色がある。1990年代後半から急速に普及し,先進国では利用者率が90%を超えているが,発展途上国との格差は拡大している。インターネットの総利用者数は51.7億人(2021年)とされる。地域別インターネット利用者は,アジア(57%),ヨーロッパ(14%),アフリカ(12%),南アメリカ(10%),北アメリカ(7%),オセアニア(1%)である。

● 主な国の通信メディア

国　名	郵便数(百万通)(2015年)	固定電話契約数(万件)(2020年)	100人当たり(件)	移動電話契約数(万件)(2020年)	100人当たり(件)
日本	17,981	6,198	49.0	19,505	154.2
中国	4,480	18,191	12.6	171,841	119.4
韓国	3,810	2,386	46.5	7,051	137.5
タイ	2,165	500	7.2	11,629	166.6
イギリス	17,964(3)	3,204	47.2	7,901	116.4
ドイツ	19,302	3,830	45.7	10,740	128.2
フランス	26,357(2000)	3,776	57.8	7,275	111.5
ロシア	1,476	2,589	17.7	23,873	163.6
アルジェリア	335(07)	478	10.9	4,556	103.9
アメリカ合衆国	142,449	10,153	30.7	35,148	106.2
ブラジル	8,045	3,065	14.4	20,583	96.8
オーストラリア	3,862	620	24.3	2,745	107.7

(ITU資料などによる)

● 海底ケーブルの敷設模式図

水深 ～8,000m

● インターネット利用者率

イギリス 94.8
カナダ 97.0
日本 90.2
中国 70.4
アメリカ合衆国 90.9
インド 43.0

(2020年)
■ 50%以上
■ 40～50%未満
■ 30～40%未満
□ 20～30%未満
□ 20%未満
□ 資料なし
(ITU資料による)

● 海底ケーブル網

ケーブル1本当たりの容量(GB:ギガビット)
10 50 500
国際通信(GB)
10 50 500 1000
(2012年,TeleGeography資料)

解説 海底ケーブルは海を越えてデータ通信を行うための光ファイバーケーブルで,YouTubeの動画やUstreamなど海外からのライブ中継,国際電話の音声データなどほとんどが海底ケーブルで届けられている。東京でアメリカのウェブサイトを開くと,その信号が海底ケーブルを通ってアメリカ大陸まで行き,そこから海底ケーブルを通って帰ってくる。海底ケーブルは日本やアメリカ大陸,ヨーロッパやアフリカ,東南アジアなど世界中とつながっている。光ファイバー海底ケーブルはその送受信速度が速く,現在では通信衛星よりも利用が増えている。

● 国民総所得とインターネット利用者率

インターネット利用者率(%)(2020年)
縦軸: 0〜100(%)
横軸: 1人当たり国民総所得(2020年) 0〜70,000(ドル)

韓国 イギリス カナダ シンガポール
ブラジル ロシア 日本
タイ ドイツ オーストラリア アメリカ合衆国
中国 フランス
メキシコ イタリア
南アフリカ共和国
インドネシア
インド

(国連,ITU資料による)

チェック・ワード **デジタルデバイド**(digital divide) 情報通信技術の発展にともなって生じる**情報格差**のことで,情報通信技術を活用できる者とできない者との間,また,情報を知っている者と知らない者との間での格差をいう。個人間ばかりでなく,企業間や国家間での格差もあり,この格差拡大は深刻な問題として対策が望まれている。

ICT IT(情報技術,Information Technology)とほぼ同義語として使われるが,国際的には**ICT**(情報通信技術,Information and Communication Technology)が広く使われている。コンピュータや携帯などを利用して自宅にいながら株取引や買い物などの**電子商取引**ができ,また世界の人々との交流もできる。一般にITは経済分野で使われるが,ICTは公共分野などでの通信電子サービスなどに使われ,医療,介護,福祉,教育など多分野での貢献が期待されている。基本的にITは経済産業省で用いる用語であるのに対して,ICTは総務省で用いられている。

1 貿易の種類と特徴

貿易の種類		特徴	代表的な例
国家の政策	自由貿易	●関税がなく、国家の干渉や制約もない貿易	シンガポール、19Cのイギリス、EU諸国
	保護貿易	●輸入品に高関税をかけ自国産業の保護・育成を図る。	多くの発展途上国
取引形式	中継貿易	●輸入物資に多少手を加えて再輸出する貿易。手数料を得る。	シンガポール、ホンコン
	三角貿易	●二国間貿易収支に偏重（へんちょう）がある場合、第三国を加えて調節する貿易	先進国と発展途上国の貿易に他の一国を加え調節
	加工貿易	●原料を輸入して加工し、製品を輸出する。技術と労働力を売る。	日本 参照》P.202
貿易地域	垂直貿易	●先進国（北）と発展途上国（南）との貿易。発展途上国からは原料・食料が輸出され、先進国からは工業製品が輸出される。	欧米諸国とアフリカ諸国など
	水平貿易	●先進国間の貿易。国際分業により活発化。主として工業製品が相互に輸出入される。	日本とEU日米貿易

2 世界の輸出貿易の地域別推移

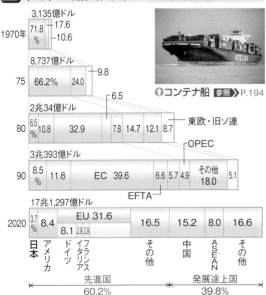

1970年 3,135億ドル
71.8% ─ 17.6 ─ 10.6

75 8,737億ドル
66.2% 24.0 9.8

80 2兆34億ドル
6.5% 10.8 32.9 7.8 14.7 12.1 8.7 ── 東欧・旧ソ連

90 3兆393億ドル
8.5% 11.6 EC 39.6 6.6 5.7 4.9 その他18.0 5.1 ── OPEC、EFTA

2020 17兆1,297億ドル
3.7% 日本 8.4 アメリカ ドイツ 8.1 イタリア 29 フランス 29 EU 31.6 その他 16.5 中国 15.2 ASEAN 8.0 その他 16.6

先進国 60.2% ／ 発展途上国 39.8%

↑コンテナ船 参照》P.194

（注）2020年のグラフは、輸出総額を表す長さがそれ以前のグラフと比例していない。　（『世界国勢図会』2021/22などによる）

解説 世界貿易は先進国の景気拡大を背景にして拡大を続けてきたが、1990年代に入ると欧米諸国の景気後退により、伸びに鈍化傾向がみられる。一方、発展途上国は高い伸び率を示すようになってきており、**特に中国は世界一の輸出額を誇る。**先進国では今後、自由貿易圏の拡大が、かぎになるものと考えられる。

3 輸出入の地域・国別ウエイトの推移

地域・国	輸出(%)			輸入(%)		
	1980年	2000年	2020年	1980年	2000年	2020年
アジア	24.8	32.0	42.2	20.6	27.4	38.1
日本	6.3	7.4	3.6	6.7	5.7	3.6
中国	0.9	3.9	14.7	1.0	3.4	11.6
韓国	0.9	2.7	2.9	1.1	2.4	2.6
インド	0.4	0.7	1.6	0.7	0.8	2.1
ASEAN諸国	3.5	6.7	7.9	3.2	5.7	7.1
中東(西アジア)	9.9	4.2	5.4	4.6	3.2	4.9
大洋州	1.5	1.3	1.7	1.5	1.4	1.5
オーストラリア	1.1	1.0	1.4	1.1	0.9	1.2
アフリカ	5.9	2.3	2.2	4.6	2.0	2.8
ヨーロッパ	48.0	42.3	38.2	52.1	40.8	36.7
EU	36.1	33.6	31.0	39.9	32.6	28.8
フランス	5.7	5.1	2.8	6.6	5.1	3.3
ドイツ		8.5	7.8		7.5	6.6
イタリア	3.8	3.7	2.8	4.8	3.6	2.4
イギリス	5.4	4.4	2.8	5.5	5.2	3.6
CIS諸国		2.0	2.5		1.0	2.0
ロシア		1.6	1.9		0.7	1.3
南北アメリカ	19.8	22.1	15.7	21.2	28.5	20.9
アメリカ合衆国	11.0	12.1	8.1	12.3	18.9	13.5
カナダ	3.3	4.3	2.2	3.0	3.7	2.3
メキシコ	0.9	2.6	2.4	1.1	2.7	2.9
その他中南米・カリブ海諸国	4.6	3.1	3.0	4.8	3.1	2.2
メルコスール	2.4	1.8	1.6	2.4	1.6	1.3
ブラジル	1.0	0.9	1.2	1.2	0.9	0.9
(参考)TPP11	14.1	19.8	15.5	14.3	17.3	14.4
世界合計(10億ドル)	2,050.1	6,452.3	17,645.3	2,091.0	6,654.6	17,872.0

(UNCTAD Stat.による)

4 主な国の1人当たり貿易額と貿易依存度

1人当たり貿易額(2020年)(ドル)　　貿易依存度(2020年)(%)

国	輸出(ドル)	輸入(ドル)	貿易依存度 輸出(%)	貿易依存度 輸入(%)
ベルギー	36,185	34,057	80.4	75.6
オランダ	32,174	28,292	60.3	53.0
ドイツ	16,475	13,973	35.9	30.4
カナダ	10,390	10,735	23.9	24.6
韓国	9,935	9,189	31.1	28.8
フランス	7,328	8,764	18.2	21.7
イタリア	8,186	6,979	26.2	22.3
イギリス	5,614	8,013	13.8	19.7
アメリカ合衆国	4,333	7,052	6.9	11.2
日本	5,071	5,016	12.7	12.5
ロシア	2,223	1,621	21.9	15.9
中国	1,800	1,428	17.6	14.0
ブラジル	987	782	14.5	11.5
インド	200	270	10.4	14.0

（注）貿易依存度はGDPに対する輸出入額の割合。国名の配列は1人当たり貿易額の大きい順だが、上位14か国というわけではなく、主要国のみを取り上げた。　（『日本国勢図会』2022/23）

チェックワード 貿易依存度＝輸出額・輸入額／国内総生産(GDP)

解説 貿易依存度が高い国は、ベルギー、オランダ、シンガポールなどいくつかの産業が発達するが国内市場が小さいので、輸出額が相対的に大きい国である。逆に低い国は、アメリカ、日本などで、さまざまな産業が発達するが、国内市場が大きいので、海外への輸出も多いが、国内での生産・販売が中心のため、相対的に1人当たりの輸出額が小さくなる。

商業・通信・交通・貿易

情報ナビ **国際分業体制とは**　発展途上国には、先進国が買ってくれるような「製品」ではなく、特定の「一次産品」の輸出に依存している国が多い。先進国は高付加価値な「製品」、発展途上国は「一次産品」の輸出が構造的に確立・固定化されていること。

5 世界の貿易収支 (2021年)

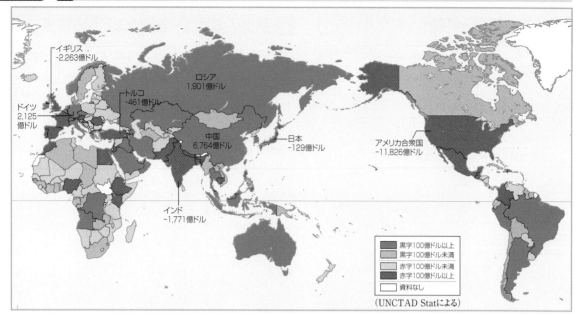

イギリス
-2,263億ドル

ロシア
1,901億ドル

トルコ
-461億ドル

ドイツ
2,125億ドル

中国
6,764億ドル

日本
-129億ドル

アメリカ合衆国
-11,826億ドル

インド
-1,771億ドル

黒字100億ドル以上
黒字100億ドル未満
赤字100億ドル未満
赤字100億ドル以上
資料なし

(UNCTAD Statによる)

6 主な国の輸出入超過額の推移

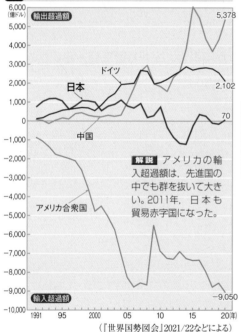

(億ドル)
輸出超過額
5,378
ドイツ
2,102
日本
中国
70
輸入超過額
アメリカ合衆国
-9,050

1991 95 2000 05 10 15 20(年)
(『世界国勢図会』2021/22などによる)

解説 アメリカの輸入超過額は，先進国の中でも群を抜いて大きい。2011年，日本も貿易赤字国になった。

7 東アジアの三角貿易

● 東アジアの多国間工程分業の進展

〈三角貿易〉　　　　　　　　〈三角貿易＋中間財相互供給〉

欧米・日本　　　　　　　　　　欧米・日本

中国　　日本　　　　　　　中国　　　日本
ASEAN　NIEs　　　　　　ASEAN　　NIEs

加工・組立　部品・素材　　　加工・組立　　高機能部品・素材
労働集約型　資本集約型　　　汎用性部品・素材　資本集約型
　　　　　　　　　　　　　労働集約型

(注) NIEsはアジアNIEsを指している。　(『通商白書』2007による)

解説 **多国間工程分業**という面から，東アジアの特徴的な貿易構造として，**三角貿易**の存在があげられる。これは，主に日本・アジアNIEsにおいて生産された付加価値の高い部品・加工品等を，人件費の安い中国・ASEANにおいて組み立て，日本やアメリカ・EU等に向けて輸出するという貿易形態である。近年はこれに加え，中国・ASEANからの中間財輸出が増大し，域内での相互供給が高まっている。特に電気機械での進展が著しい。この要因としては，日本や欧米からの直接投資に伴う部品供給能力の高まりと，**FTA**(自由貿易協定)や**EPA**(経済連携協定)など関税障壁の低減があげられる(**参照** P.204)。このように，**中間財の域内相互供給の拡大**が，多国間工程分業の高度化につながっている。

8 BRICS(ブラジル・ロシア・インド・中国・南ア共和国)
ブリックス　Brazil Russia India China Republic of South Africa

● BRICSのGDP(国内総生産)の推移

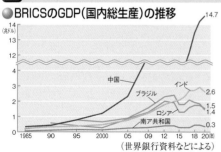

(兆ドル)
14.7
中国
インド
2.6
ブラジル
1.5
ロシア
1.4
南ア共和国
0.3

1985 90 95 2000 05 10 15 20(年)
(世界銀行資料などによる)

● ポストBRICS

VISTA

エコノミスト門倉貴史氏が2006年にBRICSに続くグループとして提唱した国々。**V**(Vietnamベトナム)・**I**(Indonesiaインドネシア)・**S**(South Africa南アフリカ)・**T**(Turkeyトルコ)・**A**(Argentineアルゼンチン)を指す。

Next11

2007年ゴールドマンサックス社がBRICSに次ぐ急成長が期待される新興経済発展国家群として発表。韓国・フィリピン・ベトナム・インドネシア・バングラデシュ・パキスタン・イラン・トルコ・エジプト・ナイジェリア・メキシコの11か国。

解説 近年，経済成長が著しいブラジル(Brazil)，ロシア(Russia)，インド(India)，中国(China)はいずれも人口・資源大国で今後の経済発展は先進国に匹敵すると予想されている

(BRICsと表記)。最近では南アフリカ共和国(South Africa)を加え，BRICSと表記することが一般的になっている。

1 政府開発援助(ODA)の形態・内容

Official Development Assistance

```
政府開発援助（ODA）
├─ 二国間
│   ├─ 贈与
│   │   ├─ 無償資金協力（一般無償，食料援助，緊急援助）
│   │   └─ 技術協力（研修員受入，専門家派遣，調査団派遣，
│   │                青年海外協力隊派遣，機材供与等）
│   └─ 直接借款等（プロジェクト借款，商品借款，債務救済等）
└─ 多国間─国際機関に対する出資・拠出等
          （世界銀行，アジア開発銀行，国連開発計画等）
```

（『経済協力のはなし』日本経済教育センター）

● 日本の政府開発援助(ODA)の内容

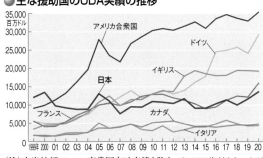

無償資金協力

	贈与		技術協力など	貸付など	国際機関への拠出
1980年 33.0億ドル	19.7%	11.3 8.4		39.6	40.7
1990年 92.2億ドル	32.8%	15.0 17.8		42.5	24.7
2020年 136.6億ドル	40.0%	22.4 17.6		35.0	25.0

（『日本国勢図会』2022/23などによる）

2 DAC加盟国の政府開発援助(ODA)の実績

国 名 (実績額上位10か国)	実績額 (2020年) (億ドル)	対GNI比率 (2020年) (%)	対GNI比率 (2020年) 順位	贈与比率 (2018-19年平均) (約束額, %)
アメリカ合衆国	354.8	0.17	24	100.0
ドイツ	284.1	0.73	5	81.6
イギリス	185.6	0.70	6	99.6
日本	**162.7**	**0.31**	**12**	**38.8**
フランス	141.4	0.53	8	60.1
スウェーデン	63.5	1.14	1	100.0
オランダ	53.6	0.59	7	100.0
カナダ	50.3	0.31	13	94.7
ノルウェー	42.0	1.11	2	100.0
イタリア	41.9	0.22	20	96.5
DAC加盟国合計	1611.7	0.32		83.0

（注）贈与・相当額ベース。DAC(開発援助委員会，加盟国は29か国とEU。)は，OECD(参照▶P.255)の下部組織で，主として援助の量的拡大，質的向上について援助供与国間の意見調整を行う。贈与比率の数値が高いほど，開発のために貸した資金の利子や返済期間が厳しくないことを示す。（『世界国勢図会』2021/22などによる）

解説 ODA実績において，日本は2001年にアメリカ，06年にイギリス，そして07年にはドイツに抜かれた。その内容である贈与比率がDAC加盟国中最低で平均値の約50%であり，無償援助ではなく借款(低金利で融資すること)が多いことなど批判もある。贈与比率が低く，借款が多いということは，援助を受ける側の国の負担も大きいということでもある。

また，国の経済規模に対してどれくらい援助負担をしているかを示す対GNI比も，DAC加盟29か国中12位の0.31%と低い。

さらに，日本のODAはダムの建設などに向けられることが多く，利権と結びついた不透明な部分が多くあることも指摘されている。

● 主な援助国のODA実績の推移

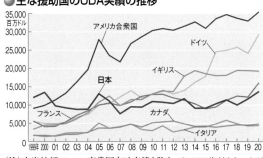

（注）支出純額ベース。卒業国向け実績を除く。（OECD資料などによる）

● 日本の二国間ODAの地域別配分の推移

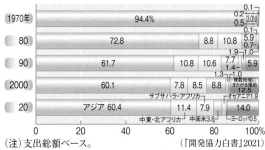

	アジア	サブサハラ・アフリカ	中東・北アフリカ	中南米	オセアニア	ヨーロッパ	複数地域にまたがる援助
1970年	94.4%	0.2	0.1	0.5	3.0	0.8	
80	72.8	8.8	10.8	5.9	0.7	0.1	
90	61.7	10.8	10.6	7.7	1.4	5.9	1.9 1.0
2000	60.1	7.8	8.5	8.8	1.3 1.0		12.5
20	60.4	11.4	7.9	3.8	1.9	0.5	14.0

（注）支出総額ベース。（『開発協力白書』2021）

解説 日本のODAの援助先は中東及びアフリカが急速に増加している。アジアの割合も依然として大きい。

3 日本のODA供与額

解説 日本の援助対象は道路や橋のようなインフラ整備に加え，地球温暖化対策や生物多様性の確保など環境問題対策への援助も増加している。

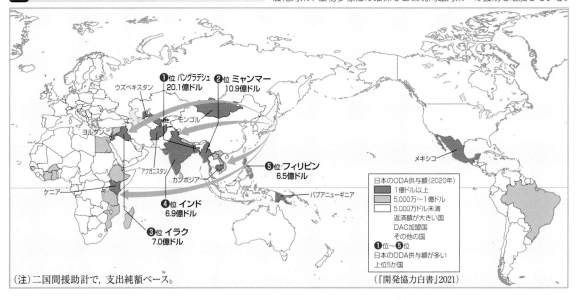

❶位 バングラデシュ 20.1億ドル
❷位 ミャンマー 10.9億ドル
❸位 イラク 7.0億ドル
❹位 インド 6.9億ドル
❺位 フィリピン 6.5億ドル

ウズベキスタン / モンゴル / ヨルダン / アフガニスタン / カンボジア / ケニア / メキシコ / パプアニューギニア

日本のODA供与額(2020年)
■ 1億ドル以上
■ 5,000万～1億ドル
□ 5,000万ドル未満
返済額が大きい国
DAC加盟国
その他の国
❶位～❺位
日本のODA供与額が多い上位5か国

（注）二国間援助計で，支出純額ベース。（『開発協力白書』2021）

日本の貿易の歩みと特色

1 地域別・品目別貿易割合の変化

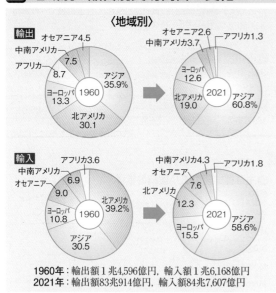

〈地域別〉

輸出

1960：オセアニア4.5／中南アメリカ7.5／アフリカ8.7／ヨーロッパ13.3／北アメリカ30.1／アジア35.9%

2021：オセアニア2.6／中南アメリカ3.7／アフリカ1.3／ヨーロッパ12.6／北アメリカ19.0／アジア60.8%

輸入

1960：アフリカ3.6／中南アメリカ6.9／オセアニア9.0／ヨーロッパ10.8／アジア30.5／北アメリカ39.2%

2021：中南アメリカ4.3／オセアニア7.6／アフリカ1.8／北アメリカ12.3／ヨーロッパ15.5／アジア58.6%

1960年：輸出額1兆4,596億円，輸入額1兆6,168億円
2021年：輸出額83兆914億円，輸入額84兆7,607億円

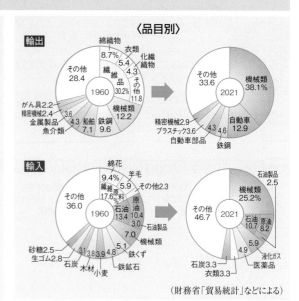

〈品目別〉

輸出

1960：その他28.4／綿織物8.7／衣類5.4／化繊織物4.3／繊維品その他11.8／繊維品30.2%／機械類12.2／船舶9.6／鉄鋼7.1／魚介類3.6／金属製品4.3／精密機械2.4／がん具2.2

2021：その他33.6／機械類38.1%／自動車12.9／鉄鋼4.6／自動車部品4.3／プラスチック3.6／精密機械2.9

輸入

1960：その他36.0／綿花9.4／羊毛5.9／その他2.3／繊維原料17.6%／原油10.4／石油製品3.0／機械類7.0／鉄くず5.1／鉄鉱石4.8／小麦3.9／木材3.8／石炭3.1／生ゴム2.8／砂糖2.5／石油13.4

2021：その他46.7／機械類25.2%／石油製品2.5／原油8.2／石油10.7／液化ガス5.9／医薬品4.9／衣類3.3／石炭3.3

（財務省「貿易統計」などによる）

2 戦後の輸出入，名目GDPの推移

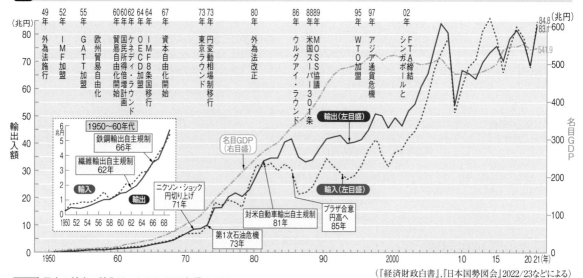

（年表・年号）
49年 外為法施行／52年 IMF加盟／55年 GATT加盟／欧州貿易自由化／60年 貿易自由化計画／60年 国民所得倍増計画／62年 ケネディ・ラウンド／64年 OECD加盟／64年 IMF8条国移行／67年 資本自由化開始／73年 東京ラウンド／73年 円変動相場制移行／80年 外為法改正／86年 米国スーパー301条／88・89年 MOSS協議／89年 ウルグアイ・ラウンド／95年 WTO加盟／97年 アジア通貨危機／02年 FTA締結（シンガポールと）

輸出（左目盛）／輸入（左目盛）／名目GDP（右目盛）

1950～60年代：鉄鋼輸出自主規制66年／繊維輸出自主規制62年／ニクソン・ショック 円切り上げ71年／対米自動車輸出自主規制81年／プラザ合意 円高へ85年／第1次石油危機73年

（『経済財政白書』，『日本国勢図会』2022/23などによる）

解説 日本の輸出・輸入は，ともに1970年代までは年平均15%以上の成長をとげている。世界全体の貿易の伸び率も12%以上であり，世界貿易の拡大と軌を一にして経済成長を達成してきた。輸出構造は繊維から機械類に変化し，資本財（商品をつくる手段となる資材・道具・機械・工場設備など）の増加も目立つ。これは日本の製造業の海外展開が活発になったことに関連している。輸入構造は原油等を中心とする工業用原料から製品へと変化している。

日本の貿易構造が「**加工貿易型**」から「**水平分業型**」へと変化し，いまやグローバル企業が世界中に生産ラインを構築する「**国際分業型**」の貿易国となったのである。

東日本大震災と原発事故が起きた2011年から，日本は貿易赤字国に転落した。2013年にはさらに赤字が膨らみ，2018年，19年，21年も赤字であった。また，日本の名目GDPは，近年では増加傾向にある。

参照▶P.199

3 日本の製品輸入比率の推移と地域別割合

●日本の製品輸入比率

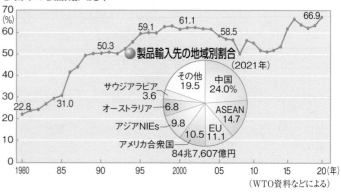

（データ点）22.8／31.0／50.3／59.1／61.1／58.5／66.9

●製品輸入先の地域別割合（2021年）

中国24.0%／ASEAN14.7／EU11.1／アメリカ合衆国10.5／アジアNIEs9.8／オーストラリア6.8／サウジアラビア3.6／その他19.5

84兆7,607億円

（WTO資料などによる）

情報ナビ どこからどこへ研究会『地球買いモノ白書』（コモンズ）　マグロやケータイなどモノの生産から流通・消費，さらには廃棄に至る過程を追ったストーリーが展開。情報アクセスガイドも参考になる。

4 日本の主な貿易相手国

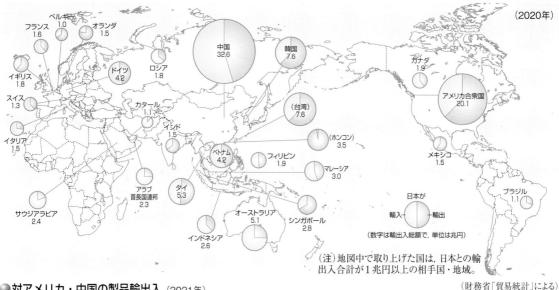

(2020年)

(注)地図中で取り上げた国は，日本との輸出入合計が１兆円以上の相手国・地域。

（財務省「貿易統計」による）

対アメリカ・中国の製品輸出入 (2021年)

輸出額	輸 出				国	輸 入				輸入額

輸出

輸出額	機械類 39.7%	自動車と部品 30.3	科学光学機器 2.6	医薬品 1.9	その他 23.9
14.83兆円					

アメリカ合衆国

輸入

機械類 22.7%	医薬品 9.6	液化石油ガス 5.6	液化天然ガス 5.3	肉類 5.1	その他 51.7	8.90兆円

中 国

輸出額	44.6%	9.0	金属製品 1.6 / 3.9	鉄鋼 3.5	32.9
17.98兆円					

プラスチック 6.1

48.9%	衣類 7.8	金属製品 3.6	家具 2.6	34.8	20.38兆円

有機化合物 2.3

（財務省「貿易統計」による）

解説 輸出製品のおよそ３分の１は，アメリカ合衆国とEU諸国向けである。これらの地域への自動車・半導体などの製品輸出は日本の貿易の主体をなしてきたが，製品輸出の増加により輸出相手国との貿易黒字は一方的に増大し，特にアメリカ合衆国との間で"貿易摩擦"を引き起こす要因ともなった。

一方，近年，アジアからの輸入品が急激に増加している。その背景には，日本企業が安い人件費を求めて台湾・韓国・シンガポールなどのアジアNIEsや中国への発注を増加させたことや，それらの地域に自社工場を進出させ，そこで生産された製品を大量に日本に輸入しているという事情がある。2021年日中貿易は総額で38.4兆円で，日米貿易を大幅に上回っている。

5 日中貿易

日中・日米貿易総額の推移

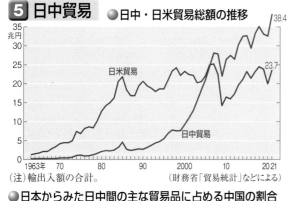

(注)輸出入額の合計。　　　　（財務省「貿易統計」などによる）

日本からみた日中間の主な貿易品に占める中国の割合

（2021年）

輸出		輸入	
半導体等製造装置 1兆3,010億円	←38.8%(1)	衣類 1兆5,823億円	55.9%(1)
科学光学機器 7,090億円	←30.5(1)	通信機 2兆4,260億円	73.1(1)
自動車 9,440億円	←8.8(3)	コンピュータ 1兆8,547億円	77.6(1)
プラスチック 1兆899億円	←36.6(1)	音響・映像機器 8,027億円	58.3(1)

(注)掲載品目は，輸出入金額の多い品目。( )内の数字は中国の順位。
（財務省『貿易統計』による）

商業・交通・通信、貿易

6 対米貿易黒字に占める自動車輸出

（各年次『通商白書』による）

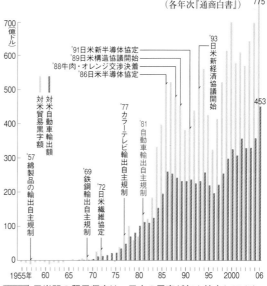

解説 日米間の貿易収支は，日本の黒字が年々拡大してきた。これは，1980年代半ば以降のアメリカ国内の高金利を背景とした為替相場のドル高基調による，アメリカ輸出品の価格競争力の低下が一因となっている。さらに，85年プラザ合意以降は一転して円高ドル安となったために，見かけ上の貿易収支黒字が拡大している。

情報ナビ 『もし世界の経済が100万円とかだったら』(こう書房)　身近な数字で比べてみることによって，実感としてわかる。例えば，自動車生産台数。乗用車なら日本が世界一，その４割が輸出される。

世界の主な経済統合

1 世界の経済的貿易圏～不透明化する自由貿易圏の形成

欧州連合(EU)
EUは「一つの家」への第一歩

主な内容と特徴
・域内貿易には原則として関税がなく, 人, モノ(商品), 金(資本), サービス(保険や教育など)についての移動が自由な単一市場を成し遂げている。
・域外に対しては加盟国で共通の関税をもつ。
・加盟国で共通の外交・安全保障政策をもつ。
・加盟国の国民は, 欧州議会(加盟国から選出された議員によって構成される)の選挙・被選挙権をもつ。

東アジア経済圏
アジア通貨危機を契機に具体化へ

　1990年にマレーシアのマハティール首相が提唱したもので, ASEANに日本, 韓国, 中国, 台湾を加えた東アジア諸国全体が経済的に一つにまとまってヨーロッパ, 北米に対抗しようという経済ブロック構想。
　この構想はアメリカの強い反対で立ち消えとなったが, 1997年のアジア通貨危機は東アジア各国に地域協力の必要性を認識させ, ASEANに日本, 韓国, 中国の3か国を加えた「ASEAN+3」という地域経済協力の枠組みがつくられた。
　すでに, 通貨危機の際に必要な外貨を融通しあう「通貨スワップ協定」で合意しており, 「東アジア自由貿易圏」の創設を目指すことでも合意している。

凡例
◯ 自由貿易圏など
(破線) 構想中の自由貿易圏
※人口は2021年,
GDP・面積は2020年。
※加盟国は2022年4月現在。

欧州連合(EU)
GDP 15兆1,927億ドル
人口 4億4,531万人
面積 413万km²

拡大EU

東アジア経済圏
GDP 24兆4,203億ドル
人口 22億9,535万人
面積 1,457万km²
(注)台湾を含まないデータ。

カナダ
アメリカ
メキシコ
中国
韓国
日本
ミャンマー
ラオス
タイ
ベトナム
台湾
フィリピン
カンボジア
マレーシア
シンガポール
ブルネイ
インドネシア

西アフリカ経済通貨同盟(UEMOA)

東南部アフリカ市場共同体(COMESA)

アンデス共同体(CAN)

米州自由貿易圏(FTAA)

南米南部共同市場(メルコスール)
※ボリビアも加盟国。

ASEAN経済共同体(AEC)
GDP 3兆22億ドル
人口 6億7,377万人
面積 449万km²

米国・メキシコ・カナダ協定(USMCA)
GDP 23兆6,562億ドル
人口 5億125万人
面積 2,178万km²

ASEAN経済共同体(AEC)
モノに加え, 投資・サービスなど, 域内自由化をめざす

主な内容と特徴
・人・モノ・金の動きを自由化。関税を撤廃し, より活発な貿易を促進する。
・競争力の向上により, 周辺国への輸出を拡大している。
・ASEAN域内でのさらなる成長をめざす。

米国・メキシコ・カナダ協定(USMCA)
EUに対抗するアメリカ経済圏への模索

主な内容と特徴
・協定は, 関税や数量制限の撤廃のほかにも, 通商規制や投資規制の撤廃, サービス貿易や知的所有権移動の自由化など多岐にわたる。
・トランプ大統領NAFTA離脱を表明。➡USMCAに移行。自動車の原産地規則の強化など。

(外務省アジア大洋州局資料, 世界銀行資料などによる)

2 日本の経済連携の推進状況 (2022年3月現在)

EPA締結国	発効年月	EPA締結国	発効年月
シンガポール	2002年11月	ス イ ス	2009年9月
メ キ シ コ	2005年4月	ベトナム	〃 10月
マレーシア	2006年7月	イ ン ド	2011年8月
チ リ	2007年9月	ペ ル ー	2012年3月
タ イ	〃 11月	オーストラリア	2015年1月
インドネシア	2008年7月	モンゴル	2016年6月
ブルネイ	〃 7月	E U	2019年2月
ASEAN全体	〃 12月	イギリス	2021年3月
フィリピン	〃 12月		

(『日本国勢図会』2022/23などによる)

発効済・署名済 (16か国5地域)	シンガポール, メキシコ, マレーシア, チリ, タイ, インドネシア, ブルネイ, ASEAN全体, フィリピン, スイス, ベトナム, インド, ペルー, オーストラリア, モンゴル, TPP12(署名済), TPP11, 日EU・EPA, アメリカ合衆国, イギリス, RCEP
交渉中 (2か国1地域)	コロンビア, 日中韓, トルコ
その他 (交渉中断中)	GCC, 韓国, カナダ

(外務省資料による)

●FTAとEPA

EPA(経済連携協定／Economic Partnership Agreement)
・FTAの内容に加え, 貿易障壁(関税や輸出入制限)の削減, 撤廃をめざす。
・ヒト, モノ, カネの移動の自由化(投資規制の撤廃)を図る。
・各国間の知的財産権, 競争政策の緩和をめざし, 各分野での協力体制を強化。

FTA(自由貿易協定／Free Trade Agreement)
・加盟国間の関税や輸出入制限などを削減, 撤廃する取り決め。

解説 日本がEPA(経済連携協定)を発効している国や地域は17あり(2022年3月現在), そのほとんどがアジア地域に集中する。インドネシアやフィリピンとはエビや果実などのほか, 看護師や介護福祉士の受け入れなども協定内容に加えられている。

解説 自由貿易の枠組みにはFTAとEPAがあり, FTAは関税など貿易上の障壁を取り除く協定で, EPAはFTAに加え, 労働者の移動や投資の規制撤廃, ヒトやカネの移動を盛り込むなど, より広い分野で自由度を高めた協定である。

3 TPP（環太平洋経済連携協定）の動向と日欧EPA
Trans-Pacific Partnership Agreement

(1)TPP

交渉参加国	主な交渉分野（20以上）
シンガポール ブルネイ ベトナム マレーシア カナダ メキシコ チリ ペルー オーストラリア ニュージーランド 日本 タイ	**物品市場アクセス…** どんな貿易品目で関税を減らしたり，なくしたりするか
	貿易円滑化… 各国の税関に提出する書類や手続きをどう簡単にして，取引を速くできるか
	知的財産… 映画や書籍の著作権を何年にわたって保護するか
	金融サービス… 銀行・保険など国を超える金融業務を外国企業にどう開放するか

※TPP協定の署名は2016年2月。

メリット
●外国の農産物を安く買えるようになる ●乗用車などの関税がゼロになり，輸出しやすくなる

デメリット
●国内農家が打撃を受ける ●国内市場も関税がゼロになり，外資との競争が激しくなる
（『朝日新聞』2013.2.24による）

解説 2017年，アメリカ合衆国のトランプ大統領は，TPPからの離脱を決定した。その後新たに就任したバイデン大統領によりTPPへの復帰も見込まれているが，進展はみられない。

(2)日欧EPA大枠合意の概要

世界のGDPの28%，貿易の37%を占める 自由経済圏が誕生		
関税	**攻め** EUへの輸出	乗用車（現在10%）を8年目に撤廃
		電気機器は輸出額ベースで9割超の品目を即時撤廃。テレビ（現在14%）は6年目に撤廃
	守り EUからの輸入	チーズはカマンベールなどに一定の輸入枠を設け，枠内の関税（主に29.8%）を16年目に撤廃
		豚肉は差額関税制度を維持した上で税率引き下げ。輸入急増時にはセーフガードで対応
地理的表示（GI）		日本酒などの酒類や農産品の産地ブランドを互いに高いレベルで保護
自治体などの調達		日本の中核市の入札にEUの企業が参加可能に。EU側は鉄道車両などの調達市場を日本に開放
投資ルール		原則として全ての投資分野を自由化。投資家と国家の紛争解決制度は継続協議

※2018年，日本とEU間でEPAの合意が実現し，2019年より双方の関税が広く撤廃・削減されることになった。これにより世界のGDPの約3割，貿易の約4割を占める最大級の自由経済圏が生まれる。
（『信濃毎日新聞』2017.7.7などによる）

4 世界貿易の地域間相互関係

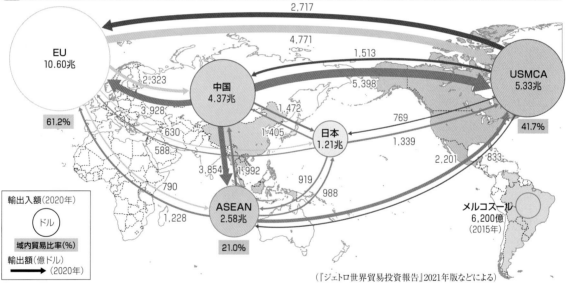

輸出入額（2020年）
ドル
域内貿易比率（%）
輸出額（億ドル）（2020年）

EU 10.60兆　61.2%
中国 4.37兆
USMCA 5.33兆　41.7%
日本 1.21兆
ASEAN 2.58兆　21.0%
メルコスール 6,200億（2015年）

2,717　4,771　1,513　2,323　5,398　3,928　1,472　630　1,405　588　769　1,339　3,854　1,992　2,201　833　790　919　988　1,228

（『ジェトロ世界貿易投資報告』2021年版などによる）

解説 第二次世界大戦後，地域的な経済体制の強化が図られてきた。まず，ヨーロッパではEC（ヨーロッパ共同体）を経てEU（ヨーロッパ連合）が組織され，現在，世界最大の経済地域となっている。さらにASEAN（東南アジア諸国連合），NAFTA（北米自由貿易協定），メルコスール（南米南部共同市場）が組織され，それぞれの自由貿易地域では加盟国間の関税を撤廃し，巨大市場が形成されている。近年，日本，中国，ASEAN間の貿易額も増加しており，同時に東アジア・東南アジア間の経済連携交渉が進み，将来的にこれらのアジアの地域全体が一体となれば30億人を超える巨大な市場が成立し，世界は北米，EU，東・東南アジアの3極体制に突入するとの見方もある。
（注）NAFTAは廃止され現在はUSMCA。参照》P.256

5 貿易に関する主な国際機関

機関名	役割・設立年・加盟国・本部
世界貿易機関（WTO）	関税その他の貿易障害を除去し，輸出入制限を軽減することなどで，加盟国間（164か国・地域，EU）の自由で円滑な貿易関係を促進する。**GATT（関税と貿易に関する一般協定）を発展的に解消させたもので，GATTで扱わなかったサービス貿易や投資の自由化，知的財産権の保護も扱う。**1995年設立，本部はジュネーヴ。
国連貿易開発会議（UNCTAD）	**発展途上国の経済開発促進**のための国際貿易を振興する。また，発展途上国の輸出の拡大など南北問題の解決をめざす。1964年設立，195か国加盟，本部はジュネーヴ。
国際通貨基金（IMF）	国際的な金融協力や貿易の拡大を促進する。また，国際収支が赤字に陥った加盟国を支援し，**国際通貨体制の安定化**を図る。1945年設立，190か国加盟，本部はワシントンD.C.。

通信、交通・商業・貿易

世界の地域間格差

1 先進国と発展途上国

●GNI（国民総所得）など経済状況等を指標とした区分例

		経済協力開発機構（OECD）加盟国
		その他の国
		未帰属地域ほか

（以下DACによる援助受取国）

発展途上国

後発発展途上国
国連が定めた，発展途上国の中でも特に開発の遅れた国

（注）OECDの中にある開発援助委員会（DAC）が分類した援助受取国リスト（1人当たりGNIを基準としている）をもとに，発展途上国と後発発展途上国を区分した。メキシコ・トルコ・コロンビア・コスタリカはOECD加盟国であるが，援助受取国でもある。

（『開発協力白書』2021などによる）

解説 「南北問題」とは 第二次世界大戦後，ほとんどの植民地・従属国が宗主国から独立した。しかし，政治的な独立にもかかわらず，経済的には欧米諸国に遅れを取った。1950年代末，イギリスの銀行家で当時の駐米大使サー・オリバー・フランクスが，**富める国が主として地球の北側に，貧しい国が南側に位置した**ことから，この関係を「**南北問題**」と名づけた。その後，南北間の所得格差を縮小することが，世界経済の大きな課題となった。

「格差の原因」 全般的にみると，第一次石油危機後の一時期を除いて格差は縮小せず，多くの地域で拡大さえしてきた。先進国の経済支援も**南側の人口増加や一次産品国であるための貿易上の不利な立場**にあることから，格差縮小に役立たなかった。

●主な国の累積債務

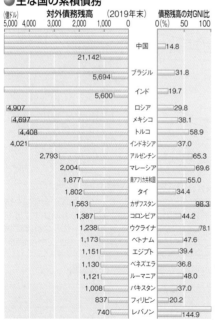

（億ドル） 対外債務残高 （2019年末）		債務残高の対GNI比 (%)
21,142	中国	14.8
5,694	ブラジル	31.8
5,600	インド	19.7
4,907	ロシア	29.8
4,697	メキシコ	38.1
4,408	トルコ	58.9
4,021	インドネシア	37.0
2,793	アルゼンチン	65.3
2,004	マレーシア	69.6
1,877	南アフリカ共和国	55.0
1,802	タイ	34.4
1,563	カザフスタン	98.3
1,387	コロンビア	44.2
1,238	ウクライナ	78.1
1,173	ベトナム	47.6
1,151	エジプト	39.4
1,130	ベネズエラ	36.8
1,121	ルーマニア	48.0
1,008	パキスタン	37.0
837	フィリピン	20.2
740	レバノン	144.9

（注）対外債務残高は2019年末現在，ただしルーマニアは2018年末現在，マレーシア，ベネズエラは2016年末現在。
（『世界国勢図会』2021/22などによる）

解説 **1970年代に発展途上国で借り入れた資金が，2度の石油危機に伴い返済困難**になっている。工業国への変貌を計画した途上国が，資金と技術を積極的に導入したものの，石油危機で計画は挫折し，多額の借金が残るのみとなった。

●先進国と発展途上国

	日　本（先進国）	アメリカ合衆国（先進国）	インド（アジアの途上国）	エチオピア（アフリカの途上国）
人口（2021年）	1億2,605万人	3億3,292万人	13億9,341万人	1億1,788万人
国民総所得（GNI）（2020年）	5兆1,564億ドル	21兆2,866億ドル	2兆6,359億ドル	961億ドル
1人当たりGNI（2020年）	4万770ドル	6万4,310ドル	1,910ドル	836ドル
輸出額（2020年）	6,382億ドル	1兆4,316億ドル	2,756億ドル	33億ドル
輸入額（2020年）	6,312億ドル	2兆3,366億ドル	3,680億ドル	218億ドル
産業別人口構成（%）（2018年）	1次 3.5 2次 24.4 3次 72.1	1.4 19.9 78.8	31.7 43.3 24.9	23.3 10.0 66.7
医師の数（人口1万人当たり・2018～19年）	24.8人	26.0人	9.3人	0.8人
自動車の保有台数（2018年）（人口100人当たり）	62.1台	84.6台	4.1台	0.2台

（『世界国勢図会』2021/22，国連資料などによる）

●乳幼児死亡率（5歳未満の子どもの死亡率）

（2020年）

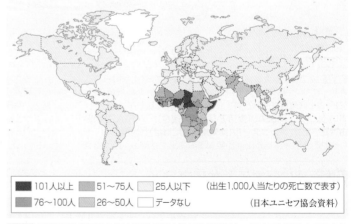

			（出生1,000人当たりの死亡数で表す）
101人以上	51～75人	25人以下	
76～100人	26～50人	データなし	

（日本ユニセフ協会資料）

解説 2020年の世界の5歳未満児の死亡数は約500万人，死亡率は出生1,000人あたり37人である。サハラ以南のアフリカ地域の死亡率は出生1,000人あたり74人と高く，南アジア地域も高い。子どもの死亡原因の大半は，予防可能あるいは治療可能な，肺炎，下痢，マラリア，出産時の酸素不足などであるが，栄養不足及び安全な水や衛生施設の欠如など，社会的貧困によって十分な医療保健サービスを受けられずに命を落とす子どもたちがほとんどである。

情報ナビ **累積債務問題** 1970年代後半以降，先進国の民間銀行や国際金融機関は，NIEsや東欧諸国，あるいは最貧国への融資を増大させたが，80年代前半にメキシコが債務弁済不能を宣言してから，債務問題が世界経済の重要問題として表面化した。

2 食料生産・消費の南北格差 参照 P.138

● 世界の飢餓状況

栄養不足人口の割合
(2018～20年)
- 35%以上
- 25～34.9%
- 15～24.9%
- 5～14.9%
- 5%未満
- データなし

(WFP「The State of Food Insecurity in the World 2021」による)

外務省によると,「先進国」の定義は定まっていない。ただ,「一般的に工業的に発展した国を指すことが多く,G7(主要7か国)やOECD(経済協力開発機構)の加盟国をいうこともある」と説明している(参照 P.255)。現在(2021年),欧州諸国を中心に日米など計38か国でつくるOECDは,外国から援助(ODA)を受け取っていない国を先進国と位置づけている(参照 P.201)。また,国際通貨基金(IMF)は,1人当たり国民所得(GNI)などから,計39か国・地域を「経済先進国」に分類している。ただ,先進国といっても,一概に所得だけで判断できるものではなく,教育や健康,格差,環境,生活の質や選択の自由の幅など多面的に考える必要がある。 (『朝日新聞』2016.4.2などによる)

● 1人当たりGNI(国民総所得)の多い国 (2020年)

(単位:万ドル)

国	値
スイス	8.4
ルクセンブルク	7.5
ノルウェー	7.0
アイルランド	6.6
アイスランド	6.5
アメリカ合衆国	6.4
デンマーク	6.4
スウェーデン	5.5
オーストラリア	5.4
オランダ	5.2
シンガポール	5.1
カタール	5.0
フィンランド	5.0
オーストリア	4.8
ドイツ	4.7
イスラエル	4.7
ベルギー	4.6
カナダ	4.3
ニュージーランド	4.3
日本 ※	4.1
イギリス	4.0
フランス	4.0
アラブ首長国連邦	3.6
世界平均	1.1
中国 ※	1.02
ロシア	0.99
メキシコ	0.80
ブラジル	0.67

※ホンコン,マカオを含まない。

(「National accounts Analysis of Main Aggregates」などによる)

● 地域別の人口・食料生産等の比較 (2020年)

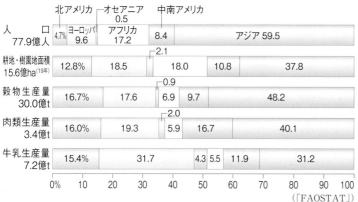

	北アメリカ	ヨーロッパ	オセアニア	アフリカ	中南アメリカ	アジア
人口 77.9億人	4.7%	9.6	0.5	17.2	8.4	59.5
耕地・樹園地面積 15.6億ha (19年)	12.8%	18.5	2.1	18.0	10.8	37.8
穀物生産量 30.0億t	16.7%	17.6	0.9	6.9	9.7	48.2
肉類生産量 3.4億t	16.0%	19.3	2.0	5.9	16.7	40.1
牛乳生産量 7.2億t	15.4%	31.7	4.3	5.5	11.9	31.2

0% 10 20 30 40 50 60 70 80 90 100

(「FAOSTAT」)

● 1人当たりの年間食料消費量 (2003年)

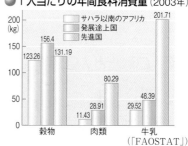

凡例:
- サハラ以南のアフリカ
- 発展途上国
- 先進国

	サハラ以南のアフリカ	発展途上国	先進国
穀物	123.26	156.4	131.19
肉類	11.43	28.91	80.29
牛乳	29.52	48.39	201.71

(「FAOSTAT」)

解説 先進国と発展途上国の経済格差は歴然としている。アジア諸国の中には2000年代に入り急激な経済成長を迎えた国もあるが,依然としてサハラ以南のアフリカの国々の貧困は深刻である。

3 世界の識字率 (2015年)

凡例:
- 90%以上
- 80～90%
- 70～80%
- 60～70%
- 50～60%
- 50%未満
- 資料なし

(UNESCO Institute for Statistics)

解説 識字とは文字を読み,書くことができることを意味する。日本は99.8%という高い数字を示すが,中国では96.4%,インドで72.2%,バングラデシュでは61.5%となる。アフリカ諸国の中にはセネガル55.6%,ニジェール19.1%というデータもあるが,調査方法や「識字」の基準についての国による違いもあり,注意を要する。

4 フェアトレード

◎フェアトレードで輸入されたバナナ Organic Fairtrade Bananasと記されている。

解説 発展途上国と先進国の間で手工芸品や農産物を公正な価格で取引し,発展途上国の人々の経済的・社会的な自立を支援することで,「公平な貿易」と訳される。生産者(主に発展途上国)と買い手(主に先進国)との対等な協力関係を築き,先進国市場で国際市場価格よりも高めに設定した価格で取引し発展途上国の生産者の自立を支援するという,人道的側面が強い。より多くの賃金を発展途上国の生産者に払うことで人々が貧困より抜け出せることを意味している。また,発展途上国の環境や労働条件にも配慮し,児童労働の改善にも貢献している。

情報ナビ 南南問題 発展途上国間の経済格差の問題を南南問題という。産油国や新興工業国が経済発展を遂げる中で,資源に乏しい発展途上国との間に経済格差が生まれた。

世界の人口増加と分布

1 人口の推移と人口密度

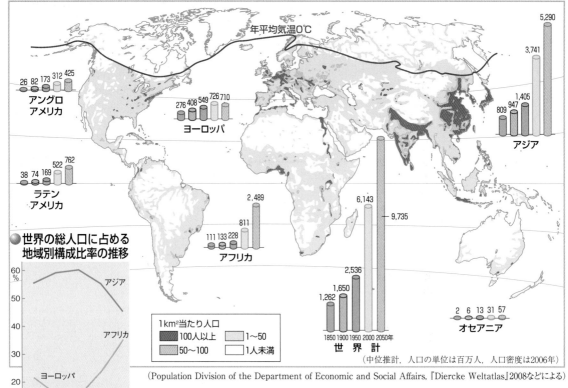

年平均気温0℃

アングロアメリカ 26 82 173 312 425

ヨーロッパ 276 408 549 726 710

アジア 809 947 1,405 3,741 5,290

ラテンアメリカ 38 74 169 522 762

アフリカ 111 133 228 811 2,489

世界計 1,262 1,650 2,536 6,143 9,735
1850 1900 1950 2000 2050年

オセアニア 2 6 13 31 57

●世界の総人口に占める地域別構成比率の推移

60 50 40 30 20 10 %
アジア
アフリカ
ヨーロッパ
ラテンアメリカ
アングロアメリカ オセアニア
1950年 1980 2011 2050 2100
（「国連世界人口推計」による）

1km²当たり人口
100人以上
50〜100
1〜50
1人未満

（中位推計，人口の単位は百万人，人口密度は2006年）

（Population Division of the Department of Economic and Social Affairs，『Diercke Weltatlas』2008などによる）

解説 1650年から1950年までの3世紀間に，世界人口は約5億人から25億人へと約5倍に膨張した。ヨーロッパ（旧ソ連を含む）は約6倍，北アメリカは約166倍にもなっている。これに対して，アジアは5倍近く，アフリカは2倍余であった。要するに，産業革命期から第一次世界大戦まではヨーロッパ人口の激増期であった。そして，1920年からアジア・アフリカ・南アメリカの人口が増加し，第二次世界大戦後の人口爆発を迎えた。2011年，世界の総人口は70億人を突破し，**2020年には78億人**に達している。

2 人口静止と人口爆発

　ある生物学者は，小バエを牛乳ビンで飼育し，番（つがい）の2匹が増殖する様子を観察しました。初めは2匹が4匹に，4匹が8匹に，というようにネズミ算で増えていくのですが，やがて牛乳ビンという生活空間の制約から増殖が衰えて，もうこれ以上には増えられなくなって静止してしまいます。こうした実験が示すように，人口増加も，地球が有限である限り，どこかでは増殖を止めて**人口静止**が起こります。しかし，人間の社会は小バエの生態のように単純ではありません。そこに至るまでの過程でいろいろなことが起こってしまいます。**人口爆発**といわれる現象もその一つです。

　人口増加はゆるやかにみえても，ネズミ算で増える限りは，まもなく加速度が加わります。そして人口が爆発的に増えると，さきの小バエの実験のように狭い生活空間のなかで，ガマンして暮らすことはできなくなり，社会的混乱を引き起こすことになります。

（安川正彬『人口学あ・ら・かると』慶應通信社）

チェック・ワード **エクメーネとアネクメーネ**　人間が居住できる地域を**エクメーネ**（Ökumene）とよび，**全陸地の90%近くを占める**。それ以外の地域を**アネクメーネ**（Anökumene）とよび，**極限界**（最暖月平均気温10℃の等温線と一致），**高距限界，乾燥限界**（年降水量250mmの線と一致）など，エクメーネの外側にあたる**非居住地域**を指す。

3 著しい発展途上地域の人口増加

●地域別人口及び増加率の推移　　（中位推計）

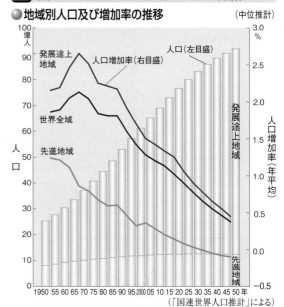

100 90 80 70 60 50 40 30 20 10 0 億人
人口
3.0 2.5 2.0 1.5 1.0 0.5 0.0 -0.5 %
人口増加率（年平均）
発展途上地域
人口増加率（右目盛）
人口（左目盛）
世界全域
先進地域
発展途上地域
先進地域
1950 55 60 65 70 75 80 85 90 95 2000 05 10 15 20 25 30 35 40 45 50年
（「国連世界人口推計」による）

解説 ある期間の人口増加は次の式で表される。人口減少の場合はマイナスの増加として考える。出生率や死亡率のような人口に関する割合は，普通，千分率‰（パーミルと読む）で表す。

人 口 増 加 ＝ 自 然 増 加 ＋ 社 会 増 加
（出生－死亡）　　（流入－流出）

情報ナビ **人口支持力**　焼畑の人口支持力は64人／km²，混合農業は256人／km²というデータがある。コメは他の作物に比べ単位面積当たりの収穫量と100g当たりのカロリーが高く，アジアの稲作地域はそれに支えられて大人口を養うことが可能になっている。

4 各国人口の将来予測

（太字は先進国，緑はアジア，黄はアフリカ）

2021年（百万人）		2050年（百万人）	
① 中　　国	1,444	① インド	1,639
② インド	1,393	② 中　　国	1,402
③ **アメリカ合衆国**	333	③ ナイジェリア	401
④ インドネシア	276	④ **アメリカ合衆国**	379
⑤ パキスタン	225	⑤ パキスタン	338
⑥ ブラジル	214	⑥ インドネシア	331
⑦ ナイジェリア	211	⑦ ブラジル	229
⑧ バングラデシュ	166	⑧ エチオピア	205
⑨ ロシア	146	⑨ コンゴ民主共和国	194
⑩ メキシコ	130	⑩ バングラデシュ	193
⑪ **日　　本**	**126**	⑪ エジプト	160
⑫ エチオピア	118	⑫ メキシコ	155
⑬ フィリピン	111	⑬ フィリピン	144
⑭ エジプト	104	⑭ ロシア	136
⑮ ベトナム	98	⑮ タンザニア	129
⑯ コンゴ民主共和国	92	⑯ ベトナム	110
⑰ トルコ	85	⑰ **日　　本**	**106**
⑱ イラン	85	⑱ イラン	103
⑲ **ドイツ**	**84**	⑲ トルコ	97
⑳ タ　イ	70	⑳ ケニア	92

（『世界人口白書』などによる）

解説 2050年には人口抑制に成功した中国を抜いてインドが16億人に達し，最大の人口をもつようになる。アジア・アフリカなどの発展途上国の人口が大幅に増加する一方，先進国全体としては微増にとどまると予測されている。現在11位の日本は，2050年には人口減少の結果，17位になると予測されている。

5 主な国の人口密度

（太字は先進国，緑はアジア，黄はアフリカ）

国土総面積当たり人口密度（人／km²）（2021年）　農業用地面積当たり人口密度（人／km²）（2018年）

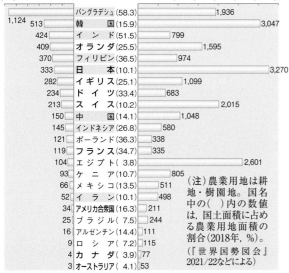

（注）農業用地は耕地・樹園地。国名中の（　）内の数値は，国土面積に占める農業用地面積の割合（2018年，％）。

（『世界国勢図会』2021/22などによる）

解説 人口密度の高い国はアジアやヨーロッパに多い。それに対して，新大陸で面積が広大な国や，地形や気候などの関係から居住に適さない地域が広大な国は人口密度が低い。国土総面積当たり人口密度に差があるとともに，農業用地面積当たり人口密度にも大きな差がある。**日本・韓国・エジプトは農地率が低いのですばぬけて目立つ**。インドネシアなどの東南アジア，あるいはヨーロッパにも，1km²当たり数百人の国々が多い。

情報ナビ 人口密度　最も高い国はモナコ公国19,760人／km²，シンガポールは8,424人／km²である。最も低い国はモンゴル2.13人／km²，ナミビア共和国3.14人／km²である（2021年）。

6 マルサス人口理論の再認識

人口の原理　イギリスの経済学者マルサスは，1798年に出版された『人口の原理』の初版において，「土地の生産力には限界があり，人間の性欲は不変であり，人口は等比級数的に増加する」と想定した。その結果，労働人口の絶対的な過剰から「窮乏」と「罪悪」が発生すると主張した。

このように人口過剰がもたらす人類の悲惨な宿命を示唆したことに対して，当時，多くの批判もあった。そのためマルサスは第2版（1803年）においては，諸悪の根源である人口増加に対する**道徳的な，あるいは予防的な抑制論**を導入して出版した。それは，家族を扶養する力がつくまでは結婚を延期し，その間は性的自制をするというもので，こうした道徳的な抑制によって過剰人口は回避できるというのであった。

新マルサス主義　19世紀には，このマルサスの人口論を支持しながらも，道徳的な抑制論は実際には実現困難であるとして結婚生活のなかでの産児調節（受胎調節または家族計画）に抑制方法を求める考えが出てきた。いわゆる新マルサス主義である。

マルサス理論の再認識　1960年代の後半から70年代初めにかけ，地球上のあちこちで環境汚染や破壊が具体的に現れ，ここに至り，**爆発的人口増加と有限の資源の問題**を地球的規模で考えなければならなくなった。これはマルサスの『人口の原理』の再認識であるともいわれている。（長岡昌『限られた資源と人口』文一総合出版による）

解説 マルサスは，人口は制限されなければ**等比（幾何）級数的に増加**し—1,2,4,8,16,32,……，食糧などは**等差（算術）級数的に増加**する—1,2,3,4,5,6,……と考えた。マルサスは人口増加と食糧増加の均衡が必然的に破れることで説明した「人口論」を1798年に発表した。5年ほどして出した第2版によると，貧困と悪徳，食糧の供給不足に関して，現実の社会にそれを緩和する力があることを認めた。

7 国際的な人口問題への対応の変遷

世界人口会議　第1回ローマ会議（1954），第2回ベオグラード会議（1965）では，政府が家族計画プログラムを支援している国は20か国にとどまっていた。

第3回ブカレスト会議　1974年（**国際人口年**）に開かれたこの会議では「世界人口行動計画」を採択したが，中ソの反対も強く人口抑制の具体目標は定められなかった。オイルショック後の経済停滞を背景に，**第4回メキシコ会議**（1984）では中国，ブラジル，メキシコ，ナイジェリアなどが人口抑制に方針転換，家族計画プログラムを支援している国は136か国にまで増加。

第5回カイロ会議　1994年に開かれた**国際人口開発会議**では，今後20年間の行動計画を採択。国家計画としての人口政策よりも個人，特に**女性の出産に対する意思や権利（リプロダクティブ・ヘルス・アンド・ライツ）の尊重**を重視する方向を打ち出した。

（注）10年おきに開かれた人口会議は2004年以降は開催されていない。
（阿藤誠『現代人口学』日本評論社などによる）

人口

人口構成と人口転換

1 人口構成の型と特徴

人口ピラミッドは通常，縦軸を5歳ごとに区切り，横軸は左右に男女別に人口の実数，または割合（%）を表す。14歳以下を**年少人口**，15～64歳を**生産年齢人口**，65歳以上を**老年人口**という。

名称	人口ピラミッド	特　　徴	主な例
富士山型ピラミッド型	65 50 20 15 6 （数字は年齢） ※青が富士山型	①出生率・死亡率がともに高く，平均寿命が短い。 ②高年齢層ほど人口が少なく，低年齢層ほど人口が多い型。 ③**多産多死**ならばすそ野の広い**人口漸増型（富士山型）**，**多産少死**ならば寿命の長い**人口急増型（ピラミッド型）**。 ④**多産多死**から**多産少死**に移行するにつれて，乳児死亡率が低下し，平均寿命が延びるため，ピラミッドの傾斜が急になる。 ⑤年少人口が多く，社会の負担が課題となってくる。	発展途上国に多い。インド・メキシコ・イラン・エジプト・フィリピン・ナイジェリア・エチオピアなど。1950年代までの日本。
釣鐘型（ベル型）	65 50 20 15 6	①出生率・死亡率がともに低い。 ②出生率の減退に伴い，高年齢層と低年齢層との差が少なくなる型。どの年齢層もほぼ等しい割合の人口構成になっている。 ③**少産少死型**で，人口漸増型かあるいは人口停滞型。 ④生産年齢人口が多く，生産活動に有利で生活水準は高い。	先進国や新興工業国に多い。イタリア・ポーランド・フランスなど。
つぼ型（紡錘型）	65 50 20 15 6	①出生率・死亡率がともに低いが，特に出生率が大きく低下している。 ②出生率が死亡率を下回っているので，低年齢層の人口が高年齢層の人口に比べて少なくなる**人口減少型**。 ③ピラミッドの下辺がつぼまり，紡錘状の形になる。 ④生活水準が高く，経済的には恵まれているが，老年人口の増加に伴う負担の増大など，今後の高齢社会の課題が大きい。	西ヨーロッパの先進国に多くみられる。ドイツ・オランダ・スウェーデン・スペイン，第二次世界大戦前のフランス・現在の日本など。
ひょうたん型（農村型）	65 50 20 15 6	①学卒者が就職・進学などのために都市へ転出した結果，生産年齢層，特に青年層が少なくなった型。**人口転出＝過疎地域型**。 ②高年齢層の占める割合が大きく，医療問題など現在深刻になりつつある。	農村地帯や離島など。（資料**2**の長野県栄村）
星型（都市型）	65 50 20 15 6	①農村からの青年層の転入によって，生産年齢層が多くなった型。**人口転入＝過密地域型**。 ②かつては年少者の割合が多かったが，近年の少子化傾向により，日本ではピラミッドの下辺がせばまる方向にある。 ③人口の急増により，交通・住宅などのさまざまな問題が生じている。一般的に男性の人口が多い。	大都市や都市周辺の新興住宅地帯・工業地帯など。学園都市，移民労働者の多い国。（資料**2**の豊田市，京田辺市，アラブ首長国連邦）

2 さまざまな人口ピラミッド

（『世界の統計』2022などによる）

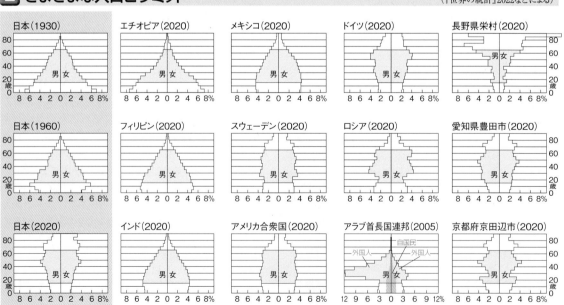

③ 産業別人口構成

主な国の産業別人口構成

（インドは2012年，タイ・エジプトは2015年，他は2016年）

例は第1次20%，第2次50%，第3次30%の場合である。

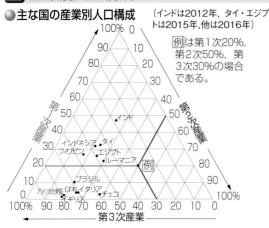

主な国の産業別人口構成の推移

① パキスタン（'61〜'14）
② フィリピン（'65〜'16）
③ エジプト（'60〜'15）
④ メキシコ（'60〜'16）
⑤ 日本（'20〜'50〜'65〜'16）
⑥ チリ（'60〜'16）
⑦ イタリア（'65〜'16）
⑧ 旧西ドイツ・ドイツ（'65〜'16）
⑨ イギリス（'51〜'16）
⑩ アメリカ合衆国（'65〜'16）
⑪ 中国（'78〜'15）

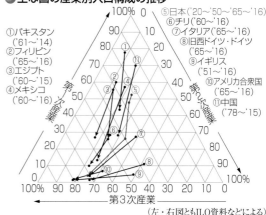

（左・右図ともILO資料などによる）

解説 産業別人口構成は三角図表を用いると判別しやすい。第1次産業（農・牧・林・水産業）を左辺で，第2次産業（鉱業・製造業・建設業）を右辺で，第3次産業（商業・サービス業・運輸通信業など）を下辺で読み取るのが一般的である。欧州や日本などの先進国は，経済成長の過程で**第2次産業人口**の増加により，グラフがいったん右下に向かう時期がある。近年の途上国の経済成長は**第3次産業人口**の増加が顕著で，グラフは一貫して左下に向かって移動する。**参照** P.188・321

④ 人口転換とは

人口転換モデルと近年の出生率・死亡率，人口ピラミッドの型

（内閣府資料などによる）

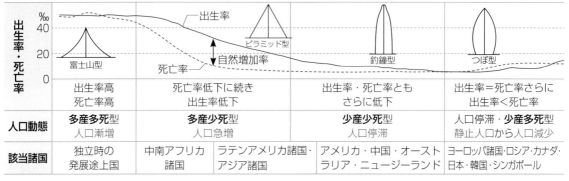

	出生率高 死亡率高	死亡率低下に続き 出生率低下		出生率・死亡率とも さらに低下	出生率＝死亡率さらに 出生率＜死亡率
人口動態	**多産多死型** 人口漸増	**多産少死型** 人口急増		**少産少死型** 人口停滞	人口停滞・**少産多死型** 静止人口から人口減少
該当諸国	独立時の 発展途上国	中南アフリカ 諸国	ラテンアメリカ諸国・ アジア諸国	アメリカ・中国・オースト ラリア・ニュージーランド	ヨーロッパ諸国・ロシア・カナダ・ 日本・韓国・シンガポール

⑤ 国で異なる人口転換の速さ **参照** P.217

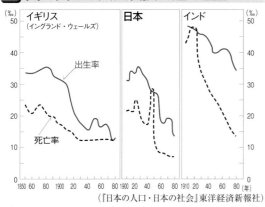

（『日本の人口・日本の社会』東洋経済新報社）

チェック・ワード 人口転換 出生率・死亡率の低下が持続的に続く状態をいう。特に多産から少産に向きを変える時点を，**人口転換開始の時期**とよぶ。イギリス・日本・インドを比較すると，死亡率が低下し，ついで出生率が低下するという点では共通しているが，その速さは国によって異なる。特に初期の時点におけるインドの死亡率がきわだって高い。また死亡率が低下を開始してから下限に至るまでの時間が，イギリスに比べて日本が，日本に比べてインドがより短い。つまり，時代とともに，その転換のスピードが増し，そのことが人口の高齢化を促進させている。

⑥ 日本の人口ピラミッドと予測

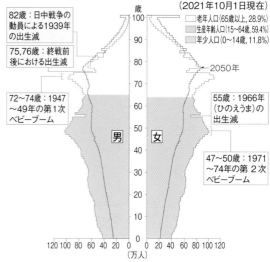

（2021年10月1日現在）

82歳：日中戦争の動員による1939年の出生減

75,76歳：終戦前後における出生減

72〜74歳：1947〜49年の第1次ベビーブーム

55歳：1966年（ひのえうま）の出生減

47〜50歳：1971〜74年の第2次ベビーブーム

（総務省統計局「人口推計」などによる）

解説 戦争や2度のベビーブームの影響を受けて，出生数の増減を繰り返しているため，典型的な型ではないが，「**つぼ型**」とみるのが妥当であろう。各都道府県はどうなっているか，この日本の人口ピラミッドと比較・考察すると興味深い。

情報ナビ **ひのえうま** 「丙（ひのえ）午（うま）」の年に生まれた女子は不幸を招くという江戸時代からの迷信により，この年の出生数が極端に少なくなる。明治39年には関東地方で20%，昭和41年には全国で25%の出生率低下がみられた。次回は2026年。

移動類型	出 発 地	移 動 先	特 色
永久的移動	イギリス	アメリカ合衆国北東部	●1620年～　メイフラワー号の**清教徒の移動**。現ニューイングランド。
		オーストラリア	●18～19C. 受刑者の**流刑地**とし，開拓にあたらせる。**参照**》P.318
		北アメリカ	●他のヨーロッパ諸国からも開拓移民が多い。19C後半から20C初期が最盛期。現在ではドイツ系がイギリス系を上回る。**参照**》P.306
	フランス	カナダのケベック州	●現在も分離独立運動が続いている。**参照**》P.308
	南ヨーロッパ	ラテンアメリカ	●16C以降，主に男性による開拓。カトリックが広まる。先住民インディオや黒人との混血（メスチーソ・ムラート）が進む。**参照**》P.312
	アメリカ合衆国東部	アメリカ合衆国西部	●開拓のための西部移住。フロンティア（開拓前線）の**西漸運動**。**参照**》P.306
	アフリカのギニア湾岸	アメリカ大陸大西洋岸	●白人による奴隷としての強制移住。16～19C，約1,500万人。**参照**》P.312
	ラテンアメリカ（メキシコなど）	アメリカ合衆国（テキサス・カリフォルニア州など）	●一時的移動から定住した者が多く，**ヒスパニック（スペイン語系住民）**とよばれ，急増している。**参照**》P.236・307
	中国	東南アジアなど	●主にフーチエン（福建）・コワントン（広東省）出身者が多い。**華僑（華人）**とよばれ，主に経済分野で活躍。**参照**》P.214
	インド	東南アジア・アフリカ・ガイアナ・フィジーなど	●**印僑**ともよばれる。主にイギリス植民地へ農業・鉱工業労働者として移住。
	日本	ハワイ・ブラジルなど	●19C以後，開拓者として移住。**参照**》P.313
	日本の本州	北海道	●明治初期，開拓と防衛を兼ねた**屯田兵**として移動。**参照**》P.223
	世界各地	パレスチナ	●ユダヤ人国家イスラエル建国のため（**シオニズム運動**）。**参照**》P.262
一時的移動	南ヨーロッパ・トルコ・北アフリカ	ドイツ・フランスなど	●より高い賃金を求めて移動。定住も増えている。ドイツでは**ガストアルバイター**とよばれる。**参照**》P.214
	イスラム諸国	サウジアラビアなど	●70年代,オイルマネーによる産油国での就業機会を求めて移動。**参照**》P.213
	ブラジル	日本	●1990年の入国管理法改正により出稼ぎ就労が容易になった。**参照**》P.213
	日本の東北地方など	東京などの都市部	●農閑期に土木建設業などに従事（出稼ぎ）。
	日本海沿岸地方	灘（神戸）・伏見（京都）などの酒造地	●冬期に清酒醸造技術者として移動。**杜氏**とよばれた。
難民	パレスチナ	パレスチナとその周辺	●イスラエル建国後，イスラーム住民（**パレスチナ人**）が難民化。**参照**》P.262
	ベトナム・カンボジア	欧米・オーストラリア・周辺諸国など	●ベトナム戦争終結時，サイゴン陥落の1975年から100万人以上の**インドシナ難民**が30数か国に流出。ボートピープルとして有名になった。
	アフガニスタン	パキスタン・イラン	●旧ソ連軍の侵攻と内戦により約400～500万人が流出。旧ソ連軍は撤退したが，タリバン政権の圧制，その後のアメリカ合衆国のアフガニスタン侵攻により，さらに多くの難民が発生し続けている。
	ウクライナ	ポーランドなど東欧諸国	●2022年からのロシア軍の侵攻により，数百万人規模で難民が発生している。
	スーダン・ソマリア・コンゴ民主共和国など	周辺諸国	●内戦・干ばつ・飢饉による。貧しい国が大半であるが，国連難民高等弁務官事務所などによる援助が続けられている。**参照**》P.214・260
	イラク	トルコ・イラン	●湾岸戦争後にイラク北部のクルド人が周辺諸国へ流出。**参照**》P.263
	ルワンダ	コンゴ民主共和国	●1994年，政変によりフツ族100万人以上が隣国へ流出。**参照**》P.291
	シリア	トルコ・EU諸国	●2011年以来，内戦とISIL（イスラム国）の台頭により数百万人のシリア難民が発生。さらに同数以上の国内避難民が存在。**参照**》P.214・286
	ミャンマー	バングラデシュ	●2010年代になりイスラム系「ロヒンギャ」へ政府軍が弾圧。2021年に政府は軍のクーデターによって倒れ，現在も混乱中。

●閑散とした成田空港ロビー（2021年） 2019年からの新型コロナウイルス感染拡大により国際的な労働移動は激減している。

●**環境難民**　アフリカの砂漠化の進行や，南米の森林伐採などにより，その土地に居住できなくなって移動せざるを得なくなった人々。世界で1,000万人を上回ると推定されている。日本でも,2011東日本大震災以来,帰宅できていない人が5万人以上発生している。

チェック・ワード　**日系移民**　日本人の海外移住者の総称。1868(明治元)年に，120人の日本人がハワイへ渡ったのが最初である。彼らは主に，さとうきび農園の労働者として生活を始め，現在は全ハワイ人口の4分の1に当たる24万人が日系人である。日系移民の最も多い国はブラジルで，1908年以来の移民活動により，約200万人の日系人がサンパウロを中心に住んでいる。2008年(平成20年)はブラジル移民100周年にあたった（**参照**》P.313）。ペルーでは，1990年に日系2世のアルベルト・フジモリ大統領が選出され，その娘のケイコ・フジモリ氏は2011年，16年，21年の大統領選に出馬している。アメリカ合衆国本土にも約122万人の日系人が住んでいる。

「U」と「J」と「L」と「I」　「Uターン」とは，地方の農村地域から就学・就職などで都市へ移動していた人が，都市の過密化と地方の開発により，出身地へ戻っていく現象を指す。また，「Jターン」とは，出身地へ戻る途中にある出身県の県庁所在地などの地方中核都市へ戻った場合を指す。また，「Lターン」とは，出身県に戻らずに途中から横に折れて，隣接県に移動した場合を意味する。「Iターン」とは，都市で生まれ育った人が，地方へ移動する場合である。「Uターン」という言葉は，日本で作られて世界で通用するようになった人口用語である。

2 国境を越える人口移動と推移

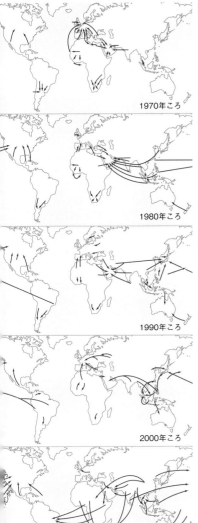

1970年ころ
1980年ころ
1990年ころ
2000年ころ
2010年ころ

1970年ころまで 戦後の経済復興から発展期に移行した旧西ドイツやフランスなどは，経済成長を支える労働力が不足し，**ガストアルバイター**（ドイツ語で「客人労働者」）の受け入れを始める。南欧諸国や旧植民地（フランスは**アルジェリア**やチュニジアなど），旧西ドイツは**トルコ**から多くの労働力の流入が始まった。出稼ぎ労働者らは母国に帰っても，今以上の仕事の機会は得られそうにないと，次第に受け入れ国へ定着するようになる。

1980年ころまで 1973年の**第一次石油危機**以降，西欧では大量の失業者が発生し，新規の外国人労働者の受け入れを停止する。既に滞留している外国人労働者へは，帰国を促す政策をとった。一方，中東産油国は原油価格の上昇により，経済成長が始まる。多数の労働者を受け入れるが，「単身者であり滞在期限付き」という条件があった。そのためペルシア湾岸の産油国では**男女比が崩れ，男性の多い国が**多くなっている。**参照》**P.210

1990年ころ 日本では，バブル景気の人手不足を背景にして，1990年に**入国管理法の改正**が行われた。それまでは未熟練労働者の入国は認められていなかった（そのため不法就労外国人問題が顕在化）。法改正によりこの点が一部緩和され，日系3世までは未熟練労働者であっても就労可能となった。これにより主に**ブラジル**や**ペルー**など，中南米諸国からの日系人の入国が多くなる。

2000年ころ 「経済成長がヒトの流れをつくる」ことが如実に表れてきた。①EUが東欧へと拡大（04年10か国加盟）したことで域内移動が活発化②ペルシア湾岸諸国にみられる経済発展と，建設ブームによる外国人労働者の存在③ASEAN諸国が世界の成長センターとして伸びていることに伴う人口移動など，グローバル経済が国境を越えた物や人の流れを変えている。

2010年ころ 世界金融危機（2008年）による移民の動きの変化は長続きせず，経済成長地域に吸引される移民パターンへと回帰している。国際的な人口移動の総数は着実に増え続け，2010年には2億人を突破した。途上国から先進国へという従来からの移動だけでなく，**途上国から途上国へ**と向かう移民がほぼ同数である。かつては男性中心というイメージが強かったが，イスラーム圏を抱えるアジア，アフリカ以外においては移民の過半数は女性である。

（桑原靖夫『国境を越える労働者』岩波新書, IOM『WORLD MIGRATION REPORT2011』などによる）

↑フランスで働くアフリカ系労働者

↑サウジアラビアで働く出稼ぎ労働者

↑一時預り所で遊んでいる，日本で働く日系ブラジル人の子どもたち

3 日本の外国人労働者 ●国籍別在留外国人人口の推移 （『人口統計資料集』2022）

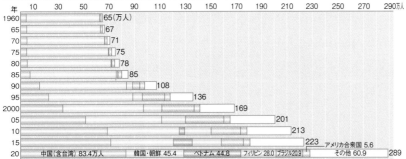

年		
1960	65（万人）	
65	67	
70	71	
75	75	
80	78	
85	85	
90	108	
95	136	
2000	169	
05	201	
10	213	
15	223	アメリカ合衆国 5.6
20	中国（含台湾）83.4万人　韓国・朝鮮 45.4　ベトナム 44.8　フィリピン 28.0　ブラジル 20.9　その他 60.9	289

解説 旧植民地時代から多数みられた朝鮮半島出身の人々に加え，1990年の入国管理法改正によりフィリピン，ブラジル，ペルーなどからの入国者が増加したが，中国からの入国者増加も著しい。それぞれ居住地に特徴があり韓国・朝鮮からは戦前からの経緯で関西地域に多く，ブラジルからは中京圏と群馬など輸送用機械の組み立て産業の盛んな地域での就労が目立つ。近年は，本来「研修」目的で入国した**技能実習生**の労働条件や待遇の悪さ，未就学児童の増加などの問題点があらわになっている。空前の人手不足を背景として成立した**2019年の法改正**では，在留資格に**特定技能**1号（一般），2号（建設業など熟練）という区分を創設し，5年間で34万人の雇用創設を目指す。入国した人々の人権問題や「移民」との違いなど積み残されている課題は多い。

●都道府県別にみた在留外国人の国籍
各都道府県で1位の国籍（2021年）

	中国
	韓国・朝鮮
	ブラジル
	ベトナム
	その他

フィリピン
中国

（『人口統計資料集』2022などによる）

情報ナビ **急増するベトナムからの入国者** 2021年現在，日本に入国する外国人労働者の出身国はベトナムが最多で，その他アジア諸国の増加が顕著である。渡航に際しての悪質ブローカーへの多額の借金が事実上の人身売買ではないかとの指摘もされている。

4 ドイツのガストアルバイター

ヨーロッパで最も賃金水準の高いドイツでは，1960年代から外国人労働者が増え始め，好況に伴って1973年には260万人，家族を含めて400万人に達した。最も多いのはトルコ人，次いで旧ユーゴスラビア人，イタリア人，ギリシャ人の順であった。ガストアルバイターとよばれるこの人々は，初期には一時的な移住であったが，政府の帰国政策にもかかわらず，不法入国者等も含めると，500万人ほどの外国人がドイツ国内に定住することとなった。1990年の東西統一とそれに伴う**東欧からのドイツ系住民**の流入，また，2015年以降はEU諸国中でドイツがシリア難民の最大の受け入れ国となっている。（『国際人口移動の実態』東洋経済新報社などによる）

● ヨーロッパ諸国の移民数（外国生まれの人口）(2019年, 千人)

	ドイツ		イギリス		フランス		スペイン	
出身国	ポーランド	1,638	インド	847	アルジェリア	1,397	モロッコ	752
	トルコ	1,339	ポーランド	746	モロッコ	1,020	ルーマニア	587
	ロシア	1,076	パキスタン	519	ポルトガル	615	コロンビア	431
	カザフスタン	926	ルーマニア	370	チュニジア	427	エクアドル	412
	ルーマニア	813	アイルランド	364	イタリア	315	ベネズエラ	312

(OECD資料による)

解説 外国人労働者とドイツ人との間には，賃金格差・教育問題など，多くの課題が生じている。外国人を排斥しようと主張する「ネオ＝ナチ運動」の不安もある。イギリス・フランスは旧植民地との交流に特徴がある。なお，**ガストアルバイター**とは「客」である「労働者」という意味。2019年現在も年100万人以上の外国人が流入し，総人口に占める外国人（外国生まれの人口）の割合は約16%となっている。

5 華僑(華人)とよばれる中国系移民

● 主な華僑の移住ルート

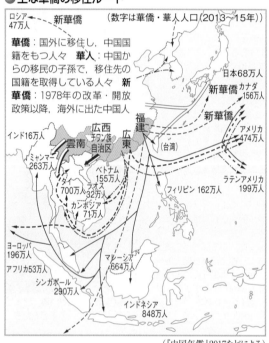

（数字は華僑・華人人口(2013～15年)）

華僑：国外に移住し，中国国籍をもつ人々　**華人**：中国からの移民の子孫で，移住先の国籍を取得している人々　**新華僑**：1978年の改革・開放政策以降，海外に出た中国人

ロシア 47万人
新華僑
日本68万人
新華僑 カナダ 156万人
新華僑
アメリカ 474万人
インド16万人
ミャンマー 263万人
雲南 広西チワン族自治区 広東 福建 (台湾)
タイ 700万人 ベトナム 155万人 ラオス 32万人 カンボジア 71万人
フィリピン 162万人
ラテンアメリカ 199万人
ヨーロッパ 196万人
アフリカ53万人
シンガポール 290万人
マレーシア 664万人
インドネシア 848万人

（『中国年鑑』2017などによる）

● 大陸別華僑・華人の人口割合 (2020年)

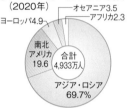

オセアニア3.5
アフリカ2.3
ヨーロッパ4.9
南北アメリカ19.6
合計 4,933万人
アジア・ロシア 69.7%

(注)台湾側の推計。
（『中国年鑑』2022による）

解説 中国人の海外移住の歴史は古いが，大量に移住するようになったのは19世紀からである。特に**フーチエン(福建省)・コワントン(広東省)**で商業化が進み，人口爆発を迎えて多くの余剰労働力がつくり出されたことによる。東南アジアでは大きな経済力をもち，日本商社の貿易相手の大半は華人である。フィリピンのアキノ元大統領，タイのチャチャイ元首相，シンガポールのリー＝クアンユー元首相などは，いずれも中国系である。

● 華僑・華人人口上位10か国 (2013～15年, 万人)

順位	国名	人口（総人口に占める割合, %）
1	インドネシア	848 (4)
2	タイ	700 (11)
3	マレーシア	664 (23)
4	アメリカ合衆国	474 (2)
5	シンガポール	290 (74)
6	ミャンマー	263 (3)
7	フィリピン	162 (2)
8	カナダ	156 (3)
9	ベトナム	155 (3)
10	ペルー	99 (3)

（『中国年鑑』2017などによる）

● シンガポールのチャイナタウン

6 戦火に追われる難民 参照 P.261

● 世界の難民の主な出身国 👤20万人 (2021年末現在)

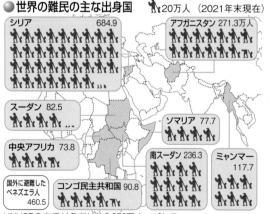

シリア 684.9
アフガニスタン 271.3万人
スーダン 82.5
ソマリア 77.7
中央アフリカ 73.8
南スーダン 236.3
ミャンマー 117.7
国外に避難したベネズエラ人 460.5
コンゴ民主共和国 90.8

UNHCRの支援対象者は約8,350万人。パレスチナ難民（約580万人）はUNHCRの支援対象外。　(UNHCR資料による)

解説 難民の地位に関する条約によると，**難民**とは「人種，宗教，国籍，政治的意見やまたは特定の社会集団に属するなどの理由で，自国にいると迫害を受けるかあるいは迫害を受けるおそれがあるために他国に逃れた」人々と定義されている。しかし，国内にいながら故郷を失った**国内避難民**も多い。難民は人口の大きな旧大陸に多く発生し，近年ではアフガニスタン，シリアが非常に多かったが，新たに政情不安から南米のベネズエラからの難民が急増している（参照 P.313）。さらに2022年のロシアによるウクライナ侵攻も数百万人の難民を発生させている。難民を支援する国連機関には**国連難民高等弁務官事務所(UNHCR)** と国連パレスチナ難民救済事業機関(UNRWA)とがある。

○ 避難のため駅に到着した人々[ウクライナ東部・クラマトルスク]

情報ナビ **国連難民高等弁務官**　1991年から2000年末まで，日本人の緒方貞子さんが務めた。ルワンダ・クルド・ボスニアなど各地の紛争地域で難民保護に尽力を続けた（参照 P.257）。UNHCRホームページは https://www.unhcr.org/jp

1 世界最大の人口を抱える中国

●中国の人口動態

⇨「一人っ子政策」をすすめる看板

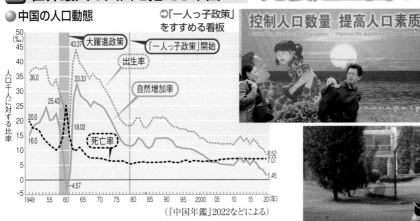

控制人口数量 提高人口素质
Control the growth of the Population　Improve the qualities of the Population

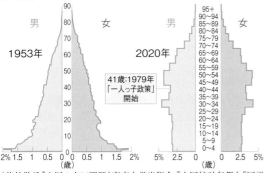

（『中国年鑑』2022などによる）

●中国の人口ピラミッド 参照▶P.210

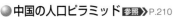

男　女　　男　女

1953年　　2020年

41歳：1979年
「一人っ子政策」
開始

2% 1.5 1 0.5 0 0.5 1 1.5 2%（歳）　5% 2.5 0 2.5 5%（歳）

（若林敬子『中国の人口問題』東京大学出版会、『中国統計年鑑』、『図説中国経済 第2版』日本評論社などによる）

解説 中国の近年の人口動態は、4つの時期に分けられる。
①1949〜57年　建国時に制定された婚姻法や出産奨励策により出生率が急増した。
②1958〜61年　大躍進政策の失敗や大飢饉が原因となり人口が減少した。
③1962〜71年　多産少死型の典型的な時期に入り、人口が急増した。
④1972〜現在　出生率は次第に低下し、**1979年からの一人っ子政策**により増加率は安定低下期に入った。とはいえ、2014年には人口13億9,378万人に達し、自然増加率は4.95‰、年間約1,600万人余が誕生し、約670万人余が純増した。2020年代前半に14億人前後でピークを迎え減少を始めると予測されている。

●中国の行政区画別人口自然増加率

（2019年）

ニンシヤ回族自治区
シンチヤンウイグル自治区
ペキン
チンハイ（青海省）
チベット自治区
テンチン
チョンチン
シャンハイ
ユンナン（雲南省）
コワンシー壮族自治区

全国平均3.34‰
■ 9‰以上　□ 0〜3
■ 6〜9　■ 0‰未満
■ 3〜6

参照▶P.268

解説 少数民族の多く住む自治区では、「一人っ子政策」が厳格に適用されなかったこともあり、人口の自然増加率が高い。

⊕ゴルフを楽しむ子供と壊れた二胡を演奏してお金を稼ぐ盲流児(右上) 1979年から**一人っ子政策**が実施された。1980年代には**合計特殊出生率**も1.8となったが、弊害としてわがままに育てられた「**小皇帝**」や戸籍をもたない「**黒孩子**」、大都市に流入して浮浪児となる「**盲流児**」の発生など、さまざまな問題が生じた。

2 人口減少時代の到来か?

新たな課題の発生 一人っ子政策は劇的ともいえる人口増加率の急激な低下に成功した反面、さまざまな社会問題をもたらした。

・「小皇帝」など少子化そのもののもつ問題
・男子が望まれることに起因する極端な性比
（0〜4歳人口では女子100人に対し男子123人）
・将来的な人口減少と労働力不足
（2016年をピークに生産年齢人口は減少に向かう）
・世界最速と予想される極端な高齢化の進展

政策の転換 政府は以前から農村部や少数民族地域で一人っ子政策を緩和してきたが、2002年には都市部でも両親が一人っ子の場合に限り第二子の出産を認めた。2014年にはさらに両親のどちらかが一人っ子という条件にまで緩和され、2016年からは第二子の出産を全面的に認めるに至り、35年間継続した一人っ子政策は終わりを告げた。

⊕2人目の子を抱きかかえる父親[ナンキン]

解説 「二人っ子政策」の始まった2016年には中国の出生数は前年比131万人増の1,786万人と増加したが、その後は出生数の減少が止まらず、新型コロナ禍の影響もあり2021年には1,062万人と過去最少を記録、人口増加はわずか48万人。この傾向が続けば中国が人口減少の時代に入るのも遠くない将来だろう。

人口

情報ナビ **トランスミグラシ政策** インドネシアでは人口の急増(2.8億人、2021年)に対応するため、ジャワ島、バリ島などに集中する人口を、居住の希薄なカリマンタン島、スマトラ島、スラウェシ島などに移住させ同時に地域開発を行う政策を進めている。

3 なぜ子供が増えるのか〜インド

さまざまな階層 エリートの人たちは家族計画ということはとうの昔から知っており，実際に実施している。中間層の学や教養ある人たちも，同様である。ところが，底辺の人たち，特にインドの場合には**不可触民（アウトカースト）**とよばれている人たちの人口増加率が極めて高い。彼らは義務教育に関しては，9割近くが学校へ行くようになった。ある程度の識字率のあるところでは，2人まで子供をつくって，その子を大事にすれば家庭はハッピーだということが，いろいろなスローガンに書いてあったりする。参照▶P.281

なぜ子供が増えるのか 子供を稼ぎ手として期待しているのが第一の理由である。特に農業労働に関しては**重要な稼ぎ手**になるし，両親が働きに出ている時には弟や妹の面倒をみたり，留守番をしていたり，草取りをしたりということに期待している。また，女の子が3〜4人いても，どうしても男の子が欲しいという願望が強くある。ヒンドゥー社会では両親が亡くなった場合に**遺体を焼く薪に火をつけるのは男子**でなければならないからだ。それは女は絶対にできない。

（『人口爆発と食料・環境』農林統計協会による）

↑人であふれるインドの街角[コルカタ]

解説 インドは世界で最初に人口抑制策を導入した国であるが，死亡率の大幅な低下に比較して，出生率は20.0‰（2018年）と依然として高い。1970年代には政府が強制不妊手術を実施するという手段をとったが，反発が強く，ガンジー政権の崩壊につながった。近年はかつての半分近くにまで出生率が低下してきているが，女子胎児の中絶など，新たな問題も生じている。

4 感染症の広がるアフリカ大陸

●HIV感染者の地域別状況 (2019年)

（万人）

地域	HIV感染者数(万人)	
	総数	新規感染者
サハラ以南アフリカ	**2,560**	**97**
アジア太平洋	580 [430〜720]	30 [21〜39]
ラテンアメリカ	210 [140〜280]	12 [7.3〜18.0]
カリブ海沿岸	33 [27〜40]	1.3 [0.9〜1.9]
中東・北アフリカ	24 [17〜40]	1.9 [1.1〜3.8]
東欧・中央アジア	170 [140〜190]	17 [14〜19]
西欧・中欧・北アメリカ	220 [170〜260]	6.5 [0.5〜0.9]
全世界	3,800 [3,160〜4,450]	170 [120〜220]

主な国	計	15歳以上の感染者数
南アフリカ共和国	750	720
モザンビーク	220	210
ナイジェリア	180	171
タンザニア	170	161
ケニア	150	139
ウガンダ	150	136
ジンバブエ	140	127
ザンビア	120	119
マラウイ	110	100
エチオピア	67	62
コンゴ民主共和国	52	45
カメルーン	51	48
コートジボワール	43	40
ボツワナ	38	37

（UNAIDS資料などによる）

解説 中南アフリカ（ブラックアフリカ）の感染症拡大はHIV（ヒト免疫不全ウイルス）のみならず，2014年にはエボラ出血熱でも多くの犠牲者を数えた。

5 死亡率の高い国々

●主な国の出生率と死亡率 (2019年)

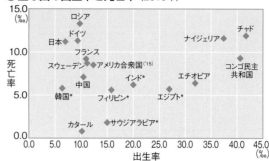

縦軸：死亡率（‰）0.0〜15.0、横軸：出生率（‰）0.0〜45.0

ロシア，ドイツ，日本，フランス，スウェーデン，アメリカ合衆国(´15)，中国，韓国*，カタール，フィリピン*，サウジアラビア*，インド*，エジプト*，エチオピア，ナイジェリア，コンゴ民主共和国，チャド

*は2017年または2018年の数値。　（『世界国勢図会』2021/22による）

解説 発展途上国の死亡率は経済成長にともなって，**多産多死型から多産少死型**に人口ピラミッドが変化するにつれて劇的に低下する（参照▶P.211）。移民の流入などによる年齢構成の影響も大きい。韓国の少子高齢化はこれから将来に向けて急激に進む。日本やドイツではすでに高齢化が進んで高齢者の数がそもそも多いため，死亡率は途上国なみに高い。移民の多いアメリカ合衆国は8.5と先進国中では最低水準である。

6 新型コロナウイルスとの戦い

武漢からの拡大 2019年12月末，中国湖北省武漢で原因不明の肺炎患者が相次いで確認され，2020年の年明けには中国メディアとWHO（世界保健機関）により**新型コロナウイルス**の検出が報道された。1月下旬には中国当局により武漢市は事実上の封鎖（ロックダウン）となり，日本政府は邦人の退避のためチャーター機を派遣したが，すでにウイルスは世界に拡大を始めていた。

日本では国内初めての一斉休校 2月下旬には地球規模のパンデミックの到来が決定的となり，国内では北海道から感染者の増加が始まった。2月27日に政府は全国小中高校の**一斉臨時休校**を決定，史上に例のない措置は5〜6月まで継続された。

（『報道記録 新型コロナウイルス感染症』読売新聞社などによる）

⇒全国の小中高一斉休校を報じる新聞の号外

（「読売新聞」2020年2月27日）

●累計感染者数の多い上位10か国 (2022年7月2日時点)

順位	国名	感染者(人)	死者(人)
1	アメリカ合衆国	87,821,971	1,017,817
2	インド	43,486,326	525,168
3	ブラジル	32,434,063	671,700
4	フランス	30,341,632	146,265
5	ドイツ	28,392,629	141,292
6	イギリス	22,741,065	180,417
7	イタリア	18,610,011	168,425
8	韓国	18,379,552	24,562
9	ロシア	18,164,348	373,456
10	トルコ	15,123,331	99,032
	世界計	548,474,889	6,337,805

（米ジョンズ・ホプキンス大学の発表による）

情報ナビ **乳児死亡率** （満1歳に達する前の死亡数。1,000人当たり）日本・シンガポール・スウェーデンなど2‰，アメリカ合衆国6‰，インド28‰，モーリタニア50‰，中央アフリカ共和国81‰と国によって大きな差がみられる（2019年，WHO統計）。

1 高齢化の進展

●65歳以上人口比率と従属人口指数の各国比較

（☐は7〜14%，▨は14〜21%，▩は21%以上）

	1950	2020	2050	2100	従属人口指数(2020年)
日　　　　本	4.9	28.4	37.7	37.3	69.0
中　　　　国	4.5	12.0	26.1	31.8	42.2
イ　ン　ド	3.1	6.6	13.8	26.7	48.7
フィリピン	3.6	5.5	11.8	25.6	55.2
エチオピア	3.0	3.5	6.1	20.4	76.8
ナイジェリア	3.0	2.7	4.0	10.1	86.0
イ ギ リ ス	10.8	18.7	25.3	29.9	57.1
フ ラ ン ス	11.4	20.8	27.8	32.3	62.4
ド　イ　ツ	9.7	21.7	30.0	31.3	55.4
スウェーデン	10.3	20.3	24.6	29.5	61.2
ロ　シ　ア	6.2	15.5	22.9	25.2	51.2
アメリカ合衆国	8.3	16.6	22.4	27.8	53.9
メ キ シ コ	3.5	7.6	17.0	31.0	50.3
ブ ラ ジ ル	3.0	9.6	22.7	34.1	43.5
オーストラリア	8.2	16.2	22.8	28.3	55.1

(注)従属人口指数とは，年少人口(15歳未満)と老年人口(65歳以上)が生産年齢人口(15〜64歳)に対して占める比率。働き手である生産年齢人口100人が年少者と高齢者を何人支えているかを示す。　　　　　　　　　（国立社会保障・人口問題研究所資料による）

チェック・ワード　**高齢化社会**　国連の定義では，高齢(65歳以上)人口比率が**7%**以上の文字どおり高齢化しつつある社会をいう。
高齢社会　高齢化が進行して，高齢人口比率が**14%**以上の高い水準に達し，それが持続されている社会をいう。
超高齢社会　高齢人口比率が**21%**を超えるもの。2007年に日本が世界で最初に記録されたが，2019年には28%を超えた。
従属人口指数　（年少人口＋老年人口）÷生産年齢人口で計算する。ピラミッド型の発展途上国及び高齢化の進んだ国で数値が高くなる。

2 ジェンダーギャップの大きな格差

GGI(Gender Gap Index)　ジェンダーギャップ指数とは，その国の男女格差を完全不平等＝0，完全平等＝1という指数で表した指数のこと。2022年現在，日本は総合0.65で146か国中116位。先進国中では最低レベル。韓国や中国，ASEAN諸国よりも低い位置になる。「教育」「健康」面では0.97以上だが，「経済」面では賃金格差などを反映して0.56となり，「政治」面では0.06という突出した不平等状態が示されている。上位国はアイスランド，フィンランドなど北欧諸国が並ぶ。

●G7各国のGGI比較

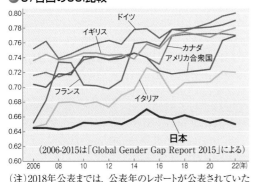

(2006-2015は「Global Gender Gap Report 2015」による)

(注)2018年公表までは，公表年のレポートが公表されていたが，2019年公表分は「GGGR 2020」となり，2020年のインデックスとして公表されたため，年の数字が連続していない。
（内閣府男女共同参画局資料などによる）

3 人口減少に直面する日本社会

●日本の将来推計人口（2030年及び2060年の人口は2017年推計）

	総人口	年少人口 (0〜14歳) (割合)	生産年齢人口 (15〜64歳) (割合)	老年人口 (65歳以上) (割合)
2021年	12,550万人	1,478万人 (11.8%)	7,450万人 (59.4%)	3,621万人 (28.9%)
↓ 2030	11,913万人	1,321万人 (11.1%)	6,875万人 (57.7%)	3,716万人 (31.2%)
↓ 2060	9,284万人	951万人 (10.2%)	4,793万人 (51.6%)	3,540万人 (38.1%)

（国立社会保障・人口問題研究所「日本の将来推計人口」などによる）

人口減少元年　横ばいを続けていた日本の人口が2010年頃から本格的な減少傾向に入り10年が経過した。「少子化」「高齢化」はかつてから懸念されてきた課題であるが，その解決の基盤としての人口そのものが明確に減少を始めている。

子育てや介護を担ってきた日本型の家族観はもはや過去の概念となり，またそれを税や保険料という形で負担する生産年齢人口(勤労世代)の中心年齢層(現在50歳前後)は「団塊ジュニア」と称されながら，バブル崩壊後の就職難とその後の雇用形態の変化の結果，他の世代に見られない非正規雇用率の高さを招いた。結婚や出産へのためらいも増し，本来ならば到来するはずの**第3次ベビーブーム**は形成されなかった（**参照**》P.211）。人口動態が変わらなければ2020年代には第4次ベビーブームが到来する可能性もあったのである。

⟳廃校になった小学校

4 人口が減少する国々

●世界の年平均人口増加率（2010〜20年の年平均推計）

凡例
▨ 3%以上
▩ 2〜3%未満
▤ 1〜2%未満
☐ 1%未満
▦ 減少
☐ 資料なし

（『世界国勢図会』2021/22による）

解説　日本やドイツ，中国が少子・高齢化に直面している一方で，アフリカ諸国では人口増加が続いている。人口が減少傾向である東ヨーロッパ諸国，旧ソ連構成国などは，社会主義崩壊後の経済混乱や，ウクライナでは1986年のチョルノービリ(チェルノブイリ)原発事故の影響もあると見られている。2020年以降の統計では，**新型コロナウイルス禍**による人口減少が数値に表れる国も予想される。

情報ナビ　**ワークライフバランス**　高齢化，少子化の対策は，政府が政策として担うだけではない。日本人の「働き過ぎ」と称される勤労観，雇用関係が社会変革を根強く拒み，先進国中では大きな後れをとっている。真の「仕事と生活の調和」を実現する必要がある。

5 合計特殊出生率が示す少子化

● 出生数と合計特殊出生率の推移

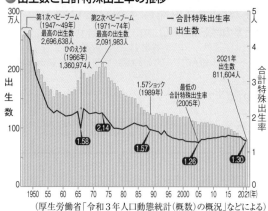

（厚生労働省「令和3年人口動態統計（概数）の概況」などによる）

● 主な国の合計特殊出生率

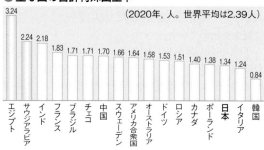

（注）人口が長期的に増えも減りもせずに一定の人口を維持する合計特殊出生率は，2.07〜2.08といわれている。これを**人口置換水準**とよぶ。　（世界銀行資料などによる）

● 先進諸国の合計特殊出生率の推移

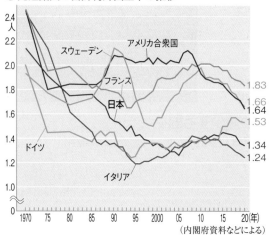

（内閣府資料などによる）

解説 合計特殊出生率　1人の女性が平均して生涯に出産する子供の数を**合計特殊出生率**という。15〜49歳の女性の各年齢での出生率を合計したものである。

昭和40年代までは2.1人で推移していたが50年代から低下傾向となり，2005（平成17）年にはついに1.26となった。この数字は，各家庭の子供が平均して1.26人という意味ではなく，すべての女性1人が生涯に産む子供の数である。

結婚していない女性が増え，また，子供のいない夫婦も多くなっている。結婚して子供のいる家庭についてみれば，日本でも2.2人ぐらいは産まれている。1950年には全女性のうち，結婚している人は25〜29歳で84.8%だったのに対し，2020年の国勢調査では**34.2%と低下**した。それが**出生率の低い最大の理由**となっている。

● 女性の年齢別労働力率の国際比較 （2020年）

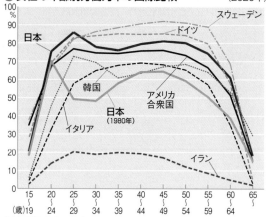

（注）労働力率は各年齢層の人口に占める労働力人口（就業者＋完全失業者）の割合。アメリカ合衆国の15〜19歳の数値は16〜19歳のデータ。　『世界の統計』2022

解説 日本や韓国の女性は出産で離職し，育児が一段落した中年期には再就職するために，**M字型の労働曲線**を描く。日本では1980年頃から30%近く上昇した。

6 EU諸国の人口政策

出生率の上昇　1970年前後から出生率の低下が始まり，合計特殊出生率1.30以下にまで低下した国もあった。しかし90年代後半から多くの国で出生率の反転上昇がみられるようになってきた。

効果的な人口政策　EUの多くの国は出生率の低下に対し，女性が子供を産みやすく育てやすい社会環境を整えるための政策，例えば育児休暇制度，児童手当制度，公的保育施設やその利用拡大などに取り組んできた。OECD諸国のGDP比の家族関係の支出をみると，イギリスが4.2%，フランス4.0%，それに続くデンマーク，スウェーデンなど支出水準が3%を超える国々は出生率が上昇している。同様の統計はドイツ3%，日本は1.3%にとどまっている。

シラク3原則　フランスでは出産，子育てと就労に関する幅広い環境整備が90年代後半，シラク大統領のもとで政策として進められた。①子供を産む，産まないは**女性固有の権利**。しかし子供を産みたいときとそのときの経済状態は一致するとは限らない。その乖離（かいり）は国家ができるかぎり埋める。②原則**無料の保育支援**。③育児休暇から職場復帰するときには**休暇中も勤務していたものとみなして職場は受け入れなくてはいけない**。

家族観の相違　日本では少子化の原因を晩婚化とする意見が根強いが，他の先進国では必ずしも結婚を前提とせずに出産が行われている。2008年の統計ではフランスの婚外子の割合は52.6%，アメリカは40.6%，日本は2.1%である。

（『全論点　人口急減と自治体消滅』時事通信社などによる）

● 3歳未満児の保育施設への入所割合（2014年）

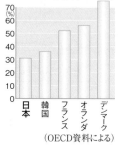

（OECD資料による）

情報ナビ **出生数は史上最少に**　2021年の日本の出生数は，1989年に統計を開始して以来最少の81万人。前年よりさらに2万9,000人の減少。婚姻件数も戦後最少となり，コロナ禍による生活苦，医療・福祉への不安は，さらに深刻な少子化を招いている。

1 自然的条件による村落の立地

立地点	特色
山間地	水の得やすい河谷の河川周辺部，日当たりの良い**南向きの緩斜面**などに立地。
火山山麓	裾野の湧水帯に立地。
扇状地 参照▶P.46・335	水との関係では谷水のある**扇頂部**，伏流水が湧水となる**扇端部**に立地。交通条件などからは扇端部が有利。用水網等が整備されると，面積の広い扇央部にも立地する。

立地点	特色
台地（洪積台地）参照▶P.47	地下水位が低く，一般には村落の発達は遅れる。局地的な地下水「**宙水**」(参照▶P.83)の上や，湧水帯のある台地末端に立地。やがて深井戸を掘って台地上にも立地するようになる。
河岸 参照▶P.46・48	洪水を避けることのできる**自然堤防上**や，河**岸段丘上（段丘面）**(参照▶P.338)に立地。
三角州氾濫原	洪水を避けることのできる，微高地で比較的乾燥している**自然堤防上**に立地。

2 写真と地形図でみる集落の立地

(1)丘上集落

⬆モトヴンの丘上集落[クロアチア]

(2)台地末端の集落

⬅下総台地[千葉県八千代市]

(3)山間地の集落　　(1:25,000　上町——長野県, 84%縮小)

写真の方向

⬇**山間地の集落**　長野県飯田市上村下栗集落は，傾斜30度あまりの南東斜面に切り開かれ，「日本のチロル」とよばれる。

(4)輪中集落　　(1:25,000　弥富——愛知県・岐阜県・三重県, 60%縮小)

写真の方向

⬆人工堤防と集落

⬇輪中でみられる伝統的な家屋

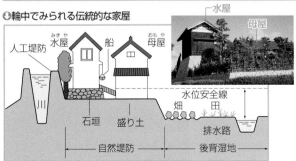

解説 輪中とはデルタなど河川下流の低湿地帯において洪水の害を防ぐため，集落や耕地の周囲に高い人工堤防をめぐらした地域を指し，濃尾平野西部の**木曽川，長良川，揖斐川3河川**（木曽三川）の下流地域に典型的に発達している。江戸時代前期にすでに輪中は存在し，その**大規模な発達は江戸時代中期**である。集落は人工堤防内側の自然堤防上に列状をなして立地する例が多く，浸水時に備えて母屋に盛り土をしたり，また屋敷内に一段と高く石垣を積んだ「水屋」とよぶ蔵をつくり，非常用の食料貯蔵庫と避難場所とした。また，ここに避難用の船も備えた。後背湿地の部分は強力な排水機械の設置によって水田化された。

情報ナビ 気候による村落の立地　**熱帯地域**では，高温多湿の低地を避け，高地に立地。**砂漠地域**では，水を求めてオアシスや外来河川沿いに立地。**強い風の吹く地域**では，風を避けられる風下に立地。風よけのために家の周囲に屋敷森や防風林をもつ地域もある。

(5)納屋集落　参照▶P.51

　九十九里浜の5万分の1, 2万5,000分の1の地形図（参照▶P.342）をみると，海岸寄りの浜堤から海岸線へかけての地名が，例えば九十九里町粟生岡・粟生新田・粟生納屋のように，**規則的な語尾変化をしている**ことに気づく。これは中世鎌倉時代に成立した古村の**岡集落**が，近世中期（1740年ころから1800年ころまで）のイワシ不漁期に**新田集落**を発生させ，さらに1800年以後，関西方面から大地曳き網漁法が伝えられ，イワシの豊漁期を迎えて漁具置き場の浜小屋が定住集落化して**納屋集落**となったものである。

　九十九里浜中央部の木戸川付近を境として，その北側では**納屋**の語尾が**浜**に変化しているが，納屋集落は関西の干鰯資本の支配下にあり，浜集落は江戸の干鰯資本と結びついていたとの指摘があって興味深い。

　納屋集落の前面には，最も新しい臨海集落が分布している。これらは明治以降，従来の地曳き網にかわって沖合へ出漁する揚繰網漁法が開発されて発生した集落であり，水産加工場も多く，最近では観光レクリエーション施設が増えている。昭和40年代初めのころ

までは，漁船を浜へ引き揚げたり，海へ押し出したりする作業が漁民総出で行われたが，作田川河口に掘り込み式の片貝漁港が完成して以降，砂丘上には廃船が取り残され，かつてのイワシ漁業の面影をとどめている。

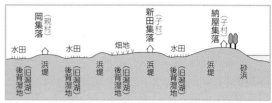

（『週刊朝日百科　世界の地理　No.37』朝日新聞社などによる）

　解説　千葉県北東端の犬吠埼に近い旭市刑部岬から，南のいすみ市太東崎に至る約60kmの海岸線は九十九里浜とよばれ，日本最大級の砂浜海岸をなしている。内陸部には海岸線と平行して下総台地末端の崖が続き，海岸との間に幅7～10kmの九十九里平野が開けている。この平野は，かつての海底面が上昇した海岸平野であり，海岸線の沖合進出に伴って十数列の浜堤が形成されている。浜堤上の微高地には集落や畑・林地が立地し浜堤間の低湿地は水田に利用されてきた。また江戸時代のイワシ漁の盛衰が，岡集落から新田集落と納屋集落を発展させた。

③ 村落の形態

		形態および特色	代表例
集村	塊村	不規則な塊状の集落。自然発生的村落に多い。	盆地の周辺，山地や丘陵の麓，条里集落など
	円村（環村）	円形または楕円形。中央に教会や広場・池沼がある。耕地は背後に放射状の土地割で区画されている。**広場村**ともよばれ，防御的性格の強い形態である。	旧東ドイツからポーランドの農業集落に多い（スラブ民族の集落に多い）。
	列村（連村）	列状に民家が配列。中心になる道路が明瞭でないもの。	自然堤防，砂丘，山麓の湧水帯
	路村	道路や水路に沿った列状の村落。民家の密集度は低い。	新田集落（参照▶P.340），**林地村**※（シロンスク地方，林隙村ともいう），**沼沢地村**※
	街村	主要街道に沿った列状の村落。民家の密集度が高く，商業的機能が強くなる。道路への依存度も高い。	宿場町がその典型，市場町
散村		・個々の民家が孤立し（**孤立荘宅**），散在して形成された村落。水利に恵まれた扇状地・氾濫原あるいは沖積低地など，飲料水も得られる地域。 ・世界的には人口密度が小さく，大農法が行われている新大陸の農業地域。	砺波平野（参照▶P.341），讃岐平野，出雲平野，黒部川扇状地，大井川扇状地，北海道の屯田兵村，アメリカ合衆国，カナダ，オーストラリアなど
疎村		・2～3戸または数戸が集まって，それが散在している場合。小村落ともいう。	赤城山南麓，ドイツの森林地帯，アルザス・ロレーヌ地方

▲塊村 [フランス・プロヴァンス地方]

▲円村 [フランス・ラングドック・ルシヨン地方]

▲林地村 [ルーマニア・トランシルヴァニア地方]

（注） このほかに**防御的村落**として，環濠集落・寺内町・囲郭村落（中国の華北や東北区に多く土塁や土塀で囲う）・**丘上集落**（参照▶P.219）（中世の地中海周辺に成立。外敵やマラリアを避けるため丘の上に立地）がある。
※ **林地村**は中世ドイツの森林地域の開拓村。道の両側に短冊状に家屋・耕地・草地・森林を配置。**沼沢地村**は北海沿岸の低湿地の開拓地に多い。微高地や水路に沿って家が並び，背後に耕地・草地を配置。

情報ナビ　**円村（環村）はなぜ広場を囲む円形になるのか**　スラブ民族が外敵から村を防衛するためという説のほかに，「夜の牧場」としての広場の必要性（野獣・盗賊から家畜を守る）があげられる。

4 写真と地形図でみる村落の形態

● 列村[新潟県燕市，弥彦村]

↑越後平野の信濃川左岸氾濫原中の自然堤防上に立地した集落。集落の中央を通る大きな道路がない。

（1：25,000　三条・寺泊——新潟県　ともに2001年修正測量,50%縮小）

写真の方向

● 路村[埼玉県三芳町，三富新田] 参照》P.340

↑1694（元禄7）年から川越藩主柳沢吉保が命じて武蔵野台地の開拓が行われた。日本の代表的な開拓路村。

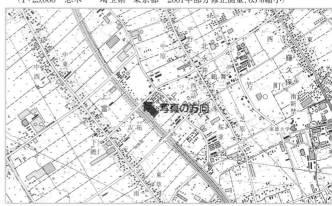

（1：25,000　志木——埼玉県・東京都　2001年部分修正測量,65%縮小）

写真の方向

● 街村[長野県南木曽町，旧中山道妻籠宿]

↑旧中山道の馬籠峠の南北に馬籠宿（岐阜県），妻籠宿（長野県）が置かれ，宿場町として発展した集落。

（1：25,000　妻籠——長野県・岐阜県　2006年更新,81%縮小）

写真の方向

妻籠

吾妻

細野山

橋場

大高取

● 散村[富山県砺波市] 参照》P.341

↑扇状地上に立地した代表的な散村（散居村）。緑豊かな屋敷林（カイニョ）に囲まれた家々が，砺波平野一面に碁石を散りばめたように点在している。

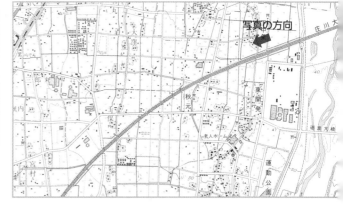

（1：25,000　砺波——富山県　1996年部分修正測量,
宮森新——富山県　2005年更新,65%縮小）

写真の方向

村落の歴史とその特色　■1 日本の村落の発達

時代	村落名	成立と性格	主な地名または地域
原始・古代	縄文時代の村落	食料と水が得やすく、日当たりのよい平坦地に集村を形成。海岸沿いの台地の縁辺・河岸段丘面・火山の裾野・扇状地の扇頂など。	長野県平出遺跡・横浜市南堀貝塚・青森県三内丸山遺跡
	弥生時代の村落	稲作を中心とする農耕生活が中心。村落も水田耕作に便利な沖積低地へ進出し、大規模となる。	静岡県登呂遺跡・奈良県唐古遺跡・佐賀県吉野ヶ里遺跡
	条里集落 参照▶P.339	大化の改新の班田収授法を施行するための**日本最初の計画的村落**。碁盤目状の土地割と道路網が特色である。	〈地名〉条・里・坪・町・反・面 奈良盆地を中心とする近畿地方
	環濠集落	周囲に濠をめぐらした村落。集落の防御・灌漑・排水・水運の目的でつくられた。古代に起源をもち、**中世**後期の社会混乱期にかけて発生。	奈良盆地(大和郡山市稗田)・大阪平野・佐賀平野
中世	荘園集落	開墾などによりつくられた荘園を中心に発達した村落。豪族屋敷村、名田百姓村、寺百姓村などを含むともいえる。	〈地名〉本所・領家・別府・別所・京田・給田・〜庄・〜荘
	豪族屋敷村 参照▶P.224	豪族の屋敷を中心として、農民や隷属民が居住した村落。防衛的性格が強く、段丘崖付近・低湿地に臨む丘陵・台地の末端部などに立地。	〈地名〉関東…堀ノ内・根小屋・寄居・箕輪、東北…舘・要害、中・四国…土居、九州…麓・拵・構
	名田百姓村 参照▶P.341	在地農民の主導的位置を占めていた名主を中心として形成された村落。共同体的性格の強いものや、豪族屋敷村のような性格のものがある。	〈地名〉〜丸(五郎丸・太郎丸)・〜名(貞光名・福富名)
	寺百姓村	寺を中心にして成立した村落。門前に農民が居住し、寺と農民は地主・小作のような関係にあった。	浄土真宗に多い。富山県・近畿地方中心(堺市東百舌鳥)
	隠田百姓村 参照▶P.223	落武者や租税のがれの農民たちが、人目のつかない山間地に定住してできた村落。古い風俗習慣や住居等が残っている。	五家荘(熊本県)・祖谷(徳島県)・白川郷(岐阜県)
近世	新田集落 (江戸時代) 参照▶P.224・340	幕府や藩の奨励によって海岸・湖岸・河川の氾濫原や扇状地・台地など、乏水地や湿地のためあまり利用されなかった土地に、新たに耕地が開かれ(これを新田開発といい、水田のみならず畑の開発も含む)、そこにできた集落。	〈地名〉新田・新開・開・出屋敷・出村・免(開発当初租税を免除された)・搦・籠(筑後川下流干拓地)・加納
近・現代	開拓村落 (明治時代) 参照▶P.224	主に士族授産(失業した武士に仕事を与える)のため、隆起扇状地 参照▶P.45・48)や隆起海岸平野などに新たに開拓された村落。**安積疎水**(福島県)・**明治用水**(愛知県)などが建設された。	牧ノ原・三方原・三本木原 安城台地・郡山盆地西部
	屯田兵村 (明治時代)	北海道の開拓と北辺の警備、士族授産のためつくられた計画的村落。直行する道路と格子状の土地割に特徴がある。 参照▶P.223	〈地名〉兵村・〜号線(下六号線) 石狩平野・上川盆地
	開拓村落 (戦後) 参照▶P.224	外地からの復員者・引揚者などによる農業開拓村落。火山山麓の緩斜面などにあった旧軍用地の利用や、海岸沿いの干拓などが行われた。	八ヶ岳山麓(野辺山原)・富士山麓西富士開拓地・大潟村(八郎潟)
	パイロットファーム 参照▶P.224	1955年国際復興開発銀行(世界銀行)の融資を受けて、根釧台地の一部に酪農を中心とした大規模農場がつくられた。	根釧台地

■2 古代の計画的集落〜条里制の土地割 参照▶P.339

　古代日本で行われた耕地の地割の制を条里制という。6町＝60歩×6＝約654m間隔に、土地を縦横の道路や畦畔で方格に区画し、一方(北から南)の列を条、他方(西から東)の列を里で数え、それぞれ起点から順次数字を冠して何条・何里とよんだ。また、6町平方の区間を里と名づけた。この里の各辺を、1町(約109m)ごとに6等分し、1町四方の小区画を坪とよんだ。坪内の地割は、①60歩×6歩＝1反(約12a)の細長い区画に10等分された**長地型**(短冊型)か、②30歩×12歩＝1反の長方形の区画を2列に並べて10等分した**半折型**(色紙型)のいずれかを基本として分けられている。

　耕地を方格に区分することは、弥生時代の水田址にも認められ、また大宝律令に始まる**町段歩制**(**班田収授法**)に先行して存在することから、7世紀以降に施行されたのは確実である。条里制地割の遺構は、最近、全国的に進捗した圃場整備によって、その多くが消滅し、地籍図を基に大縮尺の地図上に復原するより他に方法がなくなっている。

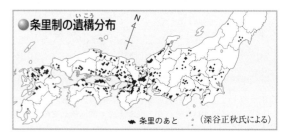

●条里制の遺構分布

→ 条里のあと　　　(深谷正秋氏による)

③「秘境」とよばれる村落〜隠田百姓村

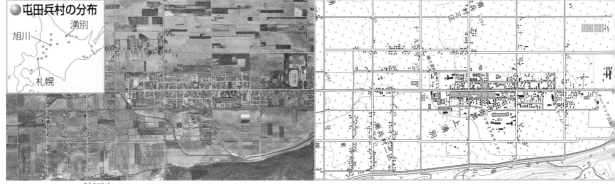

↑かずら橋

⟲隠田百姓村のある祖谷地方[徳島県] 屋島での戦いに敗れた平氏一族が逃れ，土着したと伝えられている。第二次世界大戦後まで，ソバ・ヒエ・大豆などの焼畑が行われ，ミツマタの栽培もさかんであった。

●主な隠田百姓村

五箇山
五家荘
白川郷
祖谷
米良荘

(1：25,000　大歩危──徳島県　2006年更新，80%縮小)

④ 近代の計画的開拓村落〜屯田兵村

(1：25,000　上湧別──北海道　2001年修正測量，70%縮小)

●屯田兵村の分布

湧別
旭川
札幌

⚐屯田兵村[北海道湧別町]

　1874(明治7)年から北辺の警備と北海道の開拓，それに失業した士族に対する授産などを目的として，政府が入植させたものが屯田兵村である。札幌市郊外の琴似村を最初に，石狩・上川盆地を中心として37兵村7,337家族，7万4,755町歩を開拓した。直行する道路による格子状の土地割が行われ，集落の形態は，はじめは開拓路村であったが，後に散村が一般的になった。

●上・下東旭川兵村の土地割

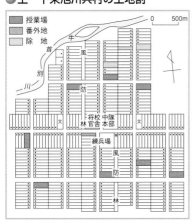

授業場
番外地
除地

牛
首
風
別
川
防
将校中隊
林官舎本部
練兵場
風
防
文
文
林

0　500m

解説 2つの兵村の中間に中隊本部，将校官舎，練兵場，番外地などが置かれた。番外地とよばれている所は，兵員の需要をみたす商店などのサービス施設を，計画的に立地させるために確保した土地である。
　兵員は抽選で家と耕地が定められた。各人の給与地は5町歩(約5ha)であるが，こ

の図に示されているところは各戸間口30間(約55m)，奥行150間(273m)，4,500坪(約1.5ha)で，残りの1万500坪(約3.5ha)はこの外側に給与された。

⚐タウンシップ[アメリカ合衆国]

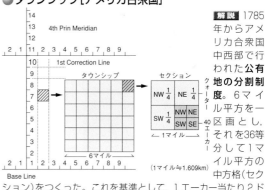

14
13　4th Prin Meridian
12
2 1 1 1 2 3 4 5 6 7 8 9
10　1st Correction Line
9　　　タウンシップ
8
7
6
5
4
3
2
2 1 1 2 3 4 5 6 7 8 9
Base Line

←6マイル→

セクション
クォーター

| NW $\frac{1}{4}$ | NE $\frac{1}{4}$ |
| SW $\frac{1}{4}$ | NW NE / SW SE |

←1マイル→
40エーカー

(1マイル≒1.609km)

解説 1785年からアメリカ合衆国中西部で行われた**公有地の分割制度**。6マイル平方を一区画とし，それを36等分して1マイル平方の中方格(セクション)をつくった。これを基準として，1エーカー当たり2ドルで公売した。1802年，基準面積は8分の1セクション，すなわち80エーカーに引き下げられた。
　後に，最低限必要な土地は無償でという声にこたえて，1862年**ホームステッド法**(自営農地法)が成立した。これで，5年間定住開拓した者に1クォーター(160エーカー≒64.8ha)が無償で与えられることになった。

⚐タウンシップ制による散村[アメリカ・カンザス州]

5 写真と地形図でみる村落の歴史

● 豪族屋敷村

解説 右の地形図は岩手県奥州市前沢区の一部で，北上川西岸にあたる。図中の**「舘」**という地名は，東北地方にみられる豪族屋敷村（豪族集落）起源の土地に特有の地名である。同じく図中の「高殿」，「川岸場」も豪族屋敷を中心とした集落で，屋敷を囲む濠や石塁などがみられる。また，地形図図幅全体の中では「舘」，「城」，「要害」，「箕輪」，「堀ノ内」などの関連地名が数多くみられる。

（1：25,000　前沢——岩手県　2001年修正測量，65%縮小）

● 新田集落

（提供：国土地理院）

解説 愛媛県西条市の燧灘に面した平野部には多数の新田集落がみられる。海岸部のかつての干潟には近世の干拓によって形成された新田集落があり，旧堤防沿いに**列村**（参照≫P.221）を形成している。地形図の西側は山地東麓に形成された**扇状地**（参照≫P.46）にあたり，河川の旧流路などの湿地や水利の不便な砂礫地などに新田集落が発達し，「出作」「新出」などの地名が数多くみられる。

（1：25,000　壬生川——愛媛県　2005年更新，65%縮小）

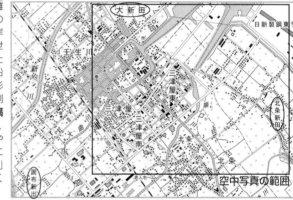

● 開拓村落

解説 静岡県大井川西岸に広がる牧ノ原は**隆起扇状地**（洪積台地）（参照≫P.45・47・48）で，江戸時代までは不毛の土地であった。明治の初年，江戸から静岡へと退去した徳川慶喜に従った旧幕臣や，職を失った大井川の川越人足らが台地の開拓に取り組み，現在は日本最大規模の茶畑の広がる景観に変わった。地形図中央の町村界記号は分水界でなく台地末端を忠実になぞって屈曲している。

（1：25,000　相良——静岡県　1996年修正測量，65%縮小）

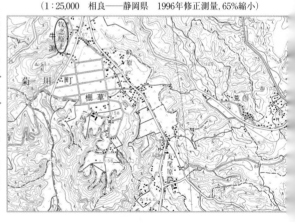

● パイロットファーム

解説 明治期から酪農，馬の生産地として開拓が進められていた根釧台地に，1955（昭和30）年から大規模で近代的な酪農生産を導入したのが**「パイロットファーム（根釧機械開墾地区建設事業）」**である。1農家平均15haで始まった事業は，その後の法改正により30haにまで拡大し，別海町の乳牛頭数は10万頭以上を数える。**防雪林**が直線状に延び，大型サイロをもつ家屋は数百m間隔で散在する。

（1：25,000　豊原——北海道　2001年修正測量，65%縮小）

↑ケンブリッジ[イギリス]

● 地名が明かす都市の立地

外国の地名にみられる共通の語尾は，都市の立地に関連し，次のような意味をもっている。

城（都市）	カッスル(castle〈英〉)，バラ(brough・burgh〈英〉)，ブルク(burg〈独〉)，ブール(bourg〈仏〉)，グラード・ゴロド(grad・gorod〈露〉)，スク(sk〈露〉)，プル(pur〈印〉)
橋	ブリッジ(bridge〈英〉)，ブルック(bruck〈独〉)
浅瀬（渡津）	フォード(ford〈英〉)，フルト(furt〈独〉)
堤防	ダム(dam〈蘭〉)
イスラーム都市	バード(abad〈アラビア〉)
町・集落	タウン(town〈英〉)，ウィッチ(wich〈英〉)，ビル(ville〈仏〉)，シュタット(stadt〈独〉)

(注)〈　〉内は語。

1 ヨーロッパの都市の立地と条件

オックスフォード
キール(運河の端)
エムデン(河口)
ハンブルク(潮汐の限界点)
ブレーメルハーフェン(河口)
ベルリン(平野の中心)
ケンブリッジ(橋)
ロッテルダム(堤防)
ロンドン(潮汐の限界点)
ハノーファー(運河)
デュースブルク(合流点)
ドルトムント(地下資源の所在地)
ドーヴァー(海峡の端)
カレー(海峡の端)
ケルン(大司教所在地)
コブレンツ(合流点)
ルアーヴル(河口)
マインツ(合流点)
フランクフルト(渡津)
パリ(平野の中心)
シュツットガルト(河川交通の終点)
バーゼル(河川交通の終点)
インスブルック(橋)
サンテチエンヌ(地下資源の所在地)
リヨン(合流点)
ジュネーヴ(湖岸)
ミラノ(峠のふもと)
トリノ(峠のふもと)
マルセイユ(湾頭)

0　100　200km

2 都市の立地条件 参照》P.219

立地点	立地条件	代表的都市
平野の中心 参照》P.50	生産力の豊かな大平野を後背地(ヒンターランド)として発達し，商業・政治・交通などの中心となる。	モスクワ(東ヨーロッパ平原)・ベルリン(北ドイツ平原)・パリ(パリ盆地)・東京(関東平野)・甲府(甲府盆地)
谷口(渓口)	山地と平野との経済的接触点に都市が発達する。	青梅・五日市・小千谷・阿波池田
湾頭	海と陸との交易上の接触点として，交通の要地である。	サンクトペテルブルク(フィンランド湾)・ボルティモア(チェサピーク湾)・フィラデルフィア(デラウェア湾)・東京(東京湾)・ベルゲン・釜山
海峡の両端	海上交通の要地であり，陸との接触点となる。	ジブラルタル(英)とセウタ(スペイン)とタンジール(モロッコ)(ジブラルタル海峡)，イスタンブールとユスキュダル(ボスポラス海峡)，函館と青森(津軽海峡)，下関と門司(関門海峡)
運河の両端	海上交通の要地となる。	ポートサイドとスエズ(スエズ運河) 参照》P.195 コロンとパナマシティ(パナマ運河)
湖岸	湖と陸との交通の結節点に発達する。	シカゴ(ミシガン湖)・ジュネーヴ(レマン湖)・バクー(カスピ海)ダルース(スペリオル湖)・トロント(オンタリオ湖)・大津(琵琶湖)
渡津	道路・街道が河川を横切る地点。人や物資が滞留し，都市が発達する。	ミネアポリス・セントポール(ミシシッピ川)，ブダペスト(ドナウ川)，フランクフルト(マイン川)，島田・金谷(大井川)
可航河川の沿岸	地形的に港ができる場所に，水陸交通の結節点として都市が成立する。河口・合流点・エスチュアリにおける潮汐の限界点(外洋船の遡航が可能な一方，架橋が可能)などがその例である。	[河口]ニューヨーク(ハドソン川)・ニューオーリンズ(ミシシッピ川)・新潟(信濃川) [合流点]ウーハン(武漢)(長江と漢江)・ベオグラード(ドナウ川とサヴァ川)・セントルイス(ミシシッピ川とミズーリ川)・ハルツーム(青ナイル川と白ナイル川) [潮汐の限界点]ロンドン(テムズ川)・ハンブルク(エルベ川)
滝線	河川交通の終点。滝(急流)の落差を利用した水車の立地により，都市が発達した。	フィラデルフィア・リッチモンド・コロンビア・オーガスタ(アパラチア山脈(ピードモント台地)東麓の滝線都市) 参照》P.226
峠のふもと	人や物資が滞留する交通の要地である。	グルノーブル・ミラノ・トリノ・インスブルック(アルプス山脈)カブール・ペシャーワル(カイバー峠)小田原・三島(箱根)
低緯度の高原	低地の大都市の避暑地となる。南米，アフリカでは高地都市に対して外港が発達。	バンドン(ジャカルタ)・ダージリン(コルカタ)・シムラ(デリー)・バギオ(マニラ)　※(　)内は低地の大都市 参照》P.226
地下資源の所在地	鉄鉱石・石炭・金などが埋蔵されていて，鉱業都市が発達する。	メサビ(鉄鉱石)・アンシャン(鞍山)(鉄鉱石)・カルグーリー(金)・キンバリー(ダイヤモンド)
異文化の接触線	生活様式の異なる2地域が接する境界線上。農耕地域と牧畜地域など。	パオトウ(包頭)・チャンチヤコウ(張家口)・サマルカンド

情報ナビ　**都市名の語源**　ペルシア語圏ではカンド(kand)が村・町，イスラーム圏ではバード(abad)が都市を意味する。インドでは，城(都市)にはサンスクリット語のプル(pur)が用いられる。ナガル・ナガラ(nagar・nagara)も都市・町を意味する。

村落・都市

3 水が都市を形成〜滝線都市

●滝線都市パターソン　写真はパセイック川の大滝「グレートフォールズ」。パターソンにおける絹織物産業の発展の源となった。パターソンの愛称は「絹の市」。

◯18世紀の綿織物工場[ロードアイランド州]

解説 アメリカ合衆国東部，アパラチア山脈から流れ出る多くの河川は東麓のピードモント台地を横切り，大西洋岸平野を流れて大西洋に注ぎ込む。ピードモント台地から大西洋岸平野に流れ出る地点では河川は滝となり，それを連ねた**滝線**に沿った地点では水力を利用した紡績業，織物業，製粉業などが古くから発達して都市を形成してきた。代表的な都市としてフィラデルフィア，ボルティモア，リッチモンドなどがあげられる。

4 赤道直下に首都が…〜キト

赤道という名の国名　エクアドルの首都キト（Quito）は，赤道直下の町として知られる。国名Ecuador（英語で赤道を意味するequatorと同じ）からして，スペイン語で赤道のことである。

常春の気候　キトは高地都市としても知られる。セントロ（中心）地区のすぐ西側の小さな山は，海抜3,000mを少し上回る高さであり，周辺にはもっと高い山がたくさんある。アンデス山脈中のアルティプラノ（高原）の小盆地に発達した都市で，これだけの高度であると，一年中を通じて，少なくとも気温の上では快適である。驚くことに，一年中を通して月平均気温は13℃プラスマイナス0.2℃という。この町から外へ出ない人は，冬服も夏服もいらないということになる。常に東京の4月なみの気温だからである。もし低地にあれば，エクアドル海岸部のグアヤキルのように，毎月の平均気温が25℃ぐらいということで，東京の7月なみとなる。

外港の発達　キトの人口は約180万人。外港のグアヤキルがキトより大きくなって258万人に達しているが，このような山の中では，経済活動に不便があるからだろう。それはともかく，一国の首都として，政治・文化の最大中心となり，住宅地が大きく拡大した。（正井泰夫『都市地図の旅』原書房などによる）

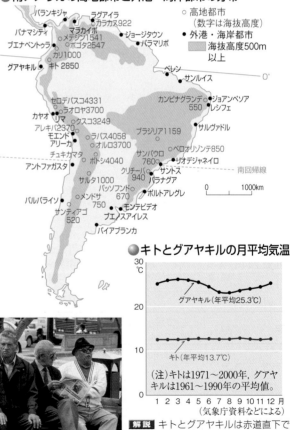

↑キトの街角　人々の服装に注目。

● 南アメリカの高地都市と外港・海岸都市の分布

◯ 高地都市（数字は海抜高度）
● 外港・海岸都市
海抜高度500m以上

バランキジャ　ラグアイラ　マラカイボ　カラカス922　ジョージタウン　パナマシティ　メデジン1541　パラマリボ　ブエナベントゥラ　ボゴタ2547　カリ1000　グアヤキル　キト2850　ベレン　サンルイス　セロデパスコ4331　ラオロヤ3700　カンピナグランデ550　ジョアンペソア　カヤオ　リマ　レシフェ　アレキパ2370　クスコ3249　ブラジリア1159　モエンド　ラパス4058　サルヴァドル　アリーカ　オルロ3700　チュキカマタ　ポトシ4040　サンパウロ760　ベロオリゾンテ850　アントファガスタ　クリチーバ940　リオデジャネイロ　サルタ1000　パラナグア　パッソフンド670　ポルトアレグレ　メンドサ750　モンテビデオ　バルパライソ　サンティアゴ520　ブエノスアイレス　バイアブランカ

南回帰線

0°

● キトとグアヤキルの月平均気温

グアヤキル（年平均25.3℃）
キト（年平均13.7℃）

（注）キトは1971〜2000年，グアヤキルは1961〜1990年の平均値。

1 2 3 4 5 6 7 8 9 10 11 12 月
（気象庁資料などによる）

解説 キトとグアヤキルは赤道直下でほぼ同緯度。キトは，海抜が2,850mで，気温の逓減率（**参照**▶P.60）からすると0.65×$\frac{2850}{100}$で海岸よりも気温が18.5℃低くなる計算になる。

情報ナビ **アフリカの高地都市**　アフリカにおける高地都市と外港は，ナイロビ（1,624m）とモンバサ，アディスアベバ（2,354m）とジブチ，ヨハネスバーグ（1,750m）とダーバンなどがあげられる。

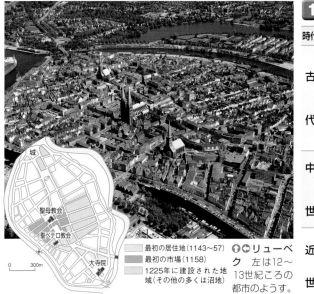

城
聖母教会
聖ペテロ教会
大寺院
0 300m

■ 最初の居住地(1143〜57)
■ 最初の市場(1158)
■ 1225年に建設された地域(その他の多くは沼地)

●●リューベク 左は12〜13世紀ころの都市のようす。

解説 古代から中世にかけての各国の都市は，城壁に囲まれた**囲郭都市**として形成された例が多い。ヨーロッパにおいてもアジアにおいても，異民族や異教徒との戦いを前提とすると住民全体が城壁に守られる必要性があろう（**参照**≫P.225）。日本の都市にはそのような例は少なく，石垣や堀の多くは城を守る目的で築かれている（**参照**≫P.233）。

1 世界の都市の歴史

時代	発達のようす
古代	●ユーラシア大陸における都市は，形成時より周囲に城壁を構えた**囲郭(城郭・城壁)都市**が普通。支配と防衛のために城壁を築き，それを神聖視した。〈例〉　バビロン(メソポタミア)・メンフィス(エジプト)・長安(中国・現シーアン(西安)) ●**都市国家(ポリス)**　市街を城壁で囲み，都市とその周辺が一国家を形成。〈例〉　アテネ・スパルタ
中世	●交通の要地に**商業都市**が発達し，封建領主から自治権を獲得した**自治都市**も成立。〈例〉　ヴェネツィア・ジェノヴァ・フィレンツェ ●ドイツには，**ハンザ同盟**の都市が成立。〈例〉　ブレーメン・ハンブルク・リューベク
近世	●各国の中央集権化の進展により，首都が発達。〈例〉　ロンドン・パリ・ペテルスブルグ(現サンクトペテルブルク) ●大航海時代以降，新たな貿易上の商業都市が発達。〈例〉　リスボン・アムステルダム
近・現代	●産業革命以後**工業都市**が成立。〈例〉　マンチェスター・バーミンガム・エッセン・ピッツバーグ ●都市の発展により，人口集中が進み，人口100万人を超える**メトロポリス(巨大都市)**（**参照**≫P.231）が形成。〈例〉　メキシコシティ・ニューヨーク

2 機能による都市の分類

分類		代表的な都市
生産都市	鉱業都市	[金] ヨハネスバーグ・カルグーリー [銅] チュキカマタ・ビンガム・ビュート [鉄] イタビラ・マウントホエールバック・マウントトムプライス・メサビ・クリヴィリフ・キルナ [ニッケル] サドバリ [石炭] タートン(大同)・カラガンダ・アサンソル [石油] キルクーク・マラカイボ・バクー・ターチン(大慶)・パレンバン・ダーラン
	工業都市	[鉄鋼] 北九州・ウーハン(武漢)・ゲーリー・ピッツバーグ・エッセン・マグニトゴルスク [自動車] 豊田・広島・デトロイト・ヴォルフスブルク [造船] 長崎・グラスゴー・ウルサン(蔚山) [綿工業] マンチェスター・ムンバイ・タシケント [絹工業] 桐生・福井・リヨン・パターソン [製紙] 苫小牧・オタワ [窯業] 瀬戸・ストーク・リモージュ・マイセン
	林産都市	能代・新宮・アルハンゲリスク・シトカ
	水産都市	銚子・釧路・焼津・アバディーン・セントジョンズ
交易都市	商業都市	大阪・ニューヨーク・ブエノスアイレス・シャンハイ(上海)・ロンドン
	交通都市	[鉄道] 米原・高崎・ウィニペグ [港] 横浜・神戸・シンガポール・パナマ・ホンコン [空港] 千歳・アンカレジ・カラチ・ドバイ
消費都市	政治都市	ワシントンD.C.・ブラジリア・キャンベラ・デリー
	軍事都市	横須賀・ポーツマス・ジブラルタル・ウラジオストク
	住宅都市	[東京周辺] 浦安・小平・多摩・松戸・市川 [名古屋周辺] 春日井・小牧 [大阪周辺] 高槻・茨木・枚方・池田・豊中・芦屋 [ロンドン] レッチワース **参照**≫P.238 [ベルリン] ポツダム

分類		代表的な都市
消費都市	宗教都市	[キリスト教] エルサレム・バチカン(ローマ) [イスラーム] メッカ・メディナ・エルサレム [ヒンドゥー教] ヴァラナシ(ベナレス) [仏教] 長野・成田・ブッダガヤ　[チベット仏教] ラサ [神道] 伊勢・天理　[ユダヤ教] エルサレム [モルモン教] ソルトレークシティ
	文化・学術都市	つくば・ケンブリッジ・オックスフォード・ライプツィヒ・ハイデルベルク・アカデムゴロドク
	観光都市	奈良・京都・アテネ・ローマ・ヴェネツィア・ナポリ・インターラーケン・ジュネーヴ
	保養都市	[避暑] 軽井沢・バンドン・シムラ・ダージリン・バギオ [臨海(避寒)] 逗子・アトランティックシティ・マイアミ・ニース・ヤルタ・ソチ [温泉] 草津・熱海・別府・バーデンバーデン

47°55′
15′45″
連邦地区
パラノア湖
ガマ区
ボスコ区
ブラジリア国際空港

（J.Diercke Weltatlas 2008による）

■ 大使館・官庁　■ 高層住宅地　□ 公園・緑地
■ 商業中心地　■ その他住宅地　■ 森林
□ 公共施設　■ 工業地区　□ 他

●●ブラジリア　リオデジャネイロから1960年代に移転したブラジルの首都で，高原に建設された計画都市。飛行機の翼形をしている。

情報ナビ 古代ギリシャ(マケドニア)から発してオリエント世界を征服したアレクサンドロス王は，各地に都市を建設し，ギリシャ(ヘレニズム)文化を広めた。**アレクサンドリア**(エジプト)，**イスケンデルン**(トルコ)，**カンダハル**(アフガニスタン)などの地名がある。

村落・都市

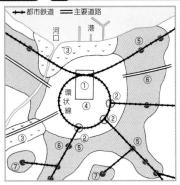

図の番号	地区名		特　　徴	東京	大阪
①	都心地域 交通機関が集中。昼間人口の差が大	中心業務地区（CBD）	全国の会社，銀行などの本社があり，高層建築が目立つ。 参照≫P.235	丸の内	堂島 中之島
		官公庁地区	政治の中心で諸官庁の建物が並ぶ。	霞が関	大手前
		都心商店街	デパートや高級専門店，娯楽施設が多く，地価最高。	銀座 日本橋	心斎橋筋 梅田
②	副都心		郊外電車のターミナルに位置し，商業・サービスなど都心の機能の一部を代行。	新宿・渋谷 池袋・品川	天王寺
③	工業地区		敷地に恵まれ，地価の安い港湾付近や内陸部に工場が集中する。	江東	淀川河口
④	混合地区		住宅と工場・商店が混在する。零細企業が多く，CBD周辺の旧市街地などがその例。	荒川 大田	西成
⑤	周辺商店街		郊外電車の駅前など，住宅地区で交通の便の良い所。**最寄駅**中心。	中野 小岩駅前	九条新道 千林
⑥	住宅地区		交通・住環境の良い地域が最適。地価により条件は多様。徐々に郊外へ拡大。	武蔵野台地	住吉
⑦	郊外住宅団地		主として郊外電車沿線の丘陵地などに新しく開発された**ニュータウン**。 参照≫P.235	多摩丘陵	千里丘陵

チェック・ワード CBD（中心業務地区・業務中心地区） Central Business District の略。官公庁地区とは性格が異なり，企業活動の中心となる高層ビル街のこと。東京では丸の内がこれにあたるが，新宿の高層ビル群や臨海副都心などにその機能が分散する傾向にある。ロンドンでは**シティ**，ニューヨークでは**マンハッタン**がCBDにあたる。

⮌CBDのオフィス街を歩く人々
[東京都・丸の内]

⮌住宅と町工場が密集する混合地区[大阪府・東大阪市]

⮌千里丘陵の中央に位置する千里ニュータウン[大阪府・吹田市]

⮌副都心以外に，郊外に形成した幕張の「新都心」[千葉県・千葉市]

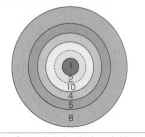

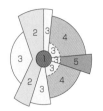

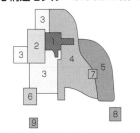

4 さまざまな都市構造モデル｜都市内部の地域分化

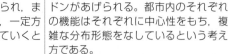

1. 中心業務地区（CBD）　2. 卸売・軽工業地区　3. 低級住宅地区　4. 一般住宅地区
5. 高級住宅地区　6. 重工業地区　7. 周辺業務地区　8. 新しい住宅地区
9. 新しい工業地区　10. 漸移地区

同心円構造モデル バージェス(米) 1923年

シカゴの調査から，都市の内部はCBDを中心として卸売・軽工業地区，漸移地区，一般〜高級住宅街，郊外へと**同心円状**に広がっていくという仮説。漸移地帯とは商業地域と住宅地域が移り変わるところで，スラムが発生する場所でもある。

扇形構造モデル ホイト(米)　1939年

基本的には同心円構造を認めながらも，各地域の配置が鉄道，運河などの交通線の存在によってゆがめられ，また，ある機能が拡大するとき，一定方向に類似した土地利用が延びていくという理論。

多核心構造モデル ハリス，ウルマン(米) 1945年

モデルの一つとして，シティとウェストミンスターの２つの核をもつロンドンがあげられる。都市内のそれぞれの機能はそれぞれに中心性をもち，複雑な分布形態をなしているという考え方である。

（『地理学辞典』二宮書店，『都市地理学』朝倉書店などによる）

5 都市の形態

(1) 都市の平面形態

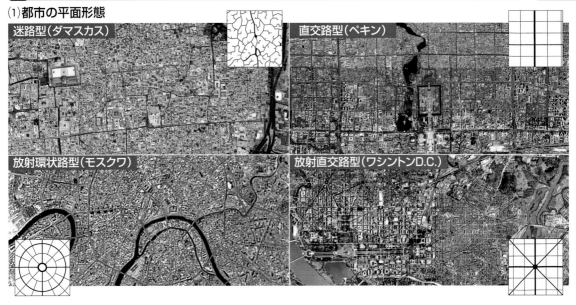

迷路型（ダマスカス）

直交路型（ペキン）

放射環状路型（モスクワ）

放射直交路型（ワシントンD.C.）

(2) 都市の立面形態

● **モスクワ**

中心部は主に中・低層の建物（城壁で囲まれた政府機関など）が広がり，郊外に向かうほど高層の住宅地が増えていく。

● **パリ** 参照▶P.239

中心部は景観の保全などを目的に中・低層の歴史的建造物が多く，周辺部は**副都心**が形成され，高層ビルが目立つ。

● **シカゴ**

中心部は**中心業務地区（CBD）**をなす高層ビルが集中し，郊外は戸建ての住宅街が広がっている。

(Claval, *La Logique des Villes*などによる)

解説 シカゴのような新大陸の開拓に起源をもつ大都市は歴史が浅いことから，中心部（CBD）に高層ビルが集中することが多い。古い歴史をもつヨーロッパの首都などは，中心にはランドマークとなる宮殿や聖堂，城塞の跡などがあるため，高層建築を規制して景観の保全に配慮をするケースが多い。むしろ郊外を開発して副都心が形成されている。2019年に焼失したパリのノートルダム大聖堂は被災直後から再建のため多額の寄付が集まっている。参照▶P.228

6 原野に建設された開拓都市とその歩み〜帯広

(3枚とも, 1：50,000　帯広——北海道, 65%縮小)

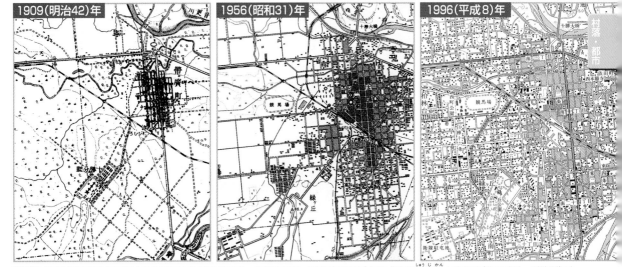

1909（明治42）年

1956（昭和31）年

1996（平成8）年

解説 1882（明治15）年に個人の入植により開拓が始まった帯広には，1895（明治28）年に北海道集治監十勝分監（後の監獄，刑務所）が置かれ，収監された人たちの労働も道路の建設や十勝平野の開拓に寄与した。最初の市街は札幌などと同様，整然とした**直交路型の開拓都市**として建設された。「火防線」とよばれた斜行道路に特徴があり，現在は国内では珍しい**放射直交路型**の整然とした町並みに成長した。近年は旧市街から駅南方へと発展の中心が移動している。東京都国立市も同様の街路網をもつ。

村落・都市

都市化の進展

1 都市化とその課題

↑バンコクの高層ビル群[タイ]

(1)都市人口の増加

●各国の都市人口比率の推移

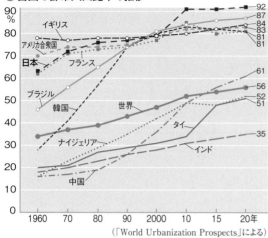

（「World Urbanization Prospects」による）

(注)都市の定義は国によって異なる。日本のデータについて、「都市」とは、①人口5万人以上、②製造業や貿易、都市的な業務に携わっている人が市全人口の60%以上などとされたもの(地方自治法第8条)。

解説 都市人口の増加 都市人口の増加は比較的最近のことである。1800年において、都市人口は世界人口の3%足らずであった。しかし、1970年には世界人口の37%となり、2007年には世界人口の半分となった。海岸の都市から入植の始まった**ラテンアメリカ**諸国は都市人口率が比較的高い。

発展途上国での増加 先進国と発展途上国の都市人口を比較すると、1970年では先進国の方が多かった。その後、発展途上国の都市人口が著しく増加し、1990年には13億8,400万人と、1970年の2倍以上に増加した。2000年には19億7,100万人となり、先進国の2倍以上となった。増加速度や人口数からみても、世界の都市人口の問題は、発展途上国に多くなってきているといえる。人口増加は**スラム**（参照≫P.237）の発生などさまざまな影響をもたらしている。

(2)世界の都市化予測

アジアとアフリカ 2011年4月に発表された「国連世界都市化予測」では、2050年までに世界で増加する都市人口の86%がアジアとアフリカで占められるという予測がされている。アフリカでは都市人口は現在の4億人台から12億人に、アジアでは19億人から33億人に増加することが見込まれている。特に増加の大きい国はインド・中国・ナイジェリアなど。世界全体の人口増加は23億人だが、都市については農村部からの流入も加えて26億人が増加すると予測されている。

●発展途上国の都市構造(東南アジア〜南アジアのモデル図)

↑バンコクのスラム[タイ]

2 世界の大都市とその変化

赤文字はOECD加盟国の都市　■2,000万人以上　□1,500〜2,000万人　□1,000〜1,500万人　　　　(万人)

1950年		1980年		2010年		2025年(予測)	
ニューヨーク	1,234	東京	2,855	東京	3,667	東京	3,709
東京	1,128	ニューヨーク	1,560	デリー	2,216	デリー	2,857
ロンドン	836	メキシコシティ	1,301	サンパウロ	2,026	ムンバイ	2,581
パリ	652	サンパウロ	1,209	ムンバイ	2,004	サンパウロ	2,165
シャンハイ	607	大阪	999	メキシコシティ	1,946	ダッカ	2,094
モスクワ	536	ロサンゼルス	951	ニューヨーク	1,943	メキシコシティ	2,071
ブエノスアイレス	510	ブエノスアイレス	942	シャンハイ	1,658	ニューヨーク	2,064
シカゴ	500	コルカタ	903	コルカタ	1,555	コルカタ	2,011
コルカタ	451	パリ	887	ダッカ	1,465	シャンハイ	2,002
大阪	415	ムンバイ	866	カラチ	1,312	カラチ	1,873
ロサンゼルス	405	リオデジャネイロ	858	ブエノスアイレス	1,307	ラゴス	1,581
ペキン	335	ソウル	826	ロサンゼルス	1,276	キンシャサ	1,504
ベルリン	334	モスクワ	814	ペキン	1,239	ペキン	1,502
フィラデルフィア	313	ロンドン	766	リオデジャネイロ	1,195	マニラ	1,492
リオデジャネイロ	295	シャンハイ	761	マニラ	1,163	ブエノスアイレス	1,371
サンクトペテルブルク	290	カイロ	735	大阪	1,134	ロサンゼルス	1,368
メキシコシティ	288	シカゴ	722	カイロ	1,100	カイロ	1,353
ムンバイ	286	ペキン	645	ラゴス	1,058	リオデジャネイロ	1,265
デトロイト	277	ジャカルタ	598	モスクワ	1,055	イスタンブール	1,211
ボストン	255	マニラ	596	イスタンブール	1,052	大阪	1,137

(注)東京は東京都・神奈川県・千葉県・埼玉県にまたがる大都市圏人口。大阪は大阪府・兵庫県にまたがる大都市圏人口。国により「都市」の定義が異なり、単純な比較は難しい。　（「World Urbanization Prospects: The 2009 Revision」）

解説 東京の人口については①23区人口(2020年、973万人)、②東京都人口(2020年、1,405万人)、③東京都を中心として神奈川・千葉・埼玉にまたがる大都市圏人口(2020年、3,691万人)が使い分けられているので注意する。

情報ナビ エジプトの首都移転 長くエジプトの政治経済の中心であったカイロでは、人口増加と過密状態からの脱却を図り、カイロの東郊45kmの砂漠に巨大首都を建設している。2021年から移転を始めている。

3 アメリカの心臓部～メガロポリス

アメリカ・メガロポリス アメリカ東北部のボストンからワシントンに及ぶ南北約700～800km, 幅約100～200kmの地域には, 約3,500万人の人口がある。この地域にはボストン, ニューヨーク, フィラデルフィア, ボルティモア, ワシントンなど大都市圏人口で100万を超える**メトロポリス(巨大都市)** metropolis が集中し, その間に, 多数の中小都市が分散している。都市と都市との境界, 都市と農村との境界が不明確なひとつの超大都市圏となっているそのありさまは, まるで広大な宇宙の中の星雲のようだ。

地理学者ジャン・ゴットマン博士は, このような巨大な都市化の進んだ地域を**メガロポリス(巨帯都市)** megalopolis と名づけた。古代ギリシアのペロポネソス半島にあった都市国家の名をとったものである。「メガ(ロ)」という言葉はギリシア語で「大きい」という意味を表している。

メガロポリスとは 日本でも南関東から京阪神に至る太平洋岸の都市が連接する地域を, 東海道メガロポリスとよぶが, その元祖がこのアメリカ・メガロポリスである。

（『週刊朝日百科・世界の地理①』朝日新聞社などによる）

チェック・ワード **コナーベーション** Conurbation「連接都市」と訳され, メガロポリスが形成される過程で, 隣り合った2つ以上の都市域が結合してしまうものを指す。ルール地方(デュースブルク・エッセン・ドルトムント)や, 東京・川崎・横浜などがこれに当たる。

世界都市(Global City) 政治・金融・情報などの大きな機能をもち, その国のみならず世界に影響を与える都市。東京・ニューヨーク・ロンドン・上海などがその例である。人口規模が大きくても世界都市とは限らない。

4 アメリカと日本のメガロポリスの比較

300万人以上 ■　100～300万人 ●　30～100万人 ◉　10～30万人 ○　3～10万人 ○
山地(200m以上)

0　　　　100km

↓フィラデルフィア　1790年から10年間首都であった。
独立記念館

↓ニューヨーク
マンハッタン島

5 都市周辺部の変容

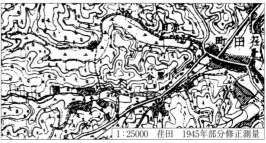

1:25000　荏田　1945年部分修正測量

1:25000　荏田　1970年修正測量

1:25000　荏田　2018年調製

（井川一実「身近な地域の変容」『地理』51-8　古今書院を参考に作成）

解説 地形図は横浜市青葉区である。かつて水田であった低湿地と周辺の台地上にある里山は, 1960年代以降の鉄道, 高速道路の開通により住宅地化が進み, 全く景観を変えてしまった。

解説 日本の京浜地方から近畿地方にかけての, 東海道沿いの地域を, **東海道メガロポリス**とよぶ。人口はアメリカ合衆国以上に集中しているが, 山地などに遮られ, アメリカ合衆国ほどの連続性はない。

その他のメガロポリスとして, ヨーロッパメガロポリス(ライン中流～オランダ・ベルギー～北フランス), アメリカ合衆国のサンフランシスコ～ロサンゼルス～サンディエゴ, シカゴ～デトロイト～クリーブランド～ピッツバーグなどをあげる説もある。

（家木成夫『都市の限界』都市文化社などによる）

衛星写真で見るメガロポリス
ボストン
ニューヨーク
ボルティモア
ワシントンD.C.
フィラデルフィア

都市の規模と階層性

1 首位都市（プライメートシティ）

● 各国の人口1位、2位の都市（（ ）は全人口に対する都市人口の割合(%)）
（2020年、＊は2015〜19年の数値）　色文字は首都

国　名	1位都市		2位都市	
日　本	東京	(7.7)	横浜	(3.0)
韓　国	ソウル	(18.9)	プサン（釜山）	(6.6)
中　国＊	チョンチン（重慶）	(2.2)	シャンハイ（上海）	(1.7)
タ　イ	バンコク	(15.1)	チョンブリ	(2.0)
インド	デリー	(2.2)	ムンバイ	(1.5)
イラク	バグダッド	(17.8)	モスル	(4.0)
トルコ＊	イスタンブール	(18.4)	アンカラ	(6.7)
エジプト	カイロ	(20.4)	アレクサンドリア	(5.2)
リビア	トリポリ	(17.0)	ミスラタ	(12.8)
コンゴ共和国＊	ブラザビル	(43.3)	ポワントノアール	(21.0)
イギリス＊	ロンドン	(13.7)	バーミンガム	(1.7)
フランス＊	パリ	(3.4)	マルセイユ	(1.3)
ドイツ	ベルリン	(4.3)	ハンブルク	(2.1)
ロシア	モスクワ	(8.6)	サンクトペテルブルク	(3.7)
アメリカ合衆国＊	ニューヨーク	(2.5)	ロサンゼルス	(1.2)
カナダ	トロント	(16.4)	モントリオール	(11.2)
メキシコ	メキシコシティ	(6.9)	グアダラハラ	(4.0)
ウルグアイ＊	モンテビデオ	(50.4)	カネロネス	(16.5)
チ　リ＊	サンティアゴ	(35.4)	プエンテアルト	(3.3)
ペルー	リマ	(32.5)	アレキパ	(2.8)
オーストラリア	メルボルン	(19.5)	シドニー	(19.3)

（注）コンゴ共和国とメキシコは都市周辺地域を含む。（『世界年鑑』2021による）

解説 政治・経済的に有利となる首都に人口が集中し、集積の利益もはたらいて、結果的に2位以下の都市を大きく引き離して発達した都市を**首位都市**（Primate City）とよぶ。アフリカ、ラテンアメリカの発展途上国に多く、ロンドン、ソウル、メキシコシティなどもその例であるが、上表の**中国、インド、ドイツ、アメリカ合衆国**などは首位都市型とはいえない。

2 都市の中心性と階層性

　都市はその周辺の後背地に対して財やサービスを供給し、その代わりに周辺から食料、原料、労働力などを得ている。都市がその周辺を引きつける力を**中心性**、あるいは**中心地機能**といい、その力の及ぶ範囲（都市圏）には段階があり、階層構造をなしている。**参照▶P.264**

● 大手電機メーカーの日本国内における主な事業所の配置

●	本　社
●	支　社
◉	支　店
○	営業所
◉	工場など
○	研究所など

（林上著『現代都市地理学』原書房）

解説 最も高い中心地機能をもつ都市は東京である。札幌、仙台、名古屋、広島、高松、福岡など広範囲に及ぶ中心地機能をもつ**広域中心都市**（地方中心都市）が次位になる。さらに県域中心都市がその下位に位置する。**参照▶P.189**

3 日本の大都市制度（地方自治法による特例）

（2022年4月1日現在）色文字は道府県庁所在地

政令指定都市	人口50万人（実際は100万人が目安）以上。都道府県の管轄する事務権限のうち18項目について直接に国と事務を行える。区制を施行できる。
	札幌、仙台、さいたま、千葉、川崎、横浜、相模原、新潟、静岡、浜松、名古屋、京都、大阪、堺、神戸、岡山、広島、北九州、福岡、熊本　（以上20市）
中核市	政令指定都市に準じた事務権限が認められる。人口20万人以上。また、特例市を廃止し、中核市と一体化するための暫定的措置として**施行時特例市**（23市）という制度もある。
	旭川、函館、青森、八戸、盛岡、秋田、山形、郡山、いわき、福島、水戸、宇都宮、前橋、高崎、越谷、川口、川越、柏、船橋、八王子、横須賀、富山、金沢、福井、甲府、長野、松本、岐阜、豊橋、岡崎、豊田、一宮、大津、高槻、東大阪、豊中、吹田、八尾、寝屋川、枚方、尼崎、西宮、姫路、明石、奈良、和歌山、倉敷、福山、呉、下関、鳥取、松江、高松、松山、高知、久留米、長崎、佐世保、大分、宮崎、鹿児島、那覇　（以上62市）
都制	東京都の23区はそれぞれが市町村などの地方公共団体に準ずるものとして扱われている。

（総務省資料などによる）

4 市町村数の変遷と平成の大合併

● 市町村数の推移

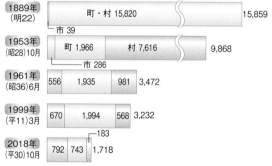

1889年（明22）	町・村 15,820　市 39	15,859
1953年（昭28）10月	町 1,966　村 7,616　市 286	9,868
1961年（昭36）6月	556　1,935　981	3,472
1999年（平11）3月	670　1,994　568	3,232
2018年（平30）10月	792　743　1,718　183	

（総務省「市町村の変遷と明治・昭和の大合併の特徴」、総務省資料による）

解説 **明治の大合併**　1888（明治21）年「市制・町村制」が公布され、それまで7万あまりを数えた「町村」は約5分の1に減少した。これが「明治の大合併」である。

昭和の大合併　戦後になって教育や警察消防などの行政事務の合理化を目指し、1953（昭和28）年に「町村合併促進法」が施行された。この「昭和の大合併」の結果、1961年までに市町村数は約3分の1となり、「市」の数は500を超えた。

平成の大合併　1999（平成11）年の「地方分権一括法」施行と**合併特例債**などの優遇措置を講じた結果、2014（平成26）年1月には市町村数は1,718（市790町745村183）にまで減少した。そのうち「市」は45%を超える。結果として日本の都市人口率は、2000年以降に急激に上昇した（**参照▶P.230**）。10年余が経過した現在、旧役場地域の過疎化の進行、特例債による「ハコモノ」建設費の返済、財政規模の縮小による行政・教育・福祉サービスの細やかさが失われるなどマイナス面の評価が目立つ。

⯈「さいたま市」と書かれた道路標識　ひらがな市名も多く誕生した。

さいたま市
Saitama City

1 日本の都市の発達

古代
●唐の都長安(現シーアン(西安))を模して造営された**平城京・平安京**が,政治的性格の強い計画都市として成立。人口規模はともに最盛期約20万人。

中世・近世
●**政治都市**——鎌倉(経済的後背地に乏しかったので,幕府滅亡とともに衰退)

●**門前町・鳥居前町**——有力寺社が不輸・不入の権をもつ広大な荘園や神領をもち,門前に「市」も立ち栄える。
〈例〉 長野(善光寺)・奈良(興福寺・春日社)
　　　宇治山田(伊勢神宮)・琴平(金刀比羅宮)

●**寺内町**——浄土真宗寺院に多く,濠・垣で寺院・僧房・信徒を含む町を囲んだ寺院による計画都市。
〈例〉 富田林・八尾(大阪府)・今井(奈良県)
　　　一身田(三重県)

●**港町**——年貢米の輸送は,陸路より海路によることが多いので発達。海外貿易でにぎわう町もでてきた。
〈例〉 尾道・津・大津・堺・博多・兵庫(大輪田泊)

●**宿場町**——街道沿いに発達。宿場(宿駅)を中心に町が形成された。
〈例〉 三島・島田・金谷(東海道)・妻籠(中山道)

●**城下町**——大名領国が形成され,領主の居城を中心に家臣団が城下に居住し,藩の政治・経済・宗教・教育・文化の中心となった。
〈例〉 江戸(東京)・名古屋・広島など

近・現代
新興工業都市〈例〉 鹿嶋・市原(五井)・水島
住宅都市(ニュータウン)〈例〉 多摩(稲城・多摩・八王子・町田)・千里(豊中・吹田)・高蔵寺(春日井)・港北(横浜)

2 ドーナツ化現象と都心回帰

●**東京都心部における夜間人口**

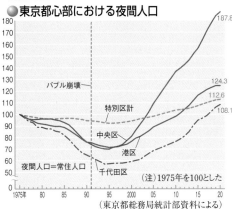
（東京都総務局統計部資料による）

チェック・ワード **ドーナツ化現象** 都心部の地価の高騰に伴う税負担の増大,職住の分離,生活環境の悪化(騒音・日照など)により,都心部の夜間人口(常住人口)が減少して空洞化し,郊外の人口が増えること。
スプロール(sprawl)現象 地価の安い都市周辺部に住宅や工場が無秩序に建設され,農地・山林・宅地・工場の混在が地域社会の発展に悪影響を与えること。
都心回帰 地価の下落などによって**都心部の人口が回復する現象**。東京ではバブル崩壊後の1990年代後半からみられるようになった。近年,さらにその傾向が強く,住宅用高層マンションの建築がさかんである。大学についても都心回帰が進んでおり,郊外に広大なキャンパスをもつ大学が,都心に移転する例もある。**参照** P.235

●**城下町の例～弘前市** (1:25,000 弘前――青森県 1994年修正測量,80%縮小)

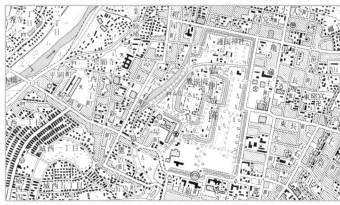

解説 津軽氏4万7千石の城下町。各地の城下町には防御のためカギ型路やT字路の多い複雑な街路が作られた。武士の階級や町人の職業など城下町特有の町名が残っている。

●**都道府県庁所在地の起源**
○城下町(33)
△門前町(3)
▽港町(7)
×その他(4)

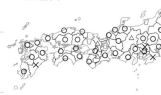

●**県庁所在地が最大の都市とは限らない**
太字が県庁所在地。(2021年)

県	人口上位の都市(万人)
福島	郡山(32),いわき(32),**福島(28)**
群馬	高崎(37),**前橋(34)**
静岡	浜松(80),**静岡(69)**
三重	四日市(31),**津(27)**
山口	下関(26),**山口(19)**

●**昼間人口指数(昼夜間人口比率)**

【東京23区】 (2020年)

	1,000 ～
	200 ～ 999
	100 ～ 199
	～ 99

（国勢調査による）

【大阪市24区】 (2020年)

	400 ～
	200 ～ 399
	100 ～ 199
	～ 99

（国勢調査による）

解説 昼間人口指数 ある地域の**昼間人口**(オフィスや工場・学校などに昼間,生活している人の数を含む)を**夜間人口**(常住人口ともいう。夜間,そこに生活している人口のこと)で割った値に100を掛けた数である。千代田区は1,355で全国一高い値を示す。区部で最低値は練馬区の80である。**昼夜間人口比率**とよぶことも多い。

●**ウォーターフロントの高層マンション[東京都中央区]**

情報ナビ **都市立地論** ドイツの地理学者クリスタラーは「中心地理論」で,同規模の都市は理論上,正六角形に分布すると述べた(**参照** P.264)。チューネンの**農業立地論**(**参照** P.106),ウェーバーの**工業立地論**(**参照** P.156)と並び,地理学上の三大立地論といわれる。

3 都道府県別の人口と人口増加率

(**太字**は上位5位, ■は下位5位, 赤字はマイナス値を示す)

	人口(万人)	人口増加率(%) 1965-70	1970-75	1975-80	1980-85	1985-90	1990-95	1995-2000	2000-05	2005-10	2010-15	2015-20
北海道	522.5	0.2	3.0	4.5	1.9	−0.6	0.9	−0.2	−1.0	−2.1	−2.2	−2.9
青森	123.8	0.8	2.9	3.8	0.0	−2.7	−0.1	−0.4	−2.6	−4.4	−4.7	−5.4
岩手	121.1	−2.8	1.0	2.6	0.8	−1.2	0.2	−0.2	−2.2	−3.9	−3.8	−5.4
宮城	230.2	3.8	7.5	6.5	4.5	3.3	3.6	1.6	−0.2	−0.5	−0.6	−1.4
秋田	96.0	−3.0	−0.7	2.0	−0.2	−2.1	−1.1	−2.0	−3.7	−5.2	−5.8	−6.2
山形	106.8	−3.0	−0.4	2.6	0.8	−0.3	−0.1	−1.0	−2.3	−3.9	−3.9	−5.0
福島	183.3	−1.9	1.3	3.3	2.2	1.1	1.4	−0.3	−1.7	−3.0	−5.7	−4.2
茨城	286.7	4.3	9.3	9.2	6.5	4.4	3.9	1.1	0.6	−0.5	−1.7	−1.7
栃木	193.3	3.8	7.5	5.5	4.1	3.7	2.5	1.1	0.6	−0.5	−1.6	−2.1
群馬	193.9	3.3	5.9	5.2	3.9	2.4	1.9	1.1	−0.0	−0.8	−1.7	−1.7
埼玉	734.5	**28.2**	**24.7**	**12.4**	8.2	**9.2**	**5.5**	2.6	1.7	2.0	0.9	1.1
千葉	628.4	**24.6**	**23.2**	**14.1**	**8.7**	**7.9**	**4.4**	2.2	2.2	2.7	0.1	1.0
東京	1,404.8	5.0	2.3	−0.5	1.8	0.6	−0.7	2.5	**4.2**	**4.7**	**2.7**	**3.9**
神奈川	923.7	**23.5**	**16.9**	**8.2**	**7.3**	**7.4**	3.3	**3.0**	**3.5**	**2.9**	0.9	1.2
新潟	220.1	−1.6	1.3	2.5	1.1	−0.2	0.6	−0.5	−1.8	−2.3	−2.9	−4.5
富山	103.5	0.6	4.0	3.1	1.8	0.7	0.0	−0.6	−0.8	−1.7	−2.4	−3.0
石川	113.3	2.2	6.7	4.6	3.0	1.8	0.9	0.2	−0.1	−0.6	−1.3	−1.9
福井	76.7	−0.8	3.9	2.7	2.9	1.6	0.6	0.1	−0.6	−1.3	−2.4	−2.5
山梨	81.0	−0.2	2.8	2.7	3.6	2.4	3.4	0.7	−0.4	−2.5	−3.2	−3.0
長野	204.8	−0.1	3.1	3.3	2.5	0.9	1.7	1.0	−0.8	−2.0	−2.4	−2.4
岐阜	197.9	3.4	6.2	4.9	3.5	1.9	1.6	0.4	−0.1	−1.2	−2.3	−2.6
静岡	363.3	6.1	7.1	4.2	3.7	2.7	1.8	0.8	0.7	−0.7	−1.7	−1.8
愛知	754.2	12.2	10.0	5.0	3.8	3.6	2.7	2.5	**3.0**	2.1	1.0	0.8
三重	177.0	1.9	5.4	3.7	3.6	2.6	2.7	0.9	0.5	−0.7	−2.1	−2.5

	人口(万人)	人口増加率(%) 1965-70	1970-75	1975-80	1980-85	1985-90	1990-95	1995-2000	2000-05	2005-10	2010-15	2015-20
滋賀	141.4	4.3	**10.8**	**9.6**	7.0	**5.8**	**5.3**	**4.3**	2.8	2.2	0.2	0.0
京都	257.8	7.0	7.8	4.2	2.3	0.6	1.0	0.6	0.1	−0.4	−1.0	−1.2
大阪	883.8	**14.5**	8.6	2.3	2.3	2.0	0.7	0.1	0.1	−0.0	−0.9	−0.0
兵庫	546.5	8.3	6.9	3.1	2.6	2.4	−0.1	**2.8**	0.7	−0.0	−0.9	−1.3
奈良	132.4	**12.6**	**15.8**	**12.2**	**7.9**	**5.4**	**4.0**	0.6	−1.5	−1.5	−2.6	−2.9
和歌山	92.3	1.5	2.8	1.4	0.0	−1.2	0.6	−1.0	−3.2	−3.4	−3.8	−4.3
鳥取	55.3	−1.9	2.2	3.9	2.0	0.4	0.1	−0.1	−0.3	−1.0	−2.6	−3.5
島根	67.1	−5.8	−0.6	1.1	1.3	−1.7	−1.2	−1.1	−2.5	−3.5	−3.2	−3.3
岡山	188.8	3.8	6.3	3.1	2.5	0.5	1.3	0.0	0.3	−0.6	−1.2	−1.7
広島	280.0	6.8	8.6	3.5	2.9	1.1	1.1	−0.1	−0.1	−0.6	−0.6	−1.6
山口	134.2	−2.1	2.9	2.0	0.9	−1.8	−1.1	−1.8	−2.3	−2.8	−3.2	−4.5
徳島	72.0	−2.9	1.8	2.5	1.2	−0.4	0.6	0.0	−1.7	−3.0	−3.7	−4.8
香川	95.0	1.8	5.9	4.0	2.3	1.0	0.3	−0.4	−0.6	−1.6	−1.9	−2.7
愛媛	133.5	−2.0	3.3	2.8	1.5	−1.0	−0.5	−1.0	−1.7	−2.5	−3.2	−3.6
高知	69.2	−3.2	2.7	2.6	1.0	−1.0	−1.0	−1.3	−2.2	−4.0	−4.7	−5.0
福岡	513.5	1.6	6.6	6.4	3.6	1.9	2.5	1.7	0.5	0.5	0.6	0.7
佐賀	81.1	−3.8	−0.1	3.3	1.7	−0.2	0.7	0.1	−0.9	−1.9	−1.9	−2.6
長崎	131.2	−4.3	−0.2	1.2	0.2	−1.9	−1.2	−1.8	−2.5	−3.4	−4.1	−4.7
熊本	173.8	−4.0	2.3	4.4	2.6	0.1	1.1	0.0	−0.9	−1.3	−1.7	−2.7
大分	112.4	−2.7	3.0	3.2	1.7	−1.1	−0.5	0.0	−0.9	−1.2	−2.5	−3.6
宮崎	107.0	−2.7	3.2	6.1	2.1	−0.6	0.4	0.1	−0.4	−1.0	−2.5	−3.1
鹿児島	158.8	−6.7	−0.3	3.5	1.9	−1.2	0.2	−0.4	−1.3	−2.7	−3.4	−3.6
沖縄	146.7	1.2	**10.3**	6.1	**6.6**	3.7	**4.2**	**3.5**	**3.2**	2.3	**3.0**	**2.4**
全国	12614.6	5.5	7.0	4.6	3.4	2.1	1.6	1.1	0.7	0.2	−0.7	−0.7

(注)人口は2020年10月1日現在の数値。　　　　　　　(国勢調査による)

4 三大都市圏における人口の増減

東京

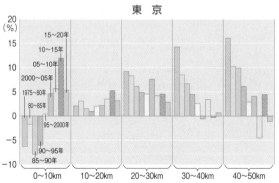

凡例:15~20年, 10~15年, 05~10年, 2000~05年, 1975~80年, 80~85年, 95~2000年, 90~95年, 85~90年
横軸:0~10km, 10~20km, 20~30km, 30~40km, 40~50km

名古屋

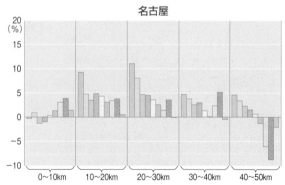

横軸:0~10km, 10~20km, 20~30km, 30~40km, 40~50km

大阪

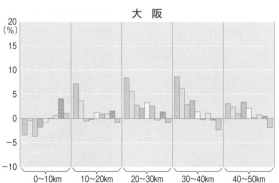

横軸:0~10km, 10~20km, 20~30km, 30~40km, 40~50km

(注)50km圏とは東京都庁(旧庁舎), 大阪市役所, 名古屋市役所を中心とした半径50kmの範囲にある地域を, 中心から10kmごとに分けたもの。市町村の合併等により, 距離帯によっては前年までの数値と接続しない。　　(各年次『日本国勢図会』)

解説 高度成長期の都心の人口減少(**ドーナツ化**)は, 東京ではすでに60年代から始まっていた。75~80年には大阪や名古屋においても, 東京と同様に郊外での急激な人口増加(**スプロール**)がみられたが, 東京ほど都心から離れたところまでは住宅化が進まなかった(東京のピークは40~50km圏, 大阪は30~40km圏, 名古屋は20~30km圏)。80年代の比較的安定した期間を経て95年以降はバブル崩壊による都心の地価下落から**都心回帰**現象が起こり, それは最も東京に顕著に表れている。2009年リーマンショックにより製造業が打撃を受け人口動態に影響した時期もあるが, 東京郊外での人口増加は続いている。コロナ禍以後の動向に注目したい。

情報ナビ 総務省統計局統計センターのホームページ https://www.stat.go.jp/　各種統計データ(日本・世界)と統計に関する情報。高校生用の統計を読み解く力を養うコンテンツも。

変貌を続ける東京

◯第1回目の緊急事態宣言下の渋谷駅前交差点[2020年5月2日]　首都圏にすべての機能が集中する東京では，1990年代には「**首都機能移転**」も議論された。バブル崩壊後の税収減で立ち消えとなったが，2020年からのコロナ禍における首都圏の感染拡大，医療体制悪化は顕著なものであり，今後の人口動態が「**脱首都**」に進むのかが注目される。

1 三大都市圏への「集中」の状況 (2015〜20年)

東京圏（東京都，神奈川県，埼玉県，千葉県）
大阪圏（大阪府，京都府，奈良県，兵庫県）
名古屋圏（愛知県，岐阜県，三重県）

	東京圏	大阪圏	名古屋圏	その他
面積	3.6	5.0	5.8	その他
人口	29.3	14.4	8.9	
県内総生産	33.1	13.4	10.1	
事業所数	25.8	14.6	9.0	
従業者数	30.2	14.4	9.6	
製造品出荷額	15.9	12.8	20.0	
卸売業年間販売額	48.2	15.0	9.0	
小売業年間販売額	30.0	14.0	9.0	

（『データでみる県勢』2022による）

解説 21世紀の東京一極集中の要因
・金融と情報・メディアなどの成長著しい産業は圧倒的に東京に集積している。そこにさらに人が集まる。
・新幹線，高速道路などの整備が東京中心に進展。また郊外からの鉄道乗り入れの便の良いターミナル駅周辺の開発が進み，結果的に人とモノがさらに流入する。
・都心の地価はバブル崩壊後下落し，かえって再開発，住宅建設のチャンスが増えた。**参照** P.233・234

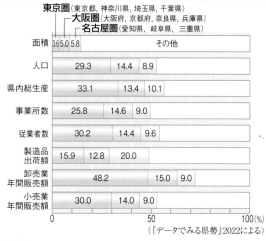

↑**東京駅前「丸の内」の姿**　東京駅への鉄道，地下鉄の乗り入れが進み首都の玄関口としての機能は今も不変だが，2027年名古屋開業を目指すリニア中央新幹線の始発駅は品川となった。東京駅，丸ビルをはじめ周辺ビルディングの修復，建設では，明治期の景観や建築様式を残す方法がとられている。

↑**高輪ゲートウェイ駅**　2020年に山手線田町－品川間に開業した新駅。不要になったJRの線路群の跡地で再開発が進んでいる。写真は完成間近の2019年11月（右上は品川駅）。**参照** P.239

2 少子高齢化の進むニュータウン
〜50年を経た多摩ニュータウン

◯**多摩市の年齢別人口割合**

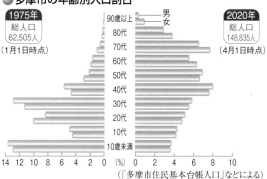

1975年 総人口 62,505人 （1月1日時点）
2020年 総人口 148,835人 （4月1日時点）
男 女
90歳以上／80代／70代／60代／50代／40代／30代／20代／10代／10歳未満
（％）
（「多摩市住民基本台帳人口」などによる）

解説 多摩ニュータウン　1966年に開発が始まり，八王子市など4市にまたがる丘陵に2,980haの宅地を開発。当初は30万人の人口規模を想定していたが，**少子高齢化**で急速に人口構成が変化し，現在は約14.8万人が居住。多摩市では小学生が84年の約14,000人，中学生が87年の約7,400人をピークに減り始め，37校あった小中学校が26校に。一方で65歳以上の人口は2020年には28.6%に達した。急速に高齢化したコミュニティの活性化が求められている。

解説 江東区，中央区など湾岸エリアでは都心回帰と東京五輪にともなう開発の効果もあり人口増加が著しい。一方，全国的に**空き家**の増加は防災，防犯，課税，相続などさまざまな面から大きな問題となっている。東京都においても，郊外のみならず都心部でも空き家が増加している。

3 都心への人口集中

◯**東京都の区市町村の人口増減率** (2015年→20年，島部除く)

奥多摩町／瑞穂町／国分寺市／調布市／千代田区／中央区／江東区／青梅市／八王子市／町田市／稲城市／狛江市／港区／多摩市

	人口増減率
■	10%以上
■	5.0%〜9.9%
■	2.5%〜4.9%
□	0.0%〜2.4%
□	−4.9%〜−0.1%
□	−5.0%以下

（国勢調査による）

情報ナビ **オンライン時代の到来？**　新型コロナ対応のため，結果的にオフィスや学校の業務や授業のテレワーク，オンライン化が大きく進んだ。一方で，2022年には，度重なる緊急事態宣言下でも繁華街に集まる人の流れは確実に増加している。

さまざまな都市問題

1 都市に関連する諸問題

都市の自然環境の悪化	緑地と動植物の生息地の消失
都市公害	大気汚染（光化学スモッグなど）・水質汚濁・土壌汚染・地盤沈下・騒音・悪臭・振動など
災害危険性の拡大 都市災害	河川の氾濫・急激な増水による洪水，急傾斜地の住宅開発による崖崩れ，地盤沈下による高潮被害，大地震による建造物の崩壊・火災
スプロール化 （スプロール現象）	sprawl＝「無秩序な拡大」の意。宅地のミニ開発などにより，公園・下水道などの公共施設が整備できない。緑地の減少，景観の悪化 参照》P.233
ヒートアイランド現象	都市内部の気温が周辺に比べ高くなる現象。原因は①舗装による地表面被覆と緑地の減少，②排気ガスによる温室効果，③自動車・エアコンなど人工熱の大量放出などによる。参照》P.81
都心部の空洞化	**ドーナツ化現象**…都心の地価高騰などから職住分離が進行し，都心において昼間人口＞夜間人口。長時間の通勤・通学 参照》P.233 **インナーシティ問題**…都心内部の人口減少により，建築物の老朽化や高齢化，コミュニティの崩壊などが引き起こされ，都市内部が衰退化すること。地域行政の財政破綻
スラム	不良住宅街。失業，公衆衛生の悪化，犯罪の常態化が懸念される。発展途上国では人口急増による農村から押し出された人口が都市に流入し形成。これらの人々は公式の統計にのらない**インフォーマルセクター**（例えば露天商や輪タクなど）とよばれる不安定な職しか得られず，**ストリートチルドレン・ホームレス**などの社会問題も深刻
都市の機能・サービスの低下・まひ	都市基盤の整備が急激な都市化に追いつかない。水・エネルギー・住宅供給不足。交通渋滞，都市廃棄物の処理（ゴミ問題）。福祉・厚生・教育サービスの不足
人間関係の希薄化	血縁・地縁関係の不在，旧住民と新住民の関係悪化。地域コミュニティの崩壊，病理的な犯罪

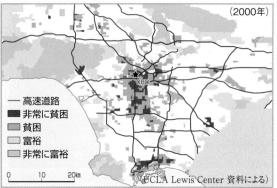

❶輪タクで混み合う街[インド・ハイデラバード]

2 インナーシティ問題～ロサンゼルス

●人種・民族による居住分離

（2000年）

サンガブリエル山地
パサディナ
ハリウッド
サンタモニカ山地　ビバリーヒルズ
CBD（ダウンタウン）
ディズニーランド
ロングビーチ

多数派が
■アジア人
□ヒスパニック
■黒人
□白人
■多数派なし

0　10　20km
（UCLA Lewis Center 資料による）

●貧困地区と富裕地区

（2000年）

CBD

――高速道路
■非常に貧困
■貧困
□富裕
■非常に富裕

0　10　20km
（UCLA Lewis Center 資料による）

解説 ロサンゼルスは都心付近に貧困地区が集中し，郊外に富裕地区がみられ，都市内部から富裕層が郊外に流出していることが読み取れる。現在，**都心付近はヒスパニック層**が中心で都心の**南西部に黒人地区，東部にアジア系地区**，北部から北西部を中心とした**郊外に白人地区**がみられ，**すみ分け（セグリゲーション　segregation）が明瞭**にみられる。貧困層が多い都市内部では失業または劣悪な雇用条件，不足する住宅，不十分な教育，人種差別，犯罪の多発などの問題が深刻である。ヒスパニック層の流入の中には不法移民労働者も多く，ロサンゼルスでは貧困層と富裕層の格差は年々広がっているという。

3 ニューヨークのセグリゲーション

●ニューヨークの白人，黒人，ヒスパニックのコミュニティ別集中割合(左)とコミュニティ別男子失業率(右)

1980年
■黒人50%以上
■黒人30～50%
■ヒスパニック50%以上
■ヒスパニック30～50%
■白人80%以上
□白人60～80%

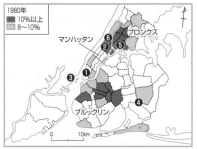

1980年
■10%以上
□8～10%

マンハッタン
ブロンクス
サウス・ブロンクス
ブルックリン

0　10km

❶ソーホー地区　❷セントラルパーク
❸自由の女神像　❹J・F・ケネディ空港
❺サウス・ブロンクス　❻ハーレム地区

解説 大都市における**すみ分け**は，生活の有様を映し出す。ニューヨークでは人種・民族別に居住区が分かれ，黒人・ヒスパニック集中区が隣接し，ともに失業率も高い。貧困層の分布とも一致しており，対策が課題である。

（成田孝三『転換期の都市と都市圏』）

4 膨張する都市と課題〜メキシコシティ

人口増加と都市膨張 急激な人口増加や,「**浸透する汚点**」と称される都市の膨張は,飲料水の不足,交通まひ,大気汚染,スラムの拡大などさまざまな問題を引き起こしている。井戸がくみつくされて地盤沈下が起きたため,遠く離れた渓谷と町をパイプラインで結び,飲料水の供給,下水の排水を図ったが,頻発する地震によってパイプラインや水路が破壊されている。

メキシコシティの交通網 1960年代と70年代に道路網が拡張され,さらに70年にはメトロ(地下鉄)が開通したが,混雑は緩和されていない。大気汚染の70%は,交通の渋滞による排気ガスと工場の排気であるといわれている。特に汚染が激しいのは遺跡のあるメキシコ渓谷周辺で,ここは周辺が丘に囲まれた盆地のため,特に乾燥した冬にはスモッグが町全体をおおい,最悪の状態となる。メキシコ市には「**コスモゴポリス**」というあだ名がある。この語はコスモス(宇宙・世界),スモッグ(煙霧),ポリス(都市)という3つの単語の合成語である。

(『世界再発見⑧』同朋舎出版,『週刊朝日百科・世界の地理⑪』などによる)

解説 メキシコシティは,標高2,300mの高地のため空気が薄く,エンジンの不完全燃焼が多いこともスモッグの要因となっている。

↑メキシコシティのスモッグ

● メキシコシティの地域区分と風の流れ

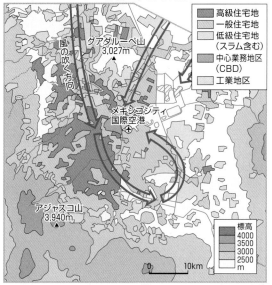

グアダルーペ山 3,027m
風の吹く方向
メキシコシティ国際空港
アジャスコ山 3,940m

■	高級住宅地
▨	一般住宅地
▨	低級住宅地(スラム含む)
■	中心業務地区(CBD)
□	工業地区

標高
4000
3500
3000
2500 m

0 10km

(『Diercke Weltatlas』2008による)

5 爆発するスラム

急増するスラム人口 国連人間居住計画(ハビタット)はスラムを「低所得者居住地,かつ,または貧しい生活条件の場所であることを広く指す」と定義する。世界のスラム人口は2006年に10億人であったが,2020年には約14億人となる。これは世界の都市人口の3人に1人がスラムに住むことを意味する。

スラムを生む構造 途上国では人口の急増により,農村の限られた農耕地では人口を養えず,若者は都市に押し出されていく(**push型**)。また,都市に行けば就業機会があるという期待がいっそう都市に人口を吸引する(**pull型**)。実際にはそれを満足させる就業先は都市には足りず,必然的に貧しい人々はスラムに集まることになる。高い失業率と犯罪率,栄養と教育サービスの不足,電気・下水などのインフラの欠如に加え,中でも**安全な水**とトイレの保障されない住環境は,2020年のコロナ禍がラテンアメリカ,アフリカのスラム地域を直撃している最大の要因である。

(石弘之『地球環境「危機」報告』有斐閣,水野一晴『人間の営みがわかる地理学入門』ベレ出版などによる)

◎市街地郊外に拡大するスラム[リオデジャネイロ]
ブラジルではスラムのことを**ファヴェーラ**とよび,19世紀末に当時の首都リオデジャネイロですでに発生していた。たび重なる撤去計画は成功せず,市民の4人に1人がここに住むともいわれる。

● 発展途上地域のスラム人口とスラム化率 (2014年)

地 域	スラム人口(千人) 1990年	スラム人口(千人) 2014年	スラム化率 2014年(%)	スラム人口増加率
北アフリカ	22,045	11,418	11.9	51.8
サハラ以南アフリカ	93,203	200,677	**55.9**	**215.3**
中南米	106,054	104,847	21.1	98.9
東アジア	204,539	251,593	26.2	123.0
南アジア	180,960	190,876	31.3	105.5
東南アジア	69,567	83,528	28.4	120.1
西アジア	12,294	37,550	24.9	**305.4**
オセアニア	382	591	24.1	154.7
発展途上地域計	689,044	881,080	29.7	127.9

(UNHABITAT「Slum Almanac」2015/2016による)

6 ストリートチルドレン

◎1日8時間の靴磨きで,わずか3ドルばかりを稼いで,暮らしを立てる8歳の少年[エクアドル・キト] 途上国では家をもたず(帰る家がなく),路上生活をする**ストリートチルドレン**が増加している。十分な教育を受けることができず,最下層の都市労働に従事

し,あるいは物乞いに頼って生活せざるを得ない子どもも多い。

村落・都市

情報ナビ **国連人間居住計画** NPOの日本ハピタット協会のホームページhttps://japanhabitat.org/をみると,世界の居住問題に取り組むハピタット(HABITAT)の活動をわかりやすく知ることができる。

都市の再開発と都市計画　**1** ロンドンの再開発

(1)ロンドンのニュータウン開発

　田園都市構想　1898年，イギリス人ハワードが出版した『明日の田園都市』は反響をよんだが，「実現性に乏しい理想主義」であるとされた。彼は1903年から最初の**田園都市**レッチワースの建設を始め，十分な敷地（約180坪），低家賃など，理想の都市づくりが行われた。彼の理想を国家レベルで引き継いだのが，44年の**大ロンドン計画**である。これは，ロンドン周辺にニュータウンを建設して，ロンドンに集中した工業と人口の分散を図り，市街地の周囲を緑地帯で囲んで無秩序な拡大を抑え，再開発によって中心部の混雑を緩和しようとするものである。

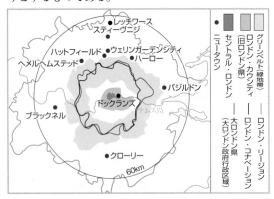

❶**グリーンベルトとニュータウン**　ロンドンのニュータウンの特徴は，職場（オフィス・工場など）と住宅が一つのニュータウンの中に共存している「職住近接」にある。日本の「多摩ニュータウン」「千里ニュータウン」は「住」機能に偏っており，朝夕の通勤ラッシュ問題に悩まされている。近年では住民の少子・高齢化，建物の老朽化など「オールドタウン」化し，新しい取り組みが模索されている。

　ニュータウンの建設　本格的には，1946年，**ニュータウン法**が制定され，時の労働党政府の手で実施に移された。現在までに**人口6〜8万人のニュータウン8か所**が，大ロンドン県の外縁部に配置され，ある程度の人口，工場の分散が達成されている。一方，60年代になると，内部市街地の衰退現象が進行した。混雑する都心部を嫌って住民が流出し，そのあと企業までが郊外へ転出し，都心部には老人や低所得者がとり残された。（『週刊朝日百科・世界の地理㉑』朝日新聞社などによる）

(2)ロンドン・ドックランズの再開発

　ドックランズ　テムズ川沿いのドックランズ（2,200ha）は，産業革命後大ドック群が建設され，当時は世界を相手に盛況を極めた。その中心であるタワー・ハムレット区では，今世紀の初めには60万人の人口をかかえていた。

　しかし，前時代の造船業が崩壊し，新しい貿易港はテムズ川の河口部に移転したことで，14万人に激減し，ロンドンのなかでも最高の失業者をかかえるに至った。

　ドックの閉鎖は1967年東インド・ドックから始まり，次々に閉じられ，1980年に西インド・ドック，ミルウォール・ドックが最後に閉鎖された。翌1981年，イギリス政府はロンドン・ドックランズ開発公社を設立した。

（鈴木信太郎『都市計画の潮流』山海堂などによる）

⇨**ドックランズの再開発[イギリス・ロンドン]**　19世紀大英帝国の造船・海運業を支えた港湾地区の**ドックランズ**は，海上輸送の**コンテナ化**に対応できず衰退し，都心隣接部の広大な荒廃した地区（**スラム**）となった。1980年代より再開発が始まり，新交通システムや地下鉄の延長，インテリジェントビルの建設などによりオフィス街に変貌した。

●**最盛期のドックランズ**

（「THE PORT OF LONDON」一般財団法人地図情報センター蔵（20%縮小・一部抜粋））

●**ロンドン・ドックランズ再開発地域**

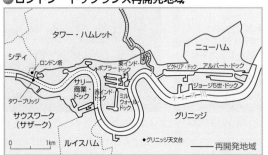

(3)コンジェスチョンチャージ

⇨ロンドンでは渋滞緩和のために2003年から導入された**コンジェスチョンチャージ（渋滞税）**によって，平日7：00〜18：00に中心部に乗り入れる車両に，1日当たり11.5ポンド（2017年）の支払いが義務づけられている。**二酸化炭素排出量の少ないハイブリッド車は課金対象外**で，渋滞緩和と環境への配慮を両立させる試みとして他の都市へも広がりつつある。

2 パリにおける主な再開発

グランダルシェ（新凱旋門）
凱旋門

⬆️**パリの市街地とラ・デファンス地区**　パリ市内では伝統的な建築物や**景観保護**のため，高層建築物は建設できない。そのため，1958年から**ラ・デファンス地区**の開発を実施した。現在では高層ビルが林立し，大企業の本社の集積も目立っている。**参照**≫P.229

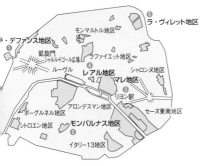

1ラ・デファンス地区　パリの中心コンコルド広場からシャンゼリゼ大通りを通過するパリの中心軸の延長線上に建設された副都心。各種交通網が地上，地下で何層も交差し，林立する超高層ビルの中で最も人目をひくのは，グランダルシェとよばれる高さ110mの門形の新凱旋門である。

2モンパルナス地区　モンパルナス駅の周辺をフランス国鉄と第3セクターが共同で再開発した。1974年には地上58階のモンパルナスタワーが完成している。

3マレ地区　歴史的建造物を一戸単位で修復・保全した再開発。自動車工場跡地にシトロエン公園が建設された。

4レアル地区　かつて「パリの胃袋」とよばれた中央卸売市場が，1973年に郊外に移転した跡地である。高速鉄道の駅と大規模ショッピングセンター，庭園を立体的に組み合わせた再開発である。

5ラ・ヴィレット地区　昔の家畜市場（屠殺場）の跡地に科学産業博物館，公園，音楽都市などを配置。公園の面積は日比谷公園の3～4倍。

3 鉄からハイテクへの転換

かつての栄光　ピッツバーグが本拠地のフットボールチームは「スティーラーズ」，地ビールの名は「アイアンシティ」，この町は現在も米国最大手のUSスチールが本社を置く「**鉄鋼の町**」である。1950年代をピークに鉄鋼業は臨海部，そしてアジアへと移り，工場は次々と閉鎖，町は荒廃した。80年代からは鉄鋼業からバイオ，ロボットなどハイテク産業の都市へと変身を遂げ，人口はピーク時の約半数30万人台にまで減少したが，製鉄所の跡地はオフィス，公園，公共施設などに生まれ変わった。

⬆️**古い製鉄所とオフィスビルが混在するピッツバーグ**

4 五輪以後も続く都心開発　**参照**≫P.235

●東京都心の大型再開発計画

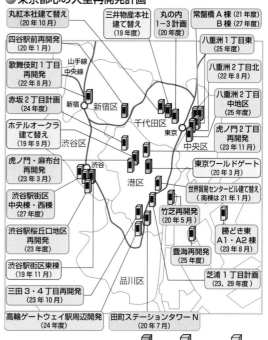

再開発計画	竣工予定時期
丸紅本社建て替え	（20年10月）
三井物産本社建て替え	（19年度）
丸の内1～3計画	（20年度）
常盤橋A棟	（21年度）
常盤橋B棟	（27年度）
四谷駅前再開発	（20年1月）
歌舞伎町1丁目再開発	（22年8月）
八重洲1丁目東	（25年度）
赤坂2丁目計画	（24年度）
八重洲2丁目北	（22年8月）
ホテルオークラ建て替え	（19年9月）
八重洲2丁目中地区	（25年度）
虎ノ門・麻布台再開発	（23年3月）
虎ノ門2丁目再開発	（23年11月）
渋谷駅街区中央棟・西棟	（27年度）
東京ワールドゲート	（20年3月）
渋谷駅桜丘口地区再開発	（23年度）
世界貿易センタービル建て替え（南棟）	（21年1月）
渋谷駅街区東棟	（19年11月）
竹芝再開発	（20年5月）
三田3・4丁目再開発	（23年10月）
勝どき東A1・A2棟	（23年8月）
豊海再開発	（25年度）
芝浦1丁目計画	（23、29年度）
高輪ゲートウェイ駅周辺開発	（24年度）
田町ステーションタワーN	（20年7月）

（**注**）延べ床面積が8万平方㍍以上の主な大型再開発計画。（　）内は竣工予定時期。

2019年度竣工予定　2020年度竣工予定　2021年度以降竣工予定

（『週刊エコノミスト』2019.5.14による）

解説　各種競技施設の建設地と費用，新国立競技場の設計変更，築地の中央卸売市場の豊洲移転に伴う環境問題，そして新型コロナウイルス禍による1年の延期を経て**東京オリンピック・パラリンピック**が2021年7～9月に開催された。新型コロナ第5波の緊急事態宣言下で選手村にも外出規制をするなど厳重なコロナ対策が取られ，多くの競技は無観客で開催された。

都心では五輪後も開発計画が途切れなく進む。港区虎ノ門地区の再開発，品川～田町間の高輪ゲートウェイ駅の開業（**参照**≫P.235），東京駅西側（丸の内）地区の高層ビルラッシュが一段落すると東側（八重洲）のビル群が続々と竣工を迎える。

対する関西では2025年の**大阪万博開催**による経済効果が期待され，会場となる此花区夢洲の開発が始まる。

5 ジェントリフィケーション

⬆️**再開発後の街並み**　若年層で新しいワークスタイルやライフスタイルをもつ人々が，都心近くで地価の安い地区に居住し就業して（**職住近接**），そこが有名になると地価が上がり，それまでの住民が住めなくなる。そして最後に進出してきた高級店や高級集合住宅だけが残る「高級化現象」を**ジェントリフィケーション**という。写真のニューヨークの**ソーホー**は典型例。

情報ナビ　**コンパクトシティ**　都市域の郊外への拡大を抑制し，中心市街地の住環境の向上と活性化をはかる都市構想。ドーナツ化を食い止め都心の人口維持をねらう。鉄道の高架化や路面電車の復権（富山市など），電線の地中化や都市再開発などが進行している。

村落・都市

世界の衣食住

⬆高床の家[インドネシア] スラウェシ島に居住するトラジャ族の伝統的な家屋。強い日差しが家の中に入らないように，また大量の雨水がすぐに流れ落ちるように，屋根は長く，勾配を急にしてある。**高床式**は東南アジアに広くみられ，湿気や雨季の洪水，動物の侵入を防ぐのに適する。極寒地のシベリアなどでは建物のゆがみや凍上現象を防ぐための高床式建築がみられる。≫P.301

⬇インドのサリー

1 熱帯の生活の知恵

　　ランナータイの家 タイ北部の平野，ランナータイ地方の伝統的な農家の家屋は，5～11月が雨季，11～4月が乾季という亜熱帯特有のもので，湿気と激しい雨を避けるための**高床式**，急勾配の瓦ぶきの屋根，窓の少ない母屋などの工夫がされている。また，床下には洪水時のための船も常備されている。

　　熱帯の服装文化 高温多湿の気候下では発汗が多いので，吸湿性の良い布を使って衣服を作ることが多い。また，少しでも涼しく感じるように，空気の出入りを多くした衣服を着ることが多くなる。その結果，布を体に巻く形の**巻布衣**という種類の衣服が発達した。インドのサリー，東南アジアのサロン，ガーナのケンテなどは巻布衣の例である。

⬆日干しレンガ 乾燥帯を中心に広く用いられている建築材である。わら・粘土・水を混ぜて型で抜き，天日で乾燥させるとそのままレンガとなる。崩れてしまってもリサイクルが可能である。

⋯⋯ 世界の住居 ⋯⋯⋯⋯

イグルーとよばれる雪の家[カナダ] イヌイットが狩猟に出かけたときに用いる家。四角に切った雪のブロックをらせん形に積み上げ，ドーム型にする。近年，イヌイットの定住化が進む中で，イグルーはほとんどみられなくなっている。

木材を使った家[ドイツ] ドイツなどに広くみられる「木骨一体式」とよばれ，木材で骨組みを作り，間を土やレンガの構造材で埋めた住居。木材は丈夫で加工しやすいため，住居の材料として温帯地域では広く用いられている。

日干しレンガの家[エジプト] 樹木の生育しない乾燥帯，特に中東各地では，日干しレンガ（アドベ）が簡便な建築材料として広く用いられてきた。日干しレンガの家は断熱効果が優れているため，夏は涼しく冬は暖かい。

赤土で塗られた家[ブルキナファソ] 前庭を囲み男の家と女の家が並ぶ。家々は輪のように重なり，ひとつの集合住宅をつくる。屋上は収穫物の乾燥や作業場として使う。熱帯アフリカの大胆な模様にも特徴がある。

遊牧民の家～ゲル[モンゴル] 木の骨組みの上に，動物の毛を圧縮して作った厚いフェルトをかぶせた移動式の住居。フェルトは防水，断熱性に優れているが，冬は何枚も重ねて寒さを防ぐ。30分程度で組み立てることができる。≫P.71・273

客家の土楼[中国] フーチエン（福建省）などには後漢末ころに華北から移り住んだ客家とよばれる人々の集合住宅がみられる。大きなものでは70世帯も住める円形の家で，1mほどの厚さの壁に守られている。

2 砂漠の住と衣 〜リビアの例〜

ガダミスの伝統的集落 砂漠地帯の中のオアシスで，地中海沿岸のキャラバンルートの中継点として発達したこの地方の家は，**日干し煉瓦と泥の壁でできている**。天井は平らなテラスとなっていて，その下に窓の少ない部屋と中庭がある。**密閉性が高いため，外が熱くても内部は涼しい。**家々は壁でくっつきながら広がり，全体がひとつの集落を形成している。壁と壁との間の細い通路が，集落をいくつかの地区に分けている。昔，この地区は商人たちの居住区であった。

⬆ガダミスの集落遺跡[リビア]

砂漠の民〜トゥアレグ族 ラクダの民といわれた遊牧民のトゥアレグの男たちは顔を見せない。**厳しい砂漠の生活に対応するために，**2〜3 mはあろうかという幅広の布で顔から額を包み，最後に口と鼻をおおう。ベールの色は黒か藍色である。ズボンは白か藍色，または紅白縞柄（しまがら）のゆったりしたもの，上半身には袖なし上着をつける。頭と肩は方形の大きな無地の布ですっぽり包む。剣を手にした勇猛な姿は，ラクダに乗りサハラ砂漠を駆け巡った，ありし日のトゥアレグ族を彷彿（ほうふつ）とさせる。

（『週刊朝日百科 世界の地理 ⑨⑤』などによる）

⬆トゥアレグ族 乾燥地域では強い直射日光と焼けた砂の熱さで気温が40℃以上にもなり，皮膚からの水分の蒸発も激しい。暑いから脱ぐ，という日本の常識とは逆で，この地域では体を守るために衣服を重ねるのである。

世界の衣服

サーミの母と子 スカンディナヴィア半島北部ラップランド及びロシア北部コラ半島に居住する先住民族。鮮やかな色づかいの伝統的なフェルト製の衣服を身につける。冬にはトナカイの皮の保温ズボンをはく。トナカイの皮の切れ端をはぎ合わせた靴がモカシン。**参照》**P.261・296

イヌイットの子どもたち 北極圏で暮らすイヌイットの生活は急速に欧米化しているが，カリブーの毛皮で作られたブーツやパーカ（防寒着），アザラシの毛皮で作ったミトン（手袋）などは今も愛用されている。

チャドル[イラン] イスラームの慣習に厳格な地域では，女性は肌を見せることが禁じられているため，チャドル，ブルカ（地中海沿岸）などとよばれる布で身体を頭からおおい隠す。フランスでは移民との宗教的軋轢からブルカの禁止に踏み切った。

ハウサ族の男性[ニジェール] 木綿の伝統的な衣服は今でも多くの人が身につけている。ハウサ族は白色のガウンを，ヨルバ族は縞柄（しまがら）の色彩に富んだガウンを着る。

アオザイを着た高校生[ベトナム] 長い（ザイ）上着（アオ）という意味。暑熱を避ける伝統衣服でベトナム戦争後，経済発展につれて復活してきた。かつては地位や年齢に応じて色や素材が分かれていた。

マオリ族のダンス[ニュージーランド] ハワイのフラ，タヒチのタムレなど太平洋諸島には情熱的なダンスが残っている。マオリ族の伝統的な衣服は亜麻（あつま）を使い，さまざまな意味を示す模様が織り込まれる。

民族・文化・宗教
生活

3 世界の食文化を探る

何を主食とするか　世界の食事文化は，①イモ類を常食とする根菜地帯，②さまざまな雑穀類を主食とする雑穀地帯，③ムギ類を主食とするムギ食地帯，④米を主食とする米食地帯の4つがあり，それに家畜〈乳〉の利用形態が加わる。

どのように食べるか　それぞれの民族により独特な食べ方がある。食べるときに用いる食具により，3つの文化圏を形成する。次頁の上の表にみられるように①手食文化圏，②箸食文化圏，③ナイフ・フォーク・スプーン食文化圏である。手食が40％，箸食が30％，ナイフ・フォーク・スプーン食が30％で，今日でも手食が世界で一番多い。なぜ，このような食べ方の違いができたのだろうか。例えば，**インディカ種**の米はパサパサしているので手食がおいしい。ジャポニカ種の米は粘り気があり，手につきやすいので箸食が食べやすい。また，肉を切るにはナイフが便利であろう。あるいは手食の地域においては，**宗教上の理由**（ヒンドゥー教・イスラームでは，手（右手）は清浄なもので食器・食具は汚れたものというとらえかたがある）も大きいであろう。一方で手食文化圏以外でも，日本のすし，握り飯，中国の饅頭（マントウ），欧米人のパン，クッキーなど，手食の楽しみを残している。

●世界の主作物とその食べ方（農作物主体の主食地図）

パン
アラビヤガユ・パン
パン・ツブガユ
ナン
ナン
ツァンパ
ツブガユ・ダンゴ
マントウ・ウドン
ツブガユ
トルティーヤ
アラビヤガユ
パンノキ
サゴヤシ
石むし
パン
ダンゴ
ウガリ
フウフウ
コナガユ
タロいも
ツブガユ
ツブガユ
チャパティ
チャパティ
さつまいも
パンノキ
ベイユ・コナガユ
漁撈・採集

①手食文化圏の食事[インド]

- 米
- ライ麦・オート麦・大麦
- タロいも・ヤムいも・バナナ
- 小麦
- キャッサバ
- 大麦
- じゃがいも
- 雑穀
- テフ
- とうもろこし
- なつめやし

（注）図は新大陸発見以前，15世紀をおおよそのめやすにしての分布を示す。（石毛直道編『東アジアの食の文化』平凡社）

…世界の食物…

ロフォーテン諸島のタラ[ノルウェー]　北緯68度付近のロフォーテン諸島は12世紀から好漁場としてタラ漁の拠点であった。タラは冷凍・燻製・干魚されて利用されてきた。参照 ▶P.136

アザラシの解体[グリーンランド]　イヌイットはかつて，生肉を食べる者を意味する「エスキモー」とよばれた。現在は主食はゆでたアザラシの肉が主だが，解体したときには肝臓を生で食べる。

家庭でのキムチ漬け[韓国]　韓国の家庭では，晩秋から初冬にかけてキムチ漬けが始まる。キムチ漬けは年中行事の一つになっているが，都市化の進展とともに，都市部ではしだいに廃れてきている。

トルティーヤ料理[メキシコ]　とうもろこしの粉を練って薄く円形に焼いたもの。野菜や肉をはさんで食べる。左奥がブリートス，左手前がタコス。サルサ（チリソース）が代表的な味付け。

パンを焼くベドウィンの女性　北アフリカから中東にかけて生活する遊牧民の主食は米（バターで味付けする）か小麦粉のパン。食事の最後にはなつめやしを食べる。羊やラクダの肉は特別なときの料理。

石蒸し料理[フィジー]　ロボまたはウムとよばれるかまど（石を熱して底に並べたもの）に食物を並べた後，バナナの葉や土でその上をおおって1時間ほど放置する。写真は子ブタとタロいもを並べたところ。

● 3大食法文化圏

食法	機能	特徴	地域
手食文化圏	まぜる，つかむ，つまむ，運ぶ	イスラーム圏，ヒンドゥー教圏，東南アジアははきびしい手食マナーがある。人類文化の根源	東南アジア，中近東，アフリカ，オセアニア
箸食文化圏	まぜる，はさむ，運ぶ	中国文明の中で火食から発生。中国，朝鮮では箸と匙がセット。日本では箸だけ	日本，中国，韓国，北朝鮮，台湾，その他
ナイフ・フォーク・スプーン食文化圏	切る，刺す，すくう，運ぶ	17世紀フランス宮廷料理の中で確立。パンだけは手で食べる	ヨーロッパ，旧ソ連，北アメリカ，南アメリカ

（本田総一郎『箸の本』柴田書店による）

4 食のタブー

　特定の食べ物を避ける場合，**忌避**と**禁忌**がある。忌避は，嫌って避けることで，例えば牧畜民族は魚を食べないなどの例がある。禁忌は，主として宗教的な理由により避けることで，タブーとよばれる。**ユダヤ教**にはさまざまな食べ物のタブーがあり，『旧約聖書』の「レビ記11」には食べてよいものといけないものが明確に規定されている。例えば，獣については，「ひづめの分かれたもので，しかも反芻するもの」のみが食用となる。**仏教**には食のタブーはないが，不殺生という考え方から日本では獣肉食を禁止する命令が何度も出されている（675年から1126年まで10回以上）。しかし朝鮮半島では殺生禁止令はそれほど浸透せず，中国では肉食禁止令はほとんど出されていない。

（『食の文化を知る事典』東京堂出版などによる）

● 食肉禁忌・忌避の分布　参照▶P.246

動物	否定的	肯定的	否定する理由
ブ タ	イスラーム社会	イスラーム社会以外	宗教上の禁忌
ウ シ	ヒンドゥー教社会	ヒンドゥー教社会以外	宗教上の禁忌
ウ マ	ヨーロッパ全般，アメリカ	フランス，日本など	宗教が関連した食習慣上の忌避
ラクダ	イスラーム社会以外	イスラーム社会	宗教上の禁忌と習慣
ニワトリ	インドとその周辺中央・南アフリカ	その他の社会	隠喩（多産多淫）による忌避
動物全般	ジャイナ教徒菜食主義者	その他の社会	宗教上の禁忌生活信条による忌避
クジラ	日本以外	日本，北極先住民	食習慣による忌避

（石毛直道，鄭大聲編『食文化入門』講談社）

↓サウジアラビアのファストフード店　イスラム圏では宗教上の規則（ハラール）に従った方法で処理された羊肉，鶏肉，牛肉などが用いられる（参照▶P.246）。公共の場所などでは男女が別々であることが一般的であるため，注文を行う場所が仕切られていたり，店の入口が男女で別々になっている。

女性と男性が分かれて注文する仕切り

5 世界中で飲用される茶

　3種の製法　茶の新芽を摘んだ時から茶に含まれるさまざまな酵素が活動をはじめ，茶の葉に含まれる成分の変化をもたらす。これらの酵素は熱処理すると壊れるため，芽を摘んだ直後に蒸して熱処理すると，新芽の色や香りがそのまま固定された**緑茶**となる。

　これに対して摘んだ芽を広げて放置しておくと，水分が蒸発して萎えてくる。それと同時に酵素の働きで酸化が進み，褐色に変色してやがて**紅茶**となる。途中の適当なところで酵素の働きを止めると，**ウーロン茶**などの半発酵茶となる。

● 茶の呼称の分布　参照▶P.74

（武田善行『茶のサイエンス』筑波書房などによる）

解説　茶の原産地は中国南西部ユンナン（雲南省）のあたりと考えられている。ここから世界中に広がる過程で，広東語起源の「チャ（cha）」という発音は北方やシルクロード経由で西アジアまで広がった。一方で福建語起源の「テ（te）」という発音は南方の海路ルートでイギリス東インド会社によりヨーロッパへと広がった。唯一ポルトガルだけはマカオ（広東）から伝わったため「チャ［シャ］」と発音する。

6 和食が無形文化遺産に

　注目される栄養バランス　2013年，国連教育文化機関（UNESCO）から「日本の和食文化」が無形文化遺産に記載登録された。日本に関する無形文化遺産の代表的なものとして，能，人形浄瑠璃，歌舞伎，雅楽など伝統芸能や，各地の特産品などが登録されてきたが，食文化は初めて。その特色として四季折々の自然を生かした食材や繊細な盛りつけなどがあげられているが，「低カロリー」「動物性油脂の少なさ」といったヘルシー志向が，世界中でわき起こった日本食ブームの大きな要因となっているのであろう。

● 主な国の供給栄養量（1人1日当たり，2019年）

国名	熱量（kcal）	でんぷん質食料の割合（%）	動物性食料の割合（%）	脂質（g）	動物性油脂（g）	たんぱく質（g）	動物性たんぱく質の割合（%）
日　本	2,691	41.7	21.1	89.2	3.6	88.0	55.9
中　国	3,347	50.5	22.5	105.2	4.3	105.3	39.2
イ ン ド	2,581	55.6	11.5	59.8	8.7	64.9	23.8
ド イ ツ	3,559	28.9	29.7	149.6	30.5	104.2	60.1
アメリカ合衆国	3,862	23.4	29.2	180.1	11.5	115.0	66.0
ブラジル	3,246	31.0	27.0	131.4	9.9	93.8	58.5
オーストラリア	3,417	24.4	32.2	159.7	14.6	107.9	67.5

（注）でんぷん質は穀類・いも類・でんぷんの合計。（「FAOSTAT」などによる）

生活・民族・文化・宗教

世界の人種

1 人種の分布

↓モンゴロイド(黄色人種)

特徴	皮膚…黄色・銅色 頭髪…太く黒い直毛 体毛…少ない 目…褐色 鼻…中程度の高さ
分布	中国人 日本人 ネイティブアメリカン (インディアン・インディオ) 参照 P.306 イヌイット 参照 P.241

（『Diercke Weltatlas2000』）

凡例：
- コーカソイド
- ネグロイド
- モンゴロイド
- その他

↓コーカソイド(白色人種)

特徴	皮膚…白色・褐色 頭髪…直毛・波状毛 体毛…多い 目…淡青・暗褐色 鼻…高い
分布	ヨーロッパ人(ゲルマン・ラテン・スラブ族) 参照 P.294 アラブ人・インド人

↓ネグロイド(黒色人種)

特徴	皮膚…黒色 頭髪…縮れ毛 体毛…ごく少ない 目…褐色 鼻…低く幅広い
分布	スーダンネグロ バンツーネグロ エチオピア人

↓オーストラロイド(アボリジニ)

特徴	皮膚…褐色 頭髪…波状毛 体毛…多い 目…褐色 鼻…広鼻
分布	オーストラリア 参照 P.318

2 人種構成と廃止されたアパルトヘイト法

混血(カラード) 9%　白人14%　アジア人(インド系・マレー系) 3%　アフリカ人・黒人 74%

原住民土地法 (一九一三年・三六年) 白人が国土の八七%を占拠	バンツー教育法 (一九五三年) 人種別教育で黒人の地位向上の阻止	雑婚禁止法 (一九四九年) 白人と他人種の結婚の禁止	国民投票法 (一九八三年) 地方公民権法 (一九八四年)	パス法 (一九五二年) 黒人の通行携帯の義務化	人口登録法 (一九五〇年) 肌の色による人種の分類	集団地域法 (一九五〇年) 人種別居住地の指定
一九九一年廃止	一九九一年廃止	一九八五年廃止	一九八三年廃止	一九八六年廃止	一九九一年廃止	一九九一年廃止

(注)日本人は「名誉白人」として扱われた。
（『世界を読むキーワードⅢ』岩波書店などによる）

チェック・ワード　バンツースタン政策　南アフリカ共和国で、アフリカ人に対して行われてきた地域的隔離政策。骨子は、①全国土の13%に当たるアフリカ人地域を言語・文化にもとづき10のバンツースタン(のちホームランドと改称)に区分、②各地域に若干の自治を許し、将来独立を付与するというもの。1994年の新生南アフリカ誕生とともに、全ホームランドは南アに"復帰"した。

↓ムベキ元大統領(左、1999年就任)とマンデラ元大統領　マンデラ氏はサッカーの2010年W杯招致後、2004年6月引退宣言。2013年死去。

3 アパルトヘイト廃止から30年

「虹の国」南アフリカ共和国　1990年からアパルトヘイト諸法が次々と廃止され、全人種による総選挙が1994年に行われてから30年が経過しようとしている。この国の複雑な人種構成は「虹の国」と表現され、人口約6,000万人の8割近くを占めるアフリカ系黒人はズールー語をはじめとするいくつものバンツー系諸語の部族に分かれ、英語(イギリス系白人)とアフリカーンス語(オランダ系白人)を加えて11もの公用語が制定されている。さらにインド系人口の多い地域はヒンディー語の話者も多く、都市部では数種の言語を話す人も珍しくない。

依然として大きな格差　黒人の所得水準の伸びは全体としては白人を上回るものの、依然として大きな所得格差が存在し、黒人の失業率は25%で白人の3倍以上。さらに黒人層の中での格差も拡大しており、貧困層へのいわば社会福祉のために給与が伸び悩み、税負担も高くなるという現実が、専門職や技術職の国外への大量流出を招いている。一方でヨハネスブルク(ジョハネスバーグ)は世界一危険な町といわれ、中心街でも昼夜を問わず強盗事件が日常的に起きている。HIV、コロナなど感染症の被害も人種問題に大きく関係している。参照 P.216

情報ナビ　**人種とは**　**身体的・生物学的な特徴**によって区別されるヒトの集団のこと。1951年、**UNESCO**は「人種と人種差の本質に関する声明」を出し、「人種の優劣には根拠がない。」として、人種差別を否定している。**文化的な特徴**によるヒトの分類は**民族**である。

1 世界の言語 （色文字の言語は国連公用語）

インド・ヨーロッパ語族

西方系	ス ラ ブ 語	**ロシア語**・ウクライナ語・ポーランド語・ブルガリア語・セルビア語
	ゲ ル マ ン 語	**英語**・ドイツ語・オランダ語・スウェーデン語・デンマーク語
	ラ テ ン 語	**フランス語**・**スペイン語**・ポルトガル語・イタリア語・ルーマニア語
	ギ リ シ ャ 語	ギリシャ語
東方系	インド・イラン語	ヒンディー語・ウルドゥー語・ベンガル語・ペルシア語（イラン語）

アフリカ・アジア語族（アフロ・アジア語族）	ヘブライ語・**アラビア語**・ベルベル語・ハウサ語
ウ ラ ル 語 族	ハンガリー語・フィンランド語・エストニア語
ア ル タ イ 語 族	トルコ語・モンゴル語・ツングース語　朝鮮語？　日本語？
シ ナ・チ ベ ッ ト 語 族	中国語・タイ語・チベット語・ミャンマー語
オーストロネシア語族（マレー・ポリネシア語族）	マレーシア語・インドネシア語・フィリピノ語・マオリ語・タヒチ語
オーストロアジア語族（南アジア語族）	ベトナム語・カンボジア語（クメール語）・モン語
ド ラ ヴ ィ ダ 語 族	タミル語・テルグ語
ニジェール・コルドファン諸語	フラニ語・バンツー語・コイサン語・スワヒリ語
アメリカ（インディアン・インディオ）諸語	イヌイット語・ナヴァホ語・マヤ諸語・ケチュア語

（注）朝鮮語, 日本語は諸説があり, 現在のところ系統不明の「孤立した言語」とするのが一般的である。

●世界の使用文字別人口

その他4.2	
日本文字5.1	
インド文字7.2	
ロシア（キリル）文字10.5	
漢字30.9	
ローマ字42.1%	

（注）文字使用人口は約19.4億人。その他はハングル文字2.1%, セム系文字1.8%など。
（京都大学人類学研究会『目でみる人類学』, 1973年）

2 言語の分布

（注）地図中の❶〜⓰は, 下の「世界の『こんにちは』」と対応している。

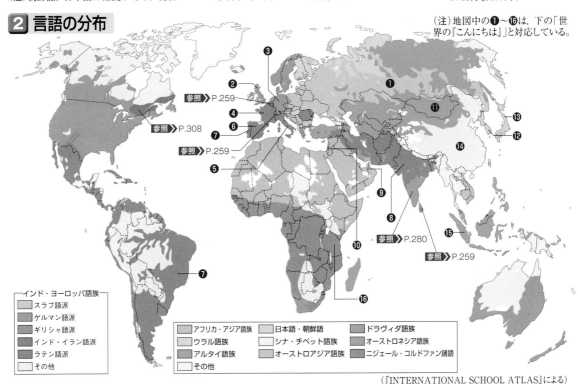

参照 P.259
参照 P.308
参照 P.259
参照 P.280
参照 P.259

──インド・ヨーロッパ語族──
- スラブ語派
- ゲルマン語派
- ギリシャ語派
- インド・イラン語派
- ラテン語派
- その他

- アフリカ・アジア語族
- ウラル語族
- アルタイ語族

- 日本語・朝鮮語
- シナ・チベット語族
- オーストロアジア語族
- その他

- ドラヴィダ語族
- オーストロネシア語族
- ニジェール・コルドファン諸語

（『INTERNATIONAL SCHOOL ATLAS』による）

3 主な言語別人口

言語	人口	主な地域
中 国 語	1,323（百万人）	［中国, 東南アジア］
スペイン語	471	［スペイン, ブラジルを除くラテンアメリカ］
英 語	370	［ヨーロッパ, 北アメリカ, オーストラリア, ニュージーランド, アジア・アフリカ諸国］
アラビア語	349	［西アジア, 北アフリカ］
ヒンディー語	342	［インド, パキスタン］
ポルトガル語	232	［ポルトガル, ブラジル, アンゴラ］
ベンガル語	229	［バングラデシュ, インド東部］
ロ シ ア 語	154	［旧ソ連, 東ヨーロッパ］
日 本 語	126	［日本, ハワイ］
ラフンダー語	100	［パキスタン］
ト ル コ 語	82	［トルコ］
ジ ャ ワ 語	68	［インドネシア］

（注）数値は第一言語の人口。［　］内は主な地域　（『The World Almanac』2022などによる）

●世界の「こんにちは」

❶ ロシア語・Здравствуйте（ズドラーストヴィチェ）
❷ 英語・Hello（ハロー）
❸ ドイツ語・Guten Tag（グーテン タ－ク）
❹ フランス語・Bonjour（ボンジュール）
❺ イタリア語・Buongiorno.（ボォンジョールノ）
❻ スペイン語・Buenos dias（ブエノス ディアス）
❼ ポルトガル語・Boa tarde.（ボア タルデ）
❽ ヒンディー語・नमस्ते（ナマステー）
❾ アラビア語・السلام عليكم（アッサラーム アライクム）
❿ ヘブライ語・שלום（シャローム）
⓫ モンゴル語・Сайн байна уу（サイン バイノー）
⓬ 韓国語・안녕 하십니까（アンニョン ハシムニカ）
⓭ 日本語・こんにちは
⓮ 中国語・你好（ニーハオ）
⓯ インドネシア語・Selamat siang.（スラマッ シィアン）
⓰ スワヒリ語・Habari za wchana（ハバリ ザ ウチャナラ）Jambo（ジャンボ）

生活・文化、民族・宗教

キリスト教
- カトリック
- プロテスタント
- 東方正教
- その他のキリスト教

イスラーム
- スンナ派
- シーア派
- ワッハーブ派

仏教
- 大乗・上座仏教
- チベット仏教

- ユダヤ教
- ヒンドゥー教
- 儒教・道教
- 神道
- 自然崇拝

● 聖地または本山のある都市

3大宗教の伝播経路
- ← キリスト教
- ← イスラーム
- ← 仏教

スリランカの北部はヒンドゥー教，南部は上座仏教

エチオピアを中心にキリスト教の一派であるコプト教の信者が多く分布している。

（『Diercke Weltatlas』などによる）

● 宗教人口の合計　79.5億人（2021年）（『The World Almanac』2022）

キリスト教 32.2%			イスラーム 24.7		ヒンドゥー教 13.5	仏教 6.9	その他 22.7
カトリック 15.8	プロテスタント 7.6	その他 8.8	スンナ派 22.0	シーア派2.5	その他		

2 各宗教の歴史的経緯と宗教人口

3 各宗教の食に関する禁忌 参照▶P.243

宗　教	主な忌避食物	その他制限等
キリスト教	特になし	
✡ **ユダヤ教**	豚，ラクダ，馬（いずれも反芻しない，蹄が完全に割れていない），ウナギ，イカ，タコなど（鱗，ヒレがない）	爬虫類，両生類など禁忌は多岐にわたる。カシュルートという戒律で厳しく規定されている
☪ **イスラーム**	豚（不浄とされる），ウナギ，イカ，タコなど（鱗，ヒレがない），酒類など。個人や地域により禁忌の厳しさは異なる。ラマダーン（断食）月の日中は飲食禁止 参照▶P.284	ハラール（食べてよいもの，の意）という処理方法が正しく行われていない食物は口にしない　●ハラールマーク
☸ **仏教**	動物全般（不殺生），ニンニク，ネギなど（臭いの強い植物）	僧侶が自分のために動物を殺すことが禁忌。一般の人々は許される
ॐ **ヒンドゥー教**	牛（神聖視。牛乳，乳製品はよい）　●インドの街で見かける牛	水牛は食べてもよい。インド全体に菜食主義の伝統がある 参照▶P.281
儒教・道教	特になし	

情報ナビ　ハラールの根拠　コーランの第5章には「…あなた方に禁じられたものは，死肉，血，豚肉，神以外の名の下に殺されたもの，絞め殺されたもの，打ち殺されたもの，…中略…，ただしあなた方がそのとどめを刺したものは別である。」と記されている。

4 キリスト教　☆エルサレム(イスラエル)　●イエス=キリスト

☆…聖地　●…創始者

カトリック(旧教) 参照 ▶P.295

⬆サンピエトロ大聖堂[バチカン市国]　最も戒律的・儀式的で，バチカンの**ローマ法王**を頂点にピラミッド型の僧職制度をしく。主に**ラテン系**が信奉。

プロテスタント(新教)

⬆メソジスト派の礼拝場面　16世紀初めの旧教に対する宗教改革により成立。カトリックの聖職階層制度を否定する。主に**ゲルマン系**が信奉。

東方正教(オルソドックス，ギリシャ正教) 参照 ▶P.295

⬆聖ワシリー寺院[ロシア・モスクワ]　ローマ帝国時代からカトリックと対立し1054年正式に分離。**スラブ系**・ギリシャ人が信奉。

5 仏教　☆ブッダガヤ(インド)　●仏陀(釈迦・ガウタマ=シッダールタ)　☆ラサ(中国のチベット自治区)

上座仏教(南伝仏教) 参照 ▶P.276

⬆ワットプラケオ[タイ・バンコク]　厳格な戒律に従い，自ら悟りの域に達することを目的とする。インドで発生し，スリランカ・ミャンマー・タイでさかん。

大乗仏教(北伝仏教) 参照 ▶P.276

⬆清水寺[京都府]　すべての生き物の救済を念願する菩薩の道を説く。インドから中国・ベトナム・朝鮮半島・日本などに伝わった。

チベット仏教(ラマ教) 参照 ▶P.268

⬆ポタラ宮[チベット・ラサ]　仏教とチベットの民間信仰が結びついた宗教。チベット・ブータン・モンゴルに広まった。指導者ダライ=ラマ14世はインドに亡命政権を樹立している。

6 イスラーム(イスラム教)　参照 ▶P.284　☆メッカ(サウジアラビア)　●ムハンマド

⬆メッカのカーバ神殿[サウジアラビア]　カーバとは立方体を意味し，預言者イブラヒーム(アブラハム)が神から授かったとされる黒曜石がはめ込まれた神殿。

⬆ブルーモスク[トルコ・イスタンブール]　オスマン帝国の首都に17世紀に建造された。巨大なドームの内部は白と青を基調としたタイルやステンドグラスで美しく装飾され，6本のミナレット(尖塔)に囲まれている。

⬆コーラン(クルアーン)　唯一の神アッラーからムハンマドに啓示された言葉を記したもの。アラビア語以外で詠唱されることはなく，アラビア語はイスラームの拡大とともに広範囲に伝播した。

7 その他の宗教　☆エルサレム(イスラエル)　☆ヴァラナシ(インド)

ユダヤ教 参照 ▶P.285

⬆嘆きの壁[イスラエル・エルサレム]　ユダヤ人の民族宗教。選民思想がある。**シオニズム運動**により，第二次世界大戦後イスラエル国建国。

ヒンドゥー教 参照 ▶P.278

⬆ガンジス河の沐浴風景[インド・ヴァラナシ]　インドの民族宗教で，バラモン教から発展した多神教。牛を神聖視する。**カースト制度**と結びつきが強い。

儒教・道教

⬆長崎孔子廟[長崎県]　儒教は孔子の教説を中心に形成された倫理・政治思想。道教は中国の民間宗教で老子を開祖とする。

生活・文化、民族・宗教

国家とは何か

1 国家の三要素

●国家の三要素

領域	国境によって区分された領土以外に，領空（大気圏内），領海（日本は原則として12海里）を含む。
国民	領域内で，ひとつにまとまった人びと全体（国籍を有する人）。複数の民族で構成されていることが多い。
主権	その国民を統治する唯一最高の権威。他国から干渉を受けず，また平等に扱われる。

ISIL（イスラム国）は国家か？ 2014年6月，シリアからイラクに至る一帯で建国を宣言した「ISIL（イスラム国）」を国家として承認した国はなかった。ISILはラッカを中心とする一帯を自分たちの支配下においていると主張しており，独自通貨や独自パスポートも発行していた。国家の三要素「領域，国民，主権」を備えているように見えるが，この地域はイラクやシリア，シーア派民兵やクルド自治政府など様々な勢力が実効支配を目指しており，ISILの支配地域に暮らしている人々がすべてその支配に従っているわけでもなく正式な国民がいるとはいえない。当然，領域も明確に存在するともいえない。またISILは「正当で唯一の最高権力」としての主権をもっているともいえない。

国籍とは フランスやオランダのように，**出生地主義（属地主義）**を採用している国では，移民二世以降，つまりヨーロッパで生まれた子供には，権利として国籍を与えている。ただし，親の世代は帰化を申請して許された場合のみ国籍を得ることができる。

一方，ドイツのように血統主義を採用している国では，たとえばドイツで生まれても，移民の子供は自動的にドイツ国籍を得ることができない。

日本では，国際結婚で生まれた子供は，父親が日本人でなければ日本国籍が認められなかったが，1985年になってようやく父母のどちらかが日本国籍を有していれば認められるようになった（**父母両系主義**）。

（浅井基文『国家と国境』ほるぷ出版，『地理学がわかる。』朝日新聞社などによる）

○パスポートの内容

日本国民である本旅券の所持人を通路故障なく旅行させ，かつ，同人に必要な保護扶助を与えられるよう，関係の諸官に要請する。

○IS戦闘員

2 第二次世界大戦後の独立国

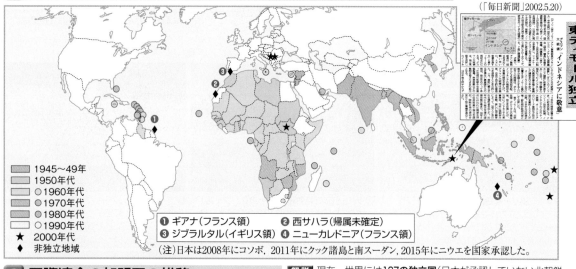

○21世紀初の独立を伝える新聞記事
（「毎日新聞」2002.5.20）

東ティモール独立

凡例：
- 1945～49年
- 1950年代
- ○1960年代
- ○1970年代
- ○1980年代
- ○1990年代
- ★ 2000年代
- ◆ 非独立地域

① ギアナ（フランス領）　② 西サハラ（帰属未確定）
③ ジブラルタル（イギリス領）　④ ニューカレドニア（フランス領）

（注）日本は2008年にコソボ，2011年にクック諸島と南スーダン，2015年にニウエを国家承認した。

3 国際連合の加盟国の推移 参照 >> P.257

年	ヨーロッパ	CIS諸国	北米	オセアニア	中南米	アジア	アフリカ	合計
1945年	14		2	2	20	9	4	51
1955年	26		2	2	20	21	5	76
1965年	27		2		22	28	37	118
1975年	29	4	2		27	35	47	144
2022年（7月現在）	41	9		14	33	40	54	193

解説 現在，世界には**197の独立国**（日本が承認していない北朝鮮を含む）があり，第二次世界大戦後に多くの国が独立した。ことに，欧米諸国の植民地からの独立が相次ぎ，1945年から50年代のアジア，60年代のアフリカ（特に**1960年は「アフリカの年」**といわれるほど新しい独立国家が誕生）（参照 >> P.289），70年代以降の中南米，オセアニアの島々と大きく分けることができる。90年代になり，旧ソ連・旧ユーゴスラビアの解体により，さらに独立国が増えた。国連へは2002年に**スイス・東ティモール**の2か国が，2006年には**モンテネグロ**，2011年には**南スーダン**が加盟した。

（注）**非加盟の国・地域**はバチカン市国・台湾・コソボ・ニウエ。**オブザーバー**の地位を認められた国・機関はバチカン市国・パレスチナ・欧州連合（EU）・アラブ連盟・アフリカ連合（AU）など。

CIS諸国：参照 >> P.256

（『世界年鑑』などによる）

情報ナビ 世界には，一体いくつ国はあるのだろうか？ 実は，世界に国がいくつあるのか，はっきりした数字は断定できない。独立国は増えているが，国連や諸外国に認められていない独立国も，世界にはいくつもあるからである。

① 国家の分類

分 類		特　　色	例
統治形式	君主国（王国）	統治権が世襲的な君主（国王・皇帝など）にある国家。	イギリス・ベルギー・オランダ・サウジアラビア・タイ
統治形式	共和国	統治権が君主ではなく，国民から選ばれた大統領などに委託している国家。	アメリカ合衆国・フランス・インド・ブラジル
組織	単一国家	1つの中央政府が，国民と領土を直接統治する国。**中央集権国家**ともいう。	ポルトガル・スウェーデンなど世界の国家の大多数
組織	複合国家（連邦国家）	2つ以上の国家が結合して形成された，共通の主権を有する1つの国家。中央政府が外交権をもち，州政府や自治共和国から委任された権限を行使する。	アメリカ合衆国・スイス・ドイツ・カナダ・インド・ブラジル・ロシア・メキシコ
領域	単節国（単部国）	領土が陸続きで1つにまとまっている国，大陸にある国家の大部分。	ルーマニア・ハンガリー・ボリビア
領域	複節国（複部国）	海洋などにより，2つ以上に分離されている国。島国や飛地国（エクスクラーフェン）。	日本・フィリピン・インドネシア・アメリカ合衆国・マレーシア

サルマン国王
↑君主国サウジアラビア

マクロン大統領

↑共和国フランス

チェックワード **緩衝国** 対立する国にはさまれ，それらの勢力の衝突を和らげる役割をもつ国家。例：スイス・オーストリア・ベネルクス3国・第二次世界大戦前のタイ。**参照**》P.277
永世中立国 諸国間の戦争に関係せず，永久的に中立の立場に立つことを国際的に承認された国。例：スイス。
飛地国（エクスクラーフェン） 他の国の領土によって，国土が分離されている国。例えば，アメリカ合衆国（本土とアラスカ），オマーン（アラブ首長国連邦による分離），バングラデシュ独立

（1971年）以前のパキスタン（東パキスタンと西パキスタン）など。
国民国家と民族自決主義，単節国と複節国 近代ヨーロッパでは民族ごとに1つの国家をつくるべきであるという「**国民国家（民族国家）**」という考え方が生まれ，かつて植民地支配を受けたアジア・アフリカ諸国でも，**民族自決主義**にもとづいて国民国家を理想とした。しかし，現実には**単一民族国家**（単族国）はありえず，どの国もいくつかの民族からなる**複合民族国家**（複族国）である。

② 今なお残る属領

分 類	特　　色	例
植 民 地	本国政府が直接統治する植民地。（支配する本国を**宗主国**という）	ジブラルタル（イギリス領）ギアナ（フランス領）ニューカレドニア（フランス領）
租 借 地	一国が一定期間を限って，統治を行うことを認められた他国の領土内の地域。	キューバのグアンタナモ（アメリカ合衆国）**参照**》P.252

解説 **保護国・保護領** 特定国の保護下におかれ，主権を制限された地域。かつてのアンドラはフランスとスペインのウルヘル司教の共同主権にある保護国であったが，1993年3月独立，7月国連に加盟した。
　また，かつてのブルネイ・ソロモン諸島はイギリスの保護領であったが，ブルネイは1984年，ソロモン諸島は1978年に独立した。

フランス領
ニューカレドニア

↑**フランス領ニューカレドニア** 世界有数のニッケル産地で，リゾート地でもあり，訪れる人も多い。

③ 共和制と連邦制

君主のいない国（共和国） 共和国とは，国王とか天皇といった血筋で地位を代々受け継いでいく特権的な制度をもたない国です。共和国の代表といえばフランスです。…フランス革命を通じて，国王が国を治める権利は神から授かったものだという王権神授説を否定し，国民は生まれながらにして**自由**という人権を持ち，したがって主権は国民にある，という**主権在民**の考え方を確立し，近代国家が次々と共和国になるシステムの先駆者となったのです。

国が集まってつくった国（連邦制） 連邦制とは複数の国が集まって，共通の主権をもつ国家を形成している国のことです。その典型的な国はアメリカ合衆国

で，…実は州とよぶ50の国と首都ワシントン特別区で構成されています。例えば，カリフォルニア州の正式名称はカリフォルニア・リパブリック（共和国），バージニア州はバージニア・コモンウェルス（共和国）とよんでいます。…したがって，アメリカの**各州はそれぞれ教育や税制など独自の行政権限**をもっています。州によっては高校を中学とよぶところもあります。消費税の税率などもそれぞれの州が決めます。…

　このように，国家の連合体である連邦制の国は，アメリカ合衆国のほか，ドイツ連邦共和国，メキシコ合衆国，スイス連邦などがあります。

（原康『国際関係がわかる本』岩波ジュニア新書による）

民族・宗教、生活文化、

情報ナビ **バチカンは世界最大の首都？** 世界最小の国はバチカン市国である（人口約800人，面積0.44㎢）。正式国名「聖座（Holy See）」。カトリックの総本山＝ローマ教皇庁があり，約13億人のカトリック教徒の上に君臨する世界最大の"首都"である。

●国家の領域

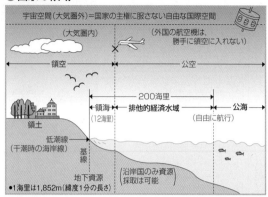

宇宙空間（大気圏外）＝国家の主権に服さない自由な国際空間

（大気圏内）　（外国の航空機は，勝手に領空に入れない）

領空　　公空

200海里

領海　排他的経済水域　公海
（12海里）　　　（自由に航行）

領土

低潮線
（干潮時の海岸線）

基線

地下資源　沿岸国のみ資源採取は可能

●1海里は，1,852m（緯度1分の長さ）

チェック・ワード **領土** 国家の主権が及ぶ陸地（河川・湖沼など内水面が含まれる）。

領海 国家の主権が及ぶ海。領土に接している一定幅の海域で，国連海洋法条約では低潮線（最低潮位線）から12海里までとなっているが，一部の国で3海里，200海里など設定（主張）しているところもある。日本は12海里。

領空 領土と領海の上空で，その国の主権が及ぶ空間。ただし宇宙空間（人工衛星の最低軌道以上の空間）にまでは及ばないとされている。

「排他的経済水域（Exclusive Economic Zone）—200海里」 国連海洋法条約（1994年発効）締結国に設定が認められている200海里の水域。この水域内では，**漁業資源や石油など海底鉱物資源を探査，開発，保存する権利**が得られる。

無害通航権 沿岸国の平和・秩序・安全を害さず，領海を継続的かつ迅速に航海すること。

2 領土が残った！～沖ノ鳥島～

　沖ノ鳥島は東京から南へ約1,700km，小笠原諸島からでも約800km離れた日本最南端の無人島。ここで3年間，工事費285億円の大工事が完了した。この島はサンゴ礁の島で，干潮時には東西4.5km，南北1.7kmが海面上に姿を見せるが，満潮時には北側と東側に高さ約1mの2つの岩（露岩）が顔をのぞかせるだけ。**領海条約では満潮時にも水没しないことが領土の条件**となっており，この岩がポッキリ折れて水没すると，半径200海里の漁業水域も消滅してしまうことになる。この小さな岩2つを守るために285億円。—領土は残った。

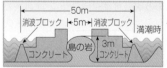

50m

消波ブロック　5m　消波ブロック　満潮時

コンクリート　島の岩　3m　コンクリート

◆東小島

●海洋の秩序～海洋法条約

1958年	第1回国連海洋法会議～領海・公海・漁業保存・大陸棚の海洋法4条約を採択
1960年～82年	第2回・3回国連海洋法会議
1982年	**国連海洋法条約を採択～領海12海里の規定。**国際海峡，群島水域における通過通航制度を設けて沿岸国や群島国家に配慮。排他的経済水域で沿岸国の生物・非生物資源に対する主権的権利を認めることとし，この水域における他国の航行，上空の飛行，海底電線，パイプラインの敷設の権利を認めた。大陸棚の範囲も拡張。沿岸国管轄権の拡大，海洋自由原則の大幅な変更
1993年11月16日	ガイアナの批准により，発効要件である批准国数が60か国に達する
1994年11月16日	**国連海洋法条約が発効**
1996年	**日本が国連海洋法条約を批准。**この年，制定された海の日（7月20日）から発効

●日本の経済水域200海里＝国土の12倍の広さ＝450万km²

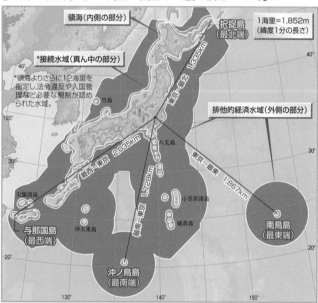

領海（内側の部分）

択捉島（最北端）

1海里＝1,852m（緯度1分の長さ）

*接続水域（真ん中の部分）

*領海よりさらに12海里を指定し，法令違反や入国管理など必要な規制が認められた水域。

排他的経済水域（外側の部分）

南北＝最北 3,335km

竹島

東西＝東京 2,035km

八丈島

南北＝東京 1,728km

東西＝最東 1,867km

尖閣諸島

与那国島（最西端）

沖大東島

小笠原諸島

硫黄島

南鳥島（最東端）

沖ノ鳥島（最南端）

解説 日本は国際条約に従って，海岸近くに設けた基準線（基線）から12海里（約22km）までを**領海**，24海里（約44km）までを**接続水域**，200海里（約370km）までを**排他的経済水域**と定めている。この200海里までのエリアを「日本の海」とよぶことができ，**面積は約450万km²で，国土面積の12倍に相当する**（米国，オーストラリア，インドネシア，ニュージーランド，カナダに続く世界6位の「海洋大国」に浮上する）。隣接国と排他的経済水域がぶつかる場合は協議して境界を決める。おおむね双方の海岸の基線からの中間線を境界としている。

◆沖ノ鳥島全景［東京都］（国土交通省提供）

北小島

東小島

観測施設とヘリポート

情報ナビ **新たに31万km²が認定** 2012年，日本の大陸棚を拡大することが国連の大陸棚限界委員会に認められた。沖ノ鳥島の北方など4海域で日本の国土面積の8割に相当する。レアメタルなどの資源採掘が期待できる。

3 主な自然的国境と人為的（数理的）国境 参照 ▶P.252

自然的国境	山脈	ヒマラヤ山脈	（中国・ネパール）
		スカンディナヴィア山脈	（ノルウェー・スウェーデン）
		ピレネー山脈	（フランス・スペイン）
		アンデス山脈	（チリ・アルゼンチン）
	河川	アムール川（黒竜江）	（ロシア・中国）
		メコン川	（ラオス・タイ）
		ドナウ川	（ブルガリア・ルーマニアほか）
		ライン川	（フランス・ドイツ・スイス）
		オーデル川・ナイセ川	（ドイツ・ポーランド）
		リオグランデ川	（アメリカ合衆国・メキシコ）
	砂漠	大インド（タール）砂漠	（パキスタン・インド）
	湖沼	スペリオル湖（五大湖）	（アメリカ合衆国・カナダ）
		レマン湖	（スイス・フランス）
		チチカカ湖	（ペルー・ボリビア）
		ヴィクトリア湖	（ウガンダ・タンザニア・ケニア）
人為的（数理的）国境	緯度	北緯49度, 北緯45度	（アメリカ合衆国・カナダ）
		北緯22度	（エジプト・スーダン）
	経度	西経141度	（アメリカ合衆国・カナダ）
		東経20度	（ナミビア・ボツワナ）
		東経25度	（エジプト・リビア）
		東経141度	（パプアニューギニア・インドネシア）
	中立地帯 軍事境界線	北緯38度 参照▶P.272 （障壁的国境）	（大韓民国・朝鮮民主主義人民共和国）

解説 国境には**隔離性**と**交流性**の２つの性質がある。一般に，海洋や山脈などの自然的国境は人の往来が難しく隔離性が高く，人為的国境は人の往来がさかんで交流性が高い。

⬆エジプトと隣国との境界　大部分が砂漠で障壁が少なく，経緯線を利用した直線的な人為的国境となっている。

⬆北緯49度の人為的国境[カナダのマニトバ州とアメリカ合衆国のノースダコタ州]

● 隔離されている国境

⬆メキシコからアメリカ合衆国への不法入国を防止するための柵[全長1,000km以上]

⬆ヨルダン川西岸にイスラエルが建設した分離壁[イスラエル]

⬆非武装地帯をパトロールする韓国軍兵士[韓国・38度線]

● 交流がさかんな国境

⬆スイス・フランス国境　無人化した検問所を通り，自由に国境を行き来できる。

⬆中越国境　ベトナムとの国境を越えて，中国領内に入るトラック（中国雲南省）。

⬆カナダとアメリカ合衆国（アラスカ州）との国境　円内は，国境を越えて異なる時間帯に入ったことを示す案内板。

情報ナビ 北アメリカやアフリカの国境線に直線が多いのはなぜ？　かつてヨーロッパ列強の植民地となっていたとき，列強が決めた国境線であり，もとからあった国や民族の勢力範囲を無視して地図に定規で線を引いて国境線としたことによる。

世界の国境・領土問題

1 国境と国境問題 参照 ▶P.251

西経141°
北緯49°
五大湖
北緯45°
リオグランデ川
スカンディナヴィア山脈
オーデル川・ナイセ川
ライン川
ドナウ川
レマン湖
ピレネー山脈
アムール川
ヒマラヤ山脈
メコン川
東経141°
東経25°
北緯22°
大インド（タール）砂漠
ルブアルハリ砂漠
ヴィクトリア湖
東経20°
チチカカ湖
アンデス山脈

―― 自然的国境
―― 人為的（数理的）国境
―→ 係争地域

①②③④⑤⑥⑦⑧⑨⑩⑪⑫⑬⑭

●タイ・カンボジア国境紛争（2011年）
プレアビヒア寺院（2008年にカンボジア単独の管理による世界遺産登録がされている）とその付近の領有をめぐって両国が対立。2011年には武力衝突が発生した。

プレアビヒア寺院を警備するカンボジア兵

（○付の番号の係争地域は上の地図を参照）

係争地域	対立国	背景
①北方領土（歯舞群島・色丹島・国後島・択捉島） 参照▶P.254	日本 ロシア	日本固有の領土であるが，第二次世界大戦の処理から現在ロシアが占拠しているため，政府は返還を要求
②竹島 参照▶P.254	日本 韓国	1952年**李ライン宣言**，韓国が占拠。65年日韓基本条約で棚上げ。日本は不法占拠に抗議
③尖閣諸島 参照▶P.254	日本 中国	日本の固有の領土。1971年から台湾・中国が相次いで領有権を主張
④南沙群島（スプラトリー諸島） 参照▶P.253	ベトナム，中国，台湾，フィリピン，マレーシア，ブルネイ	豊かな漁場があり，6つの国・地域が領有権を主張。海底油田・ガス田の存在が確認されてさらに激化
⑤中印国境　東部（マクマホンライン），西部（ラダク地方）	中国 インド	ヒマラヤ山脈をはさむ東部国境と西部国境で対立。再三武力衝突
⑥カシミール地方 参照▶P.253	インド パキスタン	1947年，印パ分離・独立の際，その帰属をめぐり対立。武力紛争。49年国連の仲介で停戦
⑦中国・旧ソ連国境東部（アムール川・ウスリー川の中州），西部（シンチヤンウイグル自治区山岳地帯）	中国 旧ソ連	1964年，国境交渉が開始されたが，双方の認識の相違から中断。69年ダマンスキー（珍宝）島で武力衝突。89年和解。91年東部国境協定調印
⑧シャトルアラブ川	イラン イラク	1980年9月，75年の国境協定をイラクが一方的に破棄，全面戦争（**イラン＝イラク戦争**）に突入。88年停戦
⑨イラクのクウェート侵攻	イラク クウェート	1990年イラクはクウェートを自国領と主張して全土を制圧。米英軍を中心とする多国籍軍がクウェートを解放。**湾岸戦争**（1990～91年）
⑩エチオピア・エリトリア紛争	エチオピア エリトリア	1998年帰属が不明確だった領土をめぐり武力衝突
⑪イギリス領ジブラルタル 参照▶P.253	イギリス スペイン	1713年ユトレヒト条約でイギリス領。スペインは強硬に返還を要求。軍事的要衝
⑫西サハラ	モロッコ 西サハラ	1974年にスペインが領有権を放棄した西サハラの主権をめぐる紛争
⑬グアンタナモ（キューバ島東端） 参照▶P.314	アメリカ キューバ	2015年，54年ぶりにアメリカ・キューバ間の国交が回復したが，アメリカ軍が租借しているグアンタナモ基地の返還については未解決であり，二国間関係の正常化にはまだ時間がかかる。
⑭フォークランド諸島（マルビナス諸島）	アルゼンチン イギリス	旧スペイン領を1833年イギリスが占拠。1816年独立のアルゼンチンはスペインからの継承を主張。1982年軍事衝突

↑グアンタナモのアメリカ軍基地

↑フォークランド紛争（1982年）

●南沙群島［2015年］　中国による埋め立てが進み，ビルが建設された南沙群島のケナン礁。大型船も係留できる埠頭の整備も進む。
（提供：フィリピン国軍関係者）

情報ナビ　**国境線はどこ？**　自然的国境としての河川は氾濫によって流路が変わりやすい，河川に幅があるのでどこを国境線にするかでしばしば国境紛争を引き起こしてきた。リオグランデ川（アメリカとメキシコ），シャトルアラブ川（イランとイラク）がその例。

2 「国」の中の「国」～イギリス領ジブラルタル

軍事的な要衝 僕が驚いたのは，イギリスが同じヨーロッパの国であるスペインの中に海外領土をもっていたということである。イベリア半島の南端とアフリカ大陸の北端が近づいてジブラルタル海峡を形成している。そこを見張る軍事的な要衝が，この**イギリス領ジブラルタル**なのである。

二つの海峡植民地 このジブラルタルは面積がわずか6.5km²しかない。スペインの中にあって，まさに点のような「占領地」なのである。それでも領土は領土であり，スペインの度重なる返還要求にもかかわらず，これを返す気は今のところないらしい。もっともスペインだって，ジブラルタル海峡を渡ってアフリカ大陸まで行くと，モロッコの中に**セウタ**という領土をもっており，これもまた点のような占領地なのだが，モロッコからここの返還を要求されて，なかなか返さないでいるのだから，あんまり人のことはいえないのである。
（蔵前仁一『国家と民族』学習研究社による）

↑**カシミヤヤギ** 高級織物のカシミヤはカシミール原産のカシミヤヤギからとれる毛を利用してつくられる。

↓**イギリス領ジブラルタル**

菜も豊富。羊毛など畜産もさかんだ。ここの高級毛織物は**カシミヤ**とよばれてイギリスで珍重された。この地方がイスラーム化する前は仏教徒もヒンドゥー教徒もいた。

Q　両国が主張する帰属の根拠って？

A　**インド**は，独立時にカシミール藩王がインドへの帰属を正式に決めたのに，パキスタン軍が侵略してインド領を不法に占拠していると主張する。**パキスタン**は，藩王はヒンドゥー教徒だったが，住民の多数はムスリム（イスラム教徒）でパキスタン帰属を望んでいた，と言っている。それに第一次印パ戦争後の国連調停は，「紛争地」と認定して住民投票で帰属を決めるべきだと裁定しているから，従うべきだという立場だ。

↑**カシミールの分離独立を目指すイスラム武装勢力により占拠された国境警備隊兵舎を攻撃するインド国境警備兵**

Q　地図には中国の支配地も見えるね？

A　ラダク（アクサイチン）地区だ。1962年の中印国境紛争から中国が占領しているんだ。インドはこれも「中国の脅威」の一つとしている。

Q　紛争解決の妙案は？

A　国連などが乗り出しても簡単には解決できない。半世紀以上も不信感にこり固まった両国の関係を，今後，国際社会がどうほぐせるのか。それが課題なんだ。
（「朝日新聞」1998.6.9などによる）

3 カシミール問題

Q　世界地図を見るとインドとパキスタン北部が空白になっているね。

A　そこはカシミール地方といって，国家としての領有権が正式に決まっていないんだ。インドとパキスタンは1947年にイギリスから独立した直後から，このカシミールの帰属を巡って3回戦争をしているけれど，現在でも緊張は続いており，両国ともに抑止力として核兵器を所有しているから，まかり間違えばこの地が核戦争の「引き金」になりかねない状況にあるんだ。

Q　おっかないな。一体どんな所なの？

A　中国，中央アジアにも近くて，昔から通商，軍事上の要所だった。風光明媚で年中涼しく，果実や野

4 南沙群島（スプラトリー諸島）問題

●南シナ海で6か国・地域が領有権を主張する海域

| 中国と台湾 |
| ベトナム |
| フィリピン |
| ブルネイ |
| マレーシア |

（アメリカ国防省資料などによる）

解説 南シナ海に位置し，約100の小島とサンゴ礁からなる島々で，周辺海域には海底油田やガス田が確認されている。中国・台湾・ベトナム・マレーシア・フィリピン・ブルネイが領有権を主張しており，南沙群島の領有権問題はASEAN諸国の重要な課題になっている。近年，中国が急ピッチで岩礁を埋め立て，領有権の既成事実化を進めている。

日本の領土問題

1 北方領土問題

❶1854年の日露和親条約 千島列島のうち，択捉島とウルップ島間が日露の国境とされ，樺太（サハリン）は日露両国民の混在地とされた。

❷1875年の樺太・千島交換条約 シュムシュ以南の千島列島全域が日本領，樺太（サハリン）がロシア領とされた。

❸1905年のポーツマス条約 日露戦争以降，樺太（サハリン）の南半分（北緯50度以南）が日本領とされた。

❹1951年のサンフランシスコ平和条約 日本は南樺太と千島列島についての領有権を放棄したが，北方4島（国後島，択捉島，色丹島，歯舞群島）は放棄した中には含まれず，日本固有の領土である。

◎択捉島 千島列島最大の火山島。最高峰は北中部の散布山(1,587m)。現在，ロシア人が住み，漁業・水産加工業などが営まれている。

↑缶詰工場

◎北海道知床半島から望む国後島 南西端の泊湾は島内最良の湾。最高峰は北東部の爺爺岳(1,822m)。

	1945年8月15日現在の人口(人)	2020年現在の人口(人)	面積(km²)
歯舞群島	5,281	定住なし	95
色丹島	1,038	3,319	251
国後島	7,364	8,566	1,490
択捉島	3,608	6,480	3,168

（外務省資料などによる）

解説 北方4島は第二次世界大戦以降現在まで，ソ連の権益を引き継いだロシアが占領し，ロシア人が生活している。日本は北方4島の返還を強く要求しており，日露間の重要な課題である。

地図を見ると，択捉島とウルップ島の間に国境線が引いてある。そしてさらにもう1本，カムチャツカ半島とシュムシュ島の間にも引いてある。つまり，ウルップ島とシュムシュ島までの間の千島列島は，どこの国の領土でもないということになる。同様に宗谷海峡と樺太（サハリン）にも2本の国境線が引いてある。そうなると，樺太（サハリン）の北緯50度以南の地域も，どこの国のものでもないということになる。

2 竹島問題

竹島は島根県の隠岐島の北西約159kmにあり，面積は23haで東京の日比谷公園とほぼ同じ広さ。領土をめぐる争いは江戸時代からあったが，日本は1905(明治38)年に正式に島根県に編入。韓国も52年に「李承晩ライン」を設定して領有権を主張し，54年7月からは警備隊を常駐させ国旗を掲げている。65年の日韓基本条約でも，この問題は解決せず，日本政府は韓国の「実効支配の既成事実作り」に抗議を繰り返している。韓国名は「独島」（トクト）で，周辺海域はカニ，サバなどの好漁場でもある。

◎日韓が領有権を主張する竹島（韓国名・独島）

解説 2005年3月，島根県議会は「2月22日を竹島の日と定める」ことを決め，韓国の反発が強まった。また，2012年には，韓国の李明博大統領（当時）が竹島に上陸したことに対して，日本政府は強く抗議した。

3 尖閣諸島問題

尖閣諸島は沖縄県石垣市に所属する南西諸島の西端の島々の総称で，最も大きな魚釣島は面積3.6km²だが現在は無人。1895(明治28)年に沖縄県に編入。中国は「釣魚島」の名称を用い，台湾に付属する島々とみなしている。このため現在，中国と台湾が領有権を主張しているが，日本政府は「領土問題は存在しない」との認識。

解説 周辺海域には石油などの海底資源が埋蔵されている可能性が指摘されている。2012年に日本政府が尖閣諸島を国有化したことに対して，中国では大規模な反日デモが発生し，日系企業や商店などが襲撃された。

A日本側が主張する尖閣諸島を基点とする中間線　B琉球諸島を基点とする中間線　C中国側が主張すると思われる大陸棚の「自然延長」線

◎沖縄・尖閣諸島の南小島（手前）と北小島。奥は魚釣島

（**2**・**3**とも「朝日新聞」1996.2.20などによる）

1 先進国の協調組織

(2022年7月)

名称・設立年・本部	目的・機能・現状	加盟国
経済協力開発機構 OECD(Organization of Economic Cooperation and Development) 1961年 パリ	第二次世界大戦後の**マーシャルプラン**によるヨーロッパ経済の復興の受け入れ組織であったヨーロッパ経済協力機構(OEEC,1948年発足)を発展的解消し，**先進国クラブ的性格をもつ。加盟国の高度経済成長・生活水準の向上，発展途上国への援助，世界貿易の拡大が目的。**特に南北問題に取り組む**開発援助委員会(DAC)**は，開発援助に関連するあらゆる問題を討議・検討する。	アメリカ合衆国・カナダ・イギリス・フランス・西ドイツ(90年よりドイツ)・イタリア・ベルギー・オランダ・ルクセンブルク・ノルウェー・スウェーデン・デンマーク・アイスランド・アイルランド・スイス・オーストリア・ギリシャ・トルコ・スペイン・ポルトガル(以上原加盟国)・日本(64年加盟)・フィンランド(69年)・オーストラリア(71年)・ニュージーランド(73年)・メキシコ(94年)・ハンガリー・チェコ・ポーランド・韓国(96年)・スロバキア(2000年)・チリ・スロベニア・イスラエル・エストニア(10年)・ラトビア(16年)・リトアニア(18年)・コロンビア(20年)・コスタリカ(21年) 38か国
北大西洋条約機構 NATO(North Atlantic Treaty Organization) 1949年 ブリュッセル	旧ソ連を中心とする**社会主義国家群に対する軍事機関。**加盟国に対する武力攻撃は全加盟国への攻撃とみなし，軍事行動を含めて直ちに被攻撃国を支援することなどを定めている。1991年ワルシャワ条約機構の解体で所期の目的を失う。96年地域紛争対応型の「新NATO」に向け具体的に動きだし，99年**東欧3か国**，2004年**バルト3国・東欧4か国**が加盟。ロシアのウクライナ侵攻を契機にフィンランド，スウェーデンが新規加盟へ。	アメリカ合衆国・カナダ・イギリス・フランス・イタリア・ベルギー・オランダ・ルクセンブルク・ノルウェー・デンマーク・アイスランド・ポルトガル(以上原加盟国)・ギリシャ(52年加盟，74年一時脱退，80年再加盟)・トルコ(52年加盟)・西ドイツ(55年，90年よりドイツ)・スペイン(82年)・ポーランド・チェコ・ハンガリー(以上99年)・エストニア・ラトビア・リトアニア・スロバキア・スロベニア・ルーマニア・ブルガリア(以上04年)・アルバニア・クロアチア(以上09年)・モンテネグロ(17年)・北マケドニア(20年) 30か国(フランスは1966年に軍事機構を脱退，09年完全復帰)
主要国首脳会議 (通称：**サミット**，Economic Summit)	主要国の首脳が年1回集まり，**通貨，通商，債務など経済問題やエネルギー・環境問題**を中心に世界規模の諸懸案を主要先進国の首脳間で話し合い，協力と調整を図る。1975年に第1次石油ショック後の世界経済再建をめぐって，フランスのランブイエで開かれたのが最初である。	日本・アメリカ合衆国・イギリス・フランス・ドイツ・イタリア(以上原加盟国)・カナダ(76年加盟)・EU(78年，当時EC)・ロシア(97年) ※G7(G8)…欧州委員会委員長がEU代表で参加。G7は近年では中国・インド・ブラジル・メキシコ・南アフリカの首脳を招くことが慣習化している。2014年に，ロシアが参加停止となって以来，G7と称されるようになってきた。 G20…2008年世界的な通貨金融危機を契機にG20金融サミット開催。上記の国々とEU・アルゼンチン・オーストラリア・インドネシア・韓国・サウジアラビア・トルコが加わった枠組み。

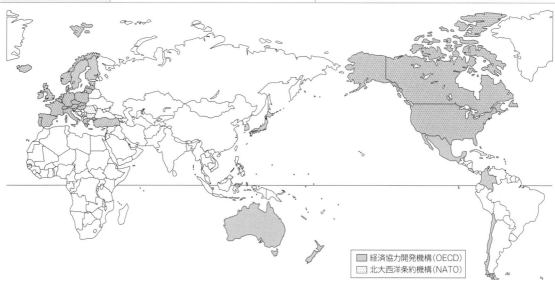

凡例：
- 経済協力開発機構(OECD)
- 北大西洋条約機構(NATO)

2 地域的な国家群

(2022年7月)

名称・設立年・本部(事務局)	目的・機能・現状	加盟国
ヨーロッパ 欧州連合(ヨーロッパ連合) EU(European Union) 1993年　ブリュッセル 司法裁判所：ルクセンブルク 欧州議会：ストラスブール(フランス) 参照▶P.297	ヨーロッパ石炭鉄鋼共同体(ECSC)，ヨーロッパ経済共同体(EEC)，ヨーロッパ原子力共同体(EURATOM)の3組織が統合し，1967年ヨーロッパ共同体(EC)として発足。さらにヨーロッパの政治統合，経済・通貨統合をめざし，1993年欧州連合(EU)が設立。**単一通貨制度・共通外交・安全保障政策**などを導入し，発展させる新共同体。	フランス・西ドイツ(90年よりドイツ)・イタリア・オランダ・ベルギー・ルクセンブルク(以上EC原加盟6か国)・イギリス(2020年離脱)・アイルランド・デンマーク(以上73年加盟)・ギリシャ(81年加盟)・スペイン・ポルトガル(以上86年加盟)・オーストリア・スウェーデン・フィンランド(95年加盟)・エストニア・ラトビア・リトアニア・ポーランド・チェコ・スロバキア・ハンガリー・スロベニア・マルタ・キプロス(以上04年加盟)・ルーマニア・ブルガリア(以上07年加盟)・クロアチア(13年加盟)　27か国(イギリス離脱により1か国減)
欧州自由貿易連合 EFTA(European Free Trade Association) 1960年　ジュネーヴ	EECに対抗するために結成し，域内では10年間で関税と輸入制限の全廃を計画。1992年5月，当時の加盟7か国が欧州共同体(EC，現EU)と市場を統合する「欧州経済地域」(EEA)創設協定に調印。	ノルウェー・スイス・アイスランド・リヒテンシュタイン 4か国

民族・生活・文化・宗教

	名称・設立年・本部	概要	加盟国
旧ソ連	独立国家共同体CIS (Commonwealth of Independent States) 1991年 ミンスク(ベラルーシの首都)	ソ連解体後に，旧ソ連諸国がロシアを中心に政治や経済協力などの分野で連携を深めるゆるやかな国家群である。独自の議会や憲法はもっておらず，首脳会議や閣僚会議が必要に応じて開催されるが，実際は有名無実化されている。	ロシア・ベラルーシ・モルドバ・アゼルバイジャン・アルメニア・カザフスタン・ウズベキスタン・キルギス・タジキスタン(トルクメニスタンは2005年に脱退し準加盟国，ジョージア(グルジア)は2009年に脱退，ウクライナは2014年に脱退表明) 9か国 ※旧ソ連に帰属していたバルト三国(エストニア・ラトビア・リトアニア)は加盟していない。
ア ジ ア	東南アジア諸国連合 ASEAN(Association of South-East Asian Nations) 参照》P.277 1967年 ジャカルタ	東南アジアの経済的・社会的基盤を確立し，平和的かつ進歩的国家の開発に努めることを目的とした地域協力機関。2015年末，ASEAN経済共同体が発足し，市場の統合，政策の共通化，域内の経済格差是正をめざして公正な経済開発，グローバル経済への統合(FTAの推進等)を推進している。	タイ・マレーシア・フィリピン・インドネシア・シンガポール・ブルネイ(84年)・ベトナム(95年)，ラオス・ミャンマーは同時加盟(97年)，カンボジア(99年) (2011年に東ティモールが加盟申請) 10か国
	アラブ連盟 Arab League 1945年 カイロ	アラブ諸国の独立と主権を守り，結束を固めて政治・経済・社会文化などの面で協力するのが目的。1977年11月エジプトがイスラエルと和平交渉を始めたため，79年3月に資格停止されたが，89年5月に復帰。	エジプト・レバノン・イラク・ヨルダン・サウジアラビア・イエメン・リビア・スーダン・モロッコ・クウェート・シリア(加盟資格停止中)・アルジェリア・チュニジア・バーレーン・オマーン・カタール・アラブ首長国連邦・モーリタニア・ソマリア・ジブチ・コモロとPLO(パレスチナ解放機構) 21か国と1機構 (南スーダンが加盟予定)
ア	石油輸出国機構 OPEC(Organization of the Petroleum Exporting Countries) 1960年 ウィーン 参照》P.146	石油輸出国が国際石油資本(メジャーズ)に対抗して，産油国の利益を守るための生産・価格カルテル。原油生産の調整と価格安定について協議し交渉にあたるが，輸出国相互の利害が対立している。	イラン・イラク・サウジアラビア・クウェート・ベネズエラ(原加盟国)・リビア・アラブ首長国連邦・アルジェリア・ナイジェリア・アンゴラ(07年)・ガボン(16年再加盟)・赤道ギニア(2017年)・コンゴ共和国(2018年) 13か国
	アラブ石油輸出国機構 OAPEC(Organization of Arab Petroleum Exporting Countries) 1968年 クウェート	アラブ産油国がアラブ全体の石油戦略を協同して行うことを目的。1973年の中東戦争では，産油量の削減と価格の引き上げを実施して，先進諸国に深刻な影響を与えた(第1次石油危機)。	サウジアラビア・クウェート・リビア・アルジェリア・アラブ首長国連邦・カタール・バーレーン・シリア・イラク・エジプト 10か国 ※チュニジアは脱退(資格停止)
アフリカ	アフリカ連合 AU(African Union) 2002年 アディスアベバ	アフリカ諸国の統一と団結の促進，アフリカ諸国の民主化と経済発展を目指した国際機構。2002年7月，アフリカ統一機構(OAU)が発展的解消して発足。EUをモデルとしている。	アフリカの54か国と西サハラ(加盟資格停止国を含む)(モロッコは西サハラの参加に反対して1985年脱退したが2017年に再加入。93年エリトリア，94年南アフリカ，2011年南スーダンが加盟，22年6月現在クーデターによる政権奪取への制裁措置で4か国が加盟資格停止)
南北アメリカ	米国・メキシコ・カナダ協定 USMCA(United States Mexico Canada Agreement) 2020年	トランプ大統領のもと2020年に発効。北米自由貿易協定(NAFTA)の自由貿易の要素は後退し，アメリカ合衆国への乗用車輸入台数に数量制限を導入するなど管理貿易の色彩が強まった。自由貿易を後退させる規定が多く，逆に自動車・同部品等の域内原産割合の引き上げが多く盛り込まれた。	アメリカ合衆国・カナダ・メキシコ 3か国
	南米南部共同市場 MERCOSUR(メルコスール) 1995年 モンテビデオ	域内関税を相互撤廃して，対外共通関税などを設定した自由貿易圏。	ブラジル・アルゼンチン・パラグアイ・ウルグアイ・ベネズエラ・ボリビア(ベネズエラは2017年に参加資格停止) 6か国
太平洋	アジア太平洋経済協力 APEC(Asia Pacific Eco-nomic Cooperation Conference) 1989年 シンガポール	アジア太平洋地域初の域内各国間の経済協力のための政府間公式協議体。「開かれた地域協力」を掲げ，人材養成，投資促進，統計整備等の分野で協力を進めるとし，環太平洋地域の自由貿易体制の維持・強化を目的とする。	日本・アメリカ合衆国・カナダ・オーストラリア・ニュージーランド・韓国・タイ・インドネシア・フィリピン・マレーシア・シンガポール・ブルネイ・中国・台湾・香港・メキシコ・パプアニューギニア・チリ・ロシア・ペルー・ベトナム 21か国・地域

(2022年7月現在)

- ▤ EU(欧州連合)
- ▧ USMCA (米国・メキシコ・カナダ協定)
- ■ ASEAN (東南アジア諸国連合)
- ▨ OPEC (石油輸出国機構)
- ▒ APEC (アジア太平洋経済協力)
- ▩ AU(アフリカ連合)
- ■ MERCOSUR (南米南部共同市場)

1 国連の機構

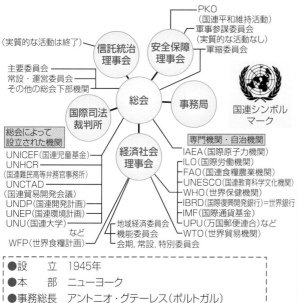

（実質的な活動は終了）

信託統治理事会

安全保障理事会
- PKO（国連平和維持活動）
- 軍事参謀委員会（実質的な活動なし）
- 軍縮委員会

主要委員会
常設・運営委員会
その他の総会下部機関

総会

事務局

国際司法裁判所

国連シンボルマーク

総会によって設立された機関
- UNICEF（国連児童基金）
- UNHCR（国連難民高等弁務官事務所）
- UNCTAD（国連貿易開発会議）
- UNDP（国連開発計画）
- UNEP（国連環境計画）
- UNU（国連大学）
- WFP（世界食糧計画）

など

経済社会理事会

専門機関・自治機関
- IAEA（国際原子力機関）
- ILO（国際労働機関）
- FAO（国連食糧農業機関）
- UNESCO（国連教育科学文化機関）
- WHO（世界保健機関）
- IBRD（国際復興開発銀行）＝世界銀行
- IMF（国際通貨基金）
- UPU（万国郵便連合）など
- WTO（世界貿易機関）

- 地域経済委員会
- 機能委員会
- 会期，常設，特別委員会

- ●設　　立　1945年
- ●本　　部　ニューヨーク
- ●事務総長　アントニオ・グテーレス（ポルトガル）
- ●加盟国　193か国（2022年7月現在）
  - アジア40　アフリカ54　ヨーロッパ41
  - アングロアメリカ2　ラテンアメリカ33
  - オセアニア14　独立国家共同体9

⬆国連総会

● 主な国連平和維持活動（PKO）　　　（2022年1月現在）

- コンボ
- レバノン
- ゴラン高原
- キプロス
- 西サハラ
- マリ
- 中央アフリカ
- スーダン・アビエイ地区
- コンゴ
- パレスチナ
- インド・パキスタン
- 南スーダン

※ ▨▨▨ 日本の自衛隊が参加したPKO

（注）安全保障理事会決議に基づいたPKOは計12。

（『世界年鑑』2022などによる）

2 国連の主な機関　国連の経済社会理事会の特別機関や国連総会によって設立された機関がある。

機関名	略称	本部	設立年	加盟国数	目的
国連食糧農業機関	FAO	ローマ	1945	194か国とEU	農民の生活や労働などの条件を改善し，農村開発を促進し，飢餓の根絶を図る。
世界保健機関	WHO	ジュネーヴ	1948	194か国	健康を向上させるための機関で，疫病の制圧，検疫の統一，薬品の国際基準の作成などを行う。
国連教育科学文化機関	UNESCO	パリ	1946	193か国・地域	教育，科学，文化の普及と国際的交流を深めることで，世界平和と安全に貢献。**世界遺産の登録**も行う。
国連児童基金	UNICEF	ニューヨーク	1953	190か国以上で活動	主に**発展途上国の児童に対する医療給付，教育，職業訓練，母子福祉などの援助**を行う。
国連難民高等弁務官事務所	UNHCR	ジュネーヴ	1951	約130か国で活動	紛争や天災などにおいて発生した難民を救済するための機関。
国連環境計画	UNEP	ナイロビ	1972		さまざまな**地球環境問題**に専門的に取り組む。
国連人口基金	UNFPA	ニューヨーク	1987	150か国以上で活動	世界の人口爆発に対応し，主に**発展途上国の人口問題に対する啓発と援助**を行う。

⬆PKO活動　カンボジアで地雷探査する日本の自衛隊員

⬆UNHCR　パキスタン政府軍による武装勢力掃討戦闘からの避難民の難民登録を行うUNHCRの職員（左下）

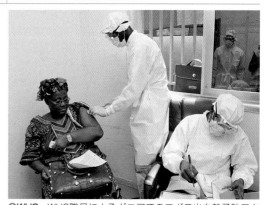

⬆WHO　WHO職員によるギニアでのエボラ出血熱予防ワクチンの臨床試験

民族・宗教、生活・文化

情報ナビ NGO（非政府組織）Non-Governmental Organizations　利潤追求を目的とせず，平和と人権問題に積極的に取り組むボランティア組織。国連と連携し発展途上国支援，環境問題などの国際問題の解決にも貢献している。

民族と国家　**1** 複合民族国家（多民族国家）の例

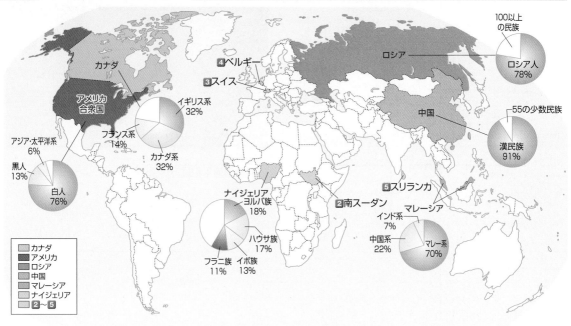

国　名	主な構成民族（言語）・人種　[公用語]	特　色
中国 参照≫P.268	漢民族（91%），55の少数民族（チョワン族，満州族，ウイグル族，チベット族，ホイ族など） [中国語]	90%以上の漢民族の中に少数民族をかかえる典型的な多民族国家。少数民族の多住地域では自治制が敷かれ，**5つの自治区**がある。少数民族の中には独立を要求する動きあり。
マレーシア 参照≫P.276	マレー系（70%），中国系（22%），インド系（7%）など [マレー語]	19世紀後半から，中国系・インド系が労働者として流入。マレー系はイスラーム，中国系は仏教，インド系はヒンドゥー教を信仰。政府はマレー系優先策の**ブミプトラ政策**を実施してきた。
スリランカ 参照≫P.259 **5**	シンハラ人（75%），タミル人（15%），ムーア人（9%）など [シンハラ語・タミル語]	シンハラ人はシンハラ語を使用し，仏教を信仰。タミル人はタミル語を使用し，ヒンドゥー教を信仰。北部・東部諸州に居住するタミル人とシンハラ人が対立。
ナイジェリア 参照≫P.291	ヨルバ族（南西部，18%），ハウサ族（北部，17%），イボ族（南東部，13%），フラニ族（11%）など [英語]	アフリカ最大の人口を有する国で，独自の言語をもつ250以上の民族からなる。主に北部はイスラーム，西部は伝統的宗教，南東部はキリスト教を信仰。南部の**ニジェール川デルタ**の石油を背景に1967年には**ビアフラ戦争**が起きている。主要民族の対立を緩和するため，州を細分化し，首都をどの州にも属さない**アブジャ**に移転。
スイス 参照≫P.259 **3**	ドイツ系（62%），フランス系（23%），イタリア系（8%），ロマンシュ系（1%） [ドイツ語・フランス語・イタリア語・ロマンシュ語]	中部・北部にドイツ系，西部にフランス系，南部にイタリア系，東南部にロマンシュ系住民が居住する連邦国家。宗教はカトリック34%，プロテスタント23%。
ベルギー 参照≫P.259 **4**	オランダ系フラマン人（60%），フランス系ワロン人（40%） [オランダ語・フランス語・ドイツ語]	首都ブリュッセルより北部は**オランダ語（フラマン語）**，南部は**フランス語（ワロン語）**で対立し，首都は併用地。独立以後はワロン人が政界を支配し，公用語は1つであったが，現在は増えて3つ。1993年君主制連邦国家になる。宗教はカトリックが50%。近年，オランダ語圏の自治拡大要求が増大。
ロシア 参照≫P.302	ロシア人（78%），タタール人（4%），ウクライナ系（1%）など100以上の民族 [ロシア語（各民族語を併用）]	さまざまな少数民族からなる21の共和国をかかえ，それぞれが主権宣言，自治権拡大を行っており，**チェチェン紛争など内部に紛争の火種**をかかえている。宗教はロシア正教が主だが，ほかにカトリック，イスラーム，仏教など。
アメリカ合衆国 参照≫P.307	白人（76%），黒人（13%），アジア・太平洋系（6%）など[英語（ヒスパニックはスペイン語を併用）]	黒人問題は，社会・都市・政治問題にも及んでいる。黒人に対する差別は法律上では廃止されたが，実質的には残存。近年，**ヒスパニック（人口の約20%）**の流入が著しい。
カナダ 参照≫P.308	イギリス系（32%），カナダ系（32%），フランス系（14%）など[英語・フランス語]	中西部の英系人に対し，東部**ケベック州**中心のフランス系人が対立。二公用語化，国旗変更など**融和策**をとる。

（『世界年鑑』2022などによる）

情報ナビ　**民族とは文化的な特徴**によるヒトの分類である。共通した言語，宗教などの要因から，互いに伝統的に結ばれているという帰属意識をもつ集団。上記の地図とp.245の言語の地図，p.246の宗教の地図を比較してみよう。

2 南スーダン共和国の独立

↓南スーダン独立式典（2011年）

首都：ジュバ　面積：65.9万km²　人口：1,138万人（2021年）

・2011年に独立国となった。
・国連に193番目の加盟国として承認された。
・住民の大半はキリスト教や伝統宗教を信じる黒人。
・スーダンの石油埋蔵量の約8割が南スーダンに偏在。
・北部スーダンとの間で石油収益配分や係争地の扱いなど未解決のまま。南北の境界付近では戦闘も頻発。
・南スーダンは石油などの鉱物資源だけではなく農業と畜産に適した広大な土地に恵まれている。
・政府軍と反政府軍の衝突、民族間の衝突で内戦状態。
・PKO活動として自衛隊が派遣されていたが2017年撤退。

3 複数言語と多宗教の国〜スイス

ドイツ語
フランス語
ロマンシュ語（ラテン語の方言）
イタリア語

◐2か国語で表示されたパン屋の看板［スイス・ビール］　ビールではドイツ語とフランス語の2か国語併用が法律で定められている。

「独立」と「自由」　スイス人は国家の独立と長い自由の伝統に大きな誇りをもっている。「独立」と「自由」の2語は、言語、宗教、民族の異なる集団を1つの国家として束ねていくのに不可欠な要素であった。

複数言語と多宗教　言語的に4つの地方に分かれるという事実ほど、この国の多様性を示すものはない。人口の3分の2以上がスイス・ドイツ語とよばれるドイツ語方言を話し、残りの人びとはいずれもラテン系の3言語を話す。このため、ほとんどの公的刊行物はこの4か国語で印刷されている（**4言語公用語**）。ドイツ語人口が最も多い。

スイス人ならだれでも、数か国語をマスターしていることが求められる。この国に多くの国際機関が置かれているのも、そうした事情があるのだ。

少数言語を抱える他の国と比べると、スイスでは言語問題はあまり深刻ではない。宗教的多様性も平和のうちに受容されている。様々な言語地域にあらゆる宗派が広がっていて、宗教はこの国では差異を強調するよりは全体を中立化させる方向に働いているといってよいようだ。（『ビジュアルシリーズ世界再発見4』同朋舎出版）

4 ベルギーの言語紛争

―言語境界線

オランダ語（フラマン語）
フランス語（ワロン語）
ドイツ語
オランダ語フランス語

解説　19世紀の建国時から**北部オランダ語系フラマン人**と**南部フランス語系ワロン人**の言語対立が続いてきた。1963年に南北を分ける言語境界線が公式に設定され、北のフラマン地域（人口の約60％）ではオランダ語が、南のワロン地域（同40％）ではフランス語が公用語となっている。フラマン地域内にある首都ブリュッセルは2言語地域だが、フランス語を話す人々が圧倒的に多い。

◐いくつかの言語で示された看板

5 スリランカの民族抗争 参照▶P.260

タミル人
シンハラ人
混在地域

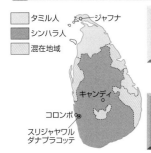

◐内戦勝利を喜ぶシンハラ人［2009年］　多数派（82％）の**シンハラ人**（上座仏教徒）とその優遇支配に反発する少数派（9％）の**タミル人**（ヒンドゥー教徒）が対立。独立を主張するタミル人武装勢力「タミル・イーラム解放の虎（LTTE）」によるテロ活動が繰り返されたが、2009年5月、政府軍はこれを制圧し内戦の終結が宣言された。

タミル人（9％）ヒンドゥー教徒
⇅
シンハラ人（82％）上座仏教徒

↑独立を求めるチベット人による暴動[中国・チベット自治区]

↑ロシア軍の攻撃で破壊されたウクライナのマリウポリ(2022年4月)　2022年, ロシアによるウクライナ侵攻で多くの都市が攻撃を受け, 3か月で民間人4千人以上の死者を出した。

↑紛争による難民[南スーダン]

	図中の番号	紛 争 地 域	紛 争 理 由 ・ 経 過
東・東南アジア	❶	チベット独立運動　参照》P.268	中国は1951年にチベットを「解放」し, 自治区に編入した。チベットの精神的な指導者である**ダライ・ラマ**はインドに亡命し, 独立運動を続けている。80年代以降, 反漢民族感情が高揚。90年代には独立要求デモが発生。ペキンオリンピックを契機に対立。
	❷	ウイグル族独立問題	中国西部の新疆ウイグル自治区は人口の約半分が**イスラーム教徒のウイグル族**で占められている。新疆ウイグル自治区では政治や経済の分野で漢民族が大きな影響力をもっているが, ウイグル族は中国の統治に対して強く反発し, 分離独立を主張し暴動が頻発している。
	❸	南北朝鮮	北朝鮮の核疑惑以来, 南北朝鮮の緊張高まるが, 2000年6月両国首脳会談が開催。その後北朝鮮の数回にわたるミサイル発射実験, 地下核実験により, 朝鮮半島情勢は緊迫化している。6か国協議は何回も中断。
	❹	ミンダナオ紛争　参照》P.276	フィリピン南部**ミンダナオ島**を中心に展開されるムスリム(**モロ諸族**)による分離・独立運動。
南アジア	❺	カシミール紛争(問題)　参照》P.253	カシミール州のムスリムによる分離独立紛争。**ヒンドゥー教徒とイスラーム教徒(ムスリム)の対立**は, インド北辺部を中心に広まる。
	❻	スリランカ民族紛争　参照》P.259	国内最大の**シンハラ人**(人口の82%, 仏教徒が主)と**タミル人**(人口の9%, ヒンドゥー教徒が主)分離派との武力紛争。2009年にタミル人武装勢力「タミル・イーラム解放のトラ」を制圧し, 内戦の終結が宣言された。
西アジア	❼	パレスチナ問題　参照》P.262	1948年, **パレスチナにユダヤ人国家イスラエルが誕生**し, この地から追放されたパレスチナ人と彼らを支援するアラブ諸国がイスラエルと対立・抗争。
	❽	クルド人の独立運動	**クルド人**の独立運動に対し, 特にイラク, トルコが大規模な軍事弾圧。参照》P.263
	❾	キプロス紛争　参照》P.263 (多数派ギリシャ系住民と少数派トルコ系住民の対立)	北部の**トルコ系住民**(ムスリムが多い)対南部の**ギリシャ系住民**(ギリシャ正教徒が多い)の対立。内戦状態が続き, 国連平和維持軍が派遣され調停工作が進められている。キプロス共和国(南の**ギリシャ系キプロス**)が2004年EU加盟。

情報ナビ　**ロヒンギャ族の難民化**　仏教国ミャンマーでは, イスラーム少数民族であるロヒンギャ族が国籍を与えられず, さまざまな差別・迫害を受けており, その多くが隣国バングラデシュに逃れ難民化が深刻である。

地域		項目	内容
西アジア	⑩	シリア内戦	政府軍と反体制勢力との間で武力衝突が続いている。また過激派イスラム国(ISIL)やクルド人組織もそれぞれ支配地域を持っており，アメリカ軍，ロシア軍など外国勢も加わりさまざまな勢力が入り乱れているが，ISILの支配は弱まっている。
アフリカ	⑪	西サハラ紛争	独立を要求するポリサリオ戦線と全域併合を宣言するモロッコとの紛争。
	⑫	ソマリア紛争	アイディド将軍派とモハメド暫定大統領側の武力闘争続く。第二次国連ソマリア活動隊撤退後，アイディド将軍が戦死。混乱が続く。
	⑬	南スーダン紛争	2011年にスーダンから分離独立した国家。独立後も石油などの利権争いとともに政府と反体制派との間で武力衝突，また民族抗争にもつながっており，社会は混乱を極め，食料や飲み水，医薬品などが不足している。
	⑭	ダールフール紛争(スーダン)(ダルフール)	22年に及ぶスーダン南部の内戦は終結したが，2003年2月，政府に反発する2つの黒人勢力が西部で武装蜂起した。政府から武器を提供されたアラブ系民兵は黒人住民への襲撃を繰り返し，「世界最悪の人道危機」と国連が指摘した。2010年2月23日，カタールの首都ドーハで政府と反政府組織が和平実現に向けた枠組み合意に調印し，停戦へ。
	⑮	ルワンダ内戦 参照▶P.291 (フツ族(多数派)/ツチ族(少数派，旧支配層))	支配勢力である**フツ族**(多数派)対**ツチ族**(少数派，旧支配層)の対立。1994年大統領(フツ族)暗殺事件を契機に部族抗争が激化。この間に無差別大量虐殺が発生，大量のフツ族住民が周辺諸国に逃亡，**深刻な難民問題**が派生した。
	⑯	アパルトヘイト 参照▶P.244	**南アフリカ共和国**における極端な人種差別にもとづくかつての人種隔離政策。1993年に全廃。現在も人種間の経済格差は続いている。
ヨーロッパ	⑰	北アイルランド紛争 (多数派プロテスタント住民と少数派カトリック住民との対立) 参照▶P.263	ケルト系のアイルランド人はカトリックが多く，スコットランドから移住したプロテスタント(英国国教会)との対立抗争が激化し，テロ活動が続いた。2005年9月，IRA(アイルランド共和国軍)が武装解除を発表し，2007年5月，自治政府が4年半ぶりに復活。
	⑱	バスク人の独立運動 参照▶P.294	スペインとフランスの国境地帯に居住し，カトリックを信仰する両国のバスク人は統一をめざし，独立運動を展開している。
	⑲	フラマン人とワロン人の言語紛争	北部の**オランダ語系フラマン人(ゲルマン系)**と南部の**フランス語系ワロン人(ラテン系)**との対立。
	⑳	ボスニア・ヘルツェゴビナ紛争	セルビア人勢力が，ムスリム(イスラーム教徒)及びクロアチア人主体のボスニアからの分離独立を模索する過程で，武力による領土拡大を推進。1995年末に停戦。96年に総選挙が行われた。
	㉑	コソボ自治州独立 参照▶P.262	セルビアの**コソボ自治州**で，人口の9割以上を占めるアルバニア系住民が，セルビア人による支配を嫌い独立運動を展開。2008年2月，独立を宣言。
ロシアと周辺	㉒	チェチェン紛争 参照▶P.263	**チェチェン人**がロシア連邦への加盟を拒否。一方的に独立を宣言。ロシア側は徹底した武力行使で応酬するが，結局1996年，チェチェン側に有利なかたちで停戦した。1999年再び緊張が高まりロシア軍による爆撃が開始。
	㉓	ナゴルノ・カラバフ紛争	ナゴルノ・カラバフ自治州内のアルメニア人(アルメニア正教徒)が，イスラーム支配下の**アゼルバイジャン**から独立，**アルメニアへの帰属を表明**。
	㉔	ロシアのウクライナ侵攻	ソ連崩壊後，ウクライナでは西部の親欧米派ウクライナ人と東部の親ロシア派ロシア系住民の対立が続くなか，2014年ロシアはクリム半島を併合。その後，欧米諸国の軍事同盟であるNATOにウクライナが新規加盟の方針を決めたことでロシアからの軍事的圧力が高まり，22年ロシアによるウクライナ侵攻が始まった。
アメリカ	㉕	人種対立	特に黒人，インディアン，ヒスパニックと白人層との経済格差は大きい。1950年代以降の**公民権運動**のめざましい成果に比べると，平等の実現が停滞あるいは後退していることは否めない。1992年ロサンゼルス暴動が勃発。
	㉖	ケベック州分離独立運動 参照▶P.308	**フランス系住民が8割**を占めるカトリック教徒が多い。そのため，主権の拡大，分離・独立の要求が強い。
オセアニア	㉗	ニューカレドニア独立運動 参照▶P.249	フランス領海外県。メラネシア系住民が**ニッケル鉱山**の利権をめぐり，フランスからの分離・独立運動。1998年独立の是非を問う国民投票で7割が独立支持。

(『情報世界地図』国際地学協会，『imidas』集英社，『図説国際情勢早わかり』PHP研究所，『地理用語集』山川出版社などによる)

2 先住民族の権利回復の動き

地域	先住民族	政府・議会等の対応
ノルウェー北部	サーミ	「**サミ語法**」制定。北部6州でサミ語が公用語に。官公庁はサミ語での問い合わせにはサミ語で回答しなければならない。学校では授業の90%がサミ語で。参照▶P.241・296
ニュージーランド	マオリ	先住民族の権利問題を扱うワイタンギ裁判所が，南島の豊かな漁場について，マオリの占有権を認めるよう政府に勧告。参照▶P.241
オーストラリア	アボリジニ	土地所有権法をつくり，先住民族に対して未譲渡の国有地の所有権を認めた。
カナダ	イヌイット	北極海に面したノースウェスト準州の東半分35万㎢に先住民族の自治政府「**ヌナブト(我々の土地)**」をつくることで調印。1999年4月1日**ヌナブト(ヌナブット)準州**発足。
日本	アイヌ	「民族としての誇りが尊重される社会の実現」と「多様な文化の発展に寄与する」ことが立法趣旨の**アイヌ新法が成立**(1997年5月8日)。2008年6月，日本政府がアイヌ民族を先住民族と認めた。

(「読売新聞」1992.5.18, 1997.5.9, 「朝日新聞」1993.1.8, 「毎日新聞」1993.10.2, 10.13などによる)

3 ユーゴスラビアの解体

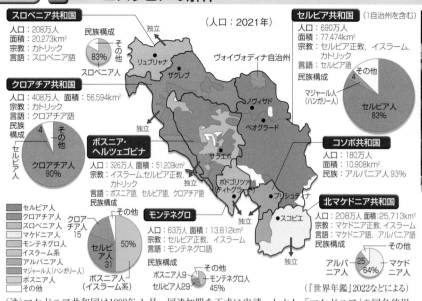

（人口：2021年）

スロベニア共和国
人口：208万人
面積：20,273km²
宗教：カトリック
言語：スロベニア語

民族構成
スロベニア人 83%
その他
独立

クロアチア共和国
人口：408万人　面積：56,594km²
宗教：カトリック
言語：クロアチア語
民族構成
クロアチア人 90%
セルビア人　その他 4
独立

ボスニア・ヘルツェゴビナ
人口：326万人　面積：51,209km²
宗教：イスラーム，セルビア正教，カトリック
言語：ボスニア語，セルビア語，クロアチア語
民族構成
セルビア人 31
クロアチア人 15
ボスニア人（イスラーム系） 50%
その他
独立

モンテネグロ
人口：63万人　面積：13,812km²
宗教：セルビア正教，イスラーム
言語：モンテネグロ語
民族構成
モンテネグロ人 45%
セルビア人 29
ボスニア人 9
その他
独立

凡例：
- セルビア人
- クロアチア人
- スロベニア人
- マケドニア人
- モンテネグロ人
- イスラーム系
- アルバニア人
- マジャール人（ハンガリー人）
- ボスニア人
- その他

リュブリャナ
ザグレブ
ノヴィサド
ベオグラード
サラエボ
ポドゴリツァ（ティトグラード）
プリシュティナ
スコピエ

セルビア共和国（1自治州を含む）
人口：690万人
面積：77,474km²
宗教：セルビア正教，イスラーム，カトリック
言語：セルビア語
民族構成
セルビア人 83%
マジャール人（ハンガリー人）
その他 4

ヴォイヴォディナ自治州

コソボ共和国
人口：180万人
面積：10,908km²
民族：アルバニア人 93%
独立

北マケドニア共和国
人口：208万人　面積：25,713km²
宗教：セルビア正教，イスラーム
言語：マケドニア語，アルバニア語
民族構成
マケドニア人 64%
アルバニア人 25
その他
独立

（『世界年鑑』2022などによる）

（注）マケドニア共和国は1993年1月，国連加盟を正式に申請。しかし，「マケドニア」の国名使用にギリシャが反対，国連総会は4月8日**マケドニア旧ユーゴスラビア共和国**という暫定名称で**マケドニア**加盟を全会一致で承認した。モンテネグロ共和国（現**モンテネグロ**）は独立の是非を問う国民投票の結果，賛成55.5%で，2006年6月3日に独立宣言。**コソボ共和国**は，2008年2月17日に独立宣言。独立当初は欧米主要国・日本が承認。

⬆国旗を掲げるコソボの人々
旧ユーゴスラビアを構成していた6共和国のうちセルビアはセルビア人（**セルビア正教**）が多いが，南部のコソボ自治州は**ムスリム（イスラーム教徒）**のアルバニア系住民が約9割を占め，セルビアからの分離・独立を求めてコソボ解放軍（KLA）による武力闘争が本格化した。2008年コソボは一方的に独立を宣言したが，セルビアやロシアはこれを認めていない。

4 パレスチナ問題

⬆なぎ倒された分離壁[パレスチナ自治区・ガザ]　イスラエルは**ヨルダン川西岸地区**と**ガザ地区**に分離壁を建設した。倒れた壁（国境）を越えガザ地区（手前）とエジプトを人々が行き来する。

解説 戦争の原因　1897年の第1回シオニスト会議をきっかけにユダヤ人の祖国建設運動（**シオニズム**）が高まり，パレスチナへの移民も急増。これには欧州各地でのユダヤ人排撃・虐殺事件が拍車をかけた。

第一次世界大戦後，国際連盟のイギリス委任統治領となるが，大戦中にイギリスが行った**三枚舌外交**のために，**アラブとユダヤ，イギリスの間で三つどもえの争い**が激しくなった。それまでパレスチナでは，アラブとユダヤ両民族の平和な共存状態が続いていた。したがって，紛争の原因は，ユダヤ人迫害やイギリスの帝国主義的外交など，パレスチナの地以外でつくられたのである。

現在は，アッバス議長の**ファタハ**とイスラーム原理主義の**ハマス**が対立し，ハマスがガザ地区を制圧。2011年にはファタハとハマスが暫定内閣樹立などを盛り込んだ和解合意文書へ調印したが，本来の中東和平にはまだ遠い。

⬤パレスチナ問題年表

年	事項
1917	バルフォア宣言
47	国連総会がパレスチナ分割決議採択
48	**イスラエル建国。第1次中東戦争。**
56	第2次中東戦争
64	**パレスチナ解放機構（PLO）設立**
67	第3次中東戦争
73	**第4次中東戦争**
79	エジプトと平和条約を締結
87	**インティファーダ**（対イスラエル民衆蜂起）始まる
88	**パレスチナ国家独立宣言**
93	**暫定自治宣言調印**
95	ラビン首相（当時）暗殺
96	強硬派ネタニヤフ政権発足
99	和平推進派バラク政権発足
2000	シャロン氏の「神殿の丘」訪問により衝突激化
01	リクード党・シャロン政権発足
04	アラファトPLO議長死去
05	アッバス議長就任
06	ハマス政権発足
11	ファタハとハマスが統一政府の樹立で合意

⬤イスラエルの建国と占領地

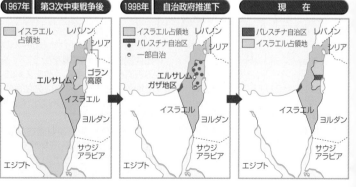

1947年 国連のパレスチナ分割決議	1949年 第1次中東戦争後	1967年 第3次中東戦争後	1998年 自治政府推進下	現在

1947年 国連のパレスチナ分割決議
- アラブ人国家
- ユダヤ人国家
レバノン
シリア
テルアヴィヴ
地中海
エルサレム（国際管理地域）
トランス・ヨルダン
エジプト
サウジアラビア

1949年 第1次中東戦争後
レバノン
シリア
ヨルダン川西岸（ヨルダン支配）
エルサレム
ガザ地区（エジプト支配）
イスラエル
ヨルダン
エジプト
サウジアラビア

1967年 第3次中東戦争後
イスラエル占領地
レバノン
シリア
ゴラン高原
エルサレム
イスラエル
ヨルダン
エジプト
サウジアラビア

1998年 自治政府推進下
- イスラエル占領地
- パレスチナ自治区
- 一部自治
レバノン
シリア
エルサレム
ガザ地区
イスラエル
ヨルダン
エジプト
サウジアラビア

現在
- パレスチナ自治区
- イスラエル占領地
レバノン
シリア
イスラエル
ヨルダン
エジプト
サウジアラビア

5 北アイルランド紛争

カトリック 42%　アイルランド共和国との統合目指す
プロテスタント 58%　イギリス残留を主張
（『世界年鑑』2017による）

北アイルランド（イギリス領）　ベルファスト
アイルランド共和国　ダブリン
ほとんどがカトリック

❶アイルランド共和国軍(IRA)によるテロ　北アイルランドでは，プロテスタント住民が独占する政府によって納税金額による選挙制限など，貧しいカトリック住民に対する差別が続いていた。1960年代，カトリック住民による公民権運動をイギリス警察が弾圧し，それに対抗してアイルランド共和国軍(IRA)のテロ活動が過激化していった。現在は沈静化している。

6 キプロス問題

❶山岳地帯から監視を続けるトルコ軍兵士　イギリスからの独立(1960年)を機に，それまでキプロスに混在していた住民が南部のギリシャ系住民(ギリシャ正教)のキプロス共和国と，北部のトルコ系住民(イスラーム・スンナ派)の北キプロスの分断国家となり，首都ニコシアも両派によって分断された。

ニコシア
キプロス共和国（ギリシャ正教系）
北キプロス・トルコ共和国（イスラーム系）

7 チェチェン問題～ロシアからの独立抗争

アドゥイゲ共和国
カルムイキア共和国
北オセチア・アラニヤ共和国
ロシア
カラチャイ・チェルケス共和国
カバルダ・バルカル共和国
チェチェン共和国
カフカス山脈
イングーシェチア共和国
ダゲスタン共和国
黒海
ジョージア
トルコ　アルメニア　アゼルバイジャン
カスピ海

解説 ロシアからの独立を求めて対立　50以上の民族がいるカフカス地方にロシアに対して抗争を続けるチェチェン共和国がある。1991年，チェチェンが旧ソ連ロシア共和国からの独立を宣言。ロシアは94年と96年に侵攻。その後，チェチェンの一部武装組織がイスラーム過激派とつながり，大規模なテロ事件を起こした。ロシアが独立を防ごうとする理由は，①チェチェンの独立を許すと他の共和国の独立にもつながりかねない，②カスピ海沿岸のバクーからの石油パイプラインがチェチェンを通っていたため(現在は迂回ルートが完成，また送油量は減少)などといわれている。

❶チェチェン共和国の武装組織

8 「国家をもたない最大の民族」～クルド人の悲劇

クルディスタンの地　「強い人」という意味の名をもつクルド人は，現在，2,500万人ともいわれるが，その数は明らかではない。トルコ・イラク・イランに大きくまたがって居住し，一部はシリア・アルメニアにも住む。国境を越えた彼らの居住地は，特にクルディスタンとよばれている。クルド人は，民族の一体感，文化面での独自性を強く意識しており，この地方を独立国にしたいと願ってやまないが，各国政府は当然のことながらそれを許さない。そればかりか，分散している彼らを，各国が少数民族として扱い，軽視し，抑圧政策をとっている。

悲劇の歴史　イラン・イラク戦争によって，百数十万人ともいわれるクルド人が難民と化し，イランやトルコに分散した。不幸な運命のもとで，民族としての独立を求める動き

は活発となり，イラン・イラクでも戦闘はやむことがない。また，単一民族国家を理想とするトルコでは，クルド人の存在そのものを否定し，彼らを「山岳トルコ人」とよんでいるのが現状である。クルド人による武装ゲリラ活動は活発になっているが，「クルディスタン」建国は，まったく先がみえない。

黒海　ジョージア
トルコ　アルメニア　アゼルバイジャン
カスピ海
レバノン　シリア　地中海
クルド人の分布域
ヨルダン　イラク　イラン

(注)2005年4月，イラク暫定国民議会は，クルド愛国同盟議長のジャラル・タラバニ氏を大統領に選出した。シーア派とともに弾圧されてきた少数民族クルド人から大統領が選出されたのは初めて。（21世紀研究会編『民族の世界地図』文春新書による）

❶クルド人の難民キャンプ

民族・文化・宗教 / 生活・文化・宗教

さまざまな地域区分

1 地域のとらえ方

クリスタラーの供給原理に基づく中心地システム

地域区分	定 義	具 体 例
等質地域 (homogeneous region)	ある地域の内部が，何らかの観点からみてほぼ同じ性質であるとみなしうるような地域。	農業地域区分 気候区分 文化圏（文化地域）
機能地域 （結節地域） (nodal region)	ある場所を中心にいろいろな機能で結びつき，一つの統一された空間的な範囲を設定した地域。機能地域は一般に階層構造を有する。	都市圏 商圏 通学圏・通勤圏

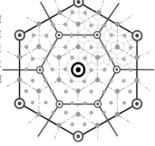

◎ G中心地 ── 境界：G領域
◎ B中心地 ── 境界：B領域
◎ K中心地 ── 境界：K領域
● A中心地 ┈┈ 境界：A領域
● M中心地 ┈┈ 境界：M領域

原図：Christaller（1933）

（浮田典良『総観地理学講座9
人文地理学総論』朝倉書店）

解説 クリスタラーの中心地システム　都市の勢力圏をみると，その都市の規模により階層性をもっている。大きな都市は，より小さな都市やその都市圏を包み込むようにして，自らの都市圏を形成している。都市圏は主要な交通路の存在などを考慮せずにさまざまな条件が均質な地域とすると理論的には円になる。しかし，同じ階層の都市の勢力圏は周辺で競合するので六角形となり，右図のような階層性をもつと考えられた。

2 地域区分の例
地域区分は地域に関する知識を系統的に体系づけ，理解するための基本的な手段の一つである。

(1)自然地域区分（例：アリソフの気候区分）

解説 ケッペンの気候区分（参照 ▶ P.64）は有名であるが，その他にアリソフの気候区分がある。前線帯の季節による移動を中心に考えた成因的気候区分である。夏と冬に卓越する「気団」を組み合わせている。

	❶	❷
⊠ － 赤道気団地帯	赤道気団	赤道気団
－ 赤道季節風地帯	赤道気団	熱帯気団
－ 熱帯気団地帯	熱帯気団	熱帯気団
－ 亜熱帯	熱帯気団	中緯度気団
－ 中緯度気団地帯	中緯度気団	中緯度気団
－ 亜北極地帯	中緯度気団	北極気団
－ 極地帯	極気団	極気団

❶－夏に卓越する気団　❷－冬に卓越する気団

（『世界大百科事典』平凡社による）

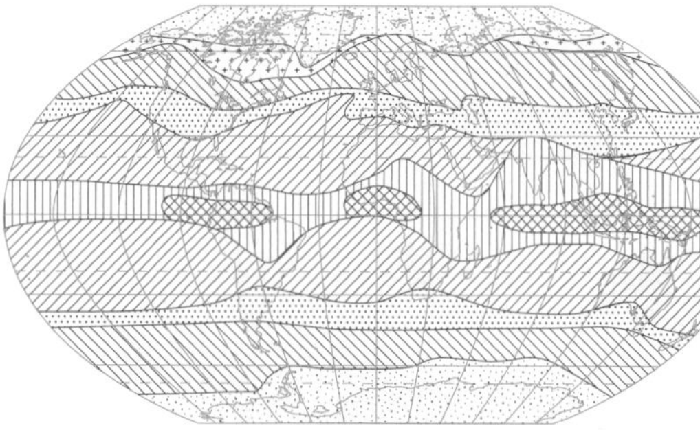

(2)人文的地域区分

文化景観からみた地域区分（例：イェーガーの文化地域区分）

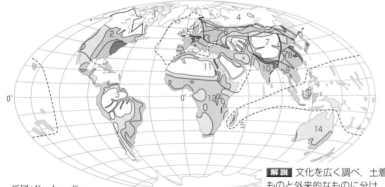

原図：Fr. イェーガー
（『現代地理教育講座③』古今書院）

解説 文化を広く調べ，土着的なものと外来的なものに分け，その由来と分布によって分類している。

文化景観の強度
■ 高密度の人口，都市的景観
▨ 連続した文化景観
▦ 疎な文化景観
□ 文化景観の島または僅かに変化された自然景観
□ 自然景観

文化景観の種類（1～14）
1,4.*極地民族の自然景観
2,5,14.ゲルマン文化景観
3.ラテンアメリカ文化景観
6.ロシア文化景観
7.中央アジア文化景観
8.東アジア文化景観
9.インドシナ**文化景観
10.インド**文化景観
11.西アジア文化景観
12.黒人**文化景観
13.マライ，メラネシア，ポリネシア文化景観

* *大部分にはヨーロッパ文化の影響がある。
* 一部にロシア文化の影響がある。

経済的指標からみた地域区分（例：所得水準による世界銀行の国別分類〔2022－2023年〕）

解説 世界銀行は，世界の国と地域を所得水準により低所得国，低中所得国，中高所得国，高所得国の4つのグループに分類している。分類は毎年7月1日に更新され，前年（この場合は2021年）現在のUSD（アトラス法の為替レートを使用）での1人当たりGNIに基づいている。

　発展途上国は「低所得国」「下位中所得国」「上位中所得国」の3つに分かれる。地域ごとに経済の発達段階をとらえてみよう。

■ 高所得国	13,206米ドル以上
▨ 上位中所得国	4,256米ドル～13,205米ドル
▦ 下位中所得国	1,086米ドル～4,255米ドル
▩ 低所得国	1,085米ドル以下
□ 資料なし	（世界銀行資料）

3 世界の地域区分 ●6つの州で分けた世界の地域区分

解説 世界の国々は州に着目すると，アフリカ・ヨーロッパ・アジア・オセアニア・北アメリカ・南アメリカの6つの州に区分される。アジア州はさらに，東アジア・東南アジア・南アジア・西アジア・中央アジアに地域区分することができる。

●本書で用いた世界の地域区分

●アジアの拡大図

解説 ロシアは**ウラル山脈**でヨーロッパとアジアに二分されるが，ロシアという国家を一つの地域として区分している。南北アメリカに関しては，州でみると，**パナマ地峡**以北が北アメリカ，以南が南アメリカとなる。カリブ海の島々は北アメリカに区分される。しかし，本書では社会・文化的な視点から，**メキシコ以南の地域をラテンアメリカ**として扱い，アメリカ合衆国とカナダは，イギリス系移民が主導権をとってきた英語圏の地域としてアングロアメリカとして扱っている。ラテンアメリカの地域はかつてスペインやポルトガルの植民地であったことから，言語はラテン系のスペイン語やポルトガル語が使われ，宗教もカトリックが広く信仰されているという共通点がある。

地誌

関連　農林水産業：p.110〜112　鉱 工 業：p.165〜167　主な国の基本データ：p.346〜353

↑テンシャン(天山)山脈　テンシャンの語源は中国語で天に至る道。シルクロードはこの山脈の南と北を通っていた。地塁山脈。参照》P.42

↑九寨溝　スーチョワン(四川省)西北部にある，原生林が生い茂った渓谷に，約100の湖沼や瀑布が点在する景勝地。付近にチベット族の村落である「寨」が9つあったことから九寨溝と名づけられた。1992年に世界自然遺産に登録された。

↑トンホワン(敦煌)と莫高窟　トンホワンはカンスー(甘粛省)西端に位置する都市で，古代よりユーラシア大陸東西交通路としての要衝。莫高窟はその東南20kmにある断崖に掘られた石窟で，1987年に世界遺産に登録された。

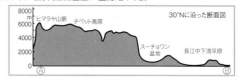

1 地形

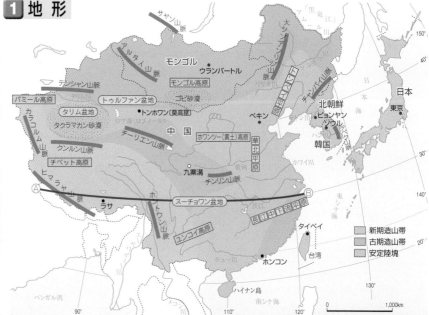

新期造山帯
古期造山帯
安定陸塊

↑スーチョワン(四川)盆地　長江上流のスーチョワン(四川省)に位置し，夏のモンスーンがもたらす高温多雨を利用した稲作がさかん。

↑チベット高原　クンルン(崑崙)山脈とヒマラヤ山脈にはさまれる平均4,000mを超える高原。黄河・長江・メコン川の水源となっており，山羊・ヤクの放牧がさかん。中心都市はチベット仏教の聖地ラサ。

↑ハイナン(海南)島の果物市場　島全体が熱帯気候に属するため，コーヒー，天然ゴム，ココやしなどさまざまな熱帯性作物の栽培がさかんである。ハイナン島は，観光地としても人気がある。

 長江か揚子江か？　揚子江とよぶことがあるが，これは河口に近いヤンチョウ(揚州)付近の局所的名称を，ヨーロッパ人が長江全体の名称として用いるようになり，これが明治時代以降日本でも用いられるようになったといわれている。

2 気候 ●東アジアの気候区

● 雨温図掲載都市

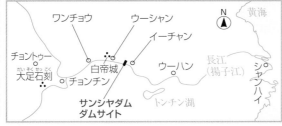

（気候区地図：札幌、ハルビン、ウランバートル、ピョンヤン、東京、チンタオ、ラサ、シャンハイ、クンミン、ホンコン、ハイコウ）

Am	弱い乾季のある熱帯雨林気候	Cw	温暖冬季少雨気候	ET	ツンドラ気候
Aw	サバナ気候	Cfa	温暖湿潤気候		
BS	ステップ気候	Df	亜寒帯(冷帯)湿潤気候		
BW	砂漠気候	Dw	亜寒帯(冷帯)冬季少雨気候		

解説 大陸東岸に位置するため，気温の年較差の大きい**東岸気候**である。内陸を除き，夏季には太平洋上から湿潤なモンスーン(季節風)が，冬季にはシベリア高気圧からの寒冷・乾燥したモンスーンが吹きつける。

①熱帯(A)地域
　ハイナン(海南)島に分布。北部はサバナ気候(Aw)，中部・南部は弱い乾季のある熱帯雨林気候(Am)。

②乾燥帯(B)地域
　高い山脈に囲まれた内陸部に分布する。タクラマカン・ゴビ砂漠(BW)があり，その周辺部はステップ気候(BS)。

③温帯(C)地域
　長江以南の沿岸部は温暖湿潤気候(Cfa)，南部の内陸部は，冬のモンスーンの影響を受け温暖冬季少雨気候(Cw)。クンミンなど。

④亜寒帯(冷帯)(D)地域
　大陸性気候で，冬季はシベリア高気圧におおわれ降雪量は少ない。ペキン周辺と東北部には亜寒帯冬季少雨気候(Dw)。東北沿岸部の一部に亜寒帯湿潤気候(Df)。

⑤寒帯(E)・高山(H)地域
　標高3,650mのラサは高山気候(H)またはステップ気候(BS)。

●主な都市の雨温図
（気象庁資料などによる）

ハイコウ(Aw)	ウランバートル(BS)	シャンハイ(Cfa)	ピョンヤン(Dw)	ラサ(H)
年平均気温　24.7℃ 年降水量　1,792mm 標　高　　64m	年平均気温　0.3℃ 年降水量　278mm 標　高　1,729m	年平均気温　17.2℃ 年降水量　1,212mm 標　高　　9m	年平均気温　11.0℃ 年降水量　1,063mm 標　高　　36m	年平均気温　9.2℃ 年降水量　464mm 標　高　3,650m

気温(℃) 30 20 10 0 -10 -20　　降水量(mm) 500 400 300 200 100　　1月 7 12

3 黄河と長江

↑**ホワンツー(黄土)高原を流れる黄河(上)と水位が低下した黄河(下)**　殷・周の時代，黄河流域は豊かな森林地帯だった。その当時，単に「河」といっていた黄河の水は清く澄んでいたが，春秋戦国時代に始まる開拓のための**森林伐採**は漢の時代以降も続き，表土が雨で侵食され，川は濁りだし，「黄河」という名称が使われるようになった。かつて緑豊かな平原だったホワンツー高原は，人口増加やそれに伴った食料増産のために，人間の手によって今では見る影もない姿に変わった。
　1960年に完成したサンメンシヤ(三門峡)ダムにより大洪水は減少したが，1970年代以降工業・農業用水の需要増大によって下流部で流量不足になり，河口付近では長期にわたって河床が干上がる断流の問題が起こった。

↑**2003年から貯水が始まったサンシヤ(三峡)ダム**　長江中流のイーチャン(宜昌)市に建設された世界最大級のサンシヤダムは，1919年孫文により提唱され，1954年の大洪水でその機運が高まり，1993年に着工，2009年に完成。1,846万kWの発電が可能で，年間発電量は988億kWhである（**参照**▶P.92）。
　電力供給のほか，洪水調節や水運に利用される一方，100万人を超す人々の強制移住，水位上昇による景観の損傷や水没，水質汚染などの問題が指摘されている。「サンシヤダムは永遠に建設するべきではない」「ダム完成後は，長江の洪水防止・発電・舟運などすべての面で著しい便益があることから直ちに建設に着手するべきである」など建設反対派・推進派双方による，サンシヤダム建設の是非をめぐる論争が繰り広げられてきた。最近の長江の増水によってダム決壊の危険も指摘されている。

ダムの高さ 185m
長さ 2,300m

（地図：ワンチョウ、ウーシャン、チョントゥー、大足石刻、白帝城、チョンチン、イーチャン、サンシヤダム ダムサイト、ウーハン、トンチン湖、長江(揚子江)、シャンハイ、黄海、N）

情報ナビ　黄河で下流に水が流れない現象を**断流**とよんでいるが，2000年からは**断流はみられていない**。従来各省・自治区がもっていた黄河の取水権限が黄河水利委員会に一元化され，水管理がなされるようになったからだ。しかし，やせた母なる川は変わらない。

1 主な民族分布

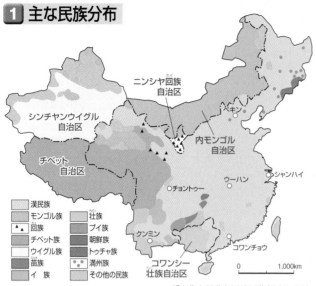

漢民族	壮族
モンゴル族	ブイ族
▲▲ 回族	朝鮮族
チベット族	トゥチャ族
ウイグル族	満州族
苗族	その他の民族
イ 族	

（『中華人民共和国地図集』などによる）

解説 中国は世界有数の多民族国家であり，わかっているだけで56の民族を数える。そのうち，**漢民族**が圧倒的多数を占め，漢民族以外の民族を**少数民族**と総称している。多数派の漢民族が少数民族を抱える「**単一支配集団型**」国家の典型といえる。

　少数民族の分布は広く，少数民族の自治制が敷かれている地域だけで，国土の65%に及ぶ。内陸部の高山帯や乾燥地域に分布するが，漢民族との混住，少数民族間の雑居状況も著しい。文化・言語・習慣・宗教も千差万別である。漢民族とほとんど同化した民族も多い。しかし，チベットやシンチヤンウイグル自治区でみられる民族独立運動は，依然として中国が抱える紛争の火種となっている。

●民族別人口構成 (2020年,第7回人口センサス)

中国総人口14億1,178万人

漢民族91.1%	55の少数民族 8.9

少数民族人口1億2,547万人

	0　　500　　1,000　　2,000万人
壮族	1.39%
ウイグル族	0.83
回族	0.81
苗族	0.78
満州族	0.74
イ族	0.70
トゥチャ族	0.68
モンゴル族	0.45
ブイ族	0.25

（注）少数民族の%は中国総人口に占める割合。　（『中国年鑑』2022による）

解説 少数民族の多住地域では自治制がとられ，2021年現在，**内モンゴル（内蒙古），シンチヤンウイグル（新疆維吾爾），チベット（西蔵），コワンシー（広西）壮族，ニンシヤ（寧夏）回族**の5自治区のほか，30の自治州，120の自治県（旗）の計155の民族自治地方が設置されている。自治といっても「共産党の指導」など4つの基本原則堅持の下でのものであり，少数民族の特色を尊重した政治を行う制度と理解されよう。

稲のわら

⊕壮族 後方にタワーカルスト（**参照** ▶P.56）がみえる。

⊕ウイグル族[左]とチベット族[右] シンチヤンウイグル自治区では，人口の約半数をイスラームのウイグル族が占める。写真上部にウイグル語と中国語で書かれた看板がみえる。

2 チベット動乱から50年～少数民族問題 参照 ▶P.260

　チベット仏教（ラマ教）の最高指導者ダライ・ラマ14世が，インドに亡命することになったチベット動乱から49年をむかえた2008年3月，ラサの僧侶らが中国政府のチベット政策に対する抗議行動を起こしたのがきっかけで，大規模な暴動が起こり多数の死者・負傷者が出た。

　中国政府は14世を「祖国分裂主義者」と非難していて，住民は14世の写真を持つことも禁止されている。隠しもっているのがみつかると，禁錮刑などの厳しい処罰を受ける。こんな宗教弾圧などを受けてきたチベット民族の不満がふき出したようだ。

　実質的には"独立国"として存在していたチベットを1949年建国した中国は，1950年に中国の領土と宣言し，1951年には人民解放軍を進駐させて，チベットを軍事制圧してしまった。中国は宗教を事実上否定した社会主義国家。漢民族に同化させる入植政策を進め，もともと漢民族がほとんど居なかったラサでも，現在の人口の45万人のうち漢民族が半数を超える勢いである。　　　（「信濃毎日新聞2008.4.4」などによる）

⊕2008年ペキンオリンピック聖火リレーで抗議活動を行う親チベット派の男性[フランス] チベット亡命政府の旗をもった男性が，警察官らによって取り押さえられる一幕もあった。

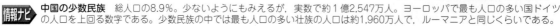

情報ナビ **中国の少数民族** 総人口の8.9%。少ないようにもみえるが，実数で約1億2,547万人。ヨーロッパで最も人口の多い国ドイツの人口を上回る数字である。少数民族の中では最も人口の多い壮族の人口は約1,960万人で，ルーマニアと同じくらいである。

③ 中国の特色ある住居

⬆ペキンの伝統家屋〜四合院　漢民族の代表的な住居。正面入り口の門を入ると，ほぼ正方形に建物があり，美しい屋根が中庭を囲っている。部屋がいくつもあるので，何世代もの家族が一緒に住むことができる。中庭には木々があり，物が干され，住んでいる人たちの共有の空間である。

⬆⬆ホワンツー（黄土）高原の窰洞集落　この窰洞は，ホワンツー高原に広く分布。地面を5〜6m掘り下げて中庭をつくり，中庭を取り囲んで四周の壁に横穴を穿ち，部屋をつくっている。日当たりのよい部屋が，生活の場である。ホワンツー高原は，**乾燥している黄土層**のため，洞穴を掘るのに適している。

➡ユンナン（雲南省）のタイ（傣）族の村落「竹樓」　タイ系の民族（タイ族）は，山間を流れる一筋の川にうるおされる平地に水田をひらき，水田にのぞむ山すそに，**高床式**の住居を建てて村落をつくる。山間にひらける谷底平野は，川をせきとめて流水量を調整するのに手頃で，水稲耕作を始めるには最適の地形といえる。

④ 地域で異なる中華料理

（注）一般的に都市では，朝食は，食堂や屋台でおかゆや蒸しパン・豆乳で済ませる。昼食は勤務先の食堂でとる。

ペキン（北京）料理	シャンハイ（上海）料理	スーチョワン（四川）料理	コワントン（広東）料理

北方の代表的な料理。ペキン料理は宮廷料理ともいわれ，シャントン（山東）料理を基礎に発展したものである。味は比較的濃く，**小麦粉**を使ったものが多い。麺類，包子，餃子（ギョウザ），饅頭もこの類にふくまれる。ペキン料理を代表するものとして，世界的に有名な**ペキンダック**がある。

長江（揚子江）流域を中心に発達した料理。川魚，エビ，カニなど豊富な魚介類をしょうゆや砂糖で甘からく味つけする。**シャンハイ蟹**は長江の下流に生息する淡水産のカニを使いつくった珍味とされている一品料理。ポピュラーなものに餛飩（ワンタン），小籠包（スープ入り肉饅頭）などがある。

チョントゥー，チョンチンを中心に発達した「辣」（辛い），「麻」（サンショウのしびれるような味）が特徴の料理。この地はスーチョワン盆地に位置し，湿度が高く，風土病防止のためこのような料理が生まれた。大衆向きな料理として，**麻婆豆腐**や回鍋肉（豚肉の味噌炒め）がある。

飲茶やワンタンに代表される世界各地で最もポピュラーな中華料理。新鮮な野菜や海産物を使った薄味が基本である。チャーシュー・シュウマイ・酢豚など有名な料理のほか，燕の巣，ふかひれ，蛇やゲンゴロウなども珍味として食される。

（『国際情報大事典』学習研究社による）

⑤ 穀物輸入大国の中国

	輸　出(万t)		輸　入(万t)		輸入−輸出(万t)	
	2006年	2020年	2006年	2020年	2006年	2020年
穀　物	610	259 ↘	360	3,579 ↗	−250	3,320
米	125	231 ↘	73	294 ↗	−52	63
小　麦	151	18 ↘	61	838 ↗	−90	820
とうもろこし	310	0.3 ↘	7	1,130 ↗	−303	1,129
大　豆	40	8 ↘	2,827	10,033 ↗	2,787	10,025
野　菜(億ドル)	733	149 ↘	12	10 ↗	−721	−139
畜産物(億ドル)	37	54 ↘	46	476 ↗	9	422
水産物(億ドル)	94	190 ↘	43	156 ↘	−51	−34

（注）↗ 対前年増加，↘ 対前年減少，□ 輸出超過，▨ 輸入超過を表す。（『中国年鑑』2022）

解説 2020年の農水産物**純輸入額**（輸入額−輸出額）は948億ドルで前年比31.8%増である。農水産物貿易のうち，水産物貿易は大幅な輸出超過で，農産物に限ると純輸入額は983億ドルである。中国では所得上昇に伴う**畜産物の消費拡大**が続いており，家畜の飼料にも使用される**大豆ととうもろこしの輸入が増加**している。特に大豆の輸入量は1億33万tと初めて1億tを超え，世界全体の貿易量の約6割を占めている。

地誌

東アジア

中国社会の現状

1 経済成長と貧富の格差の拡大

● 省市別1人当たり総生産額と平均年収（2020年）

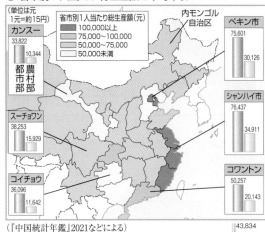

（単位は元
1元＝約15円）

省市別1人当たり総生産額（元）
- 100,000以上
- 75,000～100,000
- 50,000～75,000
- 50,000未満

内モンゴル自治区

ベキン市
75,601
30,126

シャンハイ市
76,437
34,911

コワントン
50,257
20,143

カンスー
33,822
10,344
都市部／農村部

スーチョワン
38,253
15,929

コイチョウ
36,096
11,642

（『中国統計年鑑』2021などによる）

● 都市部と農村部の所得比較と経済成長率

解説 都市部住民と農村部住民との所得格差拡大の一因は、農民から土地を安く買い、開発業者に転売して得た資金で都市整備を進める手法にあるといわれている。

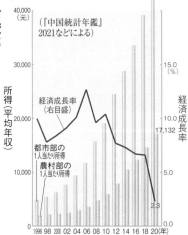

（『中国統計年鑑』2021などによる）

所得（平均年収）（元）

40,000
43,834
30,000
20,000　17,132
10,000

経済成長率（右目盛）

都市部の1人当たり所得
農村部の1人当たり所得

経済成長率（%）
15.0
10.0
5.0
0.0
2.3

1996 98 2000 02 04 06 08 10 12 14 16 18 20（年）

2 拡大する中国経済圏「一帯一路」

中国からヨーロッパに至る経済圏「一帯一路」が2014年11月のAPEC（アジア太平洋経済協力会議）首脳会議で習近平国家主席から打ち出された。陸上の「**シルクロード経済ベルト（一帯）**」と海上の「**21世紀海上シルクロード（一路）**」からなる壮大なスケールの経済圏でそれを金融面から支えるのが中国主導で設立されたアジアインフラ投資銀行（AIIB）である。「一帯」は単なる交通路ではなく、複数の道路、鉄道、航空路、パイプラインなどからなりすでに完成したインフラも多い。「一路」は東シナ海沿岸を起点とし、南シナ海、インド洋、紅海、地中海を経てヨーロッパに至る。EUの海の玄関ロッテルダムを西の終点と位置づけている。かつての「海のシルクロード」と区別するため「21世紀」を付けている。

ユーラシアにおける中国の影響力を不動のものにすることを目指しているが、インフラ整備のために新興国を借金漬けにする植民地政策の現代版であるとの批判も一部にはある。

（『今がわかる時代がわかる世界地図（2016年版）』成美堂出版などによる）

3 深刻な大気汚染 参照》P.90

北京市は1月のうち26日間有害物質を含んだ濃霧に包まれた。連日6段階の大気汚染指数で最悪の「深刻な汚染」を記録している。市内の小中学校は体育など戸外の活動を中止、外出するときには交通機関を利用しマスクを着用するように呼び掛けている。汚染は北京市だけでなく中国各地に広がり、その面積は日本の国土面積の3倍を超え、人口では5割弱の6億人が影響を受けている。原因は工場からの煤煙、自動車の排気ガス、冬の暖房として使用している石炭の煤煙などがあげられる。

専門家は、霧には多くの有害物質のほか病原菌も付着。気管支炎やのどの炎症、結膜炎などのほか、お年寄りや疾患を抱えた人だと高血圧や脳疾患を誘発する危険があると指摘した。

風に乗って日本に飛来するのではないかとの懸念が広がっている。九州大学の竹村俊彦准教授は「越境汚染は今に始まった現象ではなく、増えている。汚染物質の濃度は中国の10分の1以下だが、濃度が濃い日には呼吸器や循環器病の人は外出を控えるなどの対策を取った方がよい」と話している。

（『信濃毎日新聞』2013.1.13・31による）

●ベキンの大気汚染 2013年1月の天安門広場周辺での大気汚染微小粒子状物質（PM2.5）による深刻な汚染。大気の質（AQI＝434、AQIは大気の質を表す指標。0が最も良く、500が最も悪い。）が危険なレベルであることがわかる。このようすは他国にも報じられ、日本や韓国への越境汚染も懸念される事態となった。

●中国の「一帯一路」構想

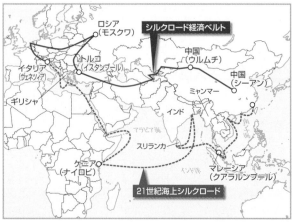

シルクロード経済ベルト

ロシア（モスクワ）
中国（ウルムチ）
中国（シーアン）
トルコ（イスタンブール）
イタリア（ヴェネツィア）
ギリシャ
ミャンマー
インド
スリランカ
アラビア海
ケニア（ナイロビ）
マレーシア（クアラルンプール）
インド洋

21世紀海上シルクロード

4 一国二制度

解説 1997年7月1日，イギリスによる155年の植民地支配が終わり**ホンコン**は中国に返還された。現在は，ホンコン島・サンガイ（新界）・カオルン（九竜）からなるホンコン特別行政区として，社会主義国である中国の中に資本主義経済体制のホンコンが存在するという「**一国二制度**」が採用されている。現体制を50年間，2047年まで維持することになっている。また，1887年以来ポルトガル領であった**マカオ**も1999年12月10日，中国に返還され，50年間「一国二制度」を維持することになった。

2017年以降中国政府は香港への統制強化を進め，2019年6月には逃亡犯条例の改正（容疑者の中国本土への引き渡しを可能にする）に反対する103万人の返還後最大のデモが起こった。2020年6月には「香港国家安全維持法」を施行，2021年3月には立法会（議会）選挙の制度を見直し，民主派が当選する道をなくそうとした。地元メディアは，香港からは民主主義がなくなったと報じている。

⬆ホンコンの高層ビル群

●ホンコン・マカオの略史

1557年	ポルトガル人，マカオ居住区を認められる
1842	ホンコン島をイギリスに割譲（南京条約）
1860	カオルン半島南端をイギリスに割譲（北京条約）
1898	ホンコン地域拡張に関する条約を締結。サンガイの租借が決定
1941	日本軍，ホンコンを占領
1945	ホンコン，再びイギリス領に
1997	ホンコン返還
1999	マカオ返還

●ホンコンの地図

（鉄道／地下鉄）
コワントン（広東省）
シェンチェン経済特区
サンガイ（新界）
ホンコン国際空港
カオルン
ディズニーランド
ターユイ島
ホンコン島
◎ヴィクトリア

●マカオの地図

0 2km
マカオ半島
チュー川（珠江）口
橋
タイパ島
マカオ国際空港
コワントン（広東省）
コロアネ島

5 発展する台湾

⬇タイペイとカオシュンを結ぶ台湾新幹線

●台湾の地図

（新幹線／鉄道）
シンジュー
タイペイ
アモイ
台湾海峡
北回帰線
台湾
山脈
タイナン
カオシュン
太平洋

解説 東シナ海に浮かぶ台湾は正式には国家ではない。中国政府は，中国の南東部に位置する領土の一部にすぎないとし，独立を認めていない。政治的な対立の一方，経済面では，1980年代以降，ハイテク産業を中心に発展し，**アジアNIEs**の一員に成長した。日本・アメリカとの貿易の割合が高かったが，近年は対中国貿易が増え続け，輸出は30％，輸入は22％で，ともに1位である（2022年）。

⬅カオシュンの輸出加工区と港湾

1966年に台湾最初の輸出加工区に指定されたカオシュンは，コンピュータなどIC関連工業が集積して，NIEsの一員である台湾の経済成長を支えた。

情報ナビ **チャイワン** 2008年馬英九総統就任以降，中台双方の政府が共同で企業・産業連携促進策を急ピッチで展開しはじめており，中台経済交流の一連の動きを「チャイワン（Chaiwan＝China＋Taiwan）」とよんでいる。

朝鮮半島・モンゴルの生活

1 朝鮮半島の歴史（20世紀〜）

年	事　項
1910	日本，韓国（朝鮮）を併合
19	三・一運動（朝鮮の対日独立運動）
45	南北に分割占領（北緯38度線）
48	大韓民国成立
	朝鮮民主主義人民共和国成立
50	朝鮮戦争（〜53）
65	日韓基本条約調印
88	ソウルオリンピック開催
91	韓国，北朝鮮国連同時加盟
2000	南北首脳会談，南北共同宣言
03	北朝鮮,核拡散防止条約から脱退
09	2006年に続き２回目の核実験
10	北朝鮮が南北境界水域にあるヨンピョン島を砲撃,韓国側も応戦

○軍事境界線を挟んで対峙する大韓民国の兵士（手前）と朝鮮民主主義人民共和国の兵士[パンムンジョム（板門店）]　朝鮮半島では，戦後米・ソが分割進駐し，1948年それぞれの占領地に大韓民国及び朝鮮民主主義人民共和国が成立した。1950年に勃発した朝鮮戦争は1953年の停戦で軍事境界線（写真）が引かれたまま終戦に至っていない。2018年４月，両国首脳が境界線を越えて握手を交わし10年半ぶりの南北首脳会談が行われ，「完全な非核化」を確認する「板門店宣言」に署名した。

2 南北朝鮮の比較

大韓民国	指　標	朝鮮民主主義人民共和国
10.0万km²	面積(20)	12.1万km²
5,131万人	人口(21)	2,589万人
1兆6,505億ドル	国民総所得（GNI)(20)	160億ドル
32,193ドル	1人当たりGNI(20)	624ドル
59.9万人	兵員数(21)	128万人
5,093億ドル(20)	輸出総額	2.8億ドル(19)
4,711億ドル(20)	輸入総額	30億ドル(19)
5,901億kWh	発電量(18)	150億kWh
114万t	石炭産出高(18)	1,648万t
6,712万t(20)	粗鋼生産高	25万t(10)
483万t	米・麦類生産高(20)	234万t
2,320万台(17)	自動車保有台数	9.7万台(08)
6,889万件(19)（100人当たり135件)	携帯電話契約数	381万件(17)（100人当たり15.0件)

（『世界国勢図会』2021/22などによる）

新型コロナ対策に試行錯誤の韓国と初めて感染を公表した北朝鮮　韓国では，2022年３月に入って新型コロナウイルスの感染者数が１日40万人を超え，欧米各国を上回って世界最悪となり，死者数も１日平均230人，重傷者数は1,244人と過去最多水準となっている。一方，北朝鮮は2022年３月現在，国内で56,000人が感染症検査を受けていながら，「感染者はいない」とWHOに報告していたが，５月13日コロナ感染及び１人の死者を初めて公表した。その後も感染者・死者数ともに増加している。

○繁華街を消毒するボランティア（2020年５月・ソウル）

3 生まれ変わった清渓川（チョン ゲ チョン）

清渓川は漢江（ハンガン）の支流で，ソウル市中心部を西から東へ流れる全長約11kmの河川である。清渓川の上にコンクリートの蓋（ふた）をしてその上に高速道路を建設するという構想は戦前からあったが，1958年に本格工事が始まり，幅員16m，長さ約5.4kmの高速道路が建設され都心と郊外を結ぶ大動脈が完成した。

そのために，景観は失われ，蓋の下には歴史的な遺跡が数多く眠ることになった。20世紀の末には，高速道路の老朽化，蓋をしたことによる下水の悪臭など様々な問題が発生してきた。

選挙公約で清渓川復元を訴えた李明博氏（イ ミョンパク）（のちの韓国大統領，2012年退任）が，2002年，ソウル市長に当選

した。李市長は2003年７月から高速道路と蓋を取り払い，河川の復旧と遺跡の復元，新たな橋の建設などの事業に取り組み，2005年９月その復旧工事は完了した。かつての悪臭の漂う清渓川は数十年の歳月を経て市民の憩いの場として生まれ変わり，今ではソウル市民だけでなく国内外から観光客も多く訪れている。

（各種報道から）

○清渓川で水遊びをする子供たち

情報ナビ　**韓国の姓**　金（キム）李（イ）朴（パク）崔（チェ）鄭（チョン）の５大姓で全人口の50％以上を占め，それぞれの出身地ごとの系統を本貫とよぶ。かつては同姓同本貫だと，法律で結婚できないことになっていた。

4 韓国の生活・文化

オンドルは床暖房 冬の厳しい朝鮮半島から中国東北部の南部にかけてみられる暖房方法である。室外の焚き口で火を焚き，その熱煙を床下に通して，石と土で作った床を暖め，その熱を室内に伝えるものである。厨房のかまどは隣室のオンドルの焚き口を兼ねており，炊事に使う火力が暖房にも利用されてきた。暖房の効率をよくするために部屋の容積を小さくとり，壁は厚くし，出入り口や窓も小さくしている。

近年，高層アパートの普及で旧来のオンドルの使用が不可能になり，温水式の床暖房が一般に使用されている。今や旧来のオンドルは都市部ではほとんどみられなくなっている。 （『韓国百科』大修館書店などによる）

●昔のオンドルのしくみ（断面図）

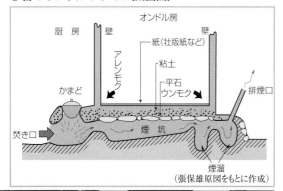

オンドル房
厨房　壁　壁
紙（壮版紙など）
アレンモク
粘土
平石 ウンモク
かまど
焚き口
煙坑
排煙口
煙溜
（張保雄原図をもとに作成）

↑伝統的なオンドルの焚き口

↑朝鮮半島の民族衣装（左）とソウルで開かれたサンタマラソン（右）　女性のチマチョゴリは，上衣をチョゴリ，下衣をチマとよぶ。夏の湿潤気候もしのぎやすい。**韓国はキリスト教徒の割合が約30%と多く，**クリスマスの行事は盛大に行われる。

5 進むインターネットの普及

●主な国のインターネット普及状況 参照》P.198

インターネット利用者数 (2020年) 百人当たり（人）		固定ブロードバンド加入数 (2020年) 百人当たり（件）
96.5	韓国	43.6
94.8	イギリス	40.3
90.9	アメリカ合衆国	36.6
90.4	日本	34.8
89.8	ドイツ	43.2
81.3	ブラジル	17.1
70.5	イタリア	30.0
70.4	中国	33.6
43.0	インド	1.7

（ITU資料による）

解説 韓国ではPC房（バン）とよばれる日本のインターネットカフェのような施設もあり，大容量の通信が可能なブロードバンド回線をいたるところで利用できる。

6 モンゴルの砂漠化と都市への集中

↑ウランバートル郊外の砂漠地帯で植樹する市民グループ

↑ウランバートル市内に点在するゲル

解説 首都ウランバートル周辺には，近年，移動が可能な遊牧民の組み立て式住居であるゲルが急増している。1992年からの市場経済化の導入により政府は遊牧民の定住化を図った。一方，家畜を私有化にしたことから過放牧になり，家畜が草を食べ尽くすことによって砂漠化が進行してきた。鉱山の開発における大量の水の使用も砂漠化に拍車をかけた。今や国内の草原の70%が砂漠化の危機に瀕しているともいわれている。

情報ナビ **深まるモンゴルの対中依存** ゴビ砂漠南部にある世界最大級のタバン・トルゴイ鉱山から中国向けの石炭が採掘されている。街は中国製品があふれ，対中依存は深まる一方である。あと200年は掘り続けられるという。

東南アジアの自然環境

関連 | 農林水産業：p.113~114 / 鉱 工 業：p.168 / 主な国の基本データ：p.346~353

↩**島嶼部～フィリピン・コルディリェーラの棚田群**　島嶼部は傾斜地が多い。ルソン島北部の中央山岳地帯にみられる棚田景観は「天国へ昇る階段」とも比喩され，世界最大の規模ともいわれる。1995年に世界文化遺産に登録。

↑**大陸部の沖積平野～チャオプラヤ川**
タイの中央部を南流し，下流域は世界でも有数の稲作地帯。

1 地形

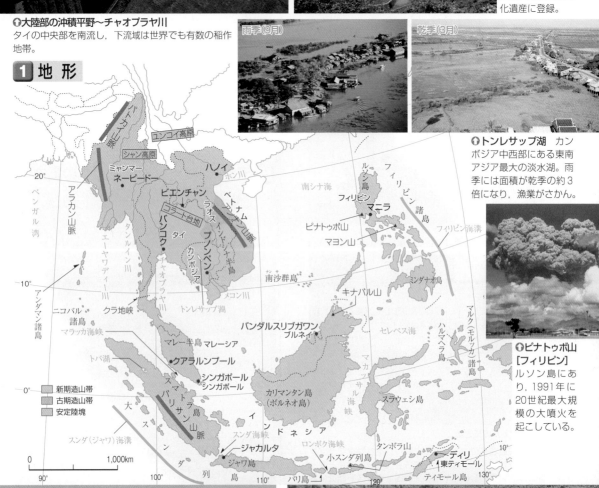

雨季（9月）

乾季（3月）

↑**トンレサップ湖**　カンボジア中西部にある東南アジア最大の淡水湖。雨季には面積が乾季の約3倍になり，漁業がさかん。

↑**ピナトゥボ山[フィリピン]**
ルソン島にあり，1991年に20世紀最大規模の大噴火を起こしている。

地図内の地名

アラカン山脈、ベンガル湾、ユンコイ高原、シャン高原、ミャンマー、ネーピードー、エーヤワディー川、ハノイ、ホン川、南シナ海、ルソン島、フィリピン、マニラ、フィリピン諸島、フィリピン海溝、ピナトゥボ山、マヨン山、ビエンチャン、ラオス、ベトナム、インドシナ半島、タンルイン川、コラート台地、バンコク、タイ、プノンペン、カンボジア、チャオプラヤ川、トンレサップ湖、メコン川、南沙群島、ナンサ群島、ミンダナオ島、キナバル山、クラ地峡、アンダマン諸島、ニコバル諸島、マラッカ海峡、マレー半島、マレーシア、クアラルンプール、シンガポール、バンダルスリブガワン、ブルネイ、セレベス海、マルク（モルッカ）諸島、ハルマヘラ島、トバ湖、バリサン山脈、スマトラ島、カリマンタン島（ボルネオ島）、マカッサル海峡、スラウェシ島、インドネシア、大スンダ列島、スンダ（ジャワ）海溝、ジャカルタ、ジャワ島、スンダ海峡、ロンボク海峡、小スンダ列島、タンボラ山、バリ島、ティモール島、ディリ、東ティモール

凡例：
- 新期造山帯
- 古期造山帯
- 安定陸塊

0　1,000km

↑**マラッカ海峡**　マレー半島とスマトラ島との間の海峡。インド洋と太平洋を結ぶ**海上交通の要衝**だが，水深が浅いことや商船に対する海賊行為が横行していることなどが，航行上の障害となっている。

↑**アンコールワット[カンボジア]**　12世紀前半，アンコール王朝のスルリヤ＝ヴァルマン2世が建設したヒンドゥー教寺院で，14世紀以降に仏教寺院に改修。15世紀以来，密林の奥に埋もれてその存在は忘れられていたが，フランスのインドシナ進出が進む中，1860年に再発見された。1992年に世界文化遺産に登録。

情報ナビ　原油を運ぶ中東から日本への航路は約12,000kmあり，タンカーは約45日間かけて往復している。**ロンボク海峡**を利用すると3日程余計にかかるため，コスト高となる。**マラッカ海峡は水深が浅い**ため，現在は30万重量トン以下のタンカーが主流。

2 気候 ●東南アジアの気候区

●雨温図掲載都市

凡例	
Af	熱帯雨林気候
Am	弱い乾季のある 熱帯雨林気候
Aw	サバナ気候
Cw	温暖冬季少雨気候
Cfa	温暖湿潤気候
Cfb	西岸海洋性気候

解説 大部分が熱帯に属している。

①**熱帯雨林(Af)気候** 赤道付近のマレー半島南部，スマトラ・カリマンタン・スラウェシ島に分布。天然ゴム，油やしなどのプランテーションが発達。

②**弱い乾季のある熱帯雨林(Am)気候** 北緯5度付近から北部のマレー半島西部～ミャンマー西岸・フィリピン諸島などに分布。熱帯モンスーンの影響が強く，弱い乾季がみられる。植生は，歩行困難なジャングルを形成する。

③**サバナ(Aw)気候** インドシナ半島中央部やジャワ島東部から小スンダ列島に分布。雨季と乾季が明瞭。乾季は太陽高度の低い季節(低日季)となるため，同じAw気候でも北半球のバンコクでは12月～3月ころに乾季となるが，南半球のワインガプは雨季にあたり，6月～9月ころに乾季となる。

(注)ヤンゴンは1981～2010年の平均値を用いるとAw気候だが1991～2020年の平均値を用いるとAm気候となる。

●主な都市の雨温図

(気象庁資料などによる)

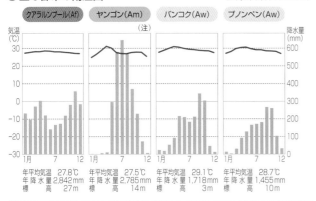

	クアラルンプール(Af)	ヤンゴン(Am)	バンコク(Aw)	プノンペン(Aw)
年平均気温	27.8℃	27.5℃	29.1℃	28.7℃
年降水量	2,842mm	2,785mm	1,718mm	1,455mm
標高	27m	14m	3m	10m

3 自然災害 参照》P.8～15

↟**スマトラ島沖地震(2004年)から復興したバンダアチェ[インドネシア]**
アラカン山脈から大スンダ・小スンダ列島にいたる地域は**アルプス=ヒマラヤ造山帯**の東端にあたり，他方，フィリピン諸島からニューギニア島にかけては**環太平洋造山帯**に該当する。**2つの新期造山帯が接合する**ジャワ島とその周辺の島々は多数の活火山があり，「狭まる境界」(参照》P.40)にあたるため，地震が多発する。2004年12月26日にインドネシア西部，スマトラ島北西沖で起きた地震は，インド洋沿岸諸国に甚大な被害をもたらした。

2004年

2009年

↟**カリマンタン島の熱帯雨林** カリマンタン島の熱帯雨林には，多種多様な動植物が生息している。約200種類のホ乳類，600種類の鳥類，そして8,000種近い植物が確認されている。昆虫にいたってはその数2,000万種とも3,000万種ともいわれている。

↟**フィリピン・マヨン山** 「美しい」という意味をもつこの火山は，円錐形の典型的な成層火山(参照》P.43)。火砕流と溶岩流の繰り返しによってつくり出された。

↟**泥流災害[フィリピン]** 2006年11月30日，台風に伴う集中豪雨により，ルソン島南部のマヨン山周辺で広い範囲にわたり，大規模な泥流災害が発生した。

東南アジアの歴史・民族・文化

1 東南アジアの植民地化

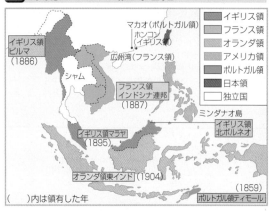

■	イギリス領
■	フランス領
■	オランダ領
■	アメリカ領
■	ポルトガル領
■	日本領
□	独立国

マカオ(ポルトガル領)
ホンコン(イギリス領)
広州湾(フランス領)
イギリス領ビルマ (1886)
シャム
フランス領インドシナ連邦 (1887)
ミンダナオ島
イギリス領マラヤ (1895)
イギリス領北ボルネオ
オランダ領東インド (1904)
(1859)
ポルトガル領ティモール
( )内は領有した年

解説 東部をフランスが，西部とマレー半島をイギリスが植民地化し，**シャム**(現在タイ)は両勢力の**緩衝国**としての独立国であった。また，島しょ部に主にオランダが植民地化した。フィリピンはスペインの植民地支配の後，1898年米西戦争の結果，アメリカ領となった。

3 アジアにおける宗教の伝播

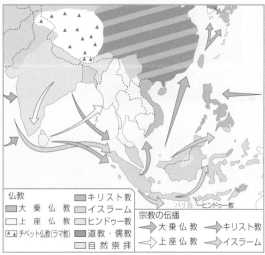

仏教
■ 大乗仏教
□ 上座仏教
▲ チベット仏教(ラマ教)

■ キリスト教
■ イスラーム
■ ヒンドゥー教
■ 道教・儒教
■ 自然崇拝

バリ島 ヒンドゥー教

宗教の伝播
→ 大乗仏教 → キリスト教
→ 上座仏教 → イスラーム

(『Diercke Weltatlas』などによる)

解説 ミャンマー・タイ・ラオスでは，規律の厳しい**上座仏教**が人々の信仰を集めている。ベトナムでは中国経由で伝えられた，より規律のゆるやかな**大乗仏教**が浸透している。また，この地域では8世紀ごろから，アラブ人の商人によってマレーシア・インドネシア方面に伝えられた**イスラーム**が信仰されている。スペインが植民地化したフィリピンでは，**キリスト教**(旧教)が信仰されている。**バリ島**はヒンドゥー教の信者が多い。

2 複合民族社会～マレーシア

● **マレーシアの社会の様相** (華僑・華人人口 参照▶P.214)

民族	宗教	言語	食事	居住地
マレー系	イスラーム	マレー語	豚肉食べず	主に農村部
中国系	儒・仏・道教	中国語	豚肉・牛肉食べる	主に都市部
インド系	ヒンドゥー教	主にタミル語	牛肉食べず	主に都市・農園
土着少数民族(先住民族)	原始宗教	各民族語	豚肉・牛肉食べる	主に山地・密林・海岸部

マレー系 中国系 インド系
マレーシアの民族構成
インド系 7
中国系 23
総人口 3,278万人 (2021年)
ブミプトラ(マレー系と) 先住民族 70%

↑クアラルンプールの街角[マレーシア] (『世界年鑑』2022)

解説 マレーシアはイギリス植民地時代，すず鉱山開発に伴って中国人が，天然ゴムのプランテーション開発に伴ってインド人が政策的に移民された結果，マレーシアの複合民族社会が形成された。ゴム・プランテーション労働者として移民されたのが，マレーシアのインド系住民の80%を占める南インドのタミル人であった。先住民であるマレー人の優位性を確立し，経済的に優位な中国系との格差を縮める目的で，多数派のマレー系が就学・就職のほか，企業設立や政府調達などで優遇される**ブミプトラ政策**を推進してきた。

4 ミンダナオ紛争 参照▶P.260

↑武装したイスラーム急進派「モロ・イスラーム解放戦線(MILF)」のゲリラ[フィリピン・ミンダナオ島] キリスト教国であるフィリピン南部のミンダナオ島からスル諸島にかけては，分離独立をめざすムスリム(イスラム教徒)の**モロ族**と政府軍との武力衝突が続いてきた。2012年10月15日，両者はミンダナオ和平枠組合意文書に調印した。

●托鉢を受ける僧侶[ミャンマー] 上座仏教は厳しい出家・修行による個人の解脱を目的とする。僧侶は修行の一つとして街で托鉢を行い，一般の人々は食物などを僧侶に施すことで救済を願う。

 ブミプトラ政策はマレー系内の格差に対する不満やインド系が反対の行動をとるなど，曲がり角にきている。2008年3月，工業地域のペナン州は縁故主義・腐敗・非効率な制度を生み出すブミプトラ政策にとらわれないことを表明し，「ブミプトラ政策」を放棄する方針を示した。

5 ASEANの成立と拡大　●成立の経過 参照 》P.204・256

1967年8月8日　バンコクにて
ASEAN(東南アジア諸国連合)成立
5か国…インドネシア・マレーシア・フィリピン・
シンガポール・タイ

目的
(1)域内における経済成長，社会・文化的発展の推進
(2)地域における政治・経済的安定の確保
(3)域内諸問題の解決

1984年 ブルネイ加盟
1995年 ベトナム加盟
1997年 ラオス・ミャンマー加盟
1999年 カンボジア加盟　現10か国

(外務省資料)

解説 ASEANは当初，反共産主義の立場をとる東南アジア5か国で結成された。冷戦終結後，1995年にベトナムが加盟して拡大し，加盟国は現在10か国となり，**ASEAN10**とよばれる。ASEAN10の面積は日本の12倍(449万㎢)，人口は約5.3倍(6.7億人，2021年)の経済圏である。貿易額(輸出＋輸入)は2.7兆ドルで，日本の貿易額1.5兆ドルをしのぐ(2019年)。2015年，加盟国10か国が労働力・物品・サービス・投資の自由な移動により一つの市場をめざす**ASEAN経済共同体(AEC)**が発足し，2018年までに多くの域内関税が撤廃された。また，ASEANの憲法ともいえる最高規範「**ASEAN憲章**」が2008年12月15日に発効した。

●ASEAN加盟国の分布

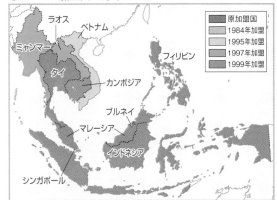

凡例：
■ 原加盟国
□ 1984年加盟
□ 1995年加盟
□ 1997年加盟
□ 1999年加盟

ラオス
ベトナム
ミャンマー
タイ
カンボジア
フィリピン
ブルネイ
マレーシア
インドネシア
シンガポール

❶オンライン形式で行われたASEAN首脳会議(2021年10月)　ミャンマーの枠は国名だけ表示されている。　(写真：ASEAN事務局提供)

6 クリーン＆グリーンの国〜シンガポール

❶マーライオンと高層ビル，罰金の標識[左上]　熱帯雨林気候下で，淡路島ほどの国土面積のシンガポールは資源がほとんどないことから，海外からの投資や観光客を呼び込むために，1967年からクリーン＆グリーンをめざす政策を推進してきた。例えば，ゴミのポイ捨てをした者は罰金(初回で1,000シンガポールドル)が科せられる。また，ガムの輸入・製造・販売は禁止されており，トイレの水の流し忘れも罰金である。公園や街路樹の整備などの都市緑化も計画的に進められ，きれいな街づくりがなされている。

7 工業化に成功したマレーシア

❶ペトロナスツインタワー　1981年，マハティール首相は，日本・韓国の集団主義と勤労倫理を学び，工業化と経済発展をめざす**ルックイースト政策**を提唱した。この政策により日本，韓国の企業による投資が増加し，マレーシア経済は着実に成長した。日本と韓国の企業がそれぞれ建設したペトロナスツインタワーはその象徴ともいえる。さらに，国をあげてIT産業に重点をおき，首都とクアラルンプール国際空港との間の地域をマルチメディア・スーパーコリドール(MSC)として整備し，アジアのシリコンヴァレーをめざしている。

8 東南アジアの概況

(『世界年鑑』2022などによる)

国名	首都	人口(万人)	1人当たりGNI(ドル)	多数派の宗教	多数派の言語	旧宗主国[独立年]
タイ	バンコク	6,995	6,988	上座仏教	タイ語	なし　緩衝国として独立
ミャンマー	ネーピードー	5,481	1,253		ビルマ語	イギリス(1948)
カンボジア	プノンペン	1,695	1,425		カンボジア語(クメール語)	フランス(1953)
ラオス	ビエンチャン	738	2,500		ラオ語	フランス(1953)
ベトナム	ハノイ	③9,817	2,624	大乗仏教	ベトナム語	フランス(1945)
シンガポール	シンガポール	590	①51,011		英語，中国語など	イギリス(1965)
マレーシア	クアラルンプール	3,278	③10,209	イスラーム	マレー語	イギリス(1957)
インドネシア	ジャカルタ	①2億7,636	3,765		インドネシア語	オランダ(1945)
ブルネイ	バンダルスリブガワン	44	②28,622		マレー語	イギリス(1984)
フィリピン	マニラ	②1億1,105	3,553	カトリック	フィリピン語，英語	スペイン→アメリカ(1946)
東ティモール	ディリ	134	1,807		ポルトガル語など	ポルトガル(2002)

(注) 人口は2021年，1人当たりGNI(国民総所得)は2020年，①〜③は順位。ベトナム社会主義共和国の前身はベトナム民主共和国であり，1945年9月に独立を宣言。ベトナム民主共和国と南部のベトナム共和国が統合され，ベトナム社会主義共和国となったのが1976年7月。

情報ナビ　シンガポールで売られているTシャツの「Singapore is a FINE City」の図柄の意味は？　英語でFineは「綺麗」を意味するが，「罰金」も英語でFineである。

南アジアの自然環境

関連　農林水産業：p.115
　　　鉱 工 業：p.169
　　　主な国の基本データ：p.346〜353

⬆乾燥した西部〜インダス川の灌漑用水路　古代インダス文明の発祥地となった外来河川。灌漑用水路が整備され、小麦などを栽培。近年は水不足や塩害が深刻。
参照》P.71

⬇カイバー峠（標高約1,070m）　南アジアと中央アジアを結ぶ交通の要衝で、古代からの数少ない南アジアへの進入路。峠の両側にカブール、ペシャーワルの2都市が発展。

⬆降水に恵まれた東部〜ガンジス川　流域は肥沃な**ヒンドスタン平原**で、豊かな農業地帯。ヴァラナシは**ヒンドゥー教徒**の聖地で、聖なる川ガンジスの水で身を清める沐浴が行われる。

1 地形

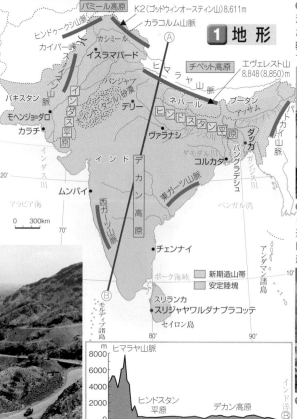

K2（ゴッドウィンオースティン山）8,611m
パミール高原
カラコルム山脈
ヒンドゥークシ山脈
カシミール
カイバー峠
イスラマバード
チベット高原
エヴェレスト山 8,848(8,850)m
ヒ　マ　ラ　ヤ　山　脈
ス　ラ　イ　マ　ン　山　脈
パンジャブ
ネパール
ブータン
アッサム
タ　ー　ル（大インド）砂漠
パキスタン
イ　ン　ダ　ス　平　原
デリー
ヒ　ン　ド　ス　タ　ン　平　原
パ　ト　カ　イ　山　脈
モヘンジョダロ
カラチ
ヴァラナシ
ダッカ
バングラデシュ
ダモダル川
コルカタ
イ　ン　ダ　ス　川
デ　カ　ン　高　原
インド
西　ガ　ー　ツ　山　脈
東　ガ　ー　ツ　山　脈
ムンバイ
アラビア海
ガンジス川
ベンガル湾
20°
チェンナイ
アンダマン諸島
0　　300km
70°
10°
ポーク海峡
モルディブ諸島
スリランカ
スリジャヤワルダナプラコッテ
セイロン島
80°
90°

新期造山帯
安定陸塊

m　ヒマラヤ山脈
8000
6000
4000
2000
ヒンドスタン平原
デカン高原
インド洋
Ⓐ　Ⓑ

⬆ヒマラヤ山脈　最高峰エヴェレスト山（8,848m）をはじめ、8,000m級の峰が連なり、地球上で最も高峻な山脈。インド亜大陸とユーラシア大陸の衝突により形成され、現在も成長が続いている。

⬆パミール高原　カラコルム・ヒンドゥークシなど多くの山脈が分岐し、「世界の屋根」とよばれる。

⬆モルディブ諸島　26の環礁（参照》P.53）とその中の約1,200の島からなる南北に細長い諸島。平均高度約1mのため、地球温暖化による海面上昇で水没の危機に瀕している。参照》P.86

⬆ネパールの段々畑　ヒマラヤ山脈南斜面に位置するネパールでは斜面を切り開き、段々畑をつくる。天水に頼り、牛で田畑を耕す。

情報ナビ　エヴェレストの標高は？　1954年にインド当局が計測した8,848mが公式な数字とされているが、1999年に全米地理学協会は8,850mと発表、2005年には中国が8,844mと測定した。中国とネパールは、8,848mと8,844mの2つを標高として認めている。

2 気候 ●南アジアの気候区 ●雨温図掲載都市

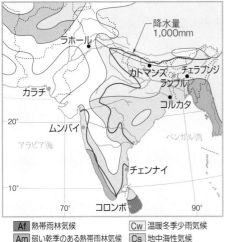

Af	熱帯雨林気候	Cw	温暖冬季少雨気候
Am	弱い乾季のある熱帯雨林気候	Cs	地中海性気候
Aw	サバナ気候	Df	亜寒帯(冷帯)湿潤気候
BS	ステップ気候	ET	ツンドラ気候
BW	砂漠気候		——年降水量1,000mm

●アジアのモンスーン(季節風)と降水量 参照》P.62

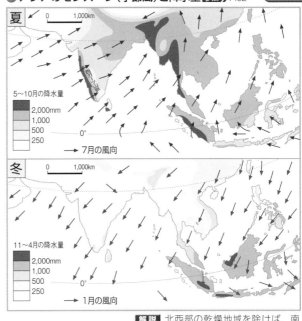

●主な都市の雨温図　(気象庁資料などによる)

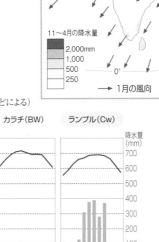

コロンボ(Af) 年平均気温 27.9℃ 年降水量 2,371mm 標高 7m

ムンバイ(Aw) 年平均気温 27.9℃ 年降水量 2,251mm 標高 9m

チェンナイ(Aw) 年平均気温 29.1℃ 年降水量 1,427mm 標高 13m

カラチ(BW) 年平均気温 27.1℃ 年降水量 196mm 標高 21m

ランプル(Cw) 年平均気温 24.4℃ 年降水量 2,008mm 標高 33m

解説 北西部の乾燥地域を除けば，南アジアの気候を特徴づけているのはモンスーン(季節風)である。

セイロン島の南部は熱帯雨林気候(Af)，インド半島西岸が弱い乾季のある熱帯雨林気候(Am)，インド半島東部を中心にサバナ気候(Aw)が広がる。一般に南西モンスーンが吹く6〜9月が雨季で，大量の降水をもたらす。北東モンスーンの吹く10〜2月は，比較的乾燥した過ごしやすい時期になる。

ただし，同じサバナ気候でもインド半島の東岸と西岸では降水の季節配分に違いがみられる。西岸のムンバイは南西モンスーンが西ガーツ山脈に吹きつけ，典型的な地形性降雨となり，6〜9月の夏季に降水が集中する。インド半島の南東岸のチェンナイは南西のモンスーンの影響よりもベンガル湾上を通って吹く北東モンスーンによる10〜12月の降水の方が多い。東部のアッサム地方は世界的な多雨地域で，チェラプンジでは世界の最多年降水量26,461mmを記録した(1860年8月〜1861年7月)。

3 自然災害・環境問題〜ヒマラヤの氷河がとけている

解説 地球温暖化(参照》P.86)の影響でヒマラヤの氷河がとけ，拡大したヒマラヤ山脈のイムジャ湖。上が1956年，下が2006年の写真である。国際総合山岳開発センター(ICIMOD)の専門家によると，氷河湖が決壊し，大洪水が起こる危険性が高まっているという。

1956年

2006年

●ベンガル湾の強暴なサイクロン　2007年11月15日〜16日にかけて，サイクロンSIDR(シドル)がバングラデシュを襲い，甚大な高潮災害をもたらした。参照》P.62

情報ナビ インドの地名　インドは長い間，イギリスの植民地になっていたため，英語名称の地名がまかり通っていた。それを以前の呼び名に戻そうという動きが進んでいる。主な具体例はボンベイ→ムンバイ，マドラス→チェンナイ，カルカッタ→コルカタなど。

1 南アジアの歴史と宗教分布

前2300頃	インダス文明が成立
前1500頃	**アーリア人の侵入…インド・ヨーロッパ語族**
前1000頃	アーリア人がガンジス川流域に進出 …**バラモン教**と**ヴァルナ制度**の形成
前7〜5世紀	仏教・ジャイナ教が成立…バラモン教を批判
前3世紀	マウリア朝のアショーカ王の時代 …仏教の保護，**スリランカに上座仏教伝播**
2世紀	クシャーナ朝のカニシカ王の時代 …大乗仏教の成立，ガンダーラ美術の隆盛
5世紀頃	**ヒンドゥー教の発展**
11世紀頃	イスラーム勢力のインド進出
1526	ムガル帝国の成立 …300年間の統治，**タージ＝マハル**建立
1857	シパーヒーの大反乱（セポイの乱）
1858	**ムガル帝国滅亡**…イギリスによる直接統治へ
1877	**インド帝国成立**
1885	インド国民会議設立 …当初，親英的，後に民族運動の中心
1906	イギリスの支援で，全インド＝ムスリム連盟結成 →イギリスの分割統治により，ヒンドゥー教 徒とムスリム（イスラム教徒）の対立
1919〜	マハトマ＝ガンジーの反英民族運動
1947年	**インドとパキスタンの分離独立** **インド**…ヒンドゥー教中心 **パキスタン**…イスラーム中心 →1971年 東パキスタンが**バングラデシュ** として分離独立
1948年	セイロンがイギリス連邦内自治領として独立 …上座仏教中心，タミル系はヒンドゥー教 →1972年 **スリランカ**に改称

● 南アジアの宗教分布

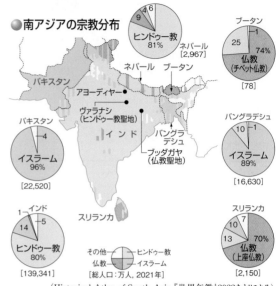

（Historical Atlas of South Asia，『世界年鑑』2022などによる）

解説 インドは**ヒンドゥー教徒**中心であるが，**ムスリム（イスラーム教徒）**も14％存在し，インドのムスリム人口は1億人を優に超える。ブータンはチベット仏教，スリランカは上座仏教が中心である。

⬆パキスタンのムスリム　　⬆スリランカの仏教徒

2 南アジアの言語分布と紙幣

（B.L.C.Johnsonなどによる）

● インドの言語別人口比率

12億1,019万人

ヒンディー語 41.0%	ベンガル語	テルグ語	マラーティー語	タミル語	ウルドゥー語	その他
	8.1	7.2	7.0	5.9	5.0	25.8

（2011年インド国勢調査）

⬆インドの10ルピー紙幣　17の言語で10ルピーと書いてある。

❶ヒンディー語　❷英語 TEN RUPEES

❸アッサム語
❹ベンガル語
❺グジャラート語
❻カンナダ語
❼カシミール語
❽コンカニー語
❾マラヤーラム語
❿マラーティー語
⓫ネパール語
⓬オディアー語
⓭パンジャビー語
⓮サンスクリット語
⓯タミル語
⓰テルグ語
⓱ウルドゥー語

解説 インドの州は現在28あるが，原則として言語にもとづいている。インドの言語は大きく4つのグループに分けられる。北部の**インド・ヨーロッパ語族**，南部4州の**ドラヴィダ語族**，北東インドの山岳地帯に分布する**シナ・チベット語族**，そして，オリッサ州や西ベンガル州などインド東部に分布する部族民たちの**オーストロアジア語族**である。連邦公用語であるヒンディー語ですら，全体の4割にすぎず，イギリス植民地時代に由来する英語が準公用語の役割を帯びている。

情報ナビ **インドにはカレー粉は存在しない** インドといえばカレーを連想するが，実は「カレー粉」はイギリス人が発明したもので，もともとインドには存在しなかった。イギリスのC&B社が最初に商品化した。詳しくは美味しんぼの24巻「カレー勝負」を参照のこと。

3 ヒンドゥーと牛のタブー

牛は313の神が宿る聖なる生き物 かつて中央アジアの遊牧民であった**アーリア人**にとって，牛は労役であり，牛乳やヨーグルトの供給元であり，糞は肥料や燃料源にもなる，と彼らの生存そのものに欠かせない存在であったことから，古来，崇拝の対象となってきた。事実，雄牛はリンガとともにシヴァ信仰の象徴であり，雌牛はクリシュナ神の従者であることから，いまも牛殺しは母親殺しよりも重罪であるといわれている。

マクドナルド・ハンバーガー登場 1996年にインドにもお目見えしたが，牛肉100％などとんでもない話で，１％だって入ってはいない。心理的に抵抗のない鶏肉や羊肉をはじめ水牛の肉，魚肉などで代用しているが，それでも行列ができるほどの人気を博しているという。水牛だけは死の神ヤマの乗り物とされ，殺そうが食べようがヒンドゥー教徒の間でも沙汰は一切ないそうだ。（辻原康夫『民族文化の博学事典』日本実業出版社による）

⬆⬆ミーナークシ寺院とその壁面にある彫刻[インド・タミルナドゥ州]

⬆インドのパンジャブ州にあるシーク教総本山ハリマンディル（黄金寺院，ゴールデン・テンプル）

4 シーク教

シーク教は16世紀にグル・ナーナクがインドで始めた宗教。カールサー派のシーク教徒の男性は髪とヒゲを切らず，頭にターバンを着用するのが一般的。インドからの分離を求める声も起こっている。

⬆シーク教徒の男性

5 カースト制度

用語について—カースト，ジャーティ，ヴァルナ
カーストは，もともとポルトガル語で身分を意味するカスタに語源をもつ語で，インド独自の身分制度を示す語として世界的に通用するようになった。日本でも，**バラモン**（僧侶・祭司），**クシャトリヤ**（貴族・武人），**ヴァイシャ**（商人・職人・一般庶民），**シュードラ**（上記三層に奉仕すべき人々）という四つの階層によって構成されるヒンドゥー教徒の身分制度として，一般的に理解されている。しかし今日のインドの社会には，現実にはこうした制度はなく，より多様な数多くのコミュニティが存在している。古代に成立した身分概念を整理した四姓制度は，**ヴァルナ**（「色」を意味する）制度とよぶのが正しい。

現実に存在するカースト制度の基礎となる集団は，**ジャーティ**（「生まれ」）とよばれている。

ジャーティの特性

①ジャーティは「生まれ」により決定され，ジャーティからの追放を除けば一生変更できない。
②ジャーティ内婚制といって，男女とも同じジャーティのものとしか結婚できない。
③ジャーティは固定した世襲的な職業をもつ。ただし，農業だけすべてのジャーティに開放された職業である。
④各ジャーティは，ヒンドゥー教の中心的な概念である「浄と不浄」にもとづいて，バラモンを頂点とする序列のなかに位置づけられる。
⑤他のジャーティとの食物の授受，共食や共飲は厳しく制限される。序列が下のジャーティがつくった食物を食べることは不浄とされる。

（辛島昇監修『読んで旅する世界の歴史と文化～インド』新潮社による）

🌐インドの村のカースト（ジャーティ）の分布の例

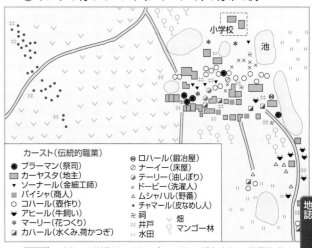

カースト（伝統的職業）
● ブラーマン（祭司）
■ カーヤスタ（地主）
▼ ソーナール（金細工師）
● バイシャ（商人）
○ コハール（壺作り）
◆ アヒール（牛飼い）
＊ マーリー（花つくり）
◪ カハール（水くみ，荷かつぎ）
⊗ ロハール（鍛冶屋）
◉ ナーイー（床屋）
◐ テーリー（油しぼり）
× ドービー（洗濯人）
▲ ムシャハル（野番）
◆ チャマール（皮なめし人）
♫ 祠　∨ 畑
⌗ 井戸　♀ マンゴー林
♒ 水田

解説 一村には普通10～30のジャーティが存在し，世襲的分業関係によって，自給自足性の強い生産活動が維持されてきた。最下層の「不可触民」とされる皮革業に携わる人々（皮なめし人）は，村落の周辺部に居住している。

情報ナビ **インドの近代化と職業** 近代化によってジャーティの職業に大きな影響がみられる。例えば，石けんの普及は洗濯人の職を奪い，ドライ・クリーニングという技術革新は上位カーストが進出する職業となっている。

西アジア・中央アジアの自然環境

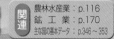
関連 農林水産業：p.116
鉱工業：p.170
主な国の基本データ：p.346～353

⬆ティグリス川　メソポタミアを貫流する大河。中・下流域は，古来「肥沃な三日月地帯」とよばれ，メソポタミア文明の発祥地となった。

⬆砂漠の遊牧民ベドウィン[シリア]　ベドウィンとはアラビア半島を中心に北アフリカから西アジアの乾燥地帯に暮らす遊牧民の総称で，ラクダや羊などの家畜の群れとともにテントに寝泊りしながら遊牧を行う。

⬆死海[イスラエル・ヨルダン]　ヨルダン地溝帯に位置するため湖面標高は海面下約400mを示し，地上の最低点を示す。蒸発量が大きいために塩分濃度は表面で23%（低水層で35%）に達し，人体浮遊が可能な塩湖。
参照▶P.82

1 地形

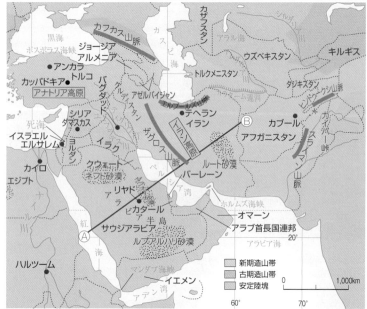

新期造山帯
古期造山帯
安定陸塊

1,000km

⬆カッパドキア[トルコ]　トルコ中南部，アナトリア高原南部一帯。1985年，世界遺産に登録。太古，エルジャス火山噴火で形成された凝灰岩が侵食され，岩盤の硬い部分だけが残されたもので，「妖精の煙突」とよばれる数千のキノコ状やロウソク状の奇岩が連なるほか，岩をくり抜いた穴居住宅，地下都市など自然が創造した大彫刻がみられる。

⬆砂嵐に見舞われるサウジアラビアの首都リヤド　リヤドはアラビア半島の中央部の砂漠に囲まれた大都市で人口は約519万人（2010年），年降水量はわずか130mmにすぎない。市街地にはオアシスの伝統的な家屋と近代的なビルが混在する。春には熱風を伴った砂嵐に襲われ，車はヘッドライトを点灯して走る。

⬆灌漑農地のトマトの収穫[サウジアラビア]　国土の大部分が砂漠に属するサウジアラビアでは，地下水を利用した灌漑農業により，小麦，なつめやし，野菜（特にトマトとスイカ）などが栽培されている。センターピボット方式による地下水利用も行われていたが，近年，地下水の枯渇が懸念されている。

2 気候

● 西・中央アジアの気候区
● 雨温図掲載都市

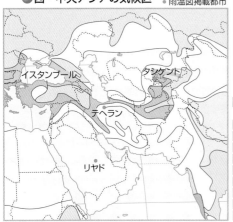

↑カザフステップの遊牧

Am	弱い乾季のある熱帯雨林気候
Aw	サバナ気候
BW	砂漠気候
BS	ステップ気候
Cw	温暖冬季少雨気候
Cs	地中海性気候
Cfa	温暖湿潤気候
Cfb	西岸海洋性気候
Df	亜寒帯湿潤気候
ET	ツンドラ気候

解説 西アジア・中央アジアでは，長い乾季と短い雨季のある乾燥気候が分布し，砂漠・ステップが広がっている。

①砂漠気候(BW)
北回帰線周辺は，亜熱帯高圧帯に伴う下降気流により砂漠気候が分布。ネフド砂漠，ルブアルハリ砂漠が広がる。

②ステップ気候(BS)
砂漠気候の高緯度側，低緯度側に分布。

③地中海性気候(Cs)
地中海沿岸，カスピ海沿岸に分布。夏は亜熱帯高圧帯により乾燥が厳しく，冬は温帯低気圧による降雨。耐乾性作物(オリーブなど)の栽培と麦作に特色のある地中海式農業が発達。

● 主な都市の雨温図
(気象庁資料などによる)

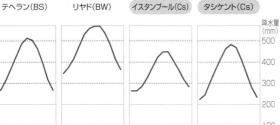

テヘラン(BS)　リヤド(BW)　イスタンブール(Cs)　タシケント(Cs)

気温(℃)　降水量(mm)

	テヘラン	リヤド	イスタンブール	タシケント
年平均気温	18.3℃	27.0℃	15.1℃	15.3℃
年降水量	244mm	127mm	677mm	455mm
標高	1,204m	635m	18m	488m

↑小麦の栽培[カザフスタン]　カザフスタン北部のステップ地帯は，肥沃な**チェルノーゼム**に恵まれた世界的な企業的穀物農業地帯であり，同国は世界14位(2020年)の小麦生産国である。**参照》**P.116

3 中央アジアの環境問題～消滅するアラル海

↑漁船のそばを闊歩するラクダ

↑カラクーム運河を利用した綿花栽培[トルクメニスタン]
　灌漑用水路を目的として，アムダリア川とカスピ海の間1,100kmにカラクーム運河を建設。周辺においては綿花栽培がさかんになっている。

解説 アラル海の縮小　1960年代まで世界4位の湖水面積を誇っていたアラル海だが，旧ソ連による自然改造計画の一環としての綿花栽培のため，アムダリア川・シルダリア川からの取水が増え，流入量が激減した。灌漑地では水の蒸発が激しく，**土壌の塩類集積により放棄される農地の増加も深刻**である。湖水面積は南北に分断され，さらに東部は完全に消滅しつつあり，この40年間で湖水面積は4分の1に縮小した。かつて湖底だった地域は，現在では草原や砂漠に転じ，放棄された漁船のそばをラクダが闊歩する光景も珍しくない。2014年，米航空宇宙局の観測で，アラル海はほぼ消滅したことが判明した。

     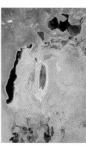

↑アラル海の縮小(左から順に1973年, 87年, 2001年, 04年, 09年, 16年)

情報ナビ **イスラーム諸国の旗**　三日月と星をデザインした国旗をもつ国が多い。三日月はムハンマドの後継者であるカリフの印，星はコーランの86章に出てくる暁の星だといわれている。国旗に緑色が配されることが多いのがイスラーム諸国の特色。

西アジア・中央アジアの民族・文化・社会

1 文化の十字路～西アジアと周辺の言語地図

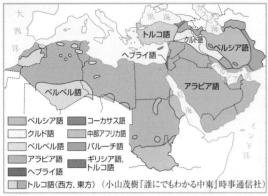

凡例：
ペルシア語／コーカサス語／クルド語／中部アフリカ語／ベルベル語／バルーチ語／アラビア語／ギリシア語,トルコ語／ヘブライ語／トルコ語（西方, 東方）　（小山茂樹『誰にでもわかる中東』時事通信社）

解説 西アジア・北アフリカ諸国も，固有の文化に目を向けると，**アラビア語**で結ばれるアラビア諸国，**アルタイ語系**の言語を使う**トルコ（トルコ語），インド・ヨーロッパ語系**の言語を使う**イラン（ペルシア語）**に大きく分けることができる。

●六信と五行

六 信	信ずべきもの
	神・天使・啓示・預言者・来世・天命を信ずること

五 行	ムスリム（イスラーム教徒）としての務め
①信仰告白	「アッラーのほかに神はない。ムハンマドはその使徒である」と告白。サウジアラビアの国旗にはアラビア語で記載されている
②礼拝	1日5回。決まった時間に決まった作法でメッカに向かって礼拝する
③断食	ラマダーン月（第9月）の1か月間，日の出から日没まで一切の飲食を断つ
④巡礼	一生に一度ズー＝アルヒッジャ月（第12月）の8～10日，メッカのカーバ神殿を訪れる
⑤喜捨	イスラームの救貧税。収入に比例して拠出

2 イスラーム

●ムスリム（イスラーム教徒）の生活
ヒジュラ暦（イスラーム暦） イスラームではムハンマドの聖遷（622年）を元年とするヒジュラ暦を用いる。

●イスラームの礼拝

①メッカに向かって立つ。
②両手を耳まで上げる。
③両手をへその前で重ねる。
④おじぎする。
⑤直立する。
⑥～⑩平伏し，地に頭をつける。
⑪・⑫左右に首を振り，礼拝を終了する。

解説 太陰暦は月の満ち欠けを基準にした暦であり，1年間は354日で太陽暦の1年より10～11日短く，暦の進行は季節とは無関係である。第9月のラマダーン月の断食や第12月のハッジ（メッカへの巡礼月）など，イスラームの宗教的行事はすべて太陰暦であるヒジュラ暦に基づいている。

●**ホテルの部屋にあるメッカの方向を示すキブラ** 礼拝はメッカの方向に向かって行わなければならない。

●**断食の夜の食事** ヒジュラ暦のラマダーンの月は，日の出から日没まで一切の飲食を禁じられているため，日没後に食事をとる。

タブー（禁忌） コーランの規定により，**豚肉，死獣の肉，血**の食用は厳禁されている。また，**飲酒，賭け事**も禁止されている。**参照** ▶P.243

●アラブ諸国とムスリムが多い国・地域

ムスリムの占める割合（2005年ころ）
90%以上／50～90%／10～50%／→ムスリムの進出／□アラブ連盟（2022年7月現在。シリアは資格停止中）／シーア派が多い地域／●シーア派聖地／▲スンナ派聖地

（注）イスラームの宗教人口（2021年）は約19.6億人。そのうち，スンナ派が約89%で，主に中近東，北アフリカ，中央アジア，アフガニスタン，東南アジアなど。一方，シーア派は約10%で，**イラン（国教）**，イラク，バーレーン，イエメン，インド，東アフリカ，アラブ首長国連邦，アフガニスタンなど。

チェック・ワード スンナ派（スンニー派） スンナ（慣行・範例）に従う人々の意。イスラームでスンナといえば預言者ムハンマドのスンナを指し，それをどう知るかで意見が分かれる。ムスリム（イスラム教徒）の約89%を占める。（多数派）
シーア派 シーアは党派を意味する語。本来，シーア＝アリー（アリーを支持する党派）の略称で，預言者ムハンマドのいとこであるアリーとその子孫のみをイマーム（指導者）と認める。ムスリムの約10%。**イランはシーア派イスラームを国教としている。**

3 紛争の焦点～聖地エルサレム

キリスト教の聖地「悲しみの道」
イエス＝キリストが十字架を背負って歩き、ゴルゴダの丘で処刑された。その場所に聖墳墓教会が建つ。

ユダヤ教の聖地「嘆きの壁」
紀元前1000年ころイスラエル王国のダビデ王が建造した神殿の遺構である。

新市街地

聖墳墓教会
旧市街地
神殿の丘
アルアクサ寺院

旧市街地
アルメニア教徒地区
聖墳墓教会
キリスト教徒地区
ムスリム地区
嘆きの壁
ユダヤ教徒地区
アルアクサ
悲しみの道
神殿の丘
岩のドーム

イスラームの聖地「岩のドーム」
神殿の丘は「ハラム＝アッシャリーフ（高貴な聖域）」とよばれ，預言者ムハンマドが天使ガブリエルの案内で一夜昇天し，神と会ったとされる場所が岩のドームである。

エルサレム市街地
--- 1967年までの休戦ライン
◯ ユダヤ人入植地
■ イスラエルの分離壁
東エルサレム
旧市街地
西エルサレム

⬇嘆きの壁　エルサレムに残る破壊された古代イスラエルの神殿の遺構の壁に向かってその喪失を嘆き再建を祈るユダヤ人。

4 聖地メッカ巡礼～カーバ神殿

⬆カーバ神殿の東の隅には銀の枠にはめ込まれた「黒い石」　ムスリムにとって聖宝とされる要石である「黒い石」は何百年もの間，多くの巡礼者が触れてきたため擦り減っている。

カーバ神殿の巡礼
ムスリムの5行の一つである巡礼は，ムスリムが一生に一度，聖地メッカのカーバ神殿を訪れる宗教的行為であるが，絶対的義務ではなく財力や体力に応じて行われている。イスラム暦12月には大巡礼（ハッジ）が行われ，毎年世界中から200～300万人のムスリムがメッカを訪れ，2枚の白衣を着て身を清め，神に祈りながらカーバ神殿の周りを反時計回りに7周する。壮大な景観である。
なお，メッカはイスラームの最大の聖地で創始者ムハンマドの出生地であり，イスラーム発祥地でもある。メディナもイスラームの聖地であり，イスラム共同体が創設された都市である。メッカはムスリム以外立ち入ることを認められていない。

サウジアラビア
メディナ
◉ リヤド
◦ メッカ

5 混迷するシリア情勢 参照▶P.291

2011年の反体制デモ弾圧を発端としたシリアの内戦は，一時は反体制派や過激派組織「イスラム国」(ISIL)に追い詰められアサド政権は劣勢となった。また，クルド人による自治組織も実効支配を強め，シリア情勢は多勢力が複雑に入り乱れ混迷を深めていった。その後，アサド政権はロシアの後ろ盾で攻勢に転じ，勢力を復活させたかに見られたが，今でも反体制派をはじめ多勢力との攻防が続いている。

●シリア難民の受け入れ国

ドイツ 82万人
トルコ 374万人
レバノン 84万人
イラク 25万人
ヨルダン 67万人
エジプト 14万人

(2021年)
(UNHCR資料による)

⬆政府軍の攻撃から逃れるシリア市民・破壊された街

⬆欧州へ逃げるシリア難民　内戦を逃れ，シリアでは多くの難民が発生した。近隣諸国をはじめ地中海を渡ってヨーロッパに向かう人々も多く，難民支援問題も深刻さを増す。

6 中央アジア・カフカス諸国

中央アジア：地図中の5か国。もともとは社会主義国の旧ソ連の構成国だったが，ソ連が崩壊したのちいずれも独立した。ほとんどが乾燥地域で，民族的には**トルコ系・イラン系**が大部分。

[地図]
カザフスタン
ジョージア
黒海
カスピ海
ウズベキスタン
キルギス
アルメニア
トルクメニスタン
タジキスタン
アゼルバイジャン

カフカス：地図中の3か国。いずれもソ連の構成国だったが，ソ連崩壊後独立した。ジョージアは旧ソ連構成国から創設された緩やかな国家連合でCISに未加盟。領土をめぐる問題でアルメニアと対立したアゼルバイジャンにはアルメニアに囲まれて飛び地が存在する。アゼルバイジャンはイスラーム，アルメニアとジョージアはキリスト教の正教徒が大部分。

解説 2015年，日本の首相による中央アジア歴訪がきっかけとなり，同地域と日本との関心，関係も深まっている。ソ連崩壊後，それぞれ独立した5か国は市場経済化を進めてきたが，資源を持つ国と持たざる国との経済格差は大きい。中央アジアの貿易相手国はEU，中国，ロシアが多く，原油，石炭，天然ガス，金，ウランなどの資源やレアメタルの輸出が多い。**ウズベキスタンは綿花の産地**であり，**世界有数の綿花輸出国**である。カスピ海沿岸では各地に油田が分布する。

7 発展する都市

⬆ボスポラス海峡　トルコのイスタンブールにある**国際海峡**で黒海と地中海を結ぶ。海峡を挟んでアジア側とヨーロッパ側に分けられ，アジアとヨーロッパの中間とも位置付けられる。

⬆ドバイのパーム・ジュメイラ　アラブ首長国連邦やカタールなどペルシア湾岸の小さな産油国は，**オイルマネー**により一人当たりの国民総所得が高い国が多い。ドバイの海岸に建設されたヤシの木の形の人工島にはリゾート用の高層ホテルやマンションなどが建ち並び近未来都市的な光景を醸し出している。

🔽カフカス山脈の村　カフカス山脈は，**アルプス＝ヒマラヤ造山帯**に属し，高峻な山々が連なる。南側にはアゼルバイジャン，アルメニア，ジョージアのカフカス3国が位置し，中世から変わらぬ風景が広がる。ムスリム，正教徒などが混在し，紛争も多いが，人々は昔ながらの暮らしを続けている。長寿の地域でもある。

⬆カスピ海とバクー油田のオイルプラットフォーム　塩湖であるカスピ海は世界最大面積の湖で，日本の面積とほぼ同じ。カスピ海では，石油と天然ガスの埋蔵が確認されており，**アゼルバイジャンのバクー油田**は採掘量も多い。カスピ海とそれを取り囲む国々でカスピ海の石油と天然ガスの権利をめぐって各国間で確執が続いている。

⬆カイロ市街を流れるナイル川 アフリカ北東部を貫流し，下流でナイルデルタ（参照》P.47）を形成して地中海に流入する世界最長（6,695km）の大河。ヴィクトリア湖付近を源流とする白ナイルとエチオピア高原から流れる青ナイルがハルツームで合流しナイル川となって地中海に注ぐ外来河川。歴史家ヘロドトスは「エジプトはナイルの賜物」と称えた。

⬆サハラ砂漠を流れるニジェール川 源流はアフリカ西部のギニア高地にあり，源流からは標高が低くなるサハラ砂漠を北東に流れ，マリ東部で南東に向きを変えて，ナイジェリアでギニア湾に注ぐ外来河川。河口は広大な三角州（デルタ）が発達している。

⬆熱帯雨林を流れるコンゴ川 アフリカ大陸は安定陸塊（参照》P.41）で全体的に平坦な地形であり，コンゴ盆地を流れるコンゴ川では内陸水路交通が発達している。特にキサンガニからキンシャサにかけては800ｔ級の汽船が航行している。しかし，**アフリカは高原状の大陸であるため**，コンゴ川下流部は急流で多くの滝があり，外洋船の航行が困難で内陸と外洋を結ぶ交通は発達していない。

1 地形

	新期造山帯
	古期造山帯
	安定陸塊

⬆オアシス集落[モロッコ] アトラス山脈山ろくの地下水が局地的に湧出しオアシス（参照》P.70）が形成され，周辺ではなつめやし，小麦やトマト，豆類が集約的に栽培されている。

⬆アフリカ大地溝帯（リフトヴァレー）[ケニア] 全長6,000kmにわたる**アフリカ大地溝帯**（参照》P.40）はプレートの「広がる境界」にあたり，大陸が分裂して形成され，急な断層崖に囲まれた長大な陥没地帯である。アフリカ大陸南東部のザンベジ川から，マラウイ湖，タンガニーカ湖などの断層湖を経て，紅海，死海，ヨルダン川へと続く。

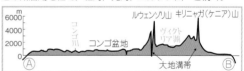

⬆南から見た雪をいだくアトラス山脈 アフリカ大陸最北のアトラス山脈は，アルプス＝ヒマラヤ造山帯の西端に位置する**アフリカ大陸唯一の新期造山帯**である。アトラス山脈を境に南部はサハラ砂漠（砂漠気候），北部は地中海性気候であり自然環境が異なる。

⬇ヴィクトリア滝 ザンビアとジンバブエ国境を流れるザンベジ川にかかる世界最大級の滝。落差は季節的な変動があるが，平均で118m，全体幅1,701m。雨季には毎秒約5,000㎥の濁流が落下。1989年には世界自然遺産に登録された。

情報ナビ 黄金大陸？ アフリカ大陸はダイヤモンドの宝庫で，キンバリー岩が約1億年前に集中的に地下深部から地表に向かって噴き上げ，地下深くでできたダイヤモンドを運んできた。アフリカ大陸と南アメリカ大陸が分裂した時期である。

2 気候 ●アフリカの気候区 •雨温図掲載都市

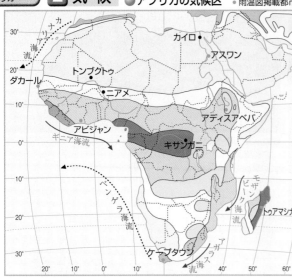

解説 アフリカ大陸の気候区は，赤道を中心にして南北ほぼ対称的な分布をなす。赤道から高緯度側に向かって，Af→Aw→BS→BW→BS→Csと変化。

①**熱帯（A）地域** 赤道直下に広がるコンゴ盆地には高温多湿な熱帯雨林気候（Af）があり，それをとり囲むようにサバナ気候（Aw）が分布。風土病やツェツェ蠅の繁殖地のため家畜飼育が困難である。マダガスカルの北東部もAfが広がる。

②**乾燥（B）地域** 南北両回帰線付近には乾燥気候が分布。北にはサハラ・リビアの砂漠，南にはカラハリ・ナミブの砂漠が広がる。ナミブ砂漠はベンゲラ海流の影響による海岸砂漠。**参照》》**P.70

③**温帯（C）地域** 南北の両端には地中海性気候（Cs）が分布。南部の東岸には温暖湿潤気候（Cfa）や一部に西岸海洋性気候（Cfb）が局地的にみられ，中部内陸部には標高が高いことが原因による温暖冬季少雨気候（Cw）が分布している。

④**高山（H）地域** アフリカ東部には高山気候があらわれ，キリマンジャロ山は万年雪を頂に残している。

Af	熱帯雨林気候
Am	弱い乾季のある熱帯雨林気候
Aw	サバナ気候
BS	ステップ気候
BW	砂漠気候
Cs	地中海性気候
Cw	温暖冬季少雨気候
Cfa	温暖湿潤気候
Cfb	西岸海洋性気候

↑キリマンジャロ山 地球温暖化で山頂の氷河は急速に縮小。

↓サヘル地方（サハラ砂漠南縁）～BS サヘルはアラビア語で「縁」「岸」を意味する。乾燥地域の周辺部で，もともと降水量が少ないため，降水量のわずかな変動でも農作物・家畜に大きな被害が出る。1960年代後半から1980年代まで続いた長期的な干ばつによって，砂漠化と食料危機の問題が生じた。

● 主な都市の雨温図

（気象庁資料などによる）

トゥアマシナ(Af)	アビジャン(Aw)	ダカール(BS)	アスワン(BW)	ケープタウン(Cs)	アディスアベバ(Cw)
年平均気温 24.3℃ 年降水量 3,058mm 標高 5m	年平均気温 27.0℃ 年降水量 1,750mm 標高 7m	年平均気温 24.6℃ 年降水量 401mm 標高 24m	年平均気温 27.1℃ 年降水量 3.6mm 標高 201m	年平均気温 17.1℃ 年降水量 493mm 標高 46m	年平均気温 17.0℃ 年降水量 1,147mm 標高 2,354m

↪マダガスカルの稲作（田植え） マダガスカルの東部地域は熱帯雨林気候で，年中インド洋から南東貿易風が吹き込んで降水量が多い。しかし，マダガスカル中央を南北に走る山脈の風下側にあたる西部地域はサバナ気候，砂漠気候やステップ気候などが分布し降水量は少ない。民族はアフリカ系やアラブ系の他に東南アジアから移住した**マレー系住民**も多く，彼らはアジアからもたらした**水田稲作**を営んでいる。

↓南アフリカ共和国の地中海式農業 アフリカ大陸は最北部と最南部に**地中海性気候**が分布する。南アフリカ共和国南端のケープタウンを中心とする地域では**地中海式農業**が営まれ，オレンジ・グレープフルーツなどの**柑橘類，ぶどう**の栽培がさかんである。

3 アフリカの風土病 **参照》》**P.67

■ 睡眠病・ナガナ病
▨ 黄熱病
▩ マラリア

1,000km

（Berger et al.）

↑ツェツェ蠅

↑ハマダラ蚊 マラリア原虫をヒトに媒介している。

解説 アフリカは，さまざまな風土病でも知られている。人間の場合には「睡眠病」，家畜の場合には「ナガナ病」とよばれる風土病は，ツェツェ蠅によって感染する。また，マラリアは，アフリカに特有の風土病ではないが，現在でも多くの地域で猛威をふるっている。さらに，2014年には，野生動物の死がいなどに接触して感染するといわれる，エボラ出血熱が流行し，西アフリカで猛威をふるった。

情報ナビ **HIV感染率** エイズ感染者数はサハラ砂漠以南のアフリカが世界全体の3分の2以上を占め，エイズによる死亡率の高さが平均寿命を低いものにしている。風土病の蔓延とともに深刻な問題であり，医療技術の向上と教育による改善が必要とされる。

1 三角貿易

砂糖・タバコ・コーヒー・綿花

火薬・日用雑貨

奴隷

解説 アフリカ系黒人の売買は，15世紀のポルトガルに始まる。17世紀以降，熱帯商品作物プランテーションの労働力として重要な取引材料となり，**大西洋三角貿易**の「商品」として組み込まれた。黒人奴隷の多くはブラジルのコーヒーや西インド諸島の砂糖プランテーションに投入され，さらに北アメリカ南部のタバコなどのプランテーションにも連行された。こうして強制連行された奴隷は4世紀の間に推計1,200万～1,500万人にも及び，人類史上最大の人口移動であった。**参照** ≫P.212

◐奴隷狩り

2 民族分布・紛争と旧宗主国 参照≫P.249

25°E(東経25°)　　　　　　　　　　　　　　　　　　　　　　　（『世界年鑑』2015などによる）

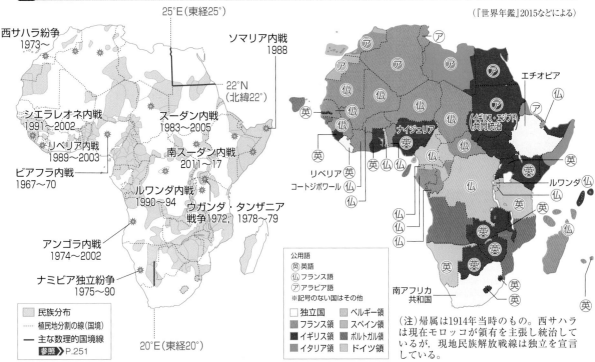

西サハラ紛争 1973～
ソマリア内戦 1988
22°N(北緯22°)
シエラレオネ内戦 1991～2002
スーダン内戦 1983～2005
エチオピア
リベリア内戦 1989～2003
南スーダン内戦 2011～17
ビアフラ内戦 1967～70
ルワンダ内戦 1990～94
ウガンダ・タンザニア戦争1972, 1978～79
ナイジェリア
ルワンダ
リベリア
コートジボワール
アンゴラ内戦 1974～2002
南アフリカ共和国
ナミビア独立紛争 1975～90

公用語
㊁英語
㊋フランス語
㋐アラビア語
※記号のない国はその他

民族分布
植民地分割の線(国境)
主な数理的国境線 参照≫P.251
20°E(東経20°)

独立国　ベルギー領
フランス領　スペイン領
イギリス領　ポルトガル領
イタリア領　ドイツ領

(注)帰属は1914年当時のもの。西サハラは現在モロッコが領有を主張し統治しているが，現地民族解放戦線は独立を宣言している。

解説 サハラ砂漠南側を境界として北部に**アラブ系**民族，南部にアフリカ系**黒人**が居住している。アラブ人は**イスラーム**を信仰し，東アフリカでは南半球まで拡大している。大半がイギリスとフランスの植民地となったため，**英語**と**フランス語**を公用語とし，南部ではキリスト教を信仰する国家が多い。しかし民族分布と関係なく国境が引かれてしまったため，民族紛争が各地にみられる。

●アフリカの概況
(注)人口は2021年，1人当たりGNI(国民総所得)は2020年。(『世界年鑑』2022などによる)

国 名	人口(万人)	1人当たりGNI(ドル)	主な民族	公用語　多数派の宗教	旧宗主国	独立年
アルジェリア	4,462	3,291	アラブ人	アラビア語　イスラーム・スンナ派	フランス	1962
リビア	696	4,399	アラブ人	アラビア語　イスラーム・スンナ派	イタリア	1951
エジプト	10,426	4,396	アラブ系	アラビア語　イスラーム・スンナ派	イギリス	1922
コートジボワール	2,705	2,251	アカン	**フランス語**　イスラーム, キリスト教	フランス	1960
ガーナ	3,173	2,158	アカン	**英語**　キリスト教	イギリス	1957
ナイジェリア	21,140	1,946	ヨルバ, ハウサ, イボ	**英語**　イスラーム, キリスト教	イギリス	1960
エチオピア	11,788	836	オロモ, アムハラ	アムハラ語　キリスト教, イスラーム	最古の独立国	不明
ケニア	5,499	1,847	キクユ, ルヒヤ	**英語**　スワヒリ語　キリスト教	イギリス	1963
コンゴ民主共和国	9,238	497	バンツー系	フランス語　キリスト教	ベルギー	1960
南アフリカ共和国	6,004	4,999	黒人, 白人, 混血	英語など11言語　キリスト教	イギリス	1910
マダガスカル	2,843	453	メリナ(マレー系)	マダガスカル語　伝統信仰, キリスト教	フランス	1960

チェック・ワード スワヒリ語 ケニア・ウガンダ・タンザニア・ブルンジなど東アフリカで使われている言語の一つ。ケニアでは英語とともに公用語となっている。東アフリカの海岸地域では，早くから季節風を利用したインド洋交易がさかんであった。現地の黒人とアラブ人やペルシア人，インド人たちとの接触の過程で形成された合成語である。

⬆**フランス語で文字を書くモロッコ人** モロッコの公用語は**アラビア語**である。しかし，かつてフランスの植民地であったモロッコでは国内どこでもフランス語が通じ，フランス語だけの放送局もある。新聞や雑誌もフランス語のものが売られ，スーパーの商品表示，街角の看板や標識は公用語のアラビア語とともにフランス語が併記されている。

⬆**タンザニアの変電所の警告板** タンザニアは第一次世界大戦以後イギリスの委任統治領（以前はドイツ領）であった影響で，公用語は英語である。また，東アフリカで話されている**スワヒリ語**はタンザニアの国語とされるほか，インド系やアラブ系の民族も居住しているため，4つの言語表記による看板が見られる。写真は変電所の危険を示す警告板であり，4つの言語で「危険」と表記されている。**東アフリカはインド北西部グジャラート州出身の移民が多い。**

3 アフリカの社会

⬆**過放牧により砂漠化が進行するサヘル地方** アフリカ大陸では急速な人口増加に伴い，主にサバナやステップ地域で**過耕作，過放牧**による砂漠化が深刻である。特に**サヘル地方**での砂漠化の進展が速い。

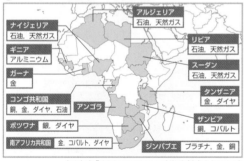

⬇**マラケシュの市場** モロッコの観光都市マラケシュの旧市街地は，イスラム教徒によって作られ，**城壁に囲まれた迷路型街路の街**である。年中賑わっている市場は外国人観光客も多く訪れる。ユネスコの**無形文化遺産**に登録されている。

⬇**タンザン鉄道** コンゴ民主共和国南部からザンビア北部にかけての**銅地帯（カッパーベルト）**から銅を輸送するために，東部のタンザニアの港湾都市ダルエスサラーム（首都）まで鉄道が敷設された（1976年）。鉄道の建設はアフリカへの経済進出を考えている**中国**の利益とも一致し，中国，ザンビア，タンザニア間での合意に基づいており，建設には中国の無利子の資金援助と多くの中国人労働者が派遣されている。

●アフリカに進出する中国企業

アルジェリア	石油，天然ガス
ナイジェリア	石油，天然ガス
リビア	石油，天然ガス
ギニア	アルミニウム
スーダン	石油，天然ガス
ガーナ	金
タンザニア	金，ダイヤ
コンゴ共和国	銅，金，ダイヤ，石油
アンゴラ	
ザンビア	銅，コバルト
ボツワナ	銀，ダイヤ
南アフリカ共和国	金，コバルト，ダイヤ
ジンバブエ	プラチナ，金，銅

（川島真『中国のフロンティア』岩波新書などによる）

解説 近年，**アフリカ大陸に進出する中国企業**が増加しており，アフリカのいたるところで中国語や漢字表記の看板を見ることができる。中国人はアフリカ大陸各地に進出して開発やインフラ整備に従事しており，橋づくりや道路整備などを行っている。貧しい国が多く，インフラ整備などに資金的にも技術的にも困難を伴うアフリカ諸国にとって，開発を他の国に委託しなければならない現状がある中，欧米企業に委託するよりは中国企業に委託した方が資金的に安いというメリットがある。中国にとってもアフリカから地下資源，木材，食料などを得て自国の膨大な人口の生活を賄おうとしている。また，14億人を超える中国の人口のうち，特に農村部で暮らす人々は貧しく職がない場合も多く，そのような人たちをアフリカに送り出すことで彼らの生活を保障できるというメリットもある。中国政府にとってアフリカ進出は，雇用創出と人口増加圧力を減少するための良い機会にもなっている。ただし，アフリカ諸国では中国の進出に対してインフラ整備に寄与しているという肯定的な見解もあれば，環境に配慮しないで自然資源を開発するという否定的な見解もある。

●アフリカ大陸に眠る資源（■）と日系企業のビジネス事例（◉）

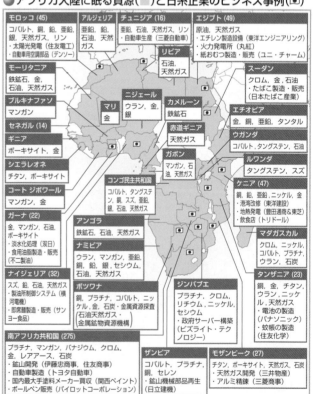

モロッコ (45)	コバルト，銅，鉛，亜鉛，銀，天然ガス，リン・太陽光発電（住友電工）・自動車用空調部品（デンソー）
アルジェリア	亜鉛，鉛，石油，天然ガス
チュニジア (16)	亜鉛，石油，天然ガス，リン・自動車生産（三菱自動車）
エジプト (49)	原油，天然ガス・エチレン製造設備（東洋エンジニアリング）・火力発電所（丸紅）・紙おむつ製造・販売（ユニ・チャーム）
リビア	石油，天然ガス
モーリタニア	鉄鉱石，金，石油，天然ガス
ブルキナファソ	マンガン
マリ	金
ニジェール	ウラン，金，銀
スーダン	クロム，金，石油・たばこ製造・販売（日本たばこ産業）
セネガル (14)	
ギニア	ボーキサイト，金
カメルーン	鉄鉱石
エチオピア	金，銅，亜鉛，タンタル
シエラレオネ	チタン，ボーキサイト
赤道ギニア	天然ガス
ウガンダ	コバルト，タングステン，石油
コートジボワール	マンガン，金
ガボン	マンガン，石油，天然ガス
ルワンダ	タングステン，スズ
コンゴ民主共和国	コバルト，タングステン，金，スズ，亜鉛，銀，石油，天然ガス
ケニア (47)	銅，鉛，希土類，ニッケル，金・港湾改修（東洋建設）・地熱発電（豊田通商＆東芝）・飲食店（トリドール）
ガーナ (22)	マンガン，金，石油，ボーキサイト・淡水化処理（双日）・石油油圧製造・販売（不二製油）
アンゴラ	鉄鉱石，石油，天然ガス
マダガスカル	クロム，ニッケル，コバルト，プラチナ，ウラン，石炭
ナミビア	ウラン，マンガン，亜鉛，銅，鉛，銀，セシウム，石油，天然ガス
タンザニア (23)	銅，金，チタン，ウラン，ニッケル，天然ガス・電機の製造（パナソニック）・蚊帳の製造（住友化学）
ナイジェリア (32)	スズ，鉛，石油，天然ガス・製油所制御システム（横河電機）・即席麺製造・販売（サンヨー食品）
ボツワナ	銅，プラチナ，コバルト，ニッケル，金，石炭・金属資源探査（石油天然ガス・金属鉱物資源機構）
ジンバブエ	プラチナ，クロム，リチウム，ニッケル，セシウム・政府サーバ構築（ビズライト・テクノロジー）
南アフリカ共和国 (275)	プラチナ，マンガン，バナジウム，クロム，金，レアアース，石炭・鉱山開発（伊藤忠商事，住友商事）・自動車製造（トヨタ自動車）・国内最大手塗料メーカー買収（関西ペイント）・ボールペン販売（パイロットコーポレーション）
ザンビア	コバルト，プラチナ，銅，セレン・鉱山機械部品再生（日立建機）
モザンビーク (27)	チタン，ボーキサイト，天然ガス，石炭・天然ガス開発（三井物産）・アルミ精錬（三菱商事）

※国名の後ろの（ ）は，アフリカに進出している日本企業の拠点数（2015年）

『朝日新聞』2016.8.26による

4 多民族国家ナイジェリア

●ナイジェリアの民族分布　（　）内は民族の人口割合

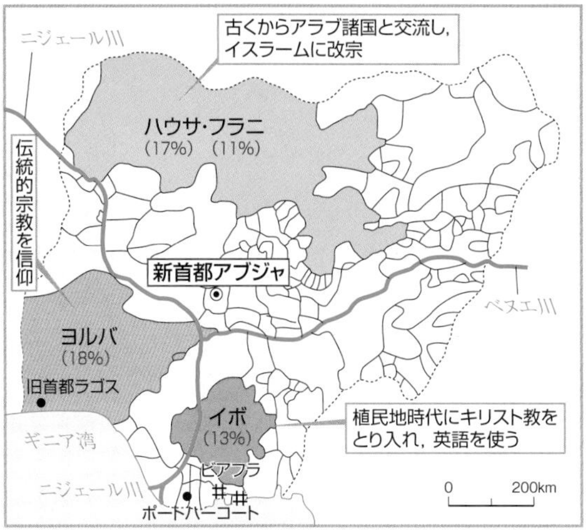
古くからアラブ諸国と交流し，イスラームに改宗
ニジェール川
ハウサ・フラニ
(17%)　(11%)
伝統的宗教を信仰
新首都アブジャ
ベヌエ川
ヨルバ
(18%)
旧首都ラゴス
ギニア湾
イボ
(13%)
植民地時代にキリスト教をとり入れ，英語を使う
ビアフラ
ニジェール川
ポートハーコート
0　200km

解説 大部分がネグロイド系のアフリカ人だが，それぞれ独自の言語をもつ250以上の民族に分かれている。民族間の人口規模には大きな違いがあり，**ハウサ，フラニ，ヨルバ，イボ**が全人口の約60%を占める。首都アブジャは日本の建築家丹下健三のプランにもとづいて着工された。

ビアフラ内戦　1966年，民族間の対立が激化するなかで，北部州に居住していたイボ族の人々がおおぜい殺害された。そのため，100万人以上のイボ族が，**東部州のイボ・ランド（イボ族の古語でビアフラとよぶ）**に帰郷した。ビアフラは，「**石油の宝庫**」であり，1960年代後半に開発が本格化，その石油の利益をめぐる南北の対立も激しさを増していた。イボ族の指導者は1967年，ついに連邦国家からの分離独立を決意し，**ビアフラ共和国の建国**を一方的に宣言した。それには，ハウサ・フラニ族やヨルバ族が猛烈に反発し，連邦軍を強化してビアフラ共和国軍と戦闘状態に入った。ビアフラ戦争は，100万人以上の餓死者を出す内戦となり，1970年，**ビアフラ共和国側の全面降伏**で終わった。

（岩渕孝『地球を旅する地理の本③』大月書店による）

5 ルワンダ内戦～大量の難民

2つの民族　東アフリカの小国ルワンダの民族構成は**フツ族**が85%と圧倒的多数を占め，少数派の**ツチ族**は14%にすぎない。15世紀に**農耕民のフツ族**の土地に北方から**牧畜民のツチ族**が移住，フツ族を支配するようになったといわれる。

内戦の勃発　独立前の1959年以降ツチ族とフツ族の対立抗争が激しくなり，**大量の難民**がウガンダや，ツチ族支配の続くブルンジなど周辺諸国へ流出した。これらツチ族難民を主体にウガンダで結成された反政府組織「**ルワンダ愛国戦線**」（**RPF**）は，1990年ルワンダ北部に侵攻し，その後内戦は停戦と再発を繰り返したが，93年国連とアフリカ統一機構（OAU）の調停で和平協定が締結された。

しかし，94年のハビャリマナ大統領の搭乗機墜落死事件をきっかけに，フツ族過激派による**ツチ族大量虐殺**が発生。それに対しRPFが大攻撃を開始し，全土を制圧した。虐殺と反攻による死者は100万人といわれる。

（内藤正典ほか『地球人の地理講座６うちとそと』大月書店などによる）

6 「アラブの春」とは?

●反政府デモが発生した主な国　（2013年8月現在）

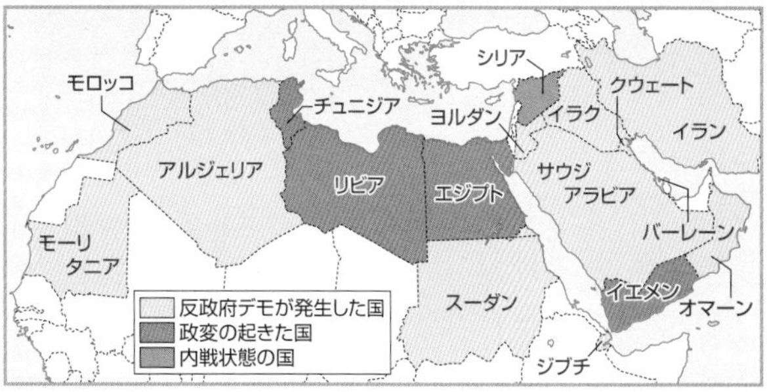
モロッコ
チュニジア
シリア
ヨルダン
イラク
クウェート
イラン
アルジェリア
リビア
エジプト
サウジアラビア
バーレーン
モーリタニア
反政府デモが発生した国
政変の起きた国
内戦状態の国
スーダン
イエメン
オマーン
ジブチ

●デモが発生した国の状況　（2012年）

	当時の元首 在位年数（期間）	物価上昇率(%)	失業率(%)	腐敗認識指数
チュニジア	ベン・アリ大統領 23年（1987～2011年）	5.6	18.9	75位
エジプト	ムバラク大統領 29年（1981～2011年）	8.6	12.3	118
リビア	カダフィ大佐 41年（1969～2011年）	6.1	約30 (09年)	160
シリア	アサド大統領 10年（2000年～）	2.9 (09年)	8.5 (09年)	144

（注）腐敗認識指数とは，公務員と政治家がどの程度腐敗していると認識されるか，その度合を国際比較し国別に順位付け（178か国を対象）したもの。

（IMF資料などによる）

解説 **「アラブの春」のその後**　2010年末，チュニジアで民主化運動が起こり，反政府運動により独裁政権は崩壊。**この民主化運動はチュニジアにとどまらず，エジプトなど他のアラブ諸国へも広がり，各国で長期独裁政権に対する国民の不満と結びつき，数々の政変や政治改革を引き起こした。**もともと失業率やインフレ率が高く経済の改革・開放が緩慢だった影響もあり，「アラブの春」によって独裁者が失脚した諸国は今では「アラブの春」の熱気はみられず，**政治的混乱**に加え，**経済成長率の低下，失業率の上昇，平均インフレ率の上昇**など経済的困難が続いている。

↻反政府の抗議デモ［2020年・リビア］

7 熱帯アフリカの食文化 参照》P.117・242

↻**ウガリの調理**　アフリカ東部～南部地域の主食として定番の伝統食。**トウモロコシ**からとる粉やキャッサバの粉を湯で練ってつくる。アフリカの食文化の特色として，**イモ類（キャッサバ，タロイモ，ヤムイモなど）が穀類の消費を上回っていること**が挙げられる。アフリカ西部にはフウフウと呼ばれる同様の食物がある。

ヨーロッパの自然環境

関連
農林水産業: p.118〜120
鉱 工 業: p.172〜175
主な国の基本データ: p.346〜353

モンブラン山
(4,808m)

U字谷

⬆ライン川 アルプス山脈に源を発し北海に注ぐ全長1,233kmの**国際河川**。大型船はスイスのバーゼルまで航行でき，物資移動などヨーロッパの大動脈である。上部ラインは**地溝帯**となっている。沿岸は風光にすぐれローレライなどの伝説でも知られる。

⬆アルプス山脈 東西延長1,200kmに及ぶヨーロッパ最大の**新期造山帯**の山脈。最高峰はモンブラン山。近年は氷河の後退が問題となっている。

1 地形

⬇リアス海岸 スペイン北西部の海岸にみられる地形が，**リアス海岸の語源**となっている。**沈水海岸**の代表的な地形である。**参照▶**P.50

⬆カルスト地形 スロベニアのカルスト地方には鍾乳洞などの石灰岩地形が発達し，世界自然遺産となっている。この地方が**カルスト地形の語源**である。

新期造山帯
古期造山帯
安定陸塊
(注)アイスランド島は分類不能。

⬆オランダの風車とポルダー オランダの歴史は海との戦いであったといわれる。排水の動力として使われた風車は現在はほとんど使われなくなった。**干拓地（ポルダー）**は酪農や花き地帯となっている。風車はかつては粉ひき用にも使われ，19世紀に約9,000基ほどあったが，現在は900基ほど。キンデルダイク郊外の風車は世界文化遺産となっている。**参照▶**P.107

⬆ケスタ地形とその利用 パリ盆地の中心パリから，その周辺に向かって上向きにおだやかに傾斜した地形が**ケスタ**（**参照▶**P.45）。主に急斜面はぶどう，緩斜面は小麦を中心とした混合農業地域。

2 気候 ●ヨーロッパの気候区

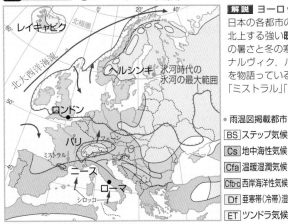

- ● 雨温図掲載都市
- BS ステップ気候
- Cs 地中海性気候
- Cfa 温暖湿潤気候
- Cfb·c 西岸海洋性気候
- Df 亜寒帯(冷帯)湿潤気候
- ET ツンドラ気候

解説 **ヨーロッパの気候の特徴** 緯度は日本より北に位置するにもかかわらず，日本の各都市の平均気温と大差はなく，緯度の割に温暖である。これは大西洋を北上する強い**暖流**の北大西洋海流とその上をたえず吹く**偏西風**によるもので，夏の暑さと冬の寒さを和らげる。スカンディナヴィア半島の北端は北極圏に入るが，ナルヴィク，ハンメルフェスト(**参照**》P.75)は**不凍港**となっており，その暖かさを物語っている。また，局地風(地方風)(**参照**》P.62)として「フェーン」「シロッコ」「ミストラル」「ボラ」などが知られている。降水量は日本より少ない。

ヨーロッパの気候は次の4つの地域に大別できる。
Cs：地中海沿岸に分布し，夏は高温で乾燥し，冬は温暖で降雨が多い。
Cfb：偏西風と暖流の影響が大きい。夏は涼しく，冬は緯度の割に温暖で気温・降水量の年較差は小さい。
Df：北東部に分布し，冬は長く，寒さもきびしい。気温の年較差は大きい。
ET：アイスランド島，スカンディナヴィア半島の北部にみられる。

●主な都市の雨温図

(気象庁資料などによる)

ニース(Cs) パリ(Cfb) レイキャビク(Cfc) ヘルシンキ(Df)

	年平均気温	年降水量	標高
ニース	16.0℃	784 mm	4 m
パリ	12.0℃	623 mm	89 m
レイキャビク	5.2℃	879 mm	54 m
ヘルシンキ	5.9℃	673 mm	51 m

⬆**エーゲ海ミコノス島** ギリシャからトルコにかけての地域は，**地中海性気候のため乾燥が激しく，白く厚い壁に小さい窓のある独特な家並み**が広がる景観がみられる。写真上部にみえる風車は，かつては小麦を挽くために使われていた。

3 ミッドナイトサン

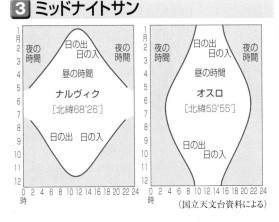

ナルヴィク
[北緯68°26′]

オスロ
[北緯59°55′]

(国立天文台資料による)

解説 **ミッドナイトサン** 北極圏では，夏には一日中太陽が沈まない「ミッドナイトサン(真夜中の太陽)」がみられる(南極圏も同様)。国立天文台のホームページには，任意の地点の日の出・日の入時刻等を算出するコーナーがあり，それによると，ナルヴィクでは5月下旬から約2か月間このような状態が続く。

極夜と白夜 一方，冬にはまったく太陽が昇らない「**極夜**」となり，ナルヴィクでは12月上旬から約1か月間である。「**白夜**」は，一般的に，一日中暗くならない状態として用いられているが，国立天文台によると明確な定義はないという。薄明について，日本では，夜明け・日暮を地平線下の太陽高度が−7°21′40″になる時刻としているが，世界的には，市民薄明(太陽の出没〜−6°)，航海薄明(−6°〜−12°)，天文薄明(−12°〜−18°)という形で定義している場合が多い。

⬤**沈まぬ太陽** ノルウェーの北極圏(北緯66度34分)より高緯度の地域では，5月下旬から約2か月間，日没後も完全に暗くならない日が続く。

情報ナビ **ヨーロッパとは** ウラル山脈を境にカスピ海，黒海，ボスポラス海峡を南下する線が境界線といわれてきた。第二次世界大戦後は東方の諸国が東ヨーロッパとして区分されたが，近年のEUの拡大のなかで改めてヨーロッパのとらえ方が課題となっている。

1 ヨーロッパの民族と言語 参照 》P.245

解説 地中海地域 古代にギリシャ・ローマ文明が繁栄し，この地域はもっぱら**ラテン系**で，かつローマ＝カトリックの信者が圧倒的に多い。

西ヨーロッパ地域 アルプス以北で，スカンディナヴィア半島やイギリスを含む。この地域は，フランスに含まれているケルト系及びラテン系諸族を除けば，**ゲルマン系**が圧倒的で，宗教もどちらかといえばプロテスタント（新教）の色彩が強い。

東ヨーロッパ地域 東ヨーロッパ平原を中心とする地域では，民族的にも宗教的にも複雑であるが，基調としては**スラブ系**であり，宗教も東方正教が強い。

チェックワード 民族島 他の民族分布地域の中に，離島のように存在する少数の民族の分布地域。ヨーロッパにおける**ハンガリーのマジャール人**，フィンランドに住む**フィン人**，ルーマニアのルーマニア人はその例である。

凡例：
- ゲルマン系
- ラテン系
- 西スラブ系
- 東スラブ系
- 南スラブ系
- ケルト系
- ウラル系
- トルコ系
- その他

●民族分布と使用言語

（『Pergamon World Atlas』などによる）

⬆**ラテン系民族** ラテン系の代表的な国家であるスペインの，フラメンコ衣装を着たコルドバの女性

⬆**ゲルマン系民族** ゲルマン系の代表的な国家であるイギリスの，ヴィクトリア調衣装を着た少女

⬆**スラブ系民族** スラブ系の代表的な国家であるウクライナの，民族衣装を着た女性

⬆**バスク語の標識** スペインとフランスの国境をまたぎ**バスク人**の居住地域がある。独自の文化をもっているため，分離独立運動が展開されている。

⬇**陽気にフォークダンスを踊るルーマニア人** ルーマニアは東欧（東ヨーロッパ）におけるラテン民族国家。国名は「ローマ人たちの土地」を意味し，古代ローマ帝国の一部として創設された歴史がある。ルーマニア語はローマ時代のラテン語とあまり変わらない。

2 ヨーロッパの宗教

◉宗教分布

東方キリスト教と
西方キリスト教の境界

アイスランド

フィンランド
スウェーデン
ノルウェー
ロシア
エストニア
ラトビア
リトアニア
ベラルーシ
アイルランド
イギリス
デンマーク
オランダ
ドイツ
ポーランド
ベルギー
ウクライナ
チェコ
フランス
スイス
オーストリア
ハンガリー
ルーマニア
クロアチア
セルビア
ポルトガル
スペイン
イタリア
ブルガリア
トルコ
ギリシャ
キプロス

かつての
ユダヤ人
居住地域

プロテスタント	
カトリック	
東方正教	
イスラーム	

(T.G.ジョーダンによる)

◉主な国家(地域)の民族・宗教分布の特色

		ヨーロッパ系				非ヨーロッパ
		ゲルマン系	ラテン系	スラブ系	その他	
キリスト教	プロテスタント	イギリス ノルウェー スウェーデン オランダ			ラトビア	フィンランド エストニア
		ドイツ　スイス				
	カトリック	ベルギー	フランス イタリア スペイン ポルトガル	ポーランド チェコ クロアチア	リトアニア アイルランド バスク	ハンガリー
		オーストリア				
	東方正教会		ルーマニア モルドバ	ロシア セルビア ブルガリア	ギリシャ	
					キプロス	
	イスラーム			ボスニア	アルバニア コソヴォ	トルコ

解説 キリスト教の内訳をみると，ゲルマン系民族はプロテスタントが多く，ラテン系民族はカトリックが多く，スラブ系民族は東方正教会が多い。信者の多い国の国旗には十字のデザインを採用している国が少なくない。**スイス・ベルギー・キプロスは多民族かつ多宗教の国家である。民族や宗教が複雑に入り組んだ国家では紛争が発生することが少なくない。**

◉キリスト教(カトリック) カトリックとは，一般的にローマカトリック教会を指し，ペテロを創設者としてその後継者である教皇(法王)が，教会を指導する(写真はフランス・パリのノートルダム寺院)。
プロテスタントとは，ルターやカルヴァンの宗教改革の流れをくむキリスト教の総称で，カトリックを旧教とよぶのに対し，**新教**ともよばれる。

キリスト教〜ヨーロッパ文化の共通基盤

8世紀から15世紀末までの長い期間にわたって十字軍を派遣し，国をこえて一体となってムスリム(イスラム教徒)を追い出そうとしたレコンキスタ(再征服)運動によるものであったとされている。

キリスト教は16世紀ころまではヨーロッパに限られていた。世界宗教となるのはそれ以降の時代であり，通商・交易が世界に拡大するなかでキリスト教も普及していった。1492年にコロンブスがスペイン国王から大西洋への渡航助成を受けるさいに出された条件は，キリスト教を広め，金・貴金属を持ち帰ることであった。

さまざまな宗教と異端審判(いたんしんぱん) ヨーロッパには少数ながらユダヤ教徒，ムスリムも各地に住み，大都市には彼らの礼拝所やモスクもみられる。こうした少数宗派はヨーロッパの歴史のなかでさまざまな弾圧と迫害を受けてきた。特にキリスト教社会がつくられる中世から近世にかけては，宗教裁判や異端審判所が設置され，異教徒は改宗を強制されたり国外に追放されたりした。コロンブスが地球球体説にもとづいて大西洋を横断しようとした時に，異端審判にかけられそうになったことにも，当時の宗教をめぐる事情が現れていた。

信教の自由の保障 現代では宗教が強制されることなく，大半の国では憲法によって信教の自由が保障されている。しかし，社会が大きく動揺したり，国内の矛盾が激化すると，旧ユーゴスラビアにおけるように民族対立が重ねあわさり，宗教対立が一気に表面化することも少なくない。

(長岡顕『地球を旅する地理の本④』大月書店などによる)

◉キリスト教(東方正教会)[ウクライナ] 聖像崇拝をめぐりローマカトリックと対立。スラブ民族を基盤とし，1453年の東ローマ帝国滅亡後はロシア正教・ギリシャ正教・セルビア正教などの各国名・地方名が用いられている。

3 「シエスタ」のある暮らし〜スペインの生活 参照》P.73

●生活サイクルの比較（国によって生活時間帯が異なっている）

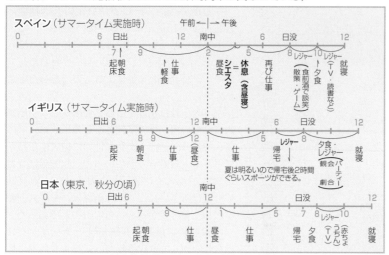

（松永登喜子「スペインにおける生活時間感覚」地理1988.5月号　古今書院）

朝食　簡単な朝食は午前7時から8時ころだが，11時ころに間食時間帯となり，スタンド喫茶店（バル）でトルティージャというスペイン式卵焼きなどを食べながらビールやコーヒーを飲む。

昼食　午後2時前後から始まる昼食時には家族は学校や勤務先から一時帰宅する。ワインやビールを飲みながら，2時間くらいかけて懇談しながら食事し，**シエスタ**という食後の休憩をとる。レストランをのぞく商店もこの時間帯には一時閉店となり，街頭ではタクシーもみかけられず，街を歩くのは外国人観光客程度となる。人々は午後4時か5時ころから再び勤務をはじめる。

夕食　午後8時ころまで勤務した人々は，帰宅途中にバルに寄り，ワインやビールで口をうるおしてから帰宅し，夏にはようやく暗やみが増す10時前後にサンドイッチ程度の簡単な夕食をすます。週末には子どもが留守番をして夫婦だけでレストランで食事し，ディスコで踊ることもめずらしくない。こうしたことから外国人には「スペイン人はいつも飲んで，踊っている」ように映るらしい。

（長岡顕『地球を旅する地理の本④』大月書店による）

4 休暇こそわが命〜ドイツ

　あなたは何のために生きているのかと尋ねられると，われわれはたちまち返答に窮するわけですが，せいぜい「家族のためとか，老後のため」という程度です。とりわけ日本のサラリーマンは「会社人間」といわれ，人生のなかで仕事の占める比率が圧倒的に高いといえます。

　ドイツ人に同じ質問をすると，「自分の人生を楽しむために生きている」というような返事が返ってきます。ドイツ人は家族を共にした休暇を楽しみにし，とりわけ大切にします。

　ドイツでは**連邦休暇法**（1963年制定）によって，休暇は年間に少なくとも24日（平日）以上取ることを保障していますので，人々は休日をも含めると6週間程度の休暇を取ることができます。夏のバカンスは1か月というケースはごく当たり前です。被雇用者全員が有給休暇を完全に消化すべく，それぞれの職場では，「休暇計画表」を早々と作成し，人員配置やローテーションが組まれます。人々は休暇をこころ待ちにしているのです。

（浜本隆志『現代ドイツを知るための55章』明石書店）

5 飼育の多様性〜北のトナカイと南の羊

⤷**トナカイの遊牧をするサーミ**　ノルウェー北部に生活し，トナカイの遊牧によって生計を立てているが，近年は定住化が進んでいる。
参照》P.241

⤴**スペイン人のシエスタ**

⤴**マドリードに羊の群れ[スペイン]**　羊飼いに追われ首都に集まった羊の群れ。牧草地を求め大移動したかつての道の保存を訴えている。

1 進むヨーロッパの統合とイギリスの離脱

⬆EU離脱を報道する
新聞記事[イギリス]

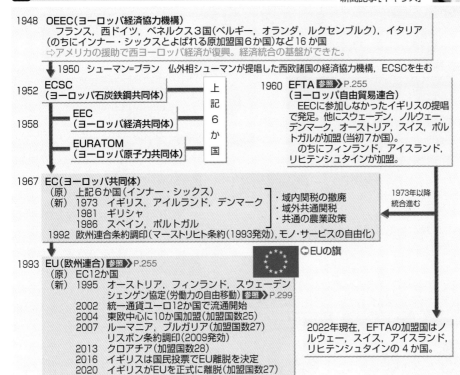

1948 **OEEC（ヨーロッパ経済協力機構）**
　フランス，西ドイツ，ベネルクス3国（ベルギー，オランダ，ルクセンブルク），イタリア
（のちにインナー・シックスとよばれる原加盟国6か国）など16か国
　⇒アメリカの援助で西ヨーロッパ経済が復興。経済統合の基盤ができた。

↓ 1950 **シューマン=プラン** 仏外相シューマンが提唱した西欧諸国の経済協力機構，ECSCを生む

1952 **ECSC**
（ヨーロッパ石炭鉄鋼共同体）

```
上
記
6
か
国
```

1958 **EEC**
（ヨーロッパ経済共同体）

EURATOM
（ヨーロッパ原子力共同体）

1960 **EFTA** 参照⟫P.255
（ヨーロッパ自由貿易連合）
　EECに参加しなかったイギリスの提唱
で発足。他にスウェーデン，ノルウェー，
デンマーク，オーストリア，スイス，ポル
トガルが加盟（当初7か国）。
　のちにフィンランド，アイスランド，
リヒテンシュタインが加盟。

1967 **EC（ヨーロッパ共同体）**
（原）上記6か国（インナー・シックス）
（新）1973　イギリス，アイルランド，デンマーク
　　　1981　ギリシャ
　　　1986　スペイン，ポルトガル
　　　1992　欧州連合条約調印（マーストリヒト条約（1993発効），モノ・サービスの自由化）

・域内関税の撤廃
・域外共通関税
・共通の農業政策

1973年以降
統合進む

1993 **EU（欧州連合）** 参照⟫P.255
（原）EC12か国
（新）1995　オーストリア，フィンランド，スウェーデン
　　　　　　シェンゲン協定（労働力の自由移動）参照⟫P.299
　　　2002　統一通貨ユーロ12か国で流通開始
　　　2004　東欧中心に10か国加盟（加盟国数25）
　　　2007　ルーマニア，ブルガリア（加盟国数27）
　　　　　　リスボン条約調印（2009発効）
　　　2013　クロアチア（加盟国数28）
　　　2016　イギリスは国民投票でEU離脱を決定
　　　2020　イギリスがEUを正式に離脱（加盟国数27）

⬆EUの旗

2022年現在，EFTAの加盟国はノ
ルウェー，スイス，アイスランド，
リヒテンシュタインの4か国。

解説 ECとEFTA ヨーロッパ統合は，ドイツ・フランスの「戦争の反省」から始まった。両国の協力により，平和を維持するため3つの機関が統合し，**EC**が誕生した。一方イギリスは，中立国とECとは別に**EFTA**を組織した。その後加盟国はイギリスを含め北欧，南欧へ拡大していった。

加盟国の増加 1991年のソ連崩壊後，旧共産圏の**東欧諸国がEUに加盟**を果たし，2007年には加盟27か国の巨大な市場が誕生した。並行して加盟国統合の深化が実施され，共通の農業政策や域外関税，また資本や労働力の移動，通貨統合が実施された。現在，**バルカン諸国**が次々にEU加盟申請を行い，クロアチアが2013年に加盟。アルバニア，北マケドニア，モンテネグロ，セルビア，トルコの5か国が加盟候補国。2022年6月，ウクライナとモルドバも加盟候補国に。

⬆**EU本部ビル　市場統合**を目的に発展してきたEUは，欧州連合条約に従い共通外交・安全保障・警察司法協力などの協力をめざしている。国家主権の一部を委譲し，域外に対し統一的な通商政策を実施する，世界最大の単一市場を形成している。本部はベルギーの首都**ブリュッセル**におかれている。

EUの主な組織

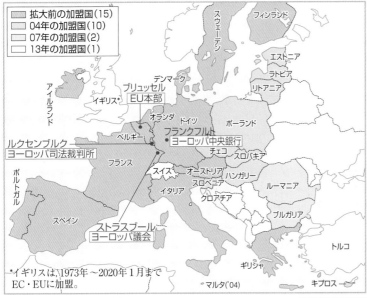

凡例：
- 拡大前の加盟国（15）
- 04年の加盟国（10）
- 07年の加盟国（2）
- 13年の加盟国（1）

ブリュッセル　EU本部
ルクセンブルク　ヨーロッパ司法裁判所
フランクフルト　ヨーロッパ中央銀行
ストラスブール　ヨーロッパ議会

*イギリスは，1973年～2020年1月まで
EC・EUに加盟。

拡大EUとアメリカ，日本，ASEANの比較

人口（億人）（2021年）
- EU 4.45
- アメリカ 3.33
- 日本 1.26
- ASEAN 6.74

GDP（兆ドル）（2020年）
- EU 15.19
- アメリカ 20.94
- 日本 5.06
- ASEAN 3.00

輸出額（兆ドル）（2020年）
- EU 5.42
- アメリカ 1.43
- 日本 0.64
- ASEAN 1.37

（注）GDPは国内総生産。EUはイギリスを除く27か国。
『世界国勢図会』2021/22などによる

名称	場所	内容
EU本部	ブリュッセル（ベルギー）	ヨーロッパ委員会法案作成，条約遵守状況の監視，EU政策と国際貿易管理執行EU理事会，加盟国首脳の定期的な会合（法制定，政策目標の設定，政策調整，紛争解決）
議会	ストラスブール（フランス）	加盟国市民の直接選挙によって選出される唯一の機関
司法裁判所	ルクセンブルク（ルクセンブルク）	加盟国間の最高裁の上位に位置づけられる機関
中央銀行	フランクフルト（ドイツ）	ユーロ導入後，物価安定のためのマネーサプライ政策を主要な任務とする

地誌

ヨーロッパ

2 単一通貨「ユーロ」の導入国と主な硬貨のデザイン

⬢ユーロのシンボル

● 硬貨裏面にデザインされたお国自慢 (2022年7月現在)

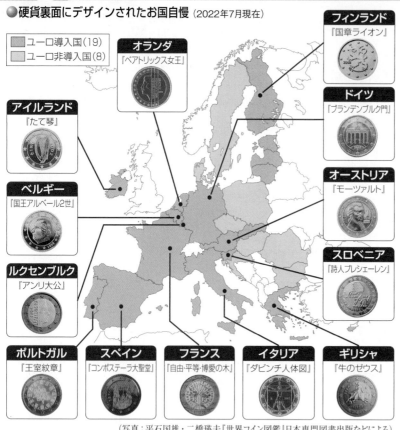

■ ユーロ導入国(19)
■ ユーロ非導入国(8)

オランダ
『ベアトリックス女王』

フィンランド
『国章ライオン』

アイルランド
『たて琴』

ドイツ
『ブランデンブルク門』

ベルギー
『国王アルベール2世』

オーストリア
『モーツァルト』

ルクセンブルク
『アンリ大公』

スロベニア
『詩人プレシェーレン』

ポルトガル
『王室紋章』

スペイン
『コンポステーラ大聖堂』

フランス
『自由・平等・博愛の木』

イタリア
『ダビンチ人体図』

ギリシャ
『牛のゼウス』

(写真：平石国雄・二橋瑛夫『世界コイン図鑑』日本専門図書出版などによる)

(注) 地図に硬貨を示した13か国のほか, マルタ, キプロスは2008年1月に, スロバキアは09年1月に, エストニアは11年1月に, ラトビアは14年1月に, リトアニアは15年1月にユーロ導入。また, クロアチアが23年1月から導入予定。

解説 ユーロ通貨 ユーロ硬貨は, 1, 2, 5, 10, 20, 50ユーロセント, 1, 2ユーロの8種類があり, 片面が共通のデザインで, 欧州の旗, EUの地図が描かれている。もう片面は各国独自のデザインで, 国によって硬貨のデザインが異なる。2015年1月にユーロ導入国は19か国3億3,000万人を超え, 非導入国はEU加盟国27か国中8か国になった。

ユーロ紙幣は, 5, 10, 20, 50, 100, 200, 500ユーロの7種類があり, 大きさや色が異なる。表側は欧州の歴史的建築遺産を表す架空の建造物, 裏側は建築史上のある時代を象徴する橋をデザインしていることが共通する。建物は窓と門を大きく描いて開放性と協力の精神を, 橋は欧州の市民同士, また欧州と他の地域とのコミュニケーションを象徴している。

ユーロ危機 ギリシャが2009年秋, 財政赤字が従来の見積りよりひどいことを認めたのをきっかけに, スペインやポルトガルも含めた南欧諸国の財政問題に注目が集まった。EUの支援が後手に回ったこともあって, ユーロの信用が低下し, ユーロ相場の下落を招いた。

3 ヨーロッパの空間構造とその変化

2つの中心部 EUの産業の骨格をなすのは南イングランドから, ベネルクス, 北ドイツ, 南ドイツ, スイスを経て, 北イタリアに至る巨大な帯状地帯である。この帯状地帯には西欧の代表的な大都市が含まれ, 経済, 金融, 科学技術, 交通・通信手段が集中している。これは従来から存在する中心部であり, **ヨーロッパの根幹をなす帯状地帯**という意味で「青いバナナ(ブルーバナナ)」(参照 P.174)とよばれる(**中心部Ⅰ**)。

EU統合の過程で, 新たに第2の中心部が形成されつつある。「**南欧諸国のなかの北部**」であり, スペイン北東部から南フランスを経て, イタリア北・中部に至るもう一つの帯状地帯である(**中心部Ⅱ**)。

バルセロナは1992年のオリンピック開催を機に, 経済面でも活況を呈している。また南フランスの**トゥールーズ**にはエアバスの組立工場をはじめとしてEU規模の先端産業が立地し, **グルノーブル**やニースにはテクノポリスが建設され, 研究や科学技術が集積されつつある。ロンバルディアに代表される「**第3のイタリア(サードイタリー)**」(参照 P.175)は, 70年代以降, 経済的飛躍を経験しており, 日本でも先進国イタリアのイメージがすっかり定着した。

中核地域の南への移行 上記の2つの中心部をみて気づくのは, **新しい中核的拠点が南へと移行している**という点である。ローヌ＝アルプからコートダジュール, そしてトゥールーズ周辺は, 一転して先端産業とテクノポリスの地へとその姿を変えつつある。

周辺部の二極分化 第1の周辺部はポルトガル, スペイン南・西部, イタリア南部, シチリア・サルデーニャ・コルスの島々, ギリシャといった南欧諸国のなかの「南」の地域であり, さらにはアイルランドである(**周辺部Ⅰ**)。

第2の周辺部は, 大西洋岸地域である。ここには上述したアイルランド, ポルトガルに加えて, イギリス北・西部, フランス西部, スペイン北・西部が含まれる(**周辺部Ⅱ**)。

● ヨーロッパの中心と周辺

■ 中心部Ⅰ
■ 中心部Ⅱ
　(新しい中心部)
■ 周辺部Ⅰ
□ 周辺部Ⅱ

(注) ブルー(青)は, EUの旗の色で, 伝統的にヨーロッパを示す色。

(梶田孝道『新しい民族問題』中公新書による)

4 EUの地域格差

1人当たりGNI（国民総所得）

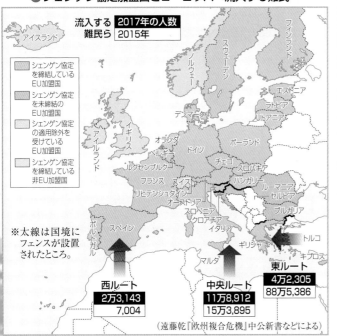

凡例（2020年）
- 40,000ドル以上
- 30,000～40,000
- 20,000～30,000
- 10,000～20,000
- 10,000ドル未満

スウェーデン 55,191
ポーランド 15,192
ドイツ 47,186
フランス 39,573
ルーマニア 12,757
ブルガリア 9,867
イタリア 31,622
ポルトガル 22,059
スペイン 27,570
ギリシャ 18,040
マルタ
キプロス

（国連資料などによる）

1人当たりGDPでみるEU加盟国の格差 （2014年）

EU加盟国	1人当たりGDP（米ドル換算）	指数
EU28か国平均	36,700	100
ギリシャ	16,970	46
ポルトガル	16,650	45
ポーランド	13,820	38
ルーマニア	10,034	27
ブルガリア	7,713	21

（明石和康『ヨーロッパがわかる』岩波ジュニア新書による）

解説 21世紀に入りEU加盟国は東方に広がったが，そこに表面化したのは経済格差の問題で，表が示すようにEU28か国(2014年)平均の指数を100としたとき，20台の国々があることである。そこで起こったのは多数の人々がより良い雇用と生活を求めて東から西の国々への移動である。その様子は次の項(**5**)で分かる。

5 難民危機にゆれるヨーロッパ

シェンゲン協定加盟国とヨーロッパへ流入する難民

アイスランド

凡例
流入する難民ら：2017年の人数／2015年
- シェンゲン協定を締結しているEU加盟国
- シェンゲン協定を未締結のEU加盟国
- シェンゲン協定の適用除外を受けているEU加盟国
- シェンゲン協定を締結している非EU加盟国

※太線は国境にフェンスが設置されたところ。

スウェーデン
ノルウェー
フィンランド
エストニア
ラトビア
リトアニア
デンマーク
アイルランド
イギリス
オランダ
ベルギー
ルクセンブルク
ドイツ
ポーランド
チェコ
スロバキア
フランス
スイス
リヒテンシュタイン
オーストリア
ハンガリー
ルーマニア
スロベニア
クロアチア
セルビア
ブルガリア
ポルトガル
スペイン
イタリア
マルタ
ギリシャ
キプロス
トルコ

西ルート：2万3,143／7,004
中央ルート：11万8,912／15万3,895
東ルート：4万2,305／88万5,386

（遠藤乾『欧州複合危機』中公新書などによる）

EUの主な国における外国人人口の国籍別内訳 （2018年,万人）

国（外国人人口）	国籍（人口）
ドイツ（1,092）	トルコ(148)，ポーランド(86)，シリア(75)，イタリア(64)，ルーマニア(70)
イギリス(2017年)（599）	ポーランド(83)，ルーマニア(48)，インド(37)，アイルランド(35)
イタリア（500）	ルーマニア(114)，アルバニア(42)，モロッコ(41)，中国(28)
スペイン（484）	モロッコ(71)，ルーマニア(67)，イギリス(29)，イタリア(24)
フランス(2016年)（470）	ポルトガル(55)，アルジェリア(52)，モロッコ(47)，トルコ(21)

（OECD資料による）

6 EUからイギリスが離脱

イギリスのEU離脱の主な経緯

1973	英がEC加盟（93EU発足）
2016	国民投票で52%が離脱を支持
17	EUと離脱交渉開始
18	EUと離脱交渉案で合意
19	英議会下院が離脱協定案を3回否決（1～3月）／EUと新たな離脱案で合意（10月）
20	英議会下院が離脱関連法案を可決／12月31日移行期間終了（47年ぶりにEUから離脱）

（『通商白書』2020による）

解説 ヨーロッパへの難民・移民　特に2015年夏にヨーロッパに向かう難民や移民が急増した。内戦下のシリアをはじめ，政情不安な中東や北アフリカから密航船でトルコからエーゲ海を渡りギリシャに殺到したためだ。ギリシャに殺到したのは**シェンゲン協定**加盟国だからだ。2015年だけで100万人を超え，多くがドイツをめざした。**2016年のEUとトルコ間の合意**によりギリシャに入る難民が2017年には20万人超に激減したが，地中海を越えイタリアなどに密航する人々は後を絶たない。

ウクライナ難民　ロシアの2022年2月24日ウクライナへの侵攻により難民・避難民が急増，国連難民高等弁務官事務所(UNHCR)によると，ウクライナからポーランドなどの周辺国への出国は700万人を超えているとされる(同年6月21日現在)。世界の難民はアフガニスタン，エチオピア，ミャンマーなどが多く，ウクライナ難民の急増により1億人を超えたと報じている。

シェンゲン協定　EUの基本構想は「人・金・物・サービス」の自由な流通である。1985年，ルクセンブルクのシェンゲン村を流れるモーゼル川の船の上で独仏とベネルクス3国が入国審査の段階的撤廃を決定したのが始まりである(以後95年，EUの基本条約に取り入れられ，人の移動が自由となった)。EUに加盟していないアイスランド・ノルウェー・スイスも参加しているが，**イギリス・アイルランド**は参加していない。

スコットランド議会選挙　英国からの独立派が過半数に　2021年5月の議会選挙で英国からの独立を目指す勢力が過半数を占めた。過去には2014年の1回目の投票で独立反対が55%。16年の英国のEUからの離脱を問う国民投票では離脱派が小差で勝利も，スコットランドでは62%がEU残留の投票。こうした複雑な経過の中で，英国への依存か，自国の利益のため独立か，独立を問う再度の住民投票実施を求める声が高まる可能性があり，ジョンソン政権の対応が注目される。

(注)ジョンソン首相は22年7月に辞任を表明。

300
ロシア

ロシアの自然環境

関連
農林水産業 : p.121
鉱 工 業 : p.176～177
主な国の基本データ : p.346～353

⬆ᴼ**東ヨーロッパ平原** ロシア卓状地とバルト楯状地が広大な東ヨーロッパ平原（構造平野）を形成している。参照▶P.41

⬆ᴼ**バイカル湖** 古期造山帯中の地溝湖（断層湖）で，世界最深（1,741m）の湖である。透明度40mを誇った水質も汚染が進んでいる。

1 地 形

⬆ᴼ**ウラル山脈** アジアとヨーロッパの境に全長2,000kmにわたって伸びる古期造山帯。

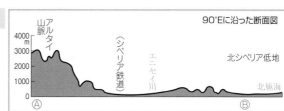

90°Eに沿った断面図

⬆ᴼ**ヒマワリの種の収穫** ロシア南部からウクライナにかけては**ヒマワリの栽培**がさかん。

⬆ᴼ**低落差発電式ダム** 平原を流れるヴォルガ川の源流の標高は225m。カスピ海までの間に巨大なダム湖が9つも連続する。

⬆ᴼ**カムチャツカの火山** 新期造山帯に位置するカムチャツカ半島には約30の活火山があり，世界自然遺産に登録されている。

情報ナビ **ムルマンスク** ロシア北西部コラ半島北部の軍港・漁業都市。北大西洋海流がバレンツ海まで流れ込むため，北極圏内にもかかわらず（北緯68度56分），1年中凍らない**不凍港**となっている。人口20万人以上の都市としては世界最北端に位置する。

2 気候 ●ロシアとその周辺の気候区 ※雨温図掲載都市

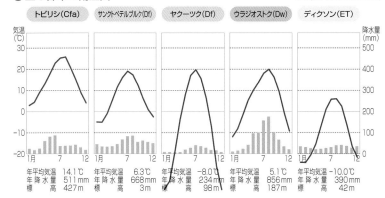

- BS ステップ気候
- BW 砂漠気候
- Cs 地中海性気候
- Cfa 温暖湿潤気候
- Cfb 西岸海洋性気候
- Df 亜寒帯(冷帯)湿潤気候
- Dw 亜寒帯(冷帯)冬季少雨気候
- ET ツンドラ気候
- —— 7月の10℃の等温線

●主な都市の雨温図

（気象庁資料などによる）

	トビリシ(Cfa)	サンクトペテルブルク(Df)	ヤクーツク(Df)	ウラジオストク(Dw)	ディクソン(ET)
年平均気温	14.1℃	6.3℃	−8.0℃	5.1℃	−10.0℃
年降水量	511mm	668mm	234mm	856mm	390mm
標高	427m	3m	98m	187m	42m

解説 ほぼ緯度に沿って東西に気候帯が伸びる。

①温帯(C)地域
　最南部のカフカス地方は温暖湿潤気候(Cfa)となり，一部には地中海性気候(Cs)の地域もある。

②乾燥帯(B)地域
　ソ連解体によって広大なカザフステップ(BS)と中央アジアの砂漠地帯はロシア領ではなくなった。世界的な小麦栽培地域。

③亜寒帯(D)地域
　針葉樹の大森林(タイガ)が広がる地域。亜寒帯湿潤気候(Df)はロシアの主要部分のほぼ全域にあたる。シベリアから極東にかけては大陸東部のために大陸性気候の傾向が強くなり，世界でここだけにみられる亜寒帯冬季少雨気候(Dw)となる。ヤクーツク・ヴェルホヤンスク・オイミャコン周辺は，世界で最も寒い「**世界の寒極**」（参照▶P.60・77）とよばれる。この地域の気温の年較差は60℃以上となる。

④寒帯(E)地域
　北極海沿岸は夏の平均気温がわずかに0℃を超えるツンドラ気候(ET)の地域。トナカイの遊牧を行う少数民族が住む。近年は温暖化が顕著で**永久凍土**融解によるメタン放出がさらに温暖化を招いている。

3 ツンドラ帯の自然の特徴 参照▶P.76・78

　年間を通した低温　ツンドラ帯は年間を通して気温が低く，夏でも1日の平均気温が15℃を超えることはない。夏には北極海から南の内陸部に向かって湿った寒風が吹き，冬には反対に内陸部から北極海に向かって寒冷な乾燥した風が吹く。

　年間降水量はわずかに200〜400mm程度だが，蒸発量が少ない上，低平な地形と地下の凍土に妨げられて排水が悪く，ツンドラ帯は**大気も地面も多湿**である。樹木は低木以外は育たず，ツンドラの植生は低木か，草や苔に覆われた原野となる。　（『週刊朝日百科 世界の地理69』朝日新聞社）

　融解する凍土　気候変動による温暖化はツンドラの自然環境に深刻な変化をもたらしている。カナダ，アラスカ，シベリアにおける永久凍土融解のもたらす影響は，その地域の土地沈下や湿地化，道路や建造物の倒壊とそれに起因する石油資源の流出，極地の動植物の生育環境の変化などにとどまらない。凍土中に封じ込められていたメタンなどが大気中に放出されることにより，二酸化炭素の増加に由来する地球温暖化をさらに加速させることが予測され，いわば温暖化の連鎖が始まっている。

⬆シベリアに形成された巨大な穴の壁面

⬇永久凍土上に建つ建築物　高床式になっている。

4 永久凍土上の町〜ヤクーツク 参照▶P.77

　歪んだ家並み　ヤクーツクの市街地の特徴の一つに，有名な歪んだ家並みがある。ヤクーツクは**コサックの進出で築かれた町**で，そのコサック時代を思わせる丈夫な材木でがっしりと造られた素朴な家が，傾きながら耐えるように通りに並ぶ姿は，シベリア北極圏の生活の厳しさを示すような趣がある。微妙なバランスの上に成り立つ永久凍土の上に，じかに建てられた木造の家屋が，**建物の温度や夏と冬の気温の差で地面の変動を起こし，柱や壁が勝手な方向へ歪んでしまって形作られた**ものである。倒壊に至る建物も増え，旧市街地では，冬の間でも床上浸水する家が出ている。　（『北極圏③』日本放送出版協会による）

情報ナビ **ソチ**　黒海沿岸にある旧ソ連以来のロシア最大の保養地で，温泉や療養施設，スポーツ施設も充実している。気候は温暖で5月から11月まで泳げる。背後のカフカス山脈は雪も多く，2014年冬季オリンピックの開催地にもなった。

1 ソヴィエト連邦からロシア連邦へ

年	事　項
1917	レーニンによる**ロシア革命**
22	ソヴィエト社会主義共和国連邦成立
24〜	スターリン時代
28〜	第1次5か年計画始まる
	（**集団農場**と**重工業コンビナート**）
41〜	ドイツのソ連侵攻（第二次世界大戦）
45	世界大戦終結　米ソ冷戦が始まる
49	COMECON（経済相互援助会議）発足
53〜	フルシチョフ時代
55	WTO（ワルシャワ条約機構）発足
62	キューバ危機
79〜	アフガンに軍事介入（〜89）
80	モスクワ夏季五輪開催（西側諸国不参加）
85〜	ゴルバチョフ時代（**ペレストロイカ**＝改革，**グラスノスチ**＝情報公開）
90〜	バルト3国の独立運動始まる
91	**ソ連邦解体**（冷戦終結）独立国家共同体創設
92	国名をロシア共和国から**ロシア連邦**へ 21共和国，1自治州，10自治管区，49州，6地方，2特別市
97	サミット参加
2000〜	プーチン時代
14	ソチ冬季五輪開催 ウクライナ南部（クリム半島）を編入
22	ロシア軍によるウクライナ侵攻

スターリン

ゴルバチョフ

プーチン

解説 1917年，世界史上初の社会主義革命によって誕生したソヴィエト連邦は1991年に解体し，ロシアは資本主義国としての道を歩み始めた。その後の猛烈なインフレや経済混乱は終息したが，エネルギー資源の輸出に頼る経済は変わっていない。2022年のウクライナ侵攻からは米欧日などによる経済制裁が始まった。

2 変遷するヨーロッパの東西境界

NATO加盟国（1998年までに加盟）／NATO加盟国（1999〜2021年に加盟）／東西冷戦時代の境界（〜1989年）／旧ソヴィエト連邦国境（〜1991年）

（注）スウェーデンとフィンランドはNATO加盟手続中（2022年7月現在）

解説 **ウクライナ問題** 2014年に南部クリミア地方ではロシア軍が事実上の領土編入を実行した。東部ドネツク州，ルハンスク州においても親ロシア勢力が支配を強めるなかで，NATOへの加盟を望んだウクライナに対し，2022年2月ロシア軍の全面侵攻が始まった。いずれの地域も人口の過半数がロシア系である。

3 ロシア人の食卓

食事 ロシアでは基本的に昼食がメインの食事。ウクライナから広まった「**ボルシチ**」などスープ料理と肉料理，パンが主なメニューとなる。経済改革後，モスクワなど大都市にはレストランが多くなったが，日本に比べるとロシア人が外食をする機会は少ない。

ウォトカ ロシアの代表的な酒。穀物から作る蒸留酒でアルコール度数はほぼ40度。冷やしたウォトカを小さなグラスで一気に飲む。厳しい寒さに加えて，革命後さまざまな伝統行事が失われ，教会も抑圧された中で，庶民がアルコールに慰めを見出したとしても不思議ではない。最近は健康志向が定着しビールなど軽い酒の消費量が増えているようだ。

◐ロシアのスープ料理「ボルシチ」

4 旧ソヴィエト連邦の民族構成　参照▶P.286　◐州別ロシア人の人口比率

95%以上	90%〜	
85%〜	80%〜	
70%〜	60%〜	
50%〜	40%〜	
20%〜	20%以下	

（ロシア国家統計局資料による）

● 極東地域の概観

⬆長旅に備え食料を買い求めるシベリア鉄道の乗客たち

2 極東地域の資源と貿易 (2021年)

サハ共和国(55.6億ドル)

輸出相手国	中国 28.0%	ベルギー 23.8	アラブ首長国連邦 17.5	その他 30.7

輸出品	鉱物 36.5%	その他(ほぼ貴金属) 62.8

機械品 0.7

ハバロフスク地方(25.4億ドル)

輸出相手国	中国 34.9%	韓国 20.9	カザフスタン 14.9	その他 29.3

輸出品	鉱物 27.9%	木材 23.3	食料品 20.7	その他 28.1

サハリン州(113.2億ドル)

輸出相手国 (2008年)	韓国 52.7%	日本 41.8	その他 5.5

輸出品 (2008年)	原油・天然ガス 94.7%	その他 5.3

(在ハバロフスク日本国総領事館ホームページなどによる)

解説 極東地域の輸出品目構成をみると、原油・天然ガス、鉱物、木材といった資源関連が大半を占めている。なかでもシェアが高かったのは原油などのエネルギー製品である。サハ共和国は金・ダイヤモンドなどの産出が多く、ベルギー・イスラエルなどに輸出され宝石に加工される。

1 ロシア経済を支えるシベリア鉄道

苦難の建設 1891年に本格的な建設が始まった。過酷な自然環境と資材難のため、工事は難渋を極めたが、流刑囚と出稼ぎ労働者たちの手により1904年9月、日露戦争開戦の半年後に全線が開通した。その後1916年には満州を経由しないアムール鉄道が開通し、1939年には全線の複線化が完了した。

9,259kmの旅 現在、シベリア横断急行ロシア号はモスクワ―ウラジオストク間9,259kmを隔日出発、平均速度時速62km、6泊7日で結んでいる。日本人の乗客にとってはシャワーが無いのが苦しいが、ロシアの時間、空間スケールのけた外れの大きさを体感するには最も効果的な経験といえよう。

鉄道の使命 航空機、自動車、パイプラインの発達した現在においても、ロシアでは貨物輸送における鉄道の重要性は依然として高い。シベリア鉄道の西部では1列車当たり10,000t以上の貨物列車もみられる。

3 日本に最も近いロシア～サハリン

サハリンの歴史 1809年、間宮林蔵が間宮海峡を探検し、ここが島であることを確認した後も、1875年に樺太千島交換条約が結ばれるまで、サハリン(樺太)はアイヌ、オロッコをはじめとする北方民族、日本人、ロシア人の雑居地であった。条約によりロシア領となったサハリンはロシア帝国の流刑地として囚人が石炭採掘に従事する最果ての地であった。1905年に日露戦争に勝利した日本が、北緯50度以南を領有して豊富な森林資源の開発が始まり、製紙パルプ業も起こった。第二次世界大戦時には**数万人の朝鮮人**労働者も加えて人口は40万人に達したという。1945年の敗戦時にソビエト連邦が50度以南を占領し、領有問題が解決しないままロシアによる統治が継続しているが、現在でも朝鮮系の住民の姿がみられる。

● シベリア鉄道「ロシア号」時刻表

モスクワ	0日	21：25
エカテリンブルク	1日	23：29
オムスク	2日	11：28
クラスノヤルスク	3日	7：40
イルクーツク	4日	1：39
ハバロフスク	6日	11：10
ウラジオストク	6日	23：23

(注)時刻はモスクワ時間。
(Wikitravelホームページによる)

日本の東海道本線の最大1,300tとは比較にならない大規模貨物輸送がロシア経済を支えている。日本からも欧州向けの物流ルートとして需要が高まっている。
(『地球の歩き方 シベリア』ダイヤモンド社などによる)

⬤サハリンの液化天然ガス(LNG)基地
サハリン北部のオホーツク海沿岸の大陸棚には石油・天然ガスが豊富に埋蔵されている。2022年からの経済制裁への報復で日本企業の活動は困難になっている。

LNG基地
積み出しパイプ
LNG運搬船

参照 ▶P.177

情報ナビ **バイカル=アムール鉄道(バム鉄道)** タイシェトから分岐してバイカル湖北方を通り日本海に達する鉄道。1937年から建設を始め1984年に開通。日本軍のシベリア抑留者も建設に携わった。**第2シベリア鉄道**ともよばれ、貨物輸送が中心。**参照** ▶P.176

地誌

ロシア

304
アングロアメリカ

アングロアメリカの自然環境

関連 農林水産業：p.122～125
鉱 工 業：p.178～181
主な国の基本データ：p.346～353

1 地形

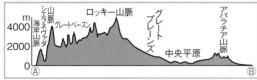

↪ナイアガラ滝　オンタリオ湖とエリー湖の間にあり，3つの滝からなる。

写真はカナダ滝。
落差57m，幅670m。

↑ロッキー山脈　カナダからアメリカ合衆国にかけて縦走する新期褶曲山脈。海抜4,000m以上の高山がそびえ，大きな交通の障害となるが，地下資源が豊富で，雄大な国立公園が多い。写真は，カナダにあるカナディアンロッキー・バンフ国立公園。バンフ国立公園のルイーズ湖，両側を囲う針葉樹，遠方の氷河には多くの観光客が訪れる。

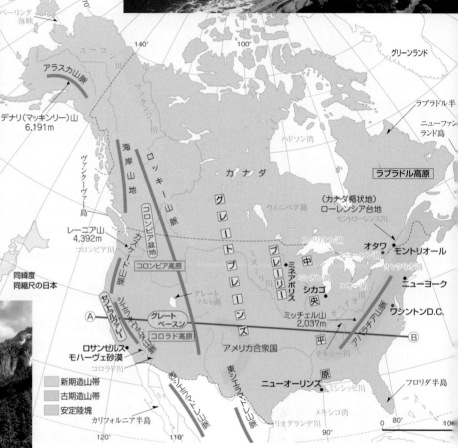

新期造山帯
古期造山帯
安定陸塊

↑ヨセミテ国立公園　シエラネヴァダ山脈（傾動山地）の西山麓に位置し，氷食地形とセコイアの巨木が有名。

↓グランドキャニオン　コロラド川に侵食された長さ350kmの峡谷。ロッキー山脈とワサッチ山脈の間に広がるコロラド高原に位置する。

最大の深さは1,600m

↓ミシシッピ川と穀倉地帯　中央平原を流れるミシシッピ川は源流から河口までの落差が約500mしかなく，川が蛇行しているため，以前は大洪水を起こした。ミシシッピ川西方の草原地帯はプレーリーとよばれ，小麦，とうもろこしなどの世界的な農業地帯である。参照▶P.82・122

2 気候

● アングロアメリカの気候区

・雨温図掲載の都市

Am	弱い乾季のある熱帯雨林気候	Cw 温暖冬季少雨気候	ET ツンドラ気候
Aw	サバナ気候	Cs 地中海性気候	EF 氷雪気候
BS	ステップ気候	Cfa 温暖湿潤気候	
BW	砂漠気候	Cfb-c 西岸海洋性気候	
		Df 亜寒帯(冷帯)湿潤気候	

解説 南北の地形配列のため，北部の極気団は南下し，南部の熱帯気団は北上しやすく，大陸内部では大陸性気候を示す。東岸・西岸の気温差も大きい。
①北部　北極海沿岸はツンドラ気候(ET)，アラスカ・カナダの大部分は亜寒帯湿潤気候(Df)を示す。
②内陸部　年降水量500mmの等降水量線とほぼ一致する西経100度の子午線を境に，おおむね東側に温暖湿潤気候(Cfa)が，西側にステップ気候(BS)と砂漠気候(BW)が広がる。
③西部　北の沿岸部はアラスカ海流(暖流)と偏西風によって西岸海洋性気候(Cfb-c)が分布し，南部のカリフォルニアには，地中海性気候(Cs)が発達している(ただし，夏，高温となる地中海地方と異なり，沿岸の寒流のため，夏は冷涼な気候となる)。

● 主な都市の雨温図

(気象庁資料などによる)

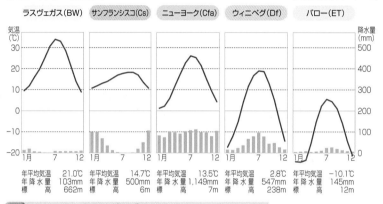

	ラスヴェガス(BW)	サンフランシスコ(Cs)	ニューヨーク(Cfa)	ウィニペグ(Df)	バロー(ET)
年平均気温	21.0℃	14.7℃	13.5℃	2.8℃	−10.1℃
年降水量	103mm	500mm	1,149mm	547mm	145mm
標高	662m	6m	7m	238m	12m

○雪原を走る犬ぞり　イヌイットは北極地方**ツンドラ**地帯に住む先住民で，グリーンランド(デンマーク領)，カナダ，アラスカに９万人が居住している。アザラシやクジラなどを獲物とする狩猟民で，伝統的な生活を営んできた。

3 トルネードの脅威

○農場地帯を通過するトルネード　アメリカ合衆国では，年間1,000個前後のトルネード(竜巻)が発生し，死傷者も出る。トルネードは，台風・熱帯低気圧や温帯低気圧に比べてはるかに局地的であるため，気象観測が困難であり，中心の気圧を実測した例はほとんどない。また，発生のメカニズムも十分解明されていない。

4 大河ミシシッピ川の流れ

　長大な大河　ミシシッピ川はミネソタ州北西部のイタスカ湖に源を発して，アメリカ中央部を北から南に貫流し，ルイジアナ州のニューオーリンズで**鳥趾状三角州**(デルタ)(**参照** P.47)を形成してメキシコ湾に注いでいる。本流の長さ3,780kmで，信濃川の10倍あまりある。

　また，ミシシッピ川はたくさんの支流をもち，イリノイ，ミズーリ，オハイオ(テネシーが合流)，アーカンソー,レッドなどの各河川が合流している。イエローストーンの近くに源流をもつ**ミズーリ川は，合流点までの長さが3,970kmで，ミシシッピ本流よりも長い。**そこで，ミズーリ源流からミシシッピ河口までの6,210kmを，普通ミシシッピの長さとして公表している。ほかに6,000kmを超す大河はナイル川，アマゾン川，長江の３つしかない。ミシシッピの流域はロッキー山麓からアパラチア山麓にかけて広がり，日本の面積の８〜９倍もある。
　(注)統計によっては，ミシシッピ川の長さを5,971kmとしている。
　　　(小島晃ほか『地球を旅する地理の本⑥』大月書店による)

情報ナビ　アングロアメリカの由来　北アメリカ大陸のうち，アメリカ合衆国とカナダをアングロアメリカとよぶ。両国は主にアングロサクソン人(イギリス人)によって開拓され，国家が建設されたという共通の特徴をもっている。

アングロアメリカの歴史・民族

1867 ロシアよりアラスカを買収

1803 フランスよりミシシッピ川以西のルイジアナを買収

1783 パリ条約でミシシッピ川以東のルイジアナをイギリスより割譲

1620 イギリスのピューリタン北米移住

1846 イギリスとの協定によりオレゴンを領有

1849 ゴールドラッシュ

1898 ハワイ併合

1848 メキシコよりカリフォルニアを割譲

1845 テキサスを併合

1776 「独立宣言」に加わった13州

1819 スペインよりフロリダを買収

英領カナダ / ヴァンクーヴァー / ウィスコンシン / ボストン / ニューヨーク / ワシントンD.C. / リッチモンド / ソルトレークシティ / サンフランシスコ / 「涙の道」 / インディアン＝テリトリー / チェロキー / サンタフェ / ロサンゼルス / メキシコ / マイアミ / サンタフェ

━→ 主要開拓道路
× 主な金鉱
□ 先住民（インディアン）強制移住地域

解説 インディアン（ネイティブアメリカン）の居住していたアメリカ大陸に**スペイン人**が来航し，フロリダ半島とロッキー山脈南部を領有した。**フランス**はセントローレンス川を遡り，五大湖からミシシッピ川流域を領有した。また，イギリスは大西洋岸に移民し，後にアメリカ合衆国を建国した。1783年に独立したアメリカ合衆国は西に**フロンティア**（開拓前線）を延ばし，スペイン領地域とフランス領地域を獲得し，1846年に太平洋岸に達した。その後アラスカとハワイを領有し，現在は50州からなる連邦国家を形成している。

●先住民族インディアン アメリカ大陸は，モンゴロイド系の**インディアン**が居住していた。だが，16世紀末からのヨーロッパ人大量移民により，先住民は北西の土地条件の悪い地域に追いやられた。そのため，先住民の割合は北西部とアラスカ州に多くなっている。（「ネイティブアメリカン」は，もともとアメリカにいた人々という意味で広く先住民を指す。）

●現在の地域区分 （アルファベットは州名の略称）

中西部 / 北東部 / 西部 / 南部

WA MT ND MN ME / OR ID WY SD WI VT NH MA / NV UT CO NE IA IL MI OH NY CT RI / CA AZ NM KS MO KY WV VA PA NJ MD DE / OK AR TN NC / TX LA MS AL GA SC / AK HI FL

解説 ニューヨーク中心の歴史の古い北東部，シカゴ中心の農業がさかんな中西部，テキサス中心の工業がさかんな南部，カリフォルニア中心の広大な西部に分けられる。

イギリスからのピューリタンに続いて，北及び西ヨーロッパからまず多くの移民があった。19世紀に西部の開拓が進み，アメリカに産業革命が起こると，東ヨーロッパ，南ヨーロッパ，ロシアから，経済難民あるいは政治難民として大都市に新たな労働力として移民の波がやってきた。また，西部開拓に伴う鉄道敷設などの労働者として，中国や日本から移民する人々が現れることになった。

さらに，「世界の警察官」としてアメリカがかかわる東南アジアや中東地域での戦争や紛争の結果，政治難民あるいは経済難民が生まれてアメリカへ押し寄せるようになると，彼らを追うようにアメリカに夢を求めて，今なおアジア諸国からの移民が続いている。

中南米からは，メキシコとの2,000kmに及ぶ国境を，国境警備隊の目を盗んで非合法に移民してくる人々が後を絶たない。

（「Statistical Abstract of the United States」2001などによる）

2 世界中からやってきた移民 参照》P.212

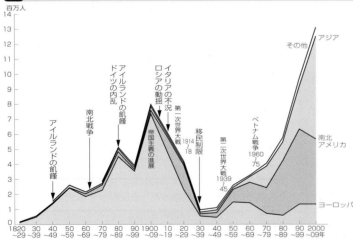

百万人

アイルランドの飢饉 / 南北戦争 / 南北戦争 / アイルランドの飢饉 / ドイツの内乱 / イタリアの不況 / ロシアの動揺 / 帝国主義の進展 / 第一次世界大戦 1914-18 / 移民制限 / 第二次世界大戦 1939-45 / ベトナム戦争 1960-75 / その他 / アジア / 南北アメリカ / ヨーロッパ

1820 -29 / 30-39 / 40-49 / 50-59 / 60-69 / 70-79 / 80-89 / 90-99 / 1900-09 / 10-19 / 20-29 / 30-39 / 40-49 / 50-59 / 60-69 / 70-79 / 80-89 / 90-99 / 2000-09年

移　民　の　波			
第1次	第2次	第3次	第4次
18世紀	1840〜60年	1900〜20年	1980年代
イギリス人 スペイン人	アイルランド人（290万人） ドイツ人（150万人）	イタリア人（316万人） ロシア・ポーランド人（252万人） 東・南ヨーロッパ人（352万人）	ラテンアメリカ系・アジア系の増加

（注）1998年の移民は，メキシコ13.1万人，中国3.7万人，インド3.6万人，フィリピン3.4万人，ドミニカ2.0万人などである。

情報ナビ 15世紀末ころにはインディアンの人口は約100万人（諸説あり）を数えたが，ヨーロッパからの移民に駆逐され，19世紀末には25万人に減少してしまった。その後もち直して現在約200万人で，そのうち約2割が314か所の居留地で暮らしている。

③ 人種・民族の分布

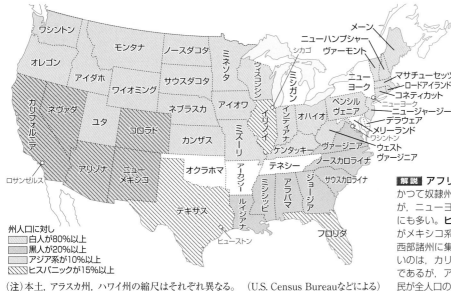

州人口に対し
- 白人が80%以上
- 黒人が20%以上
- アジア系が10%以上
- ヒスパニックが15%以上

（注）本土，アラスカ州，ハワイ州の縮尺はそれぞれ異なる。（U.S. Census Bureauなどによる）

解説 **アフリカ系黒人**が集中するのは，かつて奴隷州であった南東部諸州であるが，ニューヨークなどの北東部の大都市にも多い。**ヒスパニック**は，その約6割がメキシコ系であるため，国境沿いの南西部諸州に集中している。**アジア系**が多いのは，カリフォルニア州など太平洋岸であるが，アラスカ州とハワイ州は先住民が全人口の20%を超える。参照 ▶ P.312

④ 急増するヒスパニック～スペイン語系アメリカ人

●アメリカの人種・民族別人口比

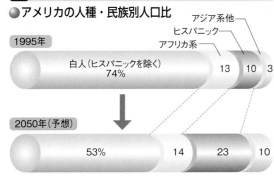

アジア系他
ヒスパニック
アフリカ系

1995年
白人（ヒスパニックを除く）74% ｜ 13 ｜ 10 ｜ 3

2050年（予想）
53% ｜ 14 ｜ 23 ｜ 10

　ヒスパニックとは？　アメリカの南西部にあたるテキサス州西部やニューメキシコ，アリゾナ，カリフォルニアの各州には，スペイン語を第一言語とする人口が多い。彼らは一般的に「**ヒスパニック**」とよばれている。ヒスパニックとは，エスパニョール（スペイン語，スペイン人）からつくられた表現である。ヒスパニックは，正式な意味ではネイティブアメリカンやスペイン人の血を引き，**第一言語をスペイン語とする人々**を指しているが，日常的にはカリブ海の島であるプエルトリコ系や中南米系の人たちに対しても用いられている。

　最大のマイノリティに　現在のアメリカで問題になっているのは，非合法でアメリカへ入国しているヒスパニックだけでも700万～800万人いるといわれていることだ。多くのヒスパニックが敬虔なカトリック教徒で，避妊や人工中絶をしないため，爆発的人口増加率をみせている。**2005年にはアフリカ系の人口を上回り，2050年には全人口の23%を占める**と，統計局が推定しているほどである。しかも，ヒスパニックは家族中心の生活を送っているため，**英語をなかなか習得しないことも問題になっている**。

（池田智・松本利秋『早わかりアメリカ』日本実業出版社による）

●アメリカの人種・民族間の所得格差（2020年）

収入の中央値		貧困率
74,912ドル	ヒスパニックを除く白人	8.2%
46,600	アフリカ系	19.3
94,718	アジア系など	8.0
55,321	ヒスパニック	17.0

（注）2020年のアメリカの貧困率は，4人家族で世帯年収が26,496ドルを下回る収入で生活する人の割合。
（U.S. Census Bureauなどによる）

⑤ 揺れる移民大国

↑フェンスの取り換え工事が行われたアメリカとメキシコの国境

◁◁「アメリカ第一主義」を掲げたトランプ大統領と後任のバイデン大統領

　2021年にアメリカ・メキシコ国境付近で身柄拘束された不法移民は約166万人に上った。前年度の4倍以上で，2000年以来の高い水準だ。21年1月に移民に寛容な政策をとったバイデン政権が発足してから人数は増えている。政権交代によって期待が生じているのは間違いない。不法移民の流入にはアメリカとメキシコ間の大きな経済格差がある。17年時点でアメリカの1人あたりの国民所得は59,160ドルであるのに対し，メキシコは8,610ドルでその差は7倍近い。移民に対して強硬な姿勢をとったトランプ大統領の後任のバイデン大統領は，重要な岐路に立たされている。

解説 アメリカでは移民の不法入国が問題とされる一方，アジア系移民に対するヘイトクライムが問題となっている。

1 アメリカの51番目の州〜カナダ?

アメリカ・カナダの類似性 カナダはアメリカの**51番目の州**といわれることがある。よい意味でいえば，アメリカとカナダは結びつきが強いということである。悪い意味でいえば，カナダはアメリカに従属しているということである。いろいろな意味で，アメリカとカナダは似ている。かつて，イギリスの植民地であったこと，**英語が公用語であること**，**連邦制の国である**こと，**多民族国家である**こと，などあげればきりがない。

アメリカ・カナダの強い結びつき カナダではホテルでも商店でも，アメリカドルが自由に通用する。トロントではテレビで受像（じゅぞう）できるチャンネル7つのうち，3つはアメリカのテレビ局の電波である。テレビの天気予報にしても，カナダのことは何もいわず，アメリカ各地について細かく「明日は曇（くも）りでしょう」などと放送する。テレビのプロ野球中継では，ニューヨーク・ヤンキース対トロント・ブルージェイズといった対戦を流す。カナダのプロ野球チームがアメリカの大リーグに属している。カナダを走っている車はアメリカの車が多い。アメリカから輸入されるだけでなく，アメリカの自動車会社がカナダで自動車を生産しているためだ。自動車会社だけでなく，カナダの企業はアメリカ資本が多い。

（小島晃ほか『地球を旅する地理の本⑥』大月書店による）

● カナダの貿易相手国 (2019年)

輸出 4,461億ドル	アメリカ合衆国 75.7%	中国3.9	日本2.1	イギリス3.3	メキシコ1.2	その他 13.8

輸入 4,792億ドル	アメリカ合衆国 50.8%	中国 12.5	ドイツ3.2	メキシコ6.1	日本2.7	その他 24.7

（『世界国勢図会』2021/22による）

2 ケベック州の分離・独立問題

（浅井信雄『民族世界地図』新潮社による）

ケベック州の独立運動 ケベック州はフランス系移民が多く（州人口の約78%），他州と比べて独自の文化をもっている。それに加え，植民地時代の経緯からイギリス系移民への反発が伝統的に残っている。特に，ケベック州が，さまざまな面で平等に扱われてい

ないという不満が根強い。

1960年代に入り，カナダ独自の文化への関心が高まりをみせるようになり，ケベック州では「静かな革命」とよばれる政治・社会・文化的な改革が行われた。その結果，フランス系住民の間でフランス語やケベック文化の保護などについての意識が高まり，分離独立運動がさかんになった。連邦政府は「2言語・2文化主義」を導入し，1969年に公用語法で英語とともにフランス語を公用語と決定。また，フランス系住民をイギリス系住民と平等に扱うよう法改正を行った。それでも，ケベック州の分離独立をめざす人々は納得せず，以後も機会をみていろいろな要求を突きつけている。

1994年の州議会選挙で政権を獲得したケベック州の主権獲得と連邦からの分離をめざすブロック・ケベコワ党は，翌95年に主権獲得を問う州民投票を行ったが，連邦派が僅差で勝利して独立はひとまず回避された。

多文化主義 2003年の州議会選挙でブロック・ケベコワ党が議席を減らしたため，今のところ小康状態となっているが，歴代の首相はケベック問題を避けえず，その対応に苦慮している。なお，2文化主義はその後，**2言語主義のもとでの多文化主義**という方向に転換している。

（『世界の動き』2007.4.5による）

● カナダの州別にみた使用言語 (2016年)

州　名	人口(万人)	イギリス系	フランス系	その他
❶ユーコン準州	3.6	82.8%	4.8%	12.5%
❷ノースウェスト準州	4.2	77.7%	3.1%	19.2%
❸ヌナブト準州	3.6	31.9%	1.7%	66.4%
❹ブリティッシュコロンビア	464.8	70.0%	1.4%	28.6%
❺アルバータ	406.7	75.4%	2.0%	22.6%
❻サスカチュワン	109.8	83.2%	1.5%	15.2%
❼マニトバ	127.8	72.6%	3.4%	24.0%
❽オンタリオ	1,344.8	68.2%	3.9%	27.9%
❾ケベック	816.4	8.1%	78.0%	13.8%
❿ニューブランズウィック	74.7	64.8%	31.9%	3.3%
⓫ニューファンドランド・ラブラドル	52.0	97.1%	0.5%	2.4%
⓬プリンスエドワードアイランド	14.3	91.1%	3.6%	5.3%
⓭ノヴァスコシア	92.4	91.4%	3.4%	5.1%

（注）❶～⓭(州名)は，左の地図の番号に対応。

（「Statistics Canada」などによる）

● カナダ・ケベック州の住民投票の結果を報道する新聞記事(1995年11月1日付)

● ● 英・仏2か国語による表示［左＝オタワ，右＝ヴァンクーヴァー］

情報ナビ **イヌイットの自治州** カナダ政府は1960年代までの同化政策から，先住民の自治権を認める方向に転換し，1999年にノースウェスト準州の東部が分離してヌナブト準州が誕生した。ヌナブトとは「我々の土地」の意味である。

1 減少する北極海の氷

（気象庁資料などによる）　●雨温図掲載地点

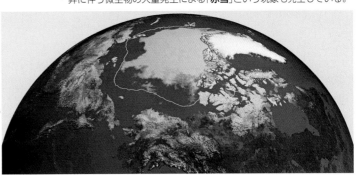

　2019年にグリーンランドで氷床が解けた量は5,320億トンと観測史上最多となった。**地球温暖化**（**参照**＞P.86）の影響は極北の地にまで着実に及んでいる。

　2018年6月，商船三井の砕氷LNG（液化天然ガス）船がシベリア北部のヤマル半島のサベッタ港を出航。**北極海航路**を東側に向けて航行し，7月にシベリアとアラスカとの間にあるベーリング海峡に到達した。北極海航路の開発は，東京～ニューヨーク間をパナマ経由より3,000km短縮する可能性をもっている（**参照**＞P.194）。一方で，石油，天然ガスなどの資源開発，北極点ツアーなどの観光開発に伴う環境汚染の進行が懸念される。

> **解説** 温暖化の影響は大陸氷河にも及び，**2012年の夏にはグリーンランドのほぼ全域で氷の表面が溶けていることが確認された。**気温上昇に伴う微生物の大量発生による「**赤雪**」という現象も発生している。

ユーリカ（ET）

気温
(℃)
降水量
(mm)

年平均気温 −18.0℃
年　降　水　量　80 mm
標　　　高　　　10 m

⇒北極海の海氷減少
NASAによると，2015年夏期の北極海の海氷の最小値は，1981年から2010年の30年間の平均（写真中黄色いライン）よりも約70平方マイル下回っていた。
※1マイル＝約1,600メートル

2 南極大陸の"陣取り合戦"

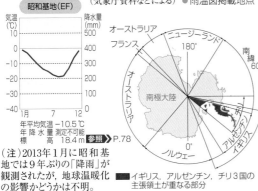

（気象庁資料などによる）　●雨温図掲載地点

昭和基地（EF）

気温
(℃)
降水量
(mm)

年平均気温 −10.5℃
年　降　水　量　測定不可能
標　　　高　　　18.4 m　**参照**＞P.78

（注）2013年1月に昭和基地では9年ぶりの「降雨」が観測されたが，地球温暖化の影響かどうかは不明。

　南極を中心に置いた地図を開くと，さまざまな南半球の国が南極を真中にして向かいあい，昔から未踏の氷の大陸での領土権をお互いに主張して激しく争ってきた。19世紀になってからは北半球の英，仏，米，旧ソ連，ノルウェー，日本もそれぞれ最初に手をつけた地域での権益を主張した。それを調停するために結ばれたのが，1961年発効の**南極条約**である。

　南緯60度以南に関してどの国の領有権主張をも否定も承認もしないまま凍結することにし，国際協力を進めていくことで妥協がはかられた。南極地域はこの条約により一般国際法の適用されない特殊な場所となった。なお，1991年には向こう50年間の鉱物資源開発の禁止などを規定した「**環境保護に関する南極条約議定書**」が採択され，98年に発効している。

（高野孟『世界関連地図の読み方』PHP研究所などによる）

⇒南極の領土を主張するアルゼンチンの切手

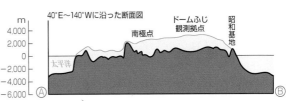

40°E～140°Wに沿った断面図

■ イギリス，アルゼンチン，チリ3国の主張領土が重なる部分

情報ナビ **極圏** 　北緯・南緯ともに66度34分以北と以南を北極圏・南極圏という。北極圏では夏至の前後は一日中太陽が没しない。反対側の南極圏では完全に太陽が昇らない**極夜**となる。このとき北回帰線（北緯23度26分）付近では太陽が真上にくる。**参照**＞P.293

ラテンアメリカの自然環境

関連　農林水産業：p.126〜127
　　　鉱　工　業：p.182
　　　主な国の基本データ：p.346〜353

↑**アマゾン川**　流域面積は世界最大で，日本の約20倍の面積。**セルバ**（参照》P.66）とよばれる熱帯雨林が密生する。中流部のマナウスまで大型の外洋船が航行可能（2,000ｔほどの外洋船はペルーのイキトスまで航行できる）。

↑**マルティニーク島**　カリブ海に浮かぶフランス領マルティニーク島のペレ山（1,397m）は，1902年に大噴火を起こし，麓の都市を破壊した火山岩尖型の火山（参照》P.43）。

↑**アンデス山脈**　世界最長（8,500km）の新期造山帯の山脈。アコンカグア山（6,960m）が最高峰で，中央部の山間高原は**アルティプラノ**とよばれる。

1 地 形

←**ウユニ塩原[ボリビア]**　アルティプラノが海から隆起した際，そのまま広大な塩原となった。塩の採取のほか，世界最大規模のリチウムの存在でも知られる。

新期造山帯
古期造山帯
安定陸塊

↑**ギアナ高地**　オリノコ川，アマゾン川に挟まれた楯状地。垂直に切り立ったテーブルマウンテンが100余も散在する。**エンジェルフォール**は世界最大の落差（978m）をもつ滝として有名。

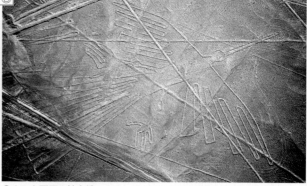

↑**ナスカ平原の地上絵**　ペルー南部のナスカ平原ではサル，ハチドリ，謎の生物などを描いた数々の巨大な地上絵が1939年に発見された。グーグルアースで確認してみよう。

情報ナビ　**パタゴニア**　アルゼンチン南部に広がる年降水量150mm程度の乾燥地帯。時速100km以上の突風が吹く不毛の荒地であったが，羊の飼育に最適であることがわかると，先住民は皆殺しにされたうえで，大地主の経営する牧場に分割されていった。参照》P.70

2 気候 ●ラテンアメリカの気候区・雨温図掲載都市

Af	熱帯雨林気候
Am	弱い乾季のある熱帯雨林気候
Aw	サバナ気候
BS	ステップ気候
BW	砂漠気候
Cs	地中海性気候
Cw	温暖冬季少雨気候
Cfa	温暖湿潤気候
Cfb-c	西岸海洋性気候
ET	ツンドラ気候

↑アタカマ砂漠[チリ] 寒流（ペルー海流）の卓越する海岸に発達した海岸砂漠。**参照**》P.70

解説 ラテンアメリカは陸地の大半が南北回帰線の間に位置するため、熱帯気候の地域が全土の約60％を占める。

①**熱帯(A)地域** アマゾン盆地の中心は熱帯雨林気候(Af)で、周囲には弱い乾季のある熱帯雨林気候(Am)が広がる。この地域には**セルバ**とよばれる熱帯雨林が茂っているが、乱伐の危機にさらされている。オリノコ川流域やブラジル高原では乾季が長く、サバナ気候(Aw)となり、それぞれ**リャノ・カンポ・セラード**とよばれるサバナの原野が広がっている。**グランチャコ**もサバナに近い草原。

②**乾燥(B)地域** 亜熱帯高気圧の影響を受けるメキシコ高原、アンデス山脈で偏西風がさえぎられる**パタゴニア**、寒流のペルー海流の影響によるアタカマ砂漠（海岸砂漠）などに分布する。アタカマ砂漠は、地球上で最も乾燥した地域の一つに数えられている。

③**温帯(C)地域** ラプラタ川下流地域は温暖湿潤気候(Cfa)で、長草草原の**パンパ**が広がる。太平洋岸にも温帯が分布し、チリ中部に**地中海性気候(Cs)**、その南側に西岸海洋性気候(Cfb)がみられる。

④**高山(H)地域** アンデス山脈やメキシコ高原の海抜2,000〜3,000mの高地には、温帯によく似た常春の高山気候(H)がみられ、ボゴタ・キト・ラパスなどの高地都市が発達している。**参照**》P.226

●主な都市の雨温図
（気象庁資料などによる）

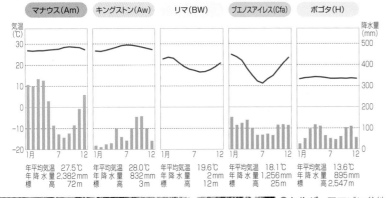

マナウス(Am)	キングストン(Aw)	リマ(BW)	ブエノスアイレス(Cfa)	ボゴタ(H)
年平均気温 27.5℃	年平均気温 28.0℃	年平均気温 19.6℃	年平均気温 18.1℃	年平均気温 13.6℃
年降水量 2,382mm	年降水量 832mm	年降水量 2mm	年降水量 1,256mm	年降水量 895mm
標 高 72m	標 高 3m	標 高 12m	標 高 25m	標 高 2,547m

↑インディオの服装（男性） 気温の年較差より日較差が大きいため、着脱に便利なポンチョ（外套、貫頭衣の一種）を着る。また、高山のため紫外線が強いので帽子をかぶる。

◖セルバ アマゾン盆地一帯に発達する世界最大面積の熱帯雨林の名称。「**地球の肺**」ともよばれ、地球の酸素供給の多くを担っているといわれる。急速な森林伐採と大豆などの作付け、放牧地の拡大に伴ってその面積は減少を続け、アマゾンの熱帯雨林の面積はかつての80％近くにまで減少している。**参照**》P.89

◖パンパ アルゼンチンのブエノスアイレス西方、ラプラタ川河口からアンデス山麓に至る広大な平原。西から降水量が増えるに従って乾燥パンパ、漸移地帯、湿潤パンパと区分される。肥沃な土壌と放射状の鉄道網の発達により、早くから南半球随一の農業地域として発達した。**参照**》P.71・127

小麦の播種のようす

↑乾燥じゃがいも（チューニョ）の加工 昼と夜の気温差が大きいアンデスの気候の特徴を利用してチューニョをつくる。野天に広げたじゃがいもは、夜間に凍結し、昼にはとける。何回か同じことを繰り返し、やわらかくなったところで踏みつぶし乾燥させると、長期保存が可能となる。**参照**》P.98・126

地誌
ラテンアメリカ

情報ナビ **カンポとセラード** カンポとは「原野」「畑」などを意味するポルトガル語の普通名詞。セラードとは「閉じられた」という意味のポルトガル語で、カンポセラードとは「低木が多く、見通しのきかない閉ざされた草原」という意味になる。

ラテンアメリカの歴史・民族・文化

1 人種構成と公用語 (注)太数字は総人口(万人,2021年推定)

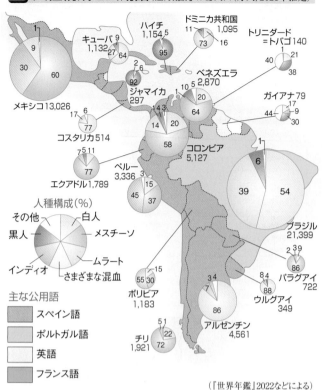

ハイチ 1,154.5
ドミニカ共和国 1,095
キューバ 1,132
メキシコ13,026
ジャマイカ 297
トリニダード=トバゴ140
ベネズエラ 2,870
ガイアナ79
コスタリカ514
コロンビア 5,127
エクアドル1,789
ペルー 3,336
ブラジル 21,399
ボリビア 1,183
パラグアイ 722
ウルグアイ 349
アルゼンチン 4,561
チリ 1,921

人種構成(%)

その他 白人
黒人 メスチーソ
ムラート
インディオ さまざまな混血

主な公用語

- スペイン語
- ポルトガル語
- 英語
- フランス語

(『世界年鑑』2022などによる)

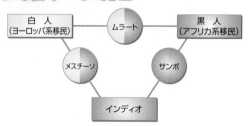

白人(ヨーロッパ系移民) — ムラート — 黒人(アフリカ系移民)
メスチーソ / サンボ
インディオ

解説 **インディオ** マヤ・アステカ・インカなどの文明を築いたモンゴロイド系の原住民。1492年のコロンブスの到達以来,ヨーロッパ人の侵入を受け,原住民社会は大きな変動にみまわれ,人口は大幅に減少した。

メスチーソ インディオとヨーロッパ系移民との混血。特に**メキシコ・コロンビア・チリ**などの中米・アンデス諸国で構成比が高い。

ムラート ヨーロッパ系の移民とアフリカ系移民の混血。特に**ブラジルや西インド諸島**で構成比が高い。

サンボ インディオとアフリカから移住させられた黒人との混血。特にブラジルや西インド諸島で構成比が高い。

クリオーリョ 現地生まれのヨーロッパ系移民(白人)。特にアルゼンチン・ウルグアイで構成比が高い。

↑メスチーソ   ↑ムラート

2 スペインによる征服

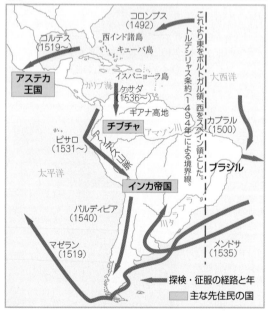

コロンブス(1492)
コルテス(1519〜)
西インド諸島
キューバ島
イスパニョーラ島
ケサダ(1536〜)
アステカ王国
チブチャ
ギアナ高地
ピサロ(1531〜)
カブラル(1500)
ブラジル
インカ帝国
大西洋
カリブ海
アマゾン川
太平洋
バルディビア(1540)
マゼラン(1519)
メンドサ(1535)

これより東をポルトガル領,西をスペイン領とした。トルデシリャス条約(1494)による境界線。

→ 探検・征服の経路と年
  主な先住民の国

解説 コロンブスの新大陸発見後,海外の土地の領有をめぐってポルトガルとスペインの間で紛争が生じたが,1494年に両国の間で**トルデシリャス条約**が結ばれ,境界線が定められた。

これを受けて,1521年コルテスがアステカ王国を,1533年ピサロがインカ帝国を征服。その後スペイン人征服者たちは,南北アメリカ大陸の広い範囲にわたって遠征を行い,植民地化を進めた。先住民に積極的な宣教活動を行った結果,ラテンアメリカの多くの住民は熱心な**カトリック**(キリスト教旧教徒)となった。

3 黒人奴隷の大規模輸入 参照▶P.307

北アメリカ6%
スペイン領アメリカ9%
イギリス領23%
デンマーク領1%
フランス領22%
オランダ領8%
ブラジル31%
黄金海岸
奴隷海岸
胡椒海岸 象牙海岸
カリブ海
ギニア湾

●1451〜1870年の奴隷貿易数と割合

期間	奴隷貿易数(割合)
1451〜1600※	275,000人 (3%)
1601〜1700	1,341,000人 (14%)
1701〜1810	6,052,000人 (63%)
1811〜1870	1,898,000人 (20%)

※ヨーロッパおよび大西洋諸島への輸出を含む。

(2,3とも大井邦明・加茂雄三『地域からの世界史⑯』朝日新聞社)

解説 イギリスやフランスに占領されたカリブ海の島々では,17世紀半ばになると西アフリカから黒人奴隷が大規模に輸入され,急速に奴隷制プランテーションが発展した。19世紀初めの奴隷貿易の廃止までに,多くの黒人奴隷が大西洋岸の全域から大西洋奴隷貿易で売られ,アメリカ大陸や西ヨーロッパへ運ばれる奴隷貿易船に乗せられた。**奴隷海岸**はトーゴ・ベナン・ナイジェリア西部の海岸地帯のヨーロッパ諸勢力による呼び名である。これは,**黄金海岸・象牙海岸・胡椒海岸**と並び,「主要産品」にちなんだネーミングである。

4 100年をむかえた日系ブラジル移民

1888年の奴隷制廃止後，ブラジルのコーヒー農場の労働力を支えたのはイタリアなどヨーロッパからの移民であったが，90年代のコーヒー価格暴落により移民は停滞した。一方，日本でもアメリカでの排日運動により，新しい移民先が早急に求められていた。

笠戸丸移民　1908年6月18日，第1回のブラジル移民791人をのせた「笠戸丸」がサントス港に入港した。1920年代にはペルー，アメリカへの移民が禁止され，ブラジルがほぼ唯一の日本移民受入国になった。1925〜34年の10年間が移民の最盛期であり，**サンパウロ州**を中心に日本人移民社会が形成されていった。勤勉さ，新しい農業技術の導入，教育熱の高さなど，日本移民はブラジル社会に大きな影響を与えた。

ブラジルから日本へ　1980年代半ばから移民1世や2・3世たちが就労目的で日本に渡航しはじめた。やがて日本国籍をもたない者の違法滞在などが問題にもなった。1990年の出入国管理法改正で規制が改められ，2009年現在外国人登録されているブラジル人は約27万人を数える。（富野幹雄・住田育法編『ブラジル学を学ぶ人のために』などによる）（注）現在，ブラジルには約200万人の日系人が居住している。参照》P.213

⮕**多くの日系人が住むサンパウロ[ブラジル]**

日本人移民が多く，現在においても，生活のなかに日本の文化や伝統が残っている。サンパウロは，南アメリカ最大の人口を有する商工業都市である。

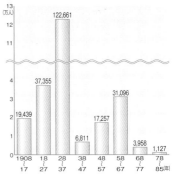

●ブラジルへの日本人移住者数

（万人）

年	人数
1908〜17	19,439
18〜27	37,355
28〜37	122,661
38〜47	6,811
48〜57	17,257
58〜67	31,096
68〜77	3,958
78〜85(年)	1,127

5 五輪以後のブラジル

東京五輪より涼しい　2014年のサッカーW杯に続き，2016年8月に第31回夏季五輪がリオデジャネイロで開催された。**南半球でAw気候**のため8月は乾季の冬にあたり平均気温は22℃で温暖（東京の8月は26℃）。ラテンアメリカでは1968年のメキシコ大会以来，48年ぶり。開催以前から競技・宿泊施設や交通インフラ整備の遅れ，高すぎて手の出ないチケットなどトラブルが多数発生した。一方，ファベーラ（スラム 参照》P.237）出身選手の活躍や，五輪で初めて難民選手団が組織されるなど，明るい話題もある中で無事に全日程が終了した。

⬆リオ五輪—サッカー男子でブラジルの優勝を喜ぶファン[リオデジャネイロ]

新型コロナによる死者60万人　2022年4月，前年は中止されたリオのカーニバルが2か月遅れで開催された。同年7月現在の感染者数は米国，インドに次ぎ3位，死者数67万人は米国の100万人に次ぐ2位である。爆発的な感染拡大は収まっているが依然として高い数値である。

6 ベネズエラの今

石油王国の斜陽化　石油の確認埋蔵量で世界の20%近くを占め**世界1位**。石油輸出による収入で力をつけた市民は長く続いた軍事政権を打倒し，1950年代には民主化に成功し**OPEC（石油輸出国機構）**の原加盟国の地位を占めた。

輸出のほとんどは一貫して原油であり，最大の輸出相手国はアメリカである。2013年に死去したチャベス大統領は反米社会主義路線をとり，石油，鉄鋼などを国有化，社会保障を優先する政策は貧困層の支持を得たが，現在は慢性的な停電や水道のストップなど，国民生活は破綻している。周辺諸国との関係も悪化し，2017年には**MERCOSUR（南米南部共同市場）** 参照》P.256 の加盟資格停止に至った。現マドゥロ大統領は米国との対立を強め，援助物資の国境通過を禁じるなど事態は悪化，議会勢力との対立が激化している。難民として国を離れた人々は400万人を超えている（参照》P.214）。

⮕マラカイボ湖油田

7 マチュピチュの謎

「**空中都市**」「失われた都市」ともよばれるマチュピチュは15世紀前半のスペイン人の侵略と破壊を免れ，ほぼ無傷のまま残されたインカ遺跡である。発見は1911年，ハイラム・ビンガム（米）による。**海抜2,400m**の尾根上に位置し，400mの標高差があるためふもとのジャングルからはその姿は確認できず，空中からしか存在を確認できないことから「空中都市」との別名がついた。

驚異の技術力　インカ帝国の卓越した政治・技術力には驚かされる。段々畑による穀物生産（ジャガイモ，トウモロコシ，コカの葉など），反乱防止のための人口移動，キープという縄による統計管理，発達した道路網，集団労働など，いずれをとっても完成度が高かった。とりわけ石造建築では，鉄器をもたなかった人々がどのように巨石を切り出して運搬し，カミソリの刃一枚通さないほどの緻密な石組みを完成できたのか，また頭蓋骨切開などの外科手術の技術がどのように培われたのか。その謎は多くの観光客を引きつけ続けている。

（『地球の歩き方　ペルー』ダイヤモンド社などによる）

⮕マチュピチュ[ペルー・クスコ地方]

7 中央アメリカの国々

グアテマラ グアテマラ北部のジャングルに埋もれるティカル遺跡は約16km²の範囲に3,000余の建造物がみられる巨大な世界遺産である。マヤ文明の中心地であったグアテマラにメキシコを征服したコルテスの部下たちが最初に到達したのは1523年，瞬く間に中央アメリカはスペイン人の支配下に置かれたが，1821年，スペインから独立を果たす。19世紀からは良質なコーヒーの輸出がさかんになったが，先住民の労働に依存したモノカルチャー経済は今も変わっていない。

コスタリカ 豊かな自然と世界的なエコツーリズムのブームもあって，自然公園や自然保護区への観光客が増えている。1948年の内乱以降は民主政治が定着し，中米でもっとも政治経済体制が安定した国である。コスタリカ憲法には「恒久制度としての軍隊は保持しない」との文言があり，1983年には永世積極的中立宣言を行った。参照▶P.94

パナマ 1903年，パナマ運河建設を目的とするアメリカの援助を受け大コロンビア共和国から独立。アメリカは建設した運河とその両岸，付属施設の租借を続けたが，1999年に返還した。参照▶P.195

（『地球の歩き方「中米」』ダイヤモンド社などによる）

大ジャガーの神殿
高さ51m，最上部の神殿入り口でジャガーの彫刻が発見された。

❶熱帯雨林にあるティカル遺跡[グアテマラ]

8 ブルーマウンテンの島〜ジャマイカ

ジャマイカ 17世紀以来イギリス領であったが，西インド連邦を経て1962年に独立。アフリカ系が人口の9割を占める。映画『007』シリーズに度々この国が登場することでもイギリスとの関係の深さが知られるが，現在は政治経済ともにアメリカとの関係が強い。

ブルーマウンテン 全島がサバナ(Aw)気候のこの島の東部にそびえる**ブルーマウンテン峰**(2,256m)の山麓は適度な乾燥があり，世界最高級のコーヒー産地として知られる。生産量は世界のコーヒー生産の1％に満たないが，ほとんどが日本に輸出されている。

ボーキサイト大国 かつては世界3位の生産量を記録したボーキサイトの生産はこの国の最も主要な産業である(2019年では世界7位)。輸出総額の約46％をボーキサイトを加工した**アルミナ**が占めている。参照▶P.153

スポーツと音楽 カリブの伝統音楽にさまざまな音楽の影響が加わり，1960年代に現れたジャマイカ産の音楽が**レゲエ**である。恋愛から社会批判までを歌うレゲエは中米が世界に発信する最大の文化ともいえる。

サッカーは非常に人気があり，**スプリント王国**とよばれるほど陸上短距離ランナーを輩出する国でもある。

❶ウサイン＝ボルト選手

9 革命とその後〜キューバ

キューバ革命 キューバはフィデル・カストロ(2016年死去)に率いられてきた社会主義国である。1902年にアメリカの庇護の下，スペインから独立し，1959年のキューバ革命まではアメリカの砂糖の供給基地として位置づけられてきた。革命後，1962年の**キューバ危機**を契機として当時の東側陣営に入り，砂糖の高値での買い付けにより旧ソ連から莫大な支援を受け，経済は潤い国民の生活水準は向上した。

冷戦の終わり 1990年代前半，旧ソ連が崩壊し，支援がなくなると，経済は大幅なマイナス成長を記録した。政府は危機克服のために市場原理を導入した経済改革を行い，外貨所持解禁，個人営業拡大，農産物自由市場創設などに踏み切った。しかし，経済改革は国民の所得格差を拡大し，国営企業内部での汚職の蔓延もあり，2002年末頃から市場経済化は後退した。

近年では，観光産業の好調や，マイケル・ムーア監督の映画『シッコ』で取り上げられた高水準医療のビジネス化や，産油国ベネズエラとの連携に伴う医師派遣との引き換えによる石油輸入，中国との貿易増加などがみられる。

劇的な転換 2015年にはオバマ政権とラウル＝カストロ議長(フィデルの実弟)との間で交渉が成立したが，トランプ政権で関係は冷却。2021年からのバイデン政権後の外交変化に注目したい。

（丸谷雄一郎『ラテンアメリカ経済成長と広がる貧困格差』創成社などによる）

❶アメリカ・キューバの両首脳(2016年3月)

解説 グアンタナモ基地(参照▶P.252)は1903年以来，アメリカがキューバからの租借を続けた。キューバの返還要求に対し，オバマ大統領は返還を公約したが，実現に向かっていない。

情報ナビ **チェ＝ゲバラ** キューバ革命でカストロとともに戦った革命家。カストロ政権の閣僚を辞し，コンゴ，ボリビアで民族独立のゲリラ戦を指揮する。1967年拘束され銃殺。2008年に映画化され話題になった。

オセアニア〜太平洋に広がる島々

1 ポリネシア・ミクロネシア・メラネシアの区分

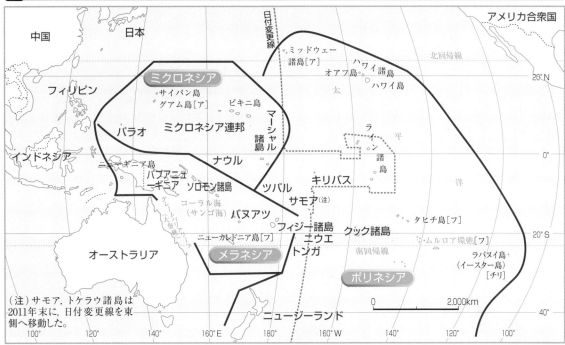

（注）サモア，トケラウ諸島は2011年末に，日付変更線を東側へ移動した。

解説 ニューギニアからニューカレドニアを経てニュージーランドまでは**環太平洋造山帯**に属し，高山や火山が多い。太平洋に分布する島々は火山性，あるいはサンゴ礁のもので，1970年代以降に独立した島嶼国家が11か国ある。

①**ポリネシア** 経度180度の東側を総称してポリネシア（**多数の島々の意味**）という。ニュージーランドもポリネシア系マオリ族が住むため，ここに含まれる。2011年，日本政府はクック諸島を国家承認。

②**ミクロネシア** 経度180度以西で緯度0度（赤道）以北をミクロネシア（**小さい島々の意味**）という。1990年にマーシャル諸島・ミクロネシア連邦がアメリカから独立。

③**メラネシア** 経度180度以西で赤道以南をメラネシア（**黒い島々の意味**）という。島嶼国家が多いが，ニッケル鉱の産出で有名なニューカレドニア島はフランス領。ニューギニア・ソロモン諸島などは，第二次世界大戦中の日・米・豪軍の激戦地。

⊕**ヤムいも祭りの準備をする女性[パプアニューギニア]** ヤムいもはパプアニューギニアの人々にとって主食であったが，近年は米やパンを食べる人が多くなっている。パプアニューギニアは，人口約910万人で，銅やコーヒー・カカオ・木材などが主要輸出品である。

⊕**サンゴ礁の国キリバス** キリバスは面積726km²，人口約12万人の小国で，島々のほとんどは海底火山の頂上部の環礁（**参照** ≫P.53）で，平均海抜はわずか1m程度にすぎない。温暖化により海面が上昇すると国土の大半が水没する運命に立たされている。

⊕**水位が上がりゴミだらけとなった海水の中を歩く人[ツバル]** ツバルは面積26km²，人口約1万人の小国で，最高点は標高5mである。海面上昇により，海岸侵食や地中からわき出た塩水による浸水被害が拡大している。**参照** ≫P.86

情報ナビ **ポリネシアの群島国家キリバス** 各島々が赤道と180度線の交差地点を中心に散在するため，東西南北いずれの半球にも領域がある。かつて，その領域の中を日付変更線が通っていたが，1997年に東端に移し，日付が一本化されることとなった。

オーストラリア・ニュージーランドの自然環境

🔼**一枚岩ウルル（エアーズロック）** 〝地球のヘソ〟ともいわれ，残丘（モナドノック）（参照▶P.45）の例である。長さ3.6km，最大幅2.5km，まわりの平原からの高さ（比高）は335mである。

🔼**グレートバリアリーフ（大堡礁）** 南北2,000kmに及ぶ世界最大の堡礁。300種以上のサンゴが群生しており，サーフィン，ダイビングをはじめとする観光のメッカで，世界自然遺産に登録されている。

1 地形

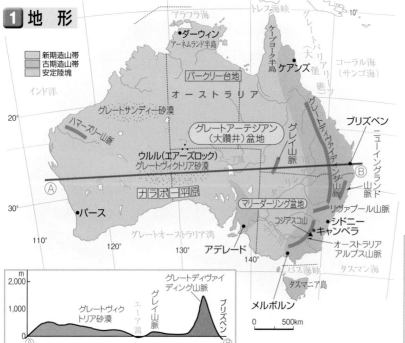

凡例：
- 新期造山帯
- 古期造山帯
- 安定陸塊

アラフラ海　トレス海峡
ダーウィン
アーネムランド半島
ケープヨーク半島
バークリー台地
オーストラリア
グレートサンディー砂漠
ケアンズ
コーラル海（サンゴ海）
グレートアーテジアン（大鑽井）盆地
インド洋
ハマーズリー山脈
ウルル（エアーズロック）
グレートヴィクトリア砂漠
ナラボー平原
グレイ山脈
グレートディヴァイディング山脈
ブリズベン
ニューイングランド山脈
マリーダーリング盆地
リヴァプール山脈
パース
グレートオーストラリア湾
コジアスコ山
シドニー
キャンベラ
アデレード
オーストラリアアルプス山脈
タスマン海
メルボルン
バス海峡
タスマニア島

0　500km

断面図：
m
2,000
1,000
0
グレートヴィクトリア砂漠
エーア湖
グレイ山脈
グレートディヴァイディング山脈
ブリズベン
Ⓐ　Ⓑ

コジアスコ山

🔼**東部の高地** 古期造山帯に属する**グレートディヴァイディング（大分水嶺）山脈**は侵食が進み，高度は1,000m程度。南部のオーストラリアアルプス山脈（コジアスコ山2,230m）が，大陸で最も高い。

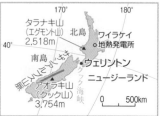

タラナキ山（エグモント山）2,518m
北島
ワイラケイ地熱発電所
南島
ウェリントン
ニュージーランド
サザンアルプス山脈
アオラキ山（クック山）3,754m
クック海峡

0　500km

🔽**グレートアーテジアン盆地** 標高150m以下の低地で，比較的新しい堆積物におおわれている。**グレートアーテジアン（大鑽井）盆地は自噴井が発達**（参照▶P.83）していることで知られる。西部台地とともに降水量は少なく，砂砂漠や塩湖が発達している。

🔽**フィヨルドランド国立公園** ニュージーランドは，北島と南島からなる島国で，新期造山帯である太平洋を取り巻く環太平洋造山帯の一部である。北島には，タラナキ（エグモント）山などの火山があり，火山活動が活発である。南島には，3,000m級の山々からなるサザンアルプス山脈があり，**南西部には，氷河が発達しフィヨルドがみられる。**参照▶P.50

2 気 候

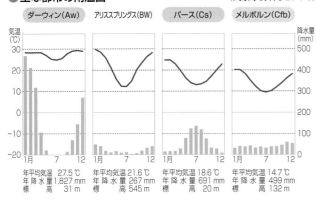

● 雨温図掲載の都市

年降水量
500mm

ダーウィン

アリススプリングス　ブリズベン

偏西風

パース

メルボルン

ウェリントン

東オーストラリア海流

160°
10°
20°
30°
120°　140°

Af 熱帯雨林気候	**Cw** 温暖冬季少雨気候
Am 弱い乾季のある熱帯雨林気候	**Cs** 地中海性気候
Aw サバナ気候	**Cfa** 温暖湿潤気候
BS ステップ気候	**Cfb** 西岸海洋性気候
BW 砂漠気候	

● オセアニアの気候区

解説 オーストラリアは「**乾燥大陸**」とよばれ，内陸部・西部を中心に降水量500mm以下の乾燥地域は，国土の３分の２を占める。北部海岸は赤道に近く，サバナ気候（Aw）が卓越し，モンスーン（季節風）による夏（日本では冬）の降水量が多い。さとうきびなどの熱帯作物やボーキサイトなどの地下資源が特徴。東部・南部の海岸は温帯気候がみられ，大都市はほとんど温帯である。オーストラリアにはケッペンの気候区分の亜寒帯（D）・寒帯（E）以外のすべての気候区がみられる。

ニュージーランドは**全島が西岸海洋性気候（Cfb）で，偏西風の影響**が非常に強い。南島は高度3,000m以上のサザンアルプス山脈があるため，風上斜面にあたる西岸は湿潤，風下側の東岸は比較的乾燥している。参照》P.75

● 主な都市の雨温図

(気象庁資料などによる)

ダーウィン(Aw)　アリススプリングス(BW)　パース(Cs)　メルボルン(Cfb)

気温
(℃)
30
20
10
0
-10
-20

降水量
(mm)
500
400
300
200
100

1月　7　12　　1月　7　12　　1月　7　12　　1月　7　12

年平均気温 27.5℃	年平均気温 21.6℃	年平均気温 18.6℃	年平均気温 14.7℃
年降水量 1,827mm	年降水量 267mm	年降水量 691mm	年降水量 499mm
標　高 31m	標　高 545m	標　高 20m	標　高 132m

● ニュージーランド北島の酪農と南島の牧羊

↑**北島**(上の写真)は降水量が多く，牧草が豊富で牛の頭数が多い。**南島**(下の写真)の東海岸は偏西風の風下に当たり降水量が比較的少ないため，牧草栽培による羊の飼育がさかんである。参照》P.128

↑**オーストラリア北東部の熱帯地域** ケープヨーク半島には，写真のような熱帯雨林もみられる。湿度，気温とも高い。

↑**オーストラリア中央部エーア湖近くの砂漠** グレートヴィクトリア砂漠は，オーストラリアの乾燥地域中で最も乾燥が激しいといわれる。

↑**ニュージーランドの首都ウェリントン**「強風の南緯40度」とよばれる緯度に位置し，クック海峡から吹きつける偏西風にさらされることから，ウェリントンは「風のウェリントン」ともいわれる。参照》P.75

1 移民の国〜オーストラリア 参照▶P.212

オーストラリアに，最初の移民が到着したのは1788年のことである。彼らはイギリス本国から送られた750余名の流刑囚（るけいしゅう）（うち4分の1は女性）であった。イギリスは，1868年に流刑制度が廃止されるまでに約16万8,000人の流刑囚を送り込んだといわれる。1820年代に入ると，自由移民の数も多くなり，未開地を無断で占拠し，牧畜を行う者が現れ，彼らは**スコーター**（牧羊），**オーバーランダー**（牧牛）などとよばれた。

一方で19世紀中ごろから，**アジア人苦力（クーリー）**が安い労働力として流入し，これが刑期を終えた流刑囚などの無産階級の反発をかって，のちの白豪主義（有色人種の移民を排斥する運動）へ発展することになった。また，1851年に発見された金鉱は，世界各地からの人口流入を招いた。19世紀後半には，さまざまな形で移民制限法が出され，主に中国系移民が排斥された。第二次世界大戦後に移民は再び増加し，1945年から1970年までに350万人近くが流入した。出身国はイギリス系が過半数のほか，ヨーロッパ全域・中近東・南米・アジアからも多い。このような200年にわたる移民の増加に圧迫されて，アボリジニの激減，タスマニア島先住人の絶滅などのさまざまな問題が起こった。

(橋爪若子『オーストラリア入門』古今書院などによる)

●オーストラリアが受け入れた民族の地域別割合

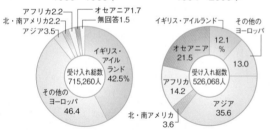

1959—1965年

アフリカ2.2
北・南アメリカ2.2
アジア3.5
オセアニア1.7
無回答1.5
イギリス・アイルランド42.5%
受け入れ総数 715,260人
その他のヨーロッパ 46.4

1994—2000年

イギリス・アイルランド
その他のヨーロッパ
12.1%
13.0
オセアニア 21.5
受け入れ総数 526,068人
アフリカ 14.2
北・南アメリカ 3.6
アジア 35.6

(『Australian Immigration Consolidated Statistics』No.16・17・21)

○アボリジニ 先住民アボリジニは，約4万年前に渡来したといわれ，白人入植者がやって来た1788年には，約30万人が狩猟採集生活を送っていた。

2 マルチカルチャリズム*

死語となった白豪主義 年配の日本人には，オーストラリアといえば，まだ「**白豪主義**」[注]という言葉を連想する人が多い。そのイメージをもって，空の玄関シドニー空港に降り立つと，驚くことばかりだ。ずらりと客待ちの運転手には，中国，韓国，インドネシア，パキスタンなどアジア人の姿も混じっていて，どこの空港に着いたのかと一瞬とまどうほどだ。

チャイナタウンに出かけると，中華料理はもちろん，日本や韓国，タイ，カンボジア，マレーシア，シンガポールなど東南アジアの料理を自由に選べる食べ物広場が3か所もあって，国ごとの微妙な味の違いを楽しめる。

マルチカルチャリズム メルボルンに出かけても事情はほぼ同じである。シドニーほどアジア人の姿は目立たないものの，ここはイタリア人とギリシャ人の天下だ。

オーストラリアには，約200もの国や地域からの移民が集まっている。アメリカとよく似たこの人種，民族の見事なばかりの混在ぶりを，オーストラリアでは「**マルチカルチャリズム**」とよぶ。「**多民族・多元文化主義**」という意味である。

多くの言葉と文盲と いろいろな国からの移民は，それぞれの言葉を持ち込んでくる。オーストラリアでは，英語だけを話す人が8割で，その他の言葉を話す人が2割を占める。

たくさんの言葉が並存することは，文化の多様性を示す半面，コミュニケーションに問題を生みだす。50万人以上のオーストラリア人はほとんど英語をしゃべれないし，読み書きに問題のある成人は100万人を超すという。

この英語力の不足は，工場などで大きな問題を引き起こしている。上司の命令はうまく伝わらないし，間違って労働災害を引き起こすことさえある。

(注)白豪主義の撤廃 1975年「人種差別禁止法」を制定し，難民の受け入れが始まり，多民族・多文化社会化が進んだ。
***マルチ・カルチュラリズムともいう。**

(大津彬裕『オーストラリア 変わりゆく素顔』大修館書店による)

●言語でみるオーストラリアの多様性

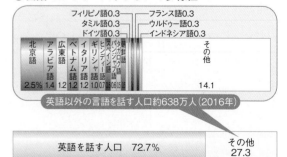

フィリピノ語0.3
タミル語0.3
ドイツ語0.3
フランス語0.3
ウルドゥー語0.3
インドネシア語0.3

北京語 2.5%
アラビア語 1.4
広東語 1.2
ベトナム語 1.2
イタリア語 1.2
ギリシャ語 1.0
ヒンディー語 0.7
スペイン語 0.6
パンジャブ語 0.5
朝鮮語 0.3
その他 14.1

英語以外の言語を話す人口約638万人（2016年）

英語を話す人口 72.7%	その他 27.3

(ABS. Stat, Census 2016による)

情報ナビ **アボリジニ** ブーメランで有名な狩猟採集民族であったが，現在その多くは都市に居住している。2000年のシドニーオリンピックでは，多文化の融和がテーマに掲げられ，開会式でアボリジニ出身の女子陸上選手が最終聖火ランナーをつとめた。

1 日豪パートナーシップ

オーストラリアは第二次世界大戦後，日本との国交をいち早く正常化させた国の一つで，1950年代までにはアメリカについで2番目の物資供給国となった。経済的な面ばかりでなく，過去20年ばかりの間に市民の交流もさかんになり，100を超える姉妹都市関係が成立している。オーストラリアへの日本人旅行客は1996年には80万人を超え，中・高等学校の修学旅行や**ワーキングホリデー制度**(注)などで，次代を背負う若者同士の交流もさかんに行われている。「日豪パートナーシップ」は両国政府の関係で最も重要視されている。1995年には共同宣言で，より深い相互理解と共に，二国間・地域的・多国間のさまざまな範囲に及ぶ相互協力を推進することで合意している。その分野は，安全保障，経済，観光，科学技術，農業，教育，文化，環境，援助，軍縮，人権，東南アジア諸国連合（ASEAN），アジア太平洋経済協力（APEC），などの多岐にわたっている。

（注）**ワーキングホリデー制度**　青少年の相互交流を目的に，滞在期間中の旅行費用を補うため，一定の範囲内で働くことを互いに認め合う制度。日本が初めて協定を結んだのがオーストラリアである。　（久村研『オーストラリアとニュージーランド』三修社による）

2 オーストラリアの貿易相手国の変化

18世紀末にイギリスの流刑植民地とされて以降，オーストラリアはイギリスと強い経済的関係にあった。しかし，1973年にイギリスがヨーロッパ共同体（EC）(参照▶P.297)に加盟し，1989年にはオーストラリアがアジア太平洋経済協力（APEC）(参照▶P.256)に加盟すると，イギリスの影響力は低下し，地理的に近接する環太平洋諸国との経済的結びつきが強くなった。

●オーストラリアの貿易相手国

輸出

1965年 （29億ドル）	イギリス 17.7%	日本 16.6	アメリカ合衆国 11.0	ニュージーランド 6.3	中国 5.5	その他 42.9

2019年 （2,726億ドル）	中国 38.2%	日本 14.7	韓国 6.3	イギリス 3.8	アメリカ合衆国 3.8	その他 33.2

輸入

1965年 （34億ドル）	イギリス 26.0%	アメリカ合衆国 23.0	日本 9.5	ドイツ 5.4	カナダ 4.0	その他 32.1

2019年 （2,270億ドル）	中国 25.7%	アメリカ合衆国 11.8	日本 7.0	タイ 4.8	ドイツ 4.8	その他 45.9

（『世界国勢図会』2021/22などによる）

⬆流刑植民地時代の廃墟が残るタスマニアのポートアーサー

3 オージー・ビーフ

オーストラリアは世界有数の農業大国で，中でも牛肉は**日本の輸入量の約4割**をオーストラリア産が占める。**日豪EPA**（経済連携協定）の合意（2014）で日本向け牛肉の関税は段階的に引き下げられ，オーストラリアからの輸入量はさらに増える見通しである。

⬆**オージー・ビーフのロゴ**　「オージー・ビーフ」とはオーストラリア産の牛肉につけられたブランド名である。

■日本の牛肉の輸入先

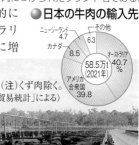

オーストラリア　40.7%
アメリカ合衆国　39.8
カナダ　8.5
ニュージーランド　4.7
その他　6.3
58.5万t（2021年）

（注）くず肉除く。
（財務省「貿易統計」による）

⬆牛のフィードロット（肥育場）[クインズランド州]

4 「羊の背中に乗った国」の今

オーストラリアに入植した農業移民にとって，羊の飼育はとても重要であった。それは，イギリスで発達した機械式羊毛工業の原材料として，オーストラリア産の羊毛が重宝されたからである。冬は寒冷となるヨーロッパにおいて，オーストラリア産の良質で大量の羊毛は重要な存在となった。イギリス中東部のペニン山脈東側ヨークシャーでは，オーストラリア産の羊毛を使ったメリヤスの下着，靴下，カーペット，タペストリーなどの製品が作られてきた。

オーストラリアで飼育されている羊の約4分の3は**メリノ種**である。1990年頃のピーク時にはオーストラリア国内において1億4,000万頭程が飼育されていたが，リサイクル素材のフリースなどの安価な化学繊維の発達とともに飼育頭数は減少し，2018年現在ではピーク時の約半分の7,000万頭程になっている。羊毛の生産は，1960年代頃まではオーストラリアの農業生産額の50％以上を占めており，確かにオーストラリアを代表する農産物であったが，小麦や牛肉などの生産量の増大に加え，野菜や果物の生産も増加しており，現在では羊毛生産はオーストラリアの農業生産額の4％を占めるにすぎない。かつてはオーストラリアの代名詞とも言われた「羊の背中に乗った国」であるが，現在のオーストラリアにその面影はほとんど見られない。　（『地誌学概論[第2版]』朝倉書店による）

情報ナビ　**ユニオンジャック（イギリス国旗）は今**　英連邦加盟54か国のうち，国旗にユニオンジャックを入れているのは，オーストラリア，ニュージーランド，フィジー，ツバルの4か国のみ。形式上，イギリス国王が元首であるが，共和制移行の動きもみられる。

1 人口　参照 ≫P.354

● 人口増加率（1980年〜1990年）

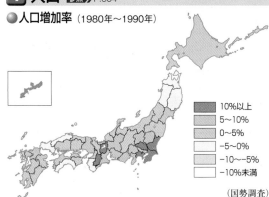

10%以上
5〜10%
0〜5%
−5〜0%
−10〜−5%
−10%未満

（国勢調査）

解説 この時期は，東京圏・中京圏・大阪圏などの大都市圏やその周辺に位置する地域の人口は増加傾向であるが，大都市圏から離れた地域では人口が減少傾向にあった。高度経済成長期以降，地方から大都市などへの人口移動が顕著となったが，その移動先が大都市圏の外郭に及んでいることが推定される。

● 人口増加率（2010年〜2020年）

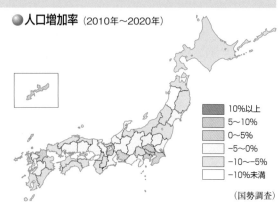

10%以上
5〜10%
0〜5%
−5〜0%
−10〜−5%
−10%未満

（国勢調査）

解説 国内の人口は2005年に戦後初めて前年を下回った後，2008年にピークとなり，2011年以降，継続して減少している。この時期は，ほとんどの地域で人口減少がみられる。増加率がプラスの都府県は少ないが，国全体で少子高齢化が深刻な中で，これらには社会増による人口増加がみられる。

● 65歳以上人口の割合（2021年）

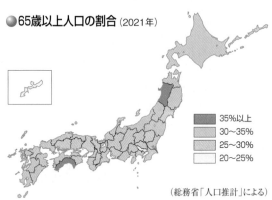

35%以上
30〜35%
25〜30%
20〜25%

（総務省「人口推計」による）

解説 2021年現在の高齢化率は，最も高い秋田県で38.1%，最も低い東京都で22.9%となっている。今後，高齢化率はすべての都道府県で上昇し，将来は50%を上回るところも出てくると予測されている。人口の自然増や社会増がみられない地域の高齢化率は高い傾向にあり，生活・産業基盤の維持が課題である。

● 外国人人口（2021年）

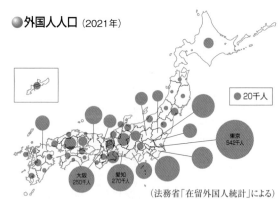

● 20千人

東京
542千人

大阪
250千人

愛知
270千人

（法務省「在留外国人統計」による）

解説 2021年現在，日本に在留する外国人は280万人を超えている。在留外国人は永住者が最も多く，留学・技能実習と続く。2019年から政府は働き手不足への対応のため，新たな在留資格を設けており，外国人人口は今後も増えることが予想されている。外国人は都市部に生活する傾向が強い。

2 農業　参照 ≫P.355

● 農業産出額（2020年）

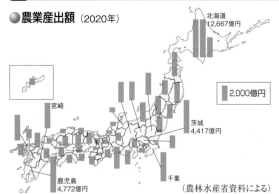

北海道
12,667億円

2,000億円

宮崎

茨城
4,417億円

鹿児島
4,772億円

千葉

（農林水産省資料による）

解説 2020年農業産出額の都道府県順位は1位が北海道，次いで鹿児島県，茨城県，千葉県，熊本県と続く。北海道は果実・鶏などを除き主要部門で上位，鹿児島県・宮崎県は肉用牛・豚の産出額が多い。茨城県や千葉県は東京大都市圏の中にあって近郊農業が盛んで，野菜・鶏卵での産出額が多い。

（注）沖縄県は表現上拡大して表示している。

● 水田率（2021年）

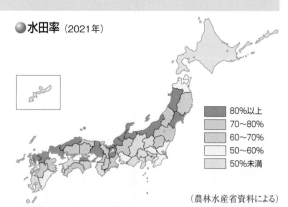

80%以上
70〜80%
60〜70%
50〜60%
50%未満

（農林水産省資料による）

解説 水田率とは，全耕地面積に対する水田の面積の割合であり，日本全体で約54%（2021年）である。都道府県別では富山県の約95%を筆頭に裏作が困難な東北地方や北陸地方で水田率が高い県が目立つ。一方，野菜や果樹・畜産などに特色がみられる県は水田率は低いことがわかる。

● 日本のおもな食料の自給率 （2020年）

米 — 自給97% — 輸入3
小麦 — 自給15% — 輸入85
大豆 — 自給6% — 輸入94
野菜 — 自給80% — 輸入20
果実 — 自給38% — 輸入62
魚介類 — 自給55% — 輸入45
牛肉 — 自給36% — 輸入64
豚肉 — 自給50% — 輸入50

（農林水産省資料などによる）

解説 日本人の食生活は戦後，急速に欧米化が進行し，米や野菜・魚中心の食生活から肉や油脂などを多く摂る食生活に変化した。また農業が斜陽化する産業構造の変化にともない，有数の食料大量輸入国となった。食料の国内生産が減少し，輸入量が増えれば自給率は低下する。米は自給率97％と，他の食料に比べて高いが，小麦・大豆などの穀類はそのほとんどを輸入している。野菜をのぞく他の食料についても自給率が50％を下回っているものが多い。消費者のニーズの多様化や自由貿易の推進などの影響もあり，食料の輸入は多くなる傾向で，それとともに自給率が低下することも念頭におく必要がある。また，2022年のロシアによるウクライナ侵攻に伴い外国産穀物価格の上昇が懸念されており，食料安全保障が喫緊の課題である。

3 工業 参照》P.358

● 工業製品出荷額 （2019年）

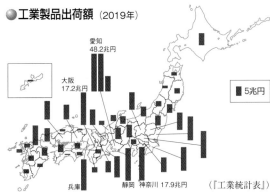

愛知 48.2兆円
大阪 17.2兆円
5兆円
兵庫
静岡　神奈川 17.9兆円

（『工業統計表』）

解説 高度経済成長期前後に急速な工業化をとげた太平洋沿岸地域に位置する県の多くが高い水準である。特に愛知県は自動車を中心とした輸送機械，鉄鋼などで全国最大の出荷額を誇る。全体としては三大工業地帯に含まれる都府県の出荷額が多いが，工業地域が拡散した内陸部の県なども比較的多い。

4 経済 参照》P.359

● 第3次産業の有業者割合 （2017年）

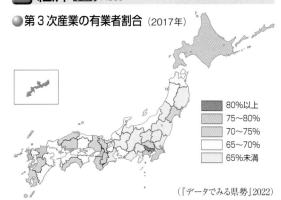

80%以上
75〜80%
70〜75%
65〜70%
65%未満

（『データでみる県勢』2022）

解説 第3次産業は商業・サービス業などが中心である。有業者割合が高い地域は一般に都市部であり，都市が集中する都府県はその割合が高い。また北海道は観光業が盛んであり，割合が高くなっている。概して西日本の府県の割合が高いが，医療・福祉関係に従事する人口が多いからと考えられている。

● 卸売販売額 （2016年）

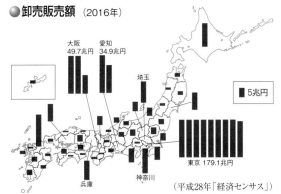

大阪 49.7兆円
愛知 34.9兆円
埼玉
5兆円
兵庫
神奈川
東京 179.1兆円

（平成28年「経済センサス」）

解説 都道府県で卸売販売額が多いところには，高い中心地機能をもつ都市がある。日本全体に影響力をもつ東京をはじめ，札幌・仙台・名古屋・大阪・福岡など，各地方の中心地機能をもつ都市には市場・卸売業が多く集積する傾向にあり，物資の集散地としての役割を果たす。

● 1人当たり県民所得 （2018年）

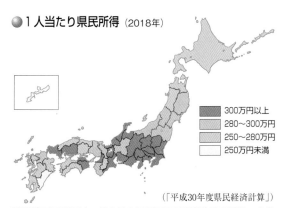

300万円以上
280〜300万円
250〜280万円
250万円未満

（「平成30年度県民経済計算」）

解説 県民所得は，その県の県民雇用者報酬や財産所得，企業所得を合計したものであり，1人当たりの県民所得は，個人の所得水準を示したものではない。2018年度，最も高かったのは東京都で約541万円，最も低かったのは沖縄県の約239万円であった。全国平均は約332万円。

● 地味に恵まれない土地と稲作の北進

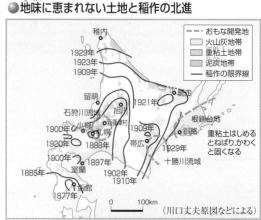

凡例：
- --- おもな開発地
- 火山灰地帯
- 重粘土地帯
- 泥炭地帯
- ― 稲作の限界線

稚内

1929年
1923年
1909年

網走

留萌
石狩川流域 旭川
1921年

根釧台地

1900年 小樽
1900年 新篠津村
1909年
釧路

重粘土はしめる
とねばり、かわく
と固くなる

1920年
1888年 帯広
1929年

1900年 札幌 十勝川流域

1885年
1897年
1902年

1877年 函館
室蘭
1910年

0 100km

（川口丈夫原図などによる）

解説 石狩川流域は，かつては未開の泥炭地帯であり，水はけが悪く農業に不向きであった。1955年から大規模な土地改良工事が行われ，現在では広大な水田地帯となっている。

● 農業産出額の内訳　（2020年）

北海道 1兆2,667億円

| 米 9.5% | 野菜 16.9 | 畜産 57.9 | その他4.9 |

麦2.6
豆2.6
いも5.1　果実0.5

東北地方 1兆4,426億円

| 米 31.8% | 野菜 18.3 | 果実 15.2 | 畜産 30.6 |

花き1.7
その他2.4

全国 8兆9,557億円

| 米 18.5% | 野菜 25.1 | 果実 9.8 | 畜産 36.0 | その他7.2 |

花き3.4

（農林水産省資料による）

解説 北海道，東北地方は農業産出額が他県と比較しても高く，第1次産業に従事する人口割合も高い。北海道では機械化された大規模農場でのてんさいやばれいしょなど畑作が中心だが，米の生産も新潟県と1，2を争うほどである。東北地方は果樹栽培や寒さに強い品種改良米の生産がさかんである。

白神山地のブナ林[青森県西目屋村] 世界的にも大規模なブナ原生林が見られることから，1993年に屋久島とともに世界遺産（自然遺産）に登録された。

● 主な都市の雨温図　（気象庁資料などによる）

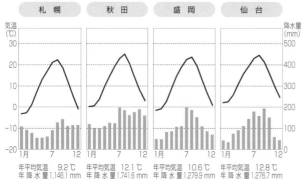

| 札幌 | 秋田 | 盛岡 | 仙台 |

気温 (℃)　降水量 (mm)

年平均気温 9.2℃
年降水量 1,146.1mm

年平均気温 12.1℃
年降水量 1,741.6mm

年平均気温 10.6℃
年降水量 1,279.9mm

年平均気温 12.8℃
年降水量 1,276.7mm

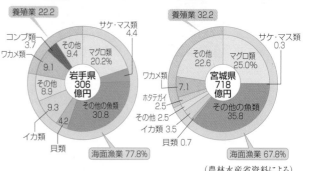

2011年東北地方太平洋沖地震（東日本大震災）後に再開されたワカメの養殖[宮城県気仙沼市] 三陸海岸はリアス海岸（**参照** ≫P.50）であり，入り江では養殖業がさかんである。

● 海面漁業・養殖業別，魚種別水揚げ高の割合 （2020年）

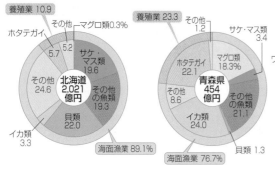

北海道 2,021億円
- 養殖業 10.9
- その他 5.2　マグロ類0.3%
- ホタテガイ 5.7
- サケ・マス類 19.6
- その他 24.6
- その他の魚類 19.3
- 貝類 22.0
- イカ類 3.3
- 海面漁業 89.1%

青森県 454億円
- 養殖業 23.3
- その他 1.2
- サケ・マス類 3.4
- ホタテガイ 22.1
- マグロ類 18.3%
- その他 8.6
- その他の魚類 21.1
- イカ類 24.0
- 貝類 1.3
- 海面漁業 76.7%

岩手県 306億円
- 養殖業 22.2
- コンブ類 3.7
- その他 9.4
- サケ・マス類 4.4
- ワカメ類 9.1
- マグロ類 20.2%
- その他 8.9
- その他の魚類 30.8
- イカ類 9.3
- 貝類 4.2
- 海面漁業 77.8%

宮城県 718億円
- 養殖業 32.2
- その他 22.6
- サケ・マス類 0.3
- マグロ類 25.0%
- ワカメ類 7.1
- ホタテガイ 2.5
- その他 2.5
- その他の魚類 35.8
- イカ類 3.5
- 貝類 0.7
- 海面漁業 67.8%

（農林水産省資料による）

2 交通網と工業，文化

●工業製品出荷額の内訳　（2019年）

北海道　6兆1,336億円

金属 12.1%	電気 4.3	輸送 6.3	化学 15.9	食料品 40.3	繊維0.5	パルプ・紙 6.3	その他 9.6

機械13.4／その他機械2.8／印刷1.9

東北地方　18兆2,438億円

金属 11.5%	電気21.9	輸送	化学 10.8	食料品 13.4 9.0	繊維1.1 15.1	パルプ・紙3.4	その他 12.5

機械46.1／その他機械／印刷1.3

全国　325兆3,459億円

金属 13.5%	電気 12.0	輸送20.9	化学 12.4 13.3	食料品 12.2	繊維1.2	パルプ・紙2.4	その他 10.6

機械45.3／その他機械／印刷1.5

（『工業統計表』による）

解説 北海道は原材料となる農水産物が豊富にとれるため，食料品工業の出荷額割合が高くなっている。東北地方は，高速道路の延伸に伴ってICなどの工場が立地したこともあり，電気機械の割合が高い。

↑デンプン工場[北海道士幌町]

●**東北の復興道路**　2011年の東日本大震災後の東北地方復興を促進する復興道路・復興支援道路の整備が進められている。写真は福島県内。
（写真：福島河川国道事務所ホームページ）

●**仙台七夕まつり**　平安期から五穀豊穣を願って行われてきた七夕を，江戸時代初期に伊達政宗が奨励したため，さかんな年中行事となったともいわれる。

●東北地方の交通とIC工場の分布

参照▶P.163

3 北海道・東北各県の概略

関連▶P.354～359　（注）人口の下段（　）内数値は道県庁所在地の人口（万人，2021年）。

	面積(㎢)(2021年)	人口(万人)(2021年)	産業，資源・エネルギー	文化，交通，人口，環境
北海道(札幌市)	83,424	518.3(196.1)	**十勝平野**で大規模な畑作，**石狩平野**では**稲作**がさかん。根釧台地では**生乳**の生産・加工がさかん。釧路・根室・稚内では北洋漁業(**遠洋漁業**)がさかん。	1997年にアイヌ文化振興法が成立し，これまで以上に**アイヌの文化**が尊重される。**北方領土**問題は懸案。新函館北斗まで新幹線開通。
青森県(青森市)	9,646	122.1(27.8)	津軽平野では稲作に加え岩木山麓で**りんご栽培**がさかん。南部地方はさくらんぼ，にんにく栽培，陸奥湾ではホタテの養殖がさかん。	縄文時代の**三内丸山遺跡**。弘前市のねぶたまつりなどの**伝統行事**。六ヶ所村には原子力施設がある。酸ヶ湯は有数の豪雪地帯。
岩手県(盛岡市)	15,275	119.6(28.7)	北上盆地で稲作さかん。北上高地・奥羽山脈山麓で畜産，**三陸海岸**の湾内でワカメ・コンブ・カキなどの**養殖業**がさかん。	平泉の文化遺産が「**世界遺産**」に登録される。1970年代に東北自動車道が開通し，インターチェンジ周辺にIC工場が進出。
宮城県(仙台市)	7,282	229.0(106.6)	ブランド米「**ササニシキ**」などの栽培が仙台平野を中心にさかん。気仙沼・石巻などで水揚げ量が多い。仙台中心に製油・電気機械，石巻中心に食品加工がさかん。	宮城伝統こけし，雄勝硯，鳴子漆器などの伝統工芸品が有名。1989年に仙台市が政令指定都市となり，99年に人口100万人を超えた。3か所の湖沼が「ラムサール条約」の指定登録湿地。
秋田県(秋田市)	11,638	94.5(30.5)	ブランド米「**あきたこまち**」の栽培が横手盆地や八郎潟でさかん。八郎潟では，畑作も行われるようになってきている。**秋田杉**が有名。	なまはげなどの**伝統行事**が有名。1997年に**秋田新幹線**が開通。最高時速320kmで東京と秋田を結ぶ。2019年に山葵沢地熱発電所が運転を開始(国内23年ぶり設置)。
山形県(山形市)	9,323	105.5(24.4)	ブランド米「**はえぬき**」の栽培が**庄内平野**を中心にさかん。**山形盆地**では**さくらんぼ**，**洋なし**などの栽培がさかん。山形新幹線沿線に電気機械工場が進出。	江戸時代には，紅花の生産がさかん。天童市の将棋駒などの伝統工芸品が有名。1999年に**山形新幹線**が新庄まで開通。その先への延伸を検討中。
福島県(福島市)	13,784	181.2(27.6)	会津盆地・郡山盆地では稲作，福島盆地では**もも**などの果樹栽培がさかん。畜産が阿武隈高地でさかん。磐越自動車道周辺で電気機械，いわきで化学工業がさかん。	会津・中通り・浜通りの地域ごとに異なった文化圏。東北自動車道，磐越自動車道で県内各地域をつなぐ。東京電力福島原発の事故の影響は甚大で，東日本大震災後の復興には課題が多い。

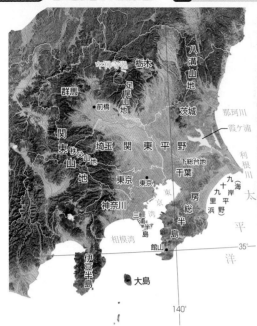

↑**中禅寺湖と男体山[栃木県日光市]**　中禅寺湖は，約2万年前に男体山の噴火による溶岩で渓谷が堰き止められて原型ができた**堰止湖**である。千葉県の印旛沼も堰止湖（下総台地の侵食谷が沈降により溺れ谷となり，その出口を利根川の土砂が堰き止めてできた）である。

●主な都市の雨温図
(気象庁資料などによる)

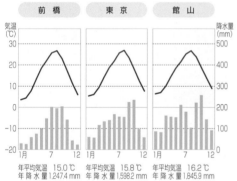

前橋　東京　館山

前橋　年平均気温 15.0℃　年降水量 1,247.4mm
東京　年平均気温 15.8℃　年降水量 1,598.2mm
館山　年平均気温 16.2℃　年降水量 1,845.9mm

⇒**防風垣根[群馬県]**　上州名物「からっ風」は北西から南東方向へ吹く冬の季節風。このため，垣根は家の北側と西側に作られている。

→からっ風の流線
┌地域の防風
　垣根の向き

●東京向け指定野菜の出荷量
(2021年，上位3県)

指定野菜(入荷量合計)	順位	1位	2位	3位
キャベツ　(19.9万t)		群馬県(25.9%)	愛知県(23.7%)	千葉県(21.4%)
はくさい　(12.4万t)		茨城県(58.7)	長野県(30.9)	群馬県(6.1)
トマト　(7.8万t)		熊本県(22.8)	栃木県(14.6)	愛知県(8.8)
きゅうり　(7.7万t)		群馬県(17.6)	埼玉県(14.4)	福島県(14.0)
ねぎ　(4.9万t)		茨城県(26.0)	千葉県(19.3)	秋田県(10.1)
ほうれんそう　(1.7万t)		群馬県(36.8)	茨城県(31.6)	栃木県(11.8)
さといも　(0.7万t)		埼玉県(47.1)	千葉県(18.7)	愛媛県(11.8)

↓**はくさいの収穫[11月，茨城県常総市]**

(注)指定野菜とは，消費量が多く国民生活にとって重要な野菜として法律で定められた野菜。14品目が指定されている。県名の（　）内は各品目に占める各県の出荷量の割合。
(東京都中央卸売市場資料による)

解説　大消費地の近隣地域では，生鮮野菜や花きなどが小規模集約的に生産されている**近郊農業**が営まれている。

●農業産出額の内訳
(2020年)

関東地方　1兆6,173億円

米 15.9%	野菜 37.7	果実3.1／花き3.9	畜産 32.0	その他 7.4

全国　8兆9,557億円

米 18.5%	野菜 25.1	果実 9.8／花き3.4	畜産 36.0	その他 7.2

(農林水産省資料による)

●銚子港(千葉県)の魚種別水揚げ高

ぶり類 2.7　その他6.6
計 27.2万t (2020年)
さば 32.7　まいわし 58.0%

↓**銚子港**　銚子沖は親潮(寒流)と黒潮(暖流)が接する潮境(**参照**≫P.136)で，日本有数の漁場である。

(銚子市漁業協同組合資料)

2 工業・その他

●工業製品出荷額の内訳
(2019年)

関東地方 82兆5,319億円

金属 13.6%	機械38.9			化学 17.9	食料品 14.6	その他 10.0
	電気10.4	輸送15.9	その他機械12.6			

繊維0.5　印刷2.5　パルプ・紙2.0

全国　325兆3,459億円

金属 13.5%	機械45.3			化学 13.3	食料品 12.2	その他 10.6
	電気12.0	輸送20.9	その他機械12.4			

繊維1.2　印刷1.5　パルプ・紙2.4

(『工業統計表』による)

●関東地方の工業分布

🍱 食料品　📖 出版・印刷　🧪 化学　⚒ 金属　🔌 電気機械
🚗 輸送機械　⚙ その他の機械　── 主な高速道路

解説 鉄鋼業や石油化学工業は，原料を海外からの輸入に頼っているため，臨海部に立地する。自動車工業や電気機械工業は，高速交通網の整備に伴って，製品の輸送が可能になり，また，労働力が得やすいこともあって内陸部に立地するようになった。東京都の23区では，印刷業に関連する工場が集積している。

↑都心回帰が見られる東京丸の内地区[東京都千代田区]

↑富士重工業(スバル)の工場[群馬県太田市]

↑さいたま新都心[埼玉県さいたま市]　東京都心部の機能を補う新都心が形成されている。

3 関東各都県の概略

関連▶P.354～359　(注)人口の下段(　)内数値は都県庁所在地(東京都は新宿区)の人口(万人，2021年)。

	面積(km²)(2021年)	人口(万人)(2021年)	産業，資源・エネルギー	文化，交通，人口，環境
茨城県(水戸市)	6,097	285.2(27.1)	南部では稲作，常総台地では**野菜の近郊農業**がさかんで北海道，鹿児島県に次ぐ農業産出額をほこる。日立などの機械工業，鹿嶋などの臨海部の化学工業。**霞ケ浦**では**しらうお漁**がさかん。	東京と**筑波研究学園都市**(つくば市)を結ぶ「つくばエクスプレス」の沿線は開発が進んでいる。2008年に「森林湖沼環境税」導入。水戸偕楽園は日本三名園の一つ。
栃木県(宇都宮市)	6,408	192.1(52.1)	県中央部から南部にかけていちご栽培(**とちおとめ**)がさかん。医療関連機器や精密機械の分野では全国トップクラスのシェアを誇る。	世界遺産の日光東照宮は江戸幕府を開いた徳川家康を祀る。そのほかにも史跡・文化財が多い。
群馬県(前橋市)	6,362	192.7(33.5)	県北部や西部では冷涼な気候を生かして**嬬恋のキャベツ**など，**高原野菜**の栽培がさかん。太田・伊勢崎を中心に自動車・電気機械工業がさかん。輸送用機械の出荷額は全国5位。	「**かかあ天下とからっ風**」のかかあ天下は，かつて養蚕や織物で女性が産業を支えてきたことから生まれた言葉。2014年に富岡製糸場等が世界文化遺産に登録。
埼玉県(さいたま市)	3,798	734.0(132.5)	大消費地東京向けの**野菜生産(近郊農業)**がさかん。工業の中心は，さいたま市などの県の南東部だが，主要幹線に沿って工業団地が造成されている。	全国一**昼と夜の人口の差**が大きく，人口の約14%が東京都へ通勤・通学している。高度経済成長期を契機に人口が急増し，現在では約3倍に。
千葉県(千葉市)	5,157	627.5(97.5)	農業産出額は全国4位。**野菜・花きの園芸農業**が中心。海面漁業生産量も全国上位。鉄鋼・石油化学中心の**京葉工業地域**と内陸の組み立て型が特徴。工業製品出荷額は全国8位。	国内の貿易港における成田国際空港の輸出額と輸入額のシェアはそれぞれ15%と19%で，ともに全国1位。幕張など臨海部には副都心の建設が進んだ。
東京都(東京)	2,194	1,401.0(34.5)	耕地面積は全国一狭く，第1次産業就業者が0.5%。都心は**印刷関連**，内陸部は電気機械工業がさかん。国内最大の魚市場築地市場は2018年10月に豊洲に移転。	都東部の低地は「**下町**」とよばれ，三社祭などの伝統行事が多く残る。**都心の再開発**が進んでいる。小笠原諸島が世界自然遺産に登録。2021年，オリンピック・パラリンピックが開催された。
神奈川県(横浜市)	2,416	923.6(376.0)	だいこん・キャベツ・ほうれんそうの生産額は全国上位。工業出荷額は**全国2位**。**京浜工業地帯**の中心。鎌倉・箱根などの国際的な観光地が多い。	横浜は，江戸時代末期から外国への窓口として発展。横浜臨海部には**みなとみらい21**があり，再開発が進められた。

1 自然と農林水産業

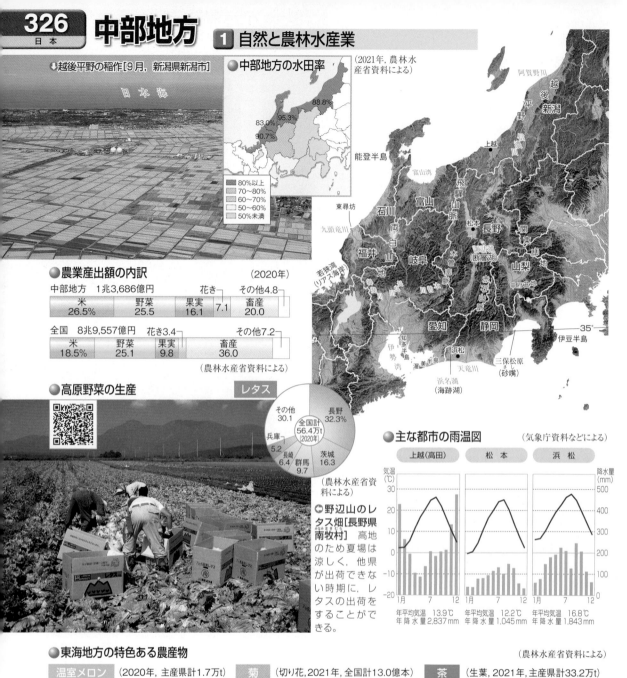

●越後平野の稲作[9月，新潟県新潟市]

日本海

●中部地方の水田率 (2021年，農林水産省資料による)

88.8%
95.3%
83.0%
90.7%

- 80%以上
- 70〜80%
- 60〜70%
- 50〜60%
- 50%未満

能登半島

阿賀野川
越後平野
新潟
上越
富山湾
飛騨山脈
富山
石川
両白山地
松本
長野
関東山地
福井
岐阜
木曽山脈
諏訪湖
(断層湖)
赤石山脈
山梨
甲府盆地
35°
東尋坊
九頭竜川
若狭湾(リアス海岸)
濃尾平野
愛知
静岡
伊豆半島
知多半島
伊勢湾
渥美半島
浜松
天竜川
三保松原(砂嘴)
浜名湖(海跡湖)

●農業産出額の内訳 (2020年)

中部地方　1兆3,686億円　　花き┐　その他4.8

米 26.5%	野菜 25.5	果実 16.1	7.1	畜産 20.0

全国　8兆9,557億円　　花き3.4┐　その他7.2┐

米 18.5%	野菜 25.1	果実 9.8	畜産 36.0

(農林水産省資料による)

●高原野菜の生産 　　　レタス

レタス
全国計
56.4万t
[2020年]

長野 32.3%
茨城 16.3
群馬 9.7
長野 6.4
兵庫 5.2
その他 30.1

(農林水産省資料による)

●野辺山のレタス畑[長野県南牧村]　高地のため夏場は涼しく，他県が出荷できない時期に，レタスの出荷をすることができる。

●主な都市の雨温図 (気象庁資料などによる)

上越(高田)　　松本　　浜松

気温(℃)　　　　　　　降水量(mm)

上越(高田)　年平均気温 13.9℃　年降水量 2,837mm
松本　年平均気温 12.2℃　年降水量 1,045mm
浜松　年平均気温 16.8℃　年降水量 1,843mm

●東海地方の特色ある農産物 (農林水産省資料による)

温室メロン　(2020年，主産県計1.7万t)

静岡 38.1%	愛知 21.2	茨城 18.5	その他 22.2

菊　(切り花，2021年，全国計13.0億本)

福岡6.0┐　鹿児島5.1┐

愛知 34.4%	沖縄 18.0	その他 36.5

茶　(生葉，2021年，主産県計33.2万t)

三重7.7┐

静岡 40.5%	鹿児島 38.4	その他 13.4

●メロンの温室栽培[愛知県]　温室での栽培は1930年ころから始まった。1年に3〜4回収穫できる。

●電照菊の栽培[愛知県]　菊の特性を利用し，夜間に照明を当て開花時期を遅らせる。

●牧ノ原での新茶つみ[5月，静岡県]　静岡県では，温暖な気候を利用して，茶やみかんの栽培がさかんである。

↑トヨタ自動車本社工場[愛知県豊田市]

2 工 業

● 工業製品出荷額の内訳

(2019年)

中部地方 94兆4,659億円

金属 10.5%	電気12.7	機械60.7 輸送35.4	その他機械 12.6	化学 6.7	食品料 8.0	その他 9.6

繊維1.3 印刷0.9 パルプ・紙2.3

全国 325兆3,459億円

金属 13.5%	電気12.0	機械45.3 輸送20.9	その他機械 12.4	化学 13.3	食料品 12.2	その他 10.6

繊維1.2 印刷1.5 パルプ・紙2.4

(『工業統計表』による)

● 中京工業地帯と東海工業地域の工業分布

凡例:
- ● 金属
- ● 化学
- ● 紙・パルプ
- ● 自動車
- ● せんい

↑洋食器の生産[新潟県燕市]

↑眼鏡の生産[福井県鯖江市]

3 中部各県の概略 関連▶P.354～359

(注)人口の下段( )内数値は県庁所在地の人口(万人, 2021年)。

	面積(km²)(2021年)	人口(万人)(2021年)	産業, 資源・エネルギー	文化, 交通, 人口, 環境
新潟県 (新潟市)	12,584	217.7 (78.5)	水田単作地帯で耕地の89%が水田。石油・天然ガスの産出は日本一。発電量が多く，日本有数の電力県。電気機械が主力。主要な地場産業として洋食器・刃物・絹織物・ニット製品など。	雪を地域活性化のための資源として生かす試み。上越新幹線，関越・北陸自動車道など高速交通網。新潟空港から韓国・中国・ロシアなどへの便が就航。
富山県 (富山市)	4,248	102.5 (41.4)	稲作がさかん。水田率95%は日本一。砺波平野のチューリップ栽培。氷見などで漁業がさかん。アルミサッシと銅器の生産も有名。水力による電力供給が多い。	冬の降雪と雪解け水は重要な産業資源であるが,水害も引き起こす。一住宅当たりの面積が日本一。富山の薬売りは歴史的に有名。かつて神通川流域で「イタイイタイ病」が発生した。
石川県 (金沢市)	4,186	112.5 (45.1)	稲作中心の農業。金沢平野は早場米の産地。能登半島は2011年に「世界農業遺産」に日本で初めて登録された。七尾・輪島港の海女漁業。漆器製家具，金属はくの出荷額は全国1位。	金沢は加賀百万石の城下町で，日本三名園の一つである兼六園がある。加賀友禅，九谷焼，輪島塗など伝統工業もさかんである。2015年に北陸新幹線が金沢まで延伸。
福井県 (福井市)	4,191	76.0 (26.2)	コシヒカリの誕生地。越前ガニ，若狭ガレイが有名。繊維工業がさかん。鯖江市では国内の約90%，世界の約20%の眼鏡フレームを生産する。	手漉き和紙，三国仏壇・タンス，越前打刃物など伝統工芸がさかん。また，伝統行事，歴史的な遺産などが数多く残る。
山梨県 (甲府市)	4,465	80.5 (18.7)	甲府盆地に形成された扇状地での果樹栽培がさかん。ぶどう・もも，貴金属製品，ミネラルウォーターの生産は全国トップクラス。果実酒，産業用ロボットの生産も有名。	富士五湖周辺，昇仙峡，吉田の火祭り，身延山，武田信玄の本拠地，ぶどう園など観光資源が多く，観光客が多い。2013年に富士山が世界文化遺産に登録。
長野県 (長野市)	13,562	203.3 (37.4)	高冷地で高原野菜栽培(レタス・はくさいなど)がさかん。りんご・ぶどうなどの果樹栽培も多い。製糸業から精密機械・電子工業へ変化。軽井沢に代表される観光保養地。	北陸新幹線，上信越自動車道，長野自動車道，中央自動車道などの高速交通網が走る。また，自家用車普及率が高い。門前町・長野は北部の，城下町・松本は中部の中心都市。
岐阜県 (岐阜市)	10,621	196.1 (40.7)	近郊農業の野菜栽培がさかん。さかんな畜産「飛騨牛」。鮎の放流量全国1位。中京工業地帯の一部をなし，第2次産業の割合が高い。さかんな窯業，木材加工。	白川郷の合掌造り(世界遺産)，高山祭，郡上踊りなど祭りや伝統行事も多い。東海道新幹線，名神高速道路，東海北陸自動車道など。濃尾平野の輪中集落。
静岡県 (静岡市)	7,777	360.8 (69.4)	農業がさかんで生産物も多彩。焼津港は遠洋漁業の本拠地。東海工業地域。工業生産がさかんで,ピアノ，パルプ，製紙で全国1位，輸送機械が全国2位の生産額。	古くから東西文化の交流地域であり，秋葉の火祭りなど年中行事がさかん。東海道新幹線，東名高速道路。富士山・伊豆などの観光地や，温泉保養地の熱海・伊豆など。
愛知県 (名古屋市)	5,173	751.7 (230.1)	付加価値が高い農業がさかんで，全国上位の生産額。渥美半島の電照菊。用水開発の努力。工業生産額が全国1位。繊維・陶磁器などの工業から自動車工業の中心地へ。	三大都市圏の一つ。中京は名古屋市が中心。徳川家康をはじめ戦国武将を輩出。名古屋城は江戸時代の御三家・尾張藩の居城。名古屋港は，輸出港としては国内1,2位を争う貿易額。

紀伊半島の沿岸部はリアス海岸が多い

潮岬(陸繋島)

●英虞湾[三重県] 志摩半島の英虞湾はリアス海岸で波も静かなため，真珠の養殖がさかんで，生産額は年間30億円にものぼる(2019年)。

●主な都市の雨温図

(気象庁資料などによる)

舞鶴	神戸	潮岬

年平均気温 14.8℃
年降水量 1,941.2mm

年平均気温 17.0℃
年降水量 1,277.8mm

年平均気温 17.5℃
年降水量 2,654.3mm

●農業産出額の内訳

(2020年)

近畿地方 5,592億円

米 26.0%	野菜 22.2	果実 18.5	畜産 24.1	花き3.5 その他5.7

全国 8兆9,557億円

米 18.5%	野菜 25.1	果実 9.8	畜産 36.0	花き3.4 その他7.2

(農林水産省資料による)

●近畿地方の特色ある農畜産物

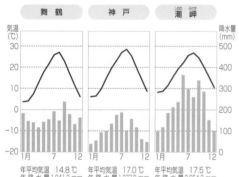

●但馬牛[兵庫県]

●宇治茶[京都府]

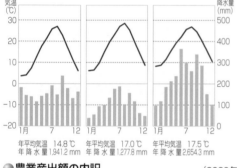

●和歌山のみかん栽培

斜面をモノレールで運ぶ

●松阪牛[三重県]

●山守制度のしくみ

育林費用 → 山守(保護・管理)

監守料 →

村外の資本家(土地の所有権者)

山林作業人(杣人)

山 木を育てる

解説 奈良県の特に吉野林業地域(川上村など奈良県中部)では，土地の所有者が村外に住んでいる場合が多く，そのため，地域住民の中から林業経営の経験のある人(＝山守)を選び，森林経営をまかせている。

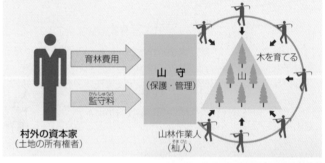

●吉野杉[奈良県]

●木炭の生産

解説 木炭は製法の違いにより，白炭と黒炭に分けられるが，白炭の生産量をみると，和歌山県が全国第2位である。紀州備長炭は白炭の一種で，料理店でよく使われる。

岩手 17.6%	
島根 11.6	
高知 10.9	
北海道 8.9	
奈良 8.5	
和歌山 7.8	
その他 34.8	

全国計 1.3万t (2020年)

(令和2年「特用林産物生産統計調査」による)

●紀州備長炭

2 工業と商業

🔵 工業製品出荷額の内訳　　　　　　　　(2019年)

近畿地方　63兆703億円

金属 15.8%	機械41.1			化学 15.0	食料品 10.8	その他 12.3
	電気13.6	輸送12.3	その他機械 15.2			

繊維1.5　印刷1.6　パルプ・紙1.9

全国　325兆3,459億円

金属 13.5%	機械45.3			化学 13.3	食料品 12.2	その他 10.6
	電気12.0	輸送20.9	その他機械 12.4			

繊維1.2　印刷1.5　パルプ・紙2.4

(『工業統計表』による)

🔵 日用雑貨の生産　　　　　　　　　　(2019年)

↑歯ブラシの生産[大阪府]

じゅうたん		20.5億円
大阪 64.0%		その他

歯ブラシ			500.8億円
奈良 17.5%	大阪 14.8	愛媛 5.5	その他

プラスチック製くつ			322.2億円
兵庫 19.1%	大阪 13.9	奈良 6.5	その他

線香		237.1億円
兵庫 44.9%	京都 18.7	その他

(『工業統計表』による)

🔵 大阪府の工場の規模別従業者割合　　(2019年)

大阪府　従業者数47.5万人

小規模(29人以下) 37.3%	中規模(30〜299人) 40.9	大規模(300人以上) 21.8

全　国　従業者数802.1万人

小規模 24.4%	中規模 42.9	大規模 32.7

(『工業統計表』による)

↑夢洲[大阪府]　大阪湾は人工島の造成が進められている。夢洲は国際物流の基地としてのほか，万博の誘致やカジノを設置した統合型リゾート(IR)の候補地として注目されている。

商業の中心地として栄えた大阪[御堂筋，道頓堀周辺]

🔵 京都の伝統的な産業

西陣織　応仁の乱で西軍の山名宗全邸(現在の上京区山名町)が陣所となり，その周辺で織物業が栄えていたため，「西陣織」の名がついた。ほかに清水焼があるが，これは，15世紀ころ，茶碗屋久兵衛が，今の東山五条坂のあたりで陶器を作ったのが始まりといわれる。

3 近畿各府県の概略　関連▷P.354〜359

(注)人口の下段( )内の数値は府県庁所在地の人口(万人，2021年)。

	面積(km²)(2021年)	人口(万人)(2021年)	産業，資源・エネルギー	文化，交通，人口，環境
三重県 (津市)	5,774	175.6 (27.6)	ブランド牛肉「松阪牛」。英虞湾・五ヶ所湾の真珠，伊勢えびの養殖がさかん。四日市コンビナートは「四日市ぜんそく」を教訓に規制や条例を設ける。森林面積が県面積の約65%で木材生産がさかん。	2005年に東名阪自動車道と伊勢自動車道がつながり伊勢神宮参拝がよりさかんになる。中南部は大阪圏，北部は名古屋圏に属す文化がみられる。2016年5月，G7伊勢志摩サミット(先進国首脳会議)が開催。
滋賀県 (大津市)	4,017	141.1 (34.4)	ブランド牛肉「近江牛」。県内総生産に占める第2次産業の割合が多い。信楽焼など工芸品も有名。	比叡山延暦寺，安土城跡など古代・中世の建造物・遺跡。琵琶湖保全再生法が施行された「環境先進県」。
京都府 (京都市)	4,612	256.1 (140.1)	盆地の気候を利用した茶の栽培，京野菜の生産さかん。高級材の北山杉が特産。西陣織・清水焼・京友禅などの伝統工芸品が有名。商業の占める地位は高く，全就業者の約7割が第3次産業に従事。	古都京都の文化財が「世界遺産」に登録。南部に関西文化学術研究都市が広がる。京都市への人口集中率約55%と全国一。それに伴う他地域との格差問題に取り組む。
大阪府 (大阪市)	1,905	880.6 (274.0)	府南部で近郊農業がさかん。臨海部の金属工業に加え，町工場が支える阪神工業地帯が広がる。繊維製品・電気機械もさかん。小売業・卸売業が多い。	大仙古墳，大阪城が有名。埋め立て地を施設に活用(USJや関西国際空港など)。面積は46位ながら人口は3位。昼間人口が多い。
兵庫県 (神戸市)	8,401	543.2 (152.7)	農家数は全国上位。淡路島のたまねぎが有名。阪神工業地帯の一部として臨海部で，金属・機械・化学工業がさかん。灘の清酒，手延べそうめんなど伝統的な工業も有名。	姫路城(世界遺産)，生野銀山が有名。神戸は古くからの貿易港で外国人居留地跡が多い。百万都市の神戸を中心に南部平坦部に人口が集中。
奈良県 (奈良市)	3,691	131.5 (35.5)	伝統的な柿の栽培，近年いちご「あすかルビー」の栽培もさかん。南部の吉野杉，大和郡山の金魚，三輪そうめんが有名。	東大寺・興福寺ほか古都奈良の文化遺産や，法隆寺地域の仏教造造物が「世界遺産」に登録。
和歌山県 (和歌山市)	4,725	91.4 (36.5)	みかん・梅などの栽培がさかん。熊野杉が有名。かつては太地町で鯨漁がさかん。マグロ漁も有名。化学工業がさかん。醸造製品発祥の地でもある。	高野山ほか紀伊山地の霊場と参詣道(熊野古道)が「世界遺産」に登録。本州最南端の潮岬は陸繋島である。

1 自然と農林水産業

● 主な都市の雨温図 （気象庁資料などによる）

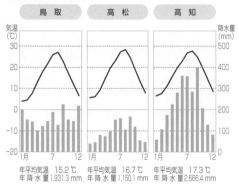

鳥取	高松	高知
年平均気温　15.2℃ 年降水量　1,931.3mm	年平均気温　16.7℃ 年降水量　1,150.1mm	年平均気温　17.3℃ 年降水量 2,666.4mm

● 農業産出額の内訳 （2020年）

中国・四国地方　8,680億円

米 17.4%	野菜 28.2	果実 16.1	畜産 31.2

花き3.1　その他4.0

全国　8兆9,557億円

米 18.5%	野菜 25.1	果実 9.8	畜産 36.0	その他 7.2

花き3.4

（農林水産省資料による）

● 瀬戸内地方での果実生産

みかん
74.9万t
（2021年）

和歌山 19.7%	愛媛 17.1	静岡 13.3	熊本 12.0	長崎 6.9	その他 31.0

いよかん
2.8万t
（2019年）

愛媛 91.1%	その他 8.9

ぶどう
16.5万t
（2021年）

山梨 24.6%	長野 17.4	岡山 9.1	山形 8.8	その他 35.9

福岡4.2

（農林水産省資料などによる）

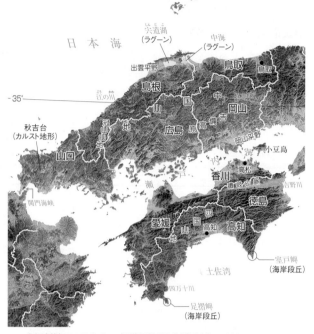

● 傾斜地でのみかんの収穫[愛媛県八幡浜市]
愛媛県のみかん栽培の多くが，傾斜地で行われている。

● 南四国の園芸農業

↓ビニルハウスのならぶ高知平野[高知県]

「冬春なす」と「夏秋なす」の生産割合

高知　総計37,900t

冬春なす 100.0%

栃木　総計12,160t

15.3	夏秋なす 84.7

（2021年，農林水産省ホームページによる）

解説 日照時間の長さと温暖な気候を利用して，野菜の促成栽培を行っている。

● さかんな養殖業

↓養殖カキの水揚げ[広島県]

● 海面養殖業 総計93.1万t

順位	道県名	割合(%) （2021年）
1	北海道	11.7
2	広　島	10.2
3	宮　城	8.8
5	愛　媛	7.1
16	岡　山	2.2
17	高　知	2.0
18	香　川	1.7
20	徳　島	1.0

● 養殖カキの収穫量

合計
15.8万t
（2021年）

広島 58.7%
宮城 13.9
岡山 9.3
兵庫 6.2
岩手 3.9
その他 8.0

（左表・上図とも農林水産省資料による）

2 工業と交通

● 工業製品出荷額の内訳 （2019年）

中国・四国地方　35兆7,417億円

金属 17.1%	機械35.8			化学 21.4	食料品 8.4	その他 10.4
	電気7.8	輸送17.8	その他機械 10.2			

繊維2.1　印刷1.0　パルプ・紙3.8

全国　325兆3,459億円

金属 13.5%	機械45.3			化学 13.3	食料品 12.2	その他 10.6
	電気12.0	輸送20.9	その他機械 12.4			

印刷1.5　繊維1.2　パルプ・紙2.4

（『工業統計表』による）

↑石見銀山[島根県大田市]

● 地場産業・伝統工芸品

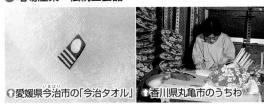

↑愛媛県今治市の「今治タオル」　↑香川県丸亀市のうちわ

上部：瀬戸中央自動車道
下部：JR本四備讃線

↑瀬戸大橋　瀬戸内海をまたいで、岡山県倉敷市と香川県坂出市を結ぶ。

飯野山
坂出市
丸亀市
瀬戸内海
香川県
岡山県

● 大阪卸売市場における愛媛県産マダイの取扱量とシェア

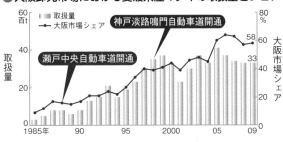

（『大阪市中央卸売市場年報』などによる）

解説　本州四国連絡橋や四国内の高速道路の拡充に伴い、鮮度の高いマダイがより遠方へ出荷可能となったことを背景に、大阪市場での取扱量が増加した。

3 中国・四国各県の概略 関連▶P.354〜359

（注）人口の下段（　）内数値は県庁所在地の人口（万人，2021年）。

	面積(km²) (2021年)	人口(万人) (2021年)	産業，資源・エネルギー	文化，交通，人口，環境
鳥取県 (鳥取市)	3,507	54.9 (18.6)	鳥取砂丘では灌漑設備でメロン・らっきょう・長いも栽培。日本なしの生産。境港のイワシ漁、カニかご漁。高度化が進む電子部品製造技術。	1995年、境港は日本海側で初の輸入促進地域になり、約12億人が暮らす**日本海周辺諸国との連携**強化に。
島根県 (松江市)	6,708	66.5 (20.1)	畜産がさかん。**宍道湖**はしじみ・しらうおの生産地。海岸線が長く好漁場に恵まれる。工業は宍道湖や中海周辺に集中。	世界遺産に登録された**石見銀山遺跡**は、16世紀前半から20世紀前半にかけて操業された銀鉱山。**石州半紙**はユネスコ無形文化遺産。
岡山県 (岡山市)	7,114	187.6 (70.8)	児島湾の干拓。津山や吉備高原でぶどう栽培。石油化学・鉄鋼がさかんな**水島コンビナート**は瀬戸内工業地域の中心の一つ。	1988年に開通した**瀬戸大橋**は、3ルートある**本州四国連絡橋**のうち、唯一、鉄道が通っている。2018年、西日本豪雨で甚大な被害。
広島県 (広島市)	8,479	278.0 (119.5)	みかん・レモンなどのかんきつ類生産がさかん。カキや海苔の養殖。中国地方随一の工業県。**自動車**・鉄鋼中心。	**平和都市広島**は、長崎とともに第二次世界大戦で原子爆弾の大きな被害を受け、そこから復興。**原爆ドーム**は世界遺産。
山口県 (山口市)	6,113	132.8 (19.1)	稲作中心。みかん栽培もさかん。高級なトラフグの水揚げが多い。工業の中心は瀬戸内海沿岸。石油化学工業・**セメント**・自動車工業。	しばしば歴史の表舞台となり、史跡や文化財が豊富。**壇ノ浦の戦い**は有名。秋吉台は石灰岩(カルスト)地形でも有名。
徳島県 (徳島市)	4,147	71.2 (25.2)	徳島原産の**すだち**、徳島市の**れんこん**が有名。洋ランやチューリップなど花き栽培がさかん。**吉野川**での鮎の養殖。	**阿波踊り**は、県内(旧阿波国)各地で開催される盆踊りで、約400年の歴史あり。鳴門のうず潮とともに多くの観光客を集める。
香川県 (高松市)	1,877	94.2 (42.6)	かんがいによる稲作が中心。海岸線でみかん栽培。ハマチ・真珠の養殖がさかん。手袋・冷凍食品・うちわや扇子づくりなど軽工業がさかん。	こんぴら参りで知られる。**讃岐うどん**は全国的に有名。産業廃棄物が不法投棄された豊島は14年ぶりに無害化完了(2017年)。
愛媛県 (松山市)	5,676	132.1 (50.9)	段々畑で**みかん・いよかん**の生産が有名。真珠・ハマチ・マダイ・ヒラメの**養殖**がさかん。**新居浜**の化学工業や四国中央市の製紙。	**しまなみ海道**は、愛媛県今治市と広島県尾道市を大小10本の橋でつなぎ、歩いたり自転車で渡ることができる。
高知県 (高知市)	7,104	68.4 (32.5)	ビニルハウスを利用した**施設園芸農業**で、なす・ピーマン・きゅうりを栽培。**カツオ**・マグロ漁がさかん。伝統的な工芸品として**土佐和紙**。	坂本竜馬・板垣退助・岩崎弥太郎など、江戸時代末期から明治初めにかけて活躍した人物を多く輩出している。「森林環境税」の導入。

高岳, 根子岳などうつの山を合わせて阿蘇山とよぶ

根子岳 （標高1,433m）
高岳 （標高1,592m）
阿蘇市街

🔼**カルデラ内と中央火口丘群[熊本県]** 阿蘇山は，世界最大級のカルデラと外輪山をもつ。阿蘇市・高森町・南阿蘇村の市町村は，このカルデラ内に発展した。参照 ▶P.43

🟢九州の農業分布

い草
い草
い草
さつまいも
さつまいも
たばこ
たばこ さつまいも
さつまいも
たばこ さつまいも
さつまいも

盛んな地域
□ 稲作
□ 果実栽培
□ 野菜栽培
□ 畜産

🔽**干拓地水田[佐賀県]**

🔼**ミニトマトの促成栽培[熊本県]**

🟢主な都市の雨温図
（気象庁資料などによる）

福岡	宮崎	那覇

年平均気温 17.3℃　年降水量 1,687mm
年平均気温 17.7℃　年降水量 2,626mm
年平均気温 23.3℃　年降水量 2,161mm

🟢南九州でさかんな農畜産物生産 （2021年）

豚 929.0万頭	鹿児島 13.3%	宮崎 8.6	北海道7.8	群馬6.9	千葉6.6	その他 56.8

さつまいも 67.2万t	鹿児島 28.4%	茨城 28.2	千葉 13.0	宮崎10.6	その他 19.8

茶(生葉) 33.2万t	静岡 40.5%	鹿児島 38.4	宮崎4.3	三重7.7	その他 9.1

（農林水産省資料による）

🔼**黒豚の飼育[宮崎県]**

🟢農業産出額の内訳 （2020年）

九州・沖縄地方 1兆8,332億円

米 8.8%	野菜 24.3	果実 7.3	花き3.5	畜産 46.7	その他 9.4

全国 8兆9,557億円

米 18.5%	野菜 25.1	果実 9.8	花き3.4	畜産 36.0	その他 7.2

（農林水産省資料による）

🟢沖縄県の土地利用図

沖縄島
伊江島
名護
嘉手納
那覇
沖縄

□ 田
□ 畑
□ 市街地
□ 軍用地
□ 森林・その他

🟢シラス台地の開発

🔽**さつまいもの収穫[鹿児島県]**

解説 シラスとは，軽石を含む火山堆積物で，鹿児島県を中心に分布する。このシラスでできた台地は，水を通しやすいのですぐに乾燥し，農業には不向きである。「水のない不毛の地」笠野原は高隈ダムを中心とする灌漑排水事業により，野菜・茶の栽培，畜産が可能となった。

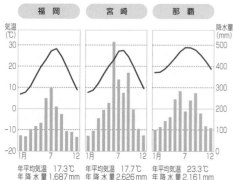

🟢**住宅地の近くにあるアメリカ軍基地** 日本にあるアメリカ軍基地のうち，約7割が沖縄にある。現在，移転も含めて基地縮小に向けての努力が進められているが，県内での基地移設については根強い反対もある。

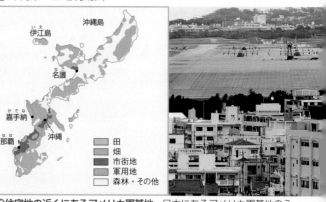

_九 州_
対馬
日 本 海
五 島 列 島
長崎
佐賀
福岡
福岡
国東半島
大分平野
大分
阿蘇山
熊本
熊本山地
宮崎
宮崎
太 平 洋
薩摩半島
鹿児島
鹿児島
屋久島
種子島
沖縄島
那覇 沖縄
奄美群島

② 工業と交通

● 工業製品出荷額の内訳

（2019年）

九州・沖縄地方　25兆1,586億円

金属 15.2%	機械40.1			化学 8.9	食料品 20.5	その他 11.3
	電気 11.5	輸送20.0	その他機械 8.6			

繊維1.1　印刷1.3　パルプ・紙1.6

全国　325兆3,459億円

金属 13.5%	機械45.3			化学 13.3	食料品 12.2	その他 10.6
	電気 12.0	輸送20.9	その他機械 12.4			

繊維1.2　印刷1.5　パルプ・紙2.4

（『工業統計表』による）

↑洞海湾に集積する製鉄関連工場［福岡県］

● 九州地方のIC工場

↑IC工場［熊本県］　ICは小型で軽いため，1個当たりの輸送費は安くすむ。そのため，工業地帯から離れていても，交通の便がよければ工場が立地する。九州は「シリコンアイランド」とよばれる。

● 九州新幹線

↑九州新幹線と桜島［鹿児島県］　九州新幹線が山陽新幹線とつながったことにより，北海道南部から九州南部にかけて新幹線が開通した。

● 九州の空の玄関口

↑福岡国際空港［福岡県］　羽田一福岡間は国内線で羽田一新千歳間に次いで第2位の旅客数（2019年）。

③ 九州各県の概略

関連▶P.354～359

（注）人口の下段（　）内数値は県庁所在地の人口（万人，2021年）。

	面積(km²) (2021年)	人口(万人) (2021年)	産業，資源・エネルギー	文化，交通，人口，環境
福岡県 (福岡市)	4,987	512.4 (156.3)	有明海の**干拓地**にはクリークがみられ稲作が中心。福岡市周辺では近郊農業がさかん。北九州工業地域は鉄鋼のほか自動車産業もさかん。	福岡市・北九州市の2つの政令指定都市。博多とプサンを結ぶフェリー，関門海峡大橋，山陽新幹線の終着駅など**九州交通網の起点**。福岡空港入国者は韓国からが多い。
佐賀県 (佐賀市)	2,441	80.6 (23.2)	**干拓**が進んだ佐賀平野。全国3位の耕地率を誇り，単位面積当たりの米の収量が多い。有明海は海苔の生産日本一。	**有田・伊万里・唐津**は，陶磁器生産（窯業）の長い伝統をもつ。**吉野ヶ里遺跡**は弥生時代の代表的な遺跡。「邪馬台国」の北九州説。
長崎県 (長崎市)	4,131	129.7 (41.2)	**茂木びわ，暖地じゃがいも**など自然の特色を生かした農業がさかん。遠洋漁業，沖合漁業，リアス海岸での養殖漁業さかん。**長崎・佐世保の造船業**。	長崎くんち，対馬の朝鮮通信使行列など特色を反映した祭り，佐世保市の窯業などの伝統産業。
熊本県 (熊本市)	7,409	172.8 (73.3)	有数の農業県，**い草**，スイカ，トマト，車えび，海苔，真珠などの養殖。**IC関連製品**出荷額が多く，**シリコンアイランド**九州で1位の出荷額。	水俣市では「**水俣病**」で苦しんだ経験から環境に配慮した社会づくりに努力。2016年4月に熊本地震が発生。復興が課題。
大分県 (大分市)	6,341	111.4 (47.8)	地域の特色を生かした多彩な農業。**豊後牛**が有名。水産業がさかんで「関アジ・関サバ」などのブランド化。**IC工業**がさかん，**九州2位の工業出荷額**。地熱発電量は全国一。	自然公園，温泉，宇佐神宮，臼杵磨崖仏など観光資源に富む。大分空港・大分自動車道など高速交通網の整備が進む。
宮崎県 (宮崎市)	7,735	106.1 (40.2)	気候条件を生かした早期水稲や**施設園芸農業**がさかん。**畜産王国**，豚・肉用若鶏（ブロイラー）が2位，肉用牛が3位。高速道路整備に伴い工業団地が増加。延岡市は企業城下町。	神話のふるさと高千穂などのある「神話の国」。気候の特色から**プロ野球のキャンプ地**として有名。また，気候条件から，太陽熱温水器の普及率も高い。
鹿児島県 (鹿児島市)	9,186	157.6 (60.2)	**シラス台地**ではさつまいもの生産がさかん。**畜産王国**，豚・肉用若鶏（ブロイラー）が日本一，肉用牛が2位。鰹節・焼酎など食品工業もさかん。	屋久島・縄文杉は世界遺産に登録されている。九州自動車道・九州新幹線などの高速交通網の整備。桜島，新燃岳，口永良部島の新岳など火山が多い。
沖縄県 (那覇市)	2,282	146.8 (32.0)	さとうきびやパイナップルなど**亜熱帯の農業**。野菜や菊の生産が増加。小規模な沿岸漁業。近年，石垣島の黒真珠貝など養殖がさかん。製糖工場や伝統的な工業。**うるま市に国際物流拠点**が整備。	沖縄料理・沖縄音楽など大陸との交流の中で特色ある生活習慣と文化が生まれた。県外への移動や島の間の**移動は主に空路**による。米軍普天間飛行場の移設問題。

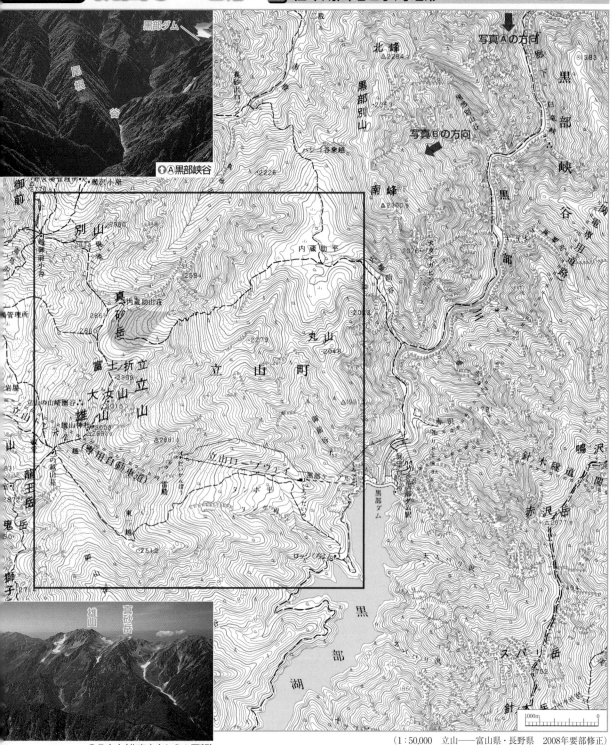

↑A黒部峡谷

↑B立山(北東方向からの展望)

(1：50,000　立山──富山県・長野県　2008年要部修正)

作業　　　　　　　　　読図解説 P.345

1 赤枠の中の1,500m, 2,000m, 2,500mの等高線を赤色でなぞってみよう。

2 真砂岳（まさごだけ）付近の等高線は間隔がやや広く，半円形をしている。これは氷食によってつくられたカール（ひょうしょく）（参照 P.54）である。同じような地形をさがし，代表的なものを例のように黄色で着色しよう。

考察

① 立山ロープウェイの駅の間の比高は約何mだろうか。

② 山頂・尾根・谷などから壮年期山地（参照 P.45）の特徴を考えよう。

③ カールはどのような場所にできているか読み取ろう。

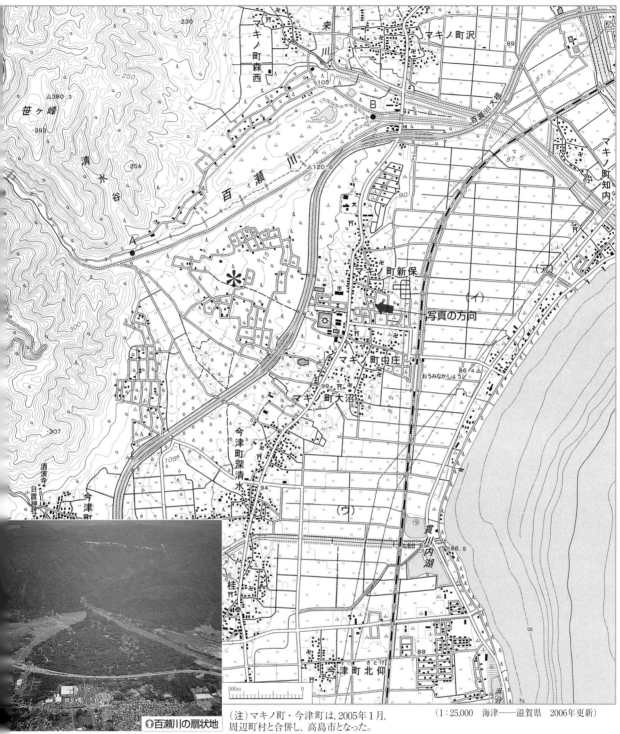

↑百瀬川の扇状地

（注）マキノ町・今津町は、2005年1月、周辺町村と合併し、高島市となった。

（1:25,000　海津——滋賀県　2006年更新）

作業

1 100m, 110m, 120m, 130m, 140mの等高線を赤色でなぞってみよう。

2 田を緑色, 果樹園を桃色, 畑を黄色で着色しよう。

考察

① 扇状地の等高線の特徴を考察しよう。

② 等高線の状態から, 百瀬川の特徴を考察しよう。

③ 百瀬川のA－B間の状態を考察しよう。

読図解説 P.345

④ ㋐㋑㋒の河川の水はどこから供給されているだろうか。

⑤ 集落が立地しているのはどのような場所だろうか。また, 集落名から立地要因を調べよう。

⑥ 図中 ✳ 付近は, どのような地形か。また, 付近の道路網はどのような目的でつくられたものか。

⑦ 図の東側の水面は琵琶湖である。この水面が海ではないことが, 地形図から読み取れる。なぜか。

（1998年11月3日撮影）

（1:25,000　越谷——埼玉県　2005年更新）

作業
読図解説≫P.345

1　5mの等高線を赤色でなぞってみよう。また標高を示す数値を赤色で囲んでみよう。

2　田を緑色，畑を黄色で着色しよう。

3　空中写真を実体視して，自然堤防の高まりを観察しよう。

考察

①　自然堤防と後背湿地の土地利用を考察しよう。

②　大落古利根川に沿う増森~須賀の間の円弧状の地形は何だろうか。
おおおとしふるとねがわ　ますもり　すか

③　新しい住宅地である吉川団地は，どのような地形のところに造成されたか考えよう。

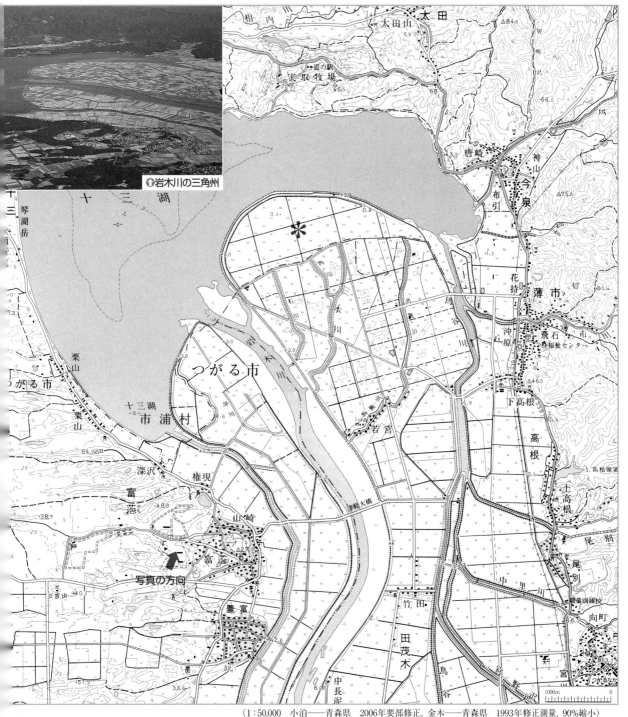

●岩木川の三角州

写真の方向

（1：50,000　小泊——青森県　2006年要部修正，金木——青森県　1993年修正測量，90%縮小）

（注）市浦村は2005年3月五所川原市へ合併した。

作業　　　　　　　　　　　　　　読図解説▶P.345

1 5m以下の標高を表す数値を青丸で囲んでみよう。

2 田を緑色，畑を黄色で着色しよう。

考察

① 支流を含めて岩木川は，どのような地形的な特徴をもっているだろうか。

② 「若宮」と「高根」の集落はそれぞれ，どのような地形上に立地しているか。比較してみよう。

③ 三角州の土地利用の特徴を読み取ろう。

④ 図中＊付近の堤防の比高（付近の水田面からの高さ）はいくらか。

⑤ 図中＊の部分は，どのようにして形成されたか。堤防の比高と道路網の特徴から考えよう。

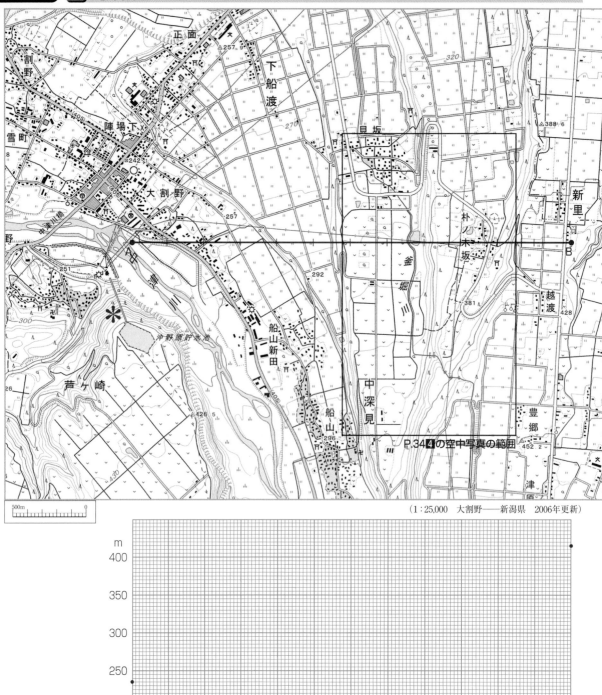

（1：25,000　大割野——新潟県　2006年更新）

作業　読図解説 》P.345

1　A－B間の断面図を方眼紙に作成しよう。

2　田を緑色，畑を黄色で着色しよう。

3　等高線に注意して段丘崖を茶色で着色しよう。 だんきゅうがい

考察

①　図中 ✳ の水路の落差は何mか。

②　沖野原貯水池の水は何によって供給されていると考えられるか。

③　中津川右岸には何段の段丘が形成されているだ
ろうか。

④　段丘崖の比高は，上位段丘と下位段丘でどのように違うか考えよう。

⑤　道路と地形は，どのような関係があるだろうか。

解説　地形図上のA－B地点間の断面図を作るには，この線をよぎる等高線の高さを読み取り，真下の同じ高度目盛の位置に点をうち，各々の点をなめらかな線で結ぶ。なお高度目盛は正確に地形を調べるとき以外は，水平目盛の2〜5倍にした方が実体感がでる（この図の場合5倍になっている）。

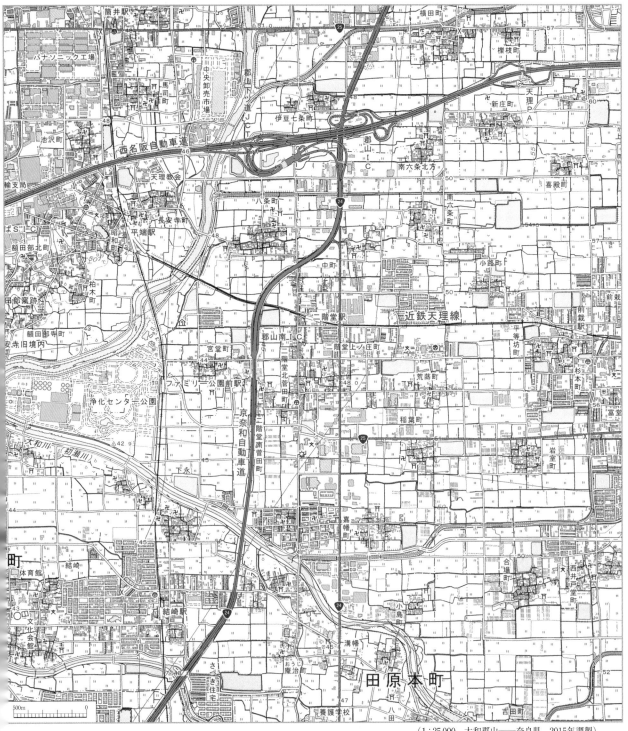

（1：25,000 大和郡山——奈良県 2015年調製）

作業

読図解説 ▶P.345

1 条里制に関係すると思われる地名を青色で囲んでみよう。

2 碁盤目状になっている道路を赤色マーカーでたどってみよう。

3 灌漑用水路を緑色マーカーでたどってみよう。

考察

① この地図が条里制の遺構であることを示す理由を3つ以上あげてみよう。

② 住宅地が多く造成されるようになったのはなぜか、その背景を考えてみよう。

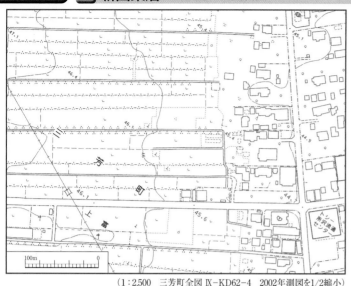

(1:2,500 三芳町全図 Ⅸ-KD62-4 2002年測図を1/2縮小)

⬆三富新田(上富付近)

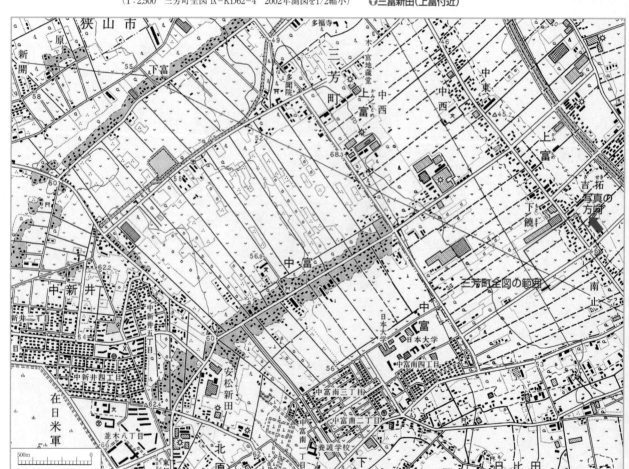

(1:25,000 所沢——埼玉県 2005年更新, 志木——埼玉県 2001年部分修正測量)

作業

読図解説 ▶P.345

1 50mと60mの等高線を赤色でなぞってみよう。
2 畑を黄色, 果樹園を桃色, 茶畑を茶色, 広葉樹林・針葉樹林を緑色で着色しよう。

考察

① 三富新田(上富・中富・下富)集落の形態を何というだろうか。
② 土地割には, どのような特徴があるか考察しよう。
③ 新田集落にも都市化の波が押し寄せつつある。その例をあげよう。

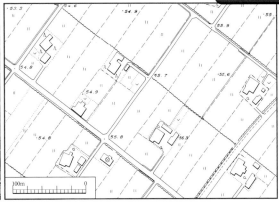

⬆砺波平野(砺波IC付近)（注)ICから一般道へ接続する道路の形状は現在と異なる。(1:2,500　砺波都市計画図 Ⅶ-HD74-2　1993年修正を1/2縮小)

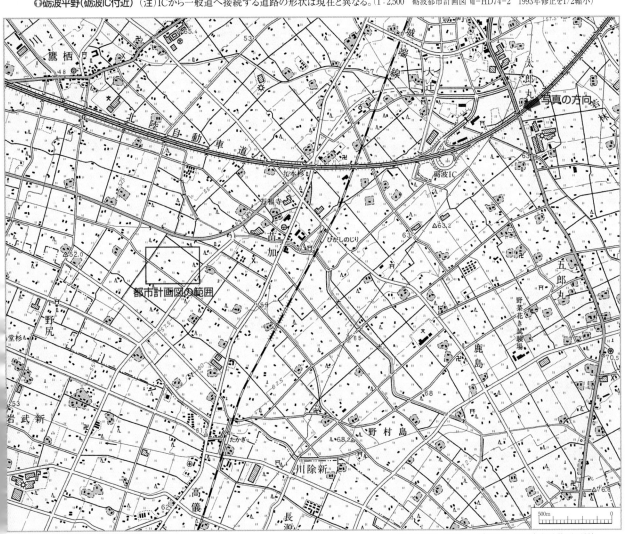

(1:25,000　砺波——富山県　1996年部分修正測量)

作業　　　　読図解説▶P.345

1 主曲線を赤色でなぞってみよう。

2 新田集落と思われる地名を緑色で囲んでみよう。

3 中世起源といわれる名田百姓村と思われる地名を青色で囲んでみよう。

考察

① 等高線の特徴から，どのような地形か考えてみよう。

② 隣の家との距離はどのくらいだろうか(都市計画図参照)。

③ 砺波平野で散村が発達した理由を考えてみよう。

作業
1 田を緑色，畑を黄色，集落を赤色で着色しよう。
2 図の例にならい，同一地名のつく集落を線で結ぼう。

読図解説 ▶P.345

考察
① P.220も参考にして，田・畑・集落の配列にどのような特徴があるか考えよう。
② 同じ地名のつく集落が，内陸から海岸方向に並んでいるのはなぜだろうか。
③ 地形図の北西部の国道（126号線）より北西で，等高線が何本もみられる付近は，どのような地形か。

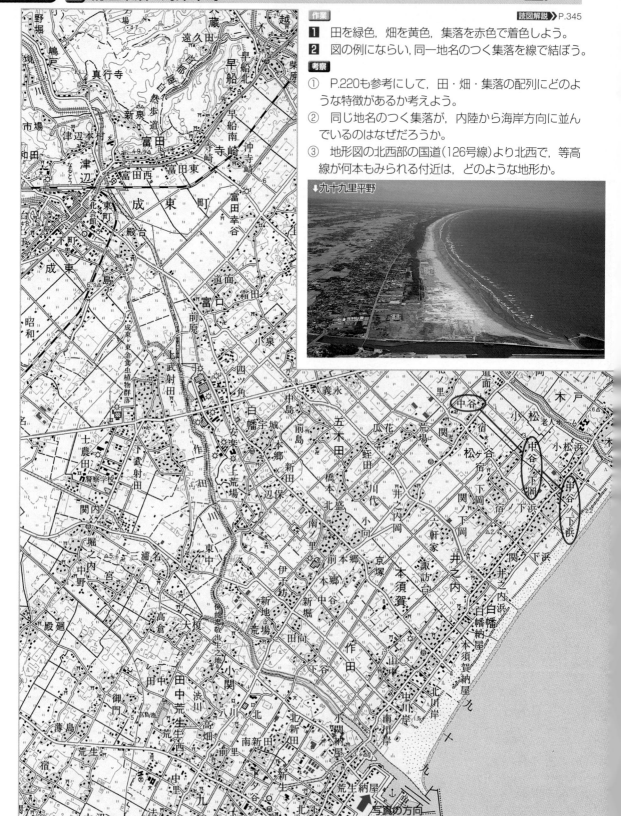

↓九十九里平野

写真の方向

(注) 成東町は2006年3月山武町などと合併し，山武市となった。

(1:50,000　東金──千葉県　2000年修正)

E 農漁村から工業地帯へ～鹿島　　　　　参照 ▶ P.158・184

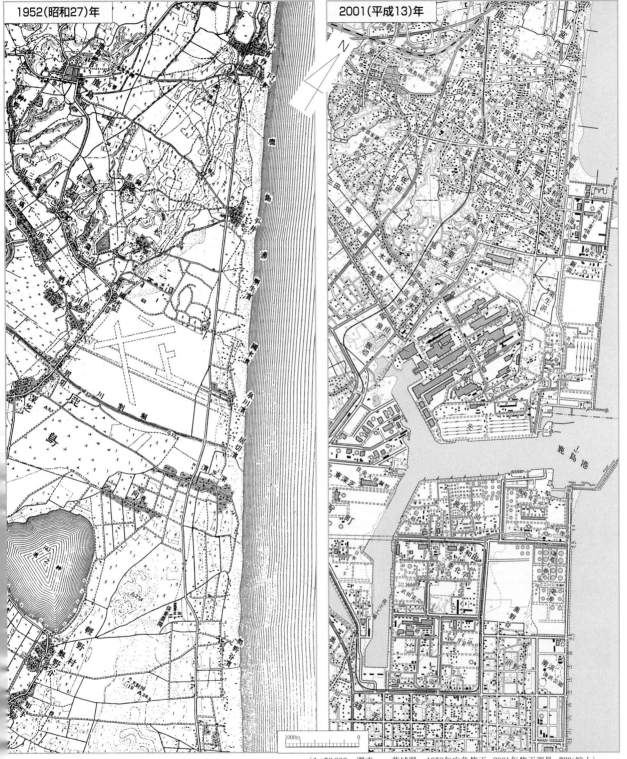

1952(昭和27)年　　　　2001(平成13)年

（1:50,000　潮来──茨城県　1952年応急修正，2001年修正測量，73%縮小）

作業

1 新旧地形図で，田を緑色で着色しよう。

2 新地形図で，工場の記号と工場の名称を赤丸で囲もう。

読図解説 ▶ P.345

考察

① 地形・土地利用は，どのように変化しただろうか。

② どのような種類の工場があるだろうか。

③ 鹿島港が人工的につくられた理由を考えよう。

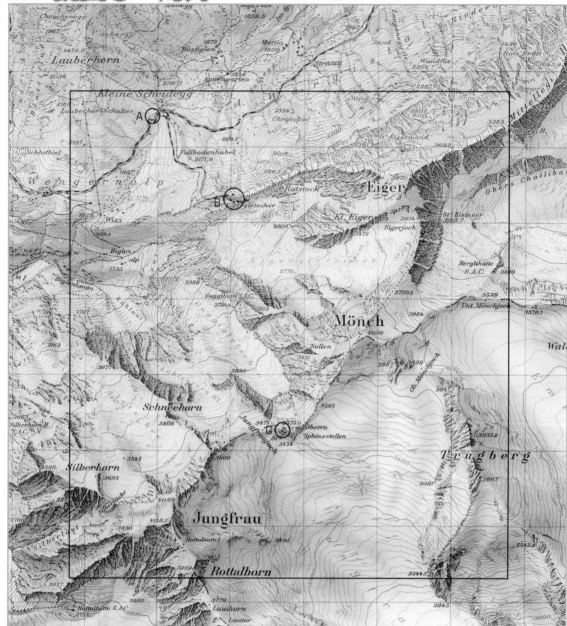

（1：50,000　ベルナーオーバーラント──スイス　1981年）

作業　　　　　　　　　　読図解説 ▶ P.345

1 赤枠の中の2,400m, 2,600m, 2,800mの等高線を赤色でなぞってみよう。

2 尾根を赤色で，谷を青色で着色しよう。

考察

① クライネシャイデック駅（A）とアイガーグレッシャー駅（B）との距離を求めよう。

② アイガーグレッシャー駅から先は，鉄道路線はトンネルに入ってユングフラウヨッホ駅（C）に着く。両駅間の標高差を求めよう。

③ 付近（地図の外）には湖が存在している。その成因を考えてみよう。

↑クライネシャイデック駅周辺

読図①～地形

A 壮年期山地と氷河地形～黒部峡谷(P.334)

■1 (略)　■2 雄山東斜面，タンボ平上部，真砂岳北斜面，龍王岳東斜面などに見られる。

①だいかんぼう駅の標高は約2,320m，くろべだいら駅で約1,820mであるので，比高は約500m。

②侵食作用が激しく，険しい山容にV字形の深く険しい谷が特徴。

③稜線の東側直下，真砂岳の東斜面，雄山の東斜面，タンボ平，内蔵助平など。

B 扇状地～百瀬川(琵琶湖西岸)(P.335)

■1・■2 (略)

①扇頂(図のA付近)を中心とする扇形。

②等高線が下流付近で低地に向かって凸になっているので，天井川である。

③せき(堰堤)の記号もみられるA付近は砂礫の供給量が多い河川。やがて水無川(涸川)となり，水は伏流する。この付近から天井川となっている。B付近から伏流水が再び湧水となって流れている。

④扇頂付近から伏流した水。

⑤扇端の湧水帯。大沼・深清水などの地名が，湧水帯であることを表している。

⑥地下水位の低い扇央部。住宅(主に保養別荘地的性格)開発を目的とした道路整備(住宅適地の扇端部は古くからの集落等で埋まっているので，新しい住宅開発は本来集落適地ではない場所に広がっていく)。

⑦岸の標高が86.5mの水準点などが示すとおり，0mとかけ離れている。水深を示す等深線が記入されている(海には記入されない)。

C 自然堤防と後背湿地～越谷付近(P.336)

■1 (略)　5mの等高線は，ほぼ大落古利根川に沿って走っている。右岸の増森付近～吉川橋の間は，5mがちょうど堤防の崖の部分にあたるため，等高線は表示されていない。

■2・■3 (略)

①自然堤防は特に大落古利根川の両岸に形成されており，集落と畑に利用されている。後背湿地は田が多い。

②かつて大落古利根川が蛇行していた旧流路で，現在の大落古利根川が形成された後は，河跡湖(三日月湖)になったと思われる。郡市界が通っていることからも，かつて河川であったことが類推できる。また空中写真を実体視することによって，地形図だけでは読み取ることが困難である微地形(細かな地形)を判読することができる。

③後背湿地。自然堤防は古くからの集落が立地しており，新興住宅地は後背湿地に立地せざるを得ない。

D 三角州～岩木川(青森県)(P.337)

■1・■2 (略)

①緩傾斜で泥土を十三湖へデルタ状に堆積している。

②「若宮」は低湿地の中に立地しているので，周囲より数十cm比高が高い自然堤防。「高根」は東側の台地と三角州の境界に立地。

③一面低湿地なので田として利用されているが荒地もみられる。

④3m　⑤自然に流れてきた河川が，とぎれたようになっていること，田が大きな直交する道路で区切られていることなどから，十三湖を干拓して造成されたものと考えられる。

E 河岸段丘～中津川(信濃川支流)(P.338)

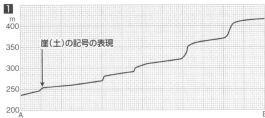

段丘崖が4つと河川敷と堤防道路の間の崖(崖の記号の部分)が，段差として表される。

■2・■3 (略)

①沖野原貯水池の標高が約400m，発電所の標高が約250mなので，落差は約150m　②中津川上流方向からの地下水路(送水管)

③右岸で6段の段丘面が判読できる(この地域には，掲載されていない部分も含めると9段の段丘がある)。

④比高が上位段丘ほど大きい。　⑤段丘面上の道路は直線であり，段丘崖では急傾斜を避けるため，屈曲している。

読図②～村落・都市

A 条里集落～奈良盆地(P.339)

■1～■3(略)

①・条のつく地名(南六条北方など)がみられる。・道路が直線で格子状(碁盤状)をなしている。・ため池の分布と配置の様子。・灌漑用水路が直線で道路に沿っている。・境界線(郡市界・町村界)が直線で格子型の道路に沿っている。　など

②高速道路・鉄道の改良発達により大阪方面への通勤が可能になったから。

B 新田集落～武蔵野・三富新田(P.340)

■1・■2 (略)

①路村　②各家々の背後に，その家の耕作地が続く短冊状の地割。近世に開発された武蔵野の典型的な新田集落である。(隣家との境界には茶畑が多い。)

③中新井四丁目にみられる新興住宅地の形成。また上富の北東の道路は，関越自動車道である。

C 散村～砺波平野(P.341)

■1 (略)　■2 岩武新，川除新　■3 太郎丸，五郎丸

①扇状地　②100～125m(都市計画図の縮尺は1：2,500を2分の1に縮小してあるから1：5,000である。)

③フェーンによって起こりやすい火災の類焼防止のため，加賀藩が防衛上や一向一揆の防止のため散在させた，幕府や藩の役人に面積を小さく見せるため，などさまざまな考え方がある。現在は藩政以前から営農上の労働の節約などを目的に，扇状地上の微高地などに家を建て周囲を開墾していったという考え方が有力。

D 納屋集落と海岸平野～九十九里平野(P.342)

■1・■2 (略)

①海岸線に平行に，集落・畑と水田が列状に並んでいる。浜堤が集落や畑に，低湿地が水田に利用されてきた。

②海岸線が徐々に沖合へ進み，集落が海岸から離れてしまうので，漁業のため，新たな海岸線沿いに集落をつくった。なお納屋集落は近世の文化・文政期(19世紀前半)に，漁民の居住地，干鰯などの製造小屋として成立。図中海岸沿い南部の港は，片貝漁港といい，九十九里有数の掘り込み式の漁港。

③地形図の北西部の国道より北西側が台地になる。南東部は砂浜海岸が徐々に隆起して形成された隆起海岸平野。下総台地に近い浜堤列は約6000年前の海岸線と考えられている。

E 農漁村から工業地帯へ～鹿島(P.343)

■1・■2 (略)旧図では田は ⊥⊥乾田，⊥⊥水田，⊥⊥湿田に分類されている。

①農業地帯から掘り込み式人工港をつくり，臨海工業地帯へ変わる。製鉄所・石油化学関連工場がみられる。(1962年工業整備特別地域に指定)

②金属・石油化学工場

③遠浅の砂浜のため，人工的に掘り込まないと大型船が入港できない。

読図③～海外

A アルプス山脈(P.344)

■1・■2 (略)

①地図上の長さ約3.8cm，縮尺5万分の1なので，約1.9km。

②B点はおよそ2,320m，C点はおよそ3,573mなので，標高差は1,253m。

③氷河の侵食によってできた氷河湖。

番号	国名（地域名）	首都	面積〔万km²〕（2020年）	人口〔万人〕（2021年）	人口密度〔人/km²〕（2021年）	合計特殊出生率〔人〕（2019年）	老年人口（65歳以上）〔%〕（2020年）	第1次産業人口割合〔%〕（2018年）	1人当たり国民総所得〔ドル〕（2020年）	識字率〔%〕（2020年）	上段：主な民族／下段：主な宗教
1	日本国 (注1)	東京	37.8	12,605	333	1.36	28.4	3.5	40,770	—	日本人・北海道に少数民族のアイヌ／仏教・神道・キリスト教
2	アゼルバイジャン共和国	バクー	8.7	1,022	118	1.80	6.7	36.3	4,177	[19]99.8	アゼルバイジャン人92%／イスラーム87%（シーア派53）
3	アフガニスタン・イスラム共和国	カブール	65.3	3,984	61	4.32	2.6	43.4	513	[21]37.3	パシュトゥン人42%・タジク人27／イスラーム99%（スンナ派82）
4	アラブ首長国連邦	アブダビ	7.1	999	141	1.39	1.3	1.5	36,128	[19]97.6	アラブ系・外国籍の南アジア系／イスラーム（スンナ派が中心）62%
5	イスラエル国	エルサレム(注2)	2.2	879	400	3.01	12.4	1.0	46,554	—	ユダヤ人74%・アラブ人21／ユダヤ教74%・イスラーム20
6	イラク共和国	バグダッド	43.5	4,118	95	3.60	3.4	18.4	4,101	[17]85.6	アラブ人65%・クルド人23／イスラーム96%（シーア派62）
7	イラン・イスラム共和国	テヘラン	163.1	8,503	52	2.15	6.6	17.6	10,558	[16]85.5	ペルシャ系61%・アゼルバイジャン系16／イスラーム98%（シーア派86）
8	インド	デリー	328.7	139,341	424	2.20	6.6	43.3	1,910	[18]74.4	インド・アーリア系72%・ドラビダ系25／ヒンドゥー教80%・イスラーム14
9	インドネシア共和国	ジャカルタ	191.1	27,636	145	2.29	6.3	29.6	3,765	96.0	大部分がマレー系（ジャワ人など約300の民族）／イスラーム87%・キリスト教10
10	ウズベキスタン共和国	タシケント	44.9	3,394	76	2.79	4.8	24.6	1,750	[19]100.0	ウズベク人78%・タジク人5／イスラーム（スンナ派が中心）76%
11	カザフスタン共和国	ヌルスルタン	272.5	1,899	7	2.90	7.9	16.3	7,959	[18]99.8	カザフ人69%・ロシア人18／イスラーム（スンナ派が大部分）70%・キリスト教26
12	カタール国	ドーハ	1.2	293	244	1.85	1.7	1.2	49,755	[17]93.5	アラブ人40%・インド人18／イスラーム（シーア派が大部分）65%
13	大韓民国	ソウル	10.0	5,131	513	0.92	15.8	5.0	32,193	—	朝鮮民族（韓民族）／キリスト教28%・仏教16・儒教
14	カンボジア王国	プノンペン	18.1	1,695	94	2.48	4.9	33.7	1,425	[15]80.5	クメール人98%・チャム人など少数民族／仏教97%
15	朝鮮民主主義人民共和国	ピョンヤン（平壌）	12.1	2,589	214	1.90	9.3	51.5	624	—	朝鮮民族／仏教・キリスト教が少数
16	キプロス共和国	ニコシア	0.9	122	135	1.32	14.4	2.2	26,506	—	［南］ギリシャ系81%［北］トルコ系94／［南］ギリシャ正教95%［北］イスラーム99
17	クウェート国	クウェート	1.8	433	240	2.08	3.0	2.1	26,772	96.5	クウェート人30%・その他のアラブ人27／イスラーム74%（スンナ派59）
18	サウジアラビア王国	リヤド	220.7	3,534	16	2.28	3.5	2.5	20,306	97.6	アラブ人90%／イスラーム94%（スンナ派84）
19	シリア・アラブ共和国	ダマスカス	18.5	1,828	99	2.77	4.9	11.0	959	—	アラブ人90%／イスラーム88%（スンナ派74）
20	シンガポール共和国	シンガポール（都市国家）	0.07	590	8,424	1.14	13.4	0.7	51,011	[19]97.5	中国系74%・マレー系14／仏教33%・キリスト教18・イスラーム15
21	スリランカ民主社会主義共和国	スリジャヤワルダナプラコッテ	6.6	2,150	326	2.19	11.2	25.2	3,666	[19]92.3	シンハラ人75%・タミル人15／仏教70%・ヒンドゥー教13
22	タイ王国	バンコク	51.3	6,995	136	1.51	13.0	32.1	6,988	[18]93.8	タイ系85%・中国系10／仏教95%・イスラーム4
23	中華人民共和国 (注3)	ペキン（北京）	960.0	144,422	150	1.70	12.0	26.1	10,160	[18]96.8	漢民族91%・その他55の少数民族／憲法で信教の自由を保障。仏教・道教
24	（台湾）	主都タイペイ（台北）	3.6	2,386	663	—	—	—	*26,514	—	漢民族97%・16の先住民族／道教・仏教・儒教・キリスト教
25	（ホンコン）	主市ヴィクトリア	0.1	755	7,553	1.07	18.2	—	*50,480	—	漢族が90%以上／仏教・道教・儒教・キリスト教
26	トルコ共和国	アンカラ	78.4	8,504	108	2.06	9.0	18.4	8,435	[19]96.7	トルコ人が大半、クルド人1,000万人以上／イスラーム98%（スンナ派83）
27	ネパール連邦民主共和国	カトマンズ	14.7	2,967	202	1.88	5.8	65.6	1,149	[18]67.9	チェトリ族17%・ブラーマン族13／ヒンドゥー教81%・仏教9
28	パキスタン・イスラム共和国	イスラマバード	79.6	22,520	283	3.45	4.3	37.4	1,250	[19]58.0	パンジャブ人45%・パシュトゥーン人15／イスラーム96%
29	バングラデシュ人民共和国	ダッカ	14.8	16,630	1,124	2.01	5.2	39.5	2,097	74.9	ベンガル人（先住民アーリア系などの混血）98%／イスラーム89%・ヒンドゥー教10
30	東ティモール民主共和国	ディリ	1.5	134	90	3.94	4.3	45.5	1,807	[18]68.1	メラネシア系／カトリック98%
31	フィリピン共和国	マニラ	30.0	11,105	370	2.53	5.5	24.3	3,553	[19]96.3	マレー系が主流、中国系／カトリック80%
32	ブータン王国	ティンプー	3.8	78	21	1.95	6.2	56.0	2,945	[17]66.6	ブータン人（チベット系）50%・ネパール系35／チベット仏教74%・ヒンドゥー教25

（注1）日本の面積には北方領土と竹島を含む。　（注2）国際的な承認は得られていない。　（注3）中国の面積及び人口には台湾・ホンコン・マカオを含まない。

（『世界年鑑』2022、「Demographic Year book」などによる）

主な言語	貿易（2020年）上段：輸出額（輸出品）輸出相手国　下段：輸入額（輸入品）輸入相手国
日本語	6,413億ドル（機械類36%・自動車19）中国22%・アメリカ19 6,344億ドル（機械類26%・原油7）中国26%・アメリカ11
アゼルバイジャン語	135億ドル（原油68%・天然ガス16）イタリア30%・トルコ19 107億ドル（機械類24%・自動車8）ロシア18%・トルコ15
ダリ・パシュトゥー語	*6.0億ドル（ぶどう15%・ナッツ12）インド47%・パキスタン34 *65億ドル（小麦10%・泥炭9）イラン15%・中国14
アラビア語	*3,894億ドル（原油33%・石油製品16）サウジアラビア13%・インド10 *2,520億ドル（機械類26%・金13）中国16%・インド11
ヘブライ語・アラビア語	493億ドル（機械類27%・ダイヤモンド11）アメリカ26%・中国8 695億ドル（機械類26%・自動車8）中国17%・アメリカ14
アラビア語・クルド語	16)493億ドル（原油100%）アジア64%・EU20 16)520億ドル（鉄鋼25%・天然ガス17）中国28%・アラブ首長国15
ペルシア語	*966億ドル（原油53%・石油製品9）中国10%・アラブ首長国6 *412億ドル（機械類28%・とうもろこし5）中国25%・アラブ首長国14
ヒンディー語	3,242億ドル（機械類12%・石油製品10）アメリカ18%・中国7 4,859億ドル（機械類21%・原油18）中国16%・アメリカ7
インドネシア語	1,633億ドル（パーム油11%・石炭9）中国20%・アメリカ11 1,416億ドル（機械類29%・石油製品6）中国28%・シンガポール9
ウズベク語	131億ドル（金44%・繊維10）ロシア13%・中国9 199億ドル（機械類30%・自動車9）中国22%・ロシア20
ロシア語・カザフ語	*573億ドル（原油58%・鉄鋼6）イタリア15%・中国14 *378億ドル（機械類33%・鉄鋼6）ロシア37%・中国17
アラビア語	*515億ドル（液化天然ガス62%・原油17）日本16%・中国15 *258億ドル（機械類28%・鉄鋼5）アメリカ16%・中国15
韓国語	5,093億ドル（機械類45%・自動車10）中国26%・アメリカ15 4,711億円（機械類33%・原油10）中国23%・アメリカ12
カンボジア（クメール）語	*172億ドル（衣類56%・履物9）アメリカ30%・日本8 *189億ドル（繊維と織物25%・機械類13）中国37%・タイ16
朝鮮語	*2.8億ドル（時計や楽器25%・鉄鋼13）中国80%・パキスタン3 *30億ドル（繊維と織物22%・鉱産物12）中国97%・ロシア1
[南]ギリシャ語[北]トルコ語	31億ドル（船舶31%・石油製品15）ギリシャ8%・リベリア7 86億ドル（船舶16%・機械類12）ギリシャ22%・イタリア8
アラビア語・英語	*549億ドル（原油72%・石油製品15）インド18%・中国15 *336億ドル（機械類23%・自動車13）中国17%・アメリカ9
アラビア語	*1,753億ドル（原油と石油製品77%・プラスチック7）中国4%・アラブ首長国2 *1,314億ドル（機械類22%・自動車10）中国19%・アメリカ12
アラビア語・アルメニア語	*16億ドル（原油38%・石油製品10）イラク20%・イタリア13 *43億ドル（石油製品27%・機械類14）トルコ10%・中国9
英語・中国語・マレー語	3,633億ドル（機械類51%・石油製品7）中国14%・(ホンコン)12 3,293億ドル（機械類49%・石油製品10）中国14%・マレーシア13
シンハラ語・タミル語	*119億ドル（衣類43%・茶12）アメリカ25%・イギリス9 *199億ドル（機械類16%・繊維と織物15）中国23%・インド19
タイ語	2,295億ドル（機械類31%・自動車10）アメリカ15%・中国13 2,088億ドル（機械類32%・原油9）中国24%・日本13
中国語（北京語が標準語）	2兆5,906億ドル（機械類45%・衣類6）アメリカ18%・(ホンコン)11 2兆556億ドル（機械類36%・原油9）日本9%・韓国8
中国語（北京語・台湾語・客家語）	3,292億ドル（機械類61%・精密機械5）中国30%・アメリカ15 2,857億ドル（機械類47%・精密機械5）中国22%・日本16
中国語（広東語）	5,071億ドル（機械類70%・金8）中国55%・アメリカ7 5,508億ドル（機械類68%・精密機械4）中国44%・シンガポール7
トルコ語・クルド語	1,698億ドル（機械類15%・自動車13）ドイツ9%・イギリス7 2,198億ドル（機械類20%・金5）ロシア11%・ドイツ10
ネパール語・マイティリー語	*8.5億ドル（繊維と織物34%・衣類11）インド57%・アメリカ11 *97億ドル（機械類16%・石油製品11）インド65%・中国13
ウルドゥ語・英語	220億ドル（繊維と織物32%・衣類28）アメリカ19%・中国8 458億ドル（機械類19%・石油製品9）中国27%・アラブ首長国10
ベンガル語	15)308億ドル（衣類84%・繊維と織物5）アメリカ19%・ドイツ15 15)458億ドル（繊維と織物17%・機械類15）中国22%・インド12
テトゥン語・ポルトガル語	17)2.5億ドル（コーヒー豆58%・中古衣類19）インドネシア25%・アメリカ22 17)4.9億ドル（石油製品19%・機械類13）インドネシア32%・中国15
フィリピン語・英語	639億ドル（機械類65%・野菜と果実5）アメリカ16%・日本15 908億ドル（機械類35%・自動車7）中国23%・韓国10
ゾンカ語・英語	*5.9億ドル（鉄鋼35%・電力32）インド94%・バングラデシュ4 *9.8億ドル（機械類18%・石油製品13）インド79%・韓国3

(注4) 1人当たり国民総所得及び貿易の*は2018年または2019年の数値。

●各国要覧

㊥はセンター試験で出題された用語。関連して覚えておきたい。

イスラエル 1948年建国以降、周辺のアラブ諸国と4度にわたる**中東戦争**。大量の難民が発生。農業はオレンジなど**果実**がさかん。
㊥**ユダヤ人・ヘブライ語・ダイヤモンド加工**

イラン 食料自給率70%と農牧業さかん。西部のザグロス山脈で羊の遊牧。**石油**が最大の国家収入源。OPEC加盟。
㊥**カナート（地下式水路）・ペルシア語**

インド ジャムシェドプルなどの**鉄鋼**に加え、優秀な人材育成によりベンガルールなどで**ICT産業**が発達。就業人口の**4割強が農民**。米の生産は世界2位。デカン高原の**綿花**、アッサム地方の**茶**。中国・パキスタンと国境問題。
㊥**タタ財閥・ヒンドゥー教・パンジャブ・灌漑・レグール**

インドネシア ジャワ島に人口集中。米作中心だがココやし・コーヒー・天然ゴム・パーム油を生産。**石油・天然ガス・すず**など資源も豊富。イスラームを信仰。地震多発。

韓国 耕地の約5割が**水田**。**キョンイン、ポハン、ウルサン**等で電気・電子機械、自動車、鉄鋼、**造船**、石油化学。
㊥**アジアNIEs・セマウル運動・オンドル・稲作・先端産業**

サウジアラビア 原油埋蔵量・生産量・輸出量は世界トップクラス。OPECの有力メンバー。主要油田（**ガワール**など）はペルシア湾岸に集中。労働力不足は外国人労働者に頼る。

シンガポール 中継貿易、加工貿易で発展。**ジュロン工業地域**を中心に石油精製、電子機器。所得水準高い。
㊥**多民族国家・国際金融センター・アジアNIEs**

スリランカ 世界的な**茶**の輸出国。島の中央部の高地が茶の主産地。他に米、ココやし、天然ゴム。繊維工業も発達。
㊥**安定陸塊・仏教・シンハラ人・タミル紛争**

タイ チャオプラヤ川流域で商業的米作。**米**の輸出量は世界トップクラス。**天然ゴム**の生産・輸出は世界一。プーケット島は**すず**の産地。
㊥**自動車工業・マングローブ・エビの養殖・首位都市**

中国 1978年**生産責任制**等の農業自由化を推進。低賃金労働力で世界有数の工業集積地。2000年から**西部大開発**を推進。高成長の中、都市と農村の所得格差が拡大。チベットやウイグルで民族問題が表面化。
㊥**経済特区・郷鎮企業・人口抑制策・黄砂**

台湾 高温多湿な気候を利用して米の二期作、さとうきび・パイナップル生産。**カオシュン**など10地区に**輸出加工区**。中国との経済交流さかん。

ホンコン 1997年、イギリス政府から返還。一国二制度。**中継貿易**で発展。世界有数の金融センター。**アジアNIEs**の一角。観光など第3次産業がさかん。

トルコ 小麦・大麦・ライ麦など穀物生産がさかん。西部のステップでは羊の遊牧。**クルド人**など少数民族問題。
㊥**ボスポラス海峡・カッパドキア・ガストアルバイター**

パキスタン 就業人口の4割が**農業**に従事。米の輸出世界4位。**綿花**及び**さとうきび**の生産も上位。
㊥**繊維産業・イスラーム・カシミール地方**

バングラデシュ 米の生産世界3位、**ジュート**の生産2位の農業国。国土の大半が低地デルタ。雨季の洪水や**サイクロン**による被害が大きく、経済が苦しい。
㊥**衣類・ガンジスデルタ・人口爆発・イスラーム**

番号	国名（地域名）	首都	面積（万km²）（2020年）	人口（万人）（2021年）	人口密度（人／km²）（2021年）	合計特殊出生率（人）（2019年）	老年人口（65歳以上）（%）（2020年）	第1次産業人口割合（%）（2018年）	1人当たり国民総所得（ドル）（2020年）	識字率（%）（2020年）	上段：主な民族 下段：主な宗教
33	ブルネイ・ダルサラーム国	バンダルスリブガワン	0.6	44	74	1.82	5.6	1.4	28,622	[18]97.2	マレー人66%・中国人10 イスラーム80%・仏教8
34	ベトナム社会主義共和国	ハノイ	33.1	9,817	297	2.05	7.9	38.6	2,624	[19]95.8	キン族（ベトナム族）85% 仏教・儒教・道教・キリスト教
35	マレーシア	クアラルンプール	33.1	3,278	99	1.98	7.2	10.7	10,209	[19]95.0	マレー系70%・中国系22 イスラーム60%・仏教19
36	ミャンマー連邦共和国	ネーピードー	67.7	5,481	81	2.14	6.2	49.7	1,253	[19]89.1	ビルマ族68%・シャン族9など135の少数民族 仏教88%・プロテスタント6
37	モルディブ共和国	マレ	0.03	54	1,812	1.84	3.6	8.7	6,459	[16]97.7	モルディブ人（シンハラなどの混血） 大部分がイスラーム
38	モンゴル国	ウランバートル	156.4	333	2	2.87	4.3	28.0	3,621	99.2	ハルハ84%・カザフ人4 伝統信仰など
39	ラオス人民民主共和国	ビエンチャン	23.7	738	31	2.63	4.3	63.2	2,500	[15]84.7	低地ラオ族53% 仏教67%・キリスト教2
40	アルジェリア民主人民共和国	アルジェ	238.2	4,462	19	2.99	6.7	10.0	3,291	[18]81.4	アラブ人74%・ベルベル人25 イスラーム99%（スンナ派が主）
41	エジプト・アラブ共和国	カイロ	100.2	10,426	104	3.28	5.3	24.3	3,496	[17]71.2	エジプト人（アラブ系）99% イスラーム90%・キリスト教10
42	エチオピア連邦民主共和国	アディスアベバ	110.4	11,788	107	4.15	3.5	66.7	836	[17]51.8	オロモ族35%・アムハラ族27など80以上の民族 キリスト教62%・イスラーム34
43	ガーナ共和国	アクラ	23.9	3,173	133	3.82	3.1	30.4	2,158	[18]79.0	アカン族48%・モシダゴンバ族17 キリスト教71%・イスラーム18
44	カメルーン共和国	ヤウンデ	47.6	2,722	57	4.51	2.7	44.1	1,480	[18]77.1	西部高地系38%など250以上の民族 キリスト教71%・イスラーム24
45	ギニア共和国	コナクリ	24.6	1,350	55	4.63	3.0	62.3	1,079	[18]39.6	プル族33%・マリンケ族29 イスラーム87%・キリスト教7
46	ケニア共和国	ナイロビ	59.2	5,499	93	3.42	2.5	55.1	1,847	[18]81.5	キクユ17%・ルヒヤ14など キリスト教54%・イスラーム11
47	コートジボワール共和国	ヤムスクロ	32.2	2,705	84	4.59	2.9	40.9	2,251	[19]89.9	アカン29%・ボルタイック16 イスラーム43%・キリスト教34
48	コンゴ民主共和国	キンシャサ	234.5	9,238	39	5.82	3.0	65.8	497	[16]77.0	バンツー系・ナイル系など250民族 キリスト教57%
49	ザンビア共和国	ルサカ	75.3	1,892	25	4.56	2.1	49.3	968	[18]86.7	ベンバ族・トンガ族など73の民族 キリスト教82%・伝統信仰14
50	スーダン共和国[注]	ハルツーム	184.7	4,491	24	4.35	3.7	40.1	1,323	[18]60.7	アラブ系・ベジャ イスラーム68%・伝統信仰11
51	セネガル共和国	ダカール	19.7	1,720	87	4.56	3.1	30.7	1,417	[17]51.9	ウォロフ族37%・プル族26など イスラーム96%・キリスト教4
52	ソマリア連邦共和国	モガディシュ	63.8	1,636	26	5.98	2.9	83.2	117	−	ソマリ族（多数の氏族に分かれる） イスラーム99%
53	タンザニア連合共和国	ダルエスサラーム	94.7	6,150	65	4.83	2.6	65.8	1,100	[15]77.9	バンツー系の黒人（約130の民族）99% イスラーム35%・キリスト教35
54	チュニジア共和国	チュニス	16.4	1,194	73	2.17	8.9	13.3	3,230	[14]79.0	アラブ系98% イスラーム99%
55	ナイジェリア連邦共和国	アブジャ	92.4	21,140	229	5.32	2.7	35.6	1,946	[18]62.0	ヨルバ族18%・ハウサ族17・イボ族13 イスラーム（スンナ派）54%・キリスト教46
56	マダガスカル共和国	アンタナナリボ	58.7	2,843	48	4.03	3.1	64.7	453	[18]76.7	メリナ族24%・ベチミサラカ族13 伝統信仰52%・キリスト教41
57	マリ共和国	バマコ	124.0	2,086	17	5.79	2.5	63.0	824	30.8	バンバラ族33%・プル族13など イスラーム94%・キリスト教3
58	南アフリカ共和国	プレトリア	122.1	6,004	49	2.38	5.5	5.2	4,999	[19]95.0	アフリカ系81%・白人8 キリスト教80%・イスラーム2
59	モザンビーク共和国	マプト	79.9	3,216	40	4.78	2.9	70.6	440	[17]60.7	マクア=ロムウェ族52%・ソンガ族24 キリスト教60%・イスラーム19
60	モロッコ王国	ラバト	44.7	3,734	84	2.38	7.6	35.3	3,062	[18]73.8	アラブ人65%・ベルベル人30 イスラーム（スンナ派）99%
61	リビア	トリポリ	167.6	696	4	2.21	4.5	18.4	4,399	−	アラブ人87%・ベルベル人7 イスラーム（スンナ派）96%
62	リベリア共和国	モンロビア	11.1	518	47	4.25	3.3	43.4	431	[17]48.3	アフリカ系97% キリスト教86%・イスラーム12
63	ルワンダ共和国	キガリ	2.6	1,328	511	3.99	3.1	63.2	779	[18]73.2	フツ族85%・ツチ族14 キリスト教82%
64	アイスランド共和国	レイキャビク	10.3	34	3	1.75	15.6	4.0	65,230	−	アイスランド人93% 福音ルーテル教会62%

（注）スーダンの各種統計には南スーダンを含むものがある。

主な言語	貿　　　　易 (2020年)
	上段：輸出額(輸出品)輸出相手国 下段：輸入額(輸入品)輸入相手国
マレー語・英語	*73億ドル(液化天然ガス42%・原油41)日本31%・シンガポール14 *51億ドル(原油23%・機械類22)中国13%・シンガポール13
ベトナム語	2,825億ドル(機械類46%・衣類10)アメリカ27%・中国17 2,627億ドル(機械類45%・繊維と織物6)中国32%・韓国18
マレー語・英語	2,342億ドル(機械類45%・石油製品6)中国16%・シンガポール15 1,899億ドル(機械類40%・石油製品7)中国22%・シンガポール9
ミャンマー(ビルマ)語	181億ドル(衣類27%・天然ガス20)中国32%・タイ18 186億ドル(機械類22%・石油製品16)中国36%・シンガポール14
ディヴェヒ語	*1.6億ドル(まぐろとかつお51%・調製まぐろとかつお22)タイ36%・ドイツ13 *29億ドル(機械類19%・石油製品15)アラブ首長国18%・中国17
モンゴル語	*76億ドル(石炭40%・銅鉱24)中国89%・イギリス4 *53億ドル(機械類22%・石油製品19)中国34%・ロシア29
ラオス語	*55億ドル(電力23%・銅鉱10)タイ41%・中国29 *58億ドル(機械類23%・石油製品13)タイ50%・中国29
アラビア語・アマジグ(ベルベル)語	*406億ドル(原油36%・天然ガス20)イタリア16%・フランス13 *465億ドル(機械類26%・鉄鋼8)中国18%・フランス9
アラビア語	*251億ドル(金11%・石油製品11)アラブ首長国7%・サウジアラビア6 *579億ドル(機械類16%・穀物8)中国15%・アメリカ7
アムハラ語・英語	*30億ドル(コーヒー豆24%・ごま18)中国9%・サウジアラビア9 *158億ドル(機械類24%・石油製品8)中国28%・アメリカ11
英語	*167億ドル(金37%・原油31)中国17%・スイス15 *105億ドル(機械類20%・自動車16)中国18%・アメリカ9
フランス語・英語	*41億ドル(原油39%・木材14)イタリア14%・中国12 *67億ドル(機械類16%・穀物7)中国17%・フランス10
フランス語・マリンケ語	15)14億ドル(金40%・ボーキサイト37)ガーナ22%・インド16 15)21億ドル(機械類16%・石油製品15)中国15%・オランダ13
英語・スワヒリ語	60億ドル(茶20%・切り花10)ウガンダ11%・パキスタン9 154億ドル(機械類18%・石油製品12)中国22%・インド12
フランス語	*127億ドル(カカオ豆28%・金9)オランダ11%・アメリカ6 *104億ドル(機械類16%・原油14)中国17%・ナイジェリア14
フランス語	104億ドル(銅65%・化学薬品22)中国41%・タンザニア12 106億ドル(機械類21%・切手類18)中国25%・アメリカ21
英語・ベンバ語	78億ドル(銅74%・銅鉱2)スイス44%・中国19 53億ドル(機械類20%・自動車8)南アフリカ33%・中国19
アラビア語	*40億ドル(金25%・ごま19)アラブ首長国28%・中国20 *92億ドル(機械類17%・小麦16)中国17%・ロシア15
フランス語・ウォロフ語	34億ドル(金19%・石油製品16)マリ21%・スイス12 72億ドル(機械類16%・石油製品15)フランス16%・中国9
ソマリ語・アラビア語・英語・イタリア語	16)4.4億ドル(家畜44%・金19)オマーン43%・アラブ首長国24 16)11億ドル(砂糖13%・小麦粉4)アラブ首長国32%・インド21
スワヒリ語・英語	*39億ドル(金37%・カシューナッツ13)ルワンダ19%・ケニア9 *85億ドル(石油製品19%・機械類18)中国21%・インド14
アラビア語・フランス語	*138億ドル(機械類30%・衣類15)フランス29%・イタリア16 *184億ドル(機械類23%・石油製品9)イタリア15%・フランス14
英語・ハウサ語・イボ語・ヨルバ語	*605億ドル(原油77%・液化天然ガス9)インド15%・スペイン10 *430億ドル(機械類32%・石油製品15)中国26%・インド12
マダガスカル語・フランス語	*27億ドル(バニラビーンズ22%・衣類18)フランス20%・アメリカ20 *39億ドル(石油製品14%・機械類13)中国18%・フランス13
フランス語・バンバラ語	*30億ドル(金66%・綿花7)南アフリカ41%・スイス21 *38億ドル(機械類23%・石油製品15)セネガル15%・中国15
英語・アフリカーンス語・ズールー語	899億ドル(白金13%・自動車10)中国12%・ドイツ8 882億ドル(機械類24%・原油7)中国21%・ドイツ9
ポルトガル語	*52億ドル(アルミニウム25%・コークス18)インド28%・オランダ21 *68億ドル(石油製品19%・機械類17)南アフリカ26%・中国12
アラビア語	270億ドル(機械類20%・自動車13)スペイン24%・フランス22 434億ドル(機械類21%・石油製品11)スペイン16%・フランス12
アラビア語	*300億ドル(原油84%・液化天然ガス4)イタリア34%・中国17 *134億ドル(機械類18%・石油製品16)トルコ11%・中国11
英語	*5.3億ドル(鉄鉱石42%・金30)ポーランド26%・中国14 *9.3億ドル(機械類と輸送機械23%・米14)シンガポール28%・韓国25
フランス語・キンヤルワンダ語	*11億ドル(石油製品20%・卑金属鉱10)コンゴ民主32%・アラブ首長国30 *35億ドル(機械類21%・石油製品14)中国20%・インド9
アイスランド語	46億ドル(魚介類44%・アルミニウム35)オランダ20%・スペイン17 57億ドル(機械類23%・自動車9)ドイツ9%・ノルウェー9

●各国要覧

せはセンター試験で出題された用語。関連して覚えておきたい。

フィリピン 16世紀末から300年にわたりスペインが支配。環太平洋造山帯で火山多い。ルソン島で米, ミンダナオ島でバナナ。中国, ベトナムなどと南沙群島の領有問題。
せ イスラーム系のモロ族・ミンダナオ紛争・緑の革命

ベトナム メコン・トンキン両デルタは有数の穀倉。石炭・原油など資源は北部に集中。工業は繊維が主力。観光業発展。
せ 社会主義国・ベトナム戦争・コーヒー・ドイモイ政策

マレーシア イギリス植民地時代にプランテーションで天然ゴムを生産。近年は油やし。日本を目標とした「ルックイースト」政策で工業化。複合民族国家でありマレー系優先のブミプトラ政策を実施。
せ 熱帯林破壊・サイバージャヤ・パーム油・原油

エジプト ナイル川流域の少ない農地で小麦・綿花を栽培。紅海と地中海を結ぶスエズ運河は外貨収入源。
せ 灌漑・綿花・原油・アスワンハイダム

エチオピア 標高2,000mを超える高原状の地形。南部のカッファ地方はコーヒー豆の原産地。エリトリアが分離独立。
せ アフリカ大地溝帯・アフリカ最古の独立国・内戦・干ばつ

ガーナ カカオの生産と輸出は世界有数。北部のサバナ地帯でキャッサバ, ヤムいもを栽培。
せ カカオ・金・ボーキサイト・マンガン鉱

ケニア コーヒー, サイザル麻とホワイトハイランドの茶。タンザニア, ウガンダと東アフリカ共同体を構成。
せ 野生生物・キリニャガ(ケニア)山・スワヒリ語

コートジボワール 国名は仏語で「象牙海岸」の意。カカオ・コーヒーの生産は世界有数。
せ カカオ

スーダン 大部分が平原でハルツームで白ナイルと青ナイルが合流。石油資源が集中する南スーダンが分離独立。
せ ダールフール(ダルフール)紛争・難民・干ばつ

ソマリア 全土を支配する正統政府が存在しない。北部ではソマリ国民運動が「ソマリランド共和国」の独立を宣言するも国際的には未承認。イスラーム組織「アルシャバブ」と暫定政府が戦闘。近年は, ソマリア沖で海賊の活動が活発。2011年には干ばつによる飢餓が問題に。

ナイジェリア アフリカ最大の人口をもつ多民族国家。アフリカ最大の産油国。南部デルタ地帯で石油を産出。
せ ビアフラ戦争・首都アブジャ・奴隷貿易・奴隷海岸

南アフリカ共和国 金・ダイヤモンドなど鉱物資源が豊かでGNIはアフリカ3位。ネルソン・マンデラが黒人初の大統領。
せ アパルトヘイト・ドラケンスバーグ山脈・カラハリ砂漠

モロッコ ユーラシアプレートとアフリカプレートの境界にあり地震多発。AU(アフリカ連合)に2017年再加盟。
せ 新期造山帯・アトラス山脈・リン鉱石・タコ

ルワンダ 農林漁業がGDPの30%以上, 労働人口の約75%を占め, コーヒー・茶が主産品。
せ ツチ族・フツ族・ルワンダ内戦・難民

アイスランド 大西洋中央海嶺上にあり, ギャオとよばれる大地の裂け目がみられる。火山灰により欧州の航空網が混乱。ニシンやタラなど世界有数の漁場。
せ 地熱発電・割れ目噴火・氷河・温泉

番号	国名（地域名）	首都	面積〔万km²〕(2020年)	人口〔万人〕(2021年)	人口密度〔人／km²〕(2021年)	合計特殊出生率〔人〕(2019年)	老年人口（65歳以上）〔%〕(2020年)	第1次産業人口割合〔%〕(2018年)	1人当たり国民総所得〔ドル〕(2020年)	識字率〔%〕(2020年)	上段：主な民族／下段：主な宗教
65	アイルランド	ダブリン	7.0	498	71	1.70	14.6	4.8	65,633	–	アイルランド人85%／カトリック78%
66	グレートブリテン及び北アイルランド連合王国（イギリス）	ロンドン	24.2	6,821	282	1.65	18.7	1.1	40,114	–	イングランド人85%／キリスト教60%・イスラーム4
67	イタリア共和国	ローマ	30.2	6,037	200	1.27	23.3	3.8	31,622	18)99.2	イタリア人96%（さまざまな民族が混在）／カトリック83%・イスラーム2
68	ウクライナ	キーウ（キエフ）	60.4	4,347	72	1.23	16.9	14.9	3,665	–	ウクライナ人78%・ロシア人17／ウクライナ正教84%
69	エストニア共和国	タリン	4.5	133	29	1.66	20.4	3.3	22,893	–	エストニア人69%・ロシア人26／キリスト教が主・無宗教34
70	オーストリア共和国	ウィーン	8.4	904	108	1.46	19.2	3.7	48,051	–	オーストリア人81%／キリスト教60%（カトリック57）
71	オランダ王国	アムステルダム	4.2	1,717	409	1.57	20.0	2.1	52,406	–	ヨーロッパ系85%（オランダ人80）・移民15／カトリック24%・プロテスタント15
72	北マケドニア共和国	スコピエ	2.6	208	80	1.49	14.5	15.7	5,614	98.4	マケドニア人64%・アルバニア人25／マケドニア正教65%・イスラーム33
73	ギリシャ共和国	アテネ	13.2	1,037	79	1.35	22.3	12.3	18,040	18)97.9	ギリシャ人92%／ギリシャ正教97%
74	クロアチア共和国	ザグレブ	5.7	408	72	1.47	21.3	6.2	13,910	–	クロアチア人90%／カトリック86%・セルビア正教4
75	コソボ共和国	プリシュティナ	1.1	180	163	1.97	–	3.5	4,467	–	アルバニア人93%・セルビア人2／イスラーム96%
76	スイス連邦	ベルン	4.1	872	213	1.48	19.1	3.0	83,803	–	ドイツ系62%・フランス系23／カトリック34%・プロテスタント23
77	スウェーデン王国	ストックホルム	43.9	1,016	23	1.70	20.3	1.7	55,191	–	スウェーデン人86%／スウェーデン国教会71%
78	スペイン王国	マドリード	50.6	4,675	92	1.24	20.0	4.2	27,570	98.6	スペイン人45%（先住民が混交）／カトリック58%
79	スロバキア共和国	ブラチスラバ	4.9	546	111	1.56	16.7	2.3	19,048	–	スロバキア人82%・ハンガリー人8／カトリック62%・プロテスタント8
80	スロベニア共和国	リュブリャナ	2.0	208	104	1.61	20.7	5.5	25,582	14)99.7	スロベニア人83%／キリスト教61%（カトリック58）
81	セルビア共和国(注1)	ベオグラード	7.7	690	90	1.52	19.1	15.9	7,420	19)99.5	セルビア人83%・ハンガリー人4／キリスト教91%（セルビア正教85）
82	チェコ共和国	プラハ	7.9	1,072	136	1.71	20.1	2.8	22,112	–	チェコ人64%／カトリック10%
83	デンマーク王国	コペンハーゲン	4.3	581	135	1.70	20.2	2.2	63,552	–	デンマーク人92%／デンマーク国教会81%
84	ドイツ連邦共和国	ベルリン	35.8	8,390	234	1.54	21.7	1.2	47,186	–	ドイツ人88%／カトリック27%・プロテスタント24
85	ノルウェー王国(注2)	オスロ	38.6	547	14	1.53	17.5	2.1	69,855	–	ノルウェー人83%／ノルウェー国教会79%
86	バチカン市国	バチカン（都市国家）	0.44km²	0.08	1,845	–	–	–	–	–	イタリア人・スイス人など／カトリック
87	ハンガリー	ブダペスト	9.3	963	104	1.49	20.2	4.8	15,695	14)99.1	ハンガリー人（マジャール人）92%／カトリック39%・プロテスタント15
88	フィンランド共和国	ヘルシンキ	33.7	555	16	1.35	22.6	3.7	49,517	–	フィンランド人91%／キリスト教81%（福音ルーテル派78）
89	フランス共和国	パリ	55.2	6,543	119	1.87	20.8	2.5	39,573	–	フランス人（ケルト人・ゲルマン系などの混成）／カトリック64%
90	ブルガリア共和国	ソフィア	11.0	690	63	1.58	21.5	6.6	9,867	–	ブルガリア人77%／ブルガリア正教59%・イスラーム8
91	ベラルーシ共和国	ミンスク	20.8	944	45	1.38	15.6	11.3	6,112	19)99.9	ベラルーシ人84%・ロシア人8／ベラルーシ正教49%・カトリック7
92	ベルギー王国	ブリュッセル	3.1	1,163	375	1.57	19.3	1.0	45,505	–	オランダ系フラマン人60%・フランス系ワロン人40／カトリック50%
93	ポーランド共和国	ワルシャワ	31.3	3,780	121	1.42	18.7	9.6	15,192	–	ポーランド人97%／カトリック89%
94	ボスニア・ヘルツェゴビナ	サラエボ	5.1	326	64	1.25	17.9	15.7	6,032	13)97.0	ボスニア人50%・セルビア人31／イスラーム51%・セルビア正教31
95	ポルトガル共和国	リスボン	9.2	1,017	111	1.42	22.8	6.0	22,059	18)96.1	ポルトガル人92%／キリスト教87%（カトリック85）
96	ラトビア共和国	リガ	6.5	187	29	1.61	20.7	7.0	17,866	18)99.9	ラトビア人63%・ロシア人25／キリスト教36%

（注1）セルビアの面積・人口にはコソボを含まない。　　（注2）ノルウェーの面積にはスヴァールバル諸島とヤンマイエン島を含む。

主な言語	貿　　　易（2020年）
	上段：輸出額（輸出品）輸出相手国 下段：輸入額（輸入品）輸入相手国
アイルランド語・英語	1,787億ドル(医薬品36%・化学薬品22)アメリカ31%・ベルギー11 980億ドル(機械類20%・航空機15)イギリス23%・アメリカ15
英語・ウェールズ語	3,799億ドル(機械類22%・自動車9)アメリカ14%・ドイツ10 5,425億ドル(機械類20%・金14)中国12%・ドイツ11
イタリア語	4,949億ドル(機械類25%・自動車7)ドイツ13%・フランス10 4,219億ドル(機械類19%・自動車9)ドイツ16%・中国9
ウクライナ語・ロシア語	*492億ドル(鉄鋼17%・ひまわり油11)中国15%・ポーランド7 *541億ドル(機械類23%・自動車10)中国15%・ドイツ10
エストニア語	161億ドル(機械類24%・石油製品6)フィンランド16%・スウェーデン10 180億ドル(機械類22%・自動車9)ドイツ10%・ロシア10
ドイツ語	1,719億ドル(機械類26%・自動車10)ドイツ30%・アメリカ7 1,767億ドル(機械類24%・自動車10)ドイツ35%・中国7
オランダ語	5,513億ドル(機械類26%・石油製品6)ドイツ22%・ベルギー10 4,848億ドル(機械類28%・自動車5)ドイツ18%・中国11
マケドニア語	69億ドル(機械類28%・貴金属触媒19)ドイツ49%・セルビア9 90億ドル(機械類17%・白金14)イギリス12%・ドイツ11
ギリシャ語	352億ドル(石油製品20%・機械類9)イタリア11%・ドイツ8 557億ドル(機械類15%・原油13)ドイツ12%・イタリア8
クロアチア語	170億ドル(機械類17%・医薬品7)イタリア14%・ドイツ13 260億ドル(機械類18%・自動車8)ドイツ16%・イタリア14
アルバニア語・セルビア語	*4.3億ドル(鉄鋼29%・プラスチックとゴム13)アルバニア19%・北マケドニア12 *39億ドル(鉱産物15%・機械類12)ドイツ12%・セルビア12
ドイツ語・フランス語・イタリア語	3,192億ドル(医薬品28%・金23)アメリカ23%・ドイツ15 2,917億ドル(金31%・医薬品14)ドイツ20%・イタリア8
スウェーデン語	1,542億ドル(機械類25%・自動車13)ノルウェー11%・ドイツ10 1,484億ドル(機械類26%・自動車11)ドイツ18%・オランダ10
スペイン語・カタルーニャ語	3,068億ドル(自動車15%・機械類13)フランス15%・ドイツ11 3,252億ドル(機械類19%・自動車10)ドイツ12%・中国10
スロバキア語	833億ドル(自動車34%・機械類29)ドイツ23%・チェコ11 865億ドル(機械類34%・自動車17)ドイツ19%・チェコ10
スロベニア語	373億ドル(医薬品21%・機械類21)ドイツ18%・スイス12 364億ドル(機械類19%・医薬品16)ドイツ14%・スイス13
セルビア語	170億ドル(機械類23%・自動車5)ドイツ13%・イタリア10 220億ドル(機械類18%・自動車6)ドイツ13%・ロシア10
チェコ語	1,926億ドル(機械類39%・自動車19)ドイツ33%・スロバキア8 1,710億ドル(機械類41%・自動車9)ドイツ23%・中国18
デンマーク語	1,072億ドル(機械類21%・医薬品18)ドイツ13%・スウェーデン9 968億ドル(機械類24%・自動車8)ドイツ22%・スウェーデン13
ドイツ語	1兆3,804億ドル(機械類29%・自動車15)アメリカ9%・中国8 1兆1,707億ドル(機械類25%・自動車10)中国11%・オランダ8
ノルウェー語	827億ドル(原油28%・天然ガス15)イギリス17%・ドイツ12 813億ドル(機械類24%・自動車11)中国12%・ドイツ12
ラテン語・フランス語・イタリア語	—— ——
ハンガリー語	1,194億ドル(機械類40%・自動車16)ドイツ28%・イタリア5 1,127億ドル(機械類38%・自動車9)ドイツ25%・中国8
フィンランド語・スウェーデン語	657億ドル(機械類24%・紙と板紙10)ドイツ14%・スウェーデン10 681億ドル(機械類23%・自動車9)ドイツ15%・スウェーデン11
フランス語	4,783億ドル(機械類19%・自動車9)ドイツ14%・アメリカ8 5,720億ドル(機械類22%・自動車17)ドイツ17%・ベルギー10
ブルガリア語	*318億ドル(機械類19%・石油製品7)ドイツ15%・ルーマニア9 *349億ドル(機械類20%・原油8)ドイツ12%・ロシア10
ベラルーシ語・ロシア語	*290億ドル(石油製品16%・機械類9)ロシア45%・ウクライナ11 *326億ドル(機械類17%・原油17)ロシア50%・中国11
オランダ語・フランス語	4,194億ドル(医薬品16%・自動車12)ドイツ17%・フランス13 3,947億ドル(機械類15%・医薬品13)オランダ19%・ドイツ14
ポーランド語	2,709億ドル(機械類25%・自動車10)ドイツ29%・チェコ6 2,571億ドル(機械類27%・自動車8)ドイツ22%・中国14
ボスニア語・セルビア語	61億ドル(機械類15%・家具9)ドイツ16%・クロアチア13 99億ドル(機械類15%・自動車6)ドイツ12%・イタリア12
ポルトガル語	615億ドル(機械類15%・自動車14)スペイン25%・フランス14 775億ドル(機械類19%・自動車11)スペイン33%・ドイツ13
ラトビア語	151億ドル(機械類19%・木材10)リトアニア16%・エストニア12 173億ドル(機械類21%・自動車6)リトアニア18%・ドイツ10

●各国要覧

センは センター試験で出題された用語。関連して覚えておきたい。

イギリス　**古期造山帯**で平坦な地形。農業人口率1%台。酪農がさかん。先端技術もさかんな工業国。シティは金融市場の中心地。2020年にEU離脱。
セ**北海油田・産業革命・多民族国家・北アイルランド紛争**

イタリア　南部は大土地所有制が残存し貧しい農民が多く、ミラノ、トリノ等の北部と比べ**格差が大きい**。
セ**地中海性気候・オリーブ・第3のイタリア・ブランド服**

オランダ　干拓地**ポルダー**では酪農、砂丘地帯ではチューリップなどの**園芸農業**がさかん。ロッテルダム港と一体化した**ユーロポート**は世界有数の貿易港。ダイヤモンドの研磨加工。ハーグには国際司法裁判所。
セ**バター・チーズ・風力発電**

スイス　酪農国で**移牧**がさかん。時計などの精密工業。チューリヒは国際金融業の中心。EU非加盟。
セ**永世中立国(武装中立国)・バター・チーズ・アルプス山脈**

スウェーデン　国土の6割を占める森林を利用した林業国で、**パルプ**工業もさかん。世界有数の**高福祉国**。
セ**高齢化・鉄鉱石・機械工業**

スペイン　北東部に**ピレネー山脈**、内陸部は**メセタ**とよばれる高原。**地中海沿岸でぶどう、オリーブやレモン。**
セ**ラテン系・カトリック・バスク・カタルーニャ**

チェコ　エルツ山脈、スデーティ山脈に囲まれ、石炭・褐炭を産出。陶磁器・繊維の伝統工業。
セ**スラブ系・カトリック**

デンマーク　氷期に氷食を受けたやせ地だが**酪農・牧畜**がさかん。フェロー諸島・グリーンランドは**海外領土**。
セ**チーズ・風力発電・モレーン**

ドイツ　じゃがいもや豚肉など混合農業中心。EU最大の工業国で外国人労働者も多い。環境先進国でもある。
セ**路面電車(LRT)・ハイデ・ゲルマン系民族**

ノルウェー　フィヨルド沿いに好漁港があり、ニシン・タラ漁を中心とする**水産国**。タンカーなど**海運業**もさかん。北海油田開発後は有数の**原油輸出国**。EU非加盟。
セ**フィヨルド・不凍港・水力発電・アルミニウム生産**

ハンガリー　ドナウ川東側のハンガリー平原(アルフェルド・プスタ)は肥沃で**小麦・ひまわり**など生産。
セ**マジャール人・プスタ・穀倉地帯**

フィンランド　国土の4分の1が北極圏。数万の**氷河湖**がある。
セ**パルプ・先端技術産業・フィン人・サーミ**

フランス　西ヨーロッパ最大の**農業国**。**原子力発電**に依存。世界のファッション産業の中心。**海外旅行客**も多い。
セ**トゥールーズ・海外県・ぶどう・ワイン**

ベルギー　フランドル地方は伝統的な毛織物工業地域。原料をアフリカの旧植民地に求めた**ダイヤモンド加工業**。
セ**2言語併用地域・フラマン人・ワロン人**

ポーランド　氷食を受けたやせ地だが、**ライ麦・ばれいしょ**は世界有数。南部の**シロンスク炭田**を背景とした重化学工業が発達。かつては大気汚染がひどく**酸性雨**も。
セ**スラブ系・カトリック**

番号	国名（地域名）	首都	面積〔万km²〕(2020年)	人口〔万人〕(2021年)	人口密度〔人／km²〕(2021年)	合計特殊出生率〔人〕(2019年)	老年人口〔65歳以上〕(%)(2020年)	第1次産業人口割合(%)(2018年)	1人当たり国民総所得〔ドル〕(2020年)	識字率〔%〕(2020年)	上段：主な民族 下段：主な宗教
97	リトアニア共和国	ビリニュス	6.5	269	41	1.61	20.6	7.2	20,171	−	リトアニア人83%・ポーランド人6 カトリック79%
98	ルーマニア	ブカレスト	23.8	1,913	80	1.76	19.2	22.3	12,757	18)98.8	ルーマニア人（ラテン系）83%・ハンガリー人6 ルーマニア正教82%
99	ルクセンブルク大公国	ルクセンブルク	0.3	63	212	1.34	14.4	1.1	74,956	−	ルクセンブルク人56%・ポルトガル人16 カトリック90%
100	ロシア連邦	モスクワ	1,709.8	14,591	9	1.50	15.5	5.9	9,927	18)99.7	ロシア人78%・タタール人4 キリスト教58%（ロシア正教53）
101	アメリカ合衆国	ワシントンD.C.	983.4	33,292	34	1.71	16.6	1.4	64,310	−	白人76%・黒人13・アジア系6 プロテスタント47%・カトリック21
102	カナダ	オタワ	998.5	3,807	4	1.47	18.1	1.5	43,093	−	イギリス系32%・カナダ系32 キリスト教70%（カトリック43・プロテスタント23）
103	キューバ共和国	ハバナ	11.0	1,132	103	1.60	15.9	17.7	9,345	−	スペイン系白人64%・ムラート27 カトリック＝サンテリーア
104	グアテマラ共和国	グアテマラシティ	10.9	1,825	167	2.82	5.0	31.7	4,252	18)80.8	ラディーノ60%・マヤ系先住民39 カトリック57%
105	コスタリカ共和国	サンホセ	5.1	514	101	1.74	10.3	12.4	11,393	18)97.9	スペイン系白人77%・メスチーソ17 カトリック76%
106	ジャマイカ	キングストン	1.1	297	270	1.97	9.1	16.2	4,452	14)88.1	黒人92% プロテスタント61%・カトリック3
107	ドミニカ共和国	サントドミンゴ	4.9	1,095	224	2.32	7.5	9.3	6,919	16)93.8	ムラート73%・白人16・黒人11 カトリック84%・プロテスタント7
108	ハイチ共和国	ポルトープランス	2.8	1,154	412	2.89	5.2	28.9	1,363	16)61.7	黒人95%・白人とムラート5 キリスト教83%
109	パナマ共和国	パナマシティ	7.5	438	58	2.44	8.5	14.2	11,331	19)95.7	メスチーソ65%・黒人9・白人7 カトリック85%・プロテスタント15
110	メキシコ合衆国	メキシコシティ	196.4	13,026	66	2.10	7.6	12.8	8,033	95.2	メスチーソ60%・インディヘナ30 カトリック83%・プロテスタント10
111	アルゼンチン共和国	ブエノスアイレス	279.6	4,561	16	2.25	11.4	0.1	8,138	18)99.0	白人（イタリア系・スペイン系）86% カトリック70%・プロテスタント9
112	ウルグアイ東方共和国	モンテビデオ	17.4	349	20	1.96	15.1	8.4	14,647	19)98.8	白人88%・メスチーソ8・黒人4 キリスト教58%（カトリック47）
113	エクアドル共和国	キト	25.7	1,789	70	2.40	7.6	28.8	5,438	93.6	メスチーソ77%・白人11 カトリック85%・プロテスタント15
114	ガイアナ共和国	ジョージタウン	21.5	79	4	2.44	7.0	17.5	7,446	14)85.6	インド系44%・アフリカ系黒人30・混血17 キリスト教57%・ヒンドゥー教28
115	コロンビア共和国	ボゴタ	114.2	5,127	45	1.79	9.1	16.7	5,215	95.6	メスチーソ58%・白人20・ムラート14 カトリック80%
116	チリ共和国	サンティアゴ	75.6	1,921	25	1.63	12.2	9.2	12,660	17)96.4	メスチーソ72%・白人22 カトリック70%・プロテスタント15
117	パラグアイ共和国	アスンシオン	40.7	722	18	2.41	6.8	20.1	4,812	94.5	メスチーソ86% カトリック90%・プロテスタント6
118	ブラジル連邦共和国	ブラジリア	851.6	21,399	25	1.72	9.6	9.3	6,667	18)93.2	白人54%・ムラート39・黒人6 カトリック74%・プロテスタント15
119	ベネズエラ・ボリバル共和国	カラカス	93.0	2,870	31	2.25	8.0	7.9	3,380	16)97.1	メスチーソ64%・白人20 カトリック85%
120	ペルー共和国	リマ	128.5	3,336	26	2.23	8.7	27.4	5,898	94.5	先住民45%・メスチーソ37・白人15 カトリック81%・プロテスタント13
121	ボリビア多民族国	ラパス	109.9	1,183	11	2.69	7.5	31.1	3,059	15)92.5	先住民55%・メスチーソ30・白人15 カトリック78%・プロテスタント16
122	オーストラリア連邦	キャンベラ	769.2	2,579	3	1.66	16.2	2.6	54,251	−	ヨーロッパ系90%・アジア系7 キリスト教58%
123	ツバル	フナフティ	0.003	1	398	−	−	−	8,204	−	ポリネシア系93%・混血5 キリスト教97%
124	トンガ王国	ヌクアロファ	0.07	11	153	3.52	5.9	24.5	5,039	18)99.4	ポリネシア系が大部分 キリスト教97%
125	ナウル共和国	ヤレン	0.002	1	544	−	−	02)0.7	14,724	−	ナウル人（ミクロネシア系）96% プロテスタント49%・カトリック24
126	ニュージーランド	ウェリントン	26.8	486	18	1.72	16.4	5.8	42,764	−	ヨーロッパ系64%・先住民マオリ人17 キリスト教37%
127	パプアニューギニア独立国	ポートモレスビー	46.3	912	20	3.52	3.6	59.4	2,590	−	パプア人84%・メラネシア系15 プロテスタント44%・伝統信仰34
128	フィジー共和国	スバ	1.8	90	50	2.75	5.8	36.9	4,590	−	フィジー人57%・インド系38 キリスト教64%・ヒンドゥー教28

主な言語	貿易（2020年） 上段：輸出額（輸出品）輸出相手国 下段：輸入額（輸入品）輸入相手国
リトアニア語	328億ドル（機械類16%・石油製品6）ロシア13%・ラトビア9 331億ドル（機械類20%・原油7）ポーランド13%・ドイツ13
ルーマニア語	711億ドル（機械類30%・自動車17）ドイツ23%・イタリア11 922億ドル（機械類28%・自動車9）ドイツ21%・イタリア9
ルクセンブルク語・フランス語	136億ドル（機械類19%・鉄鋼13）ドイツ26%・フランス16 209億ドル（機械類17%・自動車15）ベルギー24%・ドイツ24
ロシア語	*3,245億ドル（原油29%・石油製品16）中国13%・オランダ11 *2,366億ドル（機械類30%・自動車10）中国22%・ドイツ10
英語	1兆4,341億ドル（機械類25%・自動車7）カナダ18%・メキシコ15 2兆3,343億ドル（機械類30%・自動車10）中国19%・メキシコ14
英語・フランス語	3,921億ドル（原油12%・自動車12）アメリカ73%・中国5 4,052億ドル（機械類25%・自動車13）アメリカ49%・中国14
スペイン語	*21億ドル（金属鉱31%・化学工業品13）カナダ22%・中国22 *99億ドル（燃料と関連品29%・機械類と輸送機械23）ベネズエラ18%・中国13
スペイン語	*112億ドル（野菜と果実16%・衣類11）アメリカ32%・エルサルバドル11 *199億ドル（機械類16%・石油製品9）アメリカ35%・中国12
スペイン語	*124億ドル（精密機械24%・バナナ9）アメリカ42%・オランダ6 *152億ドル（機械類19%・石油製品10）アメリカ38%・中国13
英語	*12億ドル（アルミナ46%・石油製品19）アメリカ39%・オランダ14 *47億ドル（石油製品14%・機械類14）アメリカ45%・中国8
スペイン語	*103億ドル（金15%・機械類12）アメリカ56%・ハイチ9 *170億ドル（機械類17%・石油製品11）アメリカ44%・中国14
フランス語・ハイチ語	*1.7億ドル（繊維と織物22%・化学工業品17）アメリカ57%・フランス12 *22億ドル（鉱産物14%・化学工業品13）アメリカ30%・中国10
スペイン語	17億ドル（バナナ20%・魚11）アメリカ20%・コロンビア9 81億ドル（原油とガス18%・機械類17）中国20%・アメリカ15
スペイン語	4,162億ドル（機械類35%・自動車23）アメリカ79%・カナダ3 3,819億ドル（機械類38%・自動車8）アメリカ44%・中国19
スペイン語	549億ドル（大豆油かす14%・とうもろこし11）ブラジル15%・中国10 424億ドル（機械類27%・自動車11）ブラジル20%・中国20
スペイン語	69億ドル（牛肉23%・木材12）中国20%・ブラジル15 76億ドル（機械類19%・原油9）ブラジル21%・中国19
スペイン語・ケチュア語	*202億ドル（原油35%・魚介類24）アメリカ30%・中国13 *180億ドル（機械類17%・石油製品11）アメリカ22%・中国19
英語・クレオール語	26億ドル（原油39%・金22）アメリカ28%・カナダ15 21億ドル（機械類18%・船舶17）アメリカ33%・ポルトガル17
スペイン語	311億ドル（原油33%・石炭12）アメリカ31%・中国9 435億ドル（機械類23%・自動車9）アメリカ25%・中国24
スペイン語	699億ドル（銅鉱27%・銅22）中国32%・アメリカ14 695億ドル（機械類23%・自動車12）中国24%・アメリカ19
スペイン語・グアラニー語	*90億ドル（大豆24%・電力23）ブラジル31%・アルゼンチン24 *133億ドル（機械類27%・石油製品13）中国28%・ブラジル22
ポルトガル語	2,099億ドル（大豆14%・鉄鉱石12）中国32%・アメリカ10 1,663億ドル（機械類29%・化学薬品8）中国22%・アメリカ18
スペイン語	15)372億ドル（原油85%・石油製品13）アメリカ35%・インド16 15)401億ドル（機械類26%・医薬品8）アメリカ17%・中国14
スペイン語・ケチュア語・アイマラ語	*477億ドル（銅鉱26%・金15）中国29%・アメリカ13 *411億ドル（機械類23%・自動車9）中国24%・アメリカ21
スペイン語・ケチュア語・アイマラ語	70億ドル（天然ガス28%・亜鉛鉱18）ブラジル16%・アルゼンチン15 71億ドル（機械類20%・石油製品13）中国22%・ブラジル17
英語	2,504億ドル（鉄鉱石32%・石炭12）中国41%・日本12 2,029億ドル（機械類28%・自動車12）中国29%・アメリカ12
ツバル語・英語	*28万ドル（鉱産物83%・機械類6）フィリピン52%・エクアドル33 *3,257万ドル（鉱産物17%・機械類14）シンガポール56%・フィジー7
トンガ語・英語	16)2,100万ドル（魚介類34%・野菜27）ニュージーランド23%・（ホンコン）18 16)2.3億ドル（石油製品20%・機械類19）ニュージーランド29%・シンガポール21
ナウル語・英語	*900万ドル（鉱産物99%・機械類1）ナイジェリア50%・日本17 *4,700万ドル（機械類24%・輸送機械16）オーストラリア38%・中国37
英語・マオリ語	389億ドル（酪農品27%・肉類14）中国28%・オーストラリア14 372億ドル（機械類24%・自動車11）中国23%・オーストラリア12
英語・ピジン語	16)82億ドル（白金33%・パーム油11）オーストラリア36%・日本12 16)21億ドル（機械類31%・原油10）オーストラリア34%・シンガポール14
フィジー語・ヒンディー語・英語	*10億ドル（石油製品21%・水13）アメリカ22%・オーストラリア13 *28億ドル（石油製品18%・機械類15）シンガポール19%・オーストラリア15

●各国要覧

センはセンター試験で出題された用語。関連して覚えておきたい。

ルーマニア 中東欧唯一のラテン系民族国家。ドナウ川流域の肥沃な土地で小麦・とうもろこし・ひまわりなど栽培。プロエシュティ油田など産油国だが現在は輸入も。
セン混合農業・モルドバ地方の教会群

ロシア 世界最大の面積をもつ国。資源大国で外貨収入は石油・天然ガスなどに高く依存。
セン石油・天然ガス・チェチェン紛争・多民族国家

アメリカ合衆国 農業は機械化された大規模経営で労働生産性が高く、世界最大の農産物輸出国。アグリビジネスが発達し、世界の食料事情に影響力をもつ。資源大国だが石油は国内消費が多く、世界有数の輸入国。
センサンアンドレアス断層・シリコンヴァレー・多国籍企業

カナダ ロシアに次ぐ面積をもつ。鉱産資源・林産資源に恵まれ、アルミニウム工業・パルプ工業が発達。
セン春小麦・オイルサンド・氷河湖・ケベック州・ヌナブト準州

キューバ 砂糖のモノカルチャー経済が続く。砂糖の輸出は世界有数。
センさとうきび・ニッケル・コバルト・観光

メキシコ 中南米有数の産油国、銀の産出も世界有数。USMCAなどアメリカとの結び付きが強い。
セン首位都市・ヒスパニック系移民・タコス

アルゼンチン パンパが農牧業の中心で、小麦・とうもろこし・大豆の栽培や肉牛・羊の放牧が行われている。
センラプラタ川・パタゴニア・エスタンシア

エクアドル キトは標高2,794mで首都では世界2番目の高さ。石油とコーヒー・カカオ・バナナが主産業。
セン産油国・バナナ

チリ アタカマ砂漠のチュキカマタの露天掘りなど銅の産出は世界最大。果実・魚粉も重要な輸出品。南部にフィヨルド。
セン銅・ラパヌイ（イースター）島

ブラジル ファゼンダ（大農場）で収穫されるコーヒーは生産、輸出とも世界最大。近年は大豆の生産・輸出も世界一。鉄鉱石・ボーキサイト・すずなどの鉱産資源が豊富。カラジャス、イタビラなどの鉱山。自動車・航空機・鉄鋼など生産。
センバイオエタノール・イタイプダム・水力発電・計画都市

ベネズエラ 農地の大部分が大地主の所有であり貧富の差が大きい。マラカイボ湖などで石油の産出。
センオリノコ川・リャノ・タールサンド・ギアナ高地

ペルー ナスカ、クスコなどに古代文明。最重要産業は銅・石油・亜鉛・銀などの鉱業。
センアンチョビー・エルニーニョ・マチュピチュ

オーストラリア 羊毛の生産・輸出は世界最大級。石炭・ボーキサイトなど世界有数の鉱産資源産出国。
センAPEC・白豪主義・掘り抜き井戸・アボリジニ

ツバル 9つの環礁からなり海抜が低い（平均海抜は2m以下）ため高潮や海面上昇の影響を受けやすい。
セン地球温暖化・サンゴ礁

ニュージーランド 世界屈指の農業国で人口1人当たり羊の飼育頭数は約10頭。プレート境界に位置し、地震大国でもある。ワイラケイには地熱発電所がある。
センマオリ・かぼちゃ・偏西風・フィヨルド

	総面積 (2021年) [km²]	人口[万人] 1960年	人口[万人] 2021年	65歳以上人口の割合 (2021年) [%]	外国人人口 (2021年) [千人]	人口密度[人/km²] 1960年	人口密度[人/km²] 2021年	年平均人口増加率(%) 1980～1990年	年平均人口増加率(%) 2010～2020年	昼間人口 (2015年) 昼間人口[万人]	昼夜間人口比率(%) 昼間/夜間×100	将来人口 2025年[万人]	将来人口 65歳以上の割合[%]	将来人口 2045年[万人]	将来人口 65歳以上の割合[%]
北海道	①183,424	③504	518	32.5	38.5	64	62	1.2	−5.0	538	100.0	501.7	34.4	400.5	42.8
青　森	9,646	143	122	34.3	6.1	148	127	−2.7	−9.8	131	99.8	115.7	36.7	82.4	46.8
岩　手	②15,275	145	120	34.2	7.7	95	78	−0.4	−8.9	128	99.7	116.2	35.6	88.5	43.2
宮　城	7,282	174	229	28.6	22.0	239	314	8.0	−1.9	235	100.5	222.7	31.2	180.9	40.3
秋　田	11,638	134	95	①38.1	4.2	115	81	−2.4	−11.6	102	99.8	88.5	40.8	60.2	50.1
山　形	9,323	132	106	34.3	7.7	142	113	0.5	−8.6	112	99.7	101.6	36.0	76.8	43.0
福　島	③13,784	205	181	32.3	14.7	149	131	3.4	−9.6	191	100.0	173.3	35.3	131.5	44.2
茨　城	6,097	205	285	30.1	72.3	336	468	11.2	−3.4	284	97.3	275.0	32.0	223.6	40.0
栃　木	6,408	151	192	29.6	43.5	236	300	8.0	−3.7	195	98.8	187.3	30.6	156.1	37.3
群　馬	6,362	158	193	30.5	63.2	249	303	6.3	−3.4	197	99.9	186.6	31.8	155.3	39.4
埼　玉	3,798	243	⑤734	27.2	⑤198.5	640	④1,933	①18.2	②2.1	643	88.5	720.2	28.2	652.5	35.8
千　葉	5,157	231	628	27.9	168.0	458	1,217	②17.3	1.1	559	89.8	611.8	29.3	546.3	36.4
東　京	2,194	①968	①1,401	22.9	①541.8	①4,778	①6,386	2.0	①6.9	1,596	118.1	1,384.6	23.6	1,360.7	30.7
神奈川	2,416	344	②924	25.7	④230.3	③1,458	③3,823	④15.3	②2.1	832	91.1	907.0	26.7	831.3	35.2
新　潟	⑤12,584	244	218	33.2	17.6	194	173	1.0	−7.2	230	99.9	213.1	34.4	169.9	40.9
富　山	4,248	103	103	32.8	18.9	243	241	1.5	−5.3	106	99.6	99.6	33.8	81.7	40.3
石　川	4,186	97	113	30.1	15.3	232	269	4.1	−3.1	116	100.2	110.4	31.0	94.8	37.2
福　井	4,191	75	76	31.0	16.3	180	181	3.8	−4.8	79	100.1	73.8	32.5	61.4	38.5
山　梨	4,465	78	81	31.3	17.2	175	180	6.1	−6.1	83	99.2	76.3	33.7	59.9	43.0
長　野	④13,562	198	203	32.3	36.7	146	150	3.5	−4.8	209	99.7	195.8	33.9	161.5	41.7
岐　阜	10,621	164	196	30.8	58.4	156	185	5.5	−4.9	195	96.1	190.1	31.7	155.7	38.7
静　岡	7,777	276	361	30.5	99.1	355	464	6.5	−3.4	369	99.7	350.6	31.9	294.3	38.9
愛　知	5,173	④421	④752	25.5	②269.7	④832	⑤1,453	7.5	⑤1.8	759	101.4	745.6	26.2	689.9	33.1
三　重	5,774	149	176	30.3	55.3	258	304	6.3	−4.5	178	98.1	171.0	31.2	143.1	38.3
滋　賀	4,017	84	141	26.6	33.9	210	351	13.1	0.2	136	96.1	139.5	27.5	126.3	34.3
京　都	4,612	199	256	29.6	59.8	432	555	3.0	−2.1	266	101.8	251.0	30.3	213.7	37.8
大　阪	1,905	②551	③881	27.7	③250.1	②3,006	②4,623	3.1	−0.3	923	104.5	852.6	28.5	733.5	36.2
兵　庫	8,401	391	543	29.6	113.8	469	647	5.1	−2.1	530	95.6	530.6	30.8	453.2	38.9
奈　良	3,691	78	132	32.1	14.1	212	356	⑤13.7	−5.4	123	89.8	126.5	33.3	99.8	41.1
和歌山	4,725	100	91	33.8	7.3	213	193	−1.2	−7.9	94	97.6	87.6	34.2	68.8	39.8
鳥　取	3,507	60	55	32.7	4.8	172	157	2.0	−5.9	57	99.9	53.7	34.0	44.9	38.7
島　根	6,708	89	67	⑤34.5	9.7	134	99	−0.5	−6.4	69	100.0	64.3	36.0	52.9	39.5
岡　山	7,114	167	188	30.6	30.8	237	264	2.9	−2.9	192	100.1	184.6	31.3	162.0	36.0
広　島	8,479	218	278	29.7	53.6	259	328	③16.9	−2.1	285	100.0	275.8	30.3	242.9	35.2
山　口	6,113	160	133	③35.0	16.8	264	217	−0.9	−7.5	140	99.4	129.3	35.5	103.6	39.7
徳　島	4,147	85	71	④34.7	6.5	205	172	0.8	−8.4	75	99.7	68.8	35.6	53.5	41.5
香　川	1,877	92	94	32.2	13.8	494	502	2.3	−4.5	98	100.2	92.1	33.2	77.6	38.3
愛　媛	5,676	150	132	33.6	12.9	266	233	0.5	−6.7	139	99.9	127.4	35.0	101.3	41.5
高　知	7,104	86	68	②35.9	4.7	120	96	−0.7	−9.5	73	99.9	65.3	36.8	49.8	42.7
福　岡	4,987	⑤401	512	28.2	79.2	⑤818	1,027	5.7	1.3	510	100.0	504.3	29.6	455.4	35.2
佐　賀	2,441	94	81	31.1	6.9	392	330	1.4	−4.4	84	100.9	78.5	32.4	66.4	37.0
長　崎	4,131	176	130	33.6	9.4	431	314	−1.8	−8.0	137	99.7	125.8	35.2	98.2	40.6
熊　本	7,409	186	173	31.9	17.6	252	233	2.8	−4.3	178	99.8	169.1	33.2	144.2	37.1
大　分	6,341	124	111	33.7	12.7	196	176	0.7	−6.0	116	99.9	108.9	34.8	89.7	39.3
宮　崎	7,735	114	106	33.1	7.6	147	137	1.5	−5.7	111	100.0	102.3	35.0	82.5	40.0
鹿児島	9,186	196	158	33.1	12.4	215	172	0.7	−6.9	165	99.9	151.1	35.2	120.4	40.8
沖　縄	2,282	88	147	23.1	19.2	370	643	10.4	②5.4	144	100.1	146.8	24.6	142.8	31.4
全　国	377,975	9,430	12,550	28.9	2,823.6	253	332	5.6	−1.4	12,711	100.0	12,254.4	30.0	10,642.1	36.8

●内の数字は全国順位。

（『全国都道府県市区町村別面積調』、『国勢調査』、『データでみる県勢』2022などによる）

② 農林水産業

	耕地面積〔2021年　万ha〕			水田率〔2021年〕〔%〕	農業産出額〔2020年〕〔億円〕	農作物〔2021年　t〕				
	計	田	畑			米	小麦	キャベツ〔2020年〕	レタス〔2020年〕	じゃがいも（ばれいしょ）
北海道	①114.3	22.2	92.1	19.4	①12,667	②573,700	①712,600	59,100	15,100	①1,686,000
青　森	④15.0	7.9	7.0	52.9	3,262	256,900	1,720	17,400	2,210	15,600
岩　手	⑤14.9	9.4	5.5	62.9	2,741	268,600	7,850	31,600	10,200	…
宮　城	12.6	10.3	2.2	82.4	1,902	⑤353,400	4,360	6,580	…	6,690
秋　田	14.6	12.8	1.8	87.7	1,898	③501,200	626	7,940	…	…
山　形	11.6	9.2	2.4	79.1	2,508	④393,800	187	…	…	…
福　島	13.7	9.7	4.0	70.7	2,116	335,800	1,070	5,450	…	16,000
茨　城	③16.2	9.5	6.7	58.7	③4,417	344,800	13,800	④105,800	②91,700	④49,400
栃　木	12.2	9.5	2.7	77.9	2,875	300,900	8,060	…	5,280	…
群　馬	6.6	2.5	4.1	37.5	2,463	73,300	21,000	②256,500	③54,800	…
埼　玉	7.4	4.1	3.3	55.6	1,678	152,400	19,700	18,400	3,830	…
千　葉	12.3	7.3	5.0	59.3	④3,853	277,800	2,750	③119,500	8,320	⑤29,800
東　京	0.6	0.0	0.6	3.5	229	486	23	6,830	…	…
神奈川	1.8	0.4	1.5	19.4	659	14,400	109	66,600	…	…
新　潟	②16.8	14.9	1.9	⑤88.8	2,526	①620,000	159	…	…	…
富　山	5.8	5.5	0.3	①95.3	629	200,000	98	2,440	…	…
石　川	4.1	3.4	0.7	83.0	535	125,400	184	…	…	…
福　井	4.0	3.6	0.4	④90.7	451	126,200	216	3,310	…	…
山　梨	2.3	0.8	1.6	33.1	974	25,800	237	3,180	…	…
長　野	10.5	5.2	5.3	49.1	2,697	189,900	6,350	61,800	①182,200	16,000
岐　阜	5.5	4.2	1.3	76.6	1,093	103,200	10,700	3,990	…	…
静　岡	6.2	2.2	4.0	35.0	1,887	77,400	2,310	18,200	25,900	14,100
愛　知	7.3	4.2	3.2	56.6	2,893	130,900	④29,400	①262,300	5,330	…
三　重	5.8	4.4	1.4	76.4	1,043	130,200	⑤22,500	10,500	…	2,140
滋　賀	5.1	4.7	0.4	②92.5	619	156,200	21,000	10,400	…	…
京　都	3.0	2.3	0.7	77.8	642	71,600	320	6,720	…	…
大　阪	1.2	0.9	0.4	69.7	311	22,600	2	10,200	468	…
兵　庫	7.3	6.7	0.6	③91.6	1,478	175,800	4,190	28,000	⑤29,300	…
奈　良	2.0	1.4	0.6	70.7	395	43,200	333	…	565	…
和歌山	3.2	0.9	2.2	29.3	1,104	30,300	5	7,320	…	…
鳥　取	3.4	2.3	1.1	68.3	764	63,600	255	5,250	…	…
島　根	3.6	2.9	0.7	80.7	620	87,500	251	5,740	…	…
岡　山	6.3	4.9	1.3	78.6	1,414	150,900	3,880	12,600	1,700	1,660
広　島	5.3	4.0	1.3	75.0	1,190	115,900	296	11,600	…	5,330
山　口	4.5	3.7	0.7	83.4	589	93,100	5,720	7,700	…	…
徳　島	2.8	1.9	0.9	68.3	955	47,900	195	5,820	5,960	…
香　川	2.9	2.4	0.5	83.3	808	56,600	9,170	10,100	16,500	…
愛　媛	4.6	2.2	2.5	47.0	1,226	67,300	743	13,000	1,680	…
高　知	2.6	2.0	0.6	75.6	1,113	49,600	6	…	…	…
福　岡	7.9	6.4	1.5	80.7	1,977	163,700	②77,000	24,300	17,200	…
佐　賀	5.1	4.2	0.9	82.8	1,219	118,800	③56,700	8,730	1,720	2,350
長　崎	4.6	2.1	2.5	45.8	1,491	50,800	2,250	11,700	④35,900	③68,100
熊　本	10.8	6.6	4.1	61.5	⑤3,407	156,300	20,400	41,200	16,000	13,200
大　分	5.5	3.9	1.6	71.2	1,208	95,500	8,900	15,900	2,230	…
宮　崎	6.5	3.5	3.0	53.4	3,348	77,800	133	21,500	…	10,800
鹿児島	11.3	3.5	7.8	31.2	②4,772	89,100	73	⑤72,200	4,630	②79,200
沖　縄	3.7	0.1	3.6	2.2	910	2,160	16	…	4,860	…
全　国	434.9	236.6	198.3	54.4	89,557	7,563,000	1,078,000	1,434,000	563,900	2,139,000

●内の数字は全国順位。　…は事実不詳又は調査を欠くもの。

| | 農作物〔2021年　t〕 | | | | | | | | | | |
	なす	ピーマン	トマト	きゅうり	たまねぎ	いちご〔2020年〕	みかん	りんご	ぶどう	日本なし	もも
北海道	…	5,810	❷65,200	16,300	❶662,800	1,880	−	7,930	6,720	…	…
青森	…	4,210	19,200	6,270	…	1,250	−	❶415,700	4,510	…	1,550
岩手	3,160	❺8,820	9,640	13,000	…	…	…	❸42,400	3,310	…	…
宮城	2,920	2,460	11,100	13,700	…	4,640	…	2,240	−	1,520	…
秋田	6,120	…	8,210	8,450	…	…	…	15,700	1,500	1,670	…
山形	6,640	1,070	10,200	12,600	…	…	−	❹32,300	❹14,600	1,210	❹8,880
福島	4,050	2,910	23,500	❹39,300	3,340	2,260	−	❺18,600	2,550	❺11,900	❷24,300
茨城	❹18,100	❶33,400	❹47,600	25,600	5,950	8,790	−	−	−	❷19,100	…
栃木	12,200	…	31,700	10,800	11,400	❶22,700	…	−	−	❸15,900	…
群馬	❸27,400	…	21,100	❷53,900	8,140	2,550	…	5,920	−	4,040	…
埼玉	8,830	…	14,600	❸45,500	4,750	3,080	−	−	1,310	6,470	…
千葉	6,580	1,890	❺32,500	❺31,200	6,060	6,320	1,100	−	−	❶20,500	…
東京	…	…	…	…	…	…	…	…	…	1,620	…
神奈川	3,620	…	12,500	10,800	…	…	14,100	−	−	3,880	…
新潟	5,310	628	8,560	8,390	…	1,300	−	−	1,860	6,020	1,630
富山	1,980	…	1,760	1,230	7,710	…	−	1,150	−	2,400	…
石川	…	…	3,290	1,780	…	…	−	681	957	2,130	…
福井	1,150	…	2,230	…	…	…	−	−	−	865	…
山梨	5,950	…	6,830	4,730	…	…	−	701	❶40,600	…	❶34,600
長野	3,770	2,180	14,300	13,900	4,880	…	−	❷110,300	❷28,800	❹12,000	❸10,600
岐阜	4,000	533	26,100	5,730	2,680	2,770	…	1,420	−	1,800	622
静岡	…	…	13,800	…	12,100	❺10,400	❸99,700	−	−	…	…
愛知	13,300	693	❸49,200	13,200	❺26,900	❺10,400	24,100	−	3,450	4,800	…
三重	1,490	493	9,670	1,740	3,050	1,800	18,500	−	−	…	…
滋賀	2,160	…	3,140	3,240	…	…	−	−	425	515	…
京都	7,150	2,010	4,520	3,950	…	…	−	−	−	1,060	…
大阪	6,380	…	…	1,710	3,640	…	12,100	−	3,890	−	…
兵庫	3,330	2,370	8,310	3,560	❸100,200	1,670	−	−	2,090	911	…
奈良	4,740	…	3,510	1,940	…	2,290	−	−	−	−	…
和歌山	…	1,100	3,640	2,510	4,860	…	❶147,800	−	−	…	❺7,310
鳥取	…	757	3,840	…	…	…	−	−	497	11,100	…
島根	1,820	805	4,330	3,320	2,900	…	−	−	2,060	…	…
岡山	5,100	549	5,330	2,730	4,620	…	−	−	❸15,100	…	5,620
広島	3,490	1,200	10,400	3,970	…	…	22,000	1,210	2,930	1,670	…
山口	2,130	470	4,040	3,430	5,070	2,290	8,610	−	−	2,710	…
徳島	6,220	443	5,100	6,900	…	…	9,180	−	−	4,360	…
香川	2,020	…	2,950	4,270	7,880	3,150	11,200	−	1,320	397	903
愛媛	3,740	1,590	6,640	8,800	9,510	2,470	❷127,800	−	1,100	…	398
高知	❶39,300	❹13,000	7,230	25,500	…	…	5,800	−	−	…	…
福岡	❺17,800	…	19,800	9,910	4,450	❷16,400	20,900	−	❺6,910	7,490	…
佐賀	3,540	…	3,470	14,800	❷100,800	7,560	46,900	−	−	3,900	…
長崎	1,750	…	12,400	6,840	❹32,600	❹10,500	❺52,000	−	−	…	…
熊本	❷33,300	3,450	❶132,500	15,900	13,400	❸12,200	❹90,000	−	−	7,920	…
大分	1,790	7,610	10,200	2,600	…	…	11,500	−	2,190	7,770	…
宮崎	2,290	❷26,800	16,600	❶63,700	1,530	2,500	7,870	−	1,350	…	…
鹿児島	2,470	❸13,300	5,270	10,900	…	…	11,400	−	−	…	…
沖縄	…	2,710	3,310	…	…	…	−	−	−	…	…
全国	297,700	148,500	725,200	551,300	1,093,000	159,200	749,000	661,900	165,100	184,700	107,300

−は事実のないもの。　…は事実不詳又は調査を欠くもの。　✕は秘匿を表す。

	乳用牛〔2021年〕〔(飼育)万頭〕	肉用牛〔2021年〕〔(飼育)万頭〕	豚〔2021年〕〔(飼育)万頭〕	肉用若鶏(ブロイラー)〔2021年〕〔(出荷)万羽〕	生乳〔2020年〕〔万t〕	鶏卵〔2021年〕〔万t〕	林家数〔2020年〕〔戸〕	素材需要量〔2021年〕〔万㎡〕	漁業就業者数〔2018年〕〔人〕	漁獲高(養殖を含む。)〔2021年〕〔万t〕
北海道	❶83.0	❶53.6	❸72.5	❺3,918	❶415.4	10.3	24,877	❶284.5	❶24,378	❶102.4
青 森	1.2	5.3	35.3	❹4,203	7.6	10.3	13,801	66.3	❸8,395	14.8
岩 手	❹4.1	❺9.1	48.5	❸11,839	❹21.3	8.2	❸32,217	120.4	❹6,327	11.0
宮 城	1.8	8.0	19.9	1,113	11.1	7.3	15,305	121.4	❺6,224	❺24.4
秋 田	0.4	1.9	27.9	×	2.3	4.3	22,125	❹138.2	773	0.6
山 形	1.1	4.1	16.7	×	6.4	0.8	17,073	38.2	368	0.4
福 島	1.2	5.1	12.6	353	6.7	6.4	❷33,748	111.1	1,080	6.3
茨 城	2.4	5.0	51.3	611	17.1	❶21.6	12,247	❺133.1	1,194	❷30.3
栃 木	❷5.3	8.2	42.7	×	❷33.0	❺11.0	13,774	70.1	−	0.1
群 馬	❺3.4	5.6	❹64.4	732	❺20.6	10.9	10,037	20.6	−	0.0
埼 玉	0.8	1.7	8.1	×	4.7	4.0	5,749	7.8	−	0.0
千 葉	2.8	4.0	❺61.5	862	19.0	10.7	11,139	10.5	3,678	10.9
東 京	0.2	0.1	0.3	−	0.9	0.1	3,607	1.1	896	2.9
神奈川	0.5	0.5	6.9	−	3.0	2.0	3,343	×	1,848	2.7
新 潟	0.6	1.2	18.2	498	4.0	8.2	23,117	17.4	1,954	2.3
富 山	0.2	0.4	2.3	−	1.1	1.6	4,953	29.7	1,216	2.3
石 川	0.3	0.4	2.0	−	1.8	1.8	10,075	35.4	2,409	4.6
福 井	0.1	0.2	0.1	32	0.5	1.3	11,353	8.4	1,328	1.0
山 梨	0.3	0.5	1.7	163	1.8	0.8	7,335	21.4	−	0.1
長 野	1.4	2.1	6.1	304	9.0	0.8	25,521	×	−	0.1
岐 阜	0.6	3.3	8.0	345	3.3	7.5	❹29,990	40.6	−	0.0
静 岡	1.4	1.9	9.2	571	8.9	10.7	16,825	60.4	4,814	❹24.9
愛 知	2.2	4.2	29.2	504	15.8	10.3	10,272	14.9	3,373	6.8
三 重	0.7	2.9	10.0	257	5.4	9.6	12,449	31.9	6,108	12.9
滋 賀	0.3	2.0	0.5	×	1.8	0.5	7,624	8.6	−	0.0
京 都	0.4	0.5	1.2	220	2.8	2.9	9,554	39.2	928	0.9
大 阪	0.1	0.1	0.3	−	0.9	0.1	3,658	1.2	870	1.8
兵 庫	1.3	5.7	2.0	1,367	7.8	10.1	22,064	×	4,840	11.1
奈 良	0.3	0.4	0.5	×	2.4	0.3	6,927	16.2	−	0.0
和歌山	0.1	0.3	0.1	85	0.4	0.4	9,346	22.7	2,402	2.2
鳥 取	0.9	2.1	6.4	1,744	6.1	0.6	10,506	61.9	1,125	8.4
島 根	1.1	3.3	3.6	223	7.3	1.5	❺27,245	68.9	2,519	9.3
岡 山	1.7	3.4	4.3	1,573	11.4	❸13.8	26,449	36.6	1,306	2.3
広 島	0.9	2.6	11.3	367	4.9	❹13.5	❶35,928	❸188.9	3,327	11.3
山 口	0.3	1.5	3.5	746	1.6	2.6	22,743	29.4	3,923	2.1
徳 島	0.4	2.3	4.2	1,639	2.6	1.5	11,346	47.6	2,046	2.1
香 川	0.5	2.1	3.3	888	3.6	6.3	5,954	1.7	1,913	2.6
愛 媛	0.5	1.0	20.3	500	3.0	2.8	18,757	86.9	6,186	14.1
高 知	0.3	0.6	2.6	197	2.0	0.4	7,458	51.9	3,295	8.0
福 岡	1.2	2.3	8.0	518	7.4	4.6	12,191	56.5	4,376	7.1
佐 賀	0.2	5.3	8.3	1,729	1.4	0.5	9,107	20.8	3,669	6.7
長 崎	0.7	9.1	20.1	1,282	4.6	2.5	10,569	10.5	❷11,762	❸26.5
熊 本	❸4.4	❹13.5	35.0	1,834	❸25.9	4.4	18,041	102.5	5,392	6.9
大 分	1.2	5.1	14.8	1,156	7.1	1.8	13,609	92.2	3,455	5.3
宮 崎	1.4	❸25.0	❷79.7	❷13,966	7.9	5.3	13,083	❷191.1	2,202	11.8
鹿児島	1.4	❷35.1	❶123.4	❶14,108	7.8	❷18.3	16,727	45.1	6,116	10.5
沖 縄	0.4	8.2	20.3	343	2.3	2.0	229	×	3,686	3.9
全 国	135.6	260.5	929.0	71,383	743.8	257.4	690,047	2,608.5	151,701	417.3

（農林水産省資料による）

	事業所数〔2020年〕	従業者数〔2020年〕〔人〕	製造品出荷額〔2019年　億円〕					電機・情報・電子			輸送用機械
			合　計	食料品	印　刷	化　学	鉄鋼業	電気機械	情報通信機械	電子部品・デバイス・電子回路	
北海道	8,137	174,771	61,336	❶24,740	1,136	9,775	3,967	428	129	2,065	3,845
青　森	2,361	58,666	17,504	4,906	175	446	934	651	52	2,516	493
岩　手	3,155	89,683	26,435	4,402	366	647	954	614	293	1,962	6,533
宮　城	3,971	119,507	45,590	8,530	963	6,369	1,827	1,607	1,462	4,408	5,650
秋　田	2,853	63,936	12,998	1,370	120	663	191	287	89	3,735	672
山　形	4,097	101,663	28,679	3,771	304	2,723	310	1,584	3,280	❸5,008	1,267
福　島	5,850	163,195	51,232	4,505	447	5,637	1,177	2,266	❸5,213	❹4,862	5,047
茨　城	8,385	278,831	126,383	20,046	1,308	17,472	8,333	8,337	563	4,100	9,695
栃　木	7,312	209,645	90,110	15,965	619	7,224	2,468	❺9,622	1,702	2,157	13,121
群　馬	8,398	218,390	90,522	11,965	816	7,843	2,712	4,474	914	2,068	❺33,532
埼　玉	❹19,991	❹407,823	139,529	❸22,636	❷7,131	17,783	3,801	5,105	3,780	3,394	24,297
千　葉	7,989	214,711	125,846	20,207	1,091	❶50,519	❶16,288	1,805	1,481	1,789	1,333
東　京	❸25,464	276,158	74,207	8,441	❶17,810	4,158	1,679	7,853	❹4,798	3,314	12,142
神奈川	12,833	367,724	❷178,722	20,932	1,804	❷43,056	6,806	7,694	❷7,062	3,840	❸37,500
新　潟	9,431	194,930	50,113	8,964	854	6,594	2,244	3,180	737	3,379	2,450
富　山	4,303	129,727	39,411	2,228	352	7,840	1,871	545	77	3,272	1,584
石　川	5,910	109,322	30,478	2,051	770	1,795	615	1,125	1,868	3,719	1,730
福　井	4,221	77,115	22,902	674	331	2,518	257	2,077	88	3,411	2,016
山　梨	3,547	77,367	25,053	4,049	210	515	89	1,058	1,315	2,216	1,060
長　野	8,724	209,682	62,194	7,422	721	1,061	560	3,727	❶10,879	❷7,385	4,040
岐　阜	10,932	214,045	59,896	4,594	935	2,933	2,454	3,337	994	1,661	11,596
静　岡	❺15,152	❸425,395	❸172,749	❷23,604	1,538	19,373	2,202	❷25,106	2,764	3,242	❷42,907
愛　知	❷26,739	❶872,011	❶481,864	❹21,813	❹3,182	20,910	❶23,993	❶27,828	2,027	3,075	❶266,844
三　重	5,962	212,625	107,685	6,036	349	18,156	1,195	6,990	1,434	❶14,959	27,351
滋　賀	4,310	167,488	80,754	5,555	1,044	10,435	1,125	7,472	488	❺4,462	10,864
京　都	10,095	156,289	57,419	14,185	❺2,120	2,222	770	3,721	923	3,917	4,379
大　阪	❶30,231	❷475,394	❹172,701	15,680	❸4,706	❸30,159	❹14,626	❹10,631	2,342	3,936	15,699
兵　庫	13,483	❺374,788	❺163,896	❺21,676	1,387	❺23,363	❷19,643	❸15,212	❺4,553	3,823	17,459
奈　良	3,729	65,391	21,494	2,755	600	1,213	371	516	×	20	1,768
和歌山	3,323	56,711	26,754	2,443	139	9,271	5,175	168	32	172	198
鳥　取	1,190	34,144	7,868	1,825	102	74	170	870	258	1,481	290
島　根	1,902	43,324	12,488	867	92	366	1,675	383	1,775	2,448	839
岡　山	5,304	155,289	77,397	7,204	1,070	23,097	9,569	2,079	227	2,722	10,063
広　島	7,552	224,493	98,047	7,036	831	4,482	❺11,893	2,520	134	3,360	32,663
山　口	2,621	97,366	65,735	2,758	277	❹29,327	6,209	333	×	673	11,825
徳　島	2,047	49,256	19,209	1,804	143	6,298	400	526	×	4,384	175
香　川	3,251	72,978	27,416	3,746	592	3,238	499	1,779	−	427	3,055
愛　媛	3,545	81,115	43,303	3,698	236	9,561	1,179	1,046	×	376	4,328
高　知	1,806	26,796	5,953	1,228	110	133	427	103	−	×	388
福　岡	8,587	229,311	99,760	16,531	1,884	6,007	9,783	3,137	138	1,907	❹33,547
佐　賀	2,312	63,862	20,839	4,676	163	1,636	393	1,852	93	2,016	2,508
長　崎	3,098	57,660	17,385	3,382	114	237	338	454	×	3,003	3,040
熊　本	3,187	96,601	28,706	5,226	354	1,451	581	1,439	×	3,420	3,970
大　分	2,308	67,828	43,135	2,835	132	10,996	5,875	379	1,736	2,693	6,422
宮　崎	2,358	57,231	16,523	5,402	157	1,579	217	439	536	1,742	634
鹿児島	3,863	73,203	20,247	10,935	199	318	46	887	84	2,923	161
沖　縄	2,419	27,656	4,990	2,581	194	153	268	50	−	×	27
全　国	338,238	8,021,096	3,253,459	397,884	49,981	431,805	178,161	183,298	67,194	141,515	681,009

●内の数字は全国順位。　×は秘匿を表す。

（『工業統計表』）

4 経済・文化・通信

	1人当たり県民所得〔2018年度〕〔千円〕	県内総生産〔2017年度〕					商業統計 年間販売額〔2015年 十億円〕		住宅地の平均価格〔2020年〕〔千円/㎡〕	1か月の家賃（民営）〔2020年〕〔円/3.3㎡当たり〕（注2）	インターネット利用率〔2020年〕〔%〕
		総額〔兆円〕	産業別割合〔%〕（注1）								
			第1次	第2次	第3次		小売業	卸売業			
北海道	2,742	19.0	❹4.7	17.8	77.5		6,308	11,691	20.0	3,811	83.0
青 森	2,507	4.5	❸4.8	22.0	73.2		1,430	1,843	16.1	3,140	75.3
岩 手	2,841	4.5	3.6	29.4	67.0		1,369	1,964	24.9	3,966	74.1
宮 城	2,945	9.4	1.6	26.8	71.6		2,772	8,783	42.0	4,683	82.5
秋 田	2,697	3.4	3.2	24.2	72.6		1,126	1,130	13.2	3,649	70.7
山 形	2,897	3.9	3.7	32.1	64.2		1,160	1,328	19.7	3,675	75.1
福 島	2,943	8.0	1.6	34.0	64.5		2,110	2,522	23.3	3,673	73.3
茨 城	3,327	12.9	2.3	40.4	57.3		3,056	3,812	32.4	4,034	79.0
栃 木	❸3,479	8.9	1.8	❷47.3	50.8		2,205	3,214	32.4	3,884	82.2
群 馬	3,283	8.6	1.4	❸44.1	54.5		2,152	4,877	31.7	3,433	79.1
埼 玉	3,047	❺22.3	0.5	28.2	71.3		❺6,872	10,037	❹113.7	❺5,293	❸86.8
千 葉	3,116	20.2	1.2	25.2	73.6		6,010	6,553	75.6	4,786	83.7
東 京	❶5,415	❶104.4	0.0	14.8	❶85.2		❶19,087	❶166,916	❶378.1	❶8,793	❷88.3
神奈川	3,268	❹33.8	0.2	26.6	73.3		❸38,884	❺12,125	❷179.3	❷6,256	❶89.7
新 潟	2,916	8.7	1.9	29.6	68.6		2,529	4,056	26.0	4,050	78.2
富 山	❺3,398	4.5	1.1	37.9	61.0		1,150	1,931	30.8	3,566	81.7
石 川	3,023	4.6	1.0	30.5	68.5		1,291	2,717	44.3	3,904	82.9
福 井	3,280	3.2	1.0	33.2	65.8		821	1,124	29.7	3,334	81.2
山 梨	3,160	3.2	1.9	38.3	59.8		896	987	24.0	3,796	82.7
長 野	3,010	8.2	1.9	35.5	62.5		2,220	3,257	25.0	3,626	79.9
岐 阜	2,919	7.5	0.9	33.9	65.2		2,097	2,345	32.6	3,719	81.3
静 岡	❹3,432	16.8	0.9	❸44.1	55.0		3,909	6,973	64.5	4,809	83.0
愛 知	❷3,728	❷39.3	0.5	42.2	57.4		❹8,474	❸33,182	104.3	4,684	86.0
三 重	3,121	7.9	1.1	❺43.1	55.8		1,913	1,871	28.5	3,646	81.7
滋 賀	3,318	6.1	0.6	❶47.8	51.6		1,366	1,178	46.5	4,719	83.7
京 都	2,983	10.4	0.4	31.0	68.6		2,811	4,347	❺109.3	❸6,051	❹86.3
大 阪	3,190	❸38.1	0.1	21.9	❺78.1		❷29,731	❷45,962	❸150.7	❹5,751	❺86.2
兵 庫	2,968	20.7	0.5	27.4	72.0		5,463	8,917	103.1	4,945	82.1
奈 良	2,632	3.5	0.7	23.9	75.5		1,190	807	52.9	3,926	82.4
和歌山	2,913	3.5	2.6	31.8	65.6		940	1,143	36.2	3,569	77.0
鳥 取	2,515	1.8	2.8	22.3	74.8		612	678	19.2	3,569	79.5
島 根	2,667	2.5	2.0	23.9	74.1		675	742	20.8	4,268	75.3
岡 山	2,769	7.7	1.2	34.9	63.9		2,017	3,340	29.3	3,892	81.3
広 島	3,109	11.6	0.7	33.8	65.5		3,220	8,654	57.0	4,402	82.0
山 口	3,199	5.8	0.7	41.9	57.4		1,416	1,574	25.6	3,572	81.3
徳 島	3,092	3.1	2.1	33.7	64.2		725	859	29.5	3,482	77.4
香 川	3,013	3.8	1.5	27.7	70.8		1,124	2,368	32.9	3,641	81.3
愛 媛	2,658	4.9	2.1	30.8	67.1		1,472	2,333	35.4	3,559	77.7
高 知	2,644	2.4	❺4.2	17.3	❸78.5		724	810	30.8	3,964	76.7
福 岡	2,885	18.9	0.9	20.6	❸78.5		5,605	❹16,156	54.3	4,413	84.5
佐 賀	2,753	2.9	3.1	30.6	66.4		810	854	20.5	3,605	81.0
長 崎	2,629	4.5	3.1	24.4	72.5		1,409	1,578	24.5	4,754	77.8
熊 本	2,667	5.6	3.5	26.8	69.7		1,672	2,371	28.7	3,755	78.3
大 分	2,714	4.4	2.3	30.1	67.7		1,191	1,276	25.1	3,408	77.7
宮 崎	2,468	3.6	❷5.3	23.8	70.8		1,116	1,599	24.6	3,587	76.7
鹿児島	2,509	5.2	❶5.5	22.9	71.6		1,599	2,595	27.3	4,172	78.3
沖 縄	2,391	4.2	1.5	16.8	❷81.7		1,287	1,439	62.6	4,404	81.7
全 国	3,317	542.7	1.1	27.8	71.1		138,016	406,820	–	–	83.4

（注1）は調整項目があるため，合計は100%にならない。
（注2）は都道府県庁所在地における平均　　●内の数字は全国順位。

（「県民経済計算」，「小売物価統計調査」などによる）

太字(茶色)は写真が掲載されているページです。